제7판

헌법개론

김학성

publishing and culture
피앤씨미디어

제7판 서 문

모든 인류에게 코로나19 팬데믹은 악몽 그 자체였습니다. 창조주는 인류에게 인간의 무력함을 깨닫게 해주셨습니다. 대신 인간의 생명을 2년 연장해 주어야 하는 것 아닌지 모르겠습니다.

11월부터는 우리나라도 '위드 코로나'로 방역 정책이 바뀔 것으로 보입니다. 마음껏 모이고 말하고 즐기는 시간이 되찾아지길 희망합니다. 특히 자영업자들의 고통이 이만저만 아닌데 좀 더 빠른 속도로 원상회복되길 간절히 소망합니다.

대장동 시테는 모든 국민을 열받게 합니다. 50억 퇴직금은 2~30대 청년들이 분노하기에 충분한 금액이지만, 국립대학 교수직을 30년 넘게 한 저자에게도 속된 말로 뚜껑 열리는 금액입니다. 세상의 정의는 다 어디 갔는지 모르겠습니다. 여야를 막론하고 자신의 이익만을 위해 목숨을 걸고 있습니다. 단군 이래 최대의 분양 사기 사건에 대해 그 실체가 제대로 밝혀질지가 의문이 드는 지금의 정치 상황을 보면 절망하지 않을 수 없습니다.

내년 치러지는 대선에서는 정직하고 올곧은 후보가 대통령이 되어, 만신창이가 된 대한민국을 회복시켜주길 간절히 바랍니다.

제7판은 2021년 9월까지의 법률과 헌법재판소 주요 결정을 반영하였습니다. 경제 상황이 극도로 힘든 상황에서, 신념 하나로 양서 출간에 헌신하는 피앤씨미디어 박노일 대표에게 감사드립니다. 또 많은 조언을 해준 강원대학교 교양학부 박용숙 교수와 자유민주헌법연구회 책임연구원인 구자완 박사에게 고마움을 전합니다.

2021년 10월 3일

저자

제6판 서 문

작금의 정치 상황을 차분한 마음으로 바라보기 어렵습니다. 경기지사는 4급 이상 간부들에게 1가구 1주택을 강제하고 있고, 모 의원은 '1가구 1주택' 원칙을 아예 법으로 정하는 부동산 민주화 법안을 추진하겠다고 합니다. 헌법의 사유재산제를 부정하며 사유재산권을 침해하는 발상으로, 토지 공개념을 훨씬 뛰어넘습니다. 또 부동산을 잡겠다고 수도 천도를 말합니다. 수도는 국가를 상징하는 것으로, 국가의 정체성과 역사의 정통성이 확립된 곳입니다. 수도 천도는 집값 잡기 수단이 아니며, 정권 재창출을 목적으로 이용될 수 없습니다.

상임위원회는 관련 법안을 '모두' 소위원회에 넘겨 심사를 받아야 하며(국회법 제58조), 소위원회는 조문 하나하나에 대해 나타날 수 있는 문제점을 점검하여, 이를 위원회에 보고해야 합니다. 여당은 이를 생략하고 다수결로 밀어붙였는데, 명백한 국회법 위반입니다.

감사원장을 대놓고 몰아세우고 있는데 볼썽사납습니다. 감사원은 소속만 행정부이지 직무상 대통령으로부터 독립된 헌법기관이라고 배웠고, 그리 알고 저술했고, 그렇게 가르쳤습니다. 허탈한 마음을 둘 곳이 없습니다.

제6판은 2019년 12월까지의 법률과 2020년 6월까지의 헌법재판소 주요결정을 반영하였습니다. 공직선거법은 선거연령을 18세로 낮췄고, 준 연동형 비례대표제를 도입했습니다. 헌법재판소는 경찰의 직수살수행위는 생명권침해라 하였고, 자기 낙태를 처벌하는 형법에 대해 헌법불합치결정을 내렸습니다. 또 공직선거법이 확성장치의 소음의 크기나 지속시간 등을 규율하지 않은 것에 대해 이전의 합헌결정을 변경하여 헌법불합치결정을 내렸습니다.

경제 상황이 매우 힘든 상황에도 불구하고 출간을 허락해준 피앤씨미디어 박노일 대표에게 감사드립니다. 또 교정 등 작업에 힘써준 박용숙 교수와 구자완 박사에게 고마움을 전한다.

2020년 제헌절에 호반에서

저자

제5판 서 문

문재인 정부가 시작한 지 벌써 1년 6개월이 지났습니다. 집권 후 1년 6개월은 지난 정부의 탓으로 돌릴 수 없는 기간인데, 남북문제를 제외하고는 경제, 고용 등 국민의 생활지수가 매우 낮습니다. 남북협력 및 평화는 인내할 수밖에 없는 문제지만 갈수록 꼬여만 가고 지나치게 휘둘리는 느낌이 들어 안타깝기 그지없습니다. 우리 사회는 좌회전, 우회전을 지나치게 하게되다보니 직진이 어렵습니다. 핸들을 지나치게 꺾게 되면 자동차는 안정감이 없어 승객은 어지럽게 됩니다.

오케스트라 연주 전에 반드시 해야 할 일이 있는데 튜닝입니다. 튜닝 없는 연주는 불가능하기 때문입니다. 튜닝은 제1바이올리니스트가 대원들 앞에 나가면 오보에가 음을 내고 이에 전 대원들은 음을 맞춰 튜닝을 하는데, 이 때 440 헤르츠에 맞춰서 합니다. 뉴욕 필하모니, 런던 필하모니, 베를린 필하모니 모두 440 헤르츠에 맞춰 튜닝을 한다고 하니, 440 헤르츠는 모든 오케스트라가 준수해야 할 표준음입니다. 440 헤르츠, 지금 우리에게도 절실합니다.

제5판은 2018년 11월까지의 법률과 헌법재판소 주요결정을 반영하였습니다. 설명이 매끄럽지 못한 부분을 보완하였음은 물론입니다.

경제상황이 힘들고 어려운 상황 속에서, 특히 출판시장이 매우 위축된 상황임에도 불구하고, 신념 하나로 양서 출간에 헌신하는 피앤씨미디어 박노일 대표에게 감사하지 않을 수 없습니다. 또 교정 및 색인작업에 힘써준 박용숙 박사에게 고마움을 전합니다.

요즘 성탄절을 보면 세상의 들뜬 기운을 찾아보기 어렵습니다. 더 가난했던 옛날이나, 덜 민주적이었던 시절에도 성탄절에는 춥지만 온기를 느꼈고 들뜨기도 했는데, 경기가 어려워서인지 사회가 어두워서인지 내일이 보이지 않아서인지 무감각합니다. 그럴수록 오늘보다 내일이 낫고, 금년보다 내년이 더 좋을 것이라는 희망을 갖기로 합니다.

2018년 성탄절에 호반에서

저자

제4판 서 문

헌법재판소가 대통령에 대한 탄핵을 인용하였습니다. 대한민국 헌정사상 초유의 일로, 탄핵을 찬성하건 반대하건 우리 모두에게 충격이며 참담한 심정을 금할 수 없습니다. 이유야 어떻든 우리가 뽑은 대통령을 강제로 끌어 내린 것이기 때문입니다. 촛불 집회자들은 승리했다고 하겠지만 승자도 패자도 없습니다. 다시는 되풀이되서는 안 된다는 역사의 교훈만이 남을 뿐입니다. 대통령에게 이보다 더한 치욕은 없을 것입니다. 대통령이 받은 충격은 상상을 초월할 것이며, 억울한 생각도 후회나 회한도 있을 것입니다. 국가를 위해서 결단을 내려야 한다고 여러 사람이 권면했는데 자신은 아무 잘못이 없다고 고집을 피우다 이 지경까지 왔습니다.

대한민국 19대 대통령이 선출되었습니다. 문재인 대통령은 예상을 뛰어넘는 소통과 파격을 보여 줌으로써 최고의 지지를 얻고 있습니다. 초심을 잊지 말고 국민을 섬기는 대통령이 되길 바랍니다. 그래서 5년 후 뒷모습이 아름다운 대통령이 되기를 소망합니다. 문대통령은 81만 개의 일자리를 만들겠다고 약속했고 이를 지키기 위해 일자리위원회의 위원장을 직접 맡고 있습니다. 공공부분의 일자리가 대폭 늘어날 것으로 보여지는데, 기회는 준비한 자만이 잡을 수 있습니다.

제4판은 부족한 부분을 보완했고, 2017년 6월까지의 법령과 헌법재판소 주요 결정을 반영하였습니다.

어렵고 힘든 출판 여건하에서 양서를 출간하는 피앤씨미디어 박노일 대표에게 진심으로 감사드립니다. 또 개정작업에 도움을 준 박용숙 박사, 구자완 석사 그리고 대학원 재학 중인 이상용, 이세기 군에게 고마운 마음을 전합니다.

2017년 7월 10일

일본 북해도에서 김학성

제3판 서 문

지금 우리 사회를 둘러보면 아무리 달려도 제자리인 시대 같아 보입니다. 어디 한두 군데가 아니라 모든 분야에 걸쳐 병이 잔뜩 들었고, "유전무죄, 무전유죄", "금수저 흙수저", 세상이 온통 힘 있는 자들의 판인 것 같습니다. 이러다보니 실패에 대한 두려움과 실패로 인한 분노와 좌절로 가득 차 있습니다. 사회가 이렇다고 해도 학생들은 더 나은 사회를 위한 각자의 목표를 향해 묵묵히 정진해주길 바랄 뿐입니다.

지금의 사회는 과거보다 분명 더 나아져 있을 텐데, 이는 우리의 선배들이 더 나은 사회를 꿈꾸며 노력했기 때문입니다. 세상은 답답하지만, 보다 나은 내일이 있으리라 믿고 살아내는 것이 인생입니다. 헌법학을 공부하고 시험을 준비하는 학생들에게 희망과 용기를 잃지 말라고 당부하고 싶습니다.

제3판은 내용 면에서 헌법재판부분을 좀 더 강화하였습니다. 헌법재판소 주요 결정을 반영하였음은 물론입니다. 2016년 6월까지 법령과 헌법재판소 결정을 기준하였고, 또 독자들에게 가독성을 높이기 위해 2도로 출판하였습니다.

어려운 여건하에서도 양서를 내기 위해 애쓰는 피앤씨미디어 박노일 대표에게 진심으로 감사드립니다. 또 개정작업에 도움을 준 이관행 박사와 박용숙 박사, 그리고 구자완 석사와 이상용 학사에게 고맙다는 말을 전하고 싶습니다.

2016년 7월 10일

호반에서 김학성

제2판 서 문

국회는 폭력방지를 위해 60%의 찬성을 얻도록 하는 소위 국회선진화법을 만들었습니다. 5분의 3의 찬성을 얻어야 하기에 야당의 찬성 없이는 아무것도 할 수 없습니다. 폭력은 사라졌으나 소수의 횡포 앞에 다수가 굴복하고 있어, 아무것도 하지 못하는 식물인간국회가 되었습니다. 동물국회를 피했는데 생산력 없는 不姙(불임)국회, 즉 식물국회로 전락되었습니다. 국회선진화법으로 이 나라에 개혁이 과연 가능할까 하는 불길한 예감마저 듭니다. 넘어갈 때는 과반수였으나 돌아오려면 5분의 3이 필요하니 돌아오는 것도 거의 불가능에 가깝습니다.

경제가 어렵고 청년실업이 심각하다는 말도 지겨울 정도로 듣고 있는데 국회는 안타까운 척만 합니다. 청년실업은 개인의 문제가 아닌 구조적 문제가 되고 있습니다. 자신이 못나서 취업을 못하는 것이 아니라 양질의 일자리가 부족하고 그마저도 기득권세력이 독점하고 있다고 볼 수 있기 때문입니다. 청년들은 청춘으로 쓰고 절망으로 읽습니다. 세대갈등으로 확대되지 않기를 바랄 뿐입니다. 헌법학을 공부하고 시험을 준비하는 학생들은 희망과 용기를 잃지 않기 바랍니다.

출판계 사정도 어려운데 다시 개정판을 낼 수 있어 감사할 뿐입니다. 개정판은 2015년 4월까지 법령을 기준하였고 2015년 3월까지 헌법재판소 주요결정을 반영하였습니다. 최근 1년 간 헌법재판소가 중요한 결정을 내놓았는데, 위헌정당해산, 2:1 선거구획정, 간통죄 위헌결정이 그것입니다.

개정판 작업에 많은 도움을 준 이관행 박사와 박용숙 박사, 그리고 이상용 군에게 감사의 마음을 전합니다. 특히 이상용 군의 헌신적인 노력이 없었다면 개정판 출간이 훨씬 뒤로 미루어졌을 것입니다. 동시에 출간을 허락하신 박노일 대표님께 감사드립니다.

2015년 5월 24일

호반에서 김학성

서 문

가장 쉽다고 생각되어지는 것이 가장 어려울 때가 있습니다. 30년 넘도록 헌법학을 공부한 사람에게도, 헌법이 무엇인가를 한 마디로 표현하는 것이 쉽지 않습니다. 헌법이란 인권보장에 관한 법이라 할 수 있겠습니다.

국내외의 각종 인권침해나 유린의 소식을 접할 때마다 인간의 한계를 절감하게 됩니다. 특히 북한의 인권문제를 생각하면, 그들을 위해 아무 말도, 행동도 하지 못하는 불쌍한 자화상 앞에서 헌법학자로서의 자책과 신앙적 차원의 회개를 하지 않을 수 없습니다. 모든 국가의 헌법이 그 사용 설명서대로 사용되길 간절히 소망해 봅니다.

2011년 헌법학원론을 출간하였는데, 헌법학원론은 대학원 이상의 과정에서나 요구되는 내용을 담는 방대한 것이어서, 헌법에 입문하는 학생이나 일반 독자를 위한 개론서의 출간이 필요하다고 늘 생각해왔습니다. 출판사로부터도 여러 번 집필을 부탁받은 바 있는데, 금번에 헌법개론을 세상에 내놓게 되어 기쁘고 홀가분하기까지 합니다.

헌법개론을 저술하면서 유념한 사항은 다음과 같습니다.

첫째, 학부학생들이라 하여도 헌법을 공부하는 사람이라면 반드시 알아야 할 내용은 빠짐없이 기술하도록 노력하였습니다. 신혼살림이라도 그 규모가 단촐할 뿐이지, 생활에 필요한 것은 모두 갖추어져야 하기 때문입니다. 동시에 책의 볼륨을 줄이도록 많이 노력하였습니다. 제한된 시간을 가장 효율적으로 사용할 수 있도록 하기 위함입니다.

둘째, 다수설 및 판례를 중심으로 기술하였고, 필요한 경우에는 소수설이지만 사견을 개진하는 것을 주저하지 않았습니다. 옳다고 생각하는 것을 바르게 알리는 것이 학문의 정도이기 때문입니다.

셋째, 법령은 2013년 12월 15일을 기준하였고, 2013년 12월 26일까지 선고된 헌법재판소 주요 결정을 반영하였습니다.

헌법학 공부를 통해 인권과 정의에 대한 올바른 가치관을 정립할 수 있게 되길 간절히 소망합니다. 또한 이를 통해 자의적인 국가권력행사에 대해 항의할 수 있는 시민의식이 확립되어지길 염원합니다. 안타까운 것은 헌법공부가 국가구조의 평면적 이해로 그치는 경우가 많다는 것입니다. 헌법학을 공부하는 모든 학생들, 특히 국가공무원의 꿈을 가진 학생들은 헌법학이 지닌 가치들을 하나씩 또 체계적으로 정리 정돈해주길 바랍니다.

인간의 한계를 극복한 많은 사람 중 아직도 쉽게 이해되지 않는 사람이 있다면 Helen Keller입니다. 그녀의 장애 정도는 상상을 초월하며 수없이 많은 좌절과 고통이 그녀에게 있었을 것입니다. 헬렌의 인생은 저 유명한 가정교사 Anne Sullivan을 만나 바뀌었다고 합니다. '조건이 사람을 패배케 할 수 없다'는 설리번의 헌신적 가르침과 인도가 헬렌의 노력보다 물론 더 클 수는 없겠으나 헬렌 뒤엔 보이지 않는 설리번이 있었습니다. 본서가 헌법공부에 설리번 같은 존재가 되었으면 하는 마음 간절합니다.

본서 출간에 도움을 준 고마운 분들에게 감사를 표하고 싶습니다. 늘 관심을 가지고 좋은 책 만들기에 노력해준 이관행 박사, 박용숙 강사, 구자완 강사 그리고 제자 이상용 군에게 감사의 마음을 전합니다. 특히 이상용 군의 헌신적인 노력에 감사하며, 제군들의 앞날에 하나님의 가호가 넘치길 기원합니다.

끝으로 어려운 출판계 사정에도 불구하고 기꺼이 본서의 출간을 허락해주신 피앤씨미디어의 박노일 대표님께 감사하며, 편집을 포함하여 출간의 전 과정을 책임지고 맡아주신 심성보 이사님께도 감사합니다.

남편의 신앙을 위해 늘 변함없이 기도하고 있는 사랑하는 아내에게 고맙다는 말을 생략할 수는 없습니다. 이미 알고 있다 하여도, 그래도 문자로 고백하는 것이 고마움의 도를 더 강하게 할 것 같습니다.

2014년 1월

호반에서 김학성 씀

목 차

PART 01 헌법총론

PART 02 기본권론

Chapter 01 기본권 총론

PART 03 국가구조론

Chapter 01 국가구조의 원리와 형태

Chapter 02 국가기관

CONSTITUTIONAL LAW

PART 1 헌법총론

Chapter CONSTITUTIONAL LAW

01 헌 법

제 1 절 헌 법

Ⅰ. 국가와 헌법

1. 국 가

(1) 국가 3 요소설

국가를 어떻게 이해할 것인가에 관해서는 매우 다양한 견해가 존재한다. 전통적 견해 중 하나인 '국가 3 요소설'은 국가를 국민, 영토, 주권의 3요소로 구성된 법인으로 이해한다. 정지된 국가의 한 단면을 잘라 관찰하면 국가 3 요소설은 나름대로의 설득력을 지니고 있다. 그러나 국민, 영토, 주권이 있다고 언제나 국가가 성립·유지되는 것은 아니기에 국가에 대한 이러한 이해는 국가에 대한 설명으로 충분하지 못하다. 국가 3 요소설은 국민, 영토, 주권의 3가지 요소가 왜 결합되어야 하는가를 설명하지 못한다. 국가 3 요소설은 국가를 이미 주어진 것으로 보고 국가현상을 설명하는 것이어서, 국가의 성립과 유지의 측면을 간과하였다는 비판이 가능하다.

(2) 정치적 공동체

국가는 일종의 정치적 공동체라 할 수 있다. 이러한 정치적 공동체는 구성원들이 하나의 공동체로 남고자 하는 합의가 있을 때 비로소 정치적 공동체가 성립될 수 있으며, 합의가 이루어지기 위해서는 합의를 이루어낼 수 있는 구성원간의 공감되어지는 그 무엇, 즉 공감대적 가치(인간의 존엄, 종교, 언어, 민족 등)가 존재하여야 한다. 국가를 공감대적 가치를 기초로 세워진 정치적 공동체로 이해하더라도, 국가 3요소설을 부정하는 것은 아니다. 국가가 3가지 중요한 요소를 그 내용으로 하는 법인이라는 정의는 유효하기 때문이다.

⑶ 국가의 성립과 유지

구성원의 공감대적 가치를 기초로 형성된 국가는 그 유지를 위한 노력이 요구된다. 구성원 간에 존재하는 다양한 이해관계의 대립과 갈등을 해결하지 않고서는 정치적 공동체로 유지될 수 없기 때문이다. 특히 복잡하고 다양한 이해관계로 표현되는 현내 민주주의 다원직 산입사회국가에 있이 갈등해결과 극복은 중요한 국기적 과제가 된다.

2. 헌 법

⑴ 헌법의 의의

정치적 공동체가 유지되기 위해서는 구성원 간의 다양한 이해관계의 대립과 갈등을 해결해야 할 과제를 수행할 원리, 조직, 절차 등이 필요하며, 조직과 절차가 운영될 수 있는 법적 토대, 즉 법질서가 요구된다. 이러한 법질서가 헌법이다. 정치적 공동체의 기본적 법질서인 헌법은 정치적 공동체의 이상과 지향을 담게 되고 정치적 공동체에 통일성을 부여하며 이로써 근본질서를 이루게 된다. 동시에 헌법은 권력의 제한 이외에도 권력의 원천으로 기능한다.

⑵ 헌법의 기능과 과제

정치적 공동체의 기본적 법질서를 헌법으로 이해하게 되면 헌법은 정치적 공동체를 형성하고 유지해야 할 과제를 부담하며 정치적 공동체의 법질서로서 기능할 수 있어야 한다. 결국 헌법은 국가를 성립시키고 유지하여 주고(국가의 성립·유지기능), 국민의 자유와 권리를 보장하여 주며(기본권보장기능), 국가와 단체 그리고 개인에게 각각의 생활을 가능하게 해주는 법적 토대를 마련해 주고(법질서창설기능), 자유로운 정치과정을 가능하게 하고 이를 보장하여 준다(정치과정합리화기능).

3. 역사적 발전과정에서 본 헌법개념

⑴ 고유한 의미의 헌법(국가고유의 헌법)

고유한 의미의 헌법(본래의 의미의 헌법)이란 국가의 통치체제에 관한 기본사항을 정한 국가의 기본법을 말한다. 고유한 의미의 헌법은 국가기관의 조직, 권한 및 그 상호간의 관계 그리고 국가와 국민의 기본원칙을 정한 기본법으로 이해되는데, 이러한 의미의 헌법은 국가가 존재하는 한 어떠한 형태로든 존재한다.

(2) 근대 입헌주의 헌법(시민국가적 헌법)

(가) 의 의

근대 입헌주의 헌법이란 개인의 자유와 권리를 보장하고, 권력분립에 의하여 국가권력의 남용을 억제하는 것을 내용으로 하는 헌법을 말한다(1791 프랑스 헌법). 특히 자연법적인 국가계약이론을 기초로 국민의 자유보장을 국가의 기본이념으로 하면서 이를 위하여 권력분립제도를 채택하고 있음이 특징이다.

(나) 유 형

근대 입헌주의 헌법도 헌법의 성립과정에서 시민혁명을 경험했는가에 따라, 이를 경험한 진정한 근대 입헌주의 헌법과 경험하지 못한 명목적 근대 입헌주의 헌법으로 나눌 수 있다. 전자의 예로는 1776년 Virginia 헌법, 1787년 미연방 헌법, 1791년 프랑스 헌법 등이며, 후자의 예로는 19세기 전반의 독일 헌법과 일본의 명치헌법 등을 들 수 있다.

(다) 기본원리

근대 입헌주의 헌법은 국민의 기본권을 보장하기 위해 근대 입헌주의 헌법은 인이 아닌 법에 따른 통치를 요구하게 되며(법치주의원리), 국민의 자유와 권리를 제한하고 의무를 부과하기 위해서는 국민의 대표인 의회가 만든 법률에 따를 것을 요구하게 되었고(의회주의원리), 국가권력을 분리·분립시켜 상호견제와 균형을 이루게 함으로써 국가권력의 남용을 방지하여 기본권보장에 기여하도록 하였다(권력분립원리). 더 나아가 법질서 전반의 기본적 구조와 작용에 관한 기본적 약속을 문서화시키고 그 약속을 쉽게 변경하지 못하도록 성문·경성헌법제도를 그 기본원리로 삼고 있다.

(3) 현대 사회국가 헌법(현대 복지주의 헌법)

(가) 의 의

자본주의의 모순에 대한 반발과 대안으로 새로운 정치경제체제가 등장하게 되었고, 양차 세계대전은 인류에게 국제평화유지의 새로운 가치를 추구하게 만들었으며, 선거권의 확대로 인한 국민의 정치참여 확대는 국민주권의 실질화를 요구하게 되었다. 산업혁명의 결과 나타난 산업사회의 모순을 극복하고 공정한 분배와 다수의 빈곤계층에 대한 생존배려를 실현하고자 하는 국가(사회국가)의 이념을 추구하고, 동시에 국제평화실현의 새로운 가치실현을 달성하기 위해 등장한 헌법을 현대 사회국가 헌법이라 한다.

㈏ 사상적 특징

현대 사회국가 헌법은 실질적 평등을 강조하며, 재산권행사의 의무화와 경제에 대한 규제와 조정을 강조하고(사회적 법치주의), 더 나아가 국가평화의 실현을 중요한 가치로 삼고 있다.

㈐ 기본원리

현대 사회국가 헌법은 형식적·시민적 법치주의에 대한 반성으로 실질적·사회적 법치주의를 채택하였고(사회적 법치주의), 진정한 자유는 경제적 기초 없이는 불가능하다는 전제에서 국민의 생존배려를 중하게 여기게 되며(생존권보장의 강화), 산업사회의 빈곤과 실업을 국가의 적극적이고 계획적인 형성을 통해 해결하고자 하며(사회국가의 강화), 국민의 자유도 국제적인 평화 없이는 불가능하다는 인식(국제평화주의)을 그 기본원리로 한다.

이러한 기본원리의 변화는, 기본권보장에 있어서도 그 중점이 자유에서 생존으로 옮아가게 하였고(실질적 평등실현), 사회국가적 경향으로 인하여 국가의 성격이 적극국가화되었으며(국가의 계획적 형성의 강조), 경제에 대한 국가의 관여를 허용(사회적 시장경제주의)하게 된다.

Ⅱ. 헌법의 분류

1. 실질적 의미의 헌법과 형식적 의미의 헌법

(1) 실질적 의미의 헌법

실질적 의미의 헌법이란 법의 존재형식에 구애되지 않고 국가의 기본적 조직과 작용에 관한 사항이나 국민의 기본권에 관한 사항(소위 헌법사항)을 정하고 있는 법규범을 말한다. 실질적 의미의 헌법의 예로는 정부조직법, 정당법, 공직선거법, 국회법, 법원조직법 등을 들 수 있다.

(2) 형식적 의미의 헌법

형식적 의미의 헌법이란 문서화된 헌법전을 말한다. 형식적 의미의 헌법은 담겨 있는 법의 내용에 따른 것이 아니라 담고 있는 법의 형식에 따라 정의된 헌법 개념이다. 영국에는 헌법이 없다고 할 경우, 이 형식적 의미의 헌법이 없다는 것을 말한다.

(3) 양자의 관계

실질적 의미의 헌법과 형식적 의미의 헌법을 일치시키는 것이 바람직하나 양자는 일치할 수 없다. 왜냐하면 입법기술상 실질적 의미의 헌법을 전부 성문화하는 것이 불가능하기 때문이다. 또한 헌법정책적 이유로 실질적 의미의 헌법내용이 아니라 하더라도 헌법전에 편입시키는 경우가 있기 때문이다.

2. 성문헌법과 불문헌법

(1) 성문헌법

형식적 헌법전의 존재 여부에 따라, 미국 헌법이나 독일 헌법 등과 같이 헌법이 일반 법률과 별개로 독립된 헌법전의 형태로 존재하는 것을 성문헌법이라 한다. 세계 최초의 근대적 성문헌법은 1776년의 Virginia 헌법이다. 성문헌법하에서도 관습헌법(또는 헌법관습법)의 존재가 허용된다. 성문헌법은 헌법사항을 헌법전에 규범화함으로써 법적 명확성을 확보하고 다툼의 소지를 없앰으로써 명확성 및 법적 안정성에 기여한다.

(2) 불문헌법

불문헌법은 성문화된 별도의 헌법전을 가지지 않는 국가의 헌법을 의미한다. 불문헌법국가들도 헌법전만 없을 뿐 헌법사항을 법률 등의 형태로 규율하고 있다. 불문헌법국가에서는 헌법전이 존재하지 않기에 법률에 대한 위헌심사제도가 없으며, 특별한 헌법개정절차가 존재할 수 없다. 또한 헌법개정은 법률과 동일한 절차에 의하게 되므로 불문헌법은 연성헌법일 수밖에 없다.

(3) 관습헌법(헌법관습법)

(가) 의 의

관습헌법이란 장기간 법적 구속력을 지닌 것으로 인정되어 온 헌법적 관행을 말한다. 관습헌법은 헌법제정에 의해 형성되지 않은 헌법으로, 그 효력의 근거를 성문헌법에 두는 것이 아니라 법적 확신에 의해 유지되는 관행에 두고 있으며, 헌법의 법원(法源)을 이룬다. 관습헌법에 대하여 부정적 시각이 없는 것은 아니나 성문헌법이라도 헌법의 테두리 내에서 이루어지는 헌법적 관행으로서의 관습헌법의 성립과 존립을 부정하기 어렵다. 관습헌법의 예로는 국가의 정체성과 상징성을 나타내는 국기와 국가(國歌)에 관한 것, 우리나라의 말과 글이 국어이며 한글이라는 것, 수도를 서울로 한 것 등이다.

(나) 성립요건

관습헌법이 성립하기 위해서는 헌법사항에 관한 관행이 존재하고, 그 관행이 충분한 기간 지속적이어야 하며(객관적 요소) 이에 대한 국민들의 법적 확신(주관적 요소)이 있어야 한다.

(다) 효 력

관습헌법으로 인정되면 관습헌법은 성문헌법과 동등한 효력을 지닌다고 보아야 한다. 문제는 관습헌법에 성문헌법을 변경할 수 있는 효력이 부여되는가이다. 이를 긍정하는 견해가 있지만 관습헌법은 성문헌법을 보완할 뿐이지 변경할 수 없다고 본다. 이는 성문·경성헌법은 헌법에 명시적으로 규정된 개정절차 이외의 다른 방법으로는(즉, 관습헌법에 의해서는) 헌법이 변경될 수 없다는 것을 요구하기 때문이다. 관습헌법은 성문헌법과 동일한 효력을 지니므로 관습헌법은 위헌법률심판에서 위헌기준의 역할을 하게 되며 그 개정은 헌법개정절차에 따라야 한다. 다만 관습헌법이 새로운 법적 확신이 발생하게 되어 관습헌법으로서의 효력을 상실하게 된 때에는 별도의 헌법개정행위가 필요 없게 된다. 관습헌법은 헌법과 동위의 효력을 지니므로 법률이나 그 하위의 법형식에 의해 변경될 수 없다.

3. 경성헌법과 연성헌법

헌법은 개정의 난이도에 따라 경성헌법과 연성헌법으로 분류된다. 헌법개정에 있어 일반 법률보다 더 엄격한 절차가 요구되는 헌법을 경성헌법이라 하고, 일반 법률과 같은 절차로 개정될 수 있는 헌법을 연성헌법이라 한다. 연성헌법으로는 영국헌법, 1947년 뉴질랜드 헌법, 1848년 이탈리아 헌법 등이 있다. 오늘날 성문헌법은 거의가 경성헌법이지만 성문헌법 중에는 연성헌법인 (1848년 이탈리아 헌법) 예가 존재했으므로, 모든 성문헌법을 경성헌법으로 단정할 수는 없다.

4. 흠정헌법, 민정헌법, 협약헌법, 국약헌법

헌법은 제정주체가 누구냐에 따라 흠정헌법, 민정헌법, 협약헌법, 국약헌법으로 분류된다. 흠정헌법은 제정주체가 군주인 헌법을 말하는 것으로 일본의 명치헌법을 들 수 있다. 민정헌법은 제정주체가 국민인 헌법을 말한다. 협약헌법이란 군주와 국민대표의 합의에 의하여 제정된 헌법으로 1850년 프로이센 헌법이 그 예이다. 그리고 여러 국가(또는 국가에 준하는 주체) 사이의 합의에 의해서 성립된 헌법을 국약헌법이라고 한다. 둘 이상의 국가가 국가연합을 구성한 헌법으로는 1867년의 오스트리아－헝가리 협약과 1871년의 독일제국 헌법이 있으며, 국가에 준하는 주(州) 사이의 합의로 이루어진 헌법으로는 1787년의 미합중국 헌법이 있다.

5. 규범적 헌법, 명목적 헌법, 가식적 헌법

Löwenstein은 헌법규범과 헌법현실의 일치여부를 기준으로 규범적 헌법, 명목적 헌법, 가식적 헌법으로 구분하고 있다.

규범적 헌법이란 헌법규범과 그 실현이 일치하는 헌법을 말하는 것으로 미국이나 독일 등의 헌법과 같은 소위 법치선진국 헌법이 이에 해당한다. 명목적 헌법이란 이상적 헌법을 만들었으나 정치 및 사회현실이 이에 미치지 못하는 헌법을 말한다. 아시아나 아프리카의 개발도상국 헌법이 이에 해당된다.

가식적(장식적) 헌법이란 헌법은 있어도 정치권력을 정당화시켜주는 기능만 담당할 뿐 헌법의 본래의 기능과는 거리가 먼 헌법을 말한다. 일종의 장식에 불과한 헌법으로 독재국가 헌법이 이에 해당된다.

6. 독창적 헌법과 모방적 헌법

헌법규범의 독창성 여부에 따른 분류방법으로 이 역시 Löwenstein의 분류방법에 따른 것이다. 정치권력의 과정과 국가의사를 결정함에 있어 그 종류가 새롭고 또 실제에 있어 새로이 창조되었으며 시원적 기능원리를 내포하는 것은 독창적(창조적) 헌법에 해당된다. 의원내각제를 정한 영국 헌법, 대통령제를 규정한 미국 헌법, 인민독재를 규정한 1918년 소련 헌법 등은 독창적 헌법의 예에 속한다. 대부분의 헌법은 외국의 기존헌법을 그 국가의 정치적 현실에 적합하도록 재구성한 모방적 또는 전래적 헌법이다.

Ⅲ. 헌법의 특성

1. 헌법의 사실적 특성

(1) 헌법의 정치성

정치적 공동체의 기본적 법질서인 헌법은 정치적 공동체를 형성하고 유지해야 할 과제를 부담한다. 정지적 공동체의 형성 및 유지는 여러 정치세력간의 투쟁과 타협의 과정을 통해 이루어지므로 헌법은 강한 정치성을 지니게 된다. 헌법은 대통령이나 국회와 같은 국가기관을 창설하고 이들 간의 정치적 과정을 규율하는 정치적 성격을 지닌다. 헌법의 생성과 변혁이라는 중대한 헌법현상은 정치 그 자체라고 할 수 있다. 헌법은 서로 대립하는 여러 정치적 세력 간의 정치적 투쟁과 타협을 통해 만들어진다.

(2) 헌법의 개방성

헌법규정은 그 내용이 개방적이라는 데 특성이 있다. 다양한 법적 문제를 신속하고 공정하게 해결하기 위해서는 법률은 그 내용이 구체적이고 상세하게 규정되어야 한다. 그러나 정치적 공동체의 기본적 법질서인 헌법은, 모든 사항을 자세하게 규율하는 것은 불가능하며 많은 규정들을 개방적 상태로 두지 않을 수 없다.

다만 헌법은 모든 사항을 개방상태에 두지 않는다. 헌법상의 기본원리, 국가의 권력구조, 개방된 문제들을 결정할 절차 등은 개방된 채로 두어서는 안 되기 때문이다.

(3) 헌법의 이념성

헌법은 일정한 이념이나 가치를 구현하고자 한다. 헌법은 일정한 가치체계로서 당시의 지배적 이념을 반영한다. 헌법의 이념성은 다양한 법문제 해결을 위한 기술적이고 수단적 성격이 강한 일반 법률과 비교할 때 헌법만의 특성이 아닐 수 없다. 이러한 이념성은 헌법정신의 중핵을 이루게 되는데 헌법해석이 단순한 논리해석으로 그칠 수 없는 것도 이러한 이념성에 연유한다고 하겠다. 우리 헌법은 인간의 존엄성을 최고의 가치로 하며(§10) 자유 민주적 기본질서를 최고의 가치질서로 설정하고 있다(전문, §4, §8).

2. 헌법의 규범적 특성

(1) 헌법의 최고규범성

정치적 공동체의 기본적 법질서인 헌법은 모든 법질서의 기초를 형성하는 기초법 또는 기본법의 성격을 지닌다. 따라서 헌법은 공동체를 지배하는 지도원리를 정하고 국가기관을 창설하고 권한을 부여하며 모든 법규범의 성립과 존속, 내용, 효력의 법적 근거가 된다. 헌법은 국법체계에서 최고의 단계에 위치하며 법률과 명령의 입법기준 및 해석기준이 된다.

미국 연방헌법(§6)이나 독일 헌법(§20③)과 같이 헌법의 최고규범성을 명시적으로 규정한 헌법도 있으나 우리 헌법은 최고규범성을 규정하고 있지 않다. 다만 위헌법률심판제도(§107①)를 통해 간접적으로 나타내고 있을 뿐이다.

(2) 헌법의 조직, 수권, 제한규범성

헌법은 정치적 공동체의 성립 및 유지에 필요한 국가권력을 조직하고(조직규범) 이들 기관에게 권한을 부여하는(수권규범) 성격을 지닌다. 조직 및 수권은 법률에 의해서도 이루어지지만 정치적 공동체의 기본골격을 이루는 국가기관의 조직 및 수권은 헌법에 의해서만 가능하다. 헌법은 다른 법규범의 존재를 정해주는 수권(授權)규범의 성격을 지닌다는 점에서 수권(受權)규범인 다른 법규범과 구별된다.

헌법은 국가기관의 권한행사는 물론 국가조직의 구성에 대한 규율에 있어서도 국가권력을 통제하는 성격을 지닌다(제한규범). 조직·수권규범적 성격이 헌법의 적극적 기능이라면 제한규범적 성격은 소극적 기능에 해당된다.

(3) 헌법의 자기보장규범성

일반적으로 법규범은 그 효력을 국가가 담보하여 주나, 국가권력 그 자체를 만들어내고 이들에게 권한을 부여하며 권력을 제한하는 성격을 지닌 헌법의 경우에는 오히려 그 효력을 담보해줄 장치가 없다. 헌법은 스스로 자신의 효력을 보장해야 하는 특성을 지닌다(자기보장규범).

Ⅳ. 헌법의 해석

1. 헌법해석

(1) 헌법해석의 의의

헌법해석이란 헌법문제를 해결하기 위하여 헌법규범의 객관적 의미내용을 확정하는 법인식작용을 말한다. 헌법문제를 해결하기 위해서는 적용할 헌법규범의 의미를 먼저 확정시키는 작업이 요구된다. 이러한 확정작업을 헌법해석이라 부르게 되는데 헌법해석은 매우 중요한 의의를 지닌다.

(2) 헌법해석의 특성

헌법은 이념적이고 가치적인 (헌법의) 원리나 목표 등을 규정하고 있고, 이러한 원리나 목표규정들은 국가에게 그 실현을 요구하는 성격이 강하므로 이러한 헌법규정들을 구체적 분쟁에 바로 적용하는 것은 부적절하다. 헌법조문은 광의적이고 불확정적이며, 완결되지도 완비되어 있지도 않으므로, 헌법해석은 일반 법률해석에 비하여 법을 보충하고 법을 형성하는 폭이 매우 크다. 또한 헌법이 지니는 강한 정치적 성격 때문에 일반 법률해석에서는 허용되지 않는 정치적인 관점이 헌법해석에서는 적용될 가능성이 크다.

(3) 헌법해석의 방법

헌법해석의 경우에도 법률해석의 일반원칙인 Savigny(사비니)의 4단계 해석방법이 적용된다. 4단계해석방법론은 문법적, 논리적, 역사적, 체계적 해석방법을 말한다. 문법적 해석이란 규범의 문자적 의미를 밝히는 것이며, 논리적 해석이란 규범내용의 의미를 체계적으로 밝히는 해석이다. 역사적 해석이란 입법자의 입법취지나 목적 등을 고려한 해석이며 체계적 해석이란 다른 규범과의 관계를 고려하여 행하는 해석을 말한다. 이러한 Savigny의 4단계해석방법론은 많은 사람에 의하여 보완되어 발전되어 왔으나 기본골격은 그대로 유지되고 있다.

(4) 헌법해석의 원칙

(가) 통일성의 원칙

헌법은 가치체계로서 하나의 통일체를 구성하고 있으므로 특정조항에 대한 해석은 다른 조항들과 상호 모순되지 않도록 해석되어야 한다. 그러나 통일성을 실현하고 유지해야 한다고 하여 개별 헌법조문이 지니고 있는 고유한 성격이 함부로 훼손되어서도 아니 된다. 영토조항(§3)과 통일조항(§4), 정당조항(§8)과 국회의원의 자유위임조항(§46②) 간의 부조화는 통일성원칙에 따라 해석되어야 한다.

(나) 기능존중의 원칙

헌법은 국가기능을 여러 기관에 나누어 담당하도록 규율하고 있다. 헌법해석은 헌법이 부여한 기능의 범위 내에서 이루어져야 하며 기능분배를 왜곡하는 헌법해석은 허락될 수 없다. 특히 입법자의 형성의 자유를 위축하거나 스스로 입법자를 대신하는 헌법해석은 금지된다.

(다) 실제적 조화의 원칙

헌법해석은 헌법이 보호하려는 모든 법익이 최대한 실현될 수 있도록 하여야 한다. 법익형량이나 이익형량의 방법은 상호 충돌하는 법익 간에 우월적 법익만이 보호되고 열위에 놓여 있는 법익은 전혀 보호되지 못하기 때문에 적절한 해석방법이라 할 수 없고, 헌법해석의 통일성원칙을 해할 위험성이 존재한다.

(라) 공동체유지의 원칙

헌법해석은 공동체유지에 기여하는 해석이어야 한다. 따라서 이미 달성해 놓은 공동체적 합의를 파괴하는 헌법해석은 불허된다.

(5) 헌법해석의 주체

헌법해석은 헌법재판과 관련하여 헌법재판소가 일반적으로 행하나 헌법재판소가 독점하는 것은 아니다. 국회나 행정부도 법률이나 명령 등을 제·개정함에 있어 자신의 헌법해석을 기초로 한다. 사법부 역시 구체적 사건에 적용할 법률에 미치는 헌법의 의미를 고려해야 하므로 헌법규범에 대한 해석을 하게 된다. 학자의 학리적 헌법해석은 국가기관의 유권해석에 기여하게 된다. 국민도 국가기관의 헌법해석에 대하여 위헌법률심판이나 헌법소원심판의 제기를 통해 헌법해석에 영향을 미치고 있다.

(6) 헌법해석의 한계

헌법해석도 다음과 같은 한계가 있다. 어떤 해석이 헌법조문과 명백하게 모순되거나 헌법의 기본원리를 넘어서는 경우, 이러한 헌법해석은 허락되지 않는다. 헌법해석은 헌법 위에 있지 않기 때문이다. 헌법해석의 한계를 넘는 해석은 헌법을 무시한 해석이 되기에 더 이상 헌법해석이라 할 수 없다. 이는 헌법해석의 형식을 취한 헌법개정이나 헌법침해가 되기 때문이다.

2. 헌법합치적 법률해석

(1) 의 의

(가) 개 념

헌법합치적 법률해석이란 법률이 다의적이고 그 어의의 테두리 안에서 여러 가지 해석이 가능할 때에는 헌법에 합치되는 해석을 택해야 한다는 헌법의 일반원리를 말한다. 헌법합치적 법률해석은 법률에 합헌적 요소가 있음에도 불구하고 일부 위헌적 요소 때문에 전부 위헌을 선언할 때 나타날 수 있는 법적안정성의 파괴와 같은 충격을 완화하기 위해서 그 필요성이 긍정된다. 헌법합치적 법률해석은 법률해석의 문제이어서 헌법해석과는 구별된다.

(나) 종 류

헌법합치적 법률해석도 소극과 적극의 두 가지 내용을 지닌다. 법률의 합헌해석의 가능성이 있다면 법률의 효력을 지속시켜야 한다는 소극적 의미와, 법률의 위헌적 요소를 헌법정신에 맞도록 법률의 내용을 제한·보충하여야 한다는 적극적 의미가 그것이다. 적극적 의미의 헌법합치적 법률해석은 입법권을 침해할 가능성이 크므로 입법형성을 침해하지 않는 범위 내에서 동시에 입법자를 대신하지 않는 범위 내에서만 허용된다.

(2) 이론적 근거

헌법합치적 법률해석이 정당화될 수 있는 이론적 근거로 법질서의 통일성 유지, 입법권의 존중, 법적 안정성을 들 수 있다.

(3) 구별 개념

(가) 일반적 법률해석과의 관계

헌법합치적 법률해석은 (일반적) 법률해석과 구별된다. 법률해석이란 법문의 의미를 밝히는 것으로서(법에 대한 인식) 일정한 법률조항에 대하여 가능한 해석 가운데 가장 합리적이라고 생각되는 해석을 선택하는 것을 말한다. 반면 헌법합치적 법률해석은 법률에 대한 단순한 인식이 아니라, 해석의 지침이 되는 헌법해석이 동시에 그리고 함께 이루어진다는 점에서 구별된다.

(나) 법률의 위헌심사(규범통제)와의 관계

헌법합치적 법률해석과 법률의 위헌심사는 다음과 같은 점에서 구별된다. 첫째, 헌법합치적 법률해석은 의회가 제정한 법률의 효력을 지속시키려는 데 중점이 주어진 것인 반면 법률의 위헌심사는 헌법의 최고규범성을 유지하고자 하는 데 중점이 주어져 있다(목적). 둘째, 헌법합치적 법률해석은 법질서의 통일성 유지를 위해 명시적인 법적 근거를 요하지 않으나 법률의 위헌심사는 명시적 근거가 요구된다(법적 근거). 셋째, 헌법합치적 법률해석은 법률의 위헌심사에서 주로 문제되지만 법률의 위헌심사(규범통제)에서만 나타나는 문제는 아니다(적용영역). 넷째, 헌법합치적 법률해석은 법률의 위헌심사를 강화하기보다는 제약하게 된다(상호관계). 이는 헌법합치적 법률해석은 법률에 대한 위헌결정을 자제할 것을 요구하기 때문이다.

(4) 구현형태(한정합헌결정, 한정위헌결정)

한정합헌결정이란 법률이 그 자체로는 합헌으로 볼 수 없어도 위헌적 해석을 제거한다면 합헌을 유지할 수 있는 경우에 행하여지는 헌법재판의 주문형태를 말한다. 이러한 한정합헌결정은 헌법합치적 법률해석의 요구로 나타나게 되며, 정당화된다. 한정위헌결정 역시 헌법합치적 법률해석의 전형적인 기술적 결과에 해당된다.

(5) 한 계

(가) 문의적 한계

헌법합치적 법률해석은 법률조항의 문구가 간직하고 있는 말의 뜻이 완전히 다른 의미로 변질되지 않는 범위 내이어야 한다. 또한 법문의 의미가 다의적 해석가능성을 넘어 아예 추상적이거나 광범위하여 애매모호한 경우에도 헌법합치적 법률해석은 허용될 수 없다. 불명확하고 막연한 법률은 막연하기 때문에 무효라는 결정이 내려져야 한다. 만일 이러한 경우 헌법합치적 법률해석이란 명분하에 '… 로 해석하는 한 합헌이다'는 방법으로 해당 법률의 합헌성을 무리하게 유도해 낸다면 명확성원칙 자체가 의미를 상실하게 될 것이며, 이는 입법자의 입법의사에 대한 왜곡·변형으로 대체입법의 혐의를 피할 수 없게 된다. 또한 법률해석은 당연히 유효한 법률조항을 그 전제로 하므로, 실효된 법률조항에 대한 헌법합치적 법률해석은 허용될 수 없다.

헌재결정

헌법정신에 맞도록 법률의 내용을 해석·보충하거나 정정하는 '헌법합치적 법률해석' 역시 '유효한' 법률조항의 의미나 문구를 대상으로 하는 것이지, 이를 넘어 이미 실효된 법률조항을 대상으로 하여 헌법합치적인 법률해석을 할 수는 없는 것이어서, 유효하지 않은 법률조항을 유효한 것으로 해석하는 결과에 이르는 것은 '헌법합치적 법률해석'을 이유로도 정당화될 수 없다(헌결 2009헌바123).

(나) 법목적적 한계

헌법합치적 법률해석은 입법자가 법률제정을 통해 추구하려는 입법의지나 입법목적을 헛되게 하는 것이 되어서는 안 된다. 입법목적의 범위를 넘은 헌법합치적 법률해석은 실질적 의미에서 입법작용이 되어 입법권을 침해하는 것이 되기 때문이다.

(다) 헌법수용적 한계

헌법수용적 한계란 헌법규범의 정상적 수용한도를 넘어서까지 헌법 규범의 내용을 확대해석하여 법률의 효력을 유지해서는 안 된다는 것을 말한다. 이를 허용하게 되면 법률의 헌법합치적 해석이 헌법의 법률합치적 해석이 되기 때문이다.

제 2 절 헌법의 제정과 개정 그리고 변천

Ⅰ. 헌법의 제정

1. 헌법제정과 헌법제정권력

헌법의 제정이란 헌법을 만드는 법창조행위로서 새로운 정치질서의 형성을 말한다. 헌법의 제정은 신생국가가 만들어지거나 혁명을 통한 새로운 정치권력이 들어설 때 행해진다. 헌법의 제정은 헌법제정권력의 존재가 전제되어야 한다. 헌법제정권력에 의해 헌법은 제정되고 이를 통해 정치적 공동체인 국가가 탄생되기 때문이다. 헌법제정권력이란 헌법을 제정할 수 있는 힘을 말한다.

2. 헌법제정권력이론의 발전

(1) Sieyes(시에예스)의 이론

헌법제정권력의 이론을 처음으로 체계화시킨 사람은 Sieyes다. 시에예스는 1789년 프랑스 대혁명 당시 '제3신분이란 무엇인가'의 자신의 소책자에서 헌법제정권력이론을 처음으로 전개하였다. 시에예스는 국민은 항상 적법하며 헌법을 제정할 권한은 국민이 지녀야 한다고 하면서 혁명을 정당화하였다.

(2) 독일의 법실증주의자들의 이론

19세기의 Laband, Jellinek 등의 법실증주의자들은 법학의 연구대상을 실정법에 국한시키고 합법성만 문제삼는 입장이어서 이들에게 헌법제정권력은 처음부터 헌법학적 고찰대상이 될 수 없었다. 그들은 헌법제정권력을 헌법개정권력과 동일한 것으로 보아 헌법제정권력의 독자적 권력성을 부정하였다.

(3) C. Schmitt의 이론

C. Schmitt는 헌법제정권력이란 정치적 통일체를 확정할 수 있는 실력(또는 권위)을 가진 정치적 의사라고 하면서, 이러한 헌법제정권력은 모든 규범 이전에 존재하며 헌법을 제정하는 자의 정치적 실존에 의해 타당하게 된다고 한다. 헌법은 헌법제정권력의 결단의 소산이며 이 헌법에 근거한 헌법규정의 집합을 헌법률이라 하여 헌법과 헌법률을 구별한다.

3. 헌법제정권력의 의의

(1) 개　념

헌법제정권력이란 헌법을 창조하는 힘으로, 헌법을 만드는 헌법 이전의 권력을 말한다. 헌법제정권력은 헌법을 초월하는 힘이며 헌법에 의해 인정될 필요가 없는 정치적 힘이다. 헌법제정권력은 헌법을 만들 수 있는 정치적(사실적)인 힘만으로 부족하고 헌법제정권력을 정당화시킬 수 있는 권위도 지녀야 한다(정당한 힘). 헌법제정권력은 헌법을 제정하는 권력이므로 헌법제정권력에 의하여 비로소 조직된 헌법개정권력과 구별된다.

(2) 정 당 성

헌법제정권력이론은 헌법이 왜 최고규범인가를 논증하기 위한 헌법의 정당성에 관한 논의이다. 법의 효력근거는 법에서 찾아야 하나 법질서 최고단계에 속하는 헌법의 경우 그것이 불가능하다. 헌법이 최고법으로서 정당성을 지니게 된 것은 헌법을 만들 수 있는 힘에 의해 만들어졌기 때문이다.

4. 헌법제정권력의 주체

헌법제정권력의 주체는 중세에는 신이었고, 프랑스 혁명 때에는 국민이었으며, 왕정복고기에는 군주였고, 과두국가에서는 소수자의 조직이었다. 국민주권이 확립된 현대에서 헌법제정권력의 주체는 국민일 수밖에 없다. 그렇다면 누가 헌법제정권력의 주체인가는 더 이상 문제되지 않는다고 보아야 한다.

5. 헌법제정권력의 특성

헌법제정권력은 국가질서를 시원적으로 창조하는 권력이며(시원적 창조성), 어떠한 법형식이나 절차에도 구애받지 않는 권력으로, 스스로 의도한 바에 따라 발동되고(자율성) 다른 모든 권력의 포괄적 기초가 되며 그 자체 불가분적 권력의 성격을 지닌다(단일불가분성). 또한 헌법제정권력은 실정헌법 속에 규범적으로 존재하는 권력이기 때문에 한 번 행사되었다고 소멸하는 권력이 아니고(항구성), 민주국가에서는 헌법제정권력이 국민에게만 귀속되므로 양도될 수 없는 성격(불가양성)을 지닌다.

6. 헌법제정권력의 행사

헌법제정권력의 행사는 국민이 선출한 제헌의회에서 이루어지거나, 또는 헌법의회가 초안을 만들고 이를 국민투표로 확정하는 방법으로 이루어진다. Weimar 헌법이나 우리나라 건국헌법은 전자의 방법을 취했고 독일 헌법은 후자의 방법을 취하였다. 어떤 방법을 취하든 간에 국민에 의한 민주적 정당성이 확보되어야 함은 물론이다.

7. 헌법제정권력의 한계

(1) 한계 여부

헌법제정권력을 시원적 권력으로 보는 Sieyes나 혁명적 성격을 긍정하는 C. Schmitt에게는 헌법제정권력을 제한할 수 있는 또 다른 법원리나 힘은 존재할 수 없게 된다(무한계설). 그러나 헌법제정권력이라도 모든 규범적 구속으로부터 자유로운 절대적 실력이나 힘으로 볼 수 없다. 헌법제정권력의 행사에 일정한 한계가 있다는 것이 지배적인 견해이며 다음과 같은 한계가 일반적으로 인정되고 있다.

(2) 구체적 한계

(가) 자연법적 한계

헌법제정권력이 국가 밖에 있는 힘이라 하여 사실세계에 방치할 수 없고 어떠한 제약도 받지 않는 것이 될 수 없다. 헌법제정권력은 인격불가침과 같은 불변의 기본적 가치나 초실정적 자연법적 원리에 구속된다.

(나) 법원리적 한계

헌법제정권력의 행사도 일종의 법창조행위이므로 법의 이념이나 법일반원리를 준수하여야 한다. 따라서 정의나 법적 안정성 등과 같은 법의 기본이념이나 원리를 무시하는 자의적 행사는 허용되지 않는다.

(다) 정치이념적 한계(이데올로기적 한계)

헌법제정권력은 선재하는 실정(헌)법에 의한 제약은 받지 않으나 헌법제정 당시의 지배적인 정치이념이나 가치로부터 완전히 자유로울 수 없다.

(라) 국제법적 한계

패전국이나 식민지는 헌법제정권력의 행사에 있어 전승국과 보호국의 의사나 영향으로부터 벗어나기 어렵다. 국제법적인 제약을 받게 된다.

Ⅱ. 헌법의 개정

1. 헌법개정의 의의

(1) 개　념

헌법개정이란 헌법전이 정한 절차에 따라 헌법의 동일성을 유지하면서 헌법전의 내용을 수정·삭제·추가하는 것을 의미한다. 헌법개정은 규범과 현실을 일치시켜 줌으로써 헌법의 현실적응성을 제고시켜 주고 헌법의 실효성을 유지시켜 준다. 또한 헌법개정은 헌법을 살아있는 규범으로 유지하고 정치적 공동체의 안정에 기여하는 중요한 수단이 된다.

(2) 구별 개념

헌법개정과 구별되는 개념으로 헌법의 파기(폐기 · 파양)란 기존 헌법을 폐지함은 물론 헌법제정의 주체까지 바꾸는 것을 말하며, 헌법의 폐지(폐제 · 제거)란 기존의 헌법만 폐지할 뿐 헌법제정의 주체에 대한 변경에는 이르지 않은 것을 말한다. 한편, 헌법의 침해(침훼 · 침식)란 헌법규정에 위반된 조치를 취하는 것을 말하고, 헌법의 정지란 헌법규정의 일부의 효력을 일시적으로 상실시키는 것을 말한다.

(3) 헌법개정의 형식

헌법개정은 기존의 조항을 그대로 둔 채 개정조항만을 추가하여 나가는 증보형식 유형(amendment)과 기존의 조항을 수정 · 삭제하거나 개정조항을 삽입하는 유형(revision)으로 대별된다. 미국 연방헌법은 증보형식을 취하는 대표적인 헌법이다. 대다수 국가의 헌법은 후자의 방식을 취하고 있다.

(4) 헌법개정의 방법

(가) 의회에서 개정하는 방법

국민투표를 경유하지 않고 의회의 의결로 헌법을 개정하는 방법으로, 일반적으로 일반 법률개정보다 가중된 다수의 찬성을 요구하고 있는데 독일 헌법이 대표적인 예이다. 독일의 경우 연방 상하양원 재적 3분의 2 이상의 찬성을 얻어야 한다. 우리나라 건국헌법과 제2공화국 헌법이 이에 해당되며 북한 헌법도 마찬가지이다.

(나) 국민투표로 개정하는 방법

국민투표를 통해 헌법을 개정하는 방법이다. 국민투표로 헌법을 개정하는 경우에도 의회의 의결을 필수적으로 거치도록 하는 경우와 그렇지 않은 경우로 구별된다. 현행 헌법은 국회의 의결을 반드시 거쳐야 하나 프랑스 헌법이나 오스트리아 헌법 그리고 우리나라 제4공화국 헌법(대통령이 제안한 경우)은 후자에 해당된다.

(다) 주의 동의를 얻어 개정하는 방법

연방국가 헌법은 연방국가의 특성상 헌법개정에 주의 동의가 필수적 요건이 된다. 미국 연방헌법은 모든 주 의회 또는 모든 주 헌법회의 4분의 3 이상의 승인을 요구하고 있다.

2. 헌법개정의 한계

헌법에 규정된 절차를 밟기만 하면 어떠한 조항도 또 어떠한 내용으로도 개정할 수 있으며 더 나아가 헌법이 명문으로 개정금지조항을 두더라도 이것 역시 개정할 수 있다고 보는 한계부정설과, 헌법개정에 일정한 한계가 존재한다고 보는 한계긍정설이 대립한다.

생각건대, 헌법개정절차를 따른다고 하여 헌법의 모든 조항을 개정할 수 없다. 헌법이 부여한 개정권은 말 그대로 개정권이지 헌법의 폐지나 제거권이 아니다. 따라서 개정으로 헌법의 전체적 성격의 파괴는 허용될 수 없다.

3. 헌법개정의 구체적 한계

(1) 개정한계의 유형

(가) 초헌법적 한계

초헌법적 한계란 헌법개정이 헌법 밖의 요인에 의해 제한되는 것을 말한다. 공해상의 섬을 자신의 것으로 하거나 영해를 자기 마음대로 정하는 것은 국제관계에서 허용될 수 없는 것을 내용으로 하는 것으로 초헌법적 한계에 해당한다.

(나) 헌법내재적 한계

헌법내재적 한계란 헌법에는 본질적으로 개정될 수 없는 한계가 내재되어 있다는 것으로, 그것에 따른 한계를 말한다. 새로운 법질서로의 근본적 변경은 제정을 통해서만 가능하므로 헌법의 기본적 동일성은 개정될 수 없는 한계가 된다.

(다) 실정헌법상의 한계

실정헌법상 한계란 헌법이 명시적으로 일정조항의 개정을 금지했을 때의 제약을 말한다. 독일 헌법(§79③)과 프랑스 제5공화국 헌법(§89④, ⑤)은 명시적으로 개정금지조항을 두고 있다. 우리나라는 제2차 개정헌법(§98⑤)에서 명시적 금지규정을 두었다.

헌법이 명시적으로 개정을 금지한 조항을 개정할 수 있는가에 관하여 법실증주의적 관점에서 가능하다는 견해가 있으나 헌법제정권자의 의사를 존중하여 개정은 허용되지 않는다고 보아야 한다(통설).

(2) 헌법개정절차조항의 개정

헌법개정절차조항을 개정할 수 있는가에 관해, C. Schmitt는 헌법개정절차조항은 개정할 수 없다고 한다. 헌법개정절차조항을 개정하여 특히 법률개정절차와 동일하게 할 경우 개정권은 독자적 의미를 갖지 못하며 제헌과 개정을 구별하는 의의가 반감되기 때문이다.

(3) 헌법개정의 한계를 무시한 개정행위의 효력

헌법개정의 한계를 넘어선 헌법개정행위가 이루어진 경우 이를 어떻게 평가할 것인가가 문제된다. 법적으로는 무효이다. 그러나 개정된 규정이 실제로 적용되고 있는 경우에는 헌법개정론의 영역을 벗어난 것으로서 헌법수호나 저항권 문제로 이관되어야 한다.

Ⅲ. 헌법의 변천

1. 헌법변천의 의의

(1) 개 념

헌법변천이란 헌법조문은 그대로 있으나 그 의미나 내용이 변경되는 현상을 말한다. 헌법변천을 허용할 것인가가 문제되나 헌법조문의 내용이 변경되는 사실적 현상을 부정하기 어렵고, 비록 예외적인 경우에 해당되지만 헌법과 모순되는 국가행위가 반복되어 결과적으로 관습헌법의 지위를 지니게 된 경우라면 헌법변천을 긍정하지 않을 수 없다.

(2) 헌법변천과 관습헌법

헌법변천 역시 오래된 헌법관행으로 나타난 현상이어서 유사한 요건을 필요로 하는 관습헌법과 밀접한 관련을 갖게 되나 양자는 구별되어야 한다. 첫째, 헌법변천은 헌법규정 자체(내용)가 변경되는 것이나 관습헌법은 규정의 변경을 가져오지 않으며 헌법의 흠결을 보완해 줄 뿐이다. 둘째, 헌법규정과 모순되지 않는 행위의 반복은 관습헌법으로 성립될 수 있으나 헌법변천은 될 수 없다.

(3) 근 거

G. Jellinek는 사실의 규범적 효력을 근거로 헌법변천을 정당화한다. 사실의 규범적 효력이란 관행이 계속되어 법적 확신을 얻게 되면 규범력이 인정된다는 것이다. 비록 헌법변천이 불가피한 현상이라 하더라도 사실의 규범적 효력에 근거하여 헌법변천을 긍정할 수 없다. 이는 위헌적 헌법관행을 정당화하는 수단으로 사용되거나 헌법의 명시적 규정의 실효성을 부정하는 도구로 악용될 수 있기 때문이다.

(4) 한　　계

헌법변천을 허용한다 하여도 무한정일 수 없다. 헌법의 핵심적 부분의 변천은 허용될 수 없다. 또 권력제한규범으로서의 헌법의 기능을 훼손하거나 헌법보장을 위협하는 헌법변천도 허용될 수 없다. 헌법재판이 활성화된 지금에 있어 헌법변천은 그 입지가 매우 제한적일 수밖에 없다.

2. 헌법변천의 예

(1) 외　　국

미국 연방헌법(§2)은 대통령선거를 간접선거로 규정하고 있으나 정당의 발달로 인해 직접선거와 같이 운용되고 있는데 이는 헌법변천의 예로 보아야 한다. 또한 미국 연방대법원이 헌법에 규정하지 않은 위헌법률심사권을 행사한 것 역시 헌법변천에 속한다. 일본의 경우 일본헌법(§9)은 일체의 전력의 보유를 금하고 있으나 자위대의 명목으로 전력을 유지하는 것은 헌법변천에 해당된다고 하겠다.

(2) 대한민국

우리 헌법의 경우 제3공화국 헌법(§110)이 지방의회를 구성하도록 하는 데 지방의회를 구성하지 않고 관치행정으로 운용한 것이나, 제1차 개정헌법(§31)이 국회를 양원제로 구성하도록 하는 데 상원인 참의원을 구성하지 않고 단원제로 운용한 것을 헌법변천으로 이해하는 것이 지배적이나 이견이 있다.

제3절 헌법의 보호

Ⅰ. 헌법보장과 헌법수호

1. 헌법보호의 의의

(1) 개　　념

헌법보호란 헌법적대적 세력으로부터 헌법의 기능이 상실되지 않도록 헌법을 방어하는 것을 말하며 동시에 헌법규범이 실효성과 항구성을 지닐 수 있도록 헌법규범을 보장하는 것을 말한다. 헌법보호는 적극적으로는 헌법실현을 보장하는 것(헌법보장)이고 소극적으로는 헌법의 적으로부터 헌법을 방어하는 것(헌법수호)이다.

(2) 종　류

정치적 공동체의 기본적 법질서인 헌법 자체의 보장을 말하는 협의의 헌법보호와 국가보장을 포함하는 광의의 헌법보호가 있다.

2. 헌법보호의 주체

공권력의 담당자인 공무원은 헌법을 준수할 의무가 있으므로 공무원은 헌법의 제1차적 보호자로서의 지위를 지닌다. 그러나 공무원의 헌법보장적 지위는 실효성이 매우 부족하며 기능에 일정한 한계가 있다. 대통령, 의회, 법원, 헌법재판소와 같은 국가기관에 의한 헌법보호가 예상된다. 대통령에게 부여된 헌법보호의무(§66②)는 광의의 헌법보호에 중점이 주어지지만 헌법재판소에게는 협의의 헌법보호의무가 강조된다. 국가기관에 의한 헌법보호가 공무원에 의한 헌법보호보다 더 강력한 헌법보장기능이 실현되겠지만 국가기관에 의한 헌법보호 역시 일정한 한계가 있다.

즉 헌법의 특정한 존재형식이 특정 제도나 장치 또는 특정 국가기관에 의해서 궁극적으로 보호될 수 없다. 따라서 헌법의 배후에서 헌법을 지키고 수호하려는 국민의 헌법수호의지만이 민주헌법을 지탱하는 원동력이라 할 수 있다. 그렇다면 국민이야말로 최후의 헌법수호자이며 헌법의 수호자의 수호자라 할 것이다.

Ⅱ. 대한민국 헌법의 헌법보호제도

1. 평상적 헌법보호제도

(1) 사전예방적 보호

헌법은 ㉠ 헌법의 최고법규성의 간접적 선언을 통해(부칙 §5) 스스로 자기보장기능을 확보하고자 하며, ㉡ 대통령에게 헌법수호의무의 선서를 통해(§69) 헌법준수의무를 강제하고 있고, ㉢ 권력분립원리를 채택함으로써 국가권력간의 견제와 균형을 통한 권력집중의 방지 및 위헌적 권력행사를 예방하고 있다. 동시에 ㉣ 경성헌법제도를 통해 개정요건을 어렵게 하여 집권자가 개정을 악용하는 것을 방지하고 있다. 우리의 경우 개정권력이 개정을 명분으로 독재정권을 연장하는 헌법침해의 예가 많았기에 경성헌법은 헌법보호에 특히 중요성을 지닌다. ⓜ 나아가 방어적 민주주의 채택을 통해(§8④) 자유의 적에게 자유를 부정하는 입장을 취하고 있다.

(2) 사후교정적 보호

헌법은 ㉠ 위헌법률이나 명령에 대한 심판, 탄핵심판, 권한쟁의심판, 위헌정당해산심판, 헌법소원심판 등과 같은 헌법재판을 통해 국가의 위헌적인 공권력을 통제하고 있고, ㉡ 국회가 대통령의 긴급명령 등에 대해 승인 및 계엄해제요구를 할 수 있게 하여 대통령의 긴급권행사를 통제하며, ㉢ 국회의 국무총리·국무위원 해임건의를 통해, 또 국정감사·조사를 통해 행정부의 헌법침해를 감시감독하며 헌법을 위반한 공무원에게 책임을 추궁하고 있다. 또한 ㉣ 형법, 국가보안법을 통해 국헌문란자를 처벌함으로써 헌법을 사후적으로 보호하고 있다.

2. 비상적 헌법보호제도

비상적 헌법보호제도로 국가긴급권과 저항권이 있는바, 자세한 내용은 장을 바꾸어 설명하기로 한다.

Ⅲ. 국가긴급권

1. 국가긴급권의 의의

(1) 개 념

국가긴급권이란 천재지변·전쟁·경제상 위기 등의 비상사태가 발생한 경우 국가의 존립을 유지하고 헌법질서를 보전하기 위하여 행사되는 비상·예외적 권한을 말한다. 국가권력은 언제나 헌법의 테두리 안에서 헌법이 정하는 절차나 방법에 따라 발동되어야 하나 전쟁이나 천재지변 등과 같은 국가비상사태가 발생하여 국가의 존립이나 헌법질서의 유지가 위태롭게 된 때에는 정상적인 헌정체제를 전제로 한 국가권력의 행사를 기대할 수 없다.

(2) 국가비상사태와 헌법장애상태

국가비상사태는 헌법장애상태와 구별되어야 한다. 헌법장애상태란 대통령의 유고 등과 같이 헌법기관 자체의 고장으로 헌법상 기능을 수행할 수 없는 상태를 말한다. 이러한 헌법장애상태는 그 원인과 해결방법에 있어 국가비상사태와 구별된다.

2. 국가긴급권의 유형

(1) 경찰적 국가긴급권

경찰적 국가긴급권이란 평상시의 헌법체제를 유지한 채 비상사태를 극복하기 위한 임시 응급의 국가긴급권을 말한다. 헌법 제76조의 긴급명령이나 긴급재정경제명령이 이에 해당한다.

(2) 합헌적 국가긴급권

합헌적 국가긴급권이란 헌법 자체가 미리 비상사태를 예정하고 이에 대처하는 국가긴급권을 말한다. 합헌적 국가긴급권은 입헌주의를 일시적으로 정지하여 강력한 권력행사를 허용하는 국가긴급권으로서 헌법 제77조의 계엄이 여기에 해당된다.

(3) 초헌법적 국가긴급권

초헌법적 국가긴급권이란 극도의 비상사태가 발생한 경우 헌법의 일체의 제한을 무시한 비법의 국가긴급권을 말한다. 법을 파괴하는 국가긴급권으로, 긴급'권'이라고는 하나 법적으로는 정당화될 수 없다.

3. 국가긴급권의 이론적 근거

긴급명령이나 계엄과 같은 국가긴급권의 경우 그것이 정당화될 수 있는 이론적 근거로 다음과 같은 것을 들 수 있다. 첫째, 평상시의 법치주의의 조직이나 방법과 절차로는 국가적 위기를 신속하고 적절하게 극복하기 어렵기 때문이다. 둘째, 국가비상사태를 예상할 수 있는 한 국가긴급권을 헌법에 제도화함으로써 합헌적 독재권력의 행사를 정당화시켜 주면서 비상사태를 합법적으로 처리할 수 있도록 하여 무제한적 국가긴급권의 남용을 방지하고 헌법의 파괴를 막을 수 있게 된다.

4. 국가긴급권의 발동과 한계

(1) 발　동

국가긴급권은 국가비상사태하에서 국가존립이나 안전을 신속히 회복할 목적으로 예외적으로 발동되어야 한다. 헌법의 존립과 유지, 방어 및 회복을 위한 목적이어야 한다. 필요를 빙자한 국가긴급권발동은 독재자의 단순한 폭력이 될 뿐이다.

(2) 한　계

첫째, 국가긴급권은 국가의 존립이나 입헌주의체제의 유지 그리고 국민의 기본적 자유를 방어하기 위한 소극적 목적으로만 발동되어야 한다(목적적 한계). 둘째, 국가긴급권은 통상의 헌법절차로는 처리할 수 없는 비상사태가 발생하고 국가긴급권 이외의 방법으로는 이를 해결할 수 없는 경우에 한해 발동되어야 한다(방법적 한계). 셋째, 국가긴급권은 헌법질서회복에 필요한 최소한의 범위에 그쳐야 하며, 동시에 비상사태에 대응하는 일시적이고 임시적인 성격을 지녀야 한다(최소침해적 한계). 최소한의 범위 내에서 이루어진 기본권 침해는 그것이 비례의 원칙을 지키는 한 헌법침해로 볼 수 없다.

5. 국가긴급권의 통제

국가긴급권의 남용을 방지하기 위해서는 이를 통제할 수 있는 제도적 장치가 필요하다. 국가긴급권의 목적, 조건, 절차 등을 실정화시킴으로써, 또는 의회의 사전 동의나 사후 승인을 얻게 함으로써, 그리고 법원이나 헌법재판소에 의한 심사를 통하여 통제할 수 있다. 최종적인 통제는 국민의 감시와 비판, 그리고 호헌의지에 달려있다. 일시적 자유는 포기할 수 있으나 항구적인 권리포기는 국가의 존립목적에 대한 부정을 의미하기에 국가긴급권은 엄격한 한계 내에서 본래의 목적에 충실하여야 한다. 하지만 국가긴급권에 대한 감시와 통제는 통상 실효성 없는 법조문에 그쳐 버리는 경우가 많다.

6. 대한민국 헌법상 국가긴급권의 변천

우리나라의 국가긴급권은 영욕의 세월을 경험하였다. 제1공화국 헌법은 대통령의 긴급명령권과 긴급재정처분권(§57) 및 계엄선포권(§64)을 규정하였다. 6·25 전쟁의 발발로 선포된 긴급권은 국가수호를 위한 정당한 조치에 해당되나 전쟁이 종료한 후에도 존속되었고 이를 정치적으로 악용한 것은 남용에 해당된다.

제2공화국 헌법은 대통령의 긴급명령권을 삭제하고 대신 대통령의 긴급재정처분권 및 국무총리의 긴급재정명령권을 규정하였고(§57), 계엄선포권을 규정하였다. 제3공화국 헌법은 대통령의 긴급명령권을 부활시켰고, 긴급재정·경제처분 및 명령권을 인정하였다(§73). 계엄선포권도 인정되었다(§75).

제3공화국 말기 1971년에는 '국가보위에 관한 특별조치법'이 제정되어 국회를 해산시키고 국민의 기본권이 일시 정지되는 초헌법적 비상조치가 단행되었다. 비상조치는 국가위기를 빙자하여 집권세력의 권력항구화를 획책한 조치였다.

제 4 공화국 헌법은 대통령에게 방대한 긴급조치권을 부여하였고(§53), 계엄선포권(§54)이 인정되었다. 9차에 걸치는 긴급조치가 발동되었다. 국가긴급권도 시간적 한계가 주어지는데, 7년에 걸쳐 9차에 걸치는 긴급조치는 대통령 서거라는 비극으로 막을 내리게 되었다. 연속된 긴급조치는 긴급권이 처방이 극적인 만큼 해독도 치명적임을 우리 모두에게 인식시켜 주었다.

한편 1979. 12. 12. 이후 1980. 5. 17.까지의 계엄은 정권획득을 위해 긴급권을 효과적 무기로 이용한 것에 불과하다. 제 5 공화국 헌법은 대통령에게 비상조치권(§51)과 계엄선포권(§52)을 인정하였다. 현행 헌법은 대통령에게 긴급명령권, 긴급재정·경제처분 및 명령권, 계엄선포권을 인정하고 있다.

헌재결정

1. 유신헌법을 부정·반대·왜곡 또는 비방하거나, 유신헌법의 개정 또는 폐지를 주장·발의·제안 또는 청원하는 일체의 행위, 유언비어를 날조·유포하는 행위 등을 전면적으로 금지하고, 이를 위반하면 비상군법회의 등에서 재판하여 처벌하도록 하는 것을 주된 내용으로 한, 유신헌법 제53조에 근거하여 발령된 대통령긴급조치 제 1 호, 대통령긴급조치 제 2 호, '국가안전과 공공질서의 수호를 위한 대통령긴급조치 제 9 호'는 최소한 법률과 동일한 효력을 지니므로 위헌 여부 심사권한도 헌법재판소에 전속하며, 2. 이 사건 긴급조치들에 대한 위헌 심사의 준거규범은 헌법재판을 할 당시에 규범적 효력을 가지는 현행헌법이 되고, 3. 국가긴급권의 행사라 하더라도 헌법재판소의 심판대상이 되고, 긴급조치에 대한 사법심사 배제조항을 둔 유신헌법 제53조 제 4 항은 입헌주의에 대한 중대한 예외일 뿐 아니라, 현행헌법이 반성적 견지에서 사법심사배제조항을 승계하지 아니하였으므로, 현행 헌법에 따라 이 사건 긴급조치들의 위헌성을 다툴 수 있으며, 4. 긴급조치는 국가긴급권의 발동이 필요한 상황과는 전혀 무관하게 헌법과 관련하여 자신의 견해를 단순하게 표명하는 모든 행위까지 처벌하고, 처벌의 대상이 되는 행위를 전혀 구체적으로 특정할 수 없으므로, 표현의 자유 제한의 한계를 일탈하여 국가형벌권을 자의적으로 행사하였고, 죄형법정주의의 명확성 원칙에 위배되며, 국민의 헌법개정권력의 행사와 관련한 참정권, 국민투표권, 영장주의 및 신체의 자유, 법관에 의한 재판을 받을 권리 등을 침해한다(헌결 2010헌바132).

Ⅳ. 저 항 권

1. 저항권의 의의

(1) 연 혁

저항권은 1776년 미국의 독립선언에서 처음으로 규정되었고 1776년 Virginia 권리장전을 위시하여 각 주의 권리장전에서 규정되었다. 독일은 1968년 헌법개정(§20④)을 통해 저항권을 명문화시켰다. 일본 헌법이나 우리나라 헌법은 명문규정을 두고 있지 않다.

(2) 개 념

저항권이란 국가권력에 의하여 헌법의 기본원리에 대한 중대한 침해가 행하여지고 그 침해가 헌법의 존재 자체를 부인하는 것으로서 다른 합법적인 구제수단으로서는 목적을 달성할 수 없을 때 국민이 자기의 자유와 권리를 지키기 위하여 실력으로 저항하는 권리를 말한다.

(3) 구별개념

(가) 시민불복종권

시민불복종권이란 법질서 일반에 대한 정당성은 긍정하나 자신의 양심에 비추어 부당하다고 여겨지는 법이나 정책을 변혁하기 위해 행해지는 각종의 집단적이고 정치적인 저항행위를 말한다. 저항권은 시민불복종권과 구별된다.

(나) 국가긴급권

국가긴급권은 비상사태시 국가권력에 의해 발동되는 국가의 자구행위이며 국가의 위기극복수단이라는 점에서 국민에 의하여 행사되는 인권의 회복수단인 저항권과 구별된다.

(다) 혁명권 및 쿠데타

혁명권이란 일정한 정치적 이념이나 주장의 실현을 위하여 기존 법질서의 기초를 근본적으로 변혁시키는 행위를 말하고, 쿠데타란 적법절차에 의하지 아니하고 힘으로 정권을 장악하는 것을 말하며 통상 기존 헌법의 폐지를 가져온다.

2. 저항권의 법적 성격과 헌법적 근거

(1) 법적 성격

저항권이 헌법을 보호하는 수단인가 아니면 기본권인가가 다투어진다. 저항권은 헌법을 보호하는 비상적 수단의 성격을 지니지만 기본권의 성격을 부정하기 어렵다. 양자의 성격을 모두 지니고 있다고 보는 것이 다수설이다. 저항권은 자연권으로서 제도화될 수 없는(되기 어려운) 권리의 성격을 지닌다.

(2) 법적 근거

저항권을 긍정하는 데 학자들 사이에는 이론의 여지가 없어 보인다. 현행 헌법은 저항권에 관한 명문규정을 두고 있지 않아 어디에서 그 근거를 찾을 수 있는가가 문제되며 다투어진다. 일부 견해에 의하면 헌법전문의 '불의에 항거한'에서 간접적으로 그 근거를 찾을 수 있다고 한다. 그러나 저항권의 헌법적 근거유무는 저항권 인정여부에 어떠한 영향도 가져오지 않는다. 저항권은 조직화될 수 없는 초국가적 성격을 지니기 때문이다. 저항권은 자연법상의 권리로서 합법화나 제도화와 본질적으로 친하지 않는 권리이다. 굳이 찾는다면 국민주권의 원리와 국민의 납세의무를 규정한 헌법취지로부터 저항권의 근거를 찾을 수 있겠다.

3. 저항권의 주체와 객체

(1) 주　체

저항권의 주체는 국민이다. 외국인에게는 원칙적으로 주체성이 불허된다. 국가기관 역시 주체성이 부정된다.

(2) 객　체

저항권의 객체는 헌법질서를 파괴하려는 모든 공권력 담당자가 된다. 저항권의 행사대상을 국가권력으로 한정하는 것이 지배적인 견해인데 국가권력에 의한 위로부터의 정변뿐만 아니라 사회혁명세력에 의한 아래로부터의 정변에 대하여도 저항권행사를 긍정하는 견해가 있다. 그러나 저항권대상은 국가권력으로 한정되어야 한다. 사회세력에 의한 헌법침해는 국가긴급권으로도 충분하기 때문이다.

4. 저항권의 내용

(1) 저항권행사의 요건

저항권은 헌법을 보호하는 수단이지만 헌법을 파괴할 위험성을 지니고 있기에 저항권행사의 요건은 객관화되어야 하며 제한적이어야 한다.

저항권행사는 개개의 헌법조항에 대한 단순한 위반이 아니라 민주주의 기본질서나 기본권보장의 전 체계가 위협되며 헌법의 존재 자체가 부인되는 경우라야 한다. 저항권은 국가권력의 행사가 불법이라는 것이 객관적으로 명백하여야 하고(명백성), 헌법질서재건을 위한 최후의 수단이어야 한다(최후수단성).

(2) 저항권행사의 목적

저항권행사는 파괴된 헌법질서와 헌법의 기본원리를 수호하고 회복하기 위한 것이어야 한다. 인간의 존엄을 회복하는 것이어야 하며 입헌주의 헌법체제를 수호하기 위한 것이어야 한다. 저항권은 기존의 헌법질서를 무너뜨리고 새로운 사회적·경제적 체제로의 인위적 변혁을 목적으로 하는 데에는 사용될 수 없다. 이와 같이 헌법질서의 수호와 회복에 그 목적이 있는 저항은 새로운 헌법질서의 형성이나 창출을 목적으로 하는 혁명과 구별된다.

(3) 저항권행사의 방법

저항권의 행사방법을 미리 법으로 정할 수 없다. 저항권행사는 가장 평화적인 방법을 택하여야 한다. 극단적인 경우 저항권행사방법으로서 무력이나 (헌법파괴범에 대한) 살인마저도 정당화될 수 있다. 무저항 운동과 같은 수동적 저항과 4.19 혁명과 같은 능동적 저항의 형태로 이루어진다.

5. 저항권행사의 효과

저항권의 행사는 외형적으로는 공무집행방해죄를 비롯하여 많은 범죄의 구성요건에 해당하게 된다. 성공한 경우는 물론 실패한 경우에도 저항권행사를 기존 실정법질서의 잣대로만 평가하는 것은 타당하지 않다. 어떤 경우, 누구에 의해, 어느 정도로, 저항이 가능하며 정당하다고 할 것인가, 그리고 이러한 판단을 누가 어떻게 할 것인가는 실제적으로도 해결하기 매우 어려운 문제이다.

Chapter CONSTITUTIONAL LAW

02 대한민국 헌법

제 I 절 대한민국 헌법의 제정과 개정

Ⅰ. 대한민국 헌법의 제정

1. 대한민국 임시정부 헌법

대한제국이 1910년 을사보호조약과 한일합병에 의하여 주권을 상실한 후, 해외 이주 교민들과 독립 운동가들은 국내는 물론 노령·간도·상해·하와이·미주 등 국외에서 무력항쟁 및 독립운동에 직접 참여하거나 간접적으로 이들 운동을 지원하는 데 많은 노력을 기울였다. 거족적 민족독립운동인 1919년 3·1운동이 동년 4월 중국 상해에서 수립된 임시정부의 사상적 배경이란 사실에 추호의 의문이 있을 수 없다. 3·1운동의 독립의지를 결집하여 망명지 상해에서 국내외 대표로 구성된 임시의정원에 의해 만들어진 대한민국 임시헌장은 한국 최초의 근대헌법이라 할 수 있다.

상해 임시정부는 1919년 4월 13일에 한국 최초의 기본법의 성격을 지닌 '대한민국임시헌장'을 제정하였다. 위 헌장은 국호를 대한민국으로, 국가형태를 민주공화국으로, 국무총리를 임시정부의 수반으로 하였고, 평등권, 종교의 자유, 언론의 자유, 이전의 자유, 신체의 자유, 소유권, 선거권, 기본의무 등을 그 내용으로 하였다. 대한민국 임시헌장은 민주공화제를 선포함으로써 기존의 군주정의 정치질서를 거부하고 새로운 정치질서를 수립하였다. 대한민국 임시정부 헌법은 5차례에 걸쳐 개정되었다.

2. 건국헌법의 제정

대한민국 초대국회는 5·10선거에서 선출된 임기 2년의 198인의 의원으로 구성된 제헌국회였다. 제헌국회는 헌법기초위원회를 구성하여 헌법제정에 착수하였다. 유진오 안을 중심으로 헌법초안이 만들어졌는데, 당시 국회의장이었던 이승만의 반대 등 우여곡절 끝에 1948년 6월 헌법초안이 국회에 상정되었다. 1948년 7월 17일 국회의장 이승만이 이에 서명함으로써 대한민국 헌법이 제정 공포되었다. 건국헌법에 의거하여 대통령과 부통령이 선출되었고, 국무총리와 대법원장이 국회의 인준을 받아 정부가 수립되었으며, 1948년 8월 15일 역사적인 대한민국정부수립 선포식이 거행되었다.

3. 건국헌법의 내용

(1) 총 강

건국헌법은 국호를 대한으로 하는 민주공화국 헌법으로서, 대한제국과 3·1 운동으로 세워진 대한민국 임시정부의 법통을 이어받은 한반도 유일의 합법정부 헌법이었다. 건국헌법은 한반도와 부속도서를 그 영토로 한다고 하여 한반도 전역을 지배하는 헌법이었다. 한편 북한은 조선과 민주주의와 인민공화국의 조합으로 국호를 '조선민주주의 인민공화국'으로 하는 헌법을 1948년 9월 제정하게 된다. 북한은 영토조항을 두지 않은 대신 수도조항을 두었는데, 서울을 그 수도로 하였다(북한헌법 §103). 그 후 1972년 12월 28일 헌법개정을 하면서 24년간 유지하였던 서울－수도조항을 삭제하고 평양을 수도로 규정하였다.

(2) 기 본 권

자유권을 보장하면서, 양심, 종교, 학문·예술의 자유를 제외하고는 개별적 법률유보조항을 두었는데, 동시에 일반적 법률유보조항을 두었다(§28). 또 생존권규정을 두었다(§19).

(3) 권력구조

(가) 대통령과 정부

㉠ 대통령과 부통령을 임기 4년으로 1차에 한하여 중임할 수 있도록 하였고(§55), 국회에서 선출하였으며(§53), ㉡ 대통령의 법률안거부권(§40) 및 법률안제출

권(§39)을 허용하였고, ⓒ 대통령은 긴급명령권, 긴급재정처분권(§57), 계엄선포권(§64)을 행사할 수 있었고, ⓓ 부통령이 대통령의 권한을 선 대행하고, 국무총리가 대행하며(§52), ⓔ 국무총리는 대통령이 임명하며 국회의 승인을 얻어야 한다(§69), ⓕ 국무원은 대통령과 국무총리 기타의 국무위원으로 조직되는 합의체로서 대통령의 권한에 속한 중요정책을 의결할 수 있었다(§68).

(나) 국 회

㉠ 국회는 단원제로, ㉡ 임기 4년(제헌국회는 2년)의 국회의원으로 구성되며(§33), ㉢ 법률제정, 예산안심의결정, 국정감사권 및 탄핵소추권을 행사하고, ㉣ 국회의장은 의결에 있어서 표결권을 가지며, 가부동수인 경우에는 결정권을 가졌다(§37).

(다) 법 원

㉠ 법관은 징계처분에 의하여도 파면이 가능하였다(§80). ㉡ 대법원장은 대통령이 임명하였으며, 국회의 승인을 얻도록 하였다(§78). ㉢ 헌법위원회는 부통령을 위원장으로 하고, 대법관 5인과 국회의원 5인으로 구성하며, 위헌법률심판을 담당하였다(§81). ㉣ 탄핵재판소는 부통령이 재판장이 되며, 대법관 5인, 국회의원 5인으로 구성되었고, 대통령·부통령에 대한 탄핵은 대법원장이 재판장의 직무를 대행하였다(§47).

(4) 경제질서

경제질서는 통제경제에 가까운 혼합경제질서에 입각하였다. 혼합경제란 계획경제와 구별되지만 자본주의 시장경제질서와도 구별되는 경제질서를 말한다. 건국헌법(§84)은 '대한민국의 경제질서는 모든 국민에게 생활의 기본적 수요를 충족할 수 있게 하는 사회정의의 실현과 균형 있는 국민경제의 발전을 기함을 기본으로 한다. 각인의 경제상 자유는 이 한계 내에서 보장된다'고 규정하고 있다. 이는 개인의 경제상 자유와 창의를 기본으로 하면서 균형 있는 국민경제발전을 위해 경제에 대한 규제와 조정을 할 수 있는 현행 헌법(§119)의 경제질서와 비교할 때 '원칙과 예외'에 있어 차이가 있다. 건국헌법은 현행 헌법의 사회적 시장경제질서보다 더 통제경제 성격을 지닌 경제질서였다.

(5) 특 징

㉠ 대통령과 국무총리, 국무위원으로 구성되는 합의체의결기관으로 국무원을

두었는데(§68), 대통령제 정부형태와 조화되기 어려운 의원내각제 요소를 혼합시키고 있다. ㉡ 실질적 평등을 실현하고자 하는 헌법제정자의 강한 의도가 엿보인다. 사기업에 있어서 근로자의 이익분배균점권을 인정한 것이나, 자연자원의 원칙적 국유화를 선언하고 있는 점, 통제경제를 주축으로 하였던 점, 그리고 근로자의 지위를 강조한 점 등이다. ㉢ 헌법개정을 국회의 의결로 가능하도록 한 것은 헌법의 현실적응성을 높이려는 시도로 보인다. ㉣ 헌법에 정당조항이 없었으며, 통일조항도 존재하지 않았다.

Ⅱ. 대한민국 헌법의 개정

1. 우리 헌법의 개정과정

(1) 제 1 차 헌법개정(1952. 7. 7. 발췌개헌)

(가) 내 용

㉠ 대통령과 부통령을 국민직선제로 한다(§53). ㉡ 국회를 양원제로 하고, 민의원 임기는 4년, 참의원은 6년이다(§33). ㉢ 민의원은 국무원불신임결의를 할 수 있다(§70조의2).

(나) 문 제 점

발췌개헌안 자체에 대하여 공고절차가 없었으므로 헌법개정의 공고절차를 위반하였고 국회에서 토론의 자유가 보장되지 않았으며 의결이 강제되었다는 점에서(기립 공개표결) 헌법개정절차가 무시된 헌법개정이라 할 수 있다. 아울러 대통령제의 본질적 요소인 대통령직선제를 도입하면서 의원내각제의 본질인 국무원불신임제도를 함께 둔 것은 체계정당성에 반한다고 할 것이다.

(2) 제 2 차 헌법개정(1954. 11. 27. 사사오입개헌)

(가) 내 용

㉠ 초대 대통령의 중임제한을 철폐하였다. 헌법본문은 그대로 두고, 헌법부칙에다 대통령 중임제한조항은 초대 대통령에게는 적용하지 않는다는 내용을 두었다. ㉡ 주권의 제약, 영토의 변경을 가져올 국가안위에 관한 중대사항은 국회의 가결을 거친 후 국민투표에 부의하며, 민의원의원선거권자 3분지 2 이상의 투표와 유효투표 3분지 2 이상의 찬성을 얻어야 한다(§7의2). 위 국민투표의 발의는 국회의 가결

이 있은 후 1개월 이내에 민의원의원선거권자 50만인 이상의 찬성으로써 한다(§7의 2). ⓒ 대통령이 궐위된 때에는 부통령이 대통령이 되고 잔임기간 중 재임한다(§55). ⓔ 군법회의를 두었고(§83의2), 자유시장경제체제로 전환하였다. ⓜ 국무총리제를 삭제하였다. ⓑ 헌법개정의 한계에 대한 명문규정을 두었다. ⓢ 헌법개정의 제안은 민의원 선거권자 50만인 이상의 찬성으로 할 수 있도록 하였다(§98).

(나) 문 제 점

의결정족수에 미달하는 절차상 흠이 있었고, 초대 대통령에 한하여 중임제한을 철폐한다는 것도 평등의 원칙에 어긋나는 위헌적인 개헌이었다.

(3) 제 3 차 헌법개정(1960. 6. 15. 제 2 공화국의 성립)

(가) 내 용

ⓐ 정당조항을 신설하면서, 정당해산을 헌법재판소결정에 따르게 하였다(§13). ⓑ 기본권의 본질적 내용을 침해할 수 없다는 조항을 두었다(§28②). 또 표현의 자유의 사전허가나 검열을 금지하였다(§28). ⓒ 선거연령을 20세로 인하하였다(§25). ⓔ 공무원의 신분 및 정치적 중립성을 보장하였고(§27), 경찰의 중립을 보장하는 규정을 두었다(§75). ⓜ 국회는 민의원과 참의원으로써 구성하고(§31), 민의원 임기는 4년, 참의원 임기는 6년으로 한다. ⓑ 각원의 의장은 의결에 있어서 표결권을 가지며 가부동수인 경우에 결정권을 가진다. ⓢ 대통령은 국가원수이며, 국가를 대표한다(§51). 대통령은 양원합동회의에서 선거하고(§53), 임기는 5년, 1차 중임(§55)이 허용되었다. 대통령이 직무를 수행할 수 없을 경우에는 참의원의장, 민의원의장, 국무총리의 순으로 권한을 대행하였다(§52). ⓞ 대통령은 '헌법과 법률이 정하는 바에 의하여', 국군통수권을 가지며(§61), 공무원의 임면을 확인한다(§62). ⓙ 대통령은 '국무회의 의결에 따라', 조약체결, 계엄선포, 긴급재정처분, 선전포고, 외교사절의 신임접수, 사면 등을 행한다. ⓒ 행정권은 국무원에 속하며, 국무원은 국무총리와 국무위원으로 조직되고(§68), 국무원은 민의원에 대하여 연대책임을 진다(§69). 국무총리는 국무회의의 의결을 거쳐 국무원령을 발할 수 있다(§70). 동시에 국무총리는 국무원을 대표한다(§70). ⓣ 헌법에 관한 최종적 해석권을 가진 헌법재판소를 신설하였다(§83③). 대법원장과 대법관은 법관의 자격이 있는 선거인단에서 선출하도록 하였다(§78). 중앙선거관리위원회(당시는 중앙선거위원회)를 신설하면서 헌법기관화하였다(§75②). ⓟ 자치단체장 중 시·읍·면의 장은 주민이 직접 선출토록 하였다(§97).

(나) 평 가

제 2 공화국 헌법은 구 헌법의 개정절차에 따랐으며, 구 헌법의 근본규범의 변경 없이 헌법개정이 이루어졌기 때문에 제 2 공화국 헌법의 성립은 헌법의 전면개정에 해당한다고 하겠다. 따라서 제 2 공화국 헌법의 성립을 혁명에 의한 새 헌법의 제정으로 보기는 어렵다. 헌정사상 처음으로 합헌적 개정절차에 의하여 의원내각제 정부형태로의 개정이 이루어졌다.

(4) 제 4 차 헌법개정(1960. 11. 29. 부칙 개정)

(가) 내 용

제 4 차 개헌은 형벌불소급의 원칙에 대한 예외로서 3·15 부정선거의 주모자들을 처벌하기 위한 헌법적 근거를 마련하기 위한 것이었다. 헌법 부칙에 신설된 내용을 보면 ㉠ 1960년 3·15 부정선거에 관련하여 부정행위를 한 자 및 그 부정행위에 항의하는 국민에 대하여 살상 기타의 불법행위를 한 자를 처벌하기 위한 특별법을 제정할 수 있도록 하였다. ㉡ 1960년 4월 26일 이전에 반민주행위자에 대한 공민권 제한과 부정축재자 처벌을 위한 특별법을 제정할 수 있도록 하였다. ㉢ 이들 사건을 처리하기 위하여 특별재판소와 특별검찰부를 둘 수 있다는 것을 그 내용으로 하고 있다.

(나) 문 제 점

제 4 차 개정은 소급입법에 의하여 참정권과 재산권을 제한할 수 있게 한 점에서 위헌 여부의 논란이 많았다. 제 4 차 헌법개정 후, 부정선거관련자처벌법, 공민권제한법, 부정축재특별처벌법, 특별재판소및특별검찰부조직법 등이 제정되었으나, 5·16 쿠데타로 완결을 보지 못하였다. 이는 건국 헌법에서 반민족행위자를 소급 처벌할 수 있는 규정을 둔 후, 두 번째 일이다.

(5) 제 5 차 헌법개정(1962. 12. 26. 제 3 공화국의 성립)

(가) 내 용

㉠ 헌법전문이 최초로 개정되었고, ㉡ 인간의 존엄권 조항이 신설되었다(§8). ㉢ 대통령제로 환원되면서, 임기 4년, 1차중임의 직선 대통령제를 도입하였다. ㉣ 국회를 단원제로 구성하였다. ㉤ 헌법재판소를 폐지하여, 위헌법률심사권을 대법원에 부여하였다(§102). ㉥ 대법원장 및 대법원판사임명에 법관추천회의의 제청에 의하

도록 하였다(§99). ㉦ 헌법개정에 필수적 국민투표제를 도입하였다(§121). ㉧ 탄핵심판위원회를 설치하였고(§62), 경제·과학심의회의(§118)와 국가안전보장회의의 설치를 규정(§87)하였다.

(나) 문 제 점

헌법개정이란 기존 헌법의 개정조항에 따른 개정을 말하는데, 제5차 개정은 구 헌법(제2공화국 헌법)에 의한 개정이 아니라 국가재건비상조치법에 의한 개정이기 때문에 엄밀한 의미의 헌법개정으로 보기 어렵다. 구 헌법에 의하면 국회의결이 요구되었는데 제5차 개정은 국회의 의결절차가 없었기 때문이다.

(6) 제6차 헌법개정(1969. 10. 21. 삼선개헌)

(가) 내 용

㉠ 대통령의 연임을 3기까지 허용하며(§69), ㉡ 대통령에 대한 탄핵소추의 정족수를 가중하고(§61②), ㉢ 국회의원의 국무위원겸직을 허용하였다(§39).

(나) 문 제 점

집권연장을 목적으로 한 헌법개정이 이루어지게 된다. 대통령의 연임을 3기까지 허용함으로써 장기집권의 계기를 만들어 주었다. 당시 여당 내에서도 많은 반대가 있었기에 국회 제3별관에서 기습적으로 개정안을 통과시켰는데, 이 또한 헌정사의 옳지 못한 선례를 남겨 주었다.

(7) 제7차 헌법개정(1972. 12. 27. 제4공화국의 성립)

(가) 내 용

전문, 본문 제126조, 부칙으로 구성된 유신헌법의 특징은 국민의 기본권을 극도로 제약하고, 행정, 입법, 사법권을 무력화시키며 대통령을 절대군주로 만들었다는데 있다.

기본권을 극도로 제약한 내용을 보면, ㉠ 기본권의 본질적 내용침해금지규정을 삭제하였다. ㉡ 구속적부심제를 폐지하였다. ㉢ 재산권의 수용 등에 따른 보상을 법률에 위임하였다(§20). ㉣ 근로3권의 범위를 크게 제한하였다(§29).

대통령을 절대군주화한 내용을 보면, ㉠ 대통령은 임기 6년이며, 중임이나 연임제한규정을 두지 아니하였다(§47). ㉡ 대통령은 통일주체국민회의에서 토론 없이 무기명으로 선출되었다(§39). ㉢ 대통령은 긴급조치권(§59), 국회해산권(§59), 국회의원 정수의 3분의 1의 추천권(§40), 국민투표부의권(§49)을 가진다. ㉣ 헌법개정을 이원화하여 대통령이 제안한 헌법개정안은 국회의 의결 없이 바로 국민투표에 회부하여 확정하였고 국회의원이 제안한 헌법개정안은 국회의 의결을 거쳐 통일주체국민회의에서 의결하도록 하였다(§124②).

국회를 무력화한 내용을 보면, ㉠ 통일주체국민회의라는 대의 아닌 대의기구를 만들어 국회의 대표기관의 성격을 희석시켰다. ㉡ 통일주체국민회의에서 국회의원 정수의 3분의 1을 선출하도록 하였고(대통령이 국회의원 정수의 3분의 1을 추천한 것에 대하여), 국회가 제안한 개헌안을 의결토록 하였다(§124②). ㉢ 국회의 회기단축, 국정감사권을 부인하였다.

법원을 무력화한 내용을 보면, ㉠ 대통령이 모든 법관의 임명권을 행사할 수 있도록 하였다(§109). ㉡ 법관을 징계처분에 의하여도 파면할 수 있도록 하였다(§104). ㉢ 헌법재판권을 대법원에서 헌법위원회로 이관하였다(§109).

(나) 문 제 점

박정희 정부의 1972. 10. 17. 비상조치는 당시 헌법으로는 발동의 법적근거가 없었고 상위 헌법을 정지시키고 헌법을 침해하는 것이므로 '사실상' 쿠데타에 해당한다. 또한 제7차 헌법개정은 구 헌법에 따른 개정이 아니므로 실질적으로 헌법제정에 해당한다. 국회를 해산하였기에 헌법개정안에 대한 국회의 심의 없이 입법권을 대행한 비상국무회의에서 통과되었고 국가를 공포분위기로 만든 상태, 즉 국민의 찬반투표가 사실상 허용되지 않는 가운데에 국민투표로 확정되었다. 절차상 명백한 하자가 있는 헌법개정이었다.

(8) 제8차 헌법개정(1980. 10. 27. 제5공화국의 성립)

(가) 내 용

전문, 본문 제131조, 부칙 제10조로 구성되었다. 유신헌법의 독소조항을 상당부분 제거하거나 완화시키고 있다. 그 주요 내용을 보며, ㉠ 헌법총강부분에 전통문화의 창달(§82), 정당보조금(§7)규정을 신설하였다. ㉡ 기본권 조항은 대체로 제3공화국 헌법으로 복귀하였다고 할 수 있다. 행복추구권(§9), 연좌제금지(§12), 사생활의 비밀과 자유(§16), 환경권(§33), 적정임금제도가 신설되었다(§30①). 또한 언론·출판의 사회적 책임(§20), 평생교육진흥(§29), 형사피고인의 무죄추정(§26)이 새롭게 규정되었다. ㉢ 통일주체국민회의를 폐지하였고, 대통령을 대통령선거인단에서 간선으로 선출하도록 하였다(§ 39). ㉣ 대통령의 권한을 유신헌법에 비하여 대폭 축소하였다. 과거 남용의 폐단이 컸던 긴급조치권을 폐지하고 상대적으로 효력이 약한 비상조치권으로 변경하였다(§ 51). ㉤ 대통령의 임기를 7년으로 하고, 장기집권의 폐해를 방지하기 위해 단임제로 하였다. ㉥ 국회의 지위를 회복하기 위해, 통일주체국민회의를 폐지하고, 헌법개정에 국회의 의결을 거치도록 하였다. ㉦ 법원의 지위를 회복하기 위해, 대법원장이 일반법관의 임명권을 가지도록 하였고, 징계처분에 의한 법관면직 규정을 삭제하였다. ㉧ 경제질서에 대한 공법적 규제를 확대하였다. 즉 독과점의 규제와 조정(§ 120), 소비자보호(§ 125), 국가표준제도(§ 128), 중소기업의 보호·육성(§ 124), 농·어민·중소기업의 자조조직의 육성 및 정치적 중립성보장을 규정하였다(§ 124). ㉨ 헌법개정의 경우 국회의 의결을 반드시 경유하도록 하였고 국민투표로만 확정할 수 있게 하였다(§ 129).

(나) 분 제 점

제 5 공화국 헌법의 성립은 10·26 사태 이후 새로운 민주 헌정질서를 갈망한 국민의 요구에 부응하지 못하고, 제 2 의 군사쿠데타로 헌정사의 오점을 남긴, 빛이 바랜 헌법제정이었다. 제 5 공화국 헌법의 성립은 제 4 공화국 헌법의 개정절차에 따라 개정되었으므로 헌법개정이라 할 수 있고, 제 5 공화국 헌법 스스로 제 9 차 헌법개정이라고 했으며, 동시에 국민주권 등 근본규범에 변경이 없었고, 또한 전면개정의 형태를 취했기 때문에 헌법개정으로 볼 수 있는 측면이 다분히 있다 하더라도 헌법개정으로 보기는 어렵다. 새로운 정치주도세력에 의한 새 헌법의 제정으로 보는 것이 타당하다.

(9) 제 9 차 헌법개정(1987. 10. 29. 제 6 공화국의 성립)

(가) 내 용

전문, 본문 제10장, 제130조, 부칙 제 6 조로 구성되었다. 제 6 공화국 헌법의 주요내용은, 헌법총강부분에서는, ㉠ 헌법전문에서 대한민국이 상해임시정부의 법통을 계승하고 있음과 4·19의 저항정신을 존중함을 명시하였다. ㉡ 국군의 정치적 중립성을 선언하였다. ㉢ 정당의 조직·활동뿐 아니라 목적까지도 민주적일 것을 추가하였고, 위헌정당의 해산을 헌법재판소에 제소토록 하였다.

기본권부분에서는, ㉠ 최저임금제도를 실시하고, 단체행동권에 대한 법률유보를 삭제함으로써 단체행동권을 보장하였다. ㉡ 여자·노인·청소년·생활무능력자의 복지향상을 보장하고, 모성보호규정을 신설하였다. ㉢ 형사피해자의 재판상진술권을 신설하였으며, 형사보상청구권의 범위를 피의자에게까지 확대하고, 형사피해자에 대한 국가구조제도를 신설하였다.

국회의 지위와 권한에서는, ㉠ 임시회 소집요구권을 국회의원 재적 3분의 1에서 4분의 1로 완화함으로써 국회의 자율적 활동을 보장하였다. ㉡ 정기회의 회기를 90일에서 100일로 늘리고, 회기제한규정을 삭제하였다. ㉢ 국정감사권을 부활시켰다. ㉣ 국회의 국무총리·국무위원에 대한 해임의결권을 해임건의권으로 변경하였다. ㉤ 대통령선거에서 최고득표자가 2인 이상인 경우에는 국회에서 선출하도록 하였다.

대통령과 정부의 지위와 권한에서는, ㉠ 대통령선거를 국민직선제로 하고, 임기를 5년 단임제로 하였다. ㉡ 대통령후보자가 1인일 때에도 선거권자 총수의 3분의 1 이상의 득표를 얻어야 당선되며, 5년 이상의 국내거주요건을 삭제하였다. ㉢ 대통령의 비상조치권을 긴급명령권이나 긴급재정·경제처분 및 명령권으로 축소시켰고, 국회해산권을 삭제하였다.

법원의 지위와 권한에서는, ㉠ 판사를 대법관과 법관으로 구분하며, 대법관 임명에 국회의 동의를 얻도록 하였다. ㉡ 대법관이 아닌 법관은 대법원장이 임명하되, 대법관회의의 동의를 얻도록 하였다. ㉢ 헌법재판소를 신설하여, 법률의 위헌여부심판을 독점하도록 하였다.

경제질서에서는, 자유시장경제체제의 근간을 유지하면서, 경제에 대한 규제와 조정을 할 수 있도록 하였다. 균형 있는 지역경제의 육성과 국토개발, 중소기업과 농어민에 대한 보호와 육성, 대외무역의 육성과 규제와 조정 등을 통한 경제민주화의 실현을 기하고 있다.

지방자치의 경우, 헌법 부칙에서 실시에 관한 유보조항을 삭제함으로써, 지방의회가 구성되었고, 자치단체장과 지방의원을 선출함으로써 본격적인 지방자치시대에 들어가게 되었다.

㈏ 평　가

제9차 개헌은 국민의 염원이었던 민주화를 실현하였다. 대통령직선제를 도입하였고, 비대해진 대통령의 권한을 축소하였으며 약화된 국회와 사법부의 헌법적 지위와 권한을 회복하였고, 헌법재판소를 두어 헌법기관에 대한 실질적 통제장치를 마련하였다.

2. 우리 헌법의 개정절차

(1) 제 안

헌법은 헌법개정의 제안권을 대통령과 국회에 부여하고 있다. 제2차 개정헌법, 제2공화국 및 제3공화국 헌법에서와 같은 국민의 헌법개정제안권은 인정하고 있지 않다. 대통령은 국무회의의 심의를 거쳐(§89, 제3호) 헌법개정안을 제안하며, 국회의원은 재적 과반수로 헌법개정안을 제안한다(§128①). 역대 헌법 중 대통령에게 헌법개정제안권을 허용하지 않은 것은 제3공화국 헌법뿐이다.

(2) 공 고

제안된 헌법개정안은 대통령이 20일 이상의 기간 이를 공고하여야 한다(§129). 공고절차를 둔 이유는 국민의 합의를 만들어내기 위함이므로 합헌적 개헌에는 필수적으로 요구되는 절차가 된다. 공고기간 동안에는 개헌안에 대한 찬반토론 및 의사표현이 자유롭게 보장되어야 한다. 국민의 자유로운 표현과 참여는 개정의 정당성의 전제조건이기 때문이다. 헌법개정절차에서 공고기간을 둔 의의가 여기에 있으며 비상계엄 하에서 헌법개정이 정당성을 얻을 수 없는 이유이기도 하다. 현행 헌법은 공고기간이 너무 단기인 것이 문제로 지적된다.

(3) 국회의 의결

국회는 헌법개정안이 공고된 날로부터 60일 이내에 의결하여야 한다(§130①). 국회의 의결에는 재적의원 3분의 2 이상의 찬성을 얻어야 한다. 수정의결은 허용되지 않는다. 수정의결은 공고되지 아니한 개헌안을 의결하는 것이 되어 헌법개정절차에서 공고제도가 지니는 취지에 위배되기 때문이다. 역사적 책임소재를 분명히 하기 위하여 기명투표로 한다(국회법 §112④).

(4) 국민투표

국회의 의결을 거친 헌법개정안은 국회가 의결한 후 30일 이내에 국민투표에 회부되며 국회의원 선거권자 과반수의 투표와 투표자 과반수의 찬성을 얻어야 한다(§130②). 국민투표에 부치는 것은 국민주권사상에 충실하기 위한 것이나 국민투표적 정당성만을 얻으려는 구실로 전락되어서는 안 된다. 또한 국민투표에 부쳤다고 하여 언제나 헌법개정의 정당성 문제가 해결되는 것도 아니다. 국민투표의 효력에 관하여 이의가 있는 경우에는 투표인 10만 이상의 찬성으로 중앙선거관리위원회위원장을 피고로 투표일 20일 이내에 대법원에 제소할 수 있다(국민투표법 §92).

(5) 공 포

헌법개정안이 확정되면 대통령은 이를 즉시 공포하여야 한다(§130③). 개정된 헌법의 효력발생시기에 관하여 공포시로 보는 견해와 20일 경과시로 보는 견해의 대립이 있다. 20일 경과시로 보는 견해가 논리적이긴 하나, 공포시로 보는 것이 관례이다. 다만 정치일정상 부칙에 그 시행시기를 천명하는 경우가 보통이다(부칙 §1).

3. 우리 헌법의 구체적 개정한계

(1) 구체적 한계조항

현행 헌법 하에서 개정이 허용되지 않는 규정이 무엇인가에 관해 다양한 의견이 개진되고 있다. 한계긍정론자들 사이에도 구체적인 개정금지조항에 관하여 견해가 통일되어 있지 않다. 그러나 국호, 국가형태, 국민주권, 자유민주적 기본질서, 국제평화주의, 복수정당제도, 핵심적 기본권, 사유재산제도, 지방자치제도, 사회적 시장경제질서 등을 완전히 폐지시키거나 공동화시키는 개정은 허용될 수 없다.

(2) 헌법 제128조 제2항

헌법 제128조 제2항은 대통령의 임기연장 또는 중임변경을 위한 헌법개정은 그 헌법개정제안 당시의 대통령에게는 효력이 없다고 규정하고 있다. 이 조항은 개정 자체를 금지하고 있지 않기에, 개정금지조항이 아니라 개정의 효력만을 제한하는 규정으로 보아야 한다. 우리 헌법의 경우 제2차 개정헌법에서만 헌법개정의 실정법적 한계를 두고 있다.

제2절 대한민국 헌법의 존립기초

Ⅰ. 국가와 국가형태

1. 국 가

(1) 국가의 개념

국가란 특정한 목적과 과제를 가지고, 일정한 지역을 토대로, 하나의 권력에 의하여 결합된 인간의 집단을 의미한다. 국가는 일정한 지역을 존립요건으로 하지 않는 일반 사회단체 등과 구별되며, 하나의 최고·독립의 권력을 행사할 수 없는 지방자치단체와 구별된다. 국가는 헌법에 따라 의사결정능력과 행위능력을 지니고 권리·의무의 주체로서 법인격을 지니며, 국내외적으로 권리·의무를 부담한다. 이러한 국가는 일반적으로 국민과 영역을 존립기초로 하며, 국민과 영토에 대한 지배권, 즉 국가권력(주권)을 갖는다.

(2) 국가의 성립과 목적

(가) 국가의 성립

국가가 어떻게 발생했느냐에 관하여 다양한 견해가 존재하나, 실제로 계약이 존재하지는 않았겠지만 구성원간의 비록 묵시적이고 추정적이더라도 계약에 의해 국가가 성립되었다는 계약설이 가장 설득력 있다. 이러한 계약설도 다시, 복종계약설(Hobbes), 위임계약설(Locke), 사회계약설(Rousseau)로 나누인다.

(나) 국가의 목적

국가의 목적은 인간완성에 있다는 Hegel과 같은 형이상학적인 정의도 있으나, 국가의 존재 이유는 인간의 필요에서 찾는 것이 타당하며 지배적인 견해이다. 이러한 국가관을 인성학적 국가관이라 부른다. 국가의 성립을 계약설로 보는 입장들이 이에 해당한다.

2. 국가의 형태

(1) 국가형태의 분류기준

국가형태의 분류의 선구자는 Herodot로 알려져 있다. 그는 통치자의 수를 가지고 국가형태를 1인 통치형태, 소수 통치형태, 전체 국민의 통치형태로 분류하였다. Platon은 국가형태를 군주국과 민주국으로 2분하였고, Aristoteles는 군주국, 귀족국, 민주국으로 3분하였다.

국가형태에 관한 고전적 분류 외에 근대적 의미의 국가형태분류는 G. Jellinek와 Rehm에 의해 이루어진다. 국가형태에 관해, G. Jellinek는 국가의사가 어떻게 만들어지느냐에 따라 1인에 의하여 만들어지는 군주국과 그렇지 않은 공화국으로 2분하고 있다. 반면 Rehm은 국가권력의 최고담당자가 누구냐, 즉 주권의 소재에 따라 국가형태(군주국, 귀족국, 계급국, 민주국)를 나누고, 국가권력의 최고행사자가 누구냐, 즉 주권의 행사방법에 따라 정부형태(민주정·공화정, 직접·간접 민주정, 연방·단일제, 입헌·비입헌정)를 나누었다.

(2) 국가형태의 내용

(가) 군주국과 공화국

국가를 국가권력의 구성방법에 따라 분류할 때 군주국과 공화국으로 구별된다. 군주국이란 군주주권원리에 근거하여 세습적 군주가 국가권력을 행사하는 정치체제를 말한다. 반면 공화국이란 비군주국 또는 군주제폐지 이후에 만들어진 좀 더 진보된 정치적 문화에 대응하는 정치체제를 말한다. 공화국은 대통령을 국가원수나 국가대표로 하는 국가형태를 말한다. 공화국은 군주국만큼 그 개념정의가 명확하지 않아 소극적, 즉 비군주국의 개념으로 사용되는 경향이 강하다.

(나) 입헌정체와 전제정체

전통적 견해에 따르면 국가권력의 행사방법에 따른 정치체제의 분류를 정체라 하면서, 국가권력의 행사가 헌법에 의해 제한되는 입헌정체와 국가권력의 행사가 자의적인 전제정체로 나누고, 전자에는 대통령제, 의원내각제, 이원정부제, 회의제의 정부형태가 후자에는 인민공화제나 신대통령제의 정부형태가 속한다고 한다.

(다) 민주공화국과 인민공화국

주권이 국민에게 귀속되는 경우에도 국민의 성격에 따라 공화국의 국가형태는 민주공화국과 인민공화국으로 분류할 수 있다. 전자는 주권이 전체 국민에게 귀속되는 국가형태를 말하지만 후자는 주권이 특정 계급(노동자, 농민 등 프롤레타리아)에만 귀속되는 국가형태를 말한다. 공화국이란 민주공화국이어야 한다.

(라) 단일국가와 연방국가 및 국가연합

① 단일국가와 연방국가　　단일국가란 국가의 구성이 단일한 중앙집권적인 국가를 말하나 연방국가란 실질적으로 국가의 성격을 지니는 각 주가 전체국가를 형성한 국가를 말한다. 단일국가와 연방국가는 '국가권력구조'를 기준으로 한 국가형태에 해당된다. 연방국가는 국가권력을 연방과 주에 분립시킴으로써 전제적 국가권력의 출현을 방지하여 주고, 주의 공권력행사를 연방권력으로 제한하고 있으며, 동시에 연방법원의 통제하에 둠으로써 지역에 기초한 지방권력의 독주를 견제하여 준다.

② 연방국가와 국가연합　　연방국가와 구별되는 것으로 국가연합이 있다. 국가연합이란 독립된 국가들 간의 합의(조약)에 의한 정치적 결합체를 말한다(오스트리아－헝가리 국가연합).

Ⅱ. 대한민국의 국가형태

1. 헌법 제 1 조 제 1 항의 의의

헌법 제 1 조 제 1 항은 '대한민국은 민주공화국이다'라고 규정하고 있다. 우리나라의 국호가 대한민국이며 대한민국의 국가형태가 민주공화국임을 밝히고 있다.

국호 대한민국은 대한민국이 한반도에서 대한민국임시정부의 유일한 계승자임을 나타내는 중요한 근거가 된다. 이는 헌법전문에서 확인되고 있다. 헌법전문의 '대한민국임시정부의 법통을 계승하고'는 대한민국이 대한민국임시정부의 정통성을 계승한 한반도 내의 유일의 국가임을 확인하고 선언하는 것이다.

2. 민주공화국의 법적 성격

민주공화국의 법적 성격에 관하여 국체·정체설, 정체설, input－output 모델 등의 견해가 존재하나, 국가형태를 국체와 정체로 두 가지 기준으로 분류하지 않고 민주공화국이란 규정 자체를 우리나라의 국가형태에 관한 규정으로 보는 국가형태설이 다수설이며 타당하다.

3. 국가형태로서의 민주와 공화국

공화국은 반전체국과 비군주국으로 이해되어야 한다. 민주는 공화국의 내용을 형성하는 것이며 인민에 반대된다. 공화, 공화국, 공화주의를 새롭게 인식하고 강조하는 주장들이 제시되어 있다. 공화국의 의미를 정적에서 동적으로, 또 비군주를 넘어야 한다는 지적은 의미가 있으나 공화주의를 독립된 원리로 구성하는 것에 대해서는 회의적이다. 공화주의가 기존의 헌법원리와 구별되는 새로운 별개의 자신의 영역을 지닌 원리로 보기 어렵기 때문이다.

4. 민주공화국의 규범적 성격

(1) 헌법의 기본적 결단

헌법의 민주공화국은 모든 국민의 절대적 합의에 기초한 기본적 결단으로 우리 헌법의 핵에 해당된다. 헌법개정의 대상이 될 수 없다. 민주공화국은 대한민국의 조직 및 운영의 원리가 된다.

(2) 공화체제

공화국이란 비군주체제를 요구하므로 군주제 도입은 허용되지 않는다. 비록 상징적이고 의례적인 지위를 갖는 군주라 하여도 허용될 수 없다. 군주제의 부정은 비록 군주는 아니라 하더라도 국가권력 담당자가 종신으로 재임하는 것을 불허한다.

(3) 민주체제

민주는 독재나 전체에 대한 반대개념이다. 민주체제는 소위 귀족공화제, 계급공화제, 인민공화제, 독재공화제의 국가형태와 양립될 수 없다.

Ⅲ. 국　　민

1. 국민과 국적

국민이란 국가에 소속하여 통치권에 복종할 의무를 지닌 개개의 자연인을 말한다. 국민은 법적 개념으로, 혈연을 기초로 한 자연적 개념으로서의 민족과 구별되고 생물학적 개념인 인종과도 구별된다. 또 국민은 국가적 질서와 대립되는 사회적 개념으로서 사회의 구성원을 말하는 인민과 구별된다. 국민의 요건인 국적은 다른 부분단체와 달리 소속원의 가입의사나 동의가 필요 없으며 법이 정한 요건을 충족하면 자동으로 취득된다. 국적이란 국민이 되는 자격을 말한다. 우리나라는 국적법을 통해 국적을 규율하고 있다(국적단행법주의).

2. 국 적

(1) 국적의 취득

(가) 선천적 취득

① 혈통주의 출생에 의한 선천적 국적취득도 부모의 혈통에 따라 국적을 취득하는 혈통주의(일명 속인주의)와 출생한 지역에 따라 국적이 부여되는 출생지주의(일명 속지주의)로 구별된다. 혈통주의는 대한민국을 비롯하여 영국, 독일, 일본 등이 취하고 있다. 반면 출생지주의는 미국, 캐나다 등이 대표적이다. 출생지주의는 주로 다민족국가에서 채택되고 있다. 국적법은 혈통주의를 원칙으로 하며 예외적으로 출생지주의를 채택하고 있다.

② 부모양계 혈통주의 부모양계혈통주의를 채택하고 있다(국적법 §2①, 1호). 출생당시에 부 또는 모가 대한민국인 자는 출생한 때 대한민국 국적을 취득한다. 외국인 父의 자의 경우, 모의 성과 본을 따르고 모의 호적에 입적할 수 있다.

(나) 후천적 취득

① 인 지 인지란 혼인 외에 출생한 자를 자신의 자녀로 인정하는 의사표시를 말한다. 외국인이 대한민국 국민인 부 또는 모에 의하여 인지될 때, 다음 조건을 충족한 경우 법무부장관에게 신고하면 대한민국 국적을 취득할 수 있다. 인지 상대방이 대한민국 민법상 미성년자이며 출생할 당시 부 또는 모가 대한민국 국민이었어야 한다(국적법 §3).

② 귀 화 귀화란 외국인으로서 대한민국 국적을 취득하는 것을 말한다. 국적취득에는 법무부장관의 허가가 있어야 한다(국적법 §4). 국적법상 귀화에는 일반귀화, 간이귀화, 특별귀화가 있다.

㉠ 일반귀화 일반귀화는 다음과 같은 조건을 충족하여 대한민국 국적을 취득하는 것이다. 즉, i) 5년 이상 계속하여 대한민국에 주소가 있을 것, 대한민국에서 영주할 수 있는 체류자격을 가지고 있을 것, ii) 대한민국의 민법상 성년일 것, 품행이 단정할 것, iii) 자신의 자산이나 기능에 의하거나 생계를 같이하는 가족에 의존하여 생계를 유지할 능력이 있을 것, iv) 국어능력과 대한민국의 풍습에 대한 이해 등 대한민국 국민으로서의 기본 소양을 갖추고 있을 것이다(국적법 §5).

㉡ 간이귀화　간이귀화에는 일반 간이귀화와 혼인 간이귀화의 두 가지 종류가 있다.

(a) 일반 간이귀화　외국인으로서 대한민국에 3년 이상 계속하여 주소가 있는 자는 다음의 요건을 충족하면 귀화허가를 받을 수 있다. 즉, i) 부 또는 모가 대한민국의 국민이었던 자, ii) 대한민국에서 출생한 자로서 부 또는 모가 대한민국에서 출생한 자, iii) 대한민국 국민의 양자로서 입양 당시 대한민국의 민법상 성년이었던 자이다(국적법 §6①).

(b) 혼인 간이귀화　배우자가 대한민국의 국민인 외국인으로서 다음의 요건을 충족하는 자는 귀화허가를 받을 수 있다. 즉, i) 배우자와 혼인한 상태로 대한민국에 2년 이상 계속하여 주소가 있는 자, ii) 배우자와 혼인한 후 3년이 지나고 혼인한 상태로 대한민국에 1년 이상 계속하여 주소가 있는 자이다(국적법 §6②). 또한 대한민국 국민과 결혼한 외국인이 배우자의 사망 또는 귀책사유 없는 이혼 등으로 간이귀화요건을 충족시킬 수 없는 경우, 배우자 및 그 자녀를 보호하기 위한 장치를 두고 있다(국적법 §6②).

㉢ 특별귀화　다음 요건을 충족한 외국인으로서 대한민국에 주소가 있는 자는 귀화허가를 받을 수 있다. i) 부 또는 모가 대한민국의 국민인 자. 다만, 양자로서 대한민국의 민법상 성년이 된 후에 입양된 자는 제외한다. ii) 대한민국에 특별한 공로가 있는 자. iii) 과학·경제·문화·체육 등 특정 분야에서 매우 우수한 능력을 보유한 자로서 대한민국의 국익에 기여할 것으로 인정되는 자(국적법 §7).

③ 수반국적취득　수반국적취득이란 타인의 국적취득에 수반되어 국적을 취득하는 것을 말한다. 외국인이 우리 국적을 취득하는 경우 대한민국 민법상 미성년자인 자는 부 또는 모의 국적취득에 수반되어 우리 국적을 취득할 수 있다. 단 미성년인자인 자는 부 또는 모의 귀화신청 시 함께 국적취득을 신청하여야 한다(국적법 §8). 미성년자가 우리 국적을 원하지 않는 경우 이를 제외할 수 있도록 함으로써 미성년자에 대한 국적변경의제(擬制)의 문제점을 보완하였다. 과거에 존재하였던 처의 수반취득 역시 삭제되었다.

④ 국적의 회복　국적회복이란 우리 국적을 상실한 자가 우리 국적을 다시 취득하는 것을 말한다. 국적의 회복은 과거 우리 국민이었던 자를 대상으로 한다는 점에서 우리 국적을 취득한 적이 없는 순수 외국인을 대상으로 하는 귀화와 구별된

다. 대한민국의 국민이었던 외국인은 법무부장관의 국적회복허가를 받아 대한민국 국적을 취득할 수 있다(국적법 §9).

⑤ 국적재취득　　대한민국 국적을 취득한 외국인은 대한민국 국적을 취득한 날부터 1년 이내에 외국국적을 포기하거나 외국국적을 불행사할 것을 법무부장관에게 서약하여야 한다(국적법 §10①, ②). 이를 이행하지 아니한 자는 그 기간이 지난 때에 대한민국 국적을 상실한다(국적법 §10③). 1년 내에 외국 국적을 포기하지 않거나 국적불행사 서약을 하지 않아 대한민국 국적을 상실한 자는 그 후 1년 내에 그 외국 국적을 포기하면 법무부장관에게 신고함으로써 대한민국 국적을 재취득할 수 있다(국적법 §11).

(2) 국적의 상실

㈎ 국적상실

대한민국의 국민으로서 자진하여 외국국적을 취득한 자는 그 외국국적을 취득한 때에 대한민국국적을 상실한다(국적법 §15①). 또한 대한민국의 국적상실은 복수국적자가 법무부장관의 국적선택명령을 받고도 대한민국 국적을 선택하지 않거나, 복수국적자의 대한민국 국적보유가 대한민국 국익에 부합하지 않은 경우에 이루어진다. 법무부장관은 복수국적자로서 국적선택기간 내에 국적을 선택하지 아니한 자에게 1년 내에 하나의 국적을 선택할 것을 명하여야 하며(국적법 §14의2①), 복수국적자로서 대한민국에서 외국 국적을 행사하지 아니하겠다는 뜻을 서약한 자가 그 뜻에 현저히 반하는 행위를 한 경우에는 6개월 내에 하나의 국적을 선택할 것을 명할 수 있다(국적법 §14의2②). 이 경우 국적선택의 명령을 받은 자가 대한민국 국적을 선택하려면 외국국적을 포기하여야 하는데 국적선택의 명령을 받고도 이를 따르지 아니한 자는 그 기간이 지난 때에 대한민국 국적을 상실한다(국적법 §14의2④).

㈏ 국적보유제도

국적보유제도란 혼인, 입양, 인지 등과 같이 비자발적으로 외국국적을 취득하게 된 때에는 6개월 내에 법무부장관에게 대한민국국적을 보유할 의사가 있다는 뜻을 신고하면 대한민국국적이 상실되지 않는 것을 말한다(국적법 §15②). 이 경우 복수국적자는 국적법 제12조가 정한 기간 이내에 국적을 선택하거나 외국국적 불행사 서약을 하여야 한다.

(다) 국적상실자의 권리변동

대한민국국적을 상실한 자는 국적을 상실한 때부터 대한민국 국민만이 누릴 수 있는 권리를 향유할 수 없다. 대한민국 국민만이 누릴 수 있는 권리 중, 대한민국 국민이었을 때 취득한 것으로서 양도할 수 있는 것은 그 권리와 관련된 법령에서 따로 정한 바가 없으면 3년 내에 대한민국의 국민에게 양도하여야 한다(국적법 §18).

(3) 국적의 선택과 국적의 이탈

(가) 국적선택

① 국적선택 및 국적불행사서약제도 만 20세가 되기 전에 복수국적자가 된 자는 만 22세가 되기 전까지, 만 20세가 된 후에 복수국적자가 된 자는 그 때부터 2년 내에 하나의 국적을 선택하여야 한다(국적법 §12①). 국적불행사서약제도는 복수국적자가 우리 국적을 선택하려면 사전에 외국국적을 포기하여야 하는데, 현실적으로 22세 전에 외국국적 포기를 마치고 그 증빙을 갖추기가 어려워 우리 국적을 선택하는 데 걸림돌로 작용하여 왔기에 이에 대한 제도개선이다(국적법 §12① 단서).

② 국적선택명령제도 국적선택명령제도란 복수국적자가 국적선택기간 내에 국적을 선택하지 않은 경우 우리 국적을 바로 상실하게 하지 아니하고, 법무부장관이 국적선택명령을 한 후 그 때에도 국적을 선택하지 아니하면 대한민국 국적을 상실하게 하는 것을 말한다(국적법 §14의2).

(나) 병역의무에 따른 국적선택의 제한

병역법 제8조에 의하여 제1국민역에 편입된 자는 편입된 때부터 3개월 이내에 또는 직계존속이 외국에서 영주할 목적 없이 체류한 상태에서 출생한 자는, ㉠ 현역·상근예비역 또는 보충역으로 복무를 마치거나 마친 것으로 보게 되는 경우, ㉡ 병역면제처분을 받은 경우, ㉢ 제2국민역에 편입된 경우에 해당하게 되면 그 때부터 2년 이내에 국적을 선택하여야 한다(국적법 §12②). 이는 병역기피의 목적으로 이루어지는 국적변경을 방지하기 위함이다.

(다) 국적이탈

복수국적자로서 외국국적을 선택하려는 자는 외국에 주소가 있는 경우에만 주소지 관할 재외공관의 장을 거쳐 법무부장관에게 대한민국 국적의 이탈을 신고할 수 있다(국적법 §14①). 이는 국내외 거주 여부에 관계없이 대한민국 내에서도 대한민국 국적의 이탈을 신고할 수 있었던 구 국적법을 개정한 것으로, 외국에 주소가 있는 경우에만 국적이탈 신고를 할 수 있게 하였다. 국내에 생활기반이 있으면서 국적이탈을 허용하는 것이 사회적 위화감을 주고 있기에 이를 시정한 것으로, 병역자원 유출방지에도 기여할 것으로 기대된다. 국적이탈의 신고를 한 자는 법무부장관이 신고를 수리한 때에 대한민국 국적을 상실한다(국적법 §14②).

3. 재외국민 및 재외국민보호

(1) 재외국민 보호

재외국민이란 대한민국 국적을 가진 자로서 외국의 영주허가를 가지거나 장기간 외국에 체류하는 자를 말한다. 국가가 재외국민을 보호해야 하는 것은 재외국민 역시 대한민국 국민이어서 이들의 권익을 증대시켜 주는 것이 국가의 당연한 의무이기 때문이다. 이를 위해서는 무엇보다도 재외국민에게 고국의 출입 및 체류절차를 간소화하고 재외국민의 법적 지위를 국내적으로도 보장해 주는 것이 필요하다.

재외동포의 출입과 체류, 대한민국 내에서의 법적 지위(부동산거래, 외국환거래, 금융거래 등)를 보장하기 위하여 1999년 9월 '재외동포의 출입국과 법적지위에 관한 법률'이 제정되었다.

(2) 재외국민에 대한 선거권과 부재자투표 허용

재외국민에게 국가에 대한 애국심을 고취시켜 주고 조국의 운명에 보다 많은 관심을 갖도록 하기 위해서는 재외국민에게 참정권을 허용하고 부재자투표를 확대하는 것이 절실히 요구된다. 헌법재판소는 2007. 6. 28. 결정에서, 재외국민에게 선거권과 부재자투표를 허용하지 않는 것이 합헌이라는 종전의 결정을 뒤집고, 헌법불합치 결정을 선고하였다. 이는 선거권의 제한은 불가피하게 요청되는 개별적·구체적 사유가 존재함이 명백할 경우에만 정당화될 수 있고, 막연하고 추상적인 위험이나 국가의 노력에 의해 극복될 수 있는 기술상의 어려움이나 장애 등을 사유로 그 제한이 정당화될 수 없기 때문이다. 헌법재판소의 결정은 재외국민에게 선거권을 인정하게 되는 중요한 계기가 되었고, 재외국민의 조국애를 증대시켰으며 대한민국의 구성원이라는 의식을 향상시켜주었다.

Ⅳ. 영　　역

영역이란 국가가 배타적으로 지배할 수 있는 공간을 말하는 것으로, 국가의 공간적 존립기초를 이룬다. 영역은 영토·영해·영공으로 구성된다.

1. 영역(영토, 영해, 영공)

(1) 의　　의

영토란 영역의 기초를 이루는 토지를 말한다. 영토를 기초로 영해가 정해지며 영토와 영해의 수직적 상공이 영공이다. 영해의 범위에 관해 다양한 견해가 제시되고 있으나 통상 영토로부터 12해리까지를 영해로 본다. 대륙붕이란 영해와 접속되어 수심 200미터 이하의 완만한 해역을 말한다. 영공은 지배가능한 상공에 한정되며 그 한계에 관해 논란이 많으나 일반적으로 대기권까지로 본다.

(2) 영역의 변경

국가의 영토는 자연적 원인이나 국제조약 등 여러 가지 원인에 의해 변경이 이루어질 수 있다. 영토변경이 이루어지면 국가의 동일성에 변화는 없고 국가권력이 행사되는 인적·지역적 범위에 변경이 있을 뿐이다.

2. 대한민국의 영역

(1) 영역(영토, 영해, 영공)

대한민국의 영토는 한반도와 그 부속도서이다(§3). '영해 및 접속수역법(이하, 영해법)' 제 1 조는 대한민국의 영해는 기선으로부터 측정하여 그 외측 12해리의 선까지에 이르는 수역으로 한다고 규정하고 있다. 단 대한해협은 3해리로 한다. 대한민국은 접속수역에서 일정한 관할권을 행사할 수 있다. 접속수역이란 영해기선으로부터 24해리의 선까지에 이르는 수역에서 영해를 제외한 수역을 말한다(영해법 §3의 2). 또한 대한민국은 '해양법에 관한 국제연합협약'에 따라 연안으로부터 수심 200미터까지의 해저대륙붕에 대한 주권적 권리를 행사한다(동협약 §76). 영공은 영토와 영해의 지배가능한 상공에 한정된다.

(2) 영　토

(가) 의　의

영해와 영공은 영토에 종속되며 국제법 규율하에 놓여 있어 헌법의 주목을 받지 못하고 있지만 영토는 국가의 공간적 존립기반으로서 매우 중요한 의의를 지닌다. 영토에 관한 각국의 태도를 보면 모든 나라가 영토조항을 헌법에 필수적으로 규정하고 있지 않으나 상당수 국가의 헌법은 영토조항을 가지고 있다. 우리나라는 건국헌법에서부터 영토조항을 두었고 현재까지 이어져 오고 있다.

(나) 내　용

헌법 제3조 제1항은 대한민국의 영토를 한반도와 그 부속도서라고 규정하고 있다. 헌법의 영토조항은 건국헌법부터 규정되어 온 것으로 이는 1919년 9월 대한민국 임시헌법 제3조의 '대한민국의 강토는 구한국의 판도로 함'을 계승한 것이다. 영토조항의 특징은 분단국가이면서도 완성된 국가의 영토조항의 형태로 규정되었다는 점에 있다. 헌법의 영토조항은 대한민국의 영토는 한반도 전체이며 북한지역은 북한정권의 존재로 대한민국의 국가권력이 사실상 제약을 받고 있는 것으로 해석된다.

(다) 영토조항과 영토권

영토조항으로부터 영토권이라는 기본권을 도출할 수 있는가가 문제된다. 헌법재판소는 영토권을 하나의 기본권으로 인정하는 입장을 보이고 있다. 헌법재판소의 독특한 결정이어서 소개하고 있지만 영토권이란 기본권을 긍정할 수 있는지 의문이다. 영토는 국민, 주권과 더불어 국가의 구성요소로서 영토권의 주체는 국가이지 개인이 될 수 없다. 따라서 국민이 국가에 대하여 자국의 영토임을 주장하거나 자국의 영토를 튼실히 지킬 것을 주장한다고 하여, 또는 영토가 국민의 삶과 기본권 향유의 터전이라 하여, 국가에게 그 보장을 요구할 수 있는, 국민의 국가에 대한 기본권으로 이해할 수 없다. 헌법재판소는 제주도 남부의 대륙붕개발에 관한 "대한민국과 일본국간의 양국에 인접한 대륙붕 남부구역 공동개발에 관한 협정"은 영토권침해가 아니라 하였다.

헌재결정

국민의 개별적인 주관적 기본권을 실질적으로 보장하기 위해서는 경우에 따라서는 객관적인 헌법질서의 보장이 전제되지 않으면 안 되는 상황을 상정해 볼 수 있다. 그 예로서, 헌법 제3조의 영토조항은 우리나라의 공간적인 존립기반을 선언하는 것인바, 영토변경은 우리나라의 공간적인 존립기반에 변동을 가져오고, 또한 국가의 법질서에도 변화를 가져옴으로써, 필연적으로 국민의 주관적 기본권에도 영향을 미치지 않을 수 없는 것이다. 이러한 관점에서 살펴본다면, 국민의 개별적 기본권이 아니라 할지라도 기본권보장의 실질화를 위하여서는, 영토조항만을 근거로 하여 독자적으로는 헌법소원을 청구할 수 없다 할지라도, 모든 국가권능의 정당성의 근원인 국민의 기본권 침해에 대한 권리구제를 위하여 그 전제조건으로서 영토에 관한 권리를, 이를테면 영토권이라 구성하여, 이를 헌법소원의 대상인 기본권의 하나로 간주하는 것은 가능한 것으로 판단된다(헌결 99헌마139).

(3) 영토조항의 문제점과 해결방안

(가) 문 제 점

먼저 영토조항이 현실관계와 부합하는가가 문제로 제기된다. 헌법의 문언대로라면 북한은 대한민국영토 안에 있으므로 독립된 국가로 인정될 수 없게 되는데 세계 각국이 북한을 국제법상 국가로 인정하는 것과 모순되기 때문이다. 또한 헌법 제3조는 대한민국 영토를 한반도 전체라고 해놓고 제4조에서는 다시 통일을 하겠다고 하는데 통일은 분단국가를 전제로 하기 때문에 영토조항과 통일조항은 논리적으로 모순이 된다는 것이다. 따라서 대한민국의 영토는 어디까지이며, 북한의 실체를 어떻게 보아야 하는지 그리고 헌법 제3조와 제4조의 관계를 어떻게 보아야 하는가 등에 대한 정리가 요구된다.

(나) 다양한 해결방안

① 제1설(반국가단체설: 다수설, 판례)　다수설에 의하면 대한민국이 한반도의 유일한 합법정부로서 구한말 대한제국의 영토를 승계한 국가이므로 대한민국 영토는 한반도 전체이며 조선민주주의 인민공화국(북한)은 불법단체에 불과하다고 한다. 이 견해는 영토조항을 충실히 해석한 것으로 북한주민은 대한민국 국민의 자격을 보유하게 되며 북한의 독립된 국가성은 부정된다. 이 견해에 대해서는, 북한을

불법단체로만 이해함으로써 통일을 위해 교류·협력해야 하는 상대방으로서의 지위를 부정한다는 점, 국내외적으로 발생한 남북한 관계변화와도 모순된다는 점, 통일조항과의 갈등을 해결하지 못한다는 점 등 현실성이 부족하다는 비판이 가해진다. 헌법재판소는 북한은 통일을 향한 협력과 대화의 동반자이면서 반국가단체로서의 성격을 지니는, 즉 이중적 지위를 지닌다고 하여 문제점을 최소화하는 접근을 시도하고 있다.

② 제 2 설(1민족, 2국가론) 북한을 실제로 존재하는 국가로 보자는 견해이다. 북한은 국제사회에서 국가로 활동하고 있고 UN에도 가입하였으며 다수 국가가 북한을 국가로 인정하고 있다는 것을 근거로 한다. 이 견해에 의하면, 헌법 제 3 조가 한반도를 대한민국 영토라 하면서 제 4 조에서 통일을 지향한다고 하는 것은 분단의 현실을 부정한 것이 되어 모순이라 하면서 헌법 제 3 조를 삭제 또는 수정해야 한다고 한다.

③ 제 3 설(1민족, 1국가, 2정부론) 이 견해는, 헌법 제 3 조의 영토조항은 대한민국이 대한제국의 영토에 기반을 둔 정통성 있는 국가임을 알리는 조항으로, 북한지역은 우리의 주권실현이 사실상 장애를 받고 있는 것에 불과하고, 헌법 제 4 조의 통일조항은 북한지역에 대한 주권적 권력의 실현, 즉 통일의 책무를 대한민국 정부에 부과한 것이라고 한다. 동시에 영토조항을 한반도 내에 대한민국 이외의 또 다른 국가승인을 거부하는 것으로 이해한다.

(4) 정리 및 사견

(가) 영토조항의 의의

헌법 제 3 조의 영토조항은 첫째, 대한민국이 한반도에서 유일한 합법정부임을 확인하고 이를 선언한 조항으로 보아야 한다. 북한과의 관계변화가 있고 통일조항이 있다고 해서, 또 국제정세의 많은 변화가 있다고 하여 대한민국이 한반도내에서 유일한 합법정부라는 사실에 추호의 변화가 없으며 변화를 줄 수도 없다. 둘째, 영토조항은 대한민국이 한반도에서 대한제국과 대한민국임시정부를 계승한 유일한 정통성을 가진 국가임을 확인하고 선언한 규정이어서 한반도 내의 여타의 국가승인을 허용할 수 없다는 의지의 표현이다. 따라서 북한의 지배체제를 찬양하거나 지지하는 자는 처벌을 면할 수 없으며, 그 근거법률이 국가보안법이다. 셋째, 영토조항은 대한민국의 영토를 한반도로 획정함으로써 대외적으로 더 이상의 영토회복이나 영토확장의 의도가 없음을 주변국가에게 천명하는 의미를 지닌다. 넷째, 영토조항은 한반도 전체에 걸친 주권적 권력을 선언한 것이므로 통일조항은 주권적 권력의 회복을 명한 국가책무조항으로 보아야 한다.

(나) 북한의 법적 지위(실체)

북한의 법적 지위에 관해 다양한 견해가 제시되어 있다. 불법단체로 보는 견해(다수설), 지방자치단체에 준하는 국내법상의 공법단체로 보는 견해, 국가가 아닌 국제법주체로 보는 견해, 사실상의 지방정부로 보는 견해 등이 이에 해당한다. 북한은 한민족의 또 다른 반쪽으로 다른 국가들이 북한을 국가로 인정하더라도 우리는 북한을 독립된 국가로 볼 수 없다. 그렇다고 불법집단으로 보기에는 모든 상황이 변화되었다. 그렇기에 '정부'로 보는 것이 타당하다. 다만 정부로 보더라도, 합법정부로 보는 것이 아니라, 국제법상의 '사실상(de facto)의 정부'로 보아야 한다.

UN의 동시가입은 국제사회에서 북한을 국가로 인정한다는 것일 뿐 한반도 내에서 남북간을 여전히 국가와 국가의 관계로 볼 수 없다는 점을 주의하여야 한다. 남북합의서나 동·서독 간의 기본조약도 서로를 특수한 관계로만 보고 있다. 북한을 실재하는 통치집단으로 이해하고 통일을 향한 민족공동체로 보되 국제법상의 사실상의 정부로 보는 것이 타당하다.

(다) 북한주민의 법적 지위

대한민국 영토는 한반도 전체이며 북한을 사실상 정부로 이해할 때, 북한주민은 당연히 대한민국 국적을 가지게 된다. 따라서 북한주민이 남한지역에 이주하는 경우에는 '국적변경절차 없이도' 당연히 대한민국 국민이 되며 북한주민의 귀순은 입국의 자유에 의하여 보장된다. 또한 북한주민의 경우 그가 북한 공민권을 가지고 있다고 하여 대한민국 국민의 지위가 부정되는 것은 아니다. 북한주민은 북한주민의 지위와 대한민국 국민의 지위를 모두 지니는 이중적 지위에 있다고 할 것이다. 북한주민이 제3국에 있을 때에는 북한주민의 지위가 우선한다. '북한이탈주민의 보호 및 정착지원에 관한 법률'은 북한주민을 사실상 대한민국 국민으로 인정하는 전제에 서 있다.

제 3 절 대한민국 헌법의 전문

Ⅰ. 헌법전문

1. 헌법전문의 의의

(1) 개 념

헌법전문이란 헌법의 본문 앞에 있는 서문을 말한다. 일반적으로 헌법전문에는 헌법의 성립유래와 제정목적, 헌법이 목표로 하는 이념과 가치, 헌법을 구성하고 지배하는 지도적 원리, 제정자와 제정일자 등이 규정된다. 헌법전문을 두지 않은 헌법도 많이 있지만 일반적으로 전문을 두고 있다. 헌법전문은 헌법의 필수불가결의 요소로 볼 수 없다. 일반 법령에는 전문을 두지 않는데 헌법은 전문을 별도로 두는 것이 특색이다.

(2) 헌법전문과 헌법공포문

헌법전문은 헌법공포문과 구별된다. 헌법공포문은 헌법을 공포할 때 작성되는 것으로 헌법공포문 역시 헌법의 제정목적, 이념, 제정자 및 제정일자 등을 담고 있어 헌법전문과 내용면에서 유사성을 지니나, 양자는 구별된다.

(3) 입 법 례

헌법전문에 관한 외국의 입법례를 보면 오스트리아 헌법, 1936년 소련헌법이나 1998년 김일성 헌법 이전의 북한헌법은 헌법에 전문을 두지 않았다. 제 2 차 세계대전 후에 성립된 대부분의 헌법은 일반적으로 헌법에 전문을 두고 있다. 1946년 프랑스 헌법은 헌법전문에 기본권을 규정하고 있다.

2. 헌법전문의 법적 성격

헌법전문이 규범적 효력을 갖는가에 관하여 헌법전문은 헌법제정의 역사적 설명에 불과하거나 또는 제정유래나 목적 등을 선언한 것에 지나지 않아 법적 구속력이 없다는 부정설과 헌법전문은 헌법을 만든 자의 기본적 의지가 표현된 것으로 헌법의 본질적 부분을 형성하며 그렇기에 헌법전문이야말로 헌법 중의 헌법의 성격을 갖게 된다는 긍정설이 대립한다.

생각건대 헌법전문은 정치적 공동체의 기본적 법질서인 헌법을 누가, 어떻게, 어떤 목적으로 만들었는가에 관한 제정자의 기본의지가 표현된 것으로, 헌법이 지향하는 이념과 가치를 나타내 주며, 헌법 전체를 지배하고 있는 기본적 헌법원리를 함축하고 있는 헌법의 헌법, 즉 헌법의 핵으로 보아야 하므로 긍정설이 타당하다.

Ⅱ. 대한민국 헌법의 전문

1. 헌법전문의 법적 성격

(1) 최고의 가치규범

헌법전문은 국내법 질서에 있어서 최고의 효력을 지니며 헌법본문을 포함한 모든 법령에 대하여 우월한 지위를 가진다. 헌법전문은 헌법본문을 포함하여 모든 법령의 내용을 한정하며 타당성의 근거가 되는 '헌법의 헌법'의 성격을 지닌다. 헌법전문은 모든 국가기관과 국민이 존중하고 지켜야 하는 최고의 가치규범이다.

(2) 법해석의 기준

최고규범으로서의 헌법전문은 헌법본문을 포함한 모든 법령의 해석기준이 된다. 법령을 해석함에 있어 헌법전문이 지향하는 이념과 가치에 위배되는 해석을 할 수 없고 헌법의 기본원리에 반하는 해석도 허용되지 않는다.

(3) 헌법개정의 한계

헌법전문은 헌법제정자의 근본적 의지의 표현으로 헌법의 핵에 해당하므로 헌법전문의 근본이념이나 가치, 또는 제정목적을 변경하는 헌법개정은 허용될 수 없다. 다만 헌법전문의 동일성을 침해하지 않는 범위 내에서의 자구수정은 가능하다. 대한민국 헌법의 경우 제5차 헌법개정에서 처음으로 헌법전문이 개정된 바 있고, 이후 제7차 헌법개정, 제8차 헌법개정 및 제9차 헌법개정에서 헌법전문이 일부 개정되었다.

(4) 재판규범성

헌법전문의 재판규범성 여부가 다투어진다. 헌법본문의 내용이 추상적이고 포괄적이거나 또는 침묵하고 있을 때 헌법전문이 구체적 사건에 직접 적용될 수 있는가에 관한 견해의 대립이다. 헌법전문의 법적 성격을 인정하면서도 재판규범의 성격을 인정할 수 없다는 입장이 있으나 재판규범성은 긍정되어야 한다. 헌법전문은 헌법본문을 포함하여 모든 법령의 해석기준이 되며 모든 국가기관과 국민이 준수해야 하는 최고의 가치의 성격을 지니는 것으로 재판과정에서 직접 원용될 수 있는 재판규범으로 보아야 한다(통설). 최고의 가치규범성을 인정하면서 재판규범성을 인정하지 않는 것은 모순이라 하겠다. 헌법재판소도 헌법전문의 재판규범성을 인정하고 있다. 다만 헌법전문의 모든 규정이 동일하게 규범력을 지니고 있다거나 재판규범으로 기능한다고 볼 수 없다. 전문의 내용에는 단순한 역사적 사실에 불과하거나 성립유래 및 헌법제정자의 각오 등과 같이 그 자체로 독자적 의미를 부여하기 어려운 내용이 있기 때문이다. 따라서 '선언이나 각오'형식의 전문은 그 규범성 및 재판규범성을 긍정하기 어렵다.

2. 헌법전문의 내용

(1) 헌법의 제정유래 및 정통성

전문은 그 첫머리에, '유구한 역사와 전통에 빛나는 우리 대한국민은 3·1운동으로 건립된 대한민국 임시정부의 법통을 계승하고'라 하며 시작한다. 이는 대한민국이 대한민국 임시정부의 정통성을 승계한 합법정부임을 분명히 한 것으로 대한민국의 제정유래와 정통성을 밝힌 것이다. 3·1운동은 소극적 저항운동의 정신은 물론 적극적 근대국가의 창설의 성격을 함께 지니고 있는데, 3·1운동을 통해 한국민은 '전근대적 臣民'에서 '근대국가의 국민'으로 다시 태어났다고 보아야 한다. 3·1운동의 민족의 독립의지는 독립운동을 위한 정부조직을 요구하게 되었고 30여 일 만에 4월 상해임시정부가 출범하게 된다.

법통계승이란 대한민국이 임시정부의 정통성을 이어받았다는 것이다. 이는 3·1운동은 법적으로는 대한제국을 이어받는 새로운 국가, 즉 '구 대한민국'을 만든 계기가 되었고 임시정부는 국호를 대한민국으로 하는 국가를 만들었으며 '구 대한민국'은 1948년 건국헌법을 통해 '현 대한민국'으로 이어진다는 의미이다.

헌재결정

우리 헌법은 전문에서 "3·1운동으로 건립된 대한민국임시정부의 법통"의 계승을 천명하고 있는바, 비록 우리 헌법이 제정되기 전의 일이라 할지라도 국가가 국민의

안전과 생명을 보호하여야 할 가장 기본적인 의무를 수행하지 못한 일제강점기에 일본군위안부로 강제 동원되어 인간의 존엄과 가치가 말살된 상태에서 장기간 비극적인 삶을 영위하였던 피해자들의 훼손된 인간의 존엄과 가치를 회복시켜야 할 의무는 대한민국임시정부의 법통을 계승한 지금의 정부가 국민에 대하여 부담하는 가장 근본적인 보호의무에 속한다고 할 것이다. … 정부는 일제강점기에 일본군위안부 강제동원으로 인한 국민의 기본권침해를 구제하고 분쟁해결절차에 나가야 할 헌법에서 유래하는 작위의무를 부담한다. 정부의 부작위는 헌법에 위반하여 청구인들의 기본권(인간으로서의 존엄과 가치 및 재산권)을 침해하는 것이다(헌결 2006헌마788).

---

(2) 헌법의 제정 및 개정주체

전문은, '우리 대한국민은 … 1948년 7월 12일에 제정되고 8차에 걸쳐 개정된 헌법을 이제 국민투표에 의하여 개정한다'고 규정하여 헌법의 제정 및 개정의 주체가 국민임을 명백히 하고 있다.

(3) 헌법의 제정목적

전문은, '우리들과 우리들의 자손의 안전과 자유와 행복을 영원히 확보할 것을 다짐하면서'라고 적고 있다. 이를 통해, 우리와 우리의 후손들이 한반도 내에서 자유롭고 행복하고 안전한 삶을 영원히 확보하려는 데 헌법제정의 목적이 있음을 밝히고 있다.

(4) 헌법의 최우선과제

전문은, '불의에 타협하지 않는 4·19 민주이념을 계승하고, 민주개혁과 평화적 통일의 사명에 입각하여, 정의·인도와 동포애로써 민족의 단결을 공고히 하고, 모든 사회적 폐습과 불의를 타파하며'라고 규정하고 있다. 이는 헌법의 최우선과제를 선언한 것으로 국가의 기본적 정책결정의 방향을 제시하였다고 할 수 있다. 따라서 헌법은 민주개혁과 평화적 통일의 실현을, 동시에 사회적 폐습과 불의를 타파하여 정의로운 사회의 건설을 국정의 최우선과제로 삼아야 한다. 이와 같은 과제는 4·19 민주이념의 계승과 조국의 민주개혁을 통해서 이룩하고자 한다는 것이다.

(5) 헌법의 기본이념과 가치

전문은, 또한 '정치·경제·사회·문화의 모든 영역에 있어서 각인의 기회를 균등히 하고 능력을 최고도로 발휘하게 하며'라고 밝히고 있는바, 이는 우리 헌법의 기본이념과 가치를 천명한 것이다. 우리 헌법의 기본이념은 국민 모두가 모든 영역에서 자유와 평등을 기초로 자신의 능력에 따라 자신의 삶을 영위할 수 있도록 하고자 함에 있으며, 그렇게 될 때 인간의 존엄이라는 기본가치가 실현될 수 있기 때문이다.

(6) 헌법의 기본원리

(가) 민주주의 원리

전문은, '자율과 조화를 바탕으로 자유민주적 기본질서를 더욱 확고히 하여'라고 명시하여, 우리 헌법을 지배하는 기본원리가 (자유)민주주의임을 분명히 하고 있다.

(나) 법치주의 원리

헌법전문은 법치주의를 명시적으로 선언하고 있지 않다. 그러나 '각인의 기회를 균등히 하고, 능력을 최고도로 발휘하게 하며'라는 표현 속에 법치주의원리가 배여 있다고 할 수 있다. 또한 국민의 자유와 평등을 기초로 자신의 삶의 영위를 실현하고자 하는 이념 속에도 법치주의 원리가 나타나 있다.

(다) 사회국가 원리

전문은, '자유와 권리에 따르는 책임과 의무를 완수하여, 안으로는 국민생활의 균등한 향상을 기하고'라는 구절을 통하여, 자유와 평등만을 강조할 때 나타나는 불평등을 제거하고 국민생활의 균등한 향상을 기하기 위해 실질적 자유와 실질적 평등을 실현하고자 하는 사회국가 원리를 선언하고 있다.

(라) 국제평화주의 원리

전문은, '밖으로는 항구적인 세계평화와 인류공영에 이바지함으로써'라고 규정하여 대한민국이 평화애호국임을 선언함과 동시에 평화적인 세계질서형성에 노력한다는 국제평화주의를 선언하고 있다.

제4절 헌법의 기본원리

Ⅰ. 헌법의 기본원리

1. 헌법의 기본원리의 의의

(1) 개 념

헌법은 정치적 공동체의 기본골격과 조직을 마련하고, 마련된 법적 토대가 올바르게 유지될 수 있도록 기본적이고, 구조적이며, 기초를 이루는 원리를 요구한다. 이것이 헌법의 기본원리이다. 이러한 헌법의 기본원리는 헌법을 지탱해 줄 근본적 결정의 성격과 동시에 헌법의 규율대상인 국가의 내용과 형태를 규정하는 원리의 성격을 지닌다.

(2) 기 능

헌법의 기본원리는 헌법의 이념적 기초를 이루는 것으로 최고의 가치를 지니게 된다. 따라서 헌법의 기본원리는 헌법을 비롯한 모든 법령해석의 기준과 한계 역할을 담당하며 입법·사법·행정의 모든 국가작용에 있어 준수되어야 할 행동지침이 된다. 특히 기본권제한입법에 대한 위헌심사에서는 결정적 해석(판단)기준이 된다. 최고의 가치로서의 헌법원리는 헌법개정의 대상이 될 수 없음은 물론이다.

Ⅱ. 대한민국 헌법의 기본원리

헌법의 기본원리는 임의로 설정되는 것이 아니며 설정될 수도 없다. 우리 헌법은 헌법전문에서 헌법의 기본원리를 선언하고 있으며 헌법본문에서도 직간접적으로 표현하고 있다. 우리는 헌법전문으로부터 민주주의원리, 법치주의원리, 사회국가원리, 국제평화주의원리를 헌법의 기본원리로 도출한 바 있다. 우리 헌법은 국제관계에 있어서는 국제평화주의원리를 기본원리로, 국내질서에서는 민주주의원리, 법치주의원리, 사회국가원리를 기본원리로 채택하고 있다. 문화국가원리를 헌법원리로 드는 것이 지배적 입장이며 헌법재판소 역시 문화국가원리를 헌법의 기본원리로 들고 있다. 또한 환경보호원리를 헌법원리로 삼아야 한다는 주장들이 제시되어 있기도 하다. 그러나 문화국가원리나 환경보호원리는 헌법이 보호하고 지향해야 되는 국가목표조항의 성격에 불과한 것으로, 헌법의 기본원리로 보기에는 그 '질'에 있어 다른 헌법원리와 근본적인 차이가 있다고 본다.

제 5 절 민주주의 원리

Ⅰ. 민주주의

1. 민주주의의 의의

(1) 개 념

민주주의란 자유와 평등의 기본가치를 실현하고자 국민이 주인이어야 하는 통치원리를 말한다. 민주주의는 자유와 평등을 실현하려는 정치원리로서, 모든 국가권력의 정당성이 국민에게 있으며 국민에 의해 국가권력이 만들어지고 행사되도록 하는 통치원리라 하겠다.

(2) 정리되어야 할 유사개념

㈎ 자유주의와 민주주의

① 의 의 　자유주의는 다양한 모습과 다의적 성격 때문에 한마디로 정의하기 어려우나 법의 지배 아래에서 개인의 자유를 보장하는 정치이념을 말한다. 자유주의는 18세기 말에서 19세기 중엽까지 유럽과 북미의 사회변동을 결정지은 개혁의 이론이자 운동이었고 자본주의의 이념적 기초였다.

② 자유주의와 자본주의 　17, 18세기에 본격적으로 발달하기 시작한 자본주의는 자유주의 태동에 결정적 역할을 담당하였다. 상업과 제조업의 발달로 힘을 얻게 된 (유산)시민계급은 당시의 절대주의와 봉건질서 하에서는 자신의 능력을 발휘할 수 없게 됨을 깨닫게 된다. 이들은 직업선택과 경제활동의 자유를 원하게 되는데 이를 얻기 위해서는 경제체제보다 우선하여 정치제도가 바뀌어야 된다고 보았다. 이를 쟁취하기 위한 주장이 자유주의의 시작이다. 자유주의는 사유재산제도와 시장경제가 결합된 자본주의에서만 성립될 수 있으며, 자본주의 역시 자유주의하에서만 가능하다. 이견이 있지만 양자는 이념, 성립, 내용에 있어 밀접하게 연관되어 있다.

③ 자유주의와 민주주의　　자유주의와 민주주의는 이념이나 내용에 있어 다른 원리이다. 이념적으로 자유주의는 권력을 제한하고 자유를 보장하는데 중점을 두는 반면(소극적 제한원리) 민주주의는 권력을 자신의 것으로 하고자 한다(적극적 구성원리). 즉 자유주의가 자유획득이라면 민주주의는 주인자격의 취득이다. 그렇기에 자유주의가 국가권력의 제한과 통제에 관심을 쏟는 반면 민주주의는 누가 그 권력을 가지는가에 더 큰 관심을 두게 된다. 또한 내용적으로도 민주주의는 국민주권, 평등의 원칙, 다수결원칙에 중점을 두지만 자유주의는 대의제, 자유, 권력분립, 의회주의를 강조한다.

④ 자유민주주의(민주주의)　　민주주의와 자유주의가 동일한 것은 아니라 하더라도 양립될 수 없는 것은 아니다. 자유주의와 민주주의는 일정부분 대립하는 요소가 있지만 양자를 모순관계로 볼 수는 없다. 이는 민주주의의 핵심적 가치인 국민주권은 자유와 권리의 출발점이자 토대이여야 하기 때문이다. 양자를 대립개념으로 보는 것은 두 원리에 대한 올바른 독해가 되지 못한다.

(나) 자유민주주의와 인민민주주의

민주주의는 당연히 자유주의를 그 내용으로 하므로 자유와 민주가 결합된 자유민주주의는 민주주의와 동의어로 보아야 한다. 자유민주주의와 민주주의는 동일한 의미를 지닌 것이나, 자유가 더 수식되어 있는 것은 사회주의헌법이 자신의 통치원리를 인민민주주의라 하면서 자신들이 진정한 민주주의라고 주장하고 있어, 서구입헌주의 헌법질서로서의 민주주의 개념을 좀 더 분명히 하기 위함이다.

(다) 사회민주주의와 사회주의

사회민주주의란 사회민주주의를 그 이념으로 하는 민주주의로서 사회주의를 지배원리로 하는 사회주의(공산주의)와 구별된다. 사회민주주의는 자유와 평등의 민주주의 이념 중 소홀히 취급되었던 '실질적 평등'의 적극적 실천을 이념으로 하는 민주주의의 또 다른 유형이다.

① 사회주의의 개념　　사회주의를 한마디로 정의하기가 매우 어렵지만, 사회주의란 공동체 구성원 전체의 이익이나 행복을 위해서는 생산수단이 개인이 아닌 공동체 구성원 전체에 의해 공유되어야 한다는 사상을 말한다.

② 사회주의의 성립　　자유주의, 산업혁명, 자본주의가 결합된 사회경제체제는 부익부 빈익빈의 부의 불평등 심화를 가져왔고, 산업자본주의로 인한 근로자집단의 등장과 사용자와 근로자간의 갈등과 대립은 자본주의 그 자체에 대한 회의로 이어졌다. 사회주의가 자본주의의 모순과 문제를 해결할 수 있는 대안으로서 급부상하면서, 유럽사회는 Marx와 Engels의 '공산당 선언'이 발표된 1848년을 분수령으로 하여 중산계층을 포함한 기존의 수혜층의 자유주의와 노동계급을 사회적 토대로 하는 사회주의의 대립이 기본적 정치구도로 정착되게 된다.

③ 사회주의의 유형　　사회주의의 발전은 드디어 1917년 러시아 10월 혁명으로 소비에트 공화국과 같은 새로운 이데올로기에 입각한 권력형태를 만들어 내었다. 반면 독일에서는 1919년 Weimar라는 부르주아 공화국이 탄생되게 된다. 사회주의는 1917년 이후 정통파인 공산주의와 수정파인 사회민주주의로 양분되는데, Bernstein(1850~1932)의 수정주의는 Marx의 신화성을 크게 퇴색시키면서 오늘의 사회민주주의의 기초를 세웠다고 할 수 있다.

④ 사회민주주의　　사회민주주의는 사회주의의 일종으로 사회주의를 민주적으로 실현하자는 사상을 말한다. 그렇기에 사회민주주의는 생산수단의 私소유를 인정하고 의회주의 및 복수정당제를 긍정하며, 공산주의와 달리 프롤레타리아 독재도 부정한다. 사회민주주의는 일종의 개량주의 또는 수정주의라 할 수 있는데 이 때문에 공산주의로부터 기회주의라는 비판을 받게 된다.

새롭게 등장한 사회주의헌법(구 소련 헌법 등)과의 경쟁에서 우위를 유지하고, 자본주의의 폐해를 극복하기 위해, 또 경제적·사회적 약자에 대한 보호를 게을리 한 것에 대한 반성으로 기존의 자유민주주의는 실질적인 경제적 평등을 강조하게 되는데, 사회국가원리 내지는 사회민주주의이다. 사회민주주의는 민주주의를 배척하는 것이 아니다. 민주주의를 기초로 사회민주주의 원리를 가미한 민주정치체제로서 민주주의의 한 유형에 해당한다. 사회민주주의의 이념을 실천하고자 하는 대표적 정당으로 스웨덴의 사회당과 독일의 사민당(SPD) 등을 들 수 있다.

㈑ 동일성 민주주의

동일성 민주주의이론은 피치자인 국민이 치자의 지위를 지닐 때 진정한 민주주의라는 주장을 말한다. 민주주의 통치형태의 이상은 직접 민주정치형태인 '국민에 의한 자기지배'임이 분명하다. 동일성이론은 지배객체에 불과한 국민의 지위를 지배주체로 높이는 데 기여하였다. 국민은 국가권력의 주체로서 동시에 국가권력의 객체가 되며, 국민주권원리는 치자와 피치자의 동일성을 의미한다고 한다. 반면 대표(대의)이론은 동일성을 반대하는 민주주의이론이다. 대표이론은 치자와 피치자를 준별한다. 민주주의의 진정한 모습이 동일성인가 아니면 대표제인가가 다투어진다.

(마) 방어적 민주주의

① 의의 및 연혁 방어적 민주주의란 민주주의의 이름으로 민주주의 그 자체를 파괴하려는 민주주의의 적에 대하여 자신을 수호하기 위한 자기방어적 민주주의를 말한다. 민주주의는 가치상대주의나 다원주의에 기초를 두기 때문에 어떠한 이념이나 사상에 대하여도 개방적이어야 한다. 그러나 Weimar 공화국은 '절대적' 가치상대주의를 취하고 있었기에 가치절대적인 존재에 대하여도 관용을 베풀 수밖에 없었고 이렇게 허용된 가치절대주의는 가치상대주의를 파괴하였다. 이러한 쓰라린 경험 때문에 민주주의는 더 이상 가치상대적인 것에 안주할 수 없게 된다. 세계 제2차 대전 후, Bonn 기본법은 바이마르시대의 경험을 거울삼아 민주주의를 보호하기 위한 장치를 두었는데, 바로 위헌정당해산제도와 기본권실효제도이다. 독일 연방헌법재판소에 의해 만들어진 방어적 민주주주의 이론은 우리 헌법재판소에 의해서도 수용된바 있다.

② 내 용 방어적 민주주의는 가치절대주의의 전체주의로부터 민주주의를 수호하기 위한 것으로 가치절대적인 민주주의의 적에 대해서는 상대적일 수 없음을 그 내용으로 한다. 방어적 민주주의는 가치중립적 민주주의의 포기와 가치구속적 또는 가치지향적 민주주의로의 이행을 의미한다. 방어적 민주주의는 이중적 성격을 지니게 되는데, 민주주의에 대한 위협과 방어, 또는 다원주의에 대한 위협과 제한의 정당화가 그것이다.

③ 한 계 방어적 민주주의는 민주주의를 수호하기 위한 것이므로 방어적 민주주의가 민주주의의 파괴로 이어져서는 안 된다. 즉 민주주의를 방어한다는 명분으로 민주주의의 본질인 다원주의를 심하게 훼손하거나, 기본권에 대한 부당한 제한을 가하거나, 자유로운 정당의 활동을 위협해서는 안 된다. 또한 방어적 민주주의는 글자 그대로 지키는 것이므로 소극적이고 방어적 성격을 지녀야지 적극적이고

공격적이어서도 안 된다. 이는 위헌정당해산의 요건을 엄격하게 해석하고 적용해야 할 이유가 된다.

2. 민주주의의 기본전제

(1) 가치상대주의

보통선거로 성립된 현대의 대중민주주의는 구성원 모두가 인격적으로 동등한 지위를 지니며 절대적 가치나 진리는 객관적으로 확인될 수 없다는 기초위에 서 있다(가치상대주의). 따라서 민주체제는 모든 사람의 생각이나 의견이 '等가치'적이고 어느 한쪽이 절대적으로 정당하다고 할 수 없어 다른 생각과 의견을 존중하고 용납하는 관용의 사회가 된다. 이렇듯 민주주의는 특정한 가치를 절대화할 수 없다. 그런데 가치상대주의를 철저히 관철하게 되면 가치절대적인 것에 대하여도 중립적이어야 하는데 민주주의는 가치절대적인 것에 대해서 상대적일 수 없다(상대적 가치상대주의).

(2) 다원적 민주주의

민주주의는 다원주의를 전제로 하여, 사회 내의 다양한 의견과 이해를 조정하여 하나의 정치적 의사를 만들어 낸다. 사회(이익)단체의 사전적 의사형성 없는 민주주의나 민주주의 정치과정은 생각할 수 없다. 사회단체 및 그 구성원들은 그들의 다양한 견해, 방향, 이익을 대변하기 위해 다양한 방법으로 자신들의 의사를 표명하면서 국가의 정치적 의사형성과정에 참여한다. 이렇듯 민주주의는 다원적일 수밖에 없다.

3. 민주주의의 기능

민주주의원리는 첫째, 주기적인 신임을 통해 국가권력을 구성함으로써 국가권력이 특정인과 결부되는 것을 방지하여 주고, 그럼으로써 '초개인적인 정치질서의 계속성의 창설'을 가능케 한다. 둘째, 민주주의는 정치적 의사형성을 객관적 절차에 따라 행해지도록 함으로써 정치과정의 합리성을 보장해 주며 이런 과정을 통해 형성된 국가권력에 정당성을 부여해 준다. 셋째, 민주주의는 국가권력의 민주적 정당성을 주기적으로 갱신 받도록 함으로써 국가권력을 제한하는 기능을 지닌다.

4. 민주주의 수단(다수결원칙)

(1) 다수결원칙의 의의와 기능

다수결원칙이란 다수의 의사를 공동체의 전체의사로 간주하는 공동체의 의사결정방법을 말한다. 다수결원칙은 만장일치 결정방법과 구별된다. 다수결원칙은 선거 등 국가를 구성하는 방법에 적용되지만 국가 이외의 다른 모든 사적단체의 의사결정에도 일반적으로 적용된다. 다수결원칙은 의사결정의 당연한 방법으로 인정되며 다수결요청을 충족한 의사결정은 정당하다는 평가를 받는다. 이는 다수결원칙이 민주주의 실천에 불가결의 수단이 되며 민주적 정당성을 확보하는 역할을 담당하기 때문이다.

(2) 다수결원칙의 정당성 근거

다수결원칙이 공동체의 전체 의사결정에 정당성을 부여해 주지만 다수결원칙이 왜 그러한 정당성을 부여해 줄 수 있는가가 문제되며, 여러 가지 다양한 견해가 제시되어 있다. 다수가 합리적 결정을 내릴 가능성이 크며 공동체가 구성원의 평등한 지위를 전제하고 있기에 다수의 의사에 따르는 것이 자연스럽고 불가피하다.

(3) 다수결원칙의 전제조건

다수결원칙이 공동체의 보편적인 의사결정방법이라 하더라도 전제되어야 할 조건이 있다. 다수결원칙은 모든 단체의 의사결정에 언제나 타당한, 즉 적용 가능한 원칙이 아니기 때문이다. 다수결원칙이 적용되기 위해서는 공동체의 의사결정에 맡길 수 있는 문제이어야 하며, 구성원 간에 기본가치에 대한 합의가 있어야 하고, 이상적 대화가 가능하며, 또 자유로운 의사형성과 구성원간의 동질성 및 평등보장이 전제되어야 한다. 동시에 다수결은 공정한 경쟁조건이 전제되어야 한다.

(4) 다수결원칙의 한계

다수결원칙은 공동체의 표결에 맡길 수 없는 문제에 대해서는 적용될 수 없다. 공동체의 표결에 맡길 수 없는 문제는, 단체의 특징으로부터 또는 문제 자체의 속성으로부터 나온다. 윤리적 성격이 강하게 지배되는 가정에서의 부모와 자녀, 영리추구를 목적으로 하는 기업에서의 사용자와 근로자, 학문연구에 중점을 두는 대학에서의 교수와 학생, 신앙을 추구하는 종교단체에서의 성직자와 신자들 간에는 단체 본질의 문제를 해결함에 있어 다수결원칙은 후퇴되어야 한다. 전문적 지식이 요구되는 영역이나 '다수화가 금지'되는 양심의 영역에서는 다수결원칙은 적용될 수 없다. 또한 다수결원칙은 민주주의를 실천하는 수단에 불과하기 때문에 다수결로 민주주의의 본질적 내용을 배제할 수 없다.

5. 민주주의의 내용

민주주의는 국가마다, 시대마다 다양한 형태로 실현되어 왔기에 민주주의의 내용 역시 국가와 시대마다 차이가 있다. 그러나 민주주의의 동일성을 확인할 수 있는 본질적 내용은 유지되어야 한다. 민주주의의 내용으로 국민주권, 국민에 의한 국가의사결정, 선거, 정당, 지방자치, 표현·청원·선거 등에 관한 기본권보장을 들 수 있다.

Ⅱ. 대한민국 헌법과 민주주의원리

1. 민주에 관한 헌법규정

우리 헌법은 헌법 전문을 위시하여 여러 조항에서 민주란 용어를 사용하고 있다. 헌법전문에는 '4·19 민주이념', '조국의 민주개혁', '자유민주적 기본질서'가 규정되어 있다. 헌법본문에는 제1조 제1항의 '민주공화국', 제4조의 '자유민주적 기본질서'에 입각한 통일조항, 제8조 제2항의 '민주적' 정당조직, 제8조 제4항의 '민주적 기본질서'로서의 정당해산사유, 제32조 제2항의 '민주주의 원칙'에 따른 근로의무의 내용과 조건, 제119조 제2항의 '경제의 민주화'를 위한 경제에 관한 규제와 조정에서 민주란 용어가 등장한다. 민주라는 용어가 민주, 민주적, 민주주의원칙, (자유)민주적 기본질서로 다양하게 표현되는데, 민주가 구체적으로 무엇을 말하는지 정리되어야 한다.

2. 민주주의원리의 수용과 적용

헌법 제1조 제2항은 '모든 국가권력은 국민으로부터 나온다'고 규정하고 있는데 이는 우리 헌법이 국민이 주인이어야 하는 민주주의원리를 헌법의 기본원리로 삼고 있음을 분명히 나타낸 것이다. 민주주의원리를 헌법의 기본원리로 삼은 이상 앞서 살펴본 민주주의원리에 관한 일반적 고찰은 우리 헌법에도 모두 타당하며, 적용된다고 하겠다. 따라서 국가에게는 정치적 공동체의 창설, 조직, 구성 모두가 국민에 의해 이루어질 수 있도록 노력해야 할 책무와 민주주의 기본이념인 자유와 평등을 실현할 의무가 부과된다.

3. 민주, 민주공화국, (자유)민주적 기본질서, 사회민주적 기본질서

(1) 민주와 자유민주

민주라는 용어가 헌법에 여러 군데 등장하지만 자유민주주의로 표현된 것은 헌법전문과 헌법 제 4 조의 통일조항뿐이다. 앞서 살펴본 바와 같이 민주주의는 자유주의를 그 내용으로 하기에 민주주의와 자유민주주의는 동일한 것이며 이를 구별할 실익도 필요도 없다. 다만 우리 헌법의 경우 이러한 논리가 타당한가를 검토한다.

헌법에 자유민주주의가 처음으로 등장한 것은 1972년 유신헌법부터이다. 유신헌법은 조국통일과 자유민주체제의 공고화를 새로운 공화국의 기본이념으로 삼았다.

(2) 민주공화국, 자유민주적 기본질서, 민주적 기본질서

(가) 헌법 제 1 조의 민주공화국

헌법 제 1 조 제 1 항의 민주는 민주주의원리와 실질적 '자유와 평등'을 그 이념으로 하는 사회국가원리를 모두 그 내용으로 한다. 대한민국의 국가형태인 민주공화국은 민주주의원리와 사회국가원리를 헌법의 지도원리로 수용하고 있으므로 민주공화국에서의 민주는 당연히 민주주의원리와 사회국가원리를 모두 포함하는 개념이 된다.

(나) 헌법 전문과 헌법 제 4 조(통일조항)의 자유민주적 기본질서와 사회국가원리

헌법의 자유민주적 기본질서의 개념을 어떻게 이해할 것인지, 민주적 기본질서와는 동일한 개념인지 아닌지, 더 나아가 사회국가원리를 포함하는가에 관한 정리가 필요하다.

① 헌법조문 헌법은 대한민국이 지향하는 헌법질서는 '자유민주적 기본질서를 더욱 확고히 하는 것이며(전문), 통일도 자유민주적 기본질서에 입각한 통일이어야 함을 밝히고 있다(§4). 또한 정당조항(§8④)은 정당해산의 요건으로 '민주적 기본질서'의 위배를 요구하고 있다. 우리 헌법은 자유민주적 기본질서와 민주적 기본질서를 구별하면서, 자유민주적 기본질서를 헌법의 지향이념 내지는 통일 이후의 법질서로서, 민주적 기본질서를 정당해산의 요건으로서 각각 달리 규율하고 있다. 이

점에서 자유민주적 기본질서를 정당해산의 요건으로 규율하는 독일 기본법과 차이가 있다.

② 개　념　　자유민주적 기본질서란 국민의 자유와 평등 및 정의(실질적 평등)를 존중하고 추구하고 실현하는 법질서를 말한다. 이를 달성하기 위해 자유민주적 기본질서는 국민주권, 권력분립, 의회제도, 복수정당제도, 선거제도, 사법권독립 등을 그 핵심적 내용으로 한다.

③ 판　례　　자유민주적 기본질서에 관해 독일과 우리나라 헌법재판소가 내린 개념정의는 유사한 것 같으나 중대한 차이가 있다. 독일은 경제질서를 자유민주적 기본질서에서 제외하고 있으나 우리 헌법재판소는 자유민주적 기본질서의 내용에 경제질서, 특히 시장경제질서를 포함시키고 있다는 것이다. 우리 헌법재판소가 추가한 요소 중 '시장경제를 골간으로 한 경제질서'가 시장경제질서를 말하는 것인지 아니면 사회적 시장경제질서인지, 더 근본적으로 경제질서가 자유민주적 기본질서의 내용에 포섭될 수 있는지가 문제된다. 골간이란 '기본적이며 핵심적인 부분'이란 의미로, 사유재산제와 시장경제를 골간으로 하는 경제질서란 시장경제질서를 그 내용으로 한다는 것으로 읽힐 여지가 충분하나, 헌법 제119조 제2항을 감안할 때 시장경제질서를 기본으로 하되 국가의 개입을 허락한다는 것으로 보는 것이 올바른 독해로 보인다.

④ 사회국가원리의 포함 여부　　사회국가원리, 특히 사회적 경제질서를 자유민주적 기본질서의 내용에 포함시킬 것인가에 관해 다툼이 있는바, 포함설과 배제설이 그것이다. 먼저 포함설은 사회적 정의와 사회보장을 추구하는 사회국가는 그러한 한에서 자유민주주의의 한 내용일 수밖에 없다고 하는 반면, 배제설은 사회적 시장경제질서와 같이 포괄적이고 불확정적인 경제질서의 개념을 자유민주적 기본질서에 포함시키는 것은 부당하며 헌법해석권을 책임질 수 없는 영역까지 확대시키고 있다고 한다. 우리 헌법재판소는 포함설의 입장을, 독일 연방헌법재판소는 배제설의 입장을 취하고 있다.

㈐ 헌법 제8조 제4항의 민주적 기본질서와 사회민주적 기본질서

헌법 제8조 제4항의 정당해산의 요건으로서의 민주적 기본질서가 사회민주적 기본질서(사회민주주의)를 그 내용으로 하는가가 다투어진다. 민주적 기본질서를

자유민주적 기본질서로 이해하는 다수설과 사회민주적 기본질서까지 포함한다고 하는 소수견해가 대립된다.

자유민주주의와 사회민주주의는 기원, 유래, 목표, 내용면에서 명백히 구별되지만 양자는 각각의 독특한 정치체제를 식별해내기 어려울 정도로 접근되어 있고, 구별하기 어려울 정도의 유사한 내용을 추구하고 있다. 민주적 기본질서와 자유민주적 기본질서는 동일한 개념이지만, 제8조 제4항의 민주적 기본질서는 방어적 민주주의의 표현으로 전체주의 정당을 배제하는 것이 목적이기에 민주적 기본질서를 자유민주주의로만 또는 사회민주주의를 포함하는 것으로 보는 것에 관한 다툼은 적절치 않다. 제8조 제4항의 민주적 기본질서는 자유민주주의인가 사회민주주의인가의 문제가 아니라 민주주의의 적인가 아닌가의 문제로 이해되어야 한다.

Ⅲ. 대한민국 헌법에 구체화된 민주주의 원리

1. 국민주권

(1) 국민주권의 의의

(가) 민주주의와 국민주권

국민주권이란 주권이 국민에게 있는, 있어야 한다는 원리를 말한다. 민주주의는 국민주권에 기초하고 있다. 근대국가형성에 결정적 역할을 담당했던 주권개념은 민주주의 원리와 결합되면서 국민주권을 만들어내었고 국민주권은 민주주의를 관철시키는 데 크게 기여하였다.

(나) 국민주권의 성립과정

오늘날 국민주권을 부정하는 국가가 더 이상 존재하지 않을 정도로 국민주권은 모든 인류에게 승인된 공리에 해당한다고 할 수 있으나 국민주권이 완성되기까지는 험난한 길을 통과해야 했다. 그 과정을 간략하게 더듬어보는 것도 국민주권이해에 도움을 줄 수 있다고 본다.

① 주권개념 주권이란 국가의사를 결정할 수 있는 최고의 권력을 말한다. 따라서 주권은 독립적이고 불가분적이며 불가양적이다.

② 군주주권에서, 국가주권을 거쳐 국민주권으로 주권이 왕권의 절대화를 옹호

하기 위한 이론으로 시작되었기에 시초의 주권은 당연히 군주에게 귀속되는 군주주권론일 수밖에 없었고 왕권신수에 따라 군주주권의 당위성을 논증하였다(J. Bodin). 이러한 군주주권론도, 군주의 권력도 제한적이라는 J. Locke의 사상, Montesquieu의 군주권력에 대한 권력분립의 적용, 더 나아가 J. J. Rousseau의 사회계약이론 등으로 인해 국민주권이론으로 변모되지 않을 수 없게 된다. 이와 같이 국민주권론은 근대 민주국가의 수립을 위하여 군주주권에 대한 항의적 이데올로기로서 주장되었고, 국가 의사의 최고결정권이 국민에게 있어야 한다는 국민주권사상은 1776년 미국 Virginia 헌법과 1791년 프랑스 헌법에서 처음으로 헌법에 규정되었다.

군주주권론이 국민주권론으로 넘어가는 과도기에 영국의 의회주권론과 독일의 국가주권론이 주장된 바 있다. 의회주권론이란 군주의 세력이 약화되고 의회가 국정의 중심이 되면서 나타난 사상으로, 영국에서 주장되었다. 독일의 경우, 주권의 주체는 군주도 국민도 아닌 국가 그 자체라는 국가주권설이 법실증주의 헌법학을 중심으로 주장되었다. 국가주권설은 19세기 독일에서 군주와 국민의 정치적 대립을 중화시키기 위하여 주장된 일종의 도피이론이라 할 것이다.

③ 국민주권과 인민주권　국민주권에서 주권의 소지자가 구체적으로 누구인가에 따라 전체국민으로 이해하는 국민주권론(소위 Nation주권)과 개개 국민의 총체로 보는 인민주권론(소위 Peuple 주권)으로 나눌 수 있다.

㉠ 국민주권이론(소위 Nation주권)　Nation주권이론에 의하면 주권은 개별 국민이 가지는 것이 아니라 '전체 국민'이 보유한다는 것이다. '전체 국민'이란 구성원인 개개 국민과 구별되는 이념적 통일체(독립된 인격체)로서 개인과 구별되는 존재이며, '전체 국민'은 개별 국민의 집합체도 아니라고 한다. 이러한 의미의 국민인 Nation이 국민으로 번역되어 사용되고 있다. 이 이론에 따르면, 첫째, 주권의 주체인 (전체)국민을 대표할 대의제가 요구되며, 둘째, 대표자선출 수단인 선거는 제한·차등선거로도 가능하고, 셋째, 대표자는 선거인을 대표하는 것이 아니라 '전체 국민(Nation)'을 대표하게 되어 자유위임하에 놓이게 되며, 넷째, 대의제는 권력분립원리와 연결될 수밖에 없다. 국가권력은 한 사람이 아닌 여러 사람에 의해 대표될 때에만 약화되고 완화되어진다고 보기 때문이다.

㉡ 인민주권이론(소위 Peuple주권)　Peuple주권이론이란 주권은 전체 국민에게 귀속되는 것이 아니라 개개 국민에게 분속된다는 것이다. 이러한 의미의 국민인

Peuple이 인민으로 번역되어 사용되고 있다. 이러한 인민주권은 루소의 사회계약론 사상에 기초를 두었다고 할 수 있다. 국가의 국민 개개인은 주권의 일부를 보유하며 개개 주권이 모여 전체 국민의 주권이 만들어진다고 한다. 이 이론에 따르면, 첫째, 인민이 주권자이며, 이 주권은 양도될 수 없고, Peuple 의사의 대표란 있을 수 없으므로 주권자인 인민이 직접 국가의사를 결정하는 직접 민주제를 이상으로 한다. 둘째, 직접민주제하에서도 대의기관 구성은 불가피한데 대의기관구성 수단인 선거는 보통·평등선거라야 하며, 셋째, Peuple 위에 정부, 의회, 법원 등 기술적 기능을 행사하는 여러 기관이 있으나 이들은 Peuple의 의사에 따른 행사기관에 불과하게 되며(기속위임), 넷째 모든 권력이 융합된 회의정체가 Peuple주권원리에 기초한 논리적 결과가 된다(권력통합).

④ 국민주권에서의 국민 주권이론은 주권개념을 전제로 주권을 누가 소유해야 하는가에 중점을 두고 발전되어 왔다. 이러한 시각에서 볼 때, 국민주권은 국민이 주권을 향유하는 정치원리가 된다. 주권을 소유하는 국민의 의미가 문제된다. 주권자로서 국민의 범위를 선거권을 향유하는 구체적 시민의 전부라는 유권자전체설이 있으나, 아동이나 정신병자와 같이 의사능력이나 행위능력이 없는 자는 물론 수형자와 같이 법상 선거권이 없는 자를 포함한 전체 국민을 주권자로 보아야 한다(통설).

(2) 대한민국 헌법과 국민주권

(가) 국민주권에 관한 헌법규정

헌법 제1조 제2항은, '대한민국의 주권은 국민에게 있고, 모든 권력은 국민으로부터 나온다'고 하여 국민주권을 규정하고 있다. 헌법은 전문과 제1조 제1항의 민주공화국에서도 국민주권을 채택하고 있음을 간접으로 나타내고 있다.

(나) 대한민국 헌법에서의 국민주권

헌법 제1조 제2항의 국민주권은 모든 국가질서의 정당성의 근거가 되며, 국가질서의 방향을 제시함과 동시에 국민이 국사의사형성에 주도적으로 참여할 수 있는 근거가 된다.

국민주권주의는 국가권력의 주체가 국민이며, 국민만이 국가권력에게 정당성을 부여할 수 있다는 것이다. 또한 국가 최고의 의사결정권이 국민에게 귀속된다는 의미이다.

(다) 국민주권의 내용(헌법 제 1 조 제 2 항)

헌법 제 1 조 제 2 항의 '주권과 모든 권력', '국민에게 국민으로부터'에 대한 정리가 필요하다.

① 주 권 전단의 주권은 독립·최고의 국가권력으로서의 주권을 말한다. 하나의 정치영역 안에서는 최종적인 유일·최고의 법창조 권력이 존재하여야 하며, 어떤 나라이건 시원적이고 절대적인 최종적 권한이 존재하기 마련이다. 주권은 국민적 정당성에 기초한 규범적 힘으로서 대내적으로 최고이며 대외적으로 독립인 권력을 의미한다. 국가권력은 주권을 기초로 국가 내에서 통일적인 법질서를 형성해야 하므로(국가권력의 통일성), 주권의 대내적 최고성은 국가권력의 통일성의 당연한 결과이다.

동시에 주권의 대외적 독립성은 국가는 국제사회에서 독립된 구성원으로서 국제법상 권리의무의 주체가 된다는 것을 말한다. 국가의 최고독립성을 상징하는 주권은 여러 가지 의미로 사용되고 있다. 국가의사를 결정하는 최고의 원동력으로(주권=헌법제정권력), 국가권력 그 자체로(주권=통치권), 국가권력의 최고성·독립성을 나타내는 것으로(주권=주권성), 국가의사를 나타내는 것(법인격)으로 사용된다. 국가의사의 최고의 원동력인 주권도 한계가 있다. 현행 헌법(§60)도 주권제한이 가능하다는 전제에 서 있다.

② 모든 권력 모든 권력은 복수의 권력으로서 통치권을 의미한다. 통치권이란 국가목적의 실현을 위한 포괄적 지배권을 말하며 가분적이며 제한적이고 상대적 권력의 성격을 지닌다. 이 점에서 불가분적이며 무제한적이고 절대적 권력인 주권과 구별된다. 통치권은 형식적 내용에 따라 입법권, 사법권, 집행권 등으로, 실질적 내용에 따라 자주조직권, 대인고권, 영토고권으로 나누어진다. 모든 권력이 국민으로부터 나온다는 것은 모든 권력이 주권으로부터 연유한다는 의미이지만 결국 모든 국가권력은 국민으로부터 정당하게 위임된 권력일 것을 요구하는 민주적 정당성을 말한다.

(라) 국민주권의 구현형태

헌법 제 1 조 제 2 항은 "대한민국의 주권은 국민에게 있고 …"라고 하여 국민주권을 직접 명문으로 선언하고 있다. 또한 헌법 전문과 헌법 제 1 조 제 1 항의 민주공화국 규정은 국민주권의 원리를 채택하고 있음을 간접적으로 밝히고 있다.

① 국가의사의 간접적 결정(대의제, 간접민주제) 헌법은 국가의사의 결정을 국민이 직접 행사하는 방법을 취하지 않고 다른 국가기관에 위탁하여 행사시키는 방법을 택하고 있다. 민주국가에서 주권이 국민에게 있다고 하여 국민이 직접 모든 사항을 결정하고 집행하는 것은 불가능하다. 우리 헌법은 기본적으로 대의 민주주의를 채택하고 있다. 대의제를 채택하여도 대통령이나 국회의원과 같은 대의기관은 국민이 직접 선출하도록 하고 있다.

② 국가의사의 직접적 결정(직접민주제) 헌법은 대의민주주의를 통하여 국민주권의 원리를 구현케 하는 것을 원칙으로 하면서도 간접민주제가 지니는 폐단을 줄이기 위하여 국민이 직접 국가의사형성에 관여할 수 있는 길을 허용하고 있다. 헌법개정안과 중요한 국가정책에 대한 국민투표와 각종 선거제도가 이에 해당된다.

③ 국가의사의 예비형성(정당제) 선거나 국민투표만으로 국민이 국가의사 결정에 관여한다고 하기엔 충분치 못한 면이 많다. 정당을 통해 국가의사결정에 참여하는 것은 주권자의 의사를 국정에 상시 반영시킬 수 있는 중요한 수단이 된다. 헌법은 정당제도를 둠으로써, 또 복수정당을 보장함으로써 다양한 국민의 의사를 매개하고 형성하도록 하였다.

④ 기타의 국가의사 형성제도 헌법은 지방자치제를 통하여 그리고 표현의 자유, 청원권 등의 기본권보장을 통하여 국민의 국가의사 형성을 실현하고 있다.

2. 정당제도

(1) 정당의 의의

(가) 민주주의와 정당

국민들의 다양한 의견 중 유사한 의견 간에는 정리가 필요하고, 다른 의견들 간에는 조정과 중재가 요구된다. 서로 다른 의견을 조정하고 상이한 지향노력을 중재할 수 있을 때 정치적 공동체로서의 국가는 유지될 수 있기에, 다양한 의견과 이해의 조정과 중재는 국가의 존립요건이 되며, 동시에 국가가 담당해야 할 과제가 된다. 여기에 국민의 정치적 의사형성에 참여를 목적으로 하는 정당의 존재의의가 주어진다. 정치적 이념이나 목적이 유사한 사람들의 집단이 정당이기 때문이다. 오늘날 '정당 없는 민주주의를 상상할 수 없고, 정당 없는 민주주의는 기능할 수 없다.' 이와 같은 현상은 현대 민주주의를 정당국가적 민주주의로 불리도록 하고 있는데 이는 19세기 대의제(의회제) 민주주의와 비교된다.

(나) 정당제도의 성립 및 발전과정

정당의 기원은 17세기 영국의 토리당과 휘그당으로 알려져 있다. 초기의 민주주의 사상가들은 정당에 대해 부정적 입장을 취할 수밖에 없었다. 직접 민주주의를 민주주의의 이상으로 여기는 루소나 국민대표의 자유위임을 강조하는 자유주의의 입장은 정당의 매개를 부정적으로 이해하게 된다. 정당에 대한 국가의 태도를, H. Triepel은 적대시단계, 무시단계, 승인 및 합법화 단계, 헌법에의 편입단계의 4가지 발전단계로 나누어 구분하였다.

정당국가의 단계로 접어들면서 제 2 차 대전 이후의 헌법 특히 1948년 Italy 헌법(§ 49), 1949년 Bonn 기본법(§ 21), 1958년 프랑스 제 5 공화국 헌법(§ 4) 등은 헌법에 정당을 규정하였다. 반면 미국 헌법이나 일본 헌법과 같이 정당조항을 두지 않은 헌법도 있다. 우리나라의 경우 건국헌법은 헌법에 정당조항을 두지 않았고 정당조항은 제 2 공화국 헌법에서 처음으로 도입되었다.

(2) 정당의 개념

(가) 정당과 정당법

헌법은 정당의 개념을 규정하고 있지 않지만 정당개념을 정당법에 모두 맡기고 있지는 않다. '정당은 정치적 의사형성에 참여하는데 필요한 조직을 가져야 한다'고 하는 헌법 제 8 조 제 2 항 후문은 정당에 요구되는 중요한 요소를 규정한 것으로 보아야 한다. 헌법이 요구하는 정당의 요소는 정치적 의사형성에 참여와 필요한 조직이다. 정당에 대한 구체적 정의는 정당법(§ 2)에서 규정하고 있는데, '정당은 국민의 이익을 위하여 책임 있는 정치적 주장이나 정책을 추진하고 공직선거의 후보자를 추천 또는 지지함으로써 국민의 정치적 의사형성에 참여함을 목적으로 하는 국민의 자발적 조직을 말한다'고 한다.

(나) 정당의 개념적 징표

정당의 개념은 형식적 개념일 것이 요구된다. 정당의 정치적 목표와 방향에 대해 어떤 내용적 요건을 제시하는 것은 다원적 민주주의와 부합되지 않기 때문이다. 법으로 정당의 내용과 방향을 제시할 경우 이는 정당에 대한 국가의 간섭과 통제로 변하게 된다. 가능한 모든 정치적 결사가 정당의 지위를 가질 수 있도록 하기 위해서도 형식적 정당개념이어야 한다. 정당개념의 형식성과 관련하여 '자유 민주적 기본질서를 긍정할 의무'가 정당의 개념적 요소인가 아니면 정당의 자유에 대한 한계로서 헌법적 의무인가가 다투어진다. 전자의 입장이 다수설이다. 헌법재판소는 혼선을 빚고 있는 데, '99헌마135결정'은 자유민주적 기본질서의 긍정의무를 정당의 개념요소로 보지 않는 데 반해, '2001헌마710결정'은 정당의 개념요소로 이해하고 있기 때문이다.

① 국민의 이익 농민정당, 노동자정당, 또는 환경정당과 같이 특정계층이나 특정이익만을 위한 정당은 허용되지 않는가가 문제된다. 일부 견해에 따르면 이익단체나 압력단체처럼 정치적 주장이나 정책을 추진하지만 오로지 자신(특정집단)의 이익만을 위하여 활동하는 단체는 정당에서 제외된다고 한다. 그러나 특정이익이나 특정계층의 이익실현은 국민의 이익을 위하는 것과 모순되지 않으며, 오히려 당연한 현상으로 어쩌면 불가피하다고까지 보아야 한다. 따라서 특정계층이나 특정이익을 대변하는 정당도 헌법의 기본원리를 준수하며 헌법적 가치를 실현하려는 한 국민이익을 대변하는 것이 된다.

② 국민의 정치적 의사형성에 참여 정당은 정치적 주장이나 정책을 추진함으로써 국민의 정치적 의사형성에 참여하여야 한다. 정치적 의사형성에 참여하지 않는 단체는 정당으로 볼 수 없다. 정당은 국가영역에 진출하여 국가권력을 장악하고 국정에 참여하는 데 그 목적이 있다.

③ 후보자의 추천과 지지 국민의 정치적 의사결정과정참여 중 가장 중요한 것이 선거에서 후보자를 추천하고 지지함으로써 선거에 참여하는 것이다. 정당 없는 선거는 가능하지도, 의미도 없다. 선거에 후보를 내지 않고 이념만 강조하는 결사는 헌법적 의미의 정당으로 볼 수 없다. 국민의 가장 중요한 정치적 의사형성과정인 선거에 참여하지 않는 단체에게 정당의 자격을 부여할 수는 없기 때문이다.

④ 국민의 자발적 조직 정당은 필요 최소한의 견고하고 독자적이며 지속적인 조직이어야 한다. 일시적으로 존재하는 것은 국민의사형성에 기여하지 못하므로 정당으로 볼 수 없다. 정당은 국민의 자발적 조직이므로 관제적인 것은 정당이라 할 수 없다.

⑤ 기타의 요건 독일 정당법(§2①)에서 규정하고 있는 '지속적으로 또는 상당기간'이라는 요건을 정당개념의 표지로 삼아야 한다는 견해가 있다. 상당기간을 어떻게 정할 것인가가 쉬운 문제는 아니나 선거 때마다 우후죽순으로 나타나는 철새정당의 방지를 위해서 필요하다.

㈐ 정당의 설립과 복수정당제도(§8①)

헌법 제8조 제1항은, '정당의 설립은 자유이며, 복수정당제는 보장된다'고 규정하고 있다.

① 정당설립의 자유 정당설립의 자유란 국가의 간섭을 받지 아니하고 자유롭게 정당을 설립할 수 있는 권리를 말한다. 정당설립의 자유는 설립된 정당에 자유롭게 가입하고 탈퇴할 수 있는 자유를 포함한다. 또한 정당설립의 자유는 정당의 존속과 정당의 활동의 자유도 보장한다.

헌재결정

헌법 제8조 제1항 전단의 정당설립의 자유는 정당설립의 자유만이 아니라 정당활동의 자유를 포함한다. 즉, 헌법 제8조 제1항은 정당설립의 자유만을 명시적으로 규정하고 있지만, 정당설립의 자유만이 아니라 누구나 국가의 간섭을 받지 아니하고 자유롭게 정당에 가입하고 정당으로부터 탈퇴할 수 있는 자유를 함께 보장한다. 정당의 설립만이 보장될 뿐 설립된 정당이 언제든지 다시 금지될 수 있거나 정당의 활동이 임의로 제한될 수 있다면, 정당설립의 자유는 사실상 아무런 의미가 없기 때문이다. 따라서 정당설립의 자유는 당연히 정당의 존속과 정당활동의 자유도 보장하는 것이다. 따라서 정당의 자유의 주체는 정당을 설립하려는 개개인과 이를 통해 조직된 정당 모두에게 인정되는 것이다. 구체적으로 정당의 자유는 개개인의 자유로운 정당설립 및 정당가입의 자유, 조직형식 내지 법형식 선택의 자유를 포함한다. 또한 정당설립의 자유는 설립에 대응하는 정당해산의 자유, 합당의 자유, 분당의 자유도 포함한다. 뿐만 아니라 정당설립의 자유는 개인이 정당 일반 또는 특정 정당에 가입하지 아니할 자유, 가입했던 정당으로부터 탈퇴할 자유 등 소극적 자유도 포함한다(헌결 2001헌마710).

② 정당의 설립요건 정당설립의 자유가 인정된다 하여도 정당이 국민의 정치

적 의사를 형성하기 위해서는 어느 정도 전국적 규모로 볼 수 있으면서 상당한 지지자를 확보한 조직체이어야 한다. 정당설립에 필요한 정당법의 요건은 다음과 같다. 정당의 설립은, 5 이상의 시·도당과(정당법 §17), 해당 시·도당 관할구역 내에 주소를 가진 1천인 이상의 당원을 확보하여(정당법 §18), 중앙당이 중앙선거관리위원회에 등록함으로써 성립한다(정당법 §4). 정당의 창당활동은 창당준비위원회가 행하며, 창당준비위원회는 중앙당의 경우에는 200인 이상의, 시·도당의 경우에는 100인 이상의 발기인으로 구성한다(정당법 §6). 5개 분산요건은 지역정당을 방지하며 1000명 이상의 당원은 군소정당을 배제하기 위함이다.

③ 정당의 합당　　정당은 대의기관의 결의로 합당할 수 있다(정당법 §19). 합당은 새로운 당명으로 합당하는 신설합당과 다른 정당에 합당하는 흡수합당이 있다. 합당은 중앙선거관리위원회에 등록(신설합당) 또는 신고(흡수합당)함으로써 성립한다(정당법 §20). 정당의 합당이 성립한 경우에는 그 소속 시·도당도 합당한 것으로 본다. 합당으로 신설 또는 존속하는 정당은 합당 전 정당의 권리·의무를 승계한다. 합당의 경우 합당 전 정당의 당원은 합당된 정당의 당원이 된다(정당법 §21).

④ 복수정당제도　　정당이 민주주의의 불가결의 존재라면 민주주의의 성공 여부는 정당제도의 성패에 달려 있다고 볼 수 있다. 헌법은 복수정당제도를 채택하고 있는데 복수정당제도는 정당설립의 자유를 보장한 당연한 법적 산물의 결과로서 제도보장의 성격을 지닌다. 다양한 정치노선 사이에 선택가능성이 주어질 때 민주주의는 가능하며, 선택가능성의 보장은 의견을 달리하는 최소한의 두 개 이상의 정치적 집단의 존재를 요구하게 되므로 복수정당제도는 민주주의 실현의 필요조건이 된다. 일당제를 민주주의 원리에 배치된다고 하는 이유가 여기에 있다.

(3) 정당의 헌법상 지위와 기능

(가) 정당의 헌법상 지위

정당이 헌법에서 어떠한 지위를 지니는가가 문제된다. 정당을 국가기관으로 보는 견해가 있다. 정당은 헌법의 구성요소로 이미 제도화되었고 그 기능과 과제를 볼 때에 국가기관성을 인정해야 한다는 것이다. 반면 정당은 국가기관과 달리 누구든지 자유로이 설립할 수 있고 그 구성원은 공무원신분을 갖지 않으며 정당의 조직이나 내부 구성을 국가가 관여할 수 없다는 관점에서 볼 때, 정당을 사법적 결사로 보아야 한다는 주장도 있다. 생각건대 정당에게 부여된 중대한 기능과 막중한 과제를 감안하더라도 국가기관으로 보는 것은 적절치 않다. 정당이 헌법에 편입되었다 하여도 국가에 들어갔다고 보기는 어렵기 때문이다. 그렇다고 일반 다른 결사와 동일한 것으로 보는 것도 정당의 특성을 무시한 것으로 찬성할 수 없다. 결국 정당은 국민의 정치적 의사형성을 담당하고 이를 국가에 매개하는 중개적 권력으로 보는 것이 타당하며, 지배적 견해이기도 하다.

㈏ 법적 형태

정당의 헌법적 지위를 중개적 권력으로 이해하더라도 실정법적으로는 민법상 법인격 없는 사단에 해당된다. 따라서 정당에게는 민법상 사단규정이 적용되고 정당과 당원 간의 분쟁은 민사소송절차를 따르게 된다.

㈐ 정당의 기능과 한계

① 기 능　　정당은 무정형적이고 무질서적인 개개인의 정치적 의사를 집약하여 정리하고 구체적인 진로와 방향을 제시하는 역할을 담당한다. 또 예비형성된 국민의 정치적 의사를 국정을 책임지는 공권력으로까지 매개하는 기능을 수행한다. 정당은 국민을 정치적으로 교육하고 정치지도자를 양성·선발하며 이들의 추천과 국민의 지지를 통하여 국민의 정치적 의사형성에 참여하게 된다.

② 한 계　　정당이 국민의 의사를 형성하고 국가에 매개한다고 하여 모든 사항에 대하여 정당의 관여가 허용되는 것은 아니다. 정당은 정치적 의사형성에 관련된 사항에 대해서만 관여할 수 있다. 따라서 정당의 기능이 비정치적 영역에까지 확대되는 것은 적절하지 않다.

(4) 정당의 특권과 권리(§8③)

㈎ 정당에 대한 특별한 보호

헌법과 정당법은 민주정치의 건전한 발전을 도모하기 위하여 정당에게 여러 가지 특권을 부여하고 있다. 정당에 대하여 일반결사와 달리 특별한 보호를 하는 이유는 정당이 담당하는 특별한 기능 때문이다. 정당은 입후보자의 추천과 국민의 지지를 획득함으로써 정권을 창출하고 이를 통해 국민의 정치적 의사를 국정에 반영시키고 있다. 또 정당, 특히 야당은 정부와 여당의 독주를 견제하는 권력통제기능을 담당하고 있기 때문이다.

(나) 정당의 특권과 권리

정당은 일반결사에 비하여 설립, 활동, 존립에 있어 특권을 누린다. 헌법은 정당의 경우 일반결사와 달리 설립의 자유를 보장하는 명시적 규정을 두고 있다. 특히 정당은 그 존립에 대해 매우 특별한 보호를 받는다(§8④). 또한 정당은 정당의 운영에 필요한 자금을 국가로부터 보조받을 수 있는 특권을 지닌다(§8③). 정당은 국가로부터 정치자금법에 따른 운영비와 공직선거법에 따른 선거비용을 보조받고 있다. 정당이 수령하는 기부나 찬조 기타 재산상의 출연에 대하여는 면세의 혜택을 누린다(정자법 §59). 정당은 국민의 정치적 의사형성에 참여할 권리를 가지고, 각급 선거관리위원회위원의 추천권과 참관인의 지명권을 가진다(선관위법 §4; 공선법 §181).

(5) 정당의 의무(§8②)

헌법 제8조 제2항은, '정당은 그 목적·조직과 활동이 민주적이어야 하며, 국민의 정치적 의사형성에 참여하는 데 필요한 조직을 가져야 한다'고 규정하고 있다. 민주주의를 실현하고자 하는 자는 그 자신이 먼저 민주적이어야 한다. 헌법은 다른 단체와 달리 정당에게 당내 민주주의를 요구하고 있다. 정당의 목적, 조직, 활동에 있어 민주성이 요구된다.

(가) 정당목적의 민주성

헌법은 정당의 목적이 민주적일 것을 요구하는데, 목적의 민주성은 정당이 실현해야 할 당연한 책무이다. 정당의 목적이 민주적이어야 한다. 목적의 민주성이란 정당이 추구하는 목적이 자유 민주적 기본질서의 달성에 있을 것을 요청한다. 이는 제4항의 정당해산조항과 관련하여 볼 때 더욱 분명해진다.

(나) 정당조직의 민주성

조직의 민주성 요구는 내부조직의 민주화를 의미하는 것으로, 있을 수 있는 정당의 권위주의적 지배경향을 배제하기 위함이다. 조직의 민주성은 당원의 의사를 반영할 대의기관을 요구하고 대의기관과 집행기관의 분리를 요구한다. 정당의 대표기관에 대한 민주적 정당성확보가 요구됨은 물론이다. 동시에 당원의 권리와 의무, 당조직의 구성 및 운영, 당헌과 강령의 제정, 당기구의 권한 등이 민주적 원칙에 따라 규율·조직되어야 한다. 정당법(§29)은 정당에 당원의 총의를 반영할 수 있는 대의기관과 집행기관 그리고 소속 국회의원이 있는 경우에는 의원총회를 두도록 명하고 있다.

(다) 정당활동의 민주성

정당활동의 민주성이 요구된다. 당의 의사결정이 민주적 절차와 방법으로 이루어져야 한다. 특히 공직후보자의 결정이 상향식 의사형성절차에 따라 결정되어야 한다. 또한 당원에게 정당의 의사형성에 동등하고 자유롭게 참여할 수 있는 가능성(투표권)이 보장되어야 한다. 정당활동이 공개적이어야 한다. 이럴 때 정당활동에 대한 당원의 통제가 가능하며 비판적 의사표명이 가능하기 때문이다. 당원에 대한 징계(특히 제명)는 제한적이어야 하며 절차가 확보되어야 하고 부당한 징계에 대해서는 이를 다툴 수 있는 장치가 보장되어야 한다. 정당의 당론과 다른 의견을 가진 의원을 소속 국회상임위원회에서 다른 위원회로 전임한 것과 관련하여, 헌법재판소는 당론과 다른 견해를 가진 소속 국회의원을 당해 교섭단체의 필요에 따라 다른 상임위원회로 전임(사·보임)하는 조치는 특별한 사정이 없는 한 헌법상 용인될 수 있는 정당내부의 사실상 강제의 범위 내에 해당한다고 하였다.

(6) 정당의 재정(§8③)

(가) 정당과 정치자금

정치자금은 민주주의의 두 얼굴이다. 민주주의의 비용이지만 정치부패의 요인도 되기 때문이다. 정치자금은 정치권력을 장악하는 데 드는 불가피한 비용이지만 동시에 불공정과 저효율을 가져다준다. 그래서 정치자금은 민주정치의 필요악이라 칭해지기도 한다. 정당이 자신에게 부여된 헌법적 과제를 담당하는 데에는 많은 경비가 소요된다. 정당의 조직이나 활동을 위한 경비는 원칙적으로 구성원의 당비나 후원금으로 마련되어야 한다. 그러나 당원의 당비만으로 이를 해결하는 것은 불가능에 가깝고, 개인이나 단체에 의한 후원금이나 기탁금 역시 기부문화가 정착되지 못한 환경에서는 규모도 작고 지속성도 불확실하여 정당의 재정안정성을 확보하기 어렵거니와 더 나아가 기부자의 이해에 종속될 우려가 있다.

(나) 정치자금의 문제점과 개선책

정치자금과 부조리는 항상 가까이에 위치한다. 부조리를 동반하지 않는 정치자금의 조달여부는 정당의 성패로 이어지며 더 나아가 민주주의의 성패를 좌우할 수 있다. 그렇다면 정치자금을 합리적으로 조달케 함과 동시에 이를 규제할 수 있는 제도의 확보가 정당과 민주주의가 모두 사는 길이 될 것이다. 정치자금은 비실명화된다액소수의 자금보다 소액다수의 자금조달로 충족되는 것이 바람직하다.

또 정치자금은 불공정성, 저효율, 고비용을 초래한다. 과거에 있었던 지정기탁금제도는 불공정성의 대표적 사례이다. 정치자금의 저효율문제는 정치자금의 확보를 위해 정치적 활동보다 비정치적 활동에 시간과 정열을 쏟는다는 데 있다. 또한 고비용이 문제된다. 중앙당과 지구당 운영도 고비용구조로 되어 있다. 경비의 대부분이 사무국 직원의 인건비라면 효율적인 의정활동과 정책개발에 투입되는 자금은 미미할 수밖에 없다. 지구당을 폐지하고 당비를 내지 않는 당원의 권리를 제한하며, 유급사무원수를 제한하면서 이를 초과하는 경우 국고보조금 감액의 불이익을 주는 것은(정당법 §30) 정치자금개선에 조금이라도 도움을 주려는 시도이다.

(다) 정치자금과 국고보조(§8③)

헌법은 제8조 제3항 후단에서, '국가는 법률이 정하는 바에 의하여 정당의 운영에 필요한 자금을 보조할 수 있다'고 규정하고 있다. 헌법의 이러한 태도는 정당에 대한 국고보조금을 강제하고 있지 않으나 그렇다고 금하지도 않는다. 국고보조금의 범위를 정당의 운영에 필요한 자금으로 제한하고 있을 뿐이다. 한편 헌법은 제116조 제2항에서는 선거에 관한 경비를 정당에게 부담시킬 수 없다는 선거공영제를 규정하고 있다. 정당운영비는 정치자금법이, 선거경비는 공직선거법이 각각 규율하고 있다.

(라) 정치자금의 종류

정치자금은 당비, 후원금, 기탁금, 국고보조금의 네 가지가 있다.

① 당 비 　당비란 정당의 당원이 부담하는 금전, 유가증권 기타 물건을 말한다. 정당은 소속 당원으로부터 당비를 받을 수 있다(정자법 §4①). 정당의 회계책임자는 납부받은 당비에 대하여 당비영수증을 당원에게 교부하여야 한다(정자법 §5①).

② 후 원 금 　후원금이란 후원회의 회원이 후원회에 납입하는 금전이나 유가증권 기타 물건을 말한다(정자법 §3조4). 후원회란 정치자금의 기부를 목적으로 설립된 단체를 말한다. 국회의원(국회의원당선자 포함), 지역선거구국회의원선거의 후보자 및 예비후보자, 대통령선거의 후보자 및 예비후보자, 정당의 대통령선거후보자 선출을 위한 당내경선후보자, 중앙당의 대표자 선출을 위한 당내경선후보자, 지

방자치단체의 장선거의 후보자는 하나의 후원회를 지정하여 둘 수 있다(정자법 §6). 중앙당(중앙당창당준비위원회를 포함)과 시·도당은 후원회를 둘 수 없다. 2015년 12월 헌법재판소는 정당에 대한 후원을 금지하고 위반 시 형사처벌하는 정치자금법(§45)은 정당활동의 자유에 대한 과도한 침해로 위헌(계속적용, 헌법불합치)으로 선언하였다(헌결 2013헌바168). 정당 후원회제도는 헌법재판소의 결정으로 인해 국회의 입법에 의하여 다시 부활할 수 있게 되었다. 2017년 개정 정치자금법은 정당후원회를 허용하면서, 정당후원회를 폐지한 정치개혁의 취지를 고려하여 정당의 중앙당에만 후원회를 설치하도록 하였다(정치자금법 §6). 정치자금법은 (기초, 광역) 지방자치단체의 장선거의 후보자에게 후원회설립을 허용하나 (기초, 광역) 자방의회의원의 경우에는 이를 허용하고 있지 않다(정자법 §6 제6호).

헌법재판소는 광역자치단체장 선거의 예비후보자에게 후원회설립을 제외하는 것은 평등권 위반으로 헌법불합치 결정을 하였으나, 자치구의회의원선거의 예비후보자에 관한 부분은 자치구의회의원의 경우 선거비용 이외에 정치자금의 필요성이 크지 않다는 이유로 합헌으로 보았다(헌결 2018헌마301).

누구든지 하나 또는 둘 이상의 후원회의 회원이 될 수 있으나 정치자금을 기부할 수 없는 자와 정당의 당원이 될 수 없는 자는 후원회회원이 될 수 없다(정자법 §8). 외국인, 국내·외의 법인 또는 단체는 정치자금을 기부할 수 없다(정자법 §31①). 법인이나 단체의 정치자금기부행위는 그 규모가 거액일 수 있고, 이는 정경유착으로 이어질 수 있어 이를 방지하기 위함이다. 또한 누구든지 국내·외의 법인 또는 단체와 관련된 자금으로 정치자금을 기부할 수 없다(정자법 §31②). 투명성을 확보하기 위해 후원회의 모금방법 및 기부한도에 제한을 두고 있다.

③ 기 탁 금　　기탁금이란 정치자금을 정당에 기부하고자 하는 개인이 선거관리위원회에 기탁한 금전이나 유가증권 기타 물건을 말한다(정자법 §3 제5호). 성명 등 인적 사항을 밝히지 아니하고 기탁금을 기탁할 수 없으나, 기탁자의 성명 등 인적 사항을 공개하지 아니할 것을 조건으로 기탁할 수 있다(정자법 §22③). 기탁금은 국고보조금배분비율에 따라 지급한다(정자법 §23①). 기탁자가 배분율을 정한 경우에는 그에 따르도록 한 지정기탁금제도는 존재하지 않는다.

④ 국고보조금

㉠ 의　의　　국고보조금이란 정당의 보호·육성을 위하여 국가가 정당에

지급하는 금전이나 유가증권으로, 정치자금의 일종이다(정자법 §3 제6호). 정당은 선거에 즈음하여 선거를 준비하고 참여하는 것 외에도 국민의 정치적 의사형성에 지속적으로 관여하며, 광범위한 범위에 걸쳐 국정을 통제하는 등의 중요한 과제를 담당하고 있기에 정당에 대한 선거경비 및 운영비에 대한 지원은 정당화된다.

㉡ 규 모 국고보조금의 규모는 국가의 경제총량에 비추어 결정되어야 한다. 국고보조금은 그동안 원칙 없이 증액되어 왔는데 보조금 총액의 상한을 법률로 규제할 필요가 있다. 정당에 대한 국고보조는 정당의 기능을 유지하기 위한 불가피한 금액이어야 한다. 또한 정당이 스스로의 존립을 책임지고 국민에 의한 지지를 확보하는데 노력하도록 국고보조는 보충적이고 보조적이어야 한다. 따라서 정당이 필요로 하는 대부분의 비용을 국가가 보조하는 것은 국고보조취지에 어긋난다. 국가는 정당에 대한 보조금으로, 최근 실시한 국회의원총선거의 선거권자 총수에 보조금 계상단가를 곱한 금액을 매년 예산에 계상하여야 하며(정자법 §25①), 대통령선거, 임기만료에 의한 국회의원선거, 지방자치단체의 장 및 의원의 임기만료에 의한 선거가 있는 연도에는 각 선거(동시지방선거는 하나의 선거로 본다)마다 보조금 계상단가를 추가한 금액을 예산에 계상하여야 한다(정자법 §25②).

㉢ 배분과 지급 국고보조금의 분배는 정당간의 기회균등이 파괴되지 않도록 해야 하지만 정당 간의 사실상 차이를 무시하고 평준화시키는 것이 되어서도 안 된다. 국고보조금은 기본비율, 의석비율, 득표비율에 따라 배분된다. 먼저 국고보조금은 동일정당의 의원으로 교섭단체를 구성한 정당에게 100분의 50을 정당별로 균분하고, 5석 이상의 의석을 가진 정당에게는 100분의 5씩, 의석이 없거나 5석 미만의 의석을 가진 정당에 대하여는 일정한 조건하에 100분의 2를 각각 배분·지급한다(기본비율). 나머지 잔여분 중 100분의 50은 정당의 의석수비율에 따라(의석비율), 나머지는 정당이 획득한 득표수비율(득표비율)에 따라 배분·지급한다(정자법 §27①~③).

㉣ **여성추천보조금**(정자법 §26), **장애인추천보조금**(정자법 §26의2) 국회의원총선거, 지역구지방의회의원선거에서 지역구총수의 100분의 30 이상을 여성으로 추천한 정당에 대하여는 여성추천보조금총액의 100분의 50을 정당별 의석수비율에 따라 지급한다(정자법 §26). 장애인추천보조금이 신설되었다.

(마) 정치자금의 통제

정치자금은 정치활동을 위하여 소요되는 경비에 지출되어야 하며 사적 목적으로 지출되어서는 안 된다(정자법 §28). 정당이나 후원회는 정치자금의 수입과 지출을 담당하는 회계책임자 1인을 공직선거의 선거운동을 할 수 있는 자 중에서 선임하여 지체 없이 관할 선거관리위원회에 서면으로 신고하여야 한다(정자법 §34). 회계책임자는 회계장부를 비치하고(정자법 §37), 관할 선거관리위원회에 정치자금의 수입과 지출에 관한 회계보고를 하여야 한다(정자법 §40).

(7) 정당의 해산

(가) 현행 헌법과 정당해산(§8④)

① 정당해산의 종류 　　정당해산에는 3가지 종류가 있다. 강제해산, 자진해산, 등록취소이다. 자진해산이란 정당 스스로의 결정에 의한 해산을 말한다. 정당은 대의기관의 결의로써 자유롭게 언제든지 해산할 수 있고, 대표자는 당해 선거관리위원회에 신고하여야 한다(정당법 §45). 정당은 일정한 경우 등록이 취소된다. 중앙선거관리위원회는 정당의 조직이 그 기준에 미달된 경우, 최근 4년간 국회의원총선거 또는 임기만료에 의한 지방자치단체의 장의 선거나 시·도의회의원의 선거에 참여하지 아니한 경우. 정당이 국회의원 총선거에서 의석을 얻지 못하고 유효투표 총수의 100분의 2 이상을 득표하지 못한 경우(2014년 헌법재판소는 국회의원선거에 참여하여 의석을 얻지 못하고 유효투표총수의 100분의 2 이상을 득표하지 못한 정당에 대해 등록을 취소하도록 한 것을 위헌이라고 하였다), 정당에 대한 등록을 취소한다(정당법 §44). 정당법 제44조와 제48조는 등록이 취소된 정당에 대해 사실상 강제해산을 시키고 있는데, 등록이 취소된 정당에 대해서는 정당의 지위를 박탈하면 되는 것이지 결사 자체를 해산토록 한 것은 헌법 제21조의 결사의 자유에 대한 침해이다. 등록이 취소된 정당은 헌법 제21조의 정치적 결사로 남는다고 보아야 한다. 이하에서는 헌법재판소에 의한 강제해산을 다루기로 한다.

② 정당해산의 의의 　　정당해산은 민주적 기본질서가 우리 헌법의 이데올로기적 기초를 이루고 있음을 명백히 한 것으로, 우리 헌법이 소극적으로는 전체주의를 반대하며 적극적으로는 정치질서가 민주적으로 형성되어야 함을 나타낸다. 동시에 정당해산은 헌법의 예방적 보호라는 헌법보장적 의미를 지닌다. 동시에 정당해산제도는 일반결사에 대한 정당의 특권이 되며, 민주적 기본질서를 긍정하여야 하는 정당의 의무가 된다.

(나) 정당해산의 요건

정당의 목적이나 활동이 민주적 기본질서에 위배되어야 한다.

① 기성정당 정당해산의 대상이 되는 정당은 등록을 마친 기성정당을 말한다. 정당의 방계조직이나 위장조직은 헌법 제21조의 일반결사에 불과하므로, 제8조 제4항의 보호대상이 아니다. 방계조직은 정당이 아니어서 이들의 법적 운명은 정당의 운명과 무관하다. 반면 정당과 그 운명을 함께 하는 정당의 청년조직이나 정당훈련원, 정당출판사, 정책연구소 등과 같은 정당의 하부조직이나 특수조직 또는 부분조직은 정당의 범위에 당연히 포함된다.

② 목적과 활동 정당의 목적이나 활동이 민주적 기본질서에 위배되어야 한다. 정당해산이 지니는 헌법의 예방적 보호의 성격은 목적의 비민주성을 해산의 요건으로 삼은 것에 나타나 있다. 목적이나 활동의 비민주성은 엄격하게 해석되어야 한다. 정당해산이 민주주의에 대한 수호가 아닌 민주주의의 파괴로 나타나서는 안 되기 때문이다. 비민주적 성향은 정당정책에 명시적으로 나타나야 하며 단순한 잠재적 경향만으로는 부족하다.

③ 민주적 기본질서 민주적 기본질서의 개념이 문제된다. 헌법 제8조 제4항의 민주적 기본질서를 자유민주적 기본질서와 동일하다고 하는 다수설과 사회민주적 기본질서를 포함한다고 하는 소수견해가 대립된다. 다수설에 따르면, 국가의 성격이 경제적 질서로서의 사회민주주의까지 수용하는 것일지라도 정당의 해산사유는 정치적 질서로서의 자유민주주의의 위배만으로 국한시켜야 하며, 만일 사회민주적 기본질서를 포함하는 개념으로 이해한다면 자유민주주의를 부정하는 정당은 말할 것도 없고 사회민주주의에 찬성하지 않는 정당도 해산의 대상이 되는 비극적인 결과를 초래한다고 한다. 반면 소수설에 따르면 헌법의 중요한 이념인 사회적 복지국가의 원리를 전면 부정하는 극단적인 보수주의 정당, 예컨대 부익부 빈익빈 정책을 추구하거나 경제의 평등실현을 위한 경제의 규제조정을 반대하는 정당은 해산되어야 하며, 이러한 정당의 존립까지 보장할 필요가 없다고 한다.

생각건대 헌법 제8조 제4항의 민주적 기본질서를 자유민주적 기본질서로 보느냐 사회민주주적 기본질서를 포함하는 것으로 볼 것인가의 헌법학계의 오래된 논쟁은 무의미한 것으로 처음부터 재검토되어야 한다. 헌법 제8조 제4항은 가치절대주의로부터 민주주의를 수호하기 위한 제도, 즉 전체주의 정당을 배제하려는 것이지 자유민주주의나 사회민주주의를 지향하는 정당을 배제하려는 것이 아니다. 어떤 정당이 인간의 존엄과 가치를 부정하고 민주주의와 법치주의를 파괴하며 사회국가원리나 국제평화주의를 반대한다면 이는 민주적 기본질서에 위배되는 것으로 보아야 한다. 그러나 특정 정당이 적극적인 정부의 개입이나 복지와 분배정책을 추구하더라도 사유재산제를 전면적으로 부정하지 않는 한, 반대로 정부의 시장개입을 반대하고 복지와 분배를 반대하는 정책을 취하더라도 사회국가원리를 전면 부정하는 것이 아닌 한 민주적 기본질서에 반하는 것으로 볼 수 없다. 정당해산의 기준은 가치절대(전체주의)를 지향하는 정당인가의 여부에 달려 있다.

④ 위배된 때　　고의 없는 위반상태까지 위배로 볼 수 없으며, 위배란 어느 정도의 강도를 요하는 공격의사가 필요하다. 또 정당해산제도의 오남용을 방지하기 위해서는 민주적 기본질서에 대한 위험의 정도를 감안하여 위배 여부가 판단되어야 한다.

⑤ 헌재결정　　헌법재판소는 헌법 제8조 제4항의 '민주적 기본질서'를, 개인의 자율적 이성을 신뢰하고 모든 정치적 견해들이 각각 상대적 진리성과 합리성을 지닌다고 전제하는 다원적 세계관에 입각한 것으로서, 모든 폭력적·자의적 지배를 배제하고, 다수를 존중하면서도 소수를 배려하는 민주적 의사결정과 자유·평등을 기본원리로 하여 구성되고 운영되는 정치적 질서를 말하며, 구체적으로는 국민주권의 원리, 기본적 인권의 존중, 권력분립제도, 복수정당제도 등이 현행 헌법상 주요한 요소라고 볼 수 있다고 하였다(헌결 2014헌마7).

(다) 정당해산의 절차

① 제소권한　　정당해산의 제소권자는 정부이다(§8④). 정당의 목적이나 활동이 민주적 기본질서에 위협이나 침해가 된다고 여겨질 경우, 정부는 반드시 헌법재판소에 제소해야 한다는 견해가 있다. 즉 정당해산의 제소는 정부의 재량이 아니라 기속이라는 것이다. 그러나 정부의 재량으로 보아야 한다(다수설). 제소할 수 있다는 헌법조문의 문리적 해석을 근거로 해도 그렇지만, 정당해산 제도가 민주주의에 대한 제한의 성격을 지니고 있고, 남용의 우려도 배제하기 어렵다는 측면이 고려되어야 한다. 정당해산의 실질적 요건이 성립되면 대통령은 국무회의의 심의를 거쳐 헌법재판소에 그 해산을 제소할 수 있다.

② 해산결정　　정당해산심판의 인용결정에는 헌법재판소의 9인의 재판관 중 6인 이상의 찬성을 요한다.

③ 통지 및 공고　헌법재판소는 정당해산심판에 대한 결정서의 등본을 정부와 당해 정당의 대표자, 국회, 중앙선거관리위원회에 통지하여야 한다(헌재법 §58). 인용결정일 경우, 당해선거관리위원회는 정당의 등록을 말소하고 그 뜻을 공고하여야 한다(정당법 §47).

㈑ 정당해산의 효과

① 창설적 효과　헌법재판소의 정당해산결정이 있으면 해산의 효과가 나타나는데 그 때부터, 즉 선고가 있은 때부터 정당의 모든 특권은 상실된다.

② 대체정당의 금지　정당해산결정이 있게 되면 해산된 정당의 목적과 유사한 정당을 창설하지 못한다(정당법 §40). 대체정당이란 해산된 정당을 대신하여 해산된 정당의 이념을 계속 추구하기 위해 만들어진 정당을 의미한다. 대체정당은 제8조 제4항의 특권이 부여되지 않는다. 해산된 정당과 동일한 명칭의 사용도 금지된다(정당법 §41②).

③ 정당재산의 국고귀속　해산된 정당의 재산은 국고에 귀속된다. 중앙선거관리위원회에 의하여 등록이 취소된 정당의 재산은 당헌의 규정에 따라 처리하고 그 잔여재산이 있으면 국고에 귀속되나, 헌법재판소에 의해 강제해산된 경우에는 정당의 모든 재산이 국고에 귀속된다(정당법 §48).

④ 소속의원의 자격상실　정당이 해산된 경우, 소속의원의 자격도 상실되는가에 관하여 견해가 대립된다. 상실된다는 견해가 지배적인데, 만일 의원자격이 박탈되지 않는다면 정당제 민주주의 원리 및 방어적 민주주의원리에 위반되며, 위헌결정 그 자체를 무의미하게 만든다고 한다. 그러나 정당해산결정이 소속의원의 의원직 상실로 당연히 이어질 수 없다. 정당해산은 정당 자체의 근거지를 없애기 위한 조치이므로 소속의원의 의원직상실과는 별개의 것으로 보아야 한다. 또한 정당해산에 따른 의원직 상실은 대의제도에 어긋난다. 정당해산이 국민으로부터의 자유위임까지 박탈할 수는 없기 때문이다. 의원의 정당기속은 대의민주주의를 실현하는 모습에 그쳐야지 대의민주주의 원리와 충돌되고 그 틀을 뛰어넘는 것이어서는 안 될 것이다. 헌법재판소는 위헌정당의 해산을 명하는 비상상황에서는 국회의원의 국민대표성은 희생될 수밖에 없으므로 해산된 정당 소속 국회의원의 의원직은 상실된다고 하였다. 의원직 상실은 위헌정당해산 제도의 본질로부터 인정되는 기본적 효력

이라고 한다.

정당해산은 가치 상대주의를 그 내용으로 하는 민주주의 헌법원리에 대한 중대한 예외로서 남용될 경우 민주주의에 대한 중대한 위협이 되므로, 결정에 신중은 물론 그 효과마저도 엄격해야 한다. 비례대표 의원직의 자격박탈은 정당하지만 지역구 출신 국회의원의 자격도 함께 박탁하는 것은 정당해산의 효과에만 주목한 것으로 대의제를 뛰어 넘는 것이 되어 적절치 않다. 무소속의원으로 남는다고 하겠다. 소속 국회의원의 행위가 법에 위반되어 의원직이 상실되는 것은 별개의 문제이다. 비례대표 국회의원의 경우에는 의원직이 상실된다.

2014년 헌법재판소는 의원직 상실을 명하면서 지방의원직 상실에 관해서는 침묵하였다. 중앙선거관리위원회는 통진당 지역구 지방의원 31명을 제외한 비례대표 지방의원 6명의 의원직 상실을 결정하였는데, 사실 이 문제도 헌재가 결정했어야 했다.

통진당 소속 지방의원들의 경우 법무부가 의원직상실을 청구하지 않았고 헌법재판소도 결정을 내리지 않았다. 정부(법무부)는 지방자치가 정치적 성격보다는 행정적 성격이 강하다는 이유로, 또 독일 연방헌법재판소가 정당해산을 결정하면서 의원직 상실은 언급했지만 지방의원은 이에 해당하지 않는다고 했음을 감안했다고 하면서, 지방의원직 상실을 청구하지 않았다고 한다. 이러한 정부의 판단이 적절치 않음은 물론, 정부가 청구하지 않았다하더라도, 위헌정당해산의 실효성을 감안하여 의원직 상실을 결정한 헌법재판소는 직권으로라도 지방의원직의 상실을 함께 명했어야 했다. 법적 근거도 없고, 헌재결정도 없는 상태에서, 선관위의 행정처분으로 지방의원직을 상실시키는 것은 부득이했지만, 부적절하다.

3. 선거제도

(1) 선거제도의 의의

(가) 민주주의와 선거

민주주의는 선거권 확대의 역사라 할 수 있다. 일부 계층에게만 국가의사결정에 참여가 허용되고, 신분에 따른 차별된 참여만 인정되는 정치적 공동체를 민주라고 부르기에는 민주가 너무 부족하다. 선거는 민주주의와 불가분의 관계에 놓여있고 어쩌면 가장 중요한 실현수단일 수 있다. 선거 없이 민주는 성립될 수 없다.

(나) 선거의 기능

민주주의는 모든 국가권력의 창설과 갱신이 국민의 합의에 기초할 것을 요구한다. 국가권력의 창설과 갱신은 선거에 의해 이루어지므로 선거는 국가권력에게 정당성을 부여해 준다. 또 선거는 출생에 의한 권력승계는 물론 국민의사와 무관한 국가권력을 부정한다. 그렇기에 군주국가나 절대국가는 선거와 친할 수 없다. 결국 선거는 국민국가를 완성하는 기능을 지닌다. 그리고 선거는 영원한 강자를 만들지 않는다. 오늘의 다수가 내일의 소수가 될 수 있는 것이 선거이므로 선거는 정권교체를 가능하게 하고 이로써 민주주의를 정착시켜준다.

(다) 선거와 투표

선거와 투표는 구별된다. 선거란 다수의 유권자에 의하여 국가기관의 구성원을 선임하는 행위로서, 합성행위의 성격을 지닌다. 이 점에서 선거인단의 구성원의 한 사람으로서 행하는 단독행위로서의 개개의 투표행위와 구별된다.

(2) 선거의 기본원리

선거의 기본원리란 선거 전 과정에 걸쳐 선거에 관련된 모두 사람이 지켜야 할 기본수칙을 말한다. 선거의 기본원리는 의회주의의 오랜 역사 속에서 성립되었는데, 통상 다섯 개의 원리가 승인되어 있다. 보통·평등·직접·비밀·자유선거의 원칙이 그것이다(§41①, §67①).

(가) 보통선거원칙

보통선거란 선거인의 사회적 신분이나 재산·지위에 관계없이 모든 사람에게 선거권 및 피선거권을 인정하는 제도로, 제한선거와 반대된다.

보통선거원칙은 민주국가에의 최대한 접근을 의미하기 때문에 보통선거원칙에 대한 예외는 부득이한 경우에 제한적으로 허용되어야 하며 그것도 불가피한 최소한의 정도에 그쳐야 한다. 선거연령을 제외한 어떠한 이유로도 선거권의 배제는 정당화될 수 없다. 선거권은 최소한의 정치적 판단능력이 전제되기 때문에 선거연령에 따른 제한은 정당화된다. 따라서 수형자에 대한 선거권배제는 위헌으로 보아야 한다. 2014년 헌법재판소는 선거권을 불허하고 있는 공직선거법 제18조 제1항 제2호의 위헌 여부에 대해, 유기징역 또는 유기금고의 선고를 받고 '집행이 종료되지 않은 자'(수형자)나 '집행유예기간 중인 자'(집행유예자)에게까지 선거권을 불허하는 것은 보통선거원칙에 위반되며, 집행유예자에 대해서는 단순 위헌을, 수형자에 대해서는 잠정 적용의 헌법불합치결정을 내렸다.

피선거권에도 보통선거원칙이 적용되어야 함은 물론이다. 피선자격을 정함에 있어 과도한 기탁금을 요구하거나 지나치게 많은 추천자의 서명을 요구하는 것, 또는 지나치게 높은 기탁금국고귀속비율을 정하거나 누구나 입후보할 수 있는 기회를 제한·방해하는 것은 보통선거원칙에 위반된다.

(나) 평등선거원칙

평등선거란 선거인의 투표가치가 평등하게 취급되는 제도로, 차등선거와 반대된다. 보통선거가 '모든' 사람에게 표를 인정하는 것이라면, 평등선거는 '동등'한 표를 인정하는 것이다.

평등선거원칙은 먼저 동일한 투표가치, 동일한 결과가치, 동일한 결과기회가치를 요구한다. 동일한 투표가치는 1인 1표를 요구하며(one vote one value), 동일한 결과가치는 선거결과에 부합하는 의원정수의 배분을 그리고 동일한 결과기회가치는 합리적인 선거구분할을 요구하게 된다.

둘째, 평등선거는 모든 선거참여자의 기회균등의 보장을 요구한다. 정당에 대한 기회균등은 정당의 크기나 정치적 의사형성과정에서의 정당의 정치적 영향력과 비중 등을 일체 무시하고 모든 정당을 평준화하라는 의미는 아니다. 불가피한 사유로 인한 차별은 정당화된다.

선거구획정과 관련된 헌법재판소의 입장을 살펴보면, 먼저 1995년 헌법재판소는 선거구 획정에 있어, 인구비례의 원칙 이외에도, 행정구역, 지세, 교통사정, 생활권 내지 역사적 전통적 일체감 등의 비인구적 요소가 고려되어야 하나, 최대선거구와 최소선거구의 인구비율이 4：1(평균인구수 기준 상하 60% 편차)을 넘는 경우에는 위헌이라고 하였다. 그 후 2001년 결정에서는 최대선거구와 최소선거구 인구비율이 3：1(50% 편차)을 초과하면 위헌이라고 하면서, 상당한 기간이 지난 후에는 2：1(33 1/3%)이 넘지 않도록 선거구조정에 대한 입법개선촉구를 한 바 있다. 그 후 2004년 인구편차를 3：1로 줄이는 선거법 개정이 이루어졌다. 그런데 2007년 헌법재판소는 시·도의원 선거구획정의 불균형 문제와 관련사건에서, 국회의원선거에서 요구되는 기준보다 좀 더 완화된 인구편차를 적용하는 것이 타당하다고 하면서 4：1(상하 60% 편차)의 편차를 보이고 있는 규정에 대해 정당하다는 입장을 보인 바 있다. 그러나 2014년 헌법재판소는 인구편차 상하 50%를 기준으로 국회의원지역선거구를 정하고 있는 공직선거법(§ 25②)의 '국회의원지역선거구구역표'는 그 전체가 헌법에 합치되지 않는다고 하였다.

(다) 직접선거원칙

직접선거란 선거인이 직접 후보자를 선택할 수 있는 제도로, 간접선거와 반대된다. 직접선거는 선거인과 후보자 사이에, 또는 선거결정과 선거결과 사이에 사람이나 결정이 개입되는 것을 거부한다.

'1인 1투표'하에서의 비례대표제는 유권자가 지역구후보자를 지지하나 그가 속한 정당은 지지하지 않을 경우 자신의 진정한 의사를 반영할 수 없어 민주주의 원리에 반하고, 선거권자의 투표행위가 아니라 정당의 명부작성행위가 최종적·결정적 의의를 지니므로 직접선거원칙에 반하며, 무소속후보자에 대한 투표는 후보자선출에만 기여할 뿐 비례대표의원 선출에는 기여할 수 없게 되어 평등원칙에 위반된다.

헌재결정

비례대표제를 채택하는 경우 직접선거의 원칙은 의원의 선출뿐만 아니라 정당의 비례적인 의석확보도 선거권자의 투표에 의하여 직접 결정될 것을 요구하는바, 비례대표의원의 선거는 지역구의원의 선거와는 별도의 선거이므로 이에 관한 유권자의 별도의 의사표시, 즉 정당명부에 대한 별도의 투표가 있어야 함에도 현행제도는 정당명부에 대한 투표가 따로 없으므로 결국 비례대표의원의 선출에 있어서는 정당의 명부작성행위가 최종적·결정적인 의의를 지니게 되고, 선거권자들의 투표행위로써 비례대표의원의 선출을 직접·결정적으로 좌우할 수 없으므로 직접선거의 원칙에 위배된다(헌결 2000헌마91).

(라) 비밀선거원칙

비밀선거란 선거인이 누구에게 투표하였는지를 모르게 하는 제도로, 공개선거와 반대된다. 선거인은 선거 때문에 입을 수 있는 불이익이나 강압으로부터 벗어날 수 있는 확실한 수단이나 장치를 필요로 한다. 이 장치가 비밀선거이다. 비밀선거만이 선거의 자유를 보장할 수 있기 때문이다. 비밀선거를 보장하기 위해서 무기명투표, 투표의 비밀보장, 투표용지관급제, 기표소 및 투표함의 비밀유지, 투표내용에 관한 진술거부가 보장된다.

(마) 자유선거원칙

자유선거란 어떠한 강제나 압력 없이 자유롭게 투표가 행해지는 제도로, 강제선거와 반대된다. 비밀선거는 자유선거를 보장하기 때문에 자유선거원칙은 비밀선거원칙과 관련하여 불필요한 것일 수도 있다. 그러나 다시 중요성이 강조되고 있는데 이는 선거에 대한 각종의 부당한 영향력행사 때문이다.

자유선거원칙이 비록 우리 헌법에 명시적으로 규정되어 있지 않지만 자유선거원칙은 민주국가의 선거제도에 내재하는 당연한 원리로 보아야 한다.

(3) 선거제도(다수대표와 비례대표)

(가) 다수대표제(인물 선거)

다수대표제란 전체 선거영역을 여러 개의 선거구로 나누어 대표를 선출하는 방법으로, 각 선거구에서 최다득표를 얻은 자가 선출되는 방법을 말한다. 다수대표제는 상대적 다수대표제와 절대적 다수대표제로 나누어지는데, 선자는 나른 후보자보다 표에 있어 우위만 점하면 되나 후자는 던져진 표에 과반수를 얻어야 된다는 점에 차이가 있다. 우리나라 대통령선거와 국회의원선거는 상대적 다수대표제를, 프랑스 대통령선거는 절대적 다수대표제를 채택하고 있다. 다수대표제는 보통 소선거구제와 연결된다.

(나) 비례대표제(명부식 선거)

비례대표제란 전체 선거영역을 하나의 선거구로 하여 정당이 제시한 명부를 선택하고 명부에 던져진 표에 비례하여 대표자를 정하는 방법을 말한다. 명부식 선거방법이라고 한다. 명부식 선거방법에는 명부에 구속되는 구속명부식과 명부에 변경을 가할 수 있는 자유명부식이 있다. 비례대표제는 다수대표제의 문제점인 사표를 방지하고 대의정의를 실현할 목적으로 고안되었다. 바이마르 헌법에서 처음으로 채택되었고 우리나라는 제 3 공화국 헌법에서 처음으로 도입되었다.

2020. 1. 14. 개정된 공직선거법은 비례대표국회의원의석을 해당 정당의 비례대표국회의원선거득표비율과 연동하여 배분하는 이른바 '준 연동형 비례대표제'를 새롭게 도입하였다. 47석의 의석 중 30석은 연동형으로 배분하고, 17석은 종전처럼 유효투표 3% 또는 5석을 얻은 정당에 한해 득표비율로 배분한다. 준연동이라고 하는 이유는 47석 모두를 연동하지 않고 일부만 연동을 시켰기 때문이다. 연동형 배분방법은 복잡해서 예를 들어 설명한다. A정당이 40%를 득표한 경우 A는 300석 중에서

40%인 120석이 최대치가 된다. 지역구에서 110석을 얻은 때에는 10석 중 절반(연동률 50%)인 5석만 가져가게 된다. 만일 120석을 넘게 지역에서 당선시킨 때에는 비례대표분배에 참여할 수 없게 된다. 이번 총선에서만 적용하기로 했다.

(다) 봉쇄조항

봉쇄조항이란 유효투표의 일정 수를 얻지 못하거나, 일정 수 지역구의원을 확보 못한 정당에게는 비례대표의석 배분에 참여를 불허하는 것을 말하며, 저지규정이라고도 한다. 우리나라는 유효투표 총수의 3% 또는 지역구국회의원총선거에서 5석을 얻어야 한다. 반면 독일은 유효투표의 5% 또는 지역구 의원선거에서 3석을 얻어야 한다.

(라) 기본의석조항

기본의석조항이란 유효투표총수의 일정표를 얻지 못하였으나 지역선거에서 일정한 수의 의석, 즉 기본의석을 얻은 정당에게 (비례)의석을 할당해 주는 것을 말한다. 우리의 경우 위 봉쇄조항 중 지역구국회의원선거에서의 5석이 여기에 해당된다. 봉쇄조항이 평등선거원칙에 대한 예외라면, 기본의석조항은 예외에 대한 예외에 해당된다. 봉쇄조항에 의해 위협받는 평등선거원칙을 다시 완화시켜 주기 때문이다.

(4) 대한민국 헌법과 선거제도

(가) 선거의 종류

① 재 선 거 　　당해 선거구의 후보자가 없거나, 당선인이 없거나, 지역구자치구·시·군의원선거에 있어 당선인이 당해 선거구에서 선거할 지방의회의원정수에 달하지 아니한 때, 선거의 전부무효의 판결 또는 결정이 있는 때, 당선인이 임기개시 전에 사퇴하거나 사망한 때, 당선인이 임기개시 전에 당선의 효력이 상실되거나, 당선이 무효로 된 때 등에는 재선거를 실시한다(공선법 §195).

② 보궐선거 　　지역구국회의원·지역구지방의회의원 및 지방자치단체의 장에 궐원 또는 궐위가 생긴 때에는 보궐선거를 실시한다(공선법 §200).

(나) 선거권과 피선거권

① 선 거 권 　　18세 이상의 국민은 대통령 및 국회의원의 선거권이 있다. 다만, 지역구국회의원의 선거권은 선거인명부작성기준일 현재, 해당 국회의원지역선거구 안에 주민등록이 되어 있거나, '재외동포의 출입국과 법적 지위에 관한 법률(§6①)'

에 따라 국내거소신고인명부에 3개월 이상 계속하여 올라 있는 사람으로서 해당 국회의원지역선거구 안에 국내거소신고가 되어 있어야 한다(공선법 §15①).

또한 18세 이상으로서, 해당 지방자치단체의 관할 구역에 주민등록이 되어 있거나, 국내거소신고인명부에 3개월 이상 계속하여 올라 있는 국민으로서 해당 지방자치단체의 관할구역에 국내거소신고가 되어 있거나, 출입국관리법에 따른 영주의 체류자격 취득일 후 3년이 경과한 외국인으로서 해당 지방자치단체의 외국인등록대장에 올라 있는 사람은 해당 지방자치단체의 의회의원 및 장의 선거권을 가진다(공선법 §15②). 그리나 금치산선고를 받은 자, 또는 1년 이상의 징역 또는 금고의 형의 선고를 받고 그 집행이 종료되지 아니하거나 그 집행을 받지 아니하기로 확정되지 아니한 사람에게는 선거권이 인정되지 않는다(공선법 §18). 다만 그 형의 집행유예를 선고받고 유예기간 중에 있는 사람은 제외한다.

② 피선거권 선거일 현재 5년 이상 국내에 거주하고 있는 40세 이상인 자는 대통령선거에, 25세 이상인 자는 국회의원선거에, 25세 이상으로서 60일 이상 당해 자치단체구역의 관할구역 안에 주민등록(국내거소신고인명부에 올라 있는 경우를 포함하여)이 되어 있는 주민은 당해 자치단체장과 지방의원선거에 피선거권이 있다(공선법 §16). 금치산자 등 법률이 정한 일정한 경우에 해당한 자는 피선거권이 없다.

(다) 선거기간과 선거일

① 선거기간 선거기간이라 함은 대통령선거는 후보자등록마감일의 다음 날부터 선거일까지, 국회의원선거와 지방자치단체의 의회의원 및 장의 선거는 후보자등록마감일 후 6일부터 선거일까지를 말한다(공선법 §33③). 대통령선거는 23일, 국회의원선거와 지방자치단체의 의회의원 및 장의 선거는 14일이다(공선법 §33①).

② 선 거 일 선거일은 법정되어 있다. 대통령선거는 임기만료전 70일 이후 첫번째 수요일에, 국회의원선거는 임기만료 전 50일 이후 첫번째 수요일에, 단체장과 지방의원선거는 임기만료 전 30일 이후 첫번째 수요일에 실시하고, 선거일 당일이 민속절이거나 공휴일인 경우와 전일이나 그 다음날이 공휴일인 때에는 그 다음주의 수요일로 한다(공선법 §34). 대통령보궐선거는 보궐선거의 실시사유가 확정된 때부터 60일 이내, 국회의원·지방의회의원 및 지방자치단체의 장의 보궐선거·재선거는 4월 중 첫 번째 수요일에 실시한다(공선법 §35②, 1호). 단, 임기만료에 따른 국

회의원선거 또는 지방의회의원 및 지방자치단체의 장의 선거가 실시되는 연도에는 보궐선거는 위 선거일(4월 중 첫 번째 수요일)에 실시하지 아니하고 임기만료에 따른 선거의 선거일에 동시 실시하며, 대통령선거가 실시되는 연도에는 선거일 전 30일 후부터 대통령선거의 선거일 전 30일까지 실시사유가 확정된 경우에 치러지는 보궐선거는 대통령선거의 선거일에 동시 실시한다(공선법 §203). 국회의원, 단체장, 지방의원의 보궐선거는 그 선거일부터 잔여임기가 1년 미만이거나 또는 지방의원 정수의 4분의 1 이상이 궐원되지 않은 경우에는 실시하지 않을 수 있다(공선법 §201).

㈑ 후 보 자

① 후보자추천 정당은 선거에 있어 소속 당원을 후보로 추천할 수 있다. 정당이 비례대표국회의원선거 및 비례대표지방의회의원선거에 후보자를 추천하는 때에는 그 후보자 중 100분의 50 이상을 여성으로 추천하되, 그 후보자명부의 순위의 매 홀수에는 여성을 추천하여야 한다(공선법 §47). 선거권자는 정당의 당원이 아닌 자를 당해 선거구의 후보자로 추천할 수 있다.

무소속후보자의 경우 대선후보자는 5 이상의 시·도에서 각 700 이상 총 3,500~6,000인, 광역단체장은 당해 시·도안의 3분의 1 이상의 자치구·시·군에 나누어 각 50인 이상 총 1,000~2,000인, 국회의원과 기초 단체장은 300~500인, 시·도의원은 100~200인, 시·군·구의원은 50~100인의 추천을 받아야 한다(공선법 §48).

② 공무원 입후보(공선법 §53) 국가공무원이나 지방공무원 등 법이 정한 일정한 사람이 공직후보자가 되고자 할 때는 선거일 전 90일까지 그 직을 그만두어야 한다. 단 대통령선거와 국회의원선거에 국회의원이 그 직을 가지고 출마할 경우, 또는 지방의원선거와 단체장 선거에 당해 지방의원이나 단체장이 그 직을 가지고 출마할 경우 그러하지 아니하다(공선법 §53①). 비례대표국회의원에 입후보하거나 법이 정한 경우에 해당하는 때에는 후보자등록신청 전까지 그 직을 그만두어야 한다(공선법 §53②).

지방자치단체의 장은 선거구역이 당해 지방자치단체의 관할구역과 같거나 겹치는 지역구국회의원선거에 입후보하고자 하는 때에는 당해 선거의 선거일전 120일까지 그 직을 그만두어야 한다. 다만, 그 지방자치단체의 장이 임기가 만료된 후에 그 임기만료일부터 90일 후에 실시되는 지역구국회의원선거에 입후보하려는 경우에는 그러하지 아니하다(공선법 §53⑤).

③ 기 탁 금　기탁금액은 대통령선거는 3억, 시·도지사선거는 5,000만원, 국회의원선거는 1,500만원, 시·군·구의 장 선거는 1,000만원, 시·도의원선거는 300만원, 시·군·구의원선거는 200만원으로 한다(공선법 §56). 대통령 기탁금 5억과 비례대표국회의원의 기탁금 1,500만원은 각각 헌법불합치 되었다.

기탁금은 대통령선거, 국회의원선거, 단체장선거, 지방의원선거에서, 후보자가 당선되거나 사망한 경우와 유효투표총수의 100분의 15 이상을 득표한 경우에는 기탁금전액을, 예비후보자가 사망하거나 정당의 당내경선에서 탈락함으로써 해당 선거구에 후보자로 등록될 수 없는 경우에는 기탁금 전액을, 후보자가 유효투표총수의 100분의 10 이상 100분의 15 미만을 득표한 경우에는 기탁금의 100분의 50에 해당하는 금액을 반환한다. 비례대표국회의원이나 비례대표지방의회의원의 경우는 후보자명부에 올라있는 후보자 중 당선자가 있을 때에 반환된다(공선법 §57). 단 당선인의 결정 전에 사퇴하거나 등록이 무효로 된 후보자의 기탁금은 제외한다. 기탁금에서 비용을 제외한 금액을 선거일 후 30일 이내에 반환한다.

④ 당내경선　정당은 공직선거후보자를 추천하기 위하여 경선(이하, 당내경선)을 실시할 수 있다. 경선후보자로서 당해 정당의 후보자로 선출되지 아니한 자는 당해 선거의 같은 선거구에서는 후보자로 등록될 수 없다(공선법 §57의2).

⑤ 예비후보자등록　예비후보자가 되고자 하는 자는 대통령선거는 선거일 전 240일, 국회의원 및 광역단체장 선거는 선거일 전 120일, 광역의원, 자치구·시의원 및 장은 90일, 군의원 및 군수는 선거개시일 전 60일부터 관할 선거관리위원회에 예비후보자등록을 서면으로 신청하여야 한다(공선법 §60의2).

(마) 선거운동

① 선거운동(당선운동, 낙선운동)　선거운동이란 당선되거나 되게 하거나 되지 못하게 하기 위한 행위를 말한다. 선거운동의 표지로는 당선 내지 득표의 목적성, 그 목적성의 객관적 인식가능성, 능동성 및 계획성이 요구된다. 선거에 관한 단순한 의견개진 및 의사표시, 입후보와 선거운동을 위한 준비행위, 정당의 후보자 추천에 관한 단순한 지지·반대의 의견개진 및 의사표시, 통상적인 정당활동은 선거운동으로 보지 아니한다(공선법 §58). 시민단체가 특정인을 공천하면 낙선운동을 하겠다고 하는 선언도 일종의 낙선운동이므로 공직선거법상의 선거운동기간의 제한을 받을

수밖에 없고, 이러한 제한은 정치적 의사표현의 자유에 대한 침해가 되지 않는다. 선거운동은 국민의 주권행사의 일환으로 민주사회의 중요한 요소이므로 그 제한입법의 위헌 여부에 대해서는 엄격한 심사가 적용된다.

② 인적 제한 ㉠ 외국인, 일정한 연령에 달하지 못한 자, 또 선거에 영향을 미칠 지위에 있는 자에게 선거운동을 허락할 수 없다. 다만, 외국인이라도 예비후보자 및 후보자의 배우자인 경우에는 선거운동이 허용된다.

㉡ **공무원** 공무원은 선거운동을 할 수 없으나 공무원이 예비후보자 및 후보자의 배우자이거나, 후보자의 직계존비속인 경우에는 선거운동이 허용된다. 헌법재판소는 예비후보자의 배우자인 공무원에 대하여 선거운동을 금지한 공직선거법(§60①, 4호)은 선거운동의 자유를 과도하게 침해하는 것이 아니라 하였는데, 개정 공직선거법(§60①, 단서)은 예비후보자의 배우자인 공무원에게 선거운동을 허용하고 있다.

㉢ **노동조합** 노동조합은 선거운동 및 정치활동을 할 수 있는지가 문제된다. '1998년 공직선거법(§87)'은 단체의 선거운동을 금지하면서, 예외적으로 노동조합은 선거운동을 할 수 있도록 하였는데, 2004년 공직선거법은 선거운동을 할 수 없는 단체를 구체적으로 열거하면서 선거운동을 할 수 없는 단체로 노동조합을 언급하지 않았고, 현 공직선거법(§87) 역시 동일하다. 노동조합의 선거운동을 금지하는 별도의 법률이 존재하지 않으므로, 노동조합은 선거운동을 할 수 있다. 또한 노동조합은 제한적이지만 정치활동이 가능하나, 정치자금을 기부할 수 없다. 노동조합은 근로조건의 유지향상을 위해 허락된 단체이므로, 일반적 정치활동은 허락될 수 없으나 근로조건의 유지향상을 위한 목적의 정치활동은 가능하다. 현행 '노동조합 및 노동관계조정법(§2, 2호, 마목)'은 "주로 정치활동을 목적으로 하는 경우"에는 이를 노동조합으로 볼 수 없다고 하여, 노동조합의 정치활동을 제한하고 있을 뿐 금지하고 있지 않다.

③ 시간적 제한 선거운동기간은 선거기간개시일부터 선거일 전일까지이다(공선법 §59). 법은 선거운동기간을 두고 있는데 이는 자유로운 선거운동을 보장하면서 동시에 지나친 선거운동으로 인해 선거의 공정성이 침해되지 않도록 하기 위함이다.

선거운동기간이 너무 짧다는 것이 문제인데, 선거운동기간에 대한 지나친 제한은 새로이 공직후보자가 되려고 하는 자에게는 커다란 장벽이 되기 때문이다. 일반적으로 미국, 독일 등 법치선진국의 경우 선거운동기간의 제한이 존재하지 않는다.

선거운동기간의 문제점을 개선하기 위해 예비후보자에게 사전 선거운동을 허용하였고(공선법 §60의3), 후보자나 예비후보자는 선거운동기간의 제한을 받지 않고, 선거일이 아닌 때에 문자(문자 외의 음성·화상·동영상 등은 제외) 메시지를 8회에 한하여 전송하는 방법으로, 또 선거일이 아닌 때에 인터넷 홈페이지나 게시판·대화방 등에 글이나 동영상 등을 게시하거나 전자우편을 전송하는 방법으로 선거운동을 할 수 있다(공선법 §59). 공직선거법(§103)은 선거기간 중 선거에 영향을 줄 우려가 있는 각종 집회를 제한하고 있다.

④ 장소적 제한　선거운동을 허용하더라도 장소적 제한이 요구된다. 후보자 등은 선거운동기간 중에 소속정당의 정강·정책이나 후보자의 정견 기타 필요한 사항을 홍보하기 위하여 도로변·광장·공터·주민회관·시장 또는 점포, 다수인이 왕래하는 공개장소를 방문하여 정당이나 후보자에 대한 지지를 호소하는 연설을 할 수 있다(공선법 §79). 그러나 국가 또는 지방자치단체가 소유하거나 관리하는 건물·시설이나, 선박·정기여객자동차·열차·전동차·항공기의 안과 그 터미널구내 및 지하철역구내, 병원·진료소·도서관·연구소 또는 시험소 기타 의료·연구시설에서는 연설·대담할 수 없다(공선법 §80).

⑤ 방법적 제한

㉠ 기부행위금지　후보자 및 배우자의 기부행위가 금지된다. 금품으로 매표하는 것을 방지하기 위함이다. 국회의원·지방의원·단체장·정당의 대표자·후보자(후보자가 되고자 하는 자 포함)와 그 배우자는 당해 선거구 안에 있는 자나 기관·단체·시설 또는 당해 선거구의 밖에 있더라도 그 선거구민과 연고가 있는 자나 기관·단체·시설에 기부행위(주례 포함)를 할 수 없다(공선법 §113).

㉡ 여론조사의 제한과 금지　오남용된 여론조사는 선거에 대해 부정적 영향을 줄 수 있어 일정한 제한이 요구된다. 선거일 전 60일부터 선거일까지 후보자 또는 정당의 명의로 선거에 관한 여론조사는 금지된다. 그리고 선거일 전 6일부터 선거일의 투표마감시각까지 선거에 관하여 정당에 대한 지지도나 당선인을 예상하게 하는 여론조사의 경위와 결과를 공표할 수 없고, 또 이를 인용하여 보도할 수 없다(공선법 §108).

㉢ UCC(User-Created Contents) 등 인터넷 매체의 사용제한　헌법재판소는 공직선거법 제93조 제1항의 '기타 이와 유사한 것'에, '정보통신망을 이용하여 인터넷

홈페이지 또는 그 게시판·대화방 등에 글이나 동영상 등 정보를 게시하거나 전자우편을 전송하는 방법'이 포함되는 것으로 해석하는 한 헌법에 위반된다는 결정을 하였다. 인터넷은 누구나 손쉽게 접근 가능한 매체이며, 이용비용이 거의 발생하지 않고, 선거비용을 획기적으로 낮출 수 있는 정치공간으로 평가되는바, UCC(이용자제작콘텐츠), 블로그, 트위터 등 정보통신망을 이용한 선거운동은 기회의 균형성·투명성·저비용성의 제고라는 공직선거법의 목적에 부합되므로 이를 불허하는 것은 선거운동의 자유나 정치적 표현의 자유를 침해하는 것으로 헌법에 위배된다는 것이다. 이는 UCC를 '이에 유사한 것'에 포함시키는 것은 합헌이라고 한 선례를 변경한 것이다. 2012년 2월 개정된 공직선거법(§59)은 인터넷 홈페이지 또는 그 게시판·대화방 등에 글이나 동영상 등의 게시나 전자우편·문자메시지 전송에 의한 사전선거운동을 허용하고 있다. 이는 헌법재판소의 한정위헌결정의 취지를 반영한 것으로, 이로써 선거운동기간 내로 한정되었던 인터넷 홈페이지 등 정보통신망을 이용한 선거운동이 누구에게나 상시 가능하게 되었다.

헌법재판소는 인터넷언론사에 대하여 선거일 전 90일부터 선거일까지 후보자 명의의 칼럼이나 저술을 게재하는 보도를 제한하는 '인터넷선거보도 심의기준 등에 관한 규정'은 후보자 명의의 칼럼 등을 게재하는 인터넷 선거보도가 불공정하다고 볼 수 있는지에 대해 구체적으로 판단하지 않고 이를 불공정한 선거보도로 간주하여 선거의 공정성을 해치지 않는 보도까지 광범위하게 제한하는 것으로, 표현의 자유를 침해한다고 하였다(헌결 2016헌마90).

㉣ 기타 제한 공직선거법은 선전벽보의 제한(공선법 §64), 신문 및 방송광고(공선법 §69, §70), 후보자 등의 방송연설(공선법 §71), 선거방송토론위원회 주관 대담·토론회(공선법 §82의2), 정보통신망을 이용한 선거운동(공선법 §82의4), 인터넷광고(공선법 §82의7), 무소속후보자의 정당표방금지(공선법 §84), 단체의 선거운동금지(공선법 §87), 애드벌룬, 시설탑 등 각종 시설물의 설치금지(공선법 §90), 각종 집회의 제한(공선법 §103), 호별방문 금지(공선법 §106), 서명 날인운동금지(공선법 §107), 의정활동보고 제한(공선법 §111) 등 다양한 방법으로 선거운동을 제한하고 있다.

(바) 선거비용

선거비용이란 당해 선거에서 선거운동을 위하여 소요되는 금전·물품 및 채무 기타 모든 재산상의 가치가 있는 것으로서 당해 후보자(후보자가 되고자 하는 자 및 추천정당 포함)가 부담하는 비용을 말한다(공선법 §119). 다만 선거운동을 위한 준비행위에 소요되는 비용, 기탁금, 선거와 관련한 정당활동에 소요되는 정당비용, 선거사무소와 선거연락소의 설치 및 유지비용 등은 선거비용에 포함되지 않는다(공선법 §120). 국가 또는 지방자치단체는, 선전벽보의 첩부 및 철거, 점자형 선거공보의 작성비용, 선거공보의 발송비용과 우편요금, 선거방송토론위원회가 주관한 대담 토론회의 개최비용, 투개표참관인의 수당과 식비를 부담한다(공선법 §122의2③).

(사) 투표와 개표

선거는 기표방법에 의한 투표로 한다(공선법 §146). 투표는 1인 1표로 하되, 비례대표의원선거(국회의원, 지장의회의원)에 있어서는 시역구의원신거 및 비례대표의원선거마다 1인 1표로 한다. 후보자의 게재순위는 의석을 갖고 있는 정당의 추천을 받은 후보자(의석을 가진 정당 간은 다수의석순), 의석을 갖고 있지 아니한 정당의 추천을 받은 후보자(의석을 갖고 있지 않은 정당 간은 정당의 명칭의 가나다순), 무소속후보자의 순(무소속후보자 간은 추첨으로)으로 하고, 정당의 게재순위는 의석을 가지고 있는 정당(의석을 가진 정당 간은 다수의석순), 의석을 갖고 있지 아니한 정당의 순(의석을 갖고 있지 않은 정당간은 정당의 명칭의 가나다순)으로 한다(공선법 §150).

투표시간은 오전 6시부터 오후 6시(보궐선거는 오후 8시)까지이다(공선법 §155①). 사전투표는 오전 6시부터 오후 6시까지이다(공선법 §155②). 기표소 안에서 투표지 촬영은 금지된다(공선법 §166의2①). 투표의 비밀은 보장되며(공선법 §167①), 선거인은 투표한 후보자의 성명이나 정당명을 누구에게도 또한 어떠한 경우에도 진술할 의무가 없다. 다만 일정한 조건하에 출구조사는 허용된다. 선거인은 자신이 기표한 투표지를 공개할 수 없으며, 공개된 투표지는 무효로 한다(공선법 §167③). 개표사무는 구·시·군선거관리위원회가 이를 행한다(공선법 §172). 투표의 효력에 관하여 이의가 있는 때에는 구·시·군선거관리위원회는 재적위원 과반수의 출석과 출석위원 과반수의 의결로 결정한다(공선법 §180).

(아) 선거쟁송

① 선거소청 　선거소청이란 단체장 및 지방의원선거에서, 선거나 당선의 효력에 대하여 이의가 있는 경우 법원에 소송을 제기하기에 앞서 상급 선거관리위원회에 제기하는 심판청구를 말한다. 선거소청절차에는 행정심판법규정이 준용된다.

단체장 및 지방의원선거에서 선거의 효력을 다투는 경우에는 선거인, 정당, 후보자는 14일 이내에 당해 선거관리위원회위원장을 피소청인으로 하여 지역구 시·도의원, 시·군·구의원, 기초 단체장선거에 있어서는 시·도 선거관리위원회에, 시·도지사와 비례대표 시·도의원선거에 있어서는 중앙선거관리위원회에 선거소청을 제기할 수 있다(공선법 §219①).

단체장 및 지방의원선거에서, 당선의 효력을 다투는 경우에는 정당, 후보자는 14일 이내에 당선인을 피소청인으로 하여 선거소청을 제기할 수 있다(공선법 §219②). 선거소청을 청구할 관할 선거관리위원회는 선거의 효력을 다투는 경우와 동일하다.

② 선거소송 　　선거소송은 선거 자체의 흠을 다투는 소송으로 선거관리에 책임을 지는 선거관리위원회위원장을 피고로 하며 정당, 후보자 외에 선거인도 원고자격이 인정된다.

대통령 및 국회의원선거에서, 선거의 효력을 다투는 경우에는 선거인, 정당, 후보자는 당해 선거구 선거관리위원회위원장을 피고로, 30일 이내에 대법원에 선거소송을 제기할 수 있다(공선법 §222①). 단체장 및 지방의원선거에 있어서, 선거소청에 대한 결정에 불복이 있는 소청인(당선인을 포함하여)은 당해 선거구 선거관리위원회위원장을 피고로, 10일 이내에 시·도지사와 비례대표 시·도의원선거에 있어서는 대법원에, 지역구 시·도의원, 시군구의원, 기초 단체장선거에 있어서는 고등법원에 선거소송을 제기할 수 있다(공선법 §222②).

③ 당선소송 　　당선소송은 당선자 결정의 흠을 다투는 소송으로 당선자를 피고로 하며 정당, 후보자가 원고가 된다. 선거인에게는 원고적격이 인정되지 않는다.

대통령 및 국회의원선거에서, 당선의 효력을 다투는 경우에는 정당, 후보자는 30일 이내에, 당선인을 피고로 하여 대법원에 당선소송을 제기할 수 있다(공선법 §223①).

단체장 및 지방의원선거에 있어서, 당선의 효력에 관한 결정에 불복이 있는 소청인 또는 당선인인 피소청인은 당선인을 피고로, 10일 이내에, 시·도지사와 비례대표 시·도의원선거에 있어서는 대법원에, 지역구 시·도의원, 시군구의원, 기초 단체장선거에 있어서는 고등법원에 당선소송을 제기할 수 있다(공선법 §223②).

당선인이 사퇴·사망한 경우, 대통령선거에서는 법무부장관을 기타의 경우는 관할 고등검찰청검사장을 피고로 한다. 선거관리위원회 또는 법원은 선거쟁송에 있어 선거에 관한 규정에 위반된 사실이 있는 때라도 선거결과에 영향을 미쳤다고 인정하는 때에 한하여 선거의 무효 또는 당선의 무효를 결정하거나 판결한다(공선법 §224).

4. 지방자치제도

(1) 지방자치의 의의

(가) 민주주의와 지방자치

지방자치는 자신의 손이 닿는 곳에 자유를 있게 해주며, 자유가 누구의 것이며 어떻게 행사하는가를 가르쳐주는 민주주의의 가장 좋은 학교이다. 지방자치는 국민에게 민주정신을 가르치고 길러주기에 민주주의의 기반이 되며 하부구조를 형성한다. 이러한 지방자치는 국민자치를 지방적 영역에서 실현하므로 민주주의의 풀뿌리가 아닐 수 없다. 지방자치는 국민주권의 기본원리에서 출발하여 주권의 지역적 주체로서의 주민에 의한 자기통치의 실현이다.

(나) 지방자치의 내용

지방자치란 일정한 지역을 단위로, 그 지역의 주민이, 자신의 사무를, 자신의 책임하에, 자신들이 선출한 기관을 통하여 직접 처리하게 하는 주민에 의한 자기통치를 말한다. 지방자치는 자치단체의 보장, 자치기능의 보장, 자치사무의 보장을 그 본질적 내용으로 한다.

(다) 지방자치의 기능

첫째, 지방자치는 지방의 공동관심사를 자율적으로 처리하게 함으로써 주민의 자치역량을 배양시켜 준다. 이러한 훈련을 통해 민주시민은 양성된다. 둘째, 지방자치는 전국적 단위로는 불가능한 직접 민주정치, 즉 주민소환·주민투표·주민참여 등 참여민주주의를 가능하게 해준다. 이는 지방자치의 민주성을 향상시켜 준다. 셋째, 지방자치는 권력분립원리를 지방차원에서 실현시키는, 소위 수직적 권력분립을 제도화하여 지방분권에 기여하고, 중앙과 지방의 권력균형을 이루게 하며 지방자치의 핵심영역을 중앙권력의 침해로부터 보호한다. 넷째, 행정의 책임성을 구현하게 해 주며 주민의 요구에 맞는 행정이 이루어져 행정의 대응성을 실현하여 준다. 다섯째, 지방자치를 통한 각종의 정치참여는 결국 선거권과 공무담임권 등과 같은 기본권신장에 기여한다.

(라) 지방자치권의 본질

지방자치의 본질은 한마디로 자치단체의 자치권보장이라 할 수 있다. 지방자치권의 본질에 관하여 자치권을 국가 이전의 주민의 고유권한으로 보는 고유권설과 국가로부터 위임된 권능으로 보는 국가위임설이 대립된다. 지방자치는 국가마다 다르게 발전 형성되어 왔으므로 지방자치의 본질을 한마디로 말하는 것은 적절치 않다. 그래도 본질을 정리해야 한다면, 지방자치가 헌법과 국가질서 내의 것이어야 한다는 점에서 자치권위임설이 타당하다(통설).

(2) 지방자치의 유형

(가) 주민자치

주민자치는 지역의 고유사무 처리를 지역 주민의 고유권한이라고 보는 측면에서 주장된 것으로 주로 영국에서 발달되었다. 주민자치는 주민이 선출한 지방의회가 중심이 된다. 의결기능과 집행기능이 결합되어 이들이 모두 의회에 집중되며, 시장은 의회의장 겸 의례적 장의 지위를 지닌다. 지방의회의 권한은 법률로 정해지며 법률로 규율되지 않은 경우 주민의 자치에 맡겨져 있다. 국가가 의회의 권능을 자치단체에 부여한 후에는 국가는 지방의회의 직무상 위법만 통제하게 되므로, 입법통제와 사법통제가 주가 된다. 행정의 경우 통제보다는 협력에 중점을 둔다.

(나) 단체자치

단체자치는 지역의 고유사무 처리를 지역단체의 고유권한이라고 보는 측면에서 주장된 것으로, 주로 독일·프랑스 등 대륙에서 발달되었다. 대륙형 지방자치의 경우, 정치는 국가에 속한 것으로 국가가 지방단체에게 자치를 허용하는 경우에도 지방주민은 국가정치의 일부를 담당하는 것이며 지방자치는 주민이 당연히 갖는 권리가 아니라 국가로부터 받은 것으로 인식되었다. 그러다보니 좁은 범위의 자치사무만 가지게 되고 주민참여의 범위도 제한적이다. 이러한 단체자치는 중앙정부의 목적실현을 위한 수단정도로 간주되고 자치권이 약하며 중앙정부의 엄중한 통제 감독을 받게 되어 행정적 통제에 중점을 둔다. 지방자치는 자치단위이면서 국가행정단위의 성격을 지닌다. 위임사무의 비율이 높으며 자치단체의 기관은 국가의 지방일선기관의 지위와 중앙과 독립한 자치단체의 지위를 모두 지니게 되는데, 전자의 지위가 더 강조된다. 국가의 관리가 지방행정을 실질적으로 좌우하게 된다.

(3) 대한민국 헌법과 지방자치제도

(가) 연　혁

건국헌법부터 지방자치는 규정되었다. 제 2 공화국 헌법은 읍·면·동의 장까지 선거로 선출하도록 하였는데 당시의 시대적 상황으로는 획기적인 것이었다. 민주화

과정의 일환으로 본격적인 지방자치가 기대되었지만 혼란과 비능률을 가져왔다. 제 3 공화국은 지방의회의 구성시기를 법률로 정한다고 하였지만 지방의회를 구성하는 법률은 제정되지 못했다. 제 4 공화국 헌법 및 제 5 공화국 헌법은 헌법본문에 지방자치를 규정하면서도, 헌법부칙에 조국통일이나 재정자립도를 빌미로 시행을 유보하였다. 현행 헌법은 완전한 지방자치의 실시를 보장하였다.

(나) 지방자치단체의 의의와 종류

① 의 의 　지방자치단체란 일정한 지역을 기초로 자신의 업무를 자신의 책임 하에 처리하는 법인격을 지닌 단체를 말한다. 지방자치단체는 자치사무와 국가나 상급단체가 위임한 단체위임사무 그리고 자치단체의 장에게 위임한 기관위임사무를 처리한다.

② 종 류 　지방자치단체의 종류는 법률로 정한다(§ 117②). 지방자치단체는 담당사무의 일반성 여부에 따라 보통지방자치단체와 특별지방자치단체로, 보통지방자치단체는 다시 상급지방자치단체인 특별시·광역시·특별자치시·도·특별자치도(보충적 제 2 차적 지방자치단체)와 하급지방자치단체인 시·군·구(기초적 제 1 차적 지방자치단체)로 구성된다. 상급지방자치단체와 하급지방자치단체는 각각 대등한 법인이며 상·하 복종관계에 있지 않다. 특별지방자치단체로는 지방자치단체조합이 있다(지자법 § 149). 지방자치단체조합은 지방자치단체가 상호관련된 업무를 공동처리하기 위하여 설립한 단체이다(지자법 § 159).

③ 구역 및 명칭변경 　지방자치는 자치단체의 존속을 보장하지만 특정 자치단체의 존속을 보장하는 것은 아니다. 따라서 특정 자치단체를 다른 단체에 편입하거나 통합하는 것으로부터 보호되지 않으며, 특정 자치단체의 명칭변경은 제도의 본질적 내용의 침해로 볼 수 없다. 하지만 이러한 변경에 관련 당사자들의 의견을 듣는 청문기회가 주어져야 한다. 청문절차는 법치주의원리에서 나오는 당연한 요청이기 때문이다. 다만 입법자는 청문결과에 법적으로 구속되지 않는다.

(다) 지방자치와 지방자치단체

지방자치는 자치단체의 존재를 보장하며 자치단체를 통해 지방자치는 구현된다. 자치단체는 주민과, 주민의 대의를 실현시켜주는 지방의회, 그리고 주민에 의해 선출되는 자치단체의 장으로 구성된다. 또한 교육·과학·기술·체육·학예(이하, 교육·학예) 영역에 관해서는 별도의 자치기구를 두고 있다.

㈑ 주 민

① 주민의 자격과 권리 지방자치단체의 구역 안에 주소를 가진 자는 그 지방자치단체의 주민이 된다. 주민은 법령이 정하는 바에 따라 자치단체의 재산과 공공시설을 이용할 권리와 자치단체로부터 균등하게 행정의 혜택을 받을 권리를 가진다. 또한 지방의원과 단체장의 선거에 참여할 권리를 가진다.

② 주민의 권한

㉠ 조례제정 및 개폐청구 19세 이상의 일정 주민은 연서로 자치단체의 장에게 조례의 제정이나 개폐를 청구할 수 있다(지자법 §15). 다만 법령을 위반하는 사항, 행정기관의 설치·변경, 공공시설의 설치반대, 지방세·사용료의 부과·징수 및 감면에 관한 사항에 대하여는 조례제정 및 개폐를 청구할 수 없다. 지방자치단체의 장은 청구를 수리한 날부터 60일 이내에 조례의 제정안·개정안 또는 폐지안을 지방의회에 부의하여야 하며 그 결과를 청구인의 대표자에게 알려야 한다(지자법 §15⑨).

㉡ 감사청구 19세 이상의 일정 주민은 연서로 시·도는 주무장관에게, 시·군·구는 시·도지사에게, 자치단체와 그 장의 권한에 속하는 사무처리가 법령에 위반되거나 공익을 현저히 해한다고 인정되는 경우에는 감사를 청구할 수 있다(지자법 §16).

㉢ 주민소송 공금의 지출에 관한 사항, 재산의 취득·관리·처분에 관한 사항, 당해 지방자치단체를 당사자로 하는 매매·임차·도급 그 밖의 계약의 체결·이행에 관한 사항 또는 지방세·사용료·수수료·과태료 등 공금의 부과·징수의 해태에 관한 사항을 '감사청구한 주민'은 감사결과에 불복이 있는 경우에는 지방자치단체의 장을 상대방으로 주민소송을 제기할 수 있다(지자법 §17).

㉣ 주민투표권 지방자치단체의 장은 주민에게 과도한 부담을 주거나 중대한 영향을 미치는 지방자치단체의 주요 결정사항 등에 대하여 주민투표에 부칠 수 있다(지자법 §14). 주민투표의 대상, 발의자, 발의요건 기타 투표절차 등에 관하여는 따로 법률(주민투표법)로 정한다. 주민에게 과도한 부담을 주거나 중대한 영향을 미치는 지방자치단체의 주요결정사항으로서 그 지방자치단체의 조례로 정하는 사항은 주민투표에 부칠 수 있다(동법 §7). 19세 이상의 주민 중 관할구역에 주민등록이 되어 있는 사람이나 일정한 조건을 갖춘 외국인은 주민투표권을 가진다(동법 §5).

중앙행정기관의 장은 지방자치단체의 폐치·분합 또는 구역변경, 주요시설의 설치 등 국가정책의 수립에 관하여 주민의 의견을 듣기 위하여 필요하다고 인정하는 때에는 관계 지방자치단체의 장에게 주민투표의 실시를 요구할 수 있다(동법 §8). 지방자치단체의 장은 주민 또는 지방의회의 청구에 의하거나 직권에 의하여 주민투표를 실시할 수 있다(동법 §9). 주민투표에 부쳐진 사항은 주민투표권자 총수의 3분의 1 이상의 투표와 유효투표수 과반수의 득표로 확정된다(동법 §24).

ⓜ 주민소환권　지방자치에 대한 주민의 직접참여를 통해 선출직 공직자에 대한 통제장치를 마련함으로써 지방자치의 민주성과 책임성을 제고시키기 위해 주민소환제도가 시행되었다. 주민소환의 투표청구권자, 청구요건, 절차 및 효력 등에 관하여는 따로 법률(주민소환에 관한 법률)로 정한다(지자법 §20). 주민소환은 지방자치단체의 장 및 지방의회의원과 같은 선출직 공직자를 그 대상으로 한다(동법 §7). 관할선거관리위원회는 주민소환투표청구가 적법하다고 인정하는 경우에는 지체 없이 그 요지를 공표하고, 소환청구인대표자 및 해당선출직 지방공직자에게 그 사실을 통지하여야 하며, 주민소환투표일과 주민소환투표안을 공고하여 주민소환투표를 발의하여야 한다(동법 §12). 주민소환투표대상자는 선거관리위원회가 주민소환투표안을 공고한 때부터 주민소환투표결과를 공표할 때까지 그 권한행사가 정지된다(동법 §21).

㈒ 지방의회

① 지방의회의 구성　지방의회는 임기 4년의 지방의회의원으로 구성된다. 지방의회의원선거는 시·도의회의원은 1선거구에서 1인을 선출하는 소선거구로, 기초의회의원은 1선거구에서 2~4명을 선출하는 중선거구(공선법 §26), 다수대표제, 비례대표제를 채택하고 있다. 지방의회의원은 다수표를 얻은 자를 당선자로 하며 최고득표자가 2인 이상일 때는 연장자순으로 한다. 후보자수가 당해 선거구에서 선거할 의원정수를 넘지 아니하게 된 때에는 무투표당선이 허용된다(공선법 §190). 지역구 지방의회의원선거 및 비례대표 지방의회의원선거에 1인 2표제가 실시되고 있다(공선법 §146).

② 지방의회의원

㉠ 선　출　지방의회의원은 주민의 보통·평등·직접·비밀선거에 의하여 선출된다.

㉡ **비용지급** 지방의원에게 의정자료를 수집하고 연구하거나 이를 위한 보조 활동에 사용되는 비용을 보전하기 위하여 매월 지급하는 의정활동비, 여비, 지방의회의원의 직무활동에 대하여 지급하는 월정수당의 비용이 지급된다(지자법 §33).

㉢ **겸직금지** 지방의회의원은 국회의원, 헌법재판소재판관, 각급 선거관리위원회 위원, 공무원, 한국방송공사·한국교육방송공사·한국은행을 포함한 공공기관의 임직원, 지방공사와 지방공단의 임직원, 농업협동조합, 수산업협동조합, 산림조합, 엽연초생산협동조합, 신용협동조합, 새마을금고의 임직원과 이들 조합·금고의 중앙회와 연합회의 임직원과 이들 조합·금고의 중앙회장이나 연합회장, 정당의 당원이 될 수 없는 교원을 겸할 수 없다(지자법 §35).

㉣ **의 무** 지방의회의원은 공공의 이익을 우선하여 양심에 따라 그 직무를 성실히 수행하여야 하며, 청렴의 의무를 진다. 또한 의원으로서의 품위를 유지하여야 한다.

③ 지방의회의 조직

㉠ **의장과 부의장** 지방의회는 임기 2년의 의장과 부의장을 둔다. 시·도의 경우 의장 1명과 부의장 2명을, 시·군·구의 경우 의장과 부의장 각 1명을 무기명투표로 선출한다(지자법 §48). 의장이나 부의장 모두 사고가 있을 때에는 임시의장을 선출하여 의장의 직무를 대행하게 한다. 지방의회의 의장이나 부의장이 법령을 위반하거나 정당한 사유 없이 직무를 수행하지 아니하면 지방의회는 불신임을 의결할 수 있다(지자법 §55). 불신임의결은 재적의원 4분의 1 이상의 발의와 재적의원 과반수의 찬성으로 한다.

㉡ **위 원 회** 지방의회는 조례로 정하는 바에 따라 위원회를 둘 수 있다(지자법 §56). 위원회는 상임위원회와 특별위원회가 있다. 위원회위원은 본회의에서 선출한다. 위원회는 본회의의 의결이 있거나 의장 또는 위원장이 필요하다고 인정할 때, 재적위원 3분의 1 이상의 요구가 있는 때에 개회한다(지자법 §61). 폐회 중에는 지방자치단체의 장도 의장 또는 위원장에게 이유서를 붙여 위원회의 개회를 요구할 수 있다.

④ 지방의회의 운영

㉠ **정례회, 임시회** 지방의회는 매년 2회 정례회를 개최하며 정례회의 집회일 기타 정례회의 운영에 관하여 필요한 사항은 대통령령이 정하는 바에 의하여 당

해 지방자치단체의 조례로 정한다(지자법 §44). 지방의회의장은 지방자치단체의 장이나 재적의원 3분의 1 이상의 요구가 있는 때에는 15일 이내에 임시회를 소집하여야 한다(지자법 §45). 지방의회의 개회, 휴회, 폐회와 회기는 지방의회가 의결로 이를 정한다(지자법 §47①). 지방의회의 연간 회의 총일수와 정례회 및 임시회의 회기는 해당 지방자치단체의 조례로 정한다(지자법 §47②).

㉡ 정 족 수　　지방의회는 재적의원 3분의 1 이상의 출석으로 개의하며, 재적의원 과반수의 출석과 출석의원 과반수의 찬성으로 의결한다. 의장은 의결에서 표결권을 가지며, 찬성과 반대가 같으면 부결된 것으로 본다(지자법 §63, §64). 의안은 지방자치단체의 장이나 재적의원 5분의 1 이상 또는 의원 10명 이상의 연서로 발의한다(지자법 §66). 위원회에서 본회의에 부칠 필요가 없다고 결정된 의안은 본회의에 부칠 수 없다. 다만, 위원회의 결정이 본회의에 보고된 날부터 폐회나 휴회 중의 기간을 제외한 7일 이내에 의장이나 재적의원 3분의 1 이상이 요구하면 그 의안을 본회의에 부쳐야 한다(지자법 §69).

⑤ 지방의회의 권한

㉠ 의 결 권　　지방의회는 조례의 개정 및 폐지, 예산의 심의·확정, 결산의 승인, 법령에 규정된 것을 제외한 사용료·수수료·분담금·지방세 또는 가입금의 부과와 징수 등을 의결한다(지자법 §39).

㉡ 지방자치단체에 대한 통제권

(a) 감사 및 조사권　　지방의회는 매년 1회 시·도는 10일, 시·군·구는 7일의 범위 내에서 당해 지방자치단체의 사무를 감사하며(지자법 §41) 특정사안에 관하여 조사할 수 있다. 지방자치단체 및 그 장이 위임받아 처리하는 국가사무와 시·도의 사무에 대하여, 국회와 시·도의회가 직접 감사하기로 한 사무 외에는 그 감사를 각각 해당 시·도의회와 시·군·구의회가 할 수 있다(지자법 §41③).

(b) 자치단체장에 대한 출석·답변요구권　　지방자치단체의 장이나 관계 공무원은 지방의회나 그 위원회가 요구하면 출석·답변하여야 한다. 특별한 이유가 있으면 지방자치단체의 장은 관계 공무원에게 출석·답변하게 할 수 있다(지자법 §42).

㉢ 자 율 권　　지방의회는 자율적으로 내부조직을 구성하며, 회기를 정하고, 의원을 징계하며, 의회규칙을 제정한다. 지방의원에 대한 징계나 지방의회의 의장에 대한 불신임결의도 행정소송의 대상이 된다.

㉣ 선 출 권　지방의회는 의장·부의장을 선출하며 위원회 위원을 선출한다(지자법 §48, 56).

㈓ 지방자치단체의 장

특별시, 광역시, 특별자치시, 도와 특별자치도, 시, 군, 구에 각각 특별시장, 광역시장, 특별자치시장, 도지사, 시장, 군수, 구청장을 둔다(지자법 §93).

① 선　출　지방자치단체의 장은 주민이 보통·평등·직접·비밀선거에 따라 선출한다(지자법 §94). 자치단체장은 다수표를 얻은 자를 당선자로 하며, 최고득표자가 2인 이상일 때는 연장자순으로 한다(공선법 §191①). 후보자가 1인이거나 후보자등록마감후 선거일 투표개시시각전까지 후보자가 사퇴·사망하거나 등록이 무효로 되어 후보자수가 1인이 된 때에는 투표를 실시하지 아니하고, 선거일에 그 후보자를 당선인으로 결정한다(공선법 §191③, §188②). 직선제와 상대적 다수대표제를 채택하고 있다(공선법 §191). 2016년 헌법재판소는 '자치단체의 장 선출권'을 기존의 법률적 권리에서 기본권으로 판례를 변경하였는데, 적절하다. 자치단체장의 피선거권은 당해 지역에 60일 이상 거주한 자로 25세 이상이어야 한다. 자치단체의 장이 임기 중 다른 지역으로 주민등록을 이전하면 퇴직된다(지자법 §99).

② 임　기　지방자치단체의 장의 임기는 4년으로 하며, 지방자치단체의 장의 계속 재임은 3기에 한한다(지자법 §95). 지방자치단체의 장은 그 임기 중에 그 직을 사퇴하여 대통령선거, 국회의원선거, 지방의회의원선거 및 다른 지방자치단체의 장 선거에 입후보할 수 있다(공선법 §53).

③ 겸임금지　자치단체의 장은 대통령, 국회의원 등 법률이 정한 일정한 직을 겸할 수 없다(지자법 §96).

④ 권한대행　자치단체의 장이 궐위 또는 공소 제기된 후 구금상태에 있거나 의료기관에 60일 이상 입원한 경우 부단체장이 권한을 대행한다. 헌법재판소는 자치단체의 장이 금고 이상의 형을 선고받고 그 형이 확정되지 아니한 경우 부단체장이 그 권한을 대행하도록 한 것(지방자치법 §111①, 3호)은 무죄추정원칙에 위배되며, 자치단체장의 공무담임권을 침해한다고 하였다. 또한 단체장이 그 직을 가지고 당해 자치단체장선거에 입후보하는 경우 후보자등록을 한 날부터 선거일까지 부단체장이 자치단체장의 권한을 대행한다(지자법 §111②). 지방자치단체의 장이 출장·

휴가 등 일시적 사유로 직무를 수행할 수 없으면 부단체장이 그 직무를 대리한다.

⑤ 사 임 자치단체의 장이 그 직을 사임하고자 할 때에는 당해 지방의회의 의장에게 미리 사임일을 적은 서면으로 알려야 한다(지자법 §98).

⑥ 지방자치단체의 장의 권한

㉠ **지방자치단체의 통할·대표권**(지자법 §101)

㉡ **자치단체사무의 관리·집행권** 시·도와 시·군 및 자치구에서 시행하는 국가사무는 법령에 다른 규정이 없으면 시·도지사와 시장·군수 및 자치구의 구청장에게 위임(기관위임)하여 행하며(지자법 §102), 자치단체의 장은 그 지방자치단체의 사무와 법령에 따라 그 지방자치단체에게 위임된 사무(자치사무, 단체위임사무)를 관리하고 집행한다(지자법 §103).

㉢ **소속직원의 임면 및 지휘·감독권** 단체장은 소속직원에 대한 인사권을 가진다(지자법 §105). 문제는 지방자치관련 법령들이 공무원의 직급 및 정원을 규제하고 있어 단체장의 자율적 인사권을 제약하고 있다는 점이다. 이에 대한 규제를 폐지할 필요가 있다. 자치단체별로 다양한 행정수요를 인사에 반영할 수 있도록 하여야 한다.

㉣ **규칙제정권** 지방자치단체의 장은 법령이나 조례가 위임한 범위에서 그 권한에 속하는 사무에 관하여 규칙을 제정할 수 있다. 규칙을 제정하거나 개폐할 경우, 공포예정 15일 전에 시·도지사는 행정안전부장관에게, 시·군·구의 장은 시·도지사에게 각각 보고하여야 하며, 보고를 받은 행정안전부장관은 이를 관계 중앙행정기관의 장에게 통보하여야 한다(지자법 §28).

㉤ **지방의회의 임시회의소집요구권**

㉥ **조례공포권**(지자법 §26②)

㉦ **지방의회의 의결에 대한 재의요구권** 자치단체의 장은 지방의회의 의결이 월권이거나 법령에 위반되거나 공익을 현저히 해친다고 인정되면 그 의결사항을 이송받은 날부터 20일 이내에 이유를 붙여 재의를 요구할 수 있다(지자법 §107①). 또한 지방의회의 의결이 예산상 집행할 수 없는 경비를 포함하고 있다고 인정되는 때에도 재의를 요구할 수 있다(지자법 §108). 재의한 결과 재적의원 과반수의 출석과 출석의원 3분의 2 이상의 찬성으로 전과 같은 의결을 하면 그 의결사항은 확정된다(지자법 §107②). 자치단체의 장은 재의결된 사항이 법령에 위반된다고 인정되면 대

법원에 소를 제기할 수 있다.

ⓞ 지방의회의 의안발의권(지자법 §66)

ⓩ 선결처분권 자치단체의 장은 지방의회가 성립되지 아니한 때, 지방의회의 의결사항 중 주민의 생명과 재산보호를 위하여 긴급하게 필요한 사항으로서 지방의회를 소집할 시간적 여유가 없거나, 지방의회에서 의결이 지체되어 의결되지 아니한 때에는 선결처분을 할 수 있다(지자법 §109). 선결처분은 지방의회의 승인을 얻어야 한다. 지방의회의 승인을 얻지 못하면 그 때부터 효력을 상실한다.

ⓩ 주민투표부의권 자치단체장은 주민에게 부담을 주거나 중대한 영향을 미치는 단체의 주요 결정사항에 대하여 주민투표에 부칠 수 있다(지자법 §14).

㈔ 기타 집행기관

지방자치단체에는 단체장의 보조기관으로 부단체장을 둔다. 특별시 3인, 광역시·특별자치시·도·특별자치도 2인(인구 800만 이상인 경우 3인), 시·군·구 1인이다. 광역자치단체의 경우 1인은 당해 단체장이 임명하고, 나머지는 시·도지사의 제청으로 대통령이 임명하며, 기초자치단체의 경우는 당해 자치단체장이 임명한다.

㈕ 지방교육자치기구

① 교육위원회

㉠ 의 의 시·도의회에 교육에 관한 사항을 심사·의결하기 위하여 상임위원회로서 교육위원회를 둔다. 교육자치가 시작된 이후, 교육위원회는 구성 조직과 관련하여 많은 변화가 있었는데 개선이라기보다는 시련에 가깝고, 지금의 교육위원회도 미봉책의 성격을 지니고 있으며 아직도 격랑 속에 놓여 있다고 할 수 있다.

㉡ 지방의회 통합형 교육위원회와 지방의회 교육위원회 '지방의회 통합형 교육위원회'는 직선의 교육의원과 시도의회의원으로 구성되고 교육의원이 위원회의 과반수가 되도록 한 '과반수 교육의원형'을 말하며, '지방의회 교육위원회'는 위원 모두를 시도의회의원으로 구성하는 위원회로, '일반의원형' 또는 '일반의원형 교육위원회'라고 한다. 또 '과반수 교육의원형'은 교육위원회가 시도의회의 특별위원회로서의 법적 지위가 부여되나, '일반의원형'은 시도의회의 일반 상임위원회의 성격을 지니고 있다는 점에 차이가 있다.

② 교육위원

교육위원은 시도의회의원 중 교육위원회에 소속된 의원이다. 교육위원회 위원은 임기 2년으로, 보임 또는 개선된 상임위원의 임기는 전임자의 잔임기간으로 한다. 교육위원회에 위원장과 부위원장 각 1명을 두며, 교육위원장은 교육위원 중에서 본회의에서 선거로 선출하며, 부위원장은 위원회에서 호선하고, 임기는 2년으로 한다. 교육위원장은 교육위원회를 대표하고 의사를 정리하며 질서를 유지하고 사무를 감독한다. 위원장이 사고가 있을 때에는 부위원장이 위원장의 직무를 대리한다. 헌법재판소는 교육위원을 선출함에 있어 교육경력자를 교육비경력자보다 우대하는 경력자우선당선제도를 헌법에 반하지 않는다고 하였다.

③ 교 육 감

㉠ 지 위 시·도의 교육·학예에 관한 사무의 집행기관으로 시·도에 교육감을 두며, 교육감은 교육·학예에 관한 소관 사무에 대하여 당해 시·도를 대표한다(교자법 §18). 교육감은 주민이 직접 선출하며(교자법 §43), 임기 4년으로 계속 재임은 3기에 한한다(교자법 §21). 헌법재판소는 교육감은 교육감후보자 등록신청 개시일부터 과거 2년 동안 정당의 당원이 아니어야 한다는 '지방교육자치에 관한 법률(§24)'은 후보자의 공무담임권 침해가 아니며, 후보자의 과거 당원경력표시를 금지하는 '지방교육자치에 관한 법률(§46③)'역시 후보자의 정치적 표현의 자유를 침해하는 것이 아니라고 하였다.

㉡ 권 한 교육감은 법령 또는 조례의 범위 안에서 그 권한에 속하는 사무에 관하여 교육규칙을 제정할 수 있다(교자법 §25). 교육감은 소속공무원을 지휘·감독한다(교자법 §27). 교육감은 교육·학예에 관한 시·도의회의 의결이 법령에 위반되거나 공익을 현저히 저해한다고 판단될 때에는 그 의결사항을 이송받은 날부터 20일 이내에 이유를 붙여 재의를 요구할 수 있다(교자법 §28). 교육감이 교육부장관으로부터 재의요구를 하도록 요청받은 경우에는 시·도의회에 재의를 요구하여야 한다(교자법 §28).

㉢ 권한대행 교육감이 궐위되거나, 공소제기된 후 구금상태에 있는 경우, 금고 이상의 형의 선고를 받고 그 형이 확정되지 아니한 경우, 의료법에 의한 의료기관에 60일 이상 계속하여 입원한 경우 및 교육감이 그 직을 가지고 교육감선거에 입후보하는 경우에 있어 후보자등록을 한 날부터 선거일까지는 부교육감이 교

육감의 권한을 대행한다(교자법 §31).

④ 교육감과 시도의회

㉠ 재의요구 교육감은 교육·학예에 관한 시·도의회의 의결이 법령에 위반되거나 공익을 현저히 저해한다고 판단될 때에는 그 의결사항을 이송받은 날부터 20일 이내에 이유를 붙여 재의를 요구할 수 있다(교자법 §28①). 교육감은 시·도의회가 재의결을 하기 전까지는 재의요구를 철회할 수 있다. 한편 교육부장관은 교육감에게 재의요구를 할 수 있는데, 교육감이 교육부장관으로부터 재의요구를 하도록 요청받은 경우에는 교육감은 시·도의회에 재의를 요구하여야 한다(교자법 §28①).

㉡ 제소지시, 직접 제소 교육부장관은 재의결된 사항이 법령에 위반된다고 판단됨에도 해당교육감이 소를 제기하지 않은 때에는 해당교육감에게 제소를 지시하거나 직접 제소할 수 있다(교자법 §28④).

⑤ 교육지원청 교육지원청은 시·군·구를 관할구역으로 하는 하급교육행정기관으로, 교육장을 둔다(교자법 §34). 교육지원청은 시·도 교육사무의 지역적 분담 및 집행을 담당하는 하급교육행정기관으로, 자치기관이 아니다.

㈓ 지방자치단체의 권한

① 자치조직권 자치단체는 자기 단체의 조직을 스스로 결정할 수 있다. 자치단체는 관할구역 안 행정구역의 명칭, 위치 및 구역을 조정하며, 산하 행정기관을 조직하고 관리하고, 산하 행정기관 및 단체를 지휘·감독한다.

② 자치입법권 자치단체는 법령의 범위 안에서 자치에 관한 규정을 제정할 수 있다. 자치규정은 지방의회가 제정하는 조례와 자치단체의 장이 제정하는 규칙이 있다.

㉠ 조 례

(a) 의 의 조례란 지방자치단체가 자치입법권에 따라 만든 자주법으로 조례제정권의 법적 근거는 헌법 제117조 제1항이다. 조례는 법령의 범위 안에서 주민의 복리 및 재산에 관한 사항을 규율한다. 조례로 주민의 권리의무에 관한 사항이나 벌칙을 정할 때에는 개별적인 법률의 위임이 있어야 가능하다(지자법 §22).

헌재결정

조례의 제정권자인 지방의회는 선거를 통해서 그 지역적인 민주적 정당성을 지니고 있는 주민의 대표기관이고, 헌법이 지방자치단체에 대해 포괄적인 자치권을 보장하고 있는 취지로 볼 때 조례제정권에 대한 지나친 제약은 바람직하지 않으므로 조례에 대한 법률의 위임은 법규명령에 대한 법률의 위임과 같이 반드시 구체적으로 범위를 정하여 할 필요가 없으며 포괄적인 것으로 족하다고 할 것이다(헌결 92 헌마264).

(b) **내 용** 조례로 정할 수 있는 사항은 자치단체의 자치사무와 단체위임사무에 한한다. 국가사무나 기관위임사무는 조례와 친하지 않다. 자치사무와 단체위임사무에 관한 조례를 자치조례라고 하고 기관위임사무에 관한 개별법령의 위임에 의해 만들어지는 조례를 위임조례라 한다. 자치조례는 법령의 범위 안에서 세정되지만 위임조례는 국가법에 적용되는 일반적인 위임입법의 한계가 적용된다.

(c) **한 계** 지방자치단체는 법령에 위반되지 아니하는 범위 내에서 그 사무에 관하여 조례를 제정할 수 있으며, 특정 사항에 관하여 법령이 이미 존재하는 경우에도 법령의 취지와 목적에 비추어 법령에 정하지 않은 사항을 조례로 규율할 수 있다. 그러나 자치단체의 장의 전속적 권한에 대한 조례는 불가능하며, 국가전체를 통하여 획일적으로 다루어야 할 사항은 법령으로 정해져야 한다. 대법원은 생활보호법의 자활보호대상자에게 생활보호법과는 별도의 생계비를 지급하도록 한 조례안이 생활보호법에 저촉되지 않는다고 하였다. 법률이 설정한 기준보다 가중된 기준이나 강한 형태의 규제를 가하거나 위임의 한계를 초과하는 내용은 담을 수 없다(추가조례나 초과조례 금지).

(d) **효 력** 조례는 법령의 하위에 있으며(형식적 효력), 그 지역에 있는 주민에 한하여 효력이 있다(지역적·인적 효력). 조례제정권 행사로 인한 자치단체 간에 발생된 불평등은 위헌으로 볼 수 없다. 조례위반에 대하여는 과태료를 부과할 수 있다(지자법 § 27).

ⓛ **규 칙** 지방자치단체의 장은 법령이나 조례가 위임한 범위에서 그 권한에 속하는 사무에 관하여 규칙을 제정할 수 있다(지자법 § 23). 조례나 규칙을 제정·개정·폐지할 경우 조례는 지방의회에서 이송된 날부터 5일 이내에, 규칙

은 공포예정 15일 전에 시·도지사는 행정안전부장관에게, 시장·군수·구청장은 시·도지사에게 보고하여야 하며, 보고를 받은 행정안전부장관은 이를 관계 중앙행정기관의 장에게 통보하여야 한다(지자법 §28).

③ 자치행정권　지방자치법 제9조 제1항은 '지방자치단체는 관할 구역의 자치사무와 법령에 따라 지방자치단체에 속하는 사무를 처리한다'고 규정하고 있다. 전자는 자치사무이며 후자는 단체위임사무이다. 자치단체의 사무에는 국가 등이 지방자치단체의 장에게 위임한 기관위임사무가 있다.

㉠ 자치사무(고유사무)　자치단체는 관할구역의 자치사무를 처리한다. 자치단체의 구역, 조직, 및 행정관리 등에 관한 사무, 주민의 복지증진에 관한 사무, 농림·상공업 등 산업 진흥에 관한 사무, 지역개발 및 주민의 생활환경시설의 설치·관리에 관한 사무, 교육·체육·문화·예술의 진흥에 관한 사무, 지역민방위 및 소방에 관한 사무를 처리한다(지자법 §9). 국가는 자치사무에 대해서는 법령위반여부의 소극적 감독에 그치나 위임사무(단체, 기관)에 대해서는 합목적성 심사인 적극적 감독까지 할 수 있다.

㉡ 위임사무　자치단체는 법령에 의하여 자치단체에 속하게 된 사무를 처리한다. 위임사무에는 자치단체에 위임된 단체위임사무와 단체의 장에게 위임된 기관위임사무가 있다.

(a) 단체위임사무　단체위임사무란 법령에 의하여 국가나 상급단체로부터 단체에 위임된 사무를 말한다. 단체위임사무는 자치단체의 사무로 전환되며 조례의 규율대상이 된다. 하천법(§37)에 의한 국유하천의 점용료징수사무나 지방세법(§53)에 의한 시·군의 조세징수사무가 이에 해당된다. 소요경비는 위임한 행정주체가 부담한다. 단체위임사무는 업무자체가 자치단체로 이관된 것이어서 사무처리의 효과는 자치단체에 귀속되나 기관위임사무는 위임행정주체에게 귀속된다.

(b) 기관위임사무　기관위임사무란 전국적으로 통일적 처리가 요구되는 사무로서 국가나 상급단체로부터 기관에 위임된 사무를 말한다. 기관위임사무의 처리기관은 위임행정주체의 기관의 지위에 있게 되고 그 처리효과는 위임행정주체에 귀속된다. 기관위임사무는 원칙적으로 조례의 규율대상이 되지 않는다. 병무, 선거, 지적, 경찰사무가 이에 해당된다. 소요경비는 위임행정주체가 부담한다. 기관위임사무에 해당 여부는 법령의 규정형식과 취지, 사무의 성질, 경비부담과 최종적인 책임

귀속의 주체 등을 고려하여 판단한다. 자치단체는 기관위임사무에 관하여 권한쟁의를 청구할 수 없다.

④ 자치재정권 자치단체는 자치단체의 경비를 지불하기 위한 필요한 수입을 확보하고 지출을 관리한다. 지방자치단체는 지방세를 부과·징수할 수 있다. 또한 공공시설의 이용 또는 재산의 사용에 대하여는 사용료를, 지방자치단체의 사무가 특정인을 위한 것이면 그 사무에 대하여 수수료를, 재산 또는 공공시설의 설치로 주민의 일부가 특히 이익을 받으면 이익을 받는 자로부터 그 이익의 범위에서 분담금을 징수할 수 있다(지자법 §135 ~ §138).

㈕ 지방자치단체에 대한 국가의 감독

① 국회는 지방자치단체의 조직·운영에 관한 사항을 법률로 규정함으로써 그리고 국회의 국정조사권을 통해 자치단체를 감독한다(입법적 감독). 법원도 자치단체의 선거쟁송이나 자치단체의 장과 의회간의 기관소송 등의 관할권을 가짐으로써 자치단체를 감독한다(사법적 감독). 또한 중앙행정기관이나 상급지방자치단체는 감독·명령·취소 등의 방법으로 자치단체를 감독한다(행정적 감독).

② 중앙행정기관의 지방자치단체의 장에 대한 권한

㉠ **위법·부당한 명령·처분에 대한 시정권** 자치단체의 장의 명령이나 처분이 법령에 위반하거나 현저히 부당하게 공익을 해할 경우에는 주무장관은 시·도(시·도지사는 시·군·구에 대하여)에 대하여 기간을 정하여 시정을 명할 수 있고, 불이행의 경우에는 취소·정지할 수 있다(지자법 §169). 단 자치사무의 경우는 법령에 위반한 경우에 한한다. 자치단체의 장은 명령이나 취소·정지에 대하여 이의가 있는 경우에 15일 이내에 대법원에 제소할 수 있다.

㉡ **직무이행명령** 지방자치단체의 장이 법령의 규정에 따라 그 의무에 속하는 국가위임사무나 시·도위임사무의 관리와 집행을 명백히 게을리하고 있다고 인정되면 시·도에 대하여는 주무부장관이, 시·군·구에 대하여는 시·도지사가 기간을 정하여 서면으로 이행할 사항을 명령할 수 있다. 불이행의 경우에는 대집행 또는 필요한 행·재정상 조치를 할 수 있다(지자법 §170). 자치단체의 장이 이행명령에 대하여 이의가 있는 경우에는 15일 이내에 대법원에 소를 제기할 수 있다. 이 경우 자치단체장은 이행명령의 집행을 정지하게 하는 집행정지결정을 신청할 수 있다. 교육부장관과 교육감 간의 기관위임사무에 관한 직무이행명령에 관한 다툼은 '광의의

기관소송'으로 헌법 제111조 제 1 항 제 4 호의 권한쟁의심판의 대상이 될 수 없고, 지방자치법 제170조가 적용될 문제이다.

③ 중앙행정기관의 지방의회에 대한 권한

㉠ 재의요구 지방의회의 의결이 '법령에 위반되거나 공익을 현저히 해친다고' 판단되면 시·도에 대하여는 주무부장관이, 시·군·구에 대하여는 시·도지사가 재의를 요구하게 할 수 있고, 재의요구를 받은 지방자치단체의 장은 20일 이내에 지방의회에 재의를 요구하여야 한다(지자법 §172). 재의의 결과 지방의회가 재적의원 과반수의 출석과 출석의원 3분의 2 이상의 찬성으로 전과 같은 의결하면 그 의결사항은 확정된다. 자치단체의 장은 재의결된 사항이 법령에 위반된다고 판단되면 20일 이내에 대법원에 소를 제기할 수 있다. 만일 지방자치단체의 장이 재의를 요구하지 않는 때에는, 지방의회의 의결이 법령에 위반된다고 판단되는 경우에 한해, 주무부장관이나 시·도지사는 대법원에 직접 제소 및 집행정지결정을 신청할 수 있다(지자법 §172⑦).

㉡ 제소지시, 직접 제소 주무부장관은 시·도(시·도지사는 시·군·구)에 대하여 지방의회에서 재의결된 사항이 법령에 위반된다고 판단됨에도 자치단체의 장이 소를 제기하지 아니하면 그 자치단체의 장에게 제소를 지시하거나 직접 제소 및 집행정지결정을 신청할 수 있다(지자법 §172④).

제 6 절 법치주의원리

Ⅰ. 법치주의

1. 법치주의의 의의

국가활동의 기본원칙을 마련함으로써 정치적 공동체의 정치적 통일을 가능케 해주는 것이 법치주의이다.

(1) 개 념

법치주의란 국가권력을 법에 기속시켜 자유와 평등의 기본가치를 실현하는 통치원리를 말한다.

(2) 민주주의원리와 법치주의원리

(가) 조직형성과 기능형성

민주주의와 법치주의는 국민의 자유와 평등을 추구하는 기본적 헌법원리라는 공통점을 지닌다. 민주주의는 국가권력이 국민에 의해 만들어지고 성립되며, 주기적인 신임을 얻어야 한다는 국가권력 그 자체에 대한 (민주적) 정당성원리로서, 조직형성의 원리의 성격을 지닌다. 반면 법치주의는 민주주의에 의해 형성된 국가권력이 법 우위의 원칙에 따라 기능과 조직과 행사가 이루어질 수 있도록 하는 국가권력의 행사절차, 행사방법, 행사형식에 대한 (절차적) 정당성원리로서, 기능형성의 원리이다.

(나) 상호보완

민주주의는 법치주의를 당연한 내용으로 하며 법치주의 역시 민주주의를 전제로 할 수밖에 없다. 국가권력 그 자체에 대한 조직형성의 원리인 민주주의는 정기적 정권교체를 가능하게 하는데 정권교체에서 나타날 수 있는 정치질서의 동요를 제거하고 국가의 안정성과 계속성을 유지시켜 줄, 그 무엇이 필요한바 이것이 곧 법치주의이다. 이러한 점에서 민주주의는 법치주의를 내용으로 하게 된다. 반면 법치주의는 민주주의를 전제로 할 수밖에 없다. 국가의 기능, 조직, 행사를 규율하려면, 또 그것이 의미가 있으려면 국민에 의해 정당하게 만들어진 국가권력이 전제되어야 함은 지극히 당연한 것이기 때문이다.

2. 법치주의의 역사적 전개

(1) 영국의 법의 지배(rule of law)

영국에서의 법의 지배는 E. Coke와 A. Dicey에 의하여 대표된다. 영국은 판례법을 중심으로 보통법(common law)이 형성되어 왔는데, 이러한 보통법의 지배는 법의 지배의 중심에 위치하였다. '국왕도 보통법에 구속되어야 한다', '국회의 제정법이 보통법에 위배되어서는 안 된다'고 주장한 E. Coke는 영국의 법의 지배사상의 선구자로 알려져 있다. 그 후 의회주권과 제정법사상의 우위를 거쳐, 법의 지배는 보통법 지배에서 제정법 지배, 즉 제정법 우위로 그 내용이 바뀌게 된다. 법의 지배는 19세기 말 A. Dicey에 의해 그 의의가 정립되었다고 할 수 있다. Dicey의 법의 지배는 두 가지로 요약된다. 법의 우위, 법 앞에 평등이다.

(2) 독일의 법치국가론

(가) 형식적 법치국가

형식적 법치국가란 국민의 대표인 의회가 제정한 법률에 국가권력을 기속시킴으로써 국민의 생명, 신체, 자유, 재산을 보호하려는 법치국가를 말한다. 법률을 형식적으로 이해하였기에 형식적 법치국가로 불리웠고, 형식적 법치국가는 당시의 시민사회를 국가의 간섭이나 개입으로부터 보호하였기에 시민적 법치국가라 불려지게 된다. 형식적 법치국가가 국민의 생명, 신체, 자유, 재산을 국민대표가 만든 법률로 보호하고자 한 것은 그 의의가 크다. 그러나 법률의 내용에 관심을 두지 않았던 것이 문제이다.

(나) 실질적 법치국가

실질적 법치국가란 정당한 법률에 의해 지배되는 국가를 말한다. 법률에 의한 불법통치를 경험한 후 법률이란 형식에 더하여 법률의 내용이 정당할 것이 요구되었다. 이는 올바른 법이 아니면 개인의 자유와 권리를 보장할 수 없기 때문이다. 인간의 존엄, 자유와 평등과 같은 실질적 요소를 요구하는 것이 실질적 법치국가이다. 형식적 법치국가는 Nazi와 같은 합법적 불법국가를 경험한 후 법률의 목적이나 내용도 정의에 합치될 것을 요구하는 실질적 법치국가로 대체되었다.

(다) 사회적 법치국가

자본주의의 발달과 산업화의 산물로 등장한 빈곤, 실업, 노사갈등, 부의 편재 등의 사회적 문제는 19세기 후반에서도 이미 위협적이었으나 20세기 양차대전을 경험한 후에는, 체제 자체에 결정적인 영향을 주는 중대한 국가사회의 문제가 되었다. 국가가 과거의 위험방어의 소극적 자세를 취해서는 이러한 새로운 문제에 더 이상 대처할 수 없게 되자, 스스로 계획하고 조정하며 형성자로서 활동하는 국가가 요구되었다. 국가는 법률과 '법률의 내용'에 구속되는 것 이상으로 '경제사회적으로 정당하다고 요구되어지는 내용'을 충족하는 법률에 구속될 것이 요구되었다. 이것이 사회적 법치국가이며 지금의 독일 헌법에 규정된 내용이다.

(라) 실질적 법치국가와 사회적 법치국가의 관계

실질적 법치주의와 사회적 법치주의를 엄격하게 구별하지 않는 것이 독일의 지배적 입장이며, 우리 학계 역시 동일한 추세에 있다. 경제적 약자의 보호 없이는 정의실현이 불가능하므로 실질적 법치국가는 사회적 법치국가일 수밖에 없게 된다고 하여 양자를 구별하지 않는다. 그러나 양자는 그 내용이 실질적으로 동일하다고 할 수 있고 상당부분 그 내용이 중첩되기는 하나 개념상 구별되어야 한다. 양자의 관계에 대해서는 후술하는 법치주의에서 설명한다.

3. 법치주의의 기능

법치주의는 첫째, 국가활동의 절차, 기준, 방법, 형식을 제공함으로써 국가를 활동하게 만드는 기능을 나타낸다. 둘째, 법치주의는 국가가 준수해야 할 원칙으로서 이를 지키기만 하면 면책될 수 있게 되어 국가활동을 불법으로부터 보호하고 정치적 공동체의 올바른 질서를 만드는 데 기여한다. 셋째, 법치주의는 국가구조를 정치적 지도집단의 교체나 정치노선의 변화로부터 독립시키는 작용을 담당한다. 넷째, 법치주의는 법적 명확성과 법적 안정성을 통해, 국가생활을 합리화시켜 준다.

4. 법치주의의 내용

(1) 기 본 권

법치주의는 생명, 신체, 자유, 재산 등 기본권을 보호하고 보장한다. 법치주의는 기본권을 다양한 방향으로 실현시키며 개개인에게 주관적 실행을 가능케 한다. 법치주의의 이러한 기능은 다른 헌법원리와 함께 나타난다. 예를 들어 집회의 자유는 법치주의와 함께 자유로운 집회를 보장하지만 동시에 민주주의와 관련되어 민주적 참여권의 성격을 지닌다. 기본권, 즉 국민의 자유와 권리를 보장하기 위해 국가를 법으로 묶는 법치주의원리는 과잉금지원칙으로 나타난다.

(2) 권력분립

권력분립은 그 본질을 어떻게 이해하던지간에 법치주의의 중요한 내용을 이룬다. 권력분립을 제도적으로 이해하면 권력분립은 국가권력을 나누어 서로 다른 국가기관에게 분배하고 분립시켜 국가권력의 남용을 방지하여 국민의 자유를 보장하는 원리가 된다. 반면 기능적으로 이해하게 되면 국가의 다양한 과제수행을 위해 이를 담당하기에 적합한 기관을 만들고 일의 적절한 분배를 통해 국가의 과제를 달성하려는 원리가 된다.

(3) 국가권력의 법적 구속

(가) 입법에 대한 헌법의 우위

입법자는 입법을 통해 헌법을 구체화하고 실현하는 입법형성권을 지니는데 입법자는 헌법의 모든 규정과 헌법의 기본원리에 구속된다. 헌법우위의 당연한 결과로 헌법을 위반한 법률은 무효가 된다. 헌법재판소는 위헌인 법률의 무효를 선언함으로써 입법에 대한 헌법의 우위를 보장하고 있다.

(나) 집행작용에 대한 법률과 법의 우위

법률의 우위란 행정은 행정의 법적 성격이나 형식을 불문하고 법률에 위배될 수 없는 원칙을 말한다. 모든 집행작용은 법률과 법에 구속된다. 법에는 법규명령, 관습법이 포함된다. 집행작용의 법률이나 법의 구속은 하급행정기관이 상급행정기관의 행정규칙에 구속되는 것과 구별된다. 이는 법치주의 요청이라기보다는 행정의 계층구조에서 나오는 것이기 때문이다.

(4) 법률유보

법률유보란 행정은 법률의 근거가 있을 때에만 활동이 허용된다는 것을 말한다. 법률유보는 법치주의에 의해 담보된다. 모든 행정영역에서 법률유보가 요구되는가가 문제되는데, 다양한 견해가 제시되어 있다. 행정은 법률의 수권이 있어야 한다는 법률유보원칙은 침해유보의 성격에서 출발했다. 이는 행정부에 대한 불신 때문에 침해적 국가(행정)작용으로부터 국민의 자유와 권리(특히 재산)의 보호는 민주적 정당성을 지닌 의회에 의존토록 할 것이 요구되었기 때문이다.

침해유보나 급부유보는 다시 본질성유보 내지 의회유보로 발전 정착된다. 즉 국가의 중요하고 본질적 문제는 행정에 위임할 수 없고 의회가 직접 법률로 결정해야 한다는 의회유보로 정착된다. 행정작용 중 법률에 근거가 요구되는 결정적 기준은 '침해·급부'가 아니라 본질적 사항인가 또는 중요한 사항인가 여부에 달려 있게 된다.

의회유보는 공개적 토론을 거쳐 상호 대립하는 이익을 조정하는 입법과정을 경유하였기에 이러한 절차가 생략된 행정작용보다 그 절차적 측면에 있어 민주적 정당성이 강하다는 점에서도 그 의의가 크다. 국가공동체와 모든 구성원에게 기본적이고 중요한 의미를 갖는 영역, 즉 본질적 영역에 관한 것은 입법자의 판단에 맡겨져야 한다.

(5) 법적 안정성

(가) 법을 통한 안정성과 법의 안정성

법을 통한 안정성이란 구속력 있는 법규정을 통해 신뢰할 수 있는 확고한 질서를 만들어 내고 이를 통해 안정성을 유지하는 것이다. 법의 이념이나 법의 기능을 말한다. 반면 법의 안정성이란 법의 내용과 존속과 관련된 것으로, 법의 형식적 구조원리를 말한다. 즉 법은 내용이 명확하고 지속력이 있어 법 자체가 안정적이어야 한다는 것이다. 법치주의가 말하는 법적 안정성은 통상 법의 안정성을 말한다.

(나) 법의 안정성

㉠ 법규범의 내용적 명확성 법률과 법규범은 관련 당사자가 법규범이 요구하는 것이 무엇인가를 인식하고, 국가작용을 예견하고 계산할 수 있어 자신의 행위를 이에 맞추고 이에 상응하여 조절할 수 있을 정도로, 내용적으로 명확하고 정확하게 규정되어야 한다.

㉡ 법규범의 지속성 법적 안정성은 시간적 측면에서의 법의 지속성을 요구한다. 개인은 법이 자신의 생활형성의 본질적 기초가 되고 이를 통해 법이 계속하여 존속한다는 것이 전제될 때 법적 안정성을 보장받을 수 있기 때문이다. 법규범의 지속성을 통한 법적 안정성과 이에 대한 개인의 신뢰로부터 신뢰보호의 원칙이 형성 도출된다.

(6) 신뢰보호원칙

(가) 소급입법과 신뢰(이익)보호

법규범은 그 자체가 지속적으로 존속될 것이 요구되며(법의 안정성) 이러할 때 법적 안정성이 보장된다. 법규범은 원칙적으로 존속력을 지니지만 새로운 현실에 적응하기 위해서는 법규범의 개정이 불가피한데 개정 전 법률에 대해 주어진 신뢰가 보호될 때 법적 안정성은 확보될 수 있다. 개정 전 법규범의 존속을 믿고 행동한 신뢰는, 그 정도에 따라 보호에 차이가 있겠지만, 보호되어야 하기에 입법자는 이러한 신뢰를 보호하여야 한다.

신뢰보호는 개정법률이 소급적 성격을 지닐 경우에만 문제된다. 개정법률이 장래에 대해서만 적용된다면 신뢰보호가 요구되지 않기 때문이다. 소급입법은 진정소급입법과 부진정소급입법으로 나눌 수 있는데, 진정소급입법은 이미 종결된 사실관계에 대하여 사후에 적용하는 법률을 말하며, 부진정소급입법은 과거에 발생하였으나 지금까지 지속되는 사실관계에 적용되는 법률을 말한다. 신뢰보호는 일반적으로 부진정소급입법에서 문제된다. 진정소급입법은 지극히 예외적인 경우에 한해 허용되기 때문이다.

헌재결정

친일재산을 국가로 귀속시키는 규정('친일반민족행위자 재산의 국가귀속에 관한 특별법' §3①, 이하 '귀속조항')은 진정소급입법에 해당하지만, 친일재산의 취득 경위에 내포된 민족배반적 성격, 대한민국 임시정부의 법통 계승을 선언한 헌법 전문 등에 비추어 친일반민족행위자측으로서는 친일재산의 소급적 박탈을 충분히 예상할 수 있었고, 친일재산 환수 문제는 그 시대적 배경에 비추어 역사적으로 매우 이례적인 공동체적 과업이므로 이러한 소급입법의 합헌성을 인정한다고 하더라도 이를 계기로 진정소급입법이 빈번하게 발생할 것이라는 우려는 충분히 불식될 수 있다. 따라서 귀속조항은 진정소급입법에 해당하나 헌법 제13조 제2항에 반하지 않는다(헌결 2008헌바141).

(나) 신뢰보호원칙의 의의

신뢰보호의 원칙이란 공익달성을 위해 법개정이 이루어지는 경우 구법질서에 대한 당사자의 신뢰가 보호되어야 한다는 원칙으로서, 법치주의 원리(법적 안정성)로부터 도출된다. 신뢰보호는 부담적 법률에서 문제된다. 수익적 법률에서는 신뢰보호가 문제되지 않고 다만 평등문제가 제기될 뿐이다. 개정법률은 법률 그 자체가 장래에 대해서 합헌이어야 하지만 동시에 과거에 대해서도 합헌이어야 하므로, 개정법률에 대해서는 두 개의 헌법적 한계가 주어진다. 과잉금지원치과 신뢰보호원칙이다.

(다) 과잉금지원칙과의 관계

신뢰보호원칙은 과잉금지원칙과는 별개의 기본권(또는 신뢰이익)침해 여부를 심사하는 독자적인 헌법원칙이다. 첫째, 과잉금지원칙이 개정법률의 기본권제한에 대한 위헌판단기준이라면 신뢰보호원칙은 개정법률을 과거에 대해 적용하는 것에 대한 위헌판단기준이 된다. 둘째, 과잉금지원칙은 개정법률에 대해 기본권제한의 비례성 충족을 요구하지만, 신뢰보호원칙은 개정전 법률상태에서 성립된 신뢰에 대한 보호를 요구한다. 이렇듯 신뢰보호원칙은 과잉금지원칙과 함께 입법형성권을 제한하는 독자적인 헌법적 기준이자 헌법적 한계가 된다.

과잉금지원칙과 신뢰보호원칙은 별개의 것으로 신뢰보호원칙은 독자적 원리이지만 적용은 보충적이어야 한다. 이는 개정된 법률이 기본권을 침해한 것이 되어 무효가 되는 경우 별도의 신뢰보호원칙에 대한 위반 여부를 심사할 필요가 없기 때문이다. 문제는 신뢰보호원칙은 언제나 과잉금지원칙에 대해 보충적이어야 하는지, 아니면 어느 경우에 양자를 모두 심사기준으로 삼아서 위헌 여부를 판단해야 하는가이다.

헌법재판소는 일반적으로 과잉금지원칙을 적용하면서 동시에 신뢰보호원칙의 위반 여부를 별개로 판단하고 있지만, 과잉금지원칙을 적용하면서 신뢰보호원칙의 위배 여부를 함께 판단한 경우가 있다. 과잉금지원칙과 신뢰보호원칙은 별개의 심사기준으로 각각 적용되는 것이 바람직하다. 한편 소급입법만이 문제되거나 진정소급입법에 대해서는 신뢰보호원칙의 위반 여부의 판단으로 족하다. 진정소급입법은 개정법률의 장래에 대한 위헌 여부가 문제되지 않기 때문이다.

(라) 신뢰(보호)이익의 보호 정도

① 법률개정의 예측가능성 신뢰는 법률개정의 예측성에 따라 보호 정도를 달리한다. 법률은 현실상황의 변화나 입법정책의 변경 등으로 언제라도 개정될 수 있으므로, 법적 상태의 존속에 대한 개인의 신뢰는 그가 어느 정도로 법적 상태의 변화를 예측할 수 있는지, 혹은 예측하였어야 하는지 여부에 따라 보호 정도에 상이한 강도를 가지게 된다. 따라서 법률개정의 예측가능성은 신뢰보호의 정도를 판단함에 있어 고려되어야 할 기준이 된다. 초중등교원의 정년은 법률로 그 개정이 예측되는 사항에 해당된다.

② 국가에 의해 유도된 신뢰 개인의 신뢰가 국가에 의해 유도된 것일 때에는 강한 보호가 요구된다. 예를 들어 조세감면, 금융지원, 세금공제 등과 같이 국가에 의해 일정 방향으로 유인된 신뢰는 특별히 보호가치가 있는 신뢰이익에 해당된다. 이러한 경우, 개인에 대한 신뢰보호는 국가의 법률개정이익에 우선된다.

(마) 신뢰(보호)이익의 실현방법(경과규정)

신뢰보호를 실현하는 방법으로는, 기존 법률이 적용되던 사람들에게 신법 대신 구법을 적용하도록 하는 방식과 적응보조규정(경과규정)을 두는 방식이 있다. 전자는 신뢰를 절대적으로 보호하나 후자는 상대적으로 보호하게 된다. 경과규정이란 법률개정의 공익이 신뢰이익보다 우선하는 경우에도 개정전 법률에 대한 신뢰를 보호하는 이익조정조항을 말한다. 제도개선을 할 때 일정기간 종전 규정에 따른 업무를 할 수 있도록 경과규정을 둠으로써 기존의 신뢰를 보호하고 있다. 헌법재판소는 군인퇴직연금의 산정방법을 '퇴직당시의 보수월액'에서 '최종 3년간 평균보수월액'으로 변경한 것은 신뢰보호원칙에 위배되지 않는다고 하였다.

(바) 신뢰보호원칙의 위반 여부 판단

신뢰보호원칙의 위반 여부는 침해받은 신뢰이익의 보호가치, 침해의 중한 정도, 신뢰가 손상된 정도, 신뢰침해의 방법 등과 새로운 입법을 통해 실현하고자 하는 공익적 목적을 종합적으로 비교·형량하여 판단한다.

(7) 기　　타

법치주의는 효과적인 권리구제의 보장, 국가책임의 인정, 과잉금지원칙 등을 그 내용으로 한다. 이들은 관련 부분에서 설명하기로 한다.

Ⅱ. 대한민국 헌법과 법치주의원리

1. 법치주의원리에 관한 헌법규정

법치주의원리가 헌법에 명시적으로 규정되어 있지 않으나 법치주의원리가 우리 헌법의 지도원리에 속하는 것에 의심이 있을 수 없다. 헌법은 법치주의 법질서를 형성하고 유지하기 위해 다양한 실현수단과 방법을 보장하고 있다. 기본권보장(제 2 장), 국가권력의 법적 구속(§107), 권력분립(§40, 66④, §101②), 법률유보(§37), 과잉금지원칙(§37②), 효과적인 권리구제(§27), 국가책임(§29), 절차적 기본권(§27, §28)의 보장이 그것이다.

2. 법치주의원리의 수용과 적용

(1) 법치주의 일반원리

앞서 설명한 법치주의 개념, 법치주의원리와 민주주의원리와의 관계, 법치주의의 기능, 법치주의의 내용에 관한 설명은 우리 헌법의 법치주의에 모두 적용된다. 다만 법치국가와 관련된 설명 중 내용적 측면은 수용하나 표현은 적용하지 않는다. 따라서 형식적 법치국가, 실질적 법치국가, 사회적 법치국가는 형식적 법치주의, 실질적 법치주의, 사회적 법치주의로 한다.

(2) 형식적 법치주의와 실질적 법치주의, 사회적 법치주의

(가) 형식적 법치주의와 실질적 법치주의

법치주의는 국가작용을 법률에 기속시킴으로써 자유와 평등을 실현하고 국가생활의 안정과 계속을 확보하고자 함인데, 법률만으로는 이러한 목적을 달성하기 어렵게 되자 법률의 내용까지 정당한 법률일 것으로 요구하게 되었다. 형식적 법치주의에서 실질적 법치주의로의 발전이다. 실질적 법치주의는 국가작용의 합법성 이외에 정당성까지 요구하는 것으로, 형식적 법치주의가 국가작용의 형식을 강조한 것이라면 실질적 법치주의는 국가작용의 내용에 중점이 주어진다. 다만 형식적 법치주의는 실질적 법치주의에 의해 해체되는 것이 아니라 보충되고 보완되어지는 것이다.

(나) 시민적 법치주의에서 사회적 법치주의

시민혁명 이후 시민사회에 대한 보호는 법률에 의해 가능하다고 믿었고 법률은 실제로 인간에게 필요한 자유와 권리를 보장하였다. 시민적 법치주의란 법률에 의한 시민사회의 보호에 중점을 둔 법치주의를 말한다. 법률을 중히 여기는 입장이어서 형식적 법치주의와 연결된다.

산업사회 이후의 경제사회적 문제는 올바른 법률의 내용을 '단순히 부당하지 않고 틀리지 않은' 것으로 이해하는 실질적 법치주의만으로는 해결될 수 없었다. 올바른 내용이란, '단순히 부당하지 않고 틀리지 않은'에서 그치는 것이 아니라, 더 나아가 실질적 평등을 구체적으로 실현할 수 있는 내용이어야 한다. 즉 사회국가원리와 결합된 법치주의가 요구된다는 점이다. 이것이 사회적 법치주의이다. 국가가 계획하고 형성하며 분배하는 모든 작용이 실질적 평등실현에 기여하며 그것이 확고한 형식과 기준에 의해 이루어지는 것이 사회적 법치주의이다.

3. 대한민국 헌법에 구체화된 법치주의원리

(1) 법치주의의 내용

법치주의는 기본권, 권력분립 국가권력의 법적 구속, 법률유보, 법적 안정성, 효과적인 권리구제, 국가책임의 인정, 과잉금지원칙 등을 그 내용으로 한다. 상당부분 앞부분에서 설명하였다. 기본권, 권력분립, 법률유보, 국가책임, 과잉금지원칙 등은 해당분야에서 자세히 다룰 사항이다.

(2) 법치주의의 예외

국가비상시에 허용되는 대통령의 국가긴급권이 법치주의의 예외인가 여부에 대하여 다툼이 있다. 국가긴급권은 법치주의의 예외나 제한으로 보기 어렵다. 대통령의 국가긴급권은 헌법보호의 비상수단이며, 국가긴급권에 관한 헌법규정은 법치주의의 예외를 규정한 것이 아니라 국가긴급권에 대하여도 과잉금지의 원칙을 적용함으로써 법치주의의 절차적·형식적 내용을 확인한 것이라고 보아야 한다.

제 7 절 사회국가원리

Ⅰ. 사회국가원리

1. 사회국가원리의 개념

사회국가원리란 국가권력을 실질적 평등에 구속시킴으로써 개인의 최소한의 생존을 보장하기 위한 통치원리를 말한다.

2. 사회국가원리의 의의와 법적 성격

(1) 의 의

독일 헌법(§20①)은 '연방공화국은 민주주의 사회적 법치국가이다'라고 하여 사회국가원리를 헌법에 명시적으로 규정하고 있다. 사회국가원리를 단순한 프로그램 규정이나 헌법적 지침으로 보는 견해가 있으나 사회국가원리의 법적 구속력을 인정하는 것이 지배적이다. 사회국가원리는 모든 국가권력에 대한 헌법적 명령의 성격을 지닌 것으로, 모든 법규범에 대한 해석규정이 되며 일정한 한계 내에서 국가 및 모든 국가기관에게 의무를 부과한다.

또한 사회국가원리는 자유에 대한 제한을 정당화하는 헌법적 근거로 헌법 제37조 제2항의 공공복리의 중요한 내용을 형성하며, 평등에 대해 차별을 정당화하는 합리적 이유로 작용한다.

(2) 입 법

사회국가원리의 전개와 실행은 주로 입법자의 몫이다. 입법자는 입법을 함에 있어 사회국가원리를 고려할 의무를 진다. 입법자는 사회적 약자의 생존에 필요한 구체적이고 명확한 최저기준을 보장하여야 한다. 사회국가원리의 재정능력에 따른 형성의 한계와 내용의 불특정성 때문에 사회국가원리에 따른 사회적 급부는 불가피하게 입법자의 형성에 맡겨질 수밖에 없다.

(3) 행 정

사회국가원리는 행정에 대하여도 구속력을 지닌다. 행정부는 법적용에 있어 사회국가원리에 입각한 사회적 관점을 충분히 고려해야 한다. 특히 불명확한 법률규정이나 재량행위 등의 해석에 있어 사회국가원리는 당연히 적용된다. 그러나 사회국가원리의 구체적 내용은 입법자의 몫이므로 사회국가원리는 법률을 매개하여 적용되며 사회국가원리를 직접 근거로 하여 구체적인 처분이나 급부를 요구할 수 없다. 다만 사회국가원리는 법률이 급부를 예견하지 않았다하여도 긴급상황과 같은 예외적 상황에서는 개인이 특정의 급부를 요구할 수 있는 청구의 근거가 될 수 있다.

3. 사회국가원리의 이념

(1) 실질적 평등

사회국가원리는 실질적 평등실현을 그 이념으로 한다. 자유와 평등에 대한 형식적 이해는 실질적 불평등을 낳게 되고 결국 자유도 그 내용이 공허하게 된다. 주거나 직업이 없는 자에게 헌법이 주거의 자유와 직업의 자유를 보장한다고 한들 공허한 보장일 뿐이다.

(2) 실질적 자유

자유권은 개인에게 자신의 자유를 향유할 수 있는 실질적 가능성이 주어지지 않을 때 공허하게 된다. 사회국가원리는 자유를 실질적으로 향유할 수 있도록 제 조건을 만들어 줌으로써, 자유를 완성시킨다. 진정한 자유는 생존의 조건을 보장하여야 하기 때문이다. 이렇듯 실질적 평등을 실현시킴으로써 자유를 실질적으로 보장하려는 것은 사회국가원리의 중요한 목표이자 이념이다.

4. 사회국가원리의 내용

(1) 사회형성

(가) 의 의

사회형성이란 경제·사회 속에 나타난 실질적 불평등을 제거하여 최소한의 삶을 유지할 수 있도록 하는 질서의 형성을 말한다.

(나) 내 용

사회형성은 먼저 질병, 노령, 장애 등으로 스스로를 도울 수 없어 사회적 보호가 요구되는 자의 '최소한의 생존'을 보장하는 것부터 시작되어야 한다. 그 다음, '생존배려'가 실현되어야 한다. 시민생활과 밀접한 관련을 맺는 물, 전기, 교통, 주택 등에 대한 저렴한 급부가 이루어져야 한다. 더 나아가 학교시설의 설치 및 유지, 병원, 양로원, 각종 스포츠시설, 공원 등에 대한 공급이다. 시설제공도 중요한 일이지만 저렴하게 이를 이용할 수 있게 하는 것은 더 중요하다.

(다) 실현방법

사회국가형성은 생존권규정이나 또는 국가목표규정을 통해 실현된다. 또한 사회국가원리는 명령이나 금지 대신에, 점진적 조세부담, 사회적 약자에 대한 공적 보조금(Subvention) 지급, 사회 인프라 구축 등의 방법으로 실현된다.

(2) 사회안전

사회안전이란 각종 재난으로 초래될 수 있는 실질적 불평등을 방지하기 위해 위험을 분산할 수 있는 제도를 마련함으로써 공동체질서를 유지함을 말한다.

5. 사회국가원리와 법치주의원리

(1) 두 원리의 긴장관계

양자 사이에 일정한 긴장관계가 존재한다는 것을 부정할 수 없다. 사회국가원리에 따른 사회적 약자에 대한 급부나 혜택은 다른 사람에게는 부담과 불이익을 주기 때문에, 즉 다른 사람의 법적 지위를 약화시키므로 사회국가원리와 법치주의원리는 원칙적으로 충돌하는 외관을 지닌다. 먼저 법치주의원리는 형식적 자유와 형식적 평등을 주된 이념으로 하는 데 반해 사회국가원리는 실질적 자유와 실질적 평등을 주된 이념으로 한다. 둘째, 법치주의는 자유를 위한 소극적 방어의 성격을 지니나 사회국가원리는 실질적 자유를 실현하는 적극적 성격을 지닌다. 셋째, 법치주의원리는 법률관계를 형식적으로 규율한다면 사회국가원리는 법률관계를 실질적으로 접근하고자 한다.

(2) 두 원리의 조화관계

사회국가원리와 법치주의원리는 긴장관계에 그치는 것이 아니라 상호 보완관계에 있다. 첫째, 사회국가원리에 따른 행동은 법치주의원리와 그 형식에 따라 이루어진다. 법률우위와 법률유보, 법치주의의 절차와 형식은 모두 사회국가원리에 적용된다. 이는 사회국가원리의 실현이 자유를 지나치게 제한하거나 평등원리를 훼손해서는 안되기 때문이다. 사회국가원리의 실현은 법치주의원리 내에서 이루어져야 한다. 둘째, 사회국가원리는 자유의 실질적 조건을 형성하여 실질적 평등을 실현하고자 하는데, 사회국가원리가 실현하고자 하는 실질적 자유와 평등의 생활환경은 국가생활의 투명성, 계속성, 합리성을 보장해주는 법치주의 원리에 의해 가장 효과적으로 보상된다. 셋째, 법치주의원리는 사회국가원리에 따른 내용과 실체를 유지하여야 한다.

6. 사회국가원리의 한계

(1) 이념적 한계

사회국가원리의 실현은 사회개량적 방법을 통해 이루어져야 한다. 혁명에 의하거나 의회제도를 부정하는 방법으로 이루어질 수 없다. 평준화를 반대하며 계획경제를 부정한다.

(2) 법치주의적 한계

사회국가원리를 실현함에 있어 그 방법과 절차와 형식은 법치주의원리에 의해 이루어져야 한다. 절차와 방법을 무시한 사회화나 자유와 권리의 본질적 부분에 대한 훼손을 강요하거나 위협하는 실질적 평등실현은 허락되지 않는다. 실질적 법치주의 이념에 반할 수 없다.

(3) 내용적 한계

사회국가원리가 말하는 사회조정은 재정적 측면의 계층변화를 목적으로 하는 것이 아니라 평등한 기회를 제공하기 위함이다. 나타난 불평등을 제거하고, 교육·직업선택 등에 있어 가능한 한 동등한 출발기회를 부여함에 있다. 결과에 있어 균등을 추구하는 것과 구별된다. 즉 평등한 출발기회의 보장이다. 자유권이 위축되지 않도록 또 기본권의 본질적 내용이 침해되지 않도록 유의해야 한다.

(4) 재정능력적 한계

사회국가원리의 실현은 국가재정에 의존하지 않을 수 없다. 국가는 자원의 효율적 배분을 해야 하며, 분배와 복지도 안보·치안·교육·경제성장·환경과 균형을 이루어야 하기 때문이다. 각종의 사회보장과 복지제도는 그 장기적 성격과 제도변경에 많은 저항이 예상되므로 단계적으로 신중히 확대 시행해 나가야 한다.

(5) 보충적 한계

사회국가원리는 분배와 복지를 통해 실질적 평등을 실현하고자 함인데 국가가 모든 것을 책임지는 원리가 되어서는 안 된다. 사회국가원리는 사회적 약자가 그들 스스로 자율적 생활을 설계하고 영위할 수 있도록 돕는 것, 즉 보충적이어야 한다. 이를 대신하는 것이 되어서는 안 된다.

Ⅱ. 대한민국 헌법과 사회국가원리

1. 사회국가원리에 관한 헌법규정

먼저 헌법 전문은, '정치 경제 사회 문화 모든 영역에 있어서 각인의 기회를 균등히 하고, 능력을 최고도로 발휘하게 하며, 자유와 권리에 따르는 책임과 의무를 완수하게 하여, 안으로는 국민생활의 균등한 향상을 기하고'라고 규정하고 있다.

또한 헌법 제23조 제 2 항의 재산권의 사회구속성과 헌법 제31조에서 제36조에 걸쳐 규정된 생존권보장은 사회국가원리를 실현하는 중요한 수단들이다. 특히 헌법 제34조 제 5 항은 신체장애자, 질병, 노령 등 생활능력이 없는 자들에게 대한 생존배려를 확보하도록 입법의무를 지우고 있다. 또한 헌법은 제119조의 사회적 시장경제질서와 제120조 이하 127조에 이르는 경제질서규정을 통해 사회국가원리를 실현하고 있다.

2. 대한민국 헌법에 구체화된 사회국가원리

(1) 사회적 시장경제

(가) 사회적 시장경제의 의의

사회적 시장경제란 시장경제를 근간으로 하되 자유시장이 만들어낸 부작용과 폐해를 보완하기 위해 경제에 대한 국가의 규제와 간섭을 허용하는 경제체제를 말한다.

(나) 사회주의 계획경제와의 구별

자본주의 시장경제가 지니는 모순을 해결하기 위해 사회개혁 대신에 사회혁명의 방법으로 불평등의 근원제거를 이념으로 하는 사상, 경제체제, 국가가 있다. 이들 국가는 사유재산을 부정하고, 중앙에서 경제를 독점적으로 관리하여 기존의 자본주의 시장경제체제의 문제점을 해결하고자 한다. 이러한 경제체제를 사회주의 계획경제라 한다. 사회주의 계획경제는 사회적 시장경제와 진혀 다른 것으로서, 모든 생산수단의 사회화, 중앙집권적 계획경제, 경제에 대한 국가적 통제를 그 내용으로 한다. 전체국가는 필연적으로 계획경제일 수밖에 없으며 계획경제는 반드시 독재로 이어진다.

(다) 사회적 시장경제의 내용

사회적 시장경제는 다음과 같은 내용을 지닌다. 첫째, 시장경제를 그 내용으로 한다. 자유경쟁을 원칙으로 하며, 가격은 시장을 중심으로 형성되고, 기업과 소비자의 자유로운 결정에 기초한다. 둘째, 순수한 자유방임정책을 부정한다. 경제에 대한 자유방임은 시장의 권력화가 이루어지고 이를 기초로 형성된 독과점은 시장의 경쟁구조를 위협하게 되어 자유로운 시장질서를 방해함으로써 결국은 경제의 비효율을 초래하기 때문이다. 경쟁을 최대한 허용하면서 효율성을 추구할 것이 요구된다. 셋째, 국가의 경제개입이나 관여가 요구된다. '자유와 경쟁'에서 낙오된 경제사회적 약자를 보호하고 경제권력의 남용을 방지하기 위해서, 국가의 경제개입·규제·조정이 필요하게 된다.

(2) 대한민국헌법의 사회적 시장경제질서

(가) 의 의

헌법(§119)은 '대한민국의 경제질서는 개인과 기업의 경제상의 자유와 창의를 존중하며, 국민경제의 성장 및 안정과 적절한 소득의 분배를 유지하고, 시장지배와 경제력남용을 방지하며 경제의 민주화를 위하여 경제에 관한 규제와 통제를 할 수 있다'고 규정하고 있다. 이는 현행 경제질서가 시장의 자율조정기능을 원칙으로 하나 필요한 경우 시장에 대한 제한적인 규제·조정을 허용한다는 사회적 시장경제질서를 채택하고 있음을 말한다.

(나) 연 혁

우리 헌법은 1948년 건국헌법부터 현행 헌법에 이르기까지 경제의 장을 별도로 두고 경제질서를 규율해왔다. 건국헌법은 Weimar 헌법의 경제규정을 본받아 경제조항을 독립된 장에 두었다. 건국헌법의 경제질서는 자유시장경제를 기반으로 하였으나 경제에 대한 강력한 국가간섭이 허용된 경제체제였다. 1954년 제2차 개정헌법은 경제질서를 좀 더 자유주의적 경제질서로 전환시키고 있다. 그 후 제5차 개정헌법에서 경제조항이 수정되었고, 1972년 유신헌법은 경제에 대한 국가의 간섭범위를 더욱 확대하였으며, 이후 지금까지 약간의 수정 외에는 근본적인 변경 없이 이어져 오고 있다.

(다) 사회적 시장경제질서의 법적 성격

사회적 시장경제질서의 법적 성격에 관해, 특히 규범적 성격을 인정할 것인가가 다투어진다. 규범적 성격을 긍정하는 다수설은 사회적 시장경제질서는 사회적 법치국가에 대응되는 경제질서로서, 우리 헌법의 기본원리인 사회국가원리를 실현하고 구체화하는 객관적 원칙으로서의 규범적 성격을 지니며, 국가기관을 당연히 구속한다고 한다. 사회적 시장경제질서는 국가의 경제정책의 위헌성 여부를 판단하는 기준이 된다. 이에 대해 사회적 시장경제질서의 규범적 성격을 부정하고 사회정의실현을 위한 정치적 지도원리(원칙)의 표명에 불과하다는 지적이 있다.

(라) 경제질서의 기본원칙

① 일반적 경제질서원칙　헌법 전문과 제119조 제1항은 우리 헌법의 경제질서가 자유경쟁에 입각한 시장경제임을 보여주고 있다. 사유재산을 보장하며 사적자치를 존중하는 시장경제를 원칙으로 한다. 한편 헌법은 일부재산에 대한 사회화를 허용하고 있다. 먼저 자연자원을 국·공유화하고 있다. 광물 기타 중요한 지하자원·수산자원·수력과 경제상 이용할 수 있는 자연력은 국유를 전제로 하여 법률이 정하는 바에 의하여 일정한 기간 그 채취·개발 또는 이용을 특허하고 있다(§120①). 이는 천연자원은 국민 모두의 공동자산이기 때문이다. 또한 일정한 경우에 한해 사영기업의 사회화를 허용한다. 국가는 국방상 국민경제상 긴절한 필요가 있는 경우 사영기업을 국공유화할 수 있다(§126). 사영기업의 국공유화는 우리 경제질서와 조화되기 어려운 조치이지만 시장경제질서의 문제점을 시정하기 위한 아주 예외적인 경우에 한해 정당화된다.

② 특수한 경제질서원칙

㉠ **국민경제의 성장과 안정** 경제성장을 위해서는 국제수지의 균형이 유지되어야 한다. 이를 위해 헌법은 국가에게 대외무역을 육성하며 이를 규제 조정할 수 있도록 하였다(§125). 한편 헌법은 국가에게 국토와 자원을 보호하게 하고, 균형 있는 개발과 이용을 위하여 필요한 계획을 수립하고 필요한 제한과 의무를 과할 수 있도록 하고 있다(§122). 헌법은 국가에게 과학기술의 혁신과 정보 및 인력의 개발을 통하여 국민경제의 발전에 노력하도록 하였고(§127①), 국가에게 도량형·시간 등 각종 계측의 표준을 확립하도록 하였다(§127②).

㉡ **적정한 소득의 분배** 국가의 경제질서가 '부익부 빈익빈'으로 전락되지 않기 위해서는 적정한 소득분배가 요청된다. 소득의 적정한 분배도 생산수단의 사유를 인정하면서 시장을 통해 이루어지는 것이 원칙이다. 적정한 소득분배를 위해서는 먼저 공정한 소득분배가 이루어져야 한다. 또한 농·어촌의 개발과 이익보호가 요구된다. 헌법은 국가에게 농업·어업을 보호하기 위한 농어촌종합개발과 그 지원에 필요한 계획을 수립·시행하고(§123①), 농수산물정책을 실시하여 농·어민의 이익을 보호하도록 하고 있다(§123④). 그리고 국가는 지역간의 균형 있는 발전을 위하여 지역경제를 육성할 책임이 있다(§123②).

㉢ **시장지배와 경제력의 남용방지** 헌법은 국가에게 소수의 독과점기업의 시장지배와 경제력의 남용을 방지하기 위하여 경제에 대한 규제와 조정을 할 수 있도록 하고 있다(§119②).

㉣ **경제주체 간의 경제의 민주화** 경제질서의 구성원인 국가, 기업, 개인 간에 경제민주화가 실현되어야 한다. 특히 사회적 약자를 보호하기 위한 국가의 개입과 관여이다. 먼저 농지는 경자유전의 원칙에 입각하여 농민만이 소유할 수 있도록 하며, 소작제도를 금지하고 있다(§121①). 다만 오늘날 경자유전의 원칙은 각종의 간척사업 등으로 완화되지 않을 수밖에 없으므로 농업생산성의 제고와 농지의 합리적 이용을 위하여 불가피한 경우에는 법률이 정하는 바에 따라 농지의 임대차·위탁경영을 인정하고 있다(§121②). 그리고 소비자를 보호한다. 헌법은 국가에게 건전한 소비행위를 계도하고, 생산품의 품질향상을 촉구하기 위한 소비자보호운동을 법률(소비자보호법)이 정하는 바에 의하여 보장하도록 하고 있다(§124).

또한 중소기업을 보호하고 육성한다(§123③). 중소기업의 지원을 통하여 경쟁에서 불리함을 조정하고 가능하면 균등한 경쟁조건을 형성함으로써 대기업과의 경쟁을 가능하게 해야 할 국가의 과제를 부과하고 있다. 또한 헌법은 경제적 약자를 보호한다. 헌법은 협동조합을 육성하여 농·어민, 중소기업자를 보호하고, 협동조합의 자율적 활동과 발전을 보장하고 있다(§123⑤).

(3) 경제질서에 대한 국가개입의 한계

(가) 이념적 한계

경제에 대한 국가의 간섭은 개인의 경제적 자유를 존중하고 국민경제를 증진시키기 위해 허용되는 것이므로 자유를 훼손하고 경제효율을 저해하는 간섭은 허용되지 않는다. 헌법은 국가개입의 목적을 경제상의 자유존중과(§119①) 균형 있는 국민경제의 성장과 안정(§119②)으로 규정하고 있는데 이는 경제에 대한 간섭의 목적이자 간섭의 한계가 된다.

(나) 내용적 한계

경제에 대한 국가의 관여가 허용된다고 하여, 정치가 경제를 대신하는 관치경제가 되어서는 안 된다. 시장경제에 사회적이란 수식어가 붙게 되면 시장경제의 내용이 사라지게 될 위험이 적지 않다. 시장경제질서의 유지보존은 경제질서에 대한 국가개입의 내용적 한계가 된다.

(다) 방법적 한계

국가의 경제에 대한 관여는 법치주의의 절차와 형식과 방법을 준수하여야 하며, 그것도 비례의 원칙에 맞게 이루어져야 한다.

(라) 수단적 한계

헌법이 예정하는 국가의 간섭은 경제에 대한 '규제와 조정'이다. 규제와 조정은 계획, 특허, 의무부과, 국공유화 등 다양한 방법으로 구체화된다. 국가의 간섭이 규제와 조정의 범위를 넘어 시장경제를 부정하는 것은 허락될 수 없다.

제 8 절 국제평화주의

Ⅰ. 국제평화주의에 대한 각국 헌법의 태도

최초의 국제평화주의사상은 1791년 프랑스 헌법에 처음으로 등장하였다. 제 1 차 세계대전 후 반전평화의 사상이 강조되었고 전쟁에 의한 국제법적 해결은 불법이라는 것이 처음으로 국제법적으로 실정화된 것은 1928년 전쟁포기에 관한 조약, 일명 부전조약(General Treaty for the Renunciation of War)이다. 국제평화수의의 헌법적 보장은 주로 제 2 차 세계대전 이후부터 보편화현상이 되었다. 이는 두말할 필요 없이 제 2 차 세계대전으로 인류가 유례없는 고통과 시련을 겪었기 때문이다. 1946년 프랑스 헌법전문, 1947년 이탈리아 헌법(§ 11), Bonn 기본법(§ 26), 1947년 일본 헌법(§ 9) 등이 국제평화주의를 규정하였다.

특히 제 2 차 대전의 패전국인 독일, 일본, 이탈리아 헌법이 국제평화를 강조하는 입장을 보이고 있다. Bonn 기본법은 평화적 공동생활을 파괴할 목적으로 이루어지는 일체의 행위를 금지하며, 특히 침략적 전쟁의 수행을 위한 준비행위는 위헌이며 처벌되도록 규정되어 있다(§ 26①). 일본 헌법은 이보다 더 강하게 국제평화주의를 나타내고 있다. 일체의 전쟁의 포기와 군비의 금지가 그것이다(§ 9). 이탈리아 헌법은 국제평화를 위해 주권의 제한과 주권의 부분적 이양을 규정하고 있다(§ 11).

Ⅱ. 대한민국 헌법과 국제평화주의

1. 침략적 전쟁의 금지

헌법전문은 '밖으로는 항구적인 세계평화와 인류공영에 이바지하고, 평화주의를 선언하고 침략적 전쟁을 금한다'고 규정하며, 헌법 제 5 조 제 1 항은 '대한민국은 국제평화의 유지에 노력하고 침략적 전쟁을 부인한다'고 규정하고 있다. 이는 헌법이 침략적 전쟁을 하지 않겠다는 의지를 표명한 것이다.

2. 조국의 평화적 통일

헌법에서 천명하고 있는 평화주의는 국제관계에 대해서만 타당한 것이 아니다.

한반도 내에서도 적용되어야 한다. 헌법은 전문에서 조국의 '평화적 통일의 사명'을 선언하고 있고, 헌법 제4조 제2항은 '대한민국은 통일을 지향하며, 자유민주적 기본질서에 입각한 평화적 통일정책을 수립하고 이를 추진한다'고 규정하고 있다. 조국통일이 헌법의 중요한 당위적 사명임을 밝히고 있고 조국통일의 방법과 수단을 명하고 있다. 조국통일이 국정의 최우선과제라 하더라도 통일의 수단은 반드시 평화적 방법이어야 하며, 통일의 결과 역시 자유민주적 기본질서가 법질서의 근간을 이루는 것이 되어야 한다. 통일이 자유민주적 기본질서보다 우위에 있을 수 없고 무력에 의한 통일은 허락될 수 없다. 조국의 평화통일을 촉진하기 위해 대통령에게 평화통일을 위한 의무를 부과하며(§66③), 대통령 취임 시 조국의 평화적 통일 수행을 선서하게 하고 있다(§69).

3. 국제법 존중주의

(1) 국제법과 국내법

(가) 국제법과 국내법의 관계

헌법 제6조 제1항은 '헌법에 의하여 체결·공포된 조약과 일반적으로 승인된 국제법규는 국내법과 같은 효력을 가진다'고 규정함으로써, 국제법 존중의 의사를 명백히 하고 있다. 국제법과 국내법과의 관계를 어떻게 볼 것인가에 관하여, 국제법과 국내법을 하나의 통일된 법체계를 구성하는 것으로 보는 일원론과 양자를 서로 다른 별개의 체계로 보는 이원론으로 나누어진다. 우리 헌법은 일원론의 입장이며 국내법 우위론을 취하고 있다.

(나) 국제법의 국내 적용방식

국제법이 국내에 적용되는 방법에 관해 여러 견해가 대립한다.

① 수용이론과 집행이론 국제법과 국내법이 하나의 통일된 법체계를 구성한 것으로 보는 일원론에 의하면 국제법은 그 자체로 국내법에 수용되어 적용된다는 결론에 이르게 된다. 바로 수용되거나 편입되므로 수용이론 또는 편입이론이라 한다. 동일한 일원론에 있지만, 바로 편입되는 것이 아니라 국가의 집행명령이 있어야 가능하다는 입장이 있다. 집행이론이라 불리운다.

② 변형이론 국제법과 국내법을 엄격하게 구별하는 이원론에 따르면 국제법

은 그 자체로 국내에 적용될 수 없고 국내법에 적용을 위해서는 국내법으로 그 형태를 바꾸는 변형행위가 있어야 한다(변형이론). 국제법을 국내법에 적용하고자 할 때 동의법률과 같이 국제법과 동일한 내용을 지닌 법률을 별도로 제정하는 경우가 이에 해당된다.

(다) 대한민국 헌법상 국제법의 국내법 집행

헌법 제 6 조 제 1 항은 '헌법에 의하여 체결·공포된 조약과 일반적으로 승인된 국제법규는 국내법과 같은 효력을 가진다'고 규정하고 있는데, 이러한 우리 헌법의 태도는 변형이론으로 설명될 수 없다. 헌법은 대통령이 조약을 체결할 때 국회의 동의를 얻도록 하고 있는데(§ 60①), 조약체결에 필수요건인 '국회의 동의'를 독일식의 동의법률을 제정하는 변형이론으로 보는 것은 무리한 해석이다. 그렇다고 국제법이 구체적 사건에 직접 적용된다는, 즉 수용이론으로 보기에는 국회의 동의절차를 요하도록 한 헌법규정과 조화될 수 없다. 헌법 제 6 조 제 1 항은 제60조 제 1 항과 연관시켜 볼 때 집행이론으로 설명되어야 한다. 집행이론에 의할 경우 동의를 요하는 조약은 국회의 동의를, 동의를 요하지 않는 조약은 대통령의 체결·공포를 집행행위로 볼 수 있다.

(2) 조약의 국내법적 효력

(가) 조약의 개념

조약이란 조약, 협약, 협정, 규약, 선언, 의정서 등 그 명칭 여하를 불문하고, 국가 간에 법률상 일정한 권리 의무를 부담하는 합의를 말한다. 헌법 제 6 조의 조약은 우리나라가 체결·공포한 조약을 말한다.

(나) 조약의 체결과 비준

일반적으로 조약은 전권대표의 선임, 조약체결을 위한 교섭, 조약안의 확정, 조약을 지키겠다는 동의(서명, 비준), 비준서의 교환 및 기탁 등의 일련의 절차를 거쳐 이루어진다. 조약의 체결이란 국가를 대표하는 자들 간의 권리의무에 관한 합의를 말한다. 조약의 비준이란 국가간에 체결된 조약안을 국가원수가 최종적으로 확인하여 이를 조약으로 완성시키는 행위를 말한다. 대통령은 조약의 체결 및 비준권을 가진다(§ 73). 대통령이 헌법 제60조 제 1 항에 규정된 조약을 체결하고자 할 때는 사전에 국회의 동의를 얻어야 한다.

(다) 국회의 동의를 요하는 조약의 범위

헌법(§60①)은 국회에게 상호원조 또는 안전보장에 관한 조약, 중요한 국제조직에 관한 조약, 우호통상항해조약, 주권의 제약에 관한 조약, 강화조약, 국가나 국민에게 중대한 재정적 부담을 지우는 조약 또는 입법사항에 관한 조약의 체결·비준에 대한 동의권을 부여하고 있다.

(라) 조약에 대한 국회의 동의

조약의 체결·비준에 국회의 동의가 요구된다. 국회의 동의는 국내법과 동일한 효력을 지니게 되는 조약에 대하여 민주적 정당성을 부여하며, 동시에 대통령의 전단을 방지하는 민주적 통제의 성격을 지닌다. 동의의 시기는 서명과 동시에 효력을 발생하는 조약이라면 서명 전에, 서명 후 비준을 요하는 조약이라면 적어도 비준 전이어야 한다. 수정동의가 가능하다는 견해가 있으나 소극적으로 보아야 한다. 동의는 체결 전 또는 비준 전에 1회면 된다. 동의 없이 체결된 조약은 국내법적으로 무효이나 국제법상으로는 유효하다(통설).

(마) 조약의 효력

① 국내법과 동일한 효력　헌법에 의하여 체결·공포된 조약은 '국내법'과 동일한 '효력'을 가진다. 국내법과 동일한 효력을 지닌다고 할 때, 국내법 중 법률과 동일한 효력을 가진다고 보는 것이 통설 및 판례의 입장이다. 헌법재판소는 마라케쉬협정은 국내법과 같은 효력을 가지므로 그로 인하여 새로운 범죄를 구성하거나 범죄자에 대한 처벌이 가중된다고 하더라도 이는 국내법에 의하여 형사처벌을 가중한 것과 같은 효력을 가지므로, 마라케쉬협정에 의하여 관세법위반자의 처벌이 가중된다고 하더라도 이를 들어 법률에 의하지 아니한 형사처벌이라거나 행위 시의 법률에 의하지 아니한 형사처벌이라고 할 수 없다고 하였다.

② 국제인권규약　국제인권규약은 헌법적 차원의 법규범이므로 국제인권규약의 효력을 헌법적 차원의 효력으로 이해하는 견해가 있다. 국제인권규약의 효력을 법률의 효력과 달리 보는 것은 적절한 접근이나, 헌법적 차원의 효력으로 보는 것은 동의하기 어렵다.

③ 자기집행적(self－executing) 조약(직접적용조약)　자기집행적 조약이란 별도의 입법조치 없이도 사법부에 의해 재판규범으로 직접 적용될 수 있는 조약을 말한

다. 헌법재판소는 '국제통화기금협정'은 국회의 동의를 얻어 체결된 것이므로 헌법 제 6 조 제 1 항에 따라 국내법적 효력을 가지며, 그 효력의 정도는 법률에 준하는 효력이라고 이해되며, 이는 재판권 면제에 관한 것이므로 성질상 국내에 바로 적용될 수 있는 법규범으로서 위헌법률심판의 대상이 된다고 하였다.

④ 직접효력조약 직접효력조약이란 사인이 조약을 원용해서 직접 법원에 제소할 수 있는 조약을 말한다. 유럽인권규약이 대표적이다. '자기집행적 상호방위조약'과 같이 자기집행적 조약이라 하여 반드시 개인의 주관적 권리와 의무를 발생시키는 것은 아니므로, 자기집행적 조약과 직접효력조약은 구별된다. 조약이 개인에게 구체적 권리를 부여하는지의 여부는 조약의 구체적 내용에 따라 판단되어야 한다. 대법원은 회원국 정부의 반덤핑부과처분이 WTO 협정 위반이라는 이유만으로 사인이 직접 국내 법원에 그 처분의 취소를 구하는 소를 제기하거나 협정 위반을 처분의 독립된 취소사유로 주장할 수 없다고 하였다.

(바) 조약에 대한 규범통제

조약이 법률의 효력을 지니고 법률에 대한 규범통제가 가능하다면, 조약도 법률과 마찬가지로 규범통제의 대상이 될 수 있다(통설, 판례). 다만 조약은 국가 간의 합의의 결과이므로 심사에 신중을 기하여야 한다. 국제인권규약은 법률보다 상위의 효력을 지니고 있으므로 규범통제의 대상이 될 수 없다. 법률적 효력을 갖는 조약에 대해서는 헌법재판소가, 명령 규칙의 효력을 갖는 조약에 대해서는 최종적으로 대법원이 위헌심사를 하게 된다. 헌법재판소는 법률의 효력을 지니는 '미합중국 군대의 지위에 관한 협정'의 위헌 여부를 판단한 바 있다. 또한 대법원은 '1994년 관세 및 무역에 관한 일반협정'('GATT')은 '세계무역기구(WTO) 설립을 위한 마라케쉬협정'(조약 1265호)의 부속 협정(다자간 무역협정)이고, '정부조달에 관한 협정'('AGP')은 조약(복수국가간 무역협정)으로서 각 헌법 제 6 조 제 1 항에 의하여 국내법령과 동일한 효력을 가지므로 지방자치단체가 제정한 조례가 GATT나 AGP에 위반되는 경우에는 그 효력이 없다고 하였다. 한편 법률의 효력을 지니는 조약이 자기집행적 성격을 지닌 경우, 즉 조약이 직접 국민의 기본권을 제한하는 경우에는 헌법소원으로 조약을 다툴 수 있다.

(3) 일반적으로 승인된 국제법규의 국내법적 효력

(가) 일반적으로 승인된 국제법규의 개념

일반적으로 승인된 국제법규란 세계 대다수 국가에 의해 보편적 규범으로서 일반적으로 인정된 국제규범을 말한다. 일반적으로 승인된 국제법에 대한 준수는 Weimar 헌법(§4)에서 처음으로 규정되었다. Bonn 기본법(§25)은 일반적으로 승인된 국제관습법의 국내법에 대한 우위를 확인하고 있고, 국민에게 직접 적용된다고 규정하고 있다.

일반적으로 승인된 국제법규의 승인이란 우리나라가 승인하지 않았지만 많은 국가에 의해 국제사회의 규범으로 인정된 것을 말한다. 일반적으로 승인된 국제법규는 조약과 달리 국회의 동의라는 특별한 수용절차 없이 직접 국내법으로 편입된다.

(나) 일반적으로 승인된 국제법규의 종류

① 성문의 국제법규 　성문의 국제법규로는 UN헌장의 일부, 부전조약, Genocide(집단학살)금지, 포로에 관한 제네바 협약, 세계우편연맹규정 등이 있다. 1948년의 국제연합인권선언이나 Potsdam 선언, 강제노동의 폐지에 관한 국제노동기구(ILO)의 제105호 조약과 국제노동기구(ILO)의 제87호, 제98호, 제151호 협약 등은 일반적으로 승인된 성문의 국제법규에 해당되지 않는다.

② 불문의 국제법규(국제관습법) 　국제관습법으로는 전쟁법의 일반원칙, 대사나 공사의 법적 지위에 관한 원칙, 조약준수의 원칙, 민족자결의 원칙 등을 들 수 있다.

(다) 일반적으로 승인된 국제법규의 효력

일반적으로 승인된 국제법규는 조약과 같이 법률과 동등한 효력을 지닌다(다수설). 이에 대하여 일반적으로 승인된 국제법규에는 단계구조가 있음을 이유로 일률적으로 법률의 효력을 지닌다고 볼 것이 아니라, 헌법률(유엔헌장의 기본원칙), 법률, 명령 등으로 효력을 개별화시키자는 주장이 제기되어 있는데, 타당하다고 본다. 헌법보다는 하위이지만 법률보다는 상위로 보자는 입장도 있다.

(라) 일반적으로 승인된 국제법규에 대한 규범통제

일반적으로 승인된 국제법규에 대한 규범통제가 가능한가가 문제되나, 일반적으로 승인된 국제법규는 위헌 여부의 규범통제의 대상은 되지 않지만 국내법으로의 편입 여부를 결정하는 의미의 규범통제절차는 가능하고 필요하다.

4. 외국인의 법적 지위의 보장

(1) 외국인의 법적 지위

헌법 제 6 조 제 2 항은 '외국인은 국제법과 조약이 정하는 바에 의하여 그 지위가 보장된다'고 규정하여 외국인의 지위를 보장하고 있다. 외국인의 법적 지위를 정하는 방법에는 상호주의와 평등주의가 있다. 우리 헌법의 태도를 상호주의로 이해하는 것이 헌법학계의 지배적인 견해이나, 문제가 없지 않다. '조약에 따라' 외국인의 지위를 정한다고 하니 상호주의를 채택한 것은 분명하다. 그런데 헌법은 '국제법에 정한 바에 따라' 지위를 정한다고 규정하고 있으므로, 이는 외국인의 법적 지위를 보장함에 있어, 가령 A국의 국민에게는 상호주의에 따라 A국이 우리국민에게 보장하는 갑에 해당하는 지위를 보장하면 되나, 국제법상 일반적으로 허용되는 지위가 을일 경우(을 > 갑) 우리나라는 A국 국민에게 국제법상 허용되는 지위(을)까지 높여 보장해주겠다는 것을 말한다. 그렇다면 헌법 제 6 조를 단순하게 상호주의로 볼 수 없다. 평등주의가 가미된 상호주의라고 보아야 한다.

(2) 난민보호

난민(refugee)은 정치적 박해 등으로 국적국의 보호를 받을 수 없어 국적국으로 돌아가는 것이 불가능한 외국인을 말한다. 난민에 대한 보호는 '인간의 생명과 존엄'은 모든 인류에게 공히 보장되어야 한다는 지극히 당연한 공리에 기초한다. 우리나라는 1992년 '난민의 지위에 관한 협약'에 가입하였고 2012년 난민법을 제정하여 시행하고 있는데, 난민에 대한 이해부족으로 개선되어야 할 과제가 적지 않다. 난민인권 보호를 위해 국제적 기준에 부합하는 제도의 정립과 이를 이행하는 정부차원의 보다 발전적인 지원이 요구된다.

제 9 절 국가목표조항으로서의 문화국가원리

헌법재판소는 문화국가원리를 헌법의 기본원리로 보고 있고 모든 학자들이 이를 지지하고 있는데, 과연 적절한 가가 의문시된다. 우리는 헌법전문으로부터 민주주의원리, 법치주의원리, 사회국가원리, 국제평화주의원리를 헌법의 기본원리로 도출한 바 있다. 문화국가원리를 헌법원리로 보는 것이 지배적 입장이며 헌법재판소 역시 문화국가원리를 헌법의 기본원리로 삼고 있다. 심지어 환경보호원리를 헌법원리로 삼아야 한다는 주장들이 제시되어 있기도 하다. 그러나 문화국가원리나 환경보호원리는 헌법이 보호하고 지향해야 되는 국가목표조항으로 보아야 한다, 문화국가원리를 헌법의 기본원리로 보기에는 구속력이나 법적 효력에 있어 미흡하고 다른 헌법원리와 비교할 때 그 '질'에 있어서도 근본적인 차이가 있다. 국가목표조항이란 국가기관에게 행위에 대한 지시와 지침을 나타내는 규정으로, 헌법원리의 하위형태의 개념이다. 국가기관에게 행위에 대한 원칙과 지침을 설정하고 국가행위에 대해 명령과 지시를 통하여 일정한 방향의 설정과 실질적 과제를 부여한다.

Ⅰ. 문화국가원리

1. 문화, 문화국가원리

문화국가원리란 국가를 문화자율, 문화독립, 문화중립으로 묶어 문화의 다양성 및 동질성을 확보하여 문화적 공동체를 형성하는 헌법원리를 말한다. 모든 국민은 성별, 종교, 인종, 세대, 지역, 사회적 신분, 경제적 지위나 신체적 조건 등에 관계없이 문화 표현과 활동에서 차별을 받지 아니하고 자유롭게 문화를 창조하고 문화 활동에 참여하며 문화를 향유할 권리(문화권)를 가진다(문화기본법 §4).

2. 문화국가원리의 특성

문화국가원리는 불편부당의 원칙을 그 내용으로 하는바, 국가는 특정 문화현상을 선호하거나 우대하는 경향을 보여서는 안 된다(헌결). 또 문화국가원리는 (특정) 문화 자체에 초점을 두는 것이 아니라 문화가 생겨날 수 있는 문화풍토를 조성하는 데 주목하므로, 문화의 개방성 내지 다원성을 그 내용으로 하게 된다. 국가의 문화육성은 모든 사람에게 문화창조의 기회를 부여해야 하므로, 엘리트문화뿐만 아니라 서민문화·대중문화도 그 가치를 인정하고 정책적인 배려의 대상으로 삼아야 한다(헌결).

Ⅱ. 대한민국 헌법과 문화국가원리

1. 의 의

우리 헌법은 건국헌법 이래 문화국가원리를 국가의 목표조항(통설·판례에 의하면 헌법의 기본원리)으로 채택하고 있다(헌결). 문화국가원리를 명시적으로 규정한 것은 제5공화국 헌법으로, 당시 헌법 제8조의 문화국가조항이 그것이다. 현행 헌법 제9조가 이를 계승하고 있다. 헌법은 전문에서 "문화의 … 영역에 있어서 각인의 기회를 균등히" 할 것을 선언하고 있을 뿐 아니라, 제9조에서 국가에게 전통문화의 계승 발전과 민족문화의 창달을 위하여 노력할 의무를 지우고 있다.

2. 전통문화의 우선적 강조

(1) 의 의

헌법은 전통문화의 계승발전을 강조하고 있다. 전통문화란 그 나라에서 발생하여 과거로부터 현재까지 전해 내려오는 그 나라의 고유한 문화를 말한다. 그 동안 외래문화의 무차별적 공격의 영향으로 서구의 것만 좋은 것으로 여기는 의식의 틀이 자리를 잡으면서 전통문화를 경시하는 풍조가 우리 사회 저변에 뿌리를 내렸다고 볼 수 있다. 이에 대한 반작용으로 전통과 민족의 정체성 확보가 요구되었다. 전통문화를 강조한다고 하여 민족지상의 국수주의를 지향하려는 것은 아니다.

(2) 전통문화

헌법 제9조의 '전통문화'는 역사성과 시대성을 띤 개념으로서 헌법의 가치질서, 인류의 보편가치, 정의와 인도정신 등을 고려하여 오늘날의 의미로 포착되어야 한다. 따라서 우리가 계승·발전시켜야 할 전통문화는 이 시대의 제반 사회·경제적 환경에 맞고 또 오늘날에 있어서도 보편타당한 전통윤리 내지 도덕관념에 부합해야 한다. 역사적 전승으로서 오늘의 헌법이념에 반하는 것은 헌법 전문에서 타파의 대상으로 선언한 '사회적 폐습'이 될 수 있을지언정 '계승·발전'해야 할 전통문화에 해당하지 않는다(헌결). 헌법재판소는 동성동본금혼은 이 시대의 보편타당한 윤리 내지 도덕관념으로서의 기준성을 상실하였다고 하였다.

3. 민족문화의 창달

헌법은 민족문화 창달에 노력할 것을 명하고 있다. 민족문화란 한민족 고유의 문화를 말하는데, 민족문화창달은 한민족 고유문화의 계승·발전에 주안점을 두지만, 여기에 그쳐서는 안 된다. 남북한 '통일문화의 형성'을 염두에 둔 민족문화 창달에 주목해야 한다. 오랜 기간 동안 남북한의 분단과 대치는 남북한 문화의 이질성을 초래하였다. 민족의 동질성회복이 강하게 요구되는데, 민족의 동질성회복은 민족문화를 유지·보존·창달함으로써 가능하다. 국가는 멀어진 민족문화의 동질성 회복을 위한 통일문화 형성에 적극 노력해야 한다.

헌법재판소는 전통사찰보존법은 헌법 제9조에 근거한 것으로, 민족문화의 유산으로서 역사적 의의를 가진 전통사찰을 보존함으로써 민족문화의 향상에 이바지하고, 전통문화의 계승·발전과 민족문화의 창달을 위한 문화국가원리에 저촉되지 않는다고 하였다. 또한 대법원은 종교적인 의식 또는 행사가 사회공동체의 문화적인 현상으로 자리 잡고 있다면 이는 종교의 영역이 아니라 문화의 의미를 지닌다고 보아야 하므로, 지방자치단체가 유서 깊은 천주교 성당 일대를 문화관광지로 조성하기 위한 문화관광지 조성계획 승인과 그에 따른 토지 등 수용재결은 문화국가원리에 위배되지 않는다고 하였다.

CONSTITUTIONAL LAW

PART 2 기본권론

Chapter CONSTITUTIONAL LAW

01 기본권 총론

제 1 절 기본권보장의 역사적 전개

Ⅰ. 기본권보장의 역사적 전개

기본권과 인권사상은 인류의 역사와 그 시작을 같이한다고 하겠다. 인간의 자유와 권리는 국가권력에 의해 위협되었고 유린되었으며, 인간은 인권을 보장받기 위해 국가권력을 상대로 끊임없이 투쟁하여 왔다. 기본권과 인권사상은 다양한 역사적·국가적 체험에 따라 나름대로의 독자적 의의를 가지고 발전되어 왔다.

Ⅱ. 각국의 인권선언

1. 영 국

영국에서의 인권사를 살펴보면 대헌장을 효시로 하여, 권리청원, 인신보호법, 권리장전 등으로 이어져 왔다. 1215년의 대헌장(Magna Carta)은 특정신분(귀족)의 자유와 특권을 문서로 확인한 것에 지나지 않는다는 한계를 지니고 있으나, 대헌장을 시작으로 대헌장에서 보장된 권리의 인적·물적 적용범위가 확대 발전하였기에 그 역사적 의의는 크다고 할 것이다. 1628년의 권리청원(Petition of Right)은 E. Coke(코크)가 기초한 것으로, 의회가 찰스 1 세로부터 받아내었는데, 그 내용은 의회의 승인 없는 과세를 금지하고 자의적인 체포를 금하는 것이었다. 1679년의 인신보호법

(Habeas Corpus Act)은 찰스 2세로부터 얻어낸 것으로, 문서(인신보호영장)에 의하지 않는 인신의 체포를 금지하였다. 1688년 명예혁명의 소산인 1689년의 권리장전(Bill of Right)은 국왕이 의회의 동의 없이 법률을 제정하거나 폐지하는 것을 금하였고, 법률에 의하지 않는 조세를 부과하지 못하도록 하였다. 영국의 인권선언의 역사 중 근대에 있어 기념비적 사건으로 꼽을 수 있는 것은 인류최초의 노예제폐지이다. 1833년 영국의회는 '노예해방법'(The Emancipation Act)을 제정하여 노예제도를 폐지하였다.

2. 미　　국

북미의 영국 식민지들은 권리장전을 소지하게 되는데 가장 대표적인 권리장전은 1776년 6월 Virginia 권리장전이라 할 수 있다. Virginia 권리장전은 모든 인간은 날 때부터 평등하며, 창조주로부터 불가양의 권리들을 부여 받았는데 생명, 자유, 행복추구권이 이에 속하는 당연한 진리임을 천명하였다. 이 Virginia 권리장전은 국민주권의 원리와 기본권의 천부인권성을 규정하였다는 점에서 다른 헌법의 모델이 되었다. 미국은 인권을 천부 불가침의 인권으로 인식하였다는 점에서, 신분적 자유와 권리에 대한 보장을 강조하는 영국의 인권인식과 차이가 있다. 1776년 7월의 미국의 독립선언은 국민의 기본적인 권리가 천부적인 것임을 재확인하였다. 1787년의 미국의 연방헌법은 인권규정을 두지 않았지만 1791년에 10개의 인권규정을 연방헌법에 추가하였다.

3. 프 랑 스

프랑스의 인권선언은 1789년 '인간 및 시민의 권리선언'이 그 효시를 이룬다. 1789년의 프랑스 인권선언은 기본권 역사에서 가장 중요한 이정표라 할 수 있다. 시민계급(부르조아)의 잠재적 실력, 전제적 왕권에 대한 반감, 북미에서 일어난 혁명이 제시한 모델에 대한 프랑스 인민의 열망이 인권선언의 토대를 놓았다. 권리선언에는 불가침·불가양의 자연권으로서의 제 권리가 규정되었고, 1791년 프랑스 헌법에 수용되었으며, 그 후의 유럽 제국의 헌법에 커다란 영향을 미쳤다.

4. 독　　일

독일의 경우 영국이나 프랑스에 비해 인권규정이 헌법에 늦게 나타나게 된다.

독일 남부 국가헌법에서 기본권이 규정된 예가 있기는 하지만 민주적 헌법사상에 기초하여 기본권을 규정한 것은 1849년의 Frankfurt 헌법이라 할 수 있다. 1849년에 제정된 Frankfurt 헌법은 독일 최초의 독일제국헌법으로, 1848년 프랑스 2월 혁명과 이에 영향으로 발생한 독일의 3월 혁명 결과로 제정되었다. 이 헌법은 50여 개에 달하는 방대한 기본권규정을 두고 있었고, 비록 실시되지 못하고 초안으로 끝났으나, 후에 Weimar 헌법에 적지 않은 영향을 주었다. 1848년 혁명이 실패하고 프랑크푸르트 헌법의 기본권이 폐지된 이후 그 반동으로 인해 기본권의 발전은 정체되었다. 1850년의 Preußen 헌법은 비교적 방대한 권리목록을 담고 있었으나 이는 외견상 인권선언에 불과하였다. 1871년의 Bismarck 헌법은 독일 통일에 필요한 실용적 조항만 두고 통일에 방해소지가 있는 기본권규정은 두지 않았다.

Ⅲ. 현대 헌법의 기본권보장의 특색

1. 기본권목록의 확대현상

(1) 생존권적 기본권의 수용과 강화

현대 헌법은 자유권 중심의 생활질서가 가져온 사회적 불평등(빈부격차, 무산노동자)을 시정하고 정의사회를 구현하기 위하여, 생존권실현에 노력을 경주하고 있다. 이는 가진 자와 가지지 못한 자의 대립이 개인 사이의 우연한 갈등이 아니라 근대 자본주의 사회의 필연적 계급구조의 결과로 간주되었기 때문이다. 1919년의 Weimar 헌법에서 그 효시를 이룬 생존권보장은 제 2 차 세계대전 이후 세계적으로 확산되었다. 프랑스 제 4 공화국 헌법(1946)은 전문에서 생존권을 보장하였고, 이탈리아 헌법은 생존권과 사회국가를 동시에 규정하였으며, Bonn 기본법(1949)은 사회국가의 원리를, 일본 헌법(1946)은 생존권을 규정하고 있다.

(2) 자유권의 생활권화 현상?

현대헌법의 특징으로 기본권(자유권)의 생활권화현상을 주장하는 견해가 있다. 자유권의 생활권화현상이란 자유권의 의미와 기능도 단순한 방어권으로 보기보다는 생활권적 시각에서 이해하여야 된다는 것이다. 이러한 주장은 자유권의 소극적 측면과 함께 자유행사의 전제조건으로서의 국가의 적극적 의무의 중요성을 강조하는 것으로 善解될 수 있다. 그러나 독일 헌법과 같이 일반적 사회국가조항만을 규정하면서 구체적 생존권조항을 두고 있지 않은 경우에 자유권으로부터 구체적 보호영역에 상응하는 생활영역에서 기본권실현의 국가의무를 도출하려는 자유권의 생활권화의 시도가 이해되지만, 우리 헌법과 같이 광범위하고 자세하게 생존권규정을 두고 있는 경우, 자유권으로부터 생존권을 기본권해석에 의해 도출할 이유가 없다고 하겠다.

(3) 제 3 세대 인권?

인류는 기아, 자연적 생활기반의 파괴, 유전공학의 신기술 등으로 또 다른 위기에 처해졌는데, 이러한 상황에 대한 대응책으로 새로운 인권, 곧 제 3 세대 인권이란 개념이 등장하였다. 제 3 세대 인권론은 1972년 바작(Vasak)이 고안한 새로운 인권개념으로, UNESCO에서 논의되었고 인정된 것인데, UNESCO는 시민적·정치적 권리를 제 1 세대 인권으로, 경제적·사회적·문화적 인권을 제 2 세대 인권으로, 연대권을 제 3 세대 인권으로 하면서, 연대권에는 개발권, 평화권, 환경권, 인류공동의 유산에 대한 소유권, 인간적 도움을 받을 권리가 포함되어 있다고 한다. 제 1 세대 인권의 이념은 자유, 제 2 세대 인권의 이념은 평등, 제 3 세대 인권의 이념은 연대성(프랑스 대혁명 3대구호인 형제애의 현대적 표현이다)이라고 한다.

제 3 세대 인권론은 극심한 빈부차, 전쟁과 위기상황, 제 3 세계의 기아, 범세계적 환경파괴에 대면하여 인간의 존엄과 인권을 새롭게 이해하자는 것으로, 새로운 인권이라는 도구를 사용하여 개별 국가의 권한을 넘어서는 문제들을 해결하려는 시도인바, 그 관철 여부와 관계없이 주목받을 충분한 가치가 있다고 하겠다. 다만 제 3 세대 인권론은 첫째, 개인의 권리라기보다는 국가나 집단의 의무라는 점에서, 둘째, 그 보장은 국제법적 차원의 문제이기에 실효성에 의문이 제기되며, 셋째, 과연 권리로서의 구체성이 있는지 모호하다는 등이 큰 취약점으로 지적되지 않을 수 없다. 제 3 세대 인권은 그 좋은 취지에도 불구하고, '인권이념의 인플레이션' 또는 '인권개념의 불확실성 증대'라는 대가를 치러야 할 인류의 숙제가 아닐 수 없다.

2. 기본권보장의 국제화 경향

(1) 지역적 인권보장과 특정영역에 대한 인권보장

현대 헌법의 인권보장의 또 다른 특색의 하나는 인권의 국가적 보장단계를 넘어 국제적 차원에서 인권을 보장하여야 한다는, 즉 인권보장의 보편화 현상이다. 이러한 전환은 인권사의 커다란 특색이 되고 있다. 인권보장의 국제화현상은 제 2 차 세계대전 이후 강하게 나타나지만 그 등장은 제 1 차 세계대전 이후 이미 시작되었다. 1919년 국제노동기구(ILO)의 설립, 1920년 국제연맹의 창설 등이 그것이다. 인권의 국제화현상이 본격적으로 등장한 것은 제 2 차 세계대전 후부터이다. 1945년의 UN헌장, 1948년의 세계인권선언, 1950년의 유럽인권조약, 1966년의 국제인권조약 등은 이러한 경향의 대표적 산물이다. 또한 지역적 인권보장에 더 나아가 특정영역에 관한 인권보장 선언들이 채택되고 있다. 인종차별철폐선언(1965), 여성차별철폐선언(1967), 고문폐지선언(1973) 등이 그것이다.

(2) 국제인권규약

국제인권규약은 1966년 제21차 국제연합(UN) 총회에서 인권의 국제적 보장을 위하여 채택된 조약으로, 경제적·사회적·문화적 권리에 관한 규약(A규약)과 시민적·정치적 권리에 관한 규약(B규약) 그리고 B규약의 부속선택의정서로 되어 있다(1976년에 발효됨). 국제연합이 제정한 세계인권선언과 국제인권규약의 차이점은 전자는 실시규정이 없는데 대하여 후자는 실시규정을 두어 비준국의 의무를 규정하고 있는 점이다(법적 구속력 유무의 차이). 우리나라는 1985년 국제인권규약 중 A규약은 유보조항 없이 가입하였고, B규약은 국내법과 저촉되는 네 개항을 유보하고 가입하였다(1990. 7. 효력발생).

3. 기본권의 본질에 대한 인식변화

(1) 기본권(자유권)의 자연권성 강조

제 2 차 세계대전 중 인간의 존엄에 대한 학살과 Nazi 등의 전체주의에의 혐오를 경험하면서 일단 쇠퇴한 것으로 보였던 자연권사상이 다시 부활되었고 강조되게 되었다. 1948년 UN인권선언은 전통적인 천부인권론의 이념을 부활시켰고, 모든 헌법들이 인간의 존엄을 헌법의 최고의 가치로 규정지으면서, 자유권의 전국가적 불가침·불가양의 자연권성을 다시 강조하게 되었다. 기본권의 자연권성은 전후에 제정된 각국의 헌법에 그대로 계승되었다.

(2) 기본권의 객관적 법규범성격의 승인

인권유린의 역사를 체험한 인류에게 국가권력에 대한 기본권의 방어적 성격만으로는 이러한 사태를 해결하기에 미흡하다고 인식되지 않을 수 없었다. 기본권은 헌법질서의 객관적 구성요소로서, 모든 국가권력을 직접 구속하며, 국가권력은 임의로 행사되는 것이 아니라 기본권이 허용하는 한에서 행사될 수 있다는 점이 강조되면서 동시에 기본권은 사인 상호간에도 적용되어야 한다는 '기본권의 객관법적 성격'이 강조되게 된다.

4. 정보화 사회에서의 새로운 기본권보장영역의 확대

오늘날 인류는 정보통신기술의 혁명으로 산업사회를 넘어 정보화 사회에 진입하였다. 컴퓨터와 인터넷 등으로 상징되는 정보화 사회는 국가와 사회가 정보의 수집, 가공, 저장, 검색, 교환 등에 의해 지배되고 있다. 이로 인해 정보독점, 정보조작, 정보통제 등으로 인한 새로운 인권 침해 및 위협에 직면하여 있다. 정보화 사회에서의 새로운 인권침해에 대한 효율적인 인권보장 장치의 마련이 헌법의 또 다른 숙제가 아닐 수 없다.

제2절 기본권의 의의와 법적 성격

Ⅰ. 기본권의 의의

인권(Human Rights, Menschenrechte)이란 인간이기 때문에 당연히 갖는 권리를 말한다. 인간의 권리인 인권은 전국가성과 초국가성을 특징으로 하며, 인간이기 때문에 시와 장소와 무관하게, 당연히 누릴 수 있는 인간의 보편적 권리를 의미하게 된다. 인권은 법 이전의 개념의 성격을 지닌다고 할 수 있다. 반면 기본권이란 헌법이 보장하는 국민의 기본적 권리를 말하는 것인데, 기본권에는 전국가적·생래적 권리인 인권의 성질을 지닌 것이 있는 가하면 국가에 의해 주어진 시민의 권리인 국가내적 권리도 있으므로 인간의 본성에서 나오는 천부적 권리인 인권과는 개념은 물론 내용도 동일하다고 할 수 없다.

Ⅱ. 기본권의 법적 성격

1. 주관적 공권

(1) 권　　리

Kelsen은 자유란 법률이 강제하고 있지 않기에 허용되는 것에 불과하다고 한다(반사적 이익). 이러한 입장에 서게 되면 기본권의 권리성은 인정되지 않는다. 그러나 기본권은 국가에게 일정한 의무를 부과하는 주관적 공권이다. 주관적이란 개인의 권리를 뜻하며, 공권이란 국가에 대한 권리를 말한다.

(2) 주관적 권리의 내용

주관적 권리는 기본권에 따라 그 성격과 내용을 달리한다. 주관적 권리는 국가 침해로부터 자유를 보장하는 소극적 방어권(자유권), 개인의 생존보장을 위해 국가의 급부를 요구하는 적극적 권리(생존권), 국가에 대해 일정한 행위를 요구할 수 있는 적극적 권리(청구권), 국가의 정치의사결정에 참여할 수 있는 능동적 권리(참정권)로 분류된다. 방어적 권리는 국가로부터 개인의 자유를 보장하며, 만일 침해가 발생한 경우에는 그 침해를 제거할 수 있고, 침해가 임박한 경우에는 그 침해의 중지를 요구할 수 있다. 한편 적극적인 생존권이나 청구권은 국가에 대해 생존이나 행위를 요구하며, 능동적인 참정권은 국가의사결정에 참여를 요구한다. 만일 침해나 미실현이 발생한 경우, 생존권(청구권, 참정권 포함)의 법적 성격을 어떻게 볼 것인가에 따라 구제방법에 차이가 있지만, 일반적으로 국가에게 침해제거나 실현을 요구할 수 있다. 생존권의 법적 성격, 특히 주관적 공권 여부에 대해서는 다양한 견해가 제시되고 있다.

2. 자연권(특히 자유권의 법적 성격과 관련하여)

기본권은 국가에 선재하는 자유권(평등권 포함)과 국가에 의하여 비로소 주어지는 기본권으로 구분된다. 자유권의 법적 성격이 자연권인가의 여부가 다투어진다.

(1) 실정권설

기본권이 자연법사상에서 출발한 것은 사실이나, 기본권도 실정헌법에 규정된 이상 실정권으로 보아야 한다는 입장이다. 권리는 실정법을 떠나서는 성립될 수 없으며, 자유가 전국가적 성격을 지녔다 하여도 자유권이 헌법에 보장한 이상 실정적 권리라고 한다. 기본권(자유권)은 국가가 인정하였기에 효력을 갖는 것으로, 기본권은 국가에 의하여 창설되고 구체적인 내용과 한계가 법률로 정해질 수밖에 없게 된다.

(2) 자연권설

기본권은 실정헌법에 의하여 비로소 창설되고 보장되는 것이 아니라 인간이 태어날 때부터 갖는 인간의 권리로 이해된다. 자연권설에 의하면, 기본권은 국가이전의 전국가적 효력을 지니고, 실정법질서 이전의 초실정법적인 권리로 이해되며, 국가는 전국가적 권리인 기본권에 기속된다고 한다. 헌법에 규정된 기본권(자유권)은 '실정화된 자연법적 권리'로 본다(다수설).

(3) 기능론(공감대적 가치)

기본권을 공동체 구성원의 공감대적 가치로 이해하는 입장에 따르면, 기본권(자유권에 국한하지 않음)은 전국가적 자연권일 수도, 법률 속의 기본권일 수도 없게 된다. 기본권은 사회공동체의 가치에 대한 Konsens로서 통합과정을 촉진하는 수단이 되며, 국가의 성립·유지의 원동력으로 기능한다고 한다. 그렇기에 기본권의 자연권적 성격보다는 기본권의 국가형성적 기능과 동화적 통합기능을 강조하여야 한다고 한다. 이 입장에 따르면, 자연권설에 대해서는 헌법의 기본권보장은 일체의 정치성과 국가형성적 기능을 배제한 단순한 자연법상의 전국가적이고 천부적인 인간의 자유를 실정법화한 것이 아니며, 실정권설에 대해서는 기본권이 법률 속의 자유로서 은혜적 성격을 지닌 것이 아니라고 한다.

(4) 정리 및 사견

자유권은 '실정화된 자연권'으로 보아야 한다. 기본권(자유권)의 자연권성이 지니는 항의적 성격이 국민주권국가에서 감소된 것은 사실이며, 입헌주의가 제대로 실현되는 헌법 속에서 자연권성을 강조할 필요성이 의문시되는 것 또한 사실이다. 그러나 혹독한 인권탄압을 경험한 우리 헌법 하에서 그리고 아직도 헌법의 규범적 효력이 위협받고 있는 헌법현실 속에서 기본권(자유권)의 자연권성은 강조되어야 한다. 기본권이 국가에 선재한다는 것은 국가가 기본권을 제한하고자 할 때에는 정당화가 요구되는 반면, 국민의 기본권행사는 국가에 의하여 정당화될 필요가 없다는 의미이다. 따라서 기본권은 개인의 권리이며, 국가에 의무를 부과하고, 기본권은 국가에게 그 제한에 대한 정당화를 요구하며, 그러한 한에서 국가에 선재하는 것이다.

3. 기본권의 이중적 성격

(1) 기본권의 객관적 원칙규범성의 의의

기본권의 객관적 원칙규범성이란 기본권이 헌법질서의 구성요소로서 공사법 모든 영역에서, 국가건 사인이건 누구든지 지켜야 할 객관적 규범으로서의 성격을 지니고 있는 것을 의미한다. 헌법은 정치적 공동체의 법질서이며, 기본권은 그 법질서의 구성요소로서의 성격을 지니고 있으므로, 헌법질서의 구성요소로서의 기본권은 사인을 포함한 모든 국가권력을 기본권에 적합하도록 의무화시키는 객관적 가치질서의 성격을 지닌다.

(2) 기본권의 객관적 원칙규범의 기능

기본권은 주관적 권리 외에 객관적 원칙규범의 성질을 지니고 있는데, 이러한 객관적 규범의 성격으로부터 다음과 같은 기능이 도출된다.

첫째, 기본권은 국가행위를 제한하는 객관적 원칙규범의 기능(객관법적 기능)을 수행한다. 기본권은 입법, 사법, 행정의 모든 국가권력을 구속하게 되며, 그렇기에 국가는 국가권력을 임의로 행사하는 것이 아니라. 기본권이 허용하는 한도 내에서 행사할 수 있다(소극적 권한규범).

둘째, 타인의 침해로부터 기본권을 보호해야 하는 국가의 기본권 보호의무를 도출할 수 있게 된다. 국가의 보호의무는 자신의 기본권을 주관적 권리로 주장할 수 있는 것과 무관하게 별도로 존재한다.

셋째, 기본권의 원칙규범적 성격은 사법영역과 사인 간에 대하여도 그 효력을 가지게 되는 방사효(파급효, Ausstrahlungswirkung)로 나타나게 되어, 기본권의 대사인간 효력의 근거가 된다.

넷째, 원칙규범으로서의 기본권은 입법권이 법률을 형성하는 경우에도 법형성의 기준역할을 하며, 행정권이나 사법권이 법령의 일반조항이나 불확정 개념을 해석·적용하는 경우에도 기본권 우호적이거나 친화적으로 해석해야 할 것을 요구할 수 있다(법의 해석 및 형성의 기준). 기본권은 법의 해석지침(기준)이 된다.

4. 기본권과 제도보장

(1) 제도보장의 의의

(가) 문제 제기

헌법 제2장(국민의 권리의무)은 기본권을 권리로 보장하고 있으나, 혼인 및 가족생활(§36)은 개인의 권리에 대한 언급 없이 혼인 및 가족생활에 관한 법제도의 객관적 보장을 규율하고 있고, 헌법은 종교와 정치의 분리를 명하며(§20④), 대학의 자율성(§31④)을 보장하고 있는데, 이러한 헌법규정의 의미를 어떻게 볼 것인가가 문제된다.

(나) C. Schmitt의 제도보장이론

제도보장이란 헌법이 직접 제도를 보장함으로써 제도의 핵심적 내용에 대한 법률로부터의 위협을 제거하는 것으로, 제도보장은 제도의 헌법적 보장이라 할 수 있다. 제도보장이론은 C. Schmitt에 의해 체계화된 이론이다. 그에 의하면, 헌법이 보장하는 '제도'는 전통적으로 내려온 제도를 입법자의 자유로운 처분으로부터 보호하기 위해 헌법에 보장된 것으로, 자유권과 달리 전국가적 성격이 없으며(따라서 배분의 원리가 적용되지 않는다), 기타의 기본권과도 달리 주관적 권리의 성격을 지니고 있지 않다는 것이다.

(다) C. Schmitt의 제도보장이론의 현대적 의의

C. Schmitt의 제도보장이론은 첫째, 제도보장을 기본권과 유리된 것으로 이해하였다는 점에서, 둘째, 단체나 조직의 존립존속의 보호는 그들에게 기본권주체성을 긍정함으로써 해결되었다는 점에서, 셋째, 기본권이 입법권을 구속하지 못한 시절의 이론으로 지금은 그 시대성을 상실하였다는 비판이 적지 않다. 한편 C. Schmitt의 제도보장이론은 기본권의 객관적 원칙규범의 성격의 사상적 단초가 되었다는 점에서, 또 기본권 중에는 제도보장의 성격을 지니는 기본권이 있다는 것이 긍정되면서 기본권이론의 발전에 기여한 바가 크다는 지적에 유의할 필요가 있다.

(2) 제도보장의 내용

(가) 법적 성격

제도보장에 있어 제도는 국가존립의 기반이 되는 것으로 기본권의 성격을 지니고 있지 않다. 제도와 동시에, 제도에 수반되어 또는 제도를 수단으로, 제도는 기본권과 연결되어 있지만 제도 그 자체는 개인의 주관적 공권을 보장하는 기본권과는 구별된다. 자유권이 전국가적 권리인 데 반해 제도는 국가의 법질서에 의하여 비로소 인정된 것이므로, 제도보장에는 '기본권은 무제한, 국가권력은 제한'이라는 분배의 원리가 적용될 수 없다.

(나) 보장의 대상

제도보장의 내용을 이루는 제도는 '역사적으로 형성된 기존의 제도'를 그 대상으로 한다. 헌법에 의해 비로소 형성된 대통령제나 의원내각제는 그 대상이 될 수 없다. 그러나 제도보장이 전통적 제도를 보장하며, 입법자로부터의 보호를 그 내용으로 하지만, 제도보장의 제도를 그렇게만 이해할 이유는 없으며 그렇다고 굳이 부정할 이유도 없다. 헌법에 의해 만들어진 제도 역시 제도보장의 대상이 될 수 있다.

(다) 보장의 정도(최소한 보장)

보장정도와 관련하여 기본권은 최대한 보장원칙이, 제도보장은 최소한 보장원칙이 적용되는가에 관해 다툼이 있다. 기본권으로부터 이를 실현하는데 필요한 제도가 도출될 수 있고, 제도로부터도 기본권이 도출될 수 있기에, 기본권은 최대한으로 보장되어야 하고 제도는 최소한의 보장으로 족하다는 것은 설득력이 없다는 지적이 있다. 생각건대 제도는 기본권실현의 수단이나 근거가 될 수 있으므로 최소한의 보장으로 족하다는 원칙이 언제나 타당하다고 할 수 없으나, 기본권은 최대한 보장이지만 제도는 최소한의 보장으로 족하다고 표현되더라도 이를 가지고 잘못되었다고 할 수 없다. 기본권은 최대한 보장을 하여야 하나, 제도보장은 특정한 제도의 본질에 대한 최소한의 보장으로 족하다. 입법자는 제도보장의 본질적 내용을 침해하지 않는 범위 내에서 동시에 최소한 보장의 원칙 안에서 폭넓은 입법형성의 자유를 가진다.

(라) 본질적 내용 침해금지

헌법에 제도가 보장되면 입법자는 그 제도를 형성하고 유지할 입법의무를 지게 된다. 제도는 헌법에 규정되어 있기 때문에 법률로써 이를 폐지할 수 없고, 비록 내용을 제한한다고 하여도 그 본질적 내용을 침해할 수 없다. 제도의 폐지, 공동화, 근본요소의 침해로부터 보호된다. 본질적 내용은 판례와 학설을 통해 밝혀질 수밖에 없다. 주의할 것은 본질적 내용의 보장이 기존 제도의 현상을 그대로 유지하는 것은 아니라는 점이다.

(마) 재판규범

제도보장은 제도의 헌법적 보장이므로, 기본권과 같이 입법권·행정권·사법권을 구속하며, 직접적 효력을 갖는 객관적 법규범으로서 재판규범으로 기능한다. 다만 헌법개정권력은 구속하지 못한다. 제도보장의 침해를 이유로 개인이 헌법소원을 제기할 수 없다. 이는 제도보장규정은 권리보장이 아니기 때문이다.

(3) 기본권과 제도보장의 관계

제도보장은 객관적 제도를 보장하는 데 중점이 두어진 것이기에 기본권과 구별된다. 그러나 모든 제도가 그렇듯이, 제도는 국민의 자유와 권리를 보장하기 위한 목적으로부터 벗어날 수 없다. 모든 제도보장은 내용과 정도에 차이가 있을 뿐 기본권보장과 관련이 있으며 모두 국민의 기본권실현에 이바지하고 있다. 예를 들어, 헌법 제36조의 혼인과 가족제도의 보장은 혼인 및 가족제도의 보장에 초점을 두는 것으로 혼인의 자유를 직접 보장하는 것은 아니지만, 혼인제도를 보장함으로써 혼인의 자유가 보장되고 실현되도록 기여하고 있다.

(4) 대한민국 헌법상 제도보장의 내용

우리 헌법상 어떤 것을 제도보장으로 볼 것인가에 관하여는 다양한 견해가 제시되어 있다. 이는 제도보장에 대한 이해가 다르기 때문이라고 보여진다. 직업공무원제(§7②), 복수정당제(§8①), 사유재산제(§23①), 교육의 자주성·전문성·중립성(§31④)과 대학의 자치(§22①), 혼인제도·가족제도(§36①), 지방자치제(§117①), 소비자보호운동(§124) 등은 제도보장으로 볼 수 있겠다.

주의할 것은 사회적 특수계급제도(§11②), 소작제도(§121②), 최저임금제(§32①)는 제도보장이 아니라는 점이다. 이는 최대보장이 적용되는 기본권으로 이해되어야 한다. 특수계급제도나 소작제도는 이미 언급하였지만 제도의 금지에 해당하기에 제도보장의 내용에 포함될 수 없고 평등권(또는 재산권)의 한 내용으로, 최저임금제는 생존권인 근로의 권리를 실현하기 위한 기본권의 내용으로 이해되어야 하기 때문이다.

헌법재판소가 제도보장으로 인정한 것으로는, 직업공무원제, 사유재산제, 교육제도, 혼인과 가족제도, 지방자치, 복수정당제, 교육자치와 지방자치 등이다.

제 3 절 기본권의 주체

기본권의 주체란 기본권을 향유할 자격을 가진 자를 말한다. 기본권을 주관적 권리로 본다면 누가 어느 정도로 기본권을 향유할 자격이 있는가가 문제된다. 헌법은 제 2 장에서 국민이 기본권의 주체임을 밝히고 있는데, 이 경우 국민의 의미는 무엇이며, 국민의 범위 속에 외국인은 포함되는지, 또 법인은 그 주체에서 제외될 것인지가 문제된다.

Ⅰ. 국　　민

1. 기본권 보유능력

기본권 보유능력이란 기본권을 보유할 수 있는 자격이나 능력으로, 기본권능력이라고 한다. 모든 국민은 기본권을 향유할 수 있는 능력을 가진다. 이는 민법의 권리능력에 대응되는 헌법학 개념이다. 기본권보유능력은 민법의 권리능력과 유사하나 그 범위와 내용이 일치하지 않는다. 기본권보유능력은 인정되나 권리능력이 부정되는 것으로, 태아, 死者, 민법상 법인격 없는 사단을 들 수 있다. 반면 기본권 보유능력은 부정되어도 민법상 권리능력이 인정되는 경우로, 민법상 법인격 있는 사단이나 외국인을 들 수 있다.

인간에게 기본권 보유능력이 있다면 '살아 있는 자'에게 기본권보유능력이 인정됨은 당연하다. 인간의 시작은 출생부터이며 사망으로 종료된다. 문제는 태어나지 않은 존재나 사망한 경우(뇌의 모든 기능이 정지된 경우 포함)에 기본권보유능력이 인정되는가이다. 아직 태어나지 않은 생명체, 즉 배아나 태아에게 기본권 능력을 인정할 것인가가 문제된다. 배아는 생명체이지만 인간배아에게 생명권을 인정할 것인지, 인정한다면 언제부터 인정할 것인가가 다투어진다. 착상 전 배아, 즉 초기 배아에게까지 생명권 주체성을 긍정하는 견해가 있지만, 초기배아는 생명체이지만 생명권의 주체가 되는 인간으로 보기 어렵다. 이 단계에서의 배아는 잠재적 인간이지만, 세포덩어리로서 부모의 소유물로 보아야 한다. 배아생성자인 유전적 부모에게는 배아에 대한 관리권이 자기결정권의 내용으로 보장된다. 이 자기결정권은 헌법 제10조로부터 도출되는 일반적 인격권의 한 유형으로서의 헌법상 권리이다. 따라서 잔여배아의 보존기간을 5년으로 제한하거나, 연구목적으로 사용할 수 있게 하여도 이를 가지고 존엄과 가치에 대한 침해로 볼 수 없다. 태아는 생명권 및 신체불훼손권의 주체가 된다.

사자(死者)는 인격성이 없으므로 존엄권의 주체가 될 수 없다. 다만 사자에 대한 명예보호는 일반적 인격권에 의해 보호될 수 있다.

헌재결정

수정이 된 배아(초기 배아)라는 점에서 형성 중인 생명의 첫걸음을 떼었다고 볼 여지가 있기는 하나 아직 모체에 착상되거나 원시선이 나타나지 않은 이상 현재의 자연과학적 인식 수준에서 독립된 인간과 배아 간의 개체적 연속성을 확정하기 어렵다고 봄이 일반적이라는 점, 배아의 경우 현재의 과학기술 수준에서 모태 속에서 수용될 때 비로소 독립적인 인간으로의 성장가능성을 기대할 수 있다는 점, 수정 후 착상 전의 배아가 인간으로 인식된다거나 그와 같이 취급하여야 할 필요성이 있다는 사회적 승인이 존재한다고 보기 어려운 점 등을 종합적으로 고려할 때, 기본권 주체성을 인정하기 어렵다(헌결 2005헌마346).

2. 기본권 행사능력

(1) 기본권 행사능력

기본권 행사능력이란 기본권 보유자가 기본권을 유효하게 단독으로 행사할 수 있는 능력을 말한다. 민법의 행위능력과 대응된다. 기본권 행사능력과 민법의 행위능력 역시 일치하지 않는다. 민법상 행위무능력자라 하더라도 기본권행사능력을 가질 수 있고, 민법상 행위능력자라 하여도 일부 기본권 행사능력이 없을 수 있다. 기본권 행사능력은 선거권이나 피선거권과 같이 헌법이나 법률로 연령을 제한하는 경우도 있으나, 일반적으로 기본권 주체의 개별적 분별력이나 능력에 따라 결정된다. 기본권 행사능력의 경우, 모든 기본권에 타당한 획일적 기준을 정할 수 없으므로, 행사능력을 일률적으로 말하기 어렵고 기본권에 따라 개별적으로 판단되어야 한다.

(2) 미성년자의 기본권 행사능력

미성년자의 기본권 행사능력이 문제된다. 민법은 미성년자의 권리행사능력의 결격사유를 법정함으로써 행사능력 유무를 일률적으로 규율하지만, 거래안정성보다 주체의 존엄을 보호해야 하는 기본권의 경우 민법의 규율방법을 그대로 따르는 것은 적절하지 않다.

기본권 행사능력은 일괄적으로 연령에 따라 정하는 것 보다 기본권주체의 인식능력(미성년자의 정신적 성숙도), 해당 기본권의 보호목적과 특성에 따라 개별적으로 판단되어야 한다. 다만 법률행위능력에 관한 민법의 일반원칙이나 규정은 기본권 행사능력의 직·간접적 기준이 될 수 있다.

3. 기본권의 포기

(1) 포기의 개념

기본권의 포기란 기본권의 주체가 국가나 사인에 대하여 기본권에 의해 보호되는 지위나 이익을 행사하지 않겠다는 의사표시를 말한다. 예를 들어, 압수수색영장을 발부받지 못한 경찰관에게 자신의 주거에 대한 수색을 허용한다던가, 우편물에 대한 검색을 허용하는 경우이다. 기본권의 포기는 기본권적 이익을 향유하지 않겠다는 적극적 의사표시라는 점에서, 적극적인 의사표시 없이 단순히 자신의 기본권을 행사하지 않고 있는 기본권의 불행사와 구별된다.

(2) 포기의 요건

기본권의 포기는, 포기할 수 있는 자의, 포기대상이 될 수 있는 기본권에 대하여만 허용된다. 기본권은 기본권주체의 이익 외에 다른 헌법적 법익과 연관되어 있을 때에는 포기할 수 없다(생명, 존엄, 선거권). 어느 경우이든 기본권 포기는 포기가 분명히 인식될 수 있고 자유롭게 이루어져야 한다.

(3) 포기의 대상

기본권포기는 개인적 법익의 보호와 관련되는 경우에 가능하다. 주거, 통신의 비밀의 경우 기본권적 보호를 포기하는 것은 허용된다. 또한 구체적 사건에서 법적 구제수단의 행사를 포기하거나, 소송절차에서 상소를 포기하는 것, 또는 영장이 없더라도 수색에 동의를 해주는 것과 같은 기본권포기는 허용된다. 그러나 인간의 존엄성은 어느 경우에도 포기가 불허되며, 선거권이나 피선거권과 같이 국가의 의사형성과정에 중요한 의미가 있는 경우, 또는 장래재판에 대한 법적 구제의 일괄포기와 같은 형태의 기본권포기는 허락될 수 없다.

(4) 포기의 효과

기본권포기는 기본권을 소멸시키는 것이 아니라 그 행사가 부분적으로 또 일시적으로 정지될 뿐이다. 기본권포기가 있다고 하여 기본권주체의 지위가 박탈되거나 기본권 자체가 상실되지 않는다. 기본권포기에 대한 철회가 가능하다.

Ⅱ. 외 국 인

기본권은 인권의 실질을 지닌 기본권(자유권)과 국민의 권리의 실질을 지닌 기본권으로 분류된다. 전자의 기본권은 외국인에게 그 주체성을 부정할 수 없다. 외국인에게 인권으로서의 기본권을 긍정하는 경우에도, 국제법상의 이유로 또는 국가의 안전이나 공공복리 때문에 외국인에 대한 제한은 불가피하다. 반면 국민의 권리의 실질을 지닌 기본권의 경우에도 외국인에게 인정되어야 할 기본권이 존재하며, 특히 외국인에게 보장되는 기본권이 침해된 경우 이에 대한 구제를 구하는 자격은 당연히 보장된다.

1. 외국인에 대한 기본권 허용 여부

기본권을 법률 속의 자유로 이해하는 법실증주의적 입장에 의하면 헌법 제2장은 기본권의 향유자에 관하여 국민의 자유와 권리로 규정하고 있으므로, 외국인은 기본권 향유자 개념 속에 넣을 수 없게 된다. 기본권(자유권)의 전국가적 성격을 강조하며, 기본권을 인간의 권리로 이해하는 C. Schmitt에게는 외국인도 인간의 범주에 속하므로 당연히 기본권의 주체가 될 수 있다. 다만 이러한 입장은 외국인이 자유권이외의 다른 기본권의 향유주체가 될 수 없음을 설명하는 데 어려움이 있다.

헌법재판소는 국민 또는 국민과 유사한 지위에 있는 외국인은 기본권의 주체가 될 수 있다고 하여 외국인의 기본권 주체성을 인정하면서, '국민의 권리'가 아닌 '인간의 권리'의 범위 내에서 허용된다고 하였다.

2. 외국인에게 인정되는 기본권

(1) 인간의 존엄권, 행복추구권, 평등권

인간의 존엄권, 행복추구권은 인간의 권리이어서 외국인에게 보장된다. 평등권도 인간의 권리로서 외국인에게 보장되어야 하나 구체적 기본권을 보장함에 있어 국가안보를 이유로, 공공복리를 이유로, 국제법상의 상호주의를 이유로 상당부분 제한되게 되는데 이는 불가피하다.

(2) 자 유 권

자유권은 인권의 성질을 지니고 있으므로 외국인에게 불허될 이유가 없다. 다만 국가안보나 질서유지를 위해 또는 공공복리를 위해 내국인보다 많은 제한이 불가피하게 된다. 직업선택에 있어, 거주 이전에 있어, 재산권에 있어 주어지는 많은 제한이 그것이다. 헌법재판소는 일정한 조건의 외국인에게 직장선택의 자유를 인정하고 있으나 직업의 자유는 부정하고 있다. 외국인에게 입국의 자유는 인정되지 않으나 입국이 허용된 외국인에게 출국의 자유는 허락된다. 그러나 외국인에 대하여 납세불이행 등의 사유로 인한 출국제한은 가능하다.

(3) 생존권, 참정권

생존권이나 참정권은 국민의 권리이므로 외국인에게는 인정되지 않는다. 사회보장기본법(§8)은 외국인에게 사회보장을 적용하면서 상호주의의 원칙에 의한다고 규정하고 있는데 바람직하다. 또한 지방자치단체의 장이나 의회의원선거의 경우 일정한 요건을 갖춘 외국인에게 선거권을 허용한 것도 바람직하다.

(4) 청 구 권

외국인에게 보장되는 기본권을 절차적으로 보호하기 위한 청구권과 기타 각종 청구권은 외국인에게도 인정되어야 한다.

Ⅲ. 법 인

1. 기본권주체성의 허용 여부

(1) 부 정 설

C. Schmitt는 기본권은 자연인의 권리이므로 국가질서에 의하여 비로소 창설되는 법인에게까지 인정할 수 없다고 하여 공·사법인 모두 그 주체성을 부인한다.

(2) 긍 정 설

법실증주의적 입장에 따르면, 자연인이나 법인 모두 법질서에 의해 법인격을 부여받았기 때문에 법인의 기본권 주체성은 당연히 긍정된다. 다만 법인격 없는 사단이나 공법인은 법인격이 없어 또는 기본권의 수범자이기에 기본권 주체성을 인정할 수 없게 된다.

(3) 결 론

법인이 갖는 공·사적 기능을 고려해 볼 때 법인의 기본권주체성을 일률적으로 부정하게 되는 C. Schmitt의 입장은 설득력이 부족하다. 또한 법실증주의의 경우 법인격 없는 사단은 법인격이 없다는 이유로 일률적으로 기본권 주체성을 긍정할 수 없다는 것은 문제이다. 법인격 없는 사단의 경우 법인격만 없을 뿐 기본권적 자유와 권리를 향유할 수 있는 실질적 조건을 충족한 존재이기 때문이다.

2. 기본권 주체가 되는 법인개념

(1) 법인개념

(가) 사법적 법인개념설

기본권을 향유할 수 있는 법인을 민법의 법인개념을 기준하여 판단하는 입장이다. 즉 민법상 법인격 유무를 가지고 판단한다. 따라서 민법상 법인격이 없는 경우는 법인격이 없게 되어 기본권도 향유할 수 없게 된다(다수설).

(나) 헌법적 법인개념설

헌법상 법인개념설은 사법상 법인개념은 사인 간의 문제를 해결하기 위하여 고안된 법기술에 불과하므로 법인의 기본권 주체성 여부를 판단함에 있어서는 헌법적 차원의 독자적인 법인개념이 정립되어야 한다는 견해이다.

(다) 결 론

기본권주체가 될 수 있는 법인개념은 민법의 법인 개념 그 이상이어야 한다. 따라서 기본권의 주체가 될 수 있는 법인개념은 헌법적 차원에서 독자적으로 정립하여야 한다. 이러한 입장에 서게 되면, 권리능력 없는 사단이나 단체의 경우에도, 헌법적 차원의 법인개념만 충족하면 비록 민법의 법인격을 갖추지 못하였다 하여도 기본권을 향유할 수 있는 법인으로 볼 수 있다. 헌법재판소는 비영리사단법인인 한국영화인협회에게 기본권 주체성을 긍정하였고, 권리능력 없는 사단인 한국신문편집인협회와 정당에게도 기본권 주체성을 긍정한 바 있다.

3. 법인의 기본권 주체성 근거

(1) 법인 자체설(분리이론)

법인의 기본권 주체성을 긍정할 때, 법인 그 자체에서 기본권 주체성의 근거를 구하는 입장으로 지배적인 견해이다.

(2) 자연인 귀속설(투시이론)

헌법적 차원에서 법인에게 기본권 주체성을 긍정하는 것은 법인이 그 속의 자연인의 기본권 행사를 편리하게 해 주거나 촉진시켜 주기 때문이라고 하면서 개별적 자연인의 기본권 보장차원에서 그 근거를 찾는 견해이다. 재단법인과 같이 자연인이 없는 경우에는 '목적재산의 출연자의 영속성(출연자의 의사)'을 보장하기 위함이라고 한다.

(3) 결　　론

법인에게 기본권 주체성을 긍정하는 이유는 법인도 자연인과 동일하게 국가에 의한 '자유위협상황'이 초래될 수 있기 때문이다. 법인의 기본권주체성의 근거는 법인 그 자체에서 구하여야 한다. 투시이론은 법인의 인적 기반을 기초로 법인의 주체성을 긍정하려는 입장인데, 만일 자연인 때문에 법인이 주체가 될 수 있다면 자연인이 주체가 될 수 있는 기본권은 모두 법인도 주체가 될 수 있다는 결론에 도달하게 되어 부당하다. 또한 법인의 주체성을 긍정하는 이유는 법인에게 자연인과 별도로 기본권보유능력을 인정할 가치가 있기 때문이다(분리이론).

4. 법인이 향유할 수 있는 기본권의 분류유형

(1) 기본권 기준설

기본권의 성질에 따라 법인의 향유여부를 유형화시키는 견해이다. 이 견해에 따르면 기본권의 내용이 인간의 인격 그 자체와 분리할 수 없을 정도로 결합되어 있는 경우, 즉 자연인 전속적 기본권은 법인에게 허용될 수 없게 된다. 따라서 인간의 존엄과 가치, 생명권, 인신의 자유, 생존권, 사상 및 양심의 자유 등은 법인이 향유할 수 없다. 반면 성질상 법인이 누릴 수 있는 기본권은 당연히 법인에게도 허용된다. 법 앞에 평등, 거주·이전의 자유, 법인의 명예와 같은 일반적 인격권, 직업선택의 자유, 언론·출판·집회의 자유, 종교·학문의 자유, 재산권, 청원권, 재판청구권 등이 이에 해당된다. 행복추구권과 사생활의 비밀의 경우 다툼이 있으나 원칙적으로 법인에게 허용될 수 없다.

(2) 법인 기준설

법인이 향유할 수 있는 기본권을 일반적으로 유형화시키는 것은 무의미하다는 전제에서, 법인이 수행하는 다양한 공적·사적 기능에 따라 그리고 법인 등의 설립 목적에 따라 기본권 주체성의 여부를 결정하여야 한다고 한다.

(3) 결 론

법인에게 기본권을 허용할 때 기본권과 법인 '모두'가 기준이 되어야 한다. 어느 한 쪽에 치우칠 수 없다. 이는 기본권의 성질이 다양하며 기본권의 성실은 법인과의 관계에서 검토되어야 하기 때문이다. 또한 법인의 경우 법인의 목적이나 형태 등을 고려하지 않는 기본권 허용 여부는 그 자체가 불가능해진다.

기본권 중에는 그 성질상 법인에게 전혀 허용될 수 없는 것이 있는가 하면(생명권, 신체의 자유), 당연히 허용되어야 하는 기본권(재산권, 재판청구권)이 있다(법인 고유의 기본권).

Ⅳ. 공 법 인

1. 기본권의 보장자

공법인(공법상 사단, 영조물 법인, 공법상 재단)은 국가업무를 수행하기 위해 만들어진 공법상 '인'으로서, 공법인의 성립과 해산은 국가의 결정에 달려 있고, 국가가 배정한 기능영역 및 과제영역의 테두리 안에서만 적법하게 활동할 수 있다. 또한 기본권은 공권력을 규율하므로 공권력의 주체가 스스로 기본권을 향유할 수 있다고 하는 것은 기본권의 본질과 모순되며, 공법인의 배후에는 언제나 국가가 존재하고 있기 때문에 공법인은 기본권의 수범자가 되어야 한다. 이러한 공법인에게 기본권을 인정한다면 기본권 사상의 반전을 일으키게 된다. 국가·지방자치단체 기타 공법인은 국민의 기본권을 보장해야 하는 주체이기 때문에(기본권수범자) 기본권의 주체가 될 수 없다. 이는 기본권의 의무자가 동시에 권리자가 되기 때문이다(혼동이론). 공법인은 일반적으로 국가권력의 영역에 속하므로 국가권력의 일부인 공법인에게 기본권주체성을 인정할 수 없다.

헌법재판소도 국민만이 기본권의 주체라 할 것이고, 공권력의 행사자인 국가,

지방자치단체나 그 기관 또는 국가조직의 일부나 공법인은 기본권의 '수범자'이지 기본권의 주체가 아니고 오히려 국민의 기본권을 보호 내지 실현해야 할 책임과 의무를 지니고 있을 뿐이라고 하여 공법인의 기본권주체성을 부정하고 있다.

2. 기본권의 향유자

공법인도 공적 의무를 수행하지 않는 경우에는 기본권 주체성을 부정할 이유가 없다. 이는 공법인도 국가로부터 위협상황에 놓일 수 있기 때문이다. 국가나 자치단체를 제외한 공법인이 기본권의 향유자가 되려면, 먼저 공법인이 조직상 국가로부터 독립되어 있어야 하고, 둘째 고유한 업무영역을 가지고 있어야 하며, 그 행위를 통해 국가와 대립할 수 있어야 한다.

3. 국가와 자치단체

국가나 자치단체는 국민의 기본권을 실현하는 보장자의 지위를 지니므로, 기본권을 향유할 수 없다.

헌법재판소도 지방자치단체가 재산권침해를 다툰 사건에서, '지방자치단체인 청구인은 기본권의 주체가 될 수 없고 따라서 청구인의 재산권 침해 여부는 더 나아가 살펴볼 필요가 없다'고 하여 자치단체가 기본권주체가 될 수 없음을 확인한 바 있다. 자치단체는 기본권의 보장자이지 향유자가 아니므로, 자치단체에게 보장되는 자치권을 자치단체에게 허용된 기본권으로 볼 수 없고, 따라서 자치권침해가 문제된 때에는, 헌법소원이 아닌 권한쟁의로 다투어야 한다. 다만 국가나 지방자치단체가 소송의 일방 당사자가 된 경우 공정하고 신속 공개재판을 받을 권리는 향유할 수 있다. 국가나 지방자치단체가 예외적으로 기본권 주체가 되더라도 국민이나 주민이 아닌 국가를 상대로 주장하여야 한다.

4. 기타 공법인

기타 공법인의 경우 공적과제를 수행하지 않는 범위 내에서는 기본권을 향유할 수 있다. 국립대학이나 언론기관(한국방송공사)은 학문의 자유나 언론의 자유의 향유주체성이 인정된다. 국립대학도 헌법상 학문의 자유 및 대학의 자율권으로 보호되는 영역에서는 독립된 기본권의 주체가 되므로, 교육부장관의 공권력 행사가 국립대학의 대학의 자율권을 침해하는 경우에는 헌법소원심판의 청구인능력이 인정된다(헌결 2014헌마1149). 또한 헌법재판소는 농지개량조합은 공법인성이 강하므로 기본권 주체가 될 수 없다고 하였으나, 공법인성과 사법인성을 공유하고 있는 축협중앙회의 경우 사법인의 성격이 더 강하므로 기본권의 주체가 될 수 있다고 하였다.

제4절 기본권의 효력

Ⅰ. 기본권의 대국가적 효력

1. 국가권력 일반에 대한 효력

(1) 기속대상

기본권은 국가와 국민 사이에 주어진 것이어서, 기본권은 국가권력에 대하여 그 효력을 주장할 수 있다. 즉 기본권은 모든 국가권력을 구속한다. 독일 헌법 제1조 제3항과 같은 명문규정이 없는 우리 헌법의 경우에도 기본권은 당연히 입법·사법·행정을 포함한 모든 국가권력을 구속하며, 헌법개정권력도 구속한다(통설).

기본권은 입법자에게 의무를 부과한다. 기본권은 법률에 의해서만 제한되도록 하며 기본권은 법률로 그 내용을 형성할 것을 명하고 있다. 행정권 역시 기본권에 구속된다. 행정권은 법률과 법에 기속되며, 특히 행정에게 재량이 주어진 경우 기본권기속의 독자적 의의가 나타나게 된다. 사법권 역시 기본권에 기속되며, 사법권의 기본권 기속은 재판속에서 또는 법률의 위헌심사나 위헌제청을 통해 실현된다. 동시에 헌법개정권력도 기본권을 존중하는 방향으로만 행사되어야 한다.

(2) 근거규정

기본권이 모든 국가권력을 구속한다는 데 헌법이론적으로 이의가 있을 수 없다. 그러나 기본권이 직접적으로 국가권력을 구속하는 것으로 볼 수 있는 헌법적 근거가 무엇인지에 관하여, 다양한 견해가 제시되어 있다. 기본권의 대국가적 구속력의 실정법적 근거는 '국가는 국민의 불가침의 기본적 인권을 확인하고 보장한다'는 헌법 제10조일 수밖에 없다.

(3) 개별적 기본권의 대국가적 효력

기본권은 원칙적으로 모든 국가권력을 구속하나 개별적 기본권 중에는 성질상

대국가적 효력의 인정 여부가 다투어지는 것이 있다. 인간의 존엄권, 행복추구권, 평등권, 자유권, 참정권, 청구권의 대국가적 효력은 모두 인정된다. 하지만 생존권의 경우, 생존권에 대한 '침해배제청구' 외에는 구체적인 입법이 행하여지지 않은 경우에 행정이나 사법을 직접 구속한다고 보기 어렵기 때문이다.

2. 비권력행위에 대한 효력

국가작용은 권력적 요소의 유무에 따라 국가가 일방적으로 명령·강제하는 권력작용과 그렇지 않은 비권력작용으로 대별된다. 기본권이 국가작용 중 권력행위를 구속함은 이미 본 바와 같다. 기본권이 권력행위 이외의 관리행위나 국고행위와 같은 비권력행위에도 미칠 것인가에 관하여, 비권력행위는 *私法*의 형식(또는 사법의 조직)으로 이루어지는 것이며 국민과 대등한 관계에서 이루어지는 것이기 때문에 기본권이 미치지 않는다는 주장이 가능하다. 그러나 기본권의 대국가적 효력은 모든 국가작용에 미치므로, 권력·관리·국고작용과 같은 국가작용의 형태에 따라 달리 취급될 필요가 없고, 국가권력 내에서의 특수한 신분관계 때문에 그 효력이 약화될 수 없다. 만일 비권력행위에 대한 기본권의 효력을 부정한다면, 행정이 기본권 제한을 회피하기 위한 '행정의 *私法*에의 도피' 위험성이 있다. 국가의 *私法*적 활동도 공적 과제를 수행하기 위한 것이며(간접적·공적 업무수행), 국가가 자신의 임무수행을 위해 *私法*형식을 사용한다 하여 '기본권으로부터 자유로움'을 의미하는 것이 아니므로, 비권력작용도 기본권에 구속된다.

Ⅱ. 기본권의 대사인적 효력

1. 기본권의 대사인적 효력의 의의

(1) 연 혁

기본권은 대국가적 권리로서 권위주의적 국가권력에 대항하여 자유의 수호 장치로 기능하여 왔고 지금도 이러한 성격은 변화되지 않았고 될 수도 없다. 사회가 변하면서 기본권이 국가권력 이외의 거대한 조직, 기업, 단체 등 비국가적 권력들에 의하여도 침해되는 현상이 나타나게 되었고, 그것도 사적자치의 미명하에 사인의 자유가 또 다른 사인의 자유를 훼손하게 되면서 기본권의 대국가적 효력으로 충분하지 않고 그 효력은 사인 간에도 적용되어야 한다는 것이 인식되기 시작했다. 이것이 곧 기본권의 대사인적 효력의 문제이다.

(2) 이념적 기초

기본권의 대사인효는 기본권의 객관적 원칙규범의 성격을 긍정할 때 가능하다. 기본권은 기본권의 객관적 가치질서의 성격이 인정되고 구성원 모두에 의해 지켜져야 할 객관적 규범으로 인식되어야 사인 간에도 그 효력을 주장할 수 있기 때문이다. 기본권의 대사인효는 이론적으로는 기본권의 객관적 원칙규범의 성격이 인정됨으로써, 실제적으로는 근로관계의 남녀평등실현을 계기로 관심이 주어졌다.

2. 독일에서의 이론전개

(1) 효력부인설

효력부인설이란 기본권은 본래 국가권력에 대한 주관적 공권이므로 사인 상호간에는 그 효력을 주장할 수 없다는 견해이다.

(가) 이론적 근거

기본권은 국가에 대한 권리이며, 사인 간의 관계는 민법의 영역으로서 민법규정과 사법원리를 통해 모든 사항이 충분히 해결되며, 또한 응당 그곳에서 처리되고 보장되어야 한다는 입장이다. 효력부인설에 의하면, 기본권의 대사인적 효력을 긍정할 경우 사적 자치나 계약자유가 부당하게 침해될 것이고, 결국 私法을 파괴하게 된다고 한다.

(나) 비　　판

기본권의 효력을 대국가적인 것으로 한정하는 것은 역사적 의의는 있을지 몰라도 거대한 사회세력에 의하여 기본권이 침해되고 있는 사회적 상황에 비추어 볼 때 설득력이 부족하다. 대사인적 효력을 인정한다고 하여 계약자유의 원칙에 완전히 맡겨진 문제에까지 기본권을 적용하는 것이 아니라, 기본권보호를 위해 사적 자치가 후퇴되어야 하는 경우에만 기본권을 적용하자는 것이다.

(2) 직접적용설

직접적용설은 법질서 전체의 통일성을 전제로 기본권은 사법상의 매개수단 없이도 사인간에 직접 효력을 지닌다는 견해이다.

(가) 이론적 근거

헌법은 정치공동체의 최고의 가치질서이므로 사인 상호간의 관계도 헌법규정에 위반할 수 없으며, 기본권은 사법에 대해 규범적 효력을 직접 가진다고 한다. 또한 기본권은 사회의 질서원칙으로서 사인 간에도 직접적인 사적 효력을 발휘한다고 한다.

(나) 비　　판

기본권이 사인 간에 직접 적용되게 되면 사적 자치에 대한 중대한 위협이 될 수 있음을 소홀히 하고 있다. 기본권 보장의 확대노력이 도리어 기본권 제한의 결과를 가져다 줄 수 있어 부당하다.

(3) 간접적용설

간접적용설이란 기본권은 사인 간에 효력을 미치는 데 사법조항(일반조항이나 불확정 개념)을 매개로, 즉 간접적으로 적용된다는 견해이다. Dürig는 직접적용설이 사적 자치와 모순되며 사법의 독자성을 침해할 우려가 있다고 비판하면서, 기본권은 사법의 매개조항을 통해 사인 간에 적용된다고 한다. 독일과 우리나라의 지배적 견해이다.

(가) 이론적 근거

기본권은 객관적 원칙규범으로서 제 3 자 지향적 성격을 지니고 있어 사인 간에도 적용되어야 하지만, 사적 자치의 보장이라는 헌법의 또 다른 기본적 가치가 훼손되어서는 안 될 것이기에 기본권은 사인 간에 직접 적용되어서는 안 된다는 것이다.

(나) 비　　판

직접적용설에 의하면 헌법은 정치공동체의 최고의 가치질서이므로 그 구성요소인 기본권은 사법에 있어서도 직접적으로 규범적 효력을 나타내야 하는데 사법을 매개로 간접 적용되는 것은 타당하지 않다고 한다. 또 기본권은 사법의 일반조항이나 불확정 개념을 통해서만 적용되는 것이 아니라 모든 사법규정을 매개로 효력을 미친다고 보아야 한다.

3. 미국에서의 이론전개: 국가행위(State Action) 이론

(1) 국가행위이론의 의의

국가행위(State Action)이론이란 기본권은 국가에 대하여만 효력을 지니며 기본권을 사인에게 적용하기 위해서는 사인의 행위를 국가행위로 볼 수 있는 경우라야 한다는 이론을 말한다.

⑵ 국가행위이론의 내용

㈎ 공적기능이론(Public function doctrine)

공적기능이론이란 사인의 행위가 공적 기능의 성질을 지닌 경우 이를 국가행위로 보아 기본권을 적용할 수 있다는 것이다. 정당의 선거제도와 투표인 자격결정은 공적기능의 성격을 지니므로 백인만의 전당대회(White Primary)에 의한 예비선거가 위헌 선언되었다. 일명 통치기능이론이라고도 한다.

㈏ 국가관여이론(State involvement doctrine)

국가관여이론이란 국가와 사인의 행위와의 연계성이 있을 때 국가행위로 본다는 것인데, 국가의 행위의 종류와 그 관련 정도에 따라 결정된다.

① 사법적 집행의 이론　　이는 국가의 명령에 의해 인종차별이 이루어진 경우인데, 예컨대 법적용이라는 형식을 통한 법원의 司法적 강제가 이루어진 경우, 이를 국가행위로 보아 기본권을 적용한다는 것이다.

② 국유재산이론　　국가와 사인 간에 호혜관계나 공생관계가 존재하는 경우 국가의 관여를 인정할 수 있다. 市유지에 건립된 공영주차장 건물을 임대하여 식당을 운영한 자의 흑인차별은 위헌이 된다.

③ 국가원조의 이론　　국가로부터 재정적 지원을 받는 경우 사인의 행위를 국가행위와 동일시하여 이에 기본권을 적용한다는 것이다(Norwood v. Harrison).

⑶ 문제점 및 적용가능성

국가행위설은 사인의 행위라도 공적 기능을 수행하고 있거나 또는 국가와 연계되어 있는 때에는 기본권을 적용하자는 것이지만 사인의 행위를 기본권이 적용되는 행위와 그렇지 않은 행위로 구별하는 것은 실제 적용에 있어서는 많은 어려움을 주게 된다. 그 한계를 명확하게 긋기가 곤란하며, 거의 모든 사적 행위가 국가와 관련을 맺게 되는 현대사회에 있어서는 경우에 따라서 인권규정이 무한히 확대될 가능성이 있다. 또 헌법의 규정형식이 다르고 공사법의 구별이 좀 더 분명한 법체계하에서 그리고 헌법소송, 행정소송, 민사소송이 엄격히 구별되는 소송구조를 지니고 있는 우리 헌법의 경우 미국의 국가행위이론을 적용할 가능성은 매우 적다고 하겠다.

Ⅲ. 대한민국 헌법에 있어서 기본권의 대사인적 효력

1. 헌법과 대사인적 효력

기본권은 국가와 국민의 관계에서 국가에 대한 국민의 권리로 시작되었고 지금도 그 본질적 내용에 변화는 없다. 만일 기본권이 대사인 간에 적용되어 만인이 만인에 대하여 기본권의 구속을 받는다면 기본권의 의미와 목적은 전도될 것이다. 공권력에 대한 권리가 모든 동료시민에 대한 의무로 바뀔 것이고, 자유에 대한 광범위한 제한이 불가피하게 된다. 이러한 측면에서, 기본권의 직접적인 대사인효는 부정되어야 한다.

한편 기본권은 모든 인간 공동체의 기초이며 사회생활의 질서원칙으로서의 성격을 지니고 있고, 사회 제 세력에 의한 기본권 침해현상을 방치할 수 없기에 기본권은 사인 상호간에 직접적 의미를 갖는다고 보아야 한다. 이러한 측면에서, 기본권의 직접적 대사인효는 허용되어야 한다. 적용을 부정했을 경우 사인에 의한 기본권 침해는 방치될 수밖에 없고, 직접 적용을 긍정할 경우 자유에 대한 제한은 불가피하게 된다.

현대 사회는 '자유와 평등의 균형'이 국가 이외의 사적인 정치·경제·사회적 힘의 행사에 의해 제거되거나 위협받고 있다. 그렇다면 기본권의 대사인효는 긍정되어야 하나 사법의 기본체계를 파괴하지 않는 범위 내에서 이루어져야 한다. 이러한 측면에서 볼 때 간접적용설이 가장 설득력을 지닌다고 하겠다. 대사인 간 효력과 관련하여 간접적용설이 통설·판례로 자리를 잡은 이상, 이제는 적용구조와 적용 정도의 규명에 중점이 두어져야 한다.

2. 직접 적용되는 기본권규정

(1) 헌법의 명문규정에 의한 경우

기본권이 직접 사인 간에 적용되려면, 헌법이 사인을 수범자로 명시하거나, 사인이 다른 사람의 기본권과 관련하여 준수해야 할 규범내용을 밝히고 있거나 또는 사인인 수범자의 규범위반행위에 대한 법적 효과를 명시한 경우라야 한다. 헌법 제21조 제 4 항과 제35조 제 1 항이 문제된다.

㈎ 환 경 권

헌법은 환경권을 보장하면서 환경권보전의무를 국민에게 부과함으로써(§ 35

①), 환경권의 수범자가 국민임을 명시하고 있다. 환경권이 주로 사인에 의해 침해되기에 이러한 경우 민법의 소유권을 빌려 배제청구나 손해배상청구를 할 것이 아니라 환경권침해를 이유로 직접 다투도록 하여야 한다. 그러나 헌법이 의무를 명시하였다 하여 이에 대응하는 기본권에 직접적 대사인효가 모두 인정되는 것은 아니다. 근로의 의무가 규정되어 있다 하여도 근로의 권리는 생존권의 성격을 지니므로 직접적 대사인효를 인정할 수 없다.

(나) 헌법 제21조 제 4 항

헌법 제21조 제 4 항은 '언론·출판이 타인의 명예나 권리를 침해한 때에는 피해자는 이에 대한 피해의 배상을 청구할 수 있다'고 규정하고 있는데, 이 조항은 기본권(언론·출판의 자유)이 사인 간에 직접 적용되는 경우에 해당된다는 것이 지배적인 입장이다. 헌법 제21조 제 4 항의 구성요건과 법적 효과를 감안할 때 사권의 성격을 갖는 주관적 권리의 도출이 가능하므로, 명문으로 대사인적 효력을 긍정한 예로 보는 것은 타당하다.

그러나 언론·출판의 자유를 헌법이 명문으로 직접적 사인효를 인정한 것으로 보는 것은 적절치 않다. 위 조항은 언론·출판의 주체(가해자)가 타인의 명예나 권리를 침해 한 경우 침해당한 자(피해자)는 가해자에게 자신의 명예나 권리를 주장할 수 있다는 것이므로, 언론·출판으로 명예나 권리가 침해된 자의 기본권(인격권, 사생활의 비밀과 자유)이 언론·출판을 상대로 직접 사인효를 발휘하는 것으로 보아야 하기 때문이다. 그렇다면 제21조 제 4 항은 언론·출판의 자유의 사인적 직접 효력을 긍정한 것이 아니라 언론 출판이라는 행위에 의해 현실적 침해가능성이 있는 기본권에 국한하여 사인적 직접 효력을 긍정한 것으로 보아야 한다.

(2) 기본권의 성질에 의한 경우

기본권 중에는 헌법이 명시적으로 인정하지 않더라도 성질상 직접적 대사인효가 긍정되는 것이 있다. 인간의 존엄권과 근로 3 권은 사인 간에도 직접 적용된다. 협의의 존엄권은 법률로도 제한할 수 없는 절대적 기본권으로 헌법상 최고의 가치인 존엄을 그 내용으로 하는 것이므로, 사인들도 이에 구속되어야 한다. 인간의 존엄과 가치(존엄권)규정을 사인 간에 직접 적용하는 것은 결과적으로 모든 기본권의 대사인효를 긍정하는 것이 되어 부당하다고 하나, 이 견해는 '인간의 존엄 및 행복추구권'(§ 10)이 직접 적용된다고 하는 견해에 대한 비판으로는 적절하나, 인간의 존엄권(협의의 존엄권)은 사인 간에 직접 적용되어야 한다.

근로 3 권은 성질상 사인(사용자)에 대한 권리이므로 직접 적용되는 기본권에 속하며, 여자와 연소자의 근로보호규정(§32④, ⑤)도 직접 적용된다. 근로 3 권은 본질적으로 근로관계를 전제로 하는 것이고 근로 3 권의 역사적·이념적 배경으로 보아도 직접 적용되는 기본권으로 보아야 한다.

3. 대사인적 효력을 인정할 수 없는 기본권

기본권 중에는 성질상 사인이 관여할 수 없고 국가권력만 구속하는 기본권이 존재한다. 이러한 기본권으로는 청구권(청원권, 형사보상청구권, 국가배상청구권), 사법절차적 기본권(변호인의 도움을 받을 권리, 신속하고 공개적인 재판을 받을 권리), 생명·신체에 관한 헌법상 지도원리(죄형법정주의, 형벌불소급원칙)를 들 수 있다. 또한 참정권 내지 생존권 모두 대사인효가 허용되지 않는다.

4. 간접 적용되는 기본권

사인간에 직접 적용되는 기본권과 대사인적 효력이 인정되지 않는 기본권을 제외한 모든 기본권은 간접적으로 사인 간에 적용된다. 사법규정을 매개로 사인 간에 간접 적용되나 주로 일반조항(민법 §103, §104, §2)을 통해 간접적으로 적용된다.

Ⅳ. 기본권 보호의무

1. 기본권 보호의무의 의의

(1) 개 념

기본권 보호의무란 사인의 위법한 기본권 침해 또는 침해의 위험으로부터 기본권을 보호해야 할 국가의 의무를 말한다.

(2) 보호의무의 범위

사인의 기본권 침해 외에 국가의 기본권 침해에 대한 보호를 기본권 보호의무로 이해하는 광의설과 사인의 기본권 침해에 대한 보호만을 기본권 보호의무로 이해하는 협의설(다수설)이 대립한다. 생각건대 광의설과 같이 국가가 국민의 자유를 침해하지 말 것(자유권)과 국민의 권리를 실현해야 하는 것(생존)까지 기본권 보호의무로 볼 이유는 없다.

(3) 보호의무의 내용

(가) 사인의 기본권 침해나 침해위험

국가의 보호의무는 사인의 기본권(기본권적 법익)이 침해되거나 또는 침해위험이 있을 때 발생한다. 위험원이 국가인 경우에는 방어권의 문제가 발생할 뿐 보호의무는 문제되지 않는다.

(나) 보호의 대상

보호의무의 대상은 자유권에 의해 보호될 가치가 있는 모든 보호법익이다. 생명이나 신체에 국한되지 않는다. 헌법재판소는 생명, 신체, 환경에 대한 국가의 보호의무를 인정하고 있다.

2. 기본권 보호의무의 헌법적 근거

(1) 실정법적 근거

헌법 전문의 '우리들과 우리들의 자손의 안전과 자유와 행복을 영원히 확보', 헌법 제10조의 존엄과 가치, 헌법 제30조의 범죄피해구조청구권 등의 규정으로부터 국민의 생명·신체의 안전에 대한 기본권과 그 생명·신체를 사인의 침해로부터 적절히 보호해야 할 국가의 기본권 보호의무가 도출된다.

(2) 이론적 근거

기본권의 방어적 성격으로는 제3자의 기본권 침해로부터 생명, 신체 등의 법익을 보호할 수 없다. 방어권은 국가에 대한 효력이기 때문이다. 사인의 기본권 침해에 대한 국가의 기본권 보호의무는 기본권의 객관적 원칙규범의 성격이 긍정되어야 가능하다. 기본권의 객관적 가치질서의 성격은 객관법적 기능을 가짐으로써 사인 상호간의 관계에까지 기본권의 효력이 미치도록 하여 주기 때문이다. 기본권의 객관적 원칙규범의 성격은 기본권 보호의무의 이론적 근거가 된다.

3. 기본권 보호의무의 실현

(1) 입 법 자

입법자는 국민의 생명이나 신체를 사인의 침해로부터 보호해야 할 의무를 진다. 입법자는 형법, 행정법, 민법, 노동법, 언론관련법 등 법률제정을 통해 기본권

보호의무를 구현한다. 살인죄를 처벌하고, 제 3 자의 법익을 침해할 수 있는 시설허가를 규제하며, 공서양속위반행위를 무효화하고, 야간근로를 금지하며, 반론권을 인정함으로써 생명, 신체, 인격 등을 보호한다.

(2) 집 행 자

기본권 보호의무의 실현은 주로 입법자의 몫이지만 보호입법이 없거나 해석이 필요한 경우, 재량의 여지가 있는 경우에는 행정이나 법원에 의한 보호의무의 실현이 가능하고, 요구된다. 특히 법원은 私法의 해석·적용시 보호의무자로 기능하여야 한다.

4. 입법자에 대한 헌법재판소의 통제(과소보호금지원칙)

(1) 헌법재판소의 통제강도

헌법은 국가에게 기본권을 보호할 의무를 부과하나 기본권의 보호방법이나 보호정도를 일의적으로 규율하고 있지 않으며, 할 수도 없다. 기본권보호방법이 다양하며, 보호정도 또한 그 수준을 확정하기 어렵기 때문이다. 국가의 기본권보호의무의 이행은 입법자의 입법을 통하여 비로소 구체화되는 것이고, 국가가 그 보호의무를 어떻게 어느 정도로 이행할 것인지는 입법자가 제반사정을 고려하여 입법정책적으로 판단하여야 하는 입법재량의 범위에 속한다. 입법자는 국민에 의하여 직접 민주적 정당성을 부여받고 자신의 결정에 대하여 정치적 책임을 지는 존재이기 때문이다.

(2) 과소금지원칙

(가) 의 의

과소(보호)금지원칙이란 국가가 기본권 보호의무를 지는 경우 일정한 하한을 밑도는 조치를 금하는 헌법원칙을 말한다. 과잉금지가 기본권 제한에 있어 지나침을 금하는 것이라면 과소금지는 기본권 보호에 있어 부족함을 금하는 것이다. 헌법재판소는 과소보호금지원칙의 관점에서, 국가가 국민의 기본권 보호를 위하여 적어도 "적절하고 효율적인 최소한의 보호조치"를 취했는가를 기준으로 심사하고 있다.

(나) 내 용

첫째, 과잉금지에서는 국가의 작위가 문제되는 데 반해 과소금지에서는 국가의 부작위가 문제되는바, 국가의 작위로 인한 기본권침해의 제거방법인 과잉금지원칙은 국가의 부작위로 인한 기본권침해를 제거하는 방법(기준)이 될 수 없기 때문이다. 결국 과잉금지원칙은 국가의 소극적 부작위에 대한 심사기준으로 기능할 수 없다. 둘째, 가해자의 기본권을 가장 덜 침해적인 수단이 언제나 피해자의 기본권적 법익보호에 충분히 효과적인 수단이라고 보기 어렵기 때문이다.

과소금지의 최저수준을 적극적으로 규명하는 것이 어렵기에, 과소금지원칙에 대한 위반은 소극적으로 판단할 수밖에 없다. 첫째, 보호조치가 전혀 이루어지지 않거나 보호조치가 법익보호에 명백하게 부적합하거나 불충분한 때에는 과소금지에 위배된다. 둘째, 입법자의 형성의 자유가 유일한 수단으로 축소되는 특정 상황에서 보호의 유일한 수단이라 할 수 있는 특정조치를 취하지 않은 때에는 과소금지에 위배된다. 셋째, 보호조치가 주어진 경우, 보호조치보다 제3자의 법익이나 공익을 덜 침해하면서도 더 효과적인 기본권 보호를 나타내는 수단이 없어야 한다(효율성 원칙). 넷째, 보호조치로 인한 피해자의 법익보호와 공익이나 제3자의 사익침해와 균형이 이루어져야 한다(법익형량). 만일 보호조치가 대립되는 공익이나 사익과 형량하여 볼 때 법익침해를 감수할 수 없는 정도에 그친다면 과소금지에 위배된다.

Ⅴ. 기본권의 경합과 충돌(경쟁과 상충)

1. 기본권의 경합

(1) 기본권 경합의 의의

(가) 기본권 경합의 개념

기본권 경합이란 국가행위가 기본권 주체의 여러 기본권의 구성요건에 해당될 때 이들 기본권 상호간의 관계를 의미한다. 예컨대 강제 두발절단의 경우 신체불훼손권과 인격권과의 관계, 집회에 참석하고자 하는 사람을 체포·구속한 경우에 신체의 자유와 집회의 자유와의 관계, 신문편집실에 대한 수색의 경우 주거의 자유와 신문의 자유와의 관계, 종교단체가 발행하는 신문을 국가가 간섭하는 경우에 종교의 자유와 언론의 자유와의 관계가 이에 해당된다.

(나) 구별개념

기본권 경합은 단일의 기본권주체의 복수의 기본권 간의 문제인 점에서, 서로 다른 기본권주체 사이의 대립인 기본권 충돌과 구별된다. 기본권 경합은 기본권의 대국가적 효력으로 기본권의 확장문제인 데 반해 기본권 충돌은 기본권의 대사인적 효력으로 기본권의 제한문제이다.

기본권 경합은 여러 기본권의 구성요건에 해당되는 것 같아도 실제적으로 하나의 기본권 구성요건만 충족하는 외견적 경합(유사경합)과 구별된다. 예를 들어 학문적 표현이나 예술적 수단을 이용한 광고에 있어 영업의 자유(또는 재산권)와 학문과 예술의 자유를 경합하여 주장하는 경우인데, 상업적 광고는 학문적 지식의 전달수단이 아니므로 진정한 기본권경합으로 볼 수 없다. 따라서 국가가 광고를 제한할 경우 영업의 자유만 문제되는 것이지 학문의 자유나 예술의 자유는 문제되지 않는다.

(2) 기본권 경합의 유형과 해결방법

(가) 유　　형

기본권 경합은 일반적 기본권과 특별 기본권이 경합하는 경우, 제한의 정도가 다른 기본권이 경합하는 경우, 규범영역이 서로 다른 기본권이 경합하는 경우의 세 가지 유형이 있다.

(나) 해결방법

일반적 기본권과 특별 기본권이 경합하는 경우에는 특별법 우선의 원칙에 따라 특별기본권의 침해 여부만 심사하면 된다. 예를 들어 결사의 자유(§21)와 정당설립의 자유(§8)가 경합되는 경우 정당설립의 자유가 적용된다.

제한의 정도가 다른 기본권이 경합하는 경우에는 헌법적 효력이 보다 강한 기본권, 즉 기본권 제한이 가장 약한 기본권만큼 효력이 있다고 보아, 강한 효력을 지닌 기본권을 기준하여 침해 여부를 판단한다(소위 최강효력설). 예를 들어 직업음악가가 국가에 의해 악기연주를 방해받은 경우 예술의 자유와 직업의 자유 중 예술의 자유를 기준으로 침해 여부를 판단한다.

규범영역이 서로 다른 기본권이 경합되는 경우에는 당해 사안과 직접적으로 관련되는 기본권을 우선 적용하고, 직접적으로 관련되는 기본권이 무엇인가를 판단함에 있어서는 기본권을 주장하는 기본권주체의 의도와 기본권을 제한하는 공권력의 동기를 감안하여 개별적으로 판단하되, 기본권효력이 강화되는 방향으로 해결되어야 하며, 1차적으로 관련된 기본권을 확정할 수 없는 경우에는 관련된 기본권을 모두 적용하여야 한다. 예를 들어 자필증서에 의한 유언의 효력제한은 재산권에 대한 제한이 되는 동시에 유언자의 일반적 행동자유권에 대한 제한이 된다. 평등권과 개별적 기본권은 일반적으로 그 침해 여부가 '모두' 심사된다. 헌법재판소 역시 개별적 기본권의 침해 여부를 판단할 때 (일반적으로) 동시에 평등권 침해 여부를 심리하고 있다.

(다) 판례의 입장

헌법재판소는 '하나의 규제로 인해 여러 기본권이 동시에 제약을 받는다고 주장하는 경우에는 기본권 침해를 주장하는 청구인의 의도 및 기본권을 제한하는 입법자의 객관적 동기 등을 참작하여 먼저 사안과 가장 밀접한 관계에 있고 또 '침해의 정도가 큰 주된 기본권'을 중심으로 해서 그 제한의 한계를 따져 보아야 한다'고 하였다.

2. 기본권의 충돌

(1) 기본권 충돌의 의의

(가) 기본권 충돌의 개념

기본권 충돌이란 복수의 기본권주체가 각자의 법익을 관철하기 위해 서로 대립하는 기본권을 주장하는 경우에 기본권 상호간의 관계를 의미한다. 예를 들어 명예를 훼손하는 문학작품의 경우 예술의 자유와 사생활의 자유와의 관계이다. 기본권 충돌에 있어 대립되는 기본권은 반드시 상이한 기본권일 필요는 없다. 표현의 자유에 있어 경영권과 편집권의 충돌이 가능하며, 재산권보장에 있어 임대인의 소유권과 임차인의 임차권의 충돌이 가능하고, 집회의 자유와 집회반대의 자유 간 충돌이 가능하기 때문이다.

(나) 구별개념

① 공익과의 마찰　　기본권의 충돌은 기본권과 기본권 간의 갈등이므로 기본권과 헌법이 보호하는 공익과의 마찰은 기본권 충돌의 문제가 아니다.

② 기본권 경합　　기본권 충돌은 복수의 기본권주체 사이의 마찰이라는 점에서 단일의 기본권주체의 복수의 기본권 간의 문제인 기본권 경합과 구별된다.

③ 유사충돌　　기본권 충돌은 기본권의 보호영역 내에 들어가는 기본권들 간의 충돌이므로, 기본권주체의 기본권 보호영역에 속하지 않는 행위와 다른 기본권주체의 기본권 보호영역에 속하는 행위가 충돌하는 유사충돌과 구별된다. 예를 들

어 연극배우가 무대에서 살인을 하고 피살자에 대하여 예술의 자유를 주장하는 경우이다. 살인행위는 예술의 보호영역에 속하지 않으므로 진정한 의미의 기본권 충돌로 볼 수 없다.

(2) 기본권 충돌과 대사인적 효력과의 관계

(가) 대사인적 효력

기본권 충돌을 대국가적 효력의 문제로 보는 견해가 있다. 국가권력(법원)이 개입·해결한다고 해서 이를 모두 대국가적 효력의 문제로 본다면 기본권의 대사인적 효력은 설 곳이 없게 된다. 기본권 충돌의 개념정의에서도 보았지만 기본권 충돌은 사인 간에 나타나는 기본권 갈등현상이다. 궁극적 해결을 국가(법원)가 한다는 측면을 내세워 국가적 효력의 문제로 보는 것에 동의하기 어렵다.

(나) 대사인적 효력과의 차이점

기본권의 대사인효와 기본권 충돌은 사인 상호간의 기본권문제라는 점에서 유사한 형태를 지니고 있으나, 본질·내용·주장방법·상호관계·해결방법·구제방법 등에서 구별된다. 기본권의 대사인효는 기본권을 누구에게까지 주장할 수 있는가의 기본권 수범자의 문제이나 기본권의 충돌은 충돌하는 기본권간에 누구의 기본권을 보호할 것인가의 문제가 된다(내용). 또한 기본권의 대사인효는 사인에 대하여 간접(예외적으로 직접)적으로 기본권을 주장하게 되나, 기본권의 충돌은 사인 상호간에 각자가 기본권을 직접 주장하게 된다(주장방법). 기본권의 대사인효는 기본권의 직접·간접 적용을 통해 해결하는 데 반해, 기본권의 충돌은 실제적 조화의 원칙이나 법익형량의 원칙을 통해 해결한다(해결방법).

(3) 기본권 충돌의 해결방법

헌법은 기본권 충돌이 있는 경우 이에 대한 해결책을 제시하고 있지 않다. 이 문제는 학설과 판례에 맡겨져 있다. 학계는 기본권 충돌의 대표적 해법으로 기본권 서열이론과 실제적 조화원칙을 제시하고 있다.

(가) 기본권의 서열이론(일반적·추상적 법익형량)

① 의 의 기본권의 서열이론이란 기본권사이에 서열과 위계가 있으며 이를 확정할 수 있음을 전제로, 서로 충돌하는 기본권 중에서 서열이 높은 기본권을 우선시키는 이론을 말한다. 헌법재판소나 대법원이 기본권의 충돌을 해결하기 위해 적용

한 법익형량은 기본권 서열이론에 입각한 일반적·추상적 법익형량에 해당된다.

② 내 용 우열을 판단하는 기준을 살펴보면, 생명권을 우선시하며, 경제적·사회적 기본권에 대해 인격적 가치를 우선시하고, 인간다운 생존을 위한 기본권을 다른 법익을 위한 기본권보다 우위에 두고, 평등에 대해 자유를 우선시키고 있다.

③ 한계(문제점) 법익형량이론은 첫째, 기본권의 서열과 우열을 추상적이고 일반적으로 확정하는 것은 불가능하며, 둘째, 기본권의 서열이 낮다는 이유만으로 보호되지 않는다면, 이를 보호하는 헌법규범의 효력을 제거하는 것이 되어 헌법을 하나의 통일체로 이해해야 되는 헌법의 통일성원리에 어긋나며, 셋째, 법익이 크다는 이유만으로 작은 법익을 실현하는 기본권이 전혀 보호되지 않는다면, 어떤 기본권도 본질적 내용이 침해되어서는 안 된다는 헌법규정에 위배되므로, 기본권의 서열이론은 기본권 충돌의 적당한 해결책으로 볼 수 없다.

(나) 실제적 조화의 원칙(구체적·개별적 법익형량)

① 의 의 실제적 조화의 원칙은 헌법의 통일성 원리에 입각하여 관련 기본권들이 최적으로 모두 실현될 수 있도록 상호 정서하여야 한다는 것으로, 관련 법익을 모두 실현하면서 최적으로 실현하는 데 중점이 두어진다. 실제적 조화는 기본권 충돌에 있어 기본권의 택일이 아니라 양립을 모색하는 것이다.

② 내 용 실제적 조화의 원칙을 적용함에 있어 두 가지 방법이 존재하는데, 비례의 원칙과 대안식 방법이다. 이는 기본권의 양립이 가능한 경우와 불가능한 경우가 있기 때문이다.

㉠ **비례의 원칙**(공평한 제한 원칙) 비례의 원칙이란 충돌하는 기본권 모두에게 비례적 제약을 가하면서 충돌하는 기본권 모두를 양립시키는 방법을 말한다. 헌법재판소는 정정보도청구권과 언론의 자유의 기본권 충돌의 경우 비례의 원칙을 적용하였고, 노동조합의 조직강제권과 근로자 개인의 단결권이 충돌한 경우에도 동 원칙을 적용하여 해결하고 있다.

㉡ **대안식 해결방법** 대안식 해결방법이란 대립되는 기본권 중 어느 한 쪽을 배제하지 않으면 안되는 경우 제3의 대안을 찾아서라도 양립을 모색하는 방법이다. 이는 대립되는 기본권 간에 양립이 허용되지 않아 비례의 원칙이 적용될 수 없는 경우 대안이나 절충안을 마련함으로써 극단을 피하고자 하는 방법이다. 대안식

해결방법으로는 부녀의 자기결정권과 태아의 생명권 충돌에 있어, 낙태를 원칙적으로 금지하지만 낙태가 허용되는 경우에도 전문상담소의 상담을 조건으로 낙태를 허용하는 것을 들 수 있다.

③ 한 계 기본권 충돌의 경우 실제적 조화의 원칙이 언제나 가능하지는 않다고 하면서, 비례의 원칙도 대안식 방법도 불가능한 경우, 예를 들어 산모의 생명이 위독하여 낙태를 해야만 하는 경우와 같이 양자택일이 불가피한 때에는 법익형량에 따라 더 큰 이익을 선택할 수밖에 없다고 하는 주장이 있는데, 적절치 않다. 산모의 생명을 구하기 위한 경우라면 당연히 낙태가 허용되어야 하는데 이는 (추상적) 법익형량의 결과가 아니라 이 역시 실제적 조화의 원리가 적용된 경우이기 때문이다.

㈐ 판례의 입장

헌법재판소는 기본권서열이론에 근거하기도 하고, 법익형량에 따라 동시에 실제적 조화의 법리를 적용하는 등 다양한 접근방법으로 충돌문제를 해결하고 있다. 기본권 충돌의 해결방법은 실제적 조화의 원리에 의하지 않고는 해결될 수 없기에 기본권 충돌을 여러 이론을 빌려 해결하려는 헌법재판소의 위와 같은 입장은 적절치 않다. 헌법상 법익형량은 실제적 조화에 따른 법익형량이어야 하기 때문이다.

제 5 절 기본권의 제한과 그 한계

Ⅰ. 기본권 보호영역

1. 기본권 보호영역의 의의

기본권 보호영역이란 기본권에 의해 보호되는 생활영역을 말한다. 종교의 자유가 종교와 관련된 개인의 삶 영역에서, 의사표현의 자유가 사상의 표명과 전달 및 의사소통과 관련된 개인의 삶 영역에서 효력을 가지듯이 기본권은 각각의 상이한 생활영역에서 효력을 가진다.

2. 기본권 보호영역의 확정

기본권의 보호영역은 통상적인 법학적 해석수단을 통해, 법문을 중심으로, 기본권보장의 목적 및 다른 기본권규범과의 체계를 고려하여, 필요하다면 기본권의 성립배경까지 감안하여 확정되어야 한다.

(1) 보호영역의 확정방법

보호영역을 확정하는 데 두 가지 방법이 존재한다. 충돌하는 법익의 조정을 보호영역 판단단계에서 할 것인가 아니면 제한의 정당성 단계에서 할 것인가가 그것이다. 기본권의 보호영역은 넓게 이해되는 것이 바람직하며, 충돌하는 법익의 조정은 정당성 단계에서 판단되어야 한다.

(2) 보호영역의 확정원칙

(가) 보호영역의 확정은 헌법문제이다

기본권 보호영역은 헌법과 헌법해석에 의해, 즉 '법률이 아닌 헌법적 차원'에서 확정되어야 한다. 입법자에 의해 보호영역이 결정되어서는 안 된다. 보호영역이 법률에 맡겨지는 경우가 있는데, '재산권의 내용과 한계' 또는 '환경권의 내용과 행사'가 그것이다. 이 경우에도 입법형성의 헌법적 한계가 있음은 물론이다. 한편 헌법이 직접 보호영역을 제한하는 경우가 있는데 '근로조건의 향상'을 위한 근로3권이 이에 해당된다.

(나) 보호영역의 확정은 객관적으로 이루어져야 한다

기본권 보호영역은 객관적으로 확정되어야 한다. 즉 보호영역은 가치평가와 무관하게 이루어져야 한다. 이러할 때 자신의 행위의 보호여부가 객관적으로 예측될 수 있기 때문이다. 헌법재판소가 직업의 개념에서 공공무해성을 제외한 것은 타당하지만 음란을 표현의 범위에서 제외한 것은 적절치 못했다. 헌법재판소가 음란을 다시 표현의 보호영역의 범위에 포함시킨 것은 보호영역에 대한 올바른 이해로 평가된다.

(다) 보호영역의 확정은 체계적 관련하에 이루어져야 한다

기본권 보호영역은 기본권의 목적과 헌법이 부여한 기능을 감안하며 다른 기본권과 그 밖의 헌법규정들과의 체계적 관련하에 확정되어야 한다. 보호영역의 지나친 확대는 다른 기본권의 보호영역과 중복을 가져올 수 있기 때문이다.

(라) 보호영역은 자유의 본질에 반하여 정해질 수 없다

기본권은 공동체의 모든 구성원에게 자유, 평화, 안전을 보장하고 실현하기 위한 것이므로 기본권에 의해 보호되는 행위가 폭력 또는 살상의 수단이 되는 것은 보호영역에서 제외되어야 한다.

Ⅱ. 기본권의 제한

1. 기본권 제한의 의의

(1) 기본권 제한의 개념

기본권 제한이란 국가가 개인에게 기본권 보호영역 내에 포함되어 있는 행위를 금지하거나 제약하는 것을 말한다. 기본권 제한은 보호영역 내의 행위를 금하는 것으로, 보호영역을 위헌적으로 축소·제한하는, 즉 정당화되지 않는 제한을 의미하는 기본권 침해와 구별된다.

(2) 기본권 제한의 성립요건

기본권 제한이 성립되기 위해서 과거에는 기본권 보호영역에 영향을 주는 공권력이 의도적이고, 직접적으로 이루어지며, 명령이나 강제의 성격을 지닌 법적행위이어야 했다. 그러나 오늘날 기본권 제한은 국가작용의 의도여부가 있는지, 직접 또는 간접인지, 법적 또는 사실적인지, 명령과 강제를 수반하는지 여부를 불문한다. 국가행위가 '의도하지 않았지만' 제 3 자에게 불리한 효과가 나타날 수 있다. 국가가 특정제품의 유해성을 경고하거나 사이비 종교의 유해성을 경고함으로써 제품제조회사에 불이익을 주거나 종교단체에 불이익을 줄 수 있는데, 이러한 국가행위 역시 비록 의도되지 않았지만 제조업자나 종교단체의 기본권에 대한 제한에 해당된다. 간접적 제한은 통상 국가행위가 상대방과 동시에 제 3 자에게 불이익을 주는 경우에 나타난다. 기본권 제한은 사실행위에 의해서도 이루어진다.

한편 기본권 제한은 명령이나 강제의 형태를 띠므로 개인에게 이익을 주는 조건으로 자유와 권리를 제한하거나 또는 이익제공을 개인이 자유롭게 결정할 수 있는 경우에는 기본권 제한이 존재하지 않는다(투자유치나 저축유도를 목적으로 하는 감세). 그러나 상대방의 참여나 동의를 조건으로 하나 사실상 강제가 행해지는 경우, 즉 명령이나 제한과 유사한 강제적 효과를 지닌 경우에는 기본권 제한이 존재한다.

2. 기본권 제한의 유형

(1) 헌법에 의한 제한

(가) 의 의

헌법에 의한 제한이란 헌법이 명시적으로 특정 기본권의 제한을 규정한 경우를 말한다. 헌법 직접적 제한으로 기본권 제한을 위한 별개의 입법조치가 불필요하다. 헌법에 의한 제한은 기본권의 범위와 한계를 헌법에 명시함으로써 입법자의 권한남용을 방지하고 기본권을 보다 효과적으로 보장하는 기능을 지닌다.

(나) 내 용

헌법에 의한 제한은 기본권의 내용을 제한하거나 기본권의 주체를 제한하는 두 가지 경우가 있다. 내용을 제한하는 경우로는 정당의 목적이나 활동이 민주적 기본질서에 위반하지 못하도록 한 것(§8④), 언론·출판이 타인의 명예나 권리 등을 침해하지 못하도록 한 것(§21④), 재산권행사를 공공복리에 적합하도록 한 것(§23②)을 들 수 있다. 주체에 대한 제한으로는 국가배상청구권을 보장하면서 군인·군무원 등에게 배상청구를 제한한 것(§29②), 근로 3 권을 보장하면서 주요 방위산업체근로자에게 단체행동을 제한한 것(§33③)을 들 수 있다.

(2) 법률에 의한 제한

(가) 의 의

법률에 의한 제한이란 법률형식에 의한 기본권 제한으로, 헌법 간접적 제한이라고 한다(법률유보). 법률유보는 두 가지 의미를 지니는데, 여기서는 기본권 제한에 법률의 근거가 필요하다는 것을 말한다. 법률유보는 법률에 근거가 있으면 제한이 가능하다는 역기능이 강조되어서는 안 된다. 법률에 의하지 않고서는 제한할 수 없다는 순기능적 의미로 해석되어야 한다.

(나) 유 형

① 개별적 법률유보와 일반적 법률유보 법률유보는 특정한 기본권을 대상으로 하느냐 아니면 기본권 일반을 대상으로 하느냐에 따라 개별적 법률유보와 일반적 법률유보로 나눌 수 있다. 개별적 법률유보로는 신체의 자유(§12①)와 재산권(§23①)을 들 수 있다. 일반적 법률유보는 헌법 제37조 제 2 항이 이에 해당된다. 우리 헌법은 일반적 법률유보조항을 가지고 있어 개별적 법률유보조항은 사실상 그 의미가

없다. 국민의 '모든' 자유와 권리는 국가안전보장, 질서유지, 공공복리를 이유로 제한될 수 있기 때문이다.

② 기본권 제한적, 형성적, 구체화적 법률유보 기본권이 법률에 의하여 제한되느냐, 형성되느냐 아니면 구체화되느냐에 따른 구별이다. 제한적 법률유보란 법률유보가 기본권을 제한하는 성격을 지닌 것으로 자유권에 대한 제한이 이에 해당된다. 헌법은 권리를 보장하고 법률은 헌법상 보장된 권리를 제한하는 '원칙과 예외 관계'가 제한적 법률유보에 적용된다. 본래적 의미의 법률유보라 할 수 있다. 한편 법률에 의해 보호역역이 만들어지는 생존권이나 재산권의 경우 법률은 형성적 의미를 지니게 된다(형성적 법률유보). 구체화적 법률유보란 기본권의 효력은 헌법에 의해 '직접' 인정되지만 그 내용이나 행사절차 및 방법 등이 법률에 위임된 법률유보를 말한다. 각종의 청구권이나 참정권이 이에 해당된다. 제한유보는 권리제한에, 형성유보는 권리제한보다는 내용형성에, 구체화유보는 '권리제한 및 내용형성' 모두에 중점이 주어진다.

③ 형성적 법률유보와 구체화적 법률유보 법률유보를 제한과 형성으로 나누면서 구체화적 법률유보를 형성적 법률유보의 범주에 포함시키는 것이 지배적 견해이나, 구체화적 법률유보는 형성적 법률유보와 구별되어야 한다. 구체화적 법률유보의 대상이 되는 청구권이나 참정권은 비록 내용, 행사절차 및 방법이 법률에 위임되어 있지만 헌법으로부터 '직접' '구체적 권리성'이 인정된다는 점에서 생존권과 구별되기 때문이다(본질적 차이). 즉 생존권은 헌법이 법률에 의한 내용형성을 긍정하면서 내용형성을 통제하기 위한 윤곽확보의 성격을 지니지만, 청구권(참정권)은 헌법이 법률에 의한 구체적 형성을 예정하고 있지만 기본권의 주관적 권리의 성격이 헌법적으로 (의심의 여지없이) 보장된다는 점에서, 양자는 구별된다.

④ 법률유보의 한계로서 의회유보 의회유보란 기본권제한의 전제, 상황, 효과에 관한 본질적 결정은 입법자가 스스로 내려야 하고 그 내용이 행정에 위임되어서는 안 되는 것을 말한다. 의회유보는 법률유보의 한계로 기능한다. 헌법재판소 역시 텔레비전방송수신료 결정에서 국회의 결정이나 관여를 배제한 것은 법률유보원칙에 위반된다고 하였다.

(3) 기본권의 내재적 한계에 의한 제한

(가) 기본권의 내재적 한계의 의의

자유는 타인의 자유가 시작되는 곳에서 멈추어야 하기에, 기본권은 타인의 자유와 권리를 침해할 수 없고 도덕률을 준수하며 헌법질서를 존중해야 하는, 기본권이 당연히 준수해야 할 본질적 한계가 있다. 이와 같이 기본권 자체 내에 존재하는 한계를 기본권의 내재적 한계라 한다.

(나) 독일 헌법에서의 내재적 한계에 관한 논의

내재적 한계이론이 기본권 제한의 형식으로 논의된 것은 기본권 제한의 일반적 법률유보가 없는 법제하에서 소위 '법률유보 없는 기본권'에 대한 제한을 해결하기 위해서이다. 독일의 경우, 법률유보 없는 기본권도 기본권에 내재하는 사회구속성, 헌법의 통일성유지, 헌법이 추구하는 전체적인 가치질서의 실현을 근거로, 즉 규범조화적 한계이론에 따라 내재적 한계에 의한 기본권 제한을 긍정하는 것이 통설·판례의 견해이다.

(다) 우리 헌법에서의 기본권의 내재적 한계의 수용가능성

① 자유의 한계로서 내재적 한계 　기본권 보호영역에 속하는 행위라 해서 무제한적으로 보장될 수 있는 것은 아니다. 자유도 타인의 권리나 도덕률 그리고 헌법적 가치를 침해해서는 안 되기 때문에, 기본권도 본질적으로 일정한 한계가 있다. 헌법재판소가 국민의 성적 자기결정권도 국가적·사회적 공동생활의 테두리 안에서 타인의 권리·공중도덕·사회윤리·공공복리 등의 존중에 의한 내재적 한계가 있음을 긍정한 것도 이러한 이유에서이다.

② 기본권 제한의 근거로서 내재적 한계 　'법률유보 없는 기본권'이 규정되어 있는 헌법질서 내에서 그 기본권의 제한가능성을 둘러싸고 전개되는 기본권의 내재적 한계에 관한 논의는 그 전제조건을 달리하는 우리의 경우 현실적으로 문제가 될 소지가 희박하다. 우리 헌법은 일반적 법률유보형태를 취하고 있어서 법률로도 제한할 수 없는 소위 절대적 기본권이 인정되기 어렵기에, 내재적 한계이론은 우리 헌법의 기본권을 제한함에 있어 적용될 여지는 거의 없다. 생명권과 같은 절대적 기본권의 경우 이에 대한 제한은 불가능하기에 헌법 제37조 제2항에 의한 법률유보가 적용될 수 없다. 다만 생명과 생명 간의 충돌을 해결하고, 타인의 생명을 부정하는

생명에 대한 방어가 요구되는 경우 내재적 한계에 의한 제한이 적용될 수 있다고 본다. 생명의 충돌이 발생한 경우 일정한 생명을 부정할 수 있도록 한 모자보건법은 생명권에 대한 제한으로서 일반적 법률유보의 결과가 아니라, 생명권의 내재적 한계를 입법화시킨 것으로 보아야 한다는 의미이다.

3. 기본권 제한의 일반원칙(일반적 법률유보)

(1) 서 론

헌법 제37조 제 2 항은 일반적 법률유보조항으로서 기본권 제한의 일반원칙을 규정하고 있다. 헌법은 특정 기본권을 법률로 제한할 수 있다는, 소위 개별적 법률유보조항을 가지고 있다. 헌법의 개별적 법률유보조항(§ 12①)과 일반적 법률유보조항과의 관계는 일반법과 특별법의 관계에 있다고 본다. 헌법 제12조의 신체의 자유를 제한하는 법률은 일반적인 헌법 제37조 제 2 항의 요건을 충족하여야 한다.

(2) 기본권 제한의 목적

(가) 국가안전보장

국가안전보장이란 국가 자체의 존립에 대한 안전보장을 말하는 것으로, 결국 국가의 독립, 영토의 보전, 헌법과 법률의 기능, 헌법에 의하여 설치된 국가기관의 유지 등의 의미로 이해된다. 기본권 제한의 목적으로 제 3 공화국 헌법까지는 '질서유지와 공공복리'로 규정되었던 것이 제 4 공화국 헌법부터 질서유지와 구별되는 별개의 기본권 제한목적으로 국가안전보장이 규정되었다.

(나) 질서유지

질서유지란 국가 내의 존립과 유지에 대한 안전보장을 말하는 것으로, 광의의 질서유지에서 국가안전보장을 제외한 질서, 즉 자유민주적 기본질서를 포함한 헌법질서와 기타 사회의 안녕질서를 의미한다. 질서유지를 위한 기본권제한 법률로는 형법, '집회 및 시위에 관한 법률', 경범죄처벌법, 도로교통법, 소방법, 경찰관직무집행법 등이 있다.

(다) 공공복리

① 의 의 　공공복리란 서로 대립하고 갈등하는 개인의 사적 이익을 넘는 모든 국민의 일반적 이익을 말한다. 공공복리는 전체국민의 공존공영이지만, 공권력작용의 목적 개념 외에, 기본권을 제약하는 공공복리는 기본권 상호간의 충돌을

조정하는 실질적 공평의 원리의 성격을 지니며, 자유와 권리의 객관적 한계로서의 성격을 지니고 있다. 우리 헌법도 공공복리를 헌법과 공동체의 목적으로(헌법전문; 안전과 자유와 행복의 확보), 기본권제한의 목적으로(§37②), 기본권의 내재적 한계로(§23②) 규정하고 있다. 추상적인 공공복리의 개념이 구체화된 것으로 헌법 제119조 이하의 경제조항을 들 수 있다.

② 질서유지와의 관계　　공공복리는 (국가안전보장을 포함하는 광의의) 질서유지와 어떤 관계에 있는가가 문제된다. 일반적으로 질서유지는 소극적 개념으로 적극적 개념인 공공복리와 구별된다고 한다. 질서유지는 국민이 평온하고 안전하게 자신의 생활을 영위할 수 있는 상태를 유지하는 것, 즉 현존질서의 유지의 소극적 목적을 가진 소극적 개념이지만, 공공복리는 적극적 공익실현의 적극적 개념으로 이해한다(협의의 공공복리). 그러나 공공복리는 소극과 적극의 면을 모두 지니고 있다고 보아야 한다. 국가의 안전과 질서의 보장도 결국은 국민전체의 공동생활의 편익을 보호하기 위한 것이기에 공공복리는 국가안전보장과 질서유지를 포함하는 것으로 이해되어야 한다(광의의 공공복리).

③ 제23조 제 2 항의 공공복리, 제23조 제 3 항의 공공필요와의 관계　　헌법 제37조 제 2 항의 공공복리는 기본권제한의 목적이란 점에서, 기본권(재산권)의 내용을 형성하는 사회적 구속으로서의 제23조 제 2 항의 공공복리와 구별된다. 즉 전자는 일반적 법률유보로 후자는 개별적 법률유보로 기능한다. 제23조 제 2 항의 공공복리는 (국가안전과 질서보장을 포함하는) 광의의 공공복리로 보아야 한다. 또한 제37조 제 2 항의 공공복리와 제23조 제 3 항의 공공필요의 관계는 해당부분(재산권)에서 다루겠지만, 제23조 제 3 항의 공공필요는 광의의 공공복리와 동일한 것으로 보아야 한다.

(3) 기본권 제한의 대상

법률로 제한되는 기본권은 국민의 '모든' 자유와 권리이다(다수설). 이에 대해 일반적 법률유보의 대상은 자유권으로 국한되어야 한다는 주장이 제기된다.

(4) 기본권 제한의 형식

㈎ 법　　률

기본권은 형식적 법률에 의해서만 제한될 수 있다. 법률과 동등한 효력을 지니는 긴급명령이나 조약 등에 의한 제한이 가능하다. 관습법에 의해서는 제한될 수 없다. 기본권을 제한하는 법률은 일반성을 지녀야 한다.

(나) 개별적 법률

개별적 법률이란 일반성이 결여된, 즉 개별적이고 구체적 사항을 규율하는 법률을 말하며, 처분적 법률이라고도 한다. 입법자가 구체적인 사안과 관련하여 특정의 구체적 목적을 실현시키기 위해 만든 법률이다. 개별적 법률은 특정 사건을 대상으로 하는 개별사건적 법률과 특정인을 대상으로 하는 개별인적 법률로 분류되며 적용기간이 한정된 한시적 법률도 개별적 법률의 한 내용으로 볼 수 있다. 전적으로 특정인만을 차별하는 개별인적 법률은 위헌이다.

(다) 집행적 법률

집행적 법률이란 법률이 (행정행위의 매개 없이) 스스로 집행행위의 형식을 갖는 것을 말한다. 집행적 법률의 전형적인 예로, 법률에 의한 수용(입법수용) 또는 법률에 의한 자치단체의 구역변경 등을 들 수 있다. 집행적 법률은 통상 개별적 법률에 해당되는 경우가 대부분이나, 특정집단에 대하여 제정된 개별적 법률이 행정행위를 통하여 집행될 수 있기에 양자는 반드시 동일한 개념이 아니다.

(5) 기본권 제한의 정도(과잉금지의 원칙)

헌법 제37조 제 2 항은 '필요한 경우' 기본권제한이 가능하다고 규정한다. 이는 기본권 제한은 '국가안보, 질서유지, 공공복리'를 위해 '필요한 경우 필요한 만큼만' 허용된다는 과잉금지원칙을 기본권 제한의 기본원칙으로 삼고 있음을 나타내는 것이다. 과잉금지원칙은 자의금지원칙과 함께 정의의 본질적 구성부분으로서, 법치국가원리에서 파생된 헌법상 기본원리의 하나인 비례의 원칙을 의미한다.

(가) 목적의 정당성

입법자는 공동체 문제에 관하여 그 영역이나 내용을 불문하고 스스로 법률로 규율할 수 있으나 헌법이 금지하지 않는 범위 내에서만 가능하다. 기본권 제한이 정당화되기 위해서는 기본권 제한을 통해 달성하고자 하는 목적이 확정되어야 하고, 목적이 헌법적으로 허용될 수 있어야 한다. 목적이 확정되어야 그 수단과의 비례관계를 판단할 수 있을 것이며, 헌법 및 법률 체제상 허용될 수 있는 목적이라야 정당성이 인정될 수 있기 때문이다.

(나) 방법의 적합성(적정성)

방법의 적합성이란 목적을 위해 선택된 기본권제한 수단이 목적 달성에 효과적이고 적절하여야 함을 말한다. 선택된 수단이 목적달성에 최적, 최상의 수단일 필요는 없으며, 선택된 수단이 목적달성을 부분적으로만 촉진시킨다 하여도 적합성을 충족한다.

(다) 피해의 최소성

피해의 최소성이란 목적달성을 위해 비슷한 효과를 지닌 여러 수단들 중에서 기본권을 가장 적게 제한하는 수단을 선택하여야 함을 말한다. 동등한 성공가능성이 있는 보다 완화된 수단이 존재해서는 안 된다. 기본권 제한조치가 적절하다 할지라도 보다 완화된 형태나 방법을 모색함으로써 기본권의 제한은 필요한 최소한도에 그쳐야 하기 때문이다. 적합성의 원칙이 목적과 수단의 관계를 말한다면, 최소성은 수단과 수단과의 관계를 평가하는 것이다. 헌법재판소도 입법자가 임의적 규정으로도 법의 목적을 실현할 수 있는 경우에 구체적 사안의 개별성과 특수성을 고려할 수 있는 가능성을 일체 배제하는 필요적 규정을 둔다면 이는 비례의 원칙의 한 요소인 최소침해성의 원칙에 위배된다고 하였다.

(라) 법익의 균형성(협의의 비례원칙)

법익의 균형성이란 기본권 제한에 의하여 보호하려는 공익과 침해되는 사익을 비교·형량할 때 양자 간에 합리적인 균형이 유지되어야 함을 말한다. 사소한 공익실현을 위해 기본권 제한이 행하여진다면 기본권 침해가 된다. 법익의 균형성을 협의의 비례원칙이라 하는 이유는 선택된 수단과 달성하려는 목적 사이에 비례관계를 요구하기 때문이다. 수단의 적합성과 피해의 최소성은 기계적이고 형식적인 판단이 가능하나, 법익의 균형성은 입법목적과 기본권 제한의 효과가 비교형량되며 동시에 개별 기본권의 특수한 내용이 고려되는 영역이기에 과잉금지원칙에 가장 중요한 부분이라 할 수 있다.

(마) 입법형성과 과잉금지원칙의 적용밀도

과잉금지원칙을 적용함에 있어 입법자의 입법형성을 어디까지 존중해야 하는가가 문제된다. 입법형성의 범위와 헌법재판의 통제강도(심사밀도)간의 경계설정을 어떻게 할 것인가이다. 양자의 경계설정은 '규율영역의 중요성과 침해정도' 그리고 '규율대상의 특성'에 따라 결정된다. 먼저 규율영역의 중요성과 침해정도를 보면, 제한되는 자유와 권리가 인간의 존엄성실현에 불가결하고 근본적인 것일 때에는 이에 대한 제한은 엄격하게 심사되어야 하며, 비록 덜 중요한 자유영역에 해당되는 것이라도 침해의 정도가 크다면 이 역시 엄격하게 심사되어야 한다. 동일한 권리(토지)라 하더라도 권리의 취득경위, 목적, 사회적 의미에 따라 달리 취급되어야 한다.

반면 제한되는 자유와 권리가 인간의 존엄성 실현에 부차적이거나 잉여적인 것이어서 사회적 연관성을 넓게 지니거나, 또는 침해의 정도가 미미할 때에는 입법자에게 폭넓은 형성권이 허용되어 완화된 심사가 정당화된다. 헌법재판소는 제한되는 자유영역의 중요성을 기준하여 입법형성의 범위를 판단하고 있으며, 중요도는 '인간의 존엄성'과의 밀접정도에서 구하고 있다. 입법형성이 넓게 인정될수록 헌법재판의 통제강도는 약해지며(완화된 심사), 입법형성의 폭이 좁을수록 헌법재판의 통제강도는 강해진다(엄격한 심사).

㈔ 과잉금지원칙과 본질적 내용에 대한 침해금지

헌법은 본질적 내용의 침해금지를 요구하고 있어(§37②) 과잉금지와 본질적 내용의 침해금지를 양립시키고 있지만, 과잉금지의 위배는 본질적 내용에 한 침해가 될 것이며, 과잉금지에 한 위반이 없다면 본질적 내용에 한 침해가 될 수 없게 되어 본질적 내용에 한 침해 여부의 판단은 법률의 위헌심사에서 얼마나 독자적 의미가 있을지 의문이다.

4. 기본권의 특별한 제한

(1) 특수신분관계에서의 기본권 제한

㈎ 특별권력관계와 특수신분관계

과거의 특별권력관계이론에 의하면, 특별권력관계 내의 국민은 국가기관에 편입되었다고 의제되었기에 국가와 이들 국민 간에는 권리·의무관계가 성립될 수 없었고, 특별권력관계 성립에 대한 당사자의 동의는 일종의 기본권의 포기로 간주되어 특별권력관계는 법률에 의한 기본권제한원칙이 적용될 수 없는 영역으로 이해되었다. 이러한 특별권력관계이론은 많은 비판을 감수해야만 했다. 기본권은 특별권력관계 내에서도 효력을 가지며 따라서 법률에 의한 기본권 제한원칙은 특별권력관계 내에서도 적용되어야 한다는 것이 학설과 판례를 통해 확립되었다. 특히 K. Hesse는 종래의 특별권력관계를 특수신분관계라는 말로 대체하고 있다.

(나) 특수신분관계의 개념

특수신분관계란 특정의 목적(국방, 교육, 행형, 행정, 치안)을 달성하기 위하여 국가에 대하여 특별한 의무를 발생시키는 관계를 말한다. 국가는 일반국민이 국가에 대하여 갖는 통상적인 권리의무관계를 넘어 좀 더 밀접한 관계를 가짐으로써 특별한 의무를 발생시키는 관계를 필요로 한다. 특정목적의 달성을 위한 특수신분관계는 국가공동체가 기능하는데 불가결의 존재가 되기 때문이다. 우리 헌법은 특수신분관계를 다양하게 설정하고 있다. 공무원근무(§7), 병역복무(§39), 학생교육관계(§31), 수형자복무관계(§12)가 그것이다. 헌법은 이러한 특수신분관계에 속한 자들의 기본권을 직접 제한하기도 하고, 수많은 법률을 통해 상당한 정도로 기본권을 제한하고 있다.

(다) 특수신분관계 내에서 기본권 제한과 그 한계

특수신분관계의 국민에 대한 기본권 제한 역시 기본권 제한의 일반원칙에 따라 법률에 의하여 제한된다. 특수신분관계의 국민에 대한 기본권 제한은 기본권 제한의 방법과 정도를 달리할 뿐 법률에 의한 제한이 적용되므로, 법률에 의한 기본권 제한원칙의 예외라기보다는 법률에 의한 기본권 제한의 또 다른 유형으로 보아야 한다. 문제는 특수신분관계에 있는 자들의 기본권을 어느 정도까지 제한할 수 있는가이다. 특수신분관계에 속한 자들의 기본권도 그 설정목적을 달성하는 데 필요한 범위 내에서만 제한되어야 한다. 특수신분관계에 속한 자들의 기본권이 특수신분관계라는 이유로 희생되어서는 안 되지만, 그렇다고 특수신분관계에 속한 자들의 기본권 보장이 특수신분관계의 기능을 불가능하게 할 정도의 보장이어서도 안 된다.

(2) 국가비상사태에서의 기본권 제한

전시, 사변, 재정경제위기 등 국가비상사태가 발생한 경우 헌법질서의 정상화를 위해 국가긴급권의 발동이 정당화된다. 국가긴급권의 행사조치에는 기본권 제한이 포함된다. 우리 헌법도 국가비상사태가 발생된 경우 기본권 제한을 예정하고 있다. 국가비상사태에서의 기본권 제한은 단순한 기본권 제한에 그치는 것이 아니라 국가비상사태에서도 헌법을 지키며 거시적으로는 기본권 보호의 성격을 지닌다는 점에서 정상적인 상태에서의 기본권 제한과 구별된다.

(가) 긴급명령과 긴급재경명령에 의한 기본권 제한

헌법 제76조 제2항은 대통령의 긴급명령을, 동조 제1항은 긴급재정경제명령을 규정하고 있다. 긴급명령이나 긴급재경명령은 법률의 효력을 지니므로 헌법 제37조 제 2 항의 요건하에서 기본권을 제한할 수 있다. 긴급명령에 의해 제한되는 기본권은 모든 기본권이다. 다만 긴급재경명령의 경우 제한될 수 있는 기본권의 범위를 제한하기 어려우나 주로 재산권, 직업의 자유, 근로 3 권 등과 같은 경제적 기본권이 그 대상이 될 것이다.

(나) 비상계엄하에서 기본권 제한

헌법 제77조는 대통령의 계엄선포권을, 동조 제 3 항은 비상계엄하에서의 기본권제한을 규정하고 있다. 비상계엄이 선포되면 법률이 정하는 바에 의하여 영장제도, 언론·출판·집회·결사의 자유에 대하여 특별한 조치를 할 수 있다. 계엄법(§ 9)은 헌법에서 언급하고 있지 않은 거주·이전의 자유와 근로자의 단체행동권을 제한할 수 있도록 규정하고 있어 위헌문제가 제기되고 있다. 비상계엄하에서는 민간인도 군사법원의 재판을 받으며(§ 27), 비상계엄하에서의 군사재판은 일정한 범죄에 한하여 단심재판이 허용(§ 110)되는 등 상당한 정도의 기본권 제한이 예정되어 있다.

Ⅲ. 기본권 제한의 한계

헌법 제37조 제 2 항은 '국민의 모든 자유와 권리는 … 필요한 경우에 한하여 법률로 제한할 수 있으며, 제한하는 경우에도 자유와 권리의 본질적 내용을 침해할 수 없다'고 규정하고 있다. 기본권 제한의 한계란 기본권을 제한할 경우 입법자가 지켜야 할 한계를 의미하는데, 방법상 한계(과잉금지원칙)와 내용상 한계(본질적 내용의 침해금지)로 분류된다. 전자는 이미 과잉금지원칙에서 상론하였기에 내용상 한계인 본질적 내용의 침해금지만 다루기로 한다. 본질적 내용의 침해금지조항은 제 2 공화국 헌법에서 처음으로 수용되었고, 유신헌법에서 삭제되었다가, 제 5 공화국 헌법에서 부활되어 지금에 이르고 있다.

1. 기본권의 본질적 내용의 판단기준

(1) 절 대 설

절대설이란 기본권의 본질적 내용이 고정적이며 구체적 상황과는 무관하게 판단할 수 있다는 전제하에, 기본권의 실체적 핵심영역으로 이해하는 입장을 말한다.

절대설에 따르면 기본권 제한에 있어 절대적으로 침해할 수 없는 객관적 영역이 존재하게 된다. 기본권의 본질적 내용의 실체에 관해, 그 실체를 인간의 존엄으로 보는 견해와 핵심영역으로 보는 견해로 대별된다. 절대설은 기본권의 본질적 내용에 대한 명쾌한 설명이 가능하지만, 사형·종신형·직업금지의 경우 바로 본질적 내용에 대한 침해가 되는 것을 설명할 수 없다는 것이 결정적인 문제이다.

(2) 상 대 설

상대설은 기본권의 본질적 내용이 객관적으로 주어졌다는 절대설과 달리 본질적 내용은 고정적인 것이 아니라 가변적인 것이라고 하면서 기본권 제한의 목적과 그로 인한 기본권 제한의 상관관계 속에서 기본권의 본질적 내용을 확정하는 입장을 말한다. 상대설에 따르면 기본권의 본질적 내용은 기본권 제한의 목적과 제한의 정도에 따라 달라지게 된다. 따라서 기본권을 완전히 배제하는 제한일지라도 보다 높은 법익을 위하여 최소한으로 이루어졌다면 본질적 침해로 볼 수 없게 되므로, 기본권을 완전히 형해화시키는 제한도 가능하게 된다.

상대설은 특히 생명권 제한에 관한 설명이 가능하다는 장점이 있으나, 기본권 제한의 목적이 중대하다는 이유로 기본권의 제거가 정당화될 수 있는 문제점을 피할 수 없다. 또 법익의 균형성 심사(협의의 비례성 심사)에 불과하다는 지적이 가능하다.

2. 기본권의 본질적 내용

기본권의 본질적 내용은 기본권의 내용과는 구별되는 것으로 기본권의 핵이 되는 실질적 요소 내지 근본적 요소를 의미한다고 보는 절대설이 타당하다. 따라서 기본권의 본질적 내용의 침해란 그 침해로 인하여 기본권이 유명무실해지거나 형해화되어 헌법이 기본권을 보장하는 궁극적인 목적을 달성할 수 없게 되는 경우를 말한다. 헌법조문은 본질적 내용을 기본권 제한의 절대적 한계로 표현하고 있고, 상대설은 과잉금지원칙(특히 법익의 균형성)을 의미하는 것에 불과하지 본질적 내용을 설명하는 것으로 보기 어렵다. 문제는 기본권을 제한할 경우 기본권에서 남는 것이 전혀 없게 되는 경우가 있는데(생명과 사형제도), 절대설에 의하면 이를 설명할 수 없다는 것이다. 이러한 경우에는 상대설의 입장을 부득불 원용하지 않을 수 없다.

헌법재판소는 일반적으로 절대설을 취하고 있는 것으로 이해되나, 상대설을 취한 예도 있다. 사형제도가 비례의 원칙을 준수하는 한 생명을 빼앗는 형벌이라도 본질적 내용에 대한 침해금지에 위반되지 않는다고 한 것이 그것이다.

기본권의 본질적 내용과 인간의 존엄과 가치와의 관계에 있어, 양자가 동일하다는 견해가 있으나, 본질적 내용은 인간의 존엄과 가치만을 의미하는 것이 아니라, 이를 포함한 그 이상의 것으로 보아야 한다. 본질적 내용은 인간의 존엄과 가치를 기초로 개별 기본권마다 인정되는 특유한 부분을 합한 것이며, 양자는 불가분의 관계를 이루고 있어 어느 하나를 침해하면 전체로서 본질적 내용의 침해가 된다.

제 6 절 기본권의 보호(침해와 구제)

Ⅰ. 기본권의 보호

국가의 존립목적이 국민의 기본권을 보장하고 실현하는 것이므로 기본권은 기본권의 모든 적으로부터 보호되어야 한다. 기본권이 헌법에 문서화되었고, 또 헌법이 보장과 실현을 천명하였다고 자동적으로 보호되지 않는다. 기본권보장이 실효성을 지니기 위해서는 기본권이 현실적으로 침해된 경우에 그 침해행위에 대한 구제방법이 마련되어야 한다. 기본권은 국가기관에 의해 주로 침해되지만 사인에 의한 침해 역시 가능하다. 국가기관에 의한 침해의 경우 입법기관, 행정기관, 사법기관에 의한 침해로 나눌 수 있다.

Ⅱ. 국가기관에 의한 침해와 구제

1. 입법기관에 의한 침해와 구제

(1) 적극적 입법에 의한 기본권 침해와 구제

우리 헌법은 법률이 제정된 후 시행되기 전 법률의 위헌이나 기본권 침해를 다투는 예방적 규범통제를 알지 못하며, 법률이 구체적 사건에 적용되기 전에 법률의 위헌이나 기본권 침해의 배제를 구하는 장치, 즉 추상적 규범통제 역시 알지 못한다. 이러한 경우 청원 이외의 다른 기본권 구제수단은 존재하지 않는다. 법률이 국민의 기본권을 침해한 경우에는 법률에 대한 위헌심사를 구하거나(구체적 규범통제), 법률에 대한 헌법소원을 통해 구제받을 수 있다.

(2) 입법부작위에 의한 기본권 침해와 구제

입법부작위에 의한 기본권 침해란 기본권실현을 위한 입법자의 입법의무가 존재함에도 입법이 없거나, 불충분, 불완전하여 나타나는 기본권 침해를 말한다. 입법의무가 전제되지 않는 단순 입법부작위에 대해서는 구제수단이 존재하지 않는다. 단순 입법부작위는 헌법소원의 대상이 되지 않으며 청원권의 대상이 될 뿐이다. 입법부작위에는 진정 입법부작위와 부진정 입법부작위가 있다.

2. 행정기관에 의한 침해와 구제

기본권 침해는 법의 집행과정에서 가장 많이 나타난다. 그 침해유형을 보면, 첫째, 행정기관이 법을 적용하고 집행함에 있어 법령의 해석·적용을 그르쳐 나타나는 기본권 침해 둘째, 위헌인 법령을 그대로 적용함으로써 나타나는 기본권 침해, 그리고 법령을 집행하지 않음으로써 나타나는 기본권 침해로 나눌 수 있다.

청원권의 행사를 통해 위법·부당한 처분에 대한 행정심판 또는 행정소송을 통해 구제받을 수 있다. 그리고 국가배상이나 손실보상 및 형사보상을 통해 구제된다. 행정절차와 같은 사전적 구제방법도 있다. 위헌의 명령·규칙에 대한 규범통제 또는 법령소원을 청구할 수 있다. 국가인권위원회를 통한 구제도 가능하다.

3. 사법기관에 의한 침해와 구제

사법이란 기본권이 침해된 경우 기본권을 구제하는 기능이므로, 사법에 의한 기본권 침해는 다른 국가기관과 달리 상대적으로 드문 일에 속한다. 그러나 법원의 재판도 기본권을 침해할 수 있다. 기본권의 효력을 인식하지 못한 법령해석이나 적용, 재판의 부당한 지연, 사법절차적 기본권을 침해하는 소송진행, 소송절차에서 당사자의 부당한 차별 등을 통해 기본권 침해가 나타난다. 특히 재판지연의 경우 재판지연을 제도의 한계로 볼 것이 아니라 기본권 침해로 인식하여야 한다. 오판에 의한 기본권 침해는 심급제도에 의해 구제될 수 있고, 형사보상청구에 의해서도 구제가 가능하다. 비록 예외적이지만 법원의 판결에 대한 헌법소원을 통해 구제될 수 있다.

Ⅲ. 사인에 의한 침해와 구제

사인에 의한 기본권 침해는 침해형태에 따라 일반 법률에 따른 구제 또는 제재가 행해진다. 민사 손해배상책임이나 형사적 제재가 그것이다. 일반 법률이 사인에 의한 기본권 침해에 대한 구제를 규율하지 않은 경우, 사인에 의한 기본권 침해는 기본권의 대사인적 효력을 통해 해결한다.

Ⅳ. 국가인권위원회에 의한 기본권 보호

국가인권위원회는 국가인권위원회법(이하, 동법)에 근거하여 인권을 보호하고 그 수준을 향상시키기 위해 설립된 독립된 국가기관이다. 국가인권위원회의 설립으로 인권보호의 획기적인 계기가 마련되었다. 유엔 등 국제기구는 국가인권기구 설립을 위해 많은 노력을 경주하여 왔고 1995년에 '국가인권기구 설립권고안'이 제정되었다. 이를 계기로 여러 나라가 국가인권기구를 설립하게 되었다.

1. 국가인권위원회의 설립

국가인권위원회는 불가침의 기본적 인권을 보호하고 향상시키기 위해 설립되었다(동법 §1). 국가인권위원회가 보호하려는 인권이란 헌법 및 법률에서 보장하거나 대한민국이 가입·비준한 국제인권조약 및 국제관습법에서 인정하는 인간으로서의 존엄과 가치 및 자유와 권리를 말한다(동법 §2, 1호). 사인에 의한 평등권 침해에 대하여도 보호를 하며, 대한민국의 영역 안에 있는 외국인도 구제를 받을 수 있도록 하여 인권실현의 획기적인 장을 마련하였다(동법 §4).

2. 국가인권위원회의 구성

위원회는 위원장 1인과 3인의 상임위원을 포함한 11인의 인권위원으로 구성한다(동법 §5). 위원은 인권문제에 관하여 전문적인 지식과 경험이 있고 인권의 보장과 향상을 위한 업무를 공정하고 독립적으로 수행할 수 있다고 인정되는 자 중에서 국회가 선출하는 4인(상임위원 2인을 포함한다), 대통령이 지명하는 4인, 대법원장이 지명하는 3인을 대통령이 임명한다. 위원장은 위원 중에서 대통령이 임명한다(동법 §5). 위원장 및 위원의 임기는 3년으로 하고, 1차에 한하여 연임할 수 있다(동법 §7).

3. 국가인권위원회의 업무

위원회의 소관업무로는, 인권에 관한 법령·제도·정책·관행의 조사와 연구 및 그 개선이 필요한 사항에 관한 권고 또는 의견의 표명, 인권침해행위에 대한 조사와 구제, 차별행위에 대한 조사와 구제, 인권상황에 대한 실태조사, 인권에 관한 교육 및 홍보 등이 있다(동법 §19). 다른 업무보다도 인권침해행위에 대한 조사와 구제에 중점이 주어진다.

4. 국가인권위원회의 권한(인권침해조사)

(1) 조사대상

국가기관, 지방자치단체 또는 구금·보호시설의 업무수행(국회의 입법 및 법원·헌법재판소의 재판을 제외한다)과 관련하여 헌법 제10조 내지 제22조에 보장된 인권을 침해당하거나 차별행위를 당한 경우와 법인·단체 또는 사인에 의하여 차별행위를 당한 경우에는 위원회에 그 내용을 진정할 수 있다(동법 §30). 위원회는 진정이 없는 경우에도 인권침해나 차별행위가 있다고 믿을 만한 상당한 근거가 있고 그 내용이 중대하다고 인정할 때에는 이를 직권으로 조사할 수 있다(동법 §30).

(2) 인권의 구제

(가) 합의의 권고, 직권조정

위원회는 조사 중이거나 조사가 끝난 진정에 대하여 사건의 공정한 해결을 위하여 필요한 구제조치를 당사자에게 제시하고 합의를 권고할 수 있다(동법 §40). 위원회는 합의가 이루어지지 않은 경우 당사자의 신청 또는 직권에 의하여 진정을 조정위원회에 회부하여 조정절차를 시작할 수 있다(동법 §42).

(나) 구제조치의 권고, 고발 및 징계의 권고

위원회가 진정을 조사한 결과 인권침해가 일어났다고 판단하는 때에는 피진정인, 그 소속기관 등의 장에게 구제조치를 권고할 수 있고(동법 §44), 진정의 내용이 범죄행위에 해당하고 이에 대하여 형사처벌이 필요하다고 인정할 때에는 검찰총장(군인인 경우는 군참모총장, 국방부장관)에게 그 내용을 고발할 수 있다(동법 §45). 위원회가 진정을 조사한 결과 인권침해가 있다고 인정할 때에는 피진정인 또는 인권침해에 책임이 있는 자에 대한 징계를 소속기관 등의 장에게 권고할 수 있다(동법 §45).

Chapter CONSTITUTIONAL LAW

02 기본권 각론(개별 기본권)

제 1 절 인간의 존엄과 가치 및 행복추구권

헌법 제10조는 '모든 국민은 인간으로서의 존엄과 가치를 가지며 행복을 추구할 권리를 가진다'고 규정하여 인간의 존엄과 가치 및 행복추구권을 규정하고 있다.

Ⅰ. 인간의 존엄과 가치

1. 인간의 존엄과 가치의 의의

(1) 연　혁

우리 헌법은 제5차 헌법개정 때 독일 기본법의 영향을 받아 인간의 존엄성조항을 처음으로 규정하였다.

(2) 존엄과 가치의 의의

(가) 인간(인간상)

존엄과 가치는 우리 헌법의 근본적 성격을 지니는데, 존엄과 가치의 의의를 파악함에 있어 존엄과 가치를 가지는 인간을 어떻게 이해하는가가 선결문제가 된다. 이는 인간을 어떻게 보느냐에 따라 존엄과 가치의 의미와 그 실현방법에 차이가 있게 되기 때문이다.

헌법재판소는 우리 헌법이 예정하고 있는 인간상을 '스스로 선택한 인생관·사회관을 바탕으로 사회공동체 안에서 각자의 생활을 자신의 책임 하에서 스스로 결정하고 형성하는 성숙한 민주시민,' 또는 '사회의 구속을 받으면서 독자적인 인격의 주체로서 자신의 인격을 발현하고 개인의 고유한 가치를 유지하는 인간'이라고 하였다.

(나) 존엄과 가치

국민이 인간으로서의 존엄과 가치를 갖는다는 것은 모든 국민은 인격의 주체이며 인격의 주체로서 그 가치를 인정받는다는 것을 말한다. 그렇기에 인간의 존엄은 어떤 법익보다 우선하며 개인보다 국가를 우위에 두는 전체주의는 인간존엄원리에 대한 위반이 된다. 인간존엄은 개별 헌법규정에 대해 목적과 수단의 관계에 있으며 인간존엄은 개별 헌법규정을 통해 구체화된다. 인간존엄은 양도될 수 없고 포기될 수도 없다.

(3) 존엄과 가치(인간존엄)의 법적 성격

(가) 객관적 헌법원리

인간의 존엄과 가치는 우리 헌법의 최고의 가치로서 헌법을 지배하는 객관적 헌법원리의 성격을 지닌다. 객관적 헌법원리인 인간의 존엄과 가치는 최고의 가치로서 국가의 목표가 되며 모든 국가권력에게 방향을 제시하고 지침을 제공한다.

(나) 구체적 권리로서의 존엄권

인간의 존엄과 가치가 객관적 헌법원리로서의 성격을 지닌다는 데 이설이 없으나 구체적 권리의 성격을 지니는가에 관하여 긍정설과 부정설이 대립한다. 생각건대 존엄과 가치는 객관적 헌법원리에 그치는 것이 아니라 방어와 배제 및 급부의 성격을 모두 갖는 주관적 권리의 성격을 지닌다.

2. 인간의 존엄권(협의의 존엄권)

(1) 협의의 존엄권의 의의

협의의 존엄권(이하, 존엄권)이란 인간이 인간으로 누려야 할 인간의 기본적인격, 즉 인간의 존엄을 향유할 수 있는 권리를 말한다. 모든 국민은 존엄권을 가지므로 존엄의 주체로 대우되어야 한다. 즉 목적으로 대우되어야 한다. 국민을 객체로 또는 수단으로 취급하는 것은 허용되지 않는다.

(2) 협의의 존엄권의 주체

모든 국민은 존엄권의 주체가 된다. 존엄을 의식하는지, 유지할 수 있는 능력이 있는지 여부를 불문한다. 외국인도 무국적자도 존엄권의 주체가 된다. 법인은 존엄권의 주체가 될 수 없다. 태아는 존엄권의 향유자가 될 수 없다. 생명권의 주체가 될 뿐이다. 死者는 인격성이 없으므로 존엄권의 주체가 될 수 없으나 존엄을 보호해야 할 국가의 의무는 사후에도 존재한다.

(3) 협의의 존엄권의 내용(보호영역)

존엄권의 보호영역을 적극적으로 확정하는 것은 지극히 어려운 문제이다. 개별 기본권의 경우 보호되어야 할 특정한 생활영역이 주어지나, 존엄권의 대상인 존엄은 모든 영역에 걸쳐 관련되기 때문이다. 또한 존엄권은 행복추구권이나 평등권과 같이 모든 생활영역에 관련되는 '포괄적 기본권'의 성격을 지니고 있기에 보호영역을 규명하는 데 어려움이 있다. 따라서 존엄권의 보호영역은 어떤 경우에 존엄에 대한 침해가 있는가를 소극적으로 판단할 수밖에 없다. 존엄권에 대한 침해는, 인격발현의 불가결한 최소한의 요건이 침해되거나 인간 생존에 절대적인 최소한의 최저요건이 침해된 경우로 제한된다. 고문, 잔혹한 형벌, 노예제도, 인신매매, 강제혼인, 비인간적 수형조건, 최저생계비 박탈 등이 이에 해당된다.

(4) 협의의 존엄권의 효력

존엄권은 모든 국가권력에 대하여 효력을 가진다. 헌법개정권력도 구속한다. 또한 존엄권은 헌법질서의 객관적 요소로서 사인 간에도 직접 적용된다. 존엄권은 법률로도 제한할 수 없는 기본권이며, 최고의 가치이기에 국가는 물론 사인도 이에 구속되어야 한다.

(5) 협의의 존엄권의 제한

존엄권은 헌법의 최고의 가치이며 존엄 그 자체를 내용으로 하기에 다른 기본권과 달리 헌법 제37조 제 2 항의 적용을 받지 않는다. 최고의 가치인 존엄을 그 내용으로 하는 존엄권에 대한 제한이 가능하다면 헌법에 대한 자기부정이 되므로 존엄권에 대한 제한은 불가능할 수밖에 없다.

3. 인간의 존엄권(생명권)

(1) 생명권의 의의

(가) 헌법적 근거

우리 헌법은 생명권규정을 두고 있지 않지만 생명권을 헌법상 권리로 인정하는 데 이론이 없다. 문제는 헌법적 근거를 어디서 구할 것인가이다. 신체의 자유(§12)에서 찾는 견해가 있으나 개별 기본권으로부터 모든 기본권의 전제가 되는 생명권을 근거 짓는 것은 논리적으로 모순되며, 신체의 자유 그 자체가 생명권을 보장할 수는 없다. 인간의 존엄을 규정한 헌법 제10조에서 그 근거를 찾는 것이 타당하다.

(나) 개 념

생명권의 대상인 생명은 생존을 말하므로, 생명권이란 생존할 권리를 말한다. 생존은 자연과학적 개념으로서 객관적으로 판단되어야 한다. 생존의 조건이 존재하는 한 모든 생명은 등가치적이다. 따라서 생명에 대한 유용성을 기준하는 가치평가나 신체적 조건에 따른 차별은 허용될 수 없다.

(2) 생명권의 주체

(가) 자 연 인

생명권은 생명을 지닌 모든 자연인이 주체가 된다. 따라서 내국인은 물론 외국인과 무국적자도 향유한다. 법인은 그 주체가 될 수 없다. 태아도 생명권의 주체가 된다. 태아의 독립성과 행위능력성의 부재로 주체성을 부인하는 주장이 있을 수 있으나, 생명권의 향유능력은 이 권리를 사실적으로 행사할 자율능력을 전제로 하지 않으므로 태아의 주체성을 부정할 이유가 없다.

(나) 배 아

최근에는 배아의 생명권 주체성이 문제되고 있다. 배아, 초기 배아(착상 전 배아)의 생명권주체성을 인정해야 한다는 주장이 적지 않다. 생명의 시기에 관해 수정시설은 수정란은 인간개체로 성장할 수 있는 완전한 정체성을 가지고 있고, 출생까지 과정의 연속성이 있으므로 수정 시부터 인간생명으로서 헌법적 보호의 대상이 되어야 한다고 한다(다수설). 그러나 생명의 시작은 수정 시로 보아야 하겠지만, 인간생명체가 권리주체로 인정되기 위해서는 인간으로서의 개체성이 인정되어야 하며, 독립된 인간의 개체성은 착상 한때부터 비로소 시작된다고 보아야 하므로, 수정란 및 착상 전 배아는 인간생명체로서 보호되는 것은 별론으로, 생명권의 주체로 볼 수 없다. 헌법재판소는 초기 배아의 생명권주체성을 부정하고 있다.

(다) 뇌 사

생명은 심장이 정지함으로써 종료되나(심장사), 뇌가 돌이킬 수 없는 상태에 이르면 죽음으로 보려는 뇌사설이 점점 설득력을 더해가고 있다.

(3) 생명권의 내용

생명권은 생명에 대한 국가의 침해에 대한 방어권으로서의 소극적 생명권과 생명에 대한 국가의 보호를 요구하는 적극적 생명권의 성격을 갖는다. 국가가 생명을 단축하거나 박탈하는 것은 금지되며, 국가는 제 3 자의 침해로부터 생명을 보호할 의무를 진다. 그러나 죽어가는 생명의 연장을 요구할 수 있는 생명의 조성청구권은 생명권에 의해 보호될 수 없다. 곤궁이나 질병에 의해 생명권이 위협받는 경우 사회국가원리에 의해 국가가 생명의 조성에 필요한 비용을 부담하는 것은 별론으로 생명권을 근거로 이를 인정하는 것은 무리이다. 또한 생명권의 주체라 하더라도 자신의 생명을 자유롭게 처분할 수 없다. 생명권은 공동체 기본질서의 요소로서, 기본권주체라 하여도 생명을 포기할 수 없다. 자살은 허용되지 않는다.

헌법재판소는 경찰이 살수차를 이용하여 물줄기가 일직선 형태로 집회참석자에게 도달되도록 살수한 행위(직사살수행위)는 청구인의 생명권 및 집회의 자유를 침해했다고 하였다(2015헌마1149).

(4) 생명권의 효력

생명권은 국가에 대하여 그리고 사인에 대하여 직접적 효력을 갖는다.

(5) 생명권의 제한

(가) 법률유보의 대상

생명은 무엇과도 바꿀 수 없는 최고의 가치로서 인간의 존엄보다도 우위에 있는 가장 근본적인 가치이다. 그렇다면 생명권은 절대적 기본권으로서 헌법 제37조 제 2 항에 의해 제한될 수 없다. 생명권에 대한 제한은 그 자체 본질적 내용에 대한 침해가 되므로 사형제도는 제37조 제 2 항의 본질적 내용의 침해금지에 위배된다. 그런데 생명권에 대한 법률유보를 인정하는 것은 이념적으로나 법리적으로 모순되지만 타인의 생명을 부정하거나 또는 생명과 생명이 충돌할 경우 생명에 대한 법적 평가가 허용될 수밖에 없으므로, 생명권 역시 법률유보의 대상이 된다는 것이 지배적인 견해이며 판례의 입장이기도 하다.

(나) 생명권의 내재적 한계에 따른 제한

생명권에 대한 제한이 가능하다면 제37조 제 2 항의 법률유보에 의한 것이 아니라 생명에 내재되어 있는 한계 때문에 허용되는 것으로 보아야 한다. 생명과 생명이 충돌하거나 타인의 생명을 부정할 경우 생명에 대한 제한은 불가피하다. 그러나 이러한 제한은 법률유보에 의한 제한으로 볼 수 없다. 태아와 산모의 생명이 충돌하여 하나의 생명만 구제가 가능한 경우 태아의 생명이 제한되지만 이는 생명에 내재되어 있는 본질적 한계 때문에 허용되는 것이지 법률유보가 적용되기 때문이 아니다.

(다) 사형, 인공임신중절

사형제도는 사형 당하는 죄인의 생명권을 침해하는 것으로 위헌이다. 사형에 대한 정당성논란이 지금까지 계속되어 왔다면 사형의 위헌 여부는 간단히 결정을 내릴 문제가 아님은 분명하다. 그러나 헌법상 생명권을 인정한다면 사형제도는 위헌으로 폐지되어야 하는 것이 논리적이다. 헌법 제110조 제 4 항 단서를 사형제도의 합헌성 근거로 원용해서는 안 될 것이다. 위 규정은 사형을 형벌의 하나로 수용하고 있는 입법현실을 전제로 한 규정이므로, 위 규정을 이유로 사형의 합헌성을 인정할 수 없다.

임신중절은 태아의 생명권을 침해하는 것이지만 임산부의 생명과 충돌할 경우 이에 대한 제한은 불가피하다. 임산부의 생명과 태아의 생명이 충돌할 경우 임산부의 생명을 우선하는 것은 당연하나, 임산부의 출산에 관한 자기결정권과 태아의 생명이 충돌할 경우 이를 어떻게 해결할 것인가가 문제된다. 헌법재판소는 낙태를 처벌하는 형법을 정당하다고 보는 입장이나, 임신 후 12주 내의 태아에 대해서는 (절차를 엄격히 규정함과 동시에) 임산부의 자기결정권을 우위에 두는 전향적인 접근이 필요하다.

(라) 안 락 사

안락사란 통상 '생존의 가능성이 없는 병자의 고통을 덜어주기 위하여 인위적으로 죽음에 이르게 하는 일'을 말하며, 적극적 안락사와 소극적 안락사로 구분된다. 적극적 안락사란 아직 사망의 과정에 진입하지 않은 상태에서 적극적 행위를 통해 사망을 재촉하는 것으로, 적극적 안락사는 살아있는 환자(통상 말기환자)의 생명을 인위적으로 단축하는 살인행위의 성질을 지니고 있고, 남용의 우려 또한 매우 높기에, 부정하는 견해가 지배적이다. 반면 소극적 안락사란 사망이 임박한 상태에서(임종환자) 생명유지나 생명연장을 위한 적극적 조치를 포기하여 사망과정을 자연스럽게 진행시키는 것을 말한다. 소극적 안락사는 죽어가는 사람을 존엄하게 죽게 하는 존엄사로 이해된다.

(마) 존엄사(연명의료중단)

① 의 의 존엄하게 죽을 권리(존엄사)란 회복 불가능한 사망 단계에 이른 환자가 자신의 죽음을 인간답게 맞이할 수 있는 권리를 말한다. 존엄하게 죽을 권리는 연명의료거부나 연명의료중단을 요청할 수 있으며, 치료강제는 오히려 존엄하게 죽을 권리에 대한 침해가 된다. 2018년 2월 "호스피스·완화의료 및 임종과정에 있는 환자의 연명의료결정에 관한 법률(연명의료결정법)"이 제정 시행됨으로써, 연명의료중단의 법적 근거가 마련되었다.

② 헌법적 근거 존엄하게 죽을 권리의 헌법적 근거를 '협의의 인간의 존엄'이나 생명권에서 찾을 수도 있겠으나, 존엄하게 죽을 권리의 헌법적 근거는 일반적 인격권으로 보아야 한다.

③ 연명의료중단 임종과정에 있는 환자란 회생의 가능성이 없고, 치료에도 불구하고 회복되지 아니하며, 급속도로 증상이 악화되어 사망에 임박한 상태로서, 담당의사와 해당 분야의 전문의 1명으로부터 임종과정에 있다는 의학적 판단을 받은 자를 말한다(연명의료결정법 §2, 2호). 반면 말기환자란 적극적인 치료에도 불구하고 근원적인 회복의 가능성이 없고 점차 증상이 악화되어 담당의사와 해당 분야의 전문의 1명으로부터 수개월 이내에 사망할 것으로 예상되는 진단을 받은 환자를 말한다(연명의료결정법 §2, 3호). 연명의료중단은 임종과정에 있는 환자에게만 허용되며 말기환자에게는 인정되지 않는다.

연명의료계획서가 있거나, 사전연명의료의향서를 환자에게 확인한 때에는 환자가 연명의료중단결정의 의사가 있는 것으로 본다. 담당의사는 연명의료계획서, 사전연명의료의향서 또는 환자가족의 진술을 통하여 환자의 의사로 보는 의사가 연명의료중단을 원하는 것인 때에는 즉시 연명의료중단결정을 이행하여야 한다(연명의료결정법 §15, §19).

④ 판 례 헌법재판소나 대법원 모두 연명치료중단을 자기결정권의 한 내용으로 보장하고 있다.

Ⅱ. 행복추구권

1. 행복추구권의 의의

(1) 연혁과 입법례

헌법은 제10조에서 모든 국민은 행복을 추구할 권리가 있다고 하여 행복추구권을 규정하고 있다. 행복추구권은 미국의 Virginia 권리장전에서 처음으로 규정되었다. 행복추구권을 헌법에 기본권으로 규정한 것은 드문 입법례에 속한다. 일본 헌법(§ 13)도 행복추구권을 규정하고 있다. 우리나라는 1980년 제5공화국 헌법에서 처음으로 행복추구권이 신설되었고 지금까지 유지되고 있다.

(2) 개　　념

행복추구권이란 안락하고 만족스러운 삶을 추구할 수 있는 권리를 말한다. 행복이란 자기만족이며 자기실현이어서 개인의 가치관과 인생관에 따라 다를 수밖에 없으므로 행복의 개념은 상대적이고 주관적이며 다의적이다. 지나치게 간결하고 추상적인 행복추구권을 독립된 기본권의 형태로 둔 것을 비판하는 견해가 지배적이다. 그러나 행복추구권이 헌법에 규정된 이상 우리 헌법의 기본권체계에서 적절한 기능과 지위를 가지도록 해석되어야 한다.

(3) 법적 성격

행복추구권은 자연권이며 포괄적 기본권의 성격을 지닌다. 행복추구권 역시 개별적 기본권과 같이 구체적 보호영역을 지니지만 모든 생활영역에 관련된다는 점에서, 또 헌법제정 당시에 예견하지 못한 기본권이나 생명과학의 발전으로 생겨나는 새로운 자유와 권리의 보호를 위한 기본권영역을 모두 포함한다는 의미에서 포괄적 기본권이다.

행복추구권을 주기본권으로서 포괄적 권리로 보는 견해, 독자적 기본권성을 부정하는 견해가 있으나, 구체적 권리로 보아야 한다(판례, 통설).

2. 행복추구권의 주체

모든 국민과 외국인에게 주체성이 긍정된다. 법인은 주체가 될 수 없으나 예외적으로 주체가 될 수 있다. 예를 들어 법인은 행복추구권(일반적 행동자유권)으로부터 도출되는 계약의 자유의 주체가 될 수 있다.

3. 행복추구권의 내용

(1) 일반적 인격권

(가) 의 의

일반적 인격권이란 개인의 고유한 인격적 가치를 실현하고 인격적 가치가 침해되지 않을 권리를 말한다.

일반적 인격권은 행복추구권에서 그 근거를 찾아야 한다. 헌법재판소도 일반적 인격권의 근거를 행복추구권에서 구하고 있다. 일반적 인격권은 주체의 존재양상의 정태적 보호에 초점을 두는 점에서, 주체의 행동양식을 동태적으로 보호하는 일반적 행동자유권과 구별된다. 전자가 피보호상태에 중점을 두는 것이라면 후자는 행동에 중점을 둔다.

일반적 인격권은 자연인이 주체가 되며 법인은 그 주체가 될 수 없다. 이는 일반적 인격권은 '자연적 인격'을 그 보호 대상으로 하기 때문이다. 그러나 헌법재판소는 법인의 인격권 주체성을 적극적으로 인정하고 있다. 헌법재판소는 법원의 사죄광고로 인해 법인의 인격적 외형적 변형이 초래된 경우, 방송통신위원회의 '시청자에 대한 사과'명령으로 방송사업자의 인격권을 침해한 경우, 언론사에 대한 선거기사심의위원회의 사과문 게재명령(공직선거법 §8의3)과, 불이행을 이유로 한 발행인에 대한 형사처벌은 법인의 인격권침해로 위헌이라고 하였다. 법인에게 일반적 인격권의 주체성을 부정한다고 하여 법인의 명예 또는 신용의 보호를 부정하는 것은 아니다. 법률적 차원에서 법인의 명예나 신용을 보호하는 것은 가능하지만, 이러한 법률상 권리는 일반적 인격권과 구별된다. 일반적 인격권은 포괄적 성격을 지니므로 헌법이 보장하는 개별적 인격권(§16, §17, §18, 특히 §17)에 대하여 보충적으로 적용된다.

(나) 내 용

일반적 인격권은 자연적 인격을 보호대상으로 한다. 일반적 인격권은 인격의 자유로운 형성, 인격의 자유로운 유지 및 인격의 자유로운 표현을 보장한다. 모든 사람은 자신의 정체성을 발견하고 유지하며, 이를 표현할 수 있다. 인격의 자유로운 형성이란 인격을 스스로 결정하고 발견하고 판단할 수 있는 권리를 말한다. 인격의 자유로운 유지란 인격에 대한 외부적 간섭을 배제할 수 있는 권리를 말하는데, 인격의 유지는 사회적으로 이해되어야 한다.

저명인사의 초상이나 성명을 무단으로 사용하는 경우 침해되는 것은 인격권이지 사생활의 비밀(§17)이 아니다. 특정인의 얼굴을 찍고 신상을 파헤치는 것은 사생활의 비밀침해가 되지만, 단순한 사진촬영은 인격권에 대한 침해가 될 뿐이다. 헌법재판소는 수사기관의 피의자 조사과정에서 얼굴 등 특정인임을 식별할 수 있는 신체적 특징에 대해 촬영을 허락한 행위는 일반 국민에게 널리 알려야 할 공공성을 지닌 경우에 해당하지 않는 한 인격권(초상권)침해가 된다고 하였다.

(다) 헌재결정례

헌법재판소는, 친생부인권 행사를 출생을 안 날을 기준으로 1년 이내로 제한한 것은 부의 인격권을 침해한 것이며, 차폐시설이 불충분한 유치장 내의 화장실 사용의 강제나 알몸 상태에서의 신체수색 역시 인격권에 대한 침해라 하였고, 자녀가 아버지의 성과 본을 따르도록 한 부성주의는 위헌으로 볼 수 없으나, 부의 성을 사용할 것을 강제하는 것이 부당한 경우에까지 예외를 두지 않은 것은 인격권침해가 된다고 하였다. 또한 장래 가족의 구성원이 될 태아의 성별정보에 대한 접근을 국가로부터 방해받지 않을 부모의 권리는 일반적 인격권에 의하여 보호되며, 의료법이 태아의 성별에 대하여 고지를 금하는 것은, 부모의 태아성별정보에 대한 접근을 방해받지 않을 권리를 침해하였다고 하였다. 반면, 헌법재판소는 성매수자의 신상을 공개하는 것은 성매수자에 대한 인격권침해가 아니며, 수용자를 교정시설에 수용할 때 전자영상 검사기를 이용하여 수용자의 항문부위에 대해 신체검사를 하는 것이 수용자의 인격권에 대한 침해가 아니라 하였다.

헌법재판소는 배아생성자의 배아에 대한 결정권은 헌법 제10조의 일반적 인격권에 근거한 것으로, 잔여배아를 5년간 보존하고 이후 폐기하도록 한 생명윤리법은 배아생성자의 배아에 대한 결정권을 침해하지 않는다고 하였고, 혼인 종료 후 300일 이내에 출생한 자녀를 전남편(夫)의 친생자로 추정하는 민법(§844②)은 모(母)의 인격권을 침해하여 헌법에 합치되지 않는다고 하였다.

(2) 일반적 행동자유권

일반적 행동자유권이란 인격의 자유로운 발현을 목적으로 자유롭게 행동할 수 있는 자유를 말한다. 일반적 행동이란 공통되는 표지에 의거해 하나의 카테고리에 넣기 어려운 비정형적이고 무규정적인 광범한 자유행동으로서, 열거된 기본권들(주거, 사생활, 통신)의 보호영역에 포섭되지 않는 행동이 이에 해당된다. 일반적 행동자유는 인격의 자유로운 발현을 목적으로 하는 행동의 자유로, 취미활동(승마, 수상스키), 여가활동(산보) 등은 일반적 행동자유에 해당된다. 일반적 행동자유는 신체이동의 자유, 거주이전의 자유, 사생활의 자유와 구별된다. 일반 공중에게 개방된 장소(서울 광장)를 통행하거나, 여가활동이나 문화활동을 하는 것은 일반적 행동자유권의 내용으로 보장된다.

헌법재판소는 개인의 '자기결정권'을 인격권, 행복추구권에서 파생된 (독립된) 기본권으로 이해하고 있다. 그러나 자기결정권을 독자적 기본권으로 보는 것은 적절치 않다. 모든 자유권은 각각의 생활영역에서 개인의 자기결정권을 보장하고 있기 때문이다. 각종의 자기결정권(정보에 대한 자기 결정권, 소비자 자기결정권)은 일반적 행동자유에서 파생되는 기본권이다. 다만 성적 자기결정은 일반적 행동자유의 성격을 지니지만 사생활의 자유가 우선 적용된다.

헌법재판소는 인수자가 없는 시체를 생전의 본인의 의사와는 무관하게 해부용 시체로 제공될 수 있도록 하는 '시체해부 및 보존에 관한 법률'은 시체의 처분에 대한 '자기결정권'을 침해하여 헌법에 위반된다고 하였다.

헌법재판소는 평화적 생존권은 헌법에 열거되지 아니한 기본권으로서 특별히 새롭게 인정할 필요성이 있다거나 그 권리내용이 비교적 명확하여 구체적 권리로서의 실질에 부합한다고 보기 어려워, 헌법이 보장하는 기본권이라고 할 수 없다고 하였다.

헌법재판소는 일반적 행동자유권은 가치 있는 행동만 그 보호영역으로 하는 것이 아니며, 위험한 스포츠를 즐길 권리와 같은 위험한 생활방식으로 살아갈 권리(헌결 2002헌마518), 개인이 대마를 자유롭게 수수하고 흡연할 자유(헌결 2009헌바246)도 일반적 행동자유권의 보호영역에 속한다고 하였다.

4. 행복추구권의 효력

행복추구권은 대국가적 효력과 간접적 대사인적 효력을 지닌다.

5. 행복추구권의 제한

행복추구권은 헌법 제37조 제 2 항에 따라 법률로 제한할 수 있다. 행복추구권의 본질적 내용은 침해될 수 없다. 이륜자동차와 원동기장치자전거에 대하여 고속도로 또는 자동차전용도로의 통행을 금지하고 있는 것은 이륜자동차 운전자의 직업수행의 자유에 대한 제한이 아니며, 통행의 자유(일반적 행동의 자유) 및 평등권을 침해한다고 할 수 없다. 헌법재판소는 기부금품 모집행위의 허가 여부를 행정청의 자유로운 재량에 맡기고 있는 기부금품모집규제법조항을 위헌으로 보았으나, 기부금품을 자유로이 모집할 수 있는 권리를 부정하지 않고, 허가절차에 규정된 법률요건을 충족하는 경우 국민에게 기본권 행사의 형식적 제한을 다시 해제할 것을 요구할 수 있는 법적 권리로 인정하고 있는 개정된 기부금품모집규제법조항은 일반적 행동자유권에 대한 침해로 볼 수 없다고 하였다. 공중이용시설의 소유자 등은 해당시설 전체를 금연구역으로 지정하여야 한다고 규정한 국민건강증진법(§9④)은 일반적 행동자유권에 대한 침해가 아니다. 헌법재판소는 음주운전에 도로 외의 곳에서 운전하는 것을 포함하도록 한 도로교통법은 일반적 행동의 자유에 대한 침해가 아니라고 하였다.

제2절 평 등 권

헌법 제11조 제1항은 '모든 국민은 법 앞에 평등하다. 누구든지 성별 종교 또는 사회적 신분에 의하여 정치적 경제적 사회적 문화적 생활의 모든 영역에 있어서 차별을 받지 아니 한다'고 규정하여 평등원칙과 평등권을 보장하고 있다. 또한 제2항은 사회적 특수계급제도의 금지를, 제3항은 영전일대의 원칙을 규정하고 있다.

Ⅰ. 평등의 원칙

1. 헌법규정

우리 헌법은 헌법 전문, 제11조, 제20조 제2항(종교의 차별금지), 제31조 제1항(교육의 기회균등), 제32조 제4항(근로관계에서 여성의 차별금지), 제36조 제1항(혼인과 가족생활에서 양성평등), 제39조 제2항(병역의무), 제41조 제1항과 제67조 제1항 및 제116조 제1항(선거와 선거운동), 제119조 제2항(균형 있는 국민경제발전), 제123조 제2항(지역간 균형 있는 발전)에서 평등권 내지는 평등원칙을 규정하고 있다. 헌법 제11조 제1항 제1문은 일반적 평등원칙을, 제2문은 일반적 평등권을 보장하고 있다.

2. 평등원칙의 의의

(1) 평등의 개념

(가) 평등의 전제조건과 비교 관점(기준)

평등이란 비교의 결과 동일하게 취급되는 것을 말한다. 평등은 비교가 가능한 둘 이상의 대상과 그 대상이 다르다는 것이 전제되어야 하며 둘 이상을 비교할 수 있는 비교의 관점이 요구된다. 일반적으로 비교되는 두 관계는 모든 관점에서 동일할 수 없고 일정한 관점에서만 동일하게 된다.

(나) 절대적 평등과 상대적 평등

절대적 평등은 모든 사람이 모든 면에서 동등하다는 것인데, 어떤 사람도 다른 사람과 똑같지 않으며 어떤 상황도 다른 상황과 동일하지 않기에, 모든 사람을 모든 상황에서 동일하게 다룬다는 절대적 평등은 존재할 수 없다. 상대적 평등은 모든 사람을 동등하게 취급하되 정당한 사유가 있는 경우에는 합리적 차별을 인정하는 입장이다. 평등은 상대적 평등을 의미할 수밖에 없다.

(다) 형식적 평등과 실질적 평등

정치적 영역(선거권이나 피선거권)에서는 모든 사람을 동등하게 다루어야 한다. 그가 처한 위치에 따라 달리 취급될 수 없다. 다만 사회국가원리를 기본원리로 삼는 헌법에서는 정의를 실현하고자 경제·사회적 약자를 보호하는 실질적 평등이 강조된다.

(2) 평등원칙의 법적 성격

(가) 법의 이념, 객관적 헌법원리

평등원칙에서의 평등은 정의의 형태로 모든 법의 이념이 된다. 또 헌법 제11조 제 1 항 제 1 문의 평등원칙은 객관적 헌법원리로서 헌법의 최고원리를 구성하며, 모든 국가권력을 구속한다. 모든 국가활동에 방침과 척도를 제공한다. 평등원칙은 입법의 준칙이 되며 모든 법의 해석과 적용에 있어 따라야 할 기준이 된다.

(나) 기 본 권

평등원칙은 객관적 헌법원리로서 객관적 원칙규범의 성격 외에 기본권의 성격을 지닌다. 국가권력이 평등원칙을 위반하여 국민의 평등한 지위를 침해하게 되면 평등권침해를 주장할 수 있다(객관적 규범의 주관화). 그러나 국가권력이 평등원칙에 위반되는 모든 경우에 평등권침해가 인정되는 것은 아니다.

(다) 일반적 평등원칙과 개별적 평등원칙

헌법 제11조 제1항 제1문은 일반적 평등원칙을, 제32조 제4항과 제36조 제1항은 개별적 평등원칙을 규정하고 있다. 개별적 평등원칙은 일반적 평등원칙에 대해 우선적으로 적용된다.

3. 평등원칙의 내용

(1) 법 앞에 평등

(가) 법과 법 앞에의 의미

헌법 제11조 제1항 제1문은 모든 국민은 법 앞에 평등하다고 규정하고 있다. 여기서 법이란 형식적 의미의 법률은 물론 기타의 모든 법규범을 의미하며, 성문·불문을 가리지 않는다. 법 앞에 평등이란 법적용상의 평등을 포함하여 법 자체의 평등을 의미한다. 법의 내용이 불평등하면 법의 해석과 적용을 올바르게 하더라도 그 결과는 불평등할 수밖에 없으므로 법 앞의 평등이란 입법을 구속하는 법평등을 말한다(통설). 헌법재판소도 법 앞에 평등을 법 적용상의 평등 외에도 입법권자에게 정의와 형평의 원칙에 합당하게 합헌적으로 법률을 제정하도록 하는 것을 명령하는 법 내용상의 평등을 의미한다고 보고 있다.

(나) 평 등

제11조의 평등원칙이 보장하는 평등은 법적 평등이며 기회의 평등을 말한다(형식적 평등). 실질적 평등이나 결과의 평등을 말하는 것이 아니다. 빈부, 지위 등의 차이로 인해 존재하는 불평등을 고려함이 없는 평등으로서, 사실관계가 동일하면 법적으로 동일하게 취급하는 평등을 말한다. 실질적 평등은 사회국가원리에 의해 추구된다. 평등은 같은 것은 같게 다른 것은 다르게 취급할 것을 요청한다. 평등은 불법의 평등까지 보장하는 것은 아니므로 자신의 불법행위를 용인하도록 하는 내용의 평등권까지 인정될 수는 없다.

(2) 평등 판단의 기준

평등은 같은 것을 다르게 다루는 차별대우가 정당한 차별인지에 대한 판단을 요구한다. 자의금지원칙과 비례성원칙이 적용된다.

(가) 자의금지원칙

① 의 의 자의금지원칙이란 차별이 정당하기 위해서는 차별이 자의적이지 않아야 함을 말한다. 여기서 자의란 객관적으로 명백한 근거가 없는 것을 말하며 주관적인 책임비난을 의미하지 않는다. 자의금지원칙에 의하면 차별이 정의에 명백히 반하는 경우, 즉 어떠한 합리적 이유도 찾을 수 없어 자의로 볼 수밖에 없는 경우에 한해 위헌을 선언할 수 있다. 하나의 합리적 이유라도 존재하면 위헌으로 볼 수 없다.

헌재결정

일반적으로 자의금지원칙에 관한 심사요건은 ① 본질적으로 동일한 것을 다르게 취급하고 있는지에 관련된 차별취급이 존재하는지 여부와, ② 이러한 차별취급이 존재한다면 이를 자의적인 것으로 볼 수 있는지 여부라고 할 수 있으며, 나아가 ①의 요건과 관련하여 두 개의 비교집단이 본질적으로 동일한가의 판단은 일반적으로 관련 헌법 규정과 당해 법 규정의 의미와 목적에 달려 있고, ②의 요건과 관련하여 차별취급의 자의성은 합리적인 이유가 결여된 것을 의미하므로, 차별대우를 정당화하는 객관적이고 합리적인 이유가 존재한다면 그 차별대우는 자의적인 것으로 볼 수 없게 된다(헌결 2006헌바35).

② 한 계 자의금지원칙은 국가행위에 대한 최소한의 정의를 보장하는데 그치며 정의를 포괄적으로 보장할 수 없다는 것이 한계이다. 차별을 정당화할 수 있는 사유는 일반적으로 발견될 수 있으며, 자의 그 자체는 또 다른 가치판단을 필요하게 하고, 심사기준이 모호하며, 합리적 이유만으로 평등위반 여부를 판단하게 되어 규범영역에 따라 심사밀도가 달라져야 하는 요구를 충족할 수 없다는 것이 문제이다. 이렇듯 자의금지원칙은 헌법재판소로 하여금 입법자가 가장 이상적인 해결방법을 선택했는가를 판단하게 하는 것이 아니라 '자의위반' 여부만을 판단하는 것이므로, '가장 정의로운가'가 아니라 '명백하게 정의에 반하지 않는가'만을 판단하게 한다. 자유권(청구, 참정)에 대해서는 과잉 여부를 비례심사하는 데 반해, 자의금지원칙에 따르게 되면 평등권에 대해서만 최소한의 정의보장에 만족해야 하는 점에서 문제가 있다. 이러한 점에서 비례성심사원칙이 정당화된다.

③ 적용범위 자의금지원칙에 한계가 있지만 모든 경우에 비례성심사가 요구

된다거나 타당하다고 할 수 없다. 자의금지원칙은 첫째, 차별의 성격이 물적차별에 해당될 경우, 둘째 인적·물적 차별이지만 기본권에 대한 영향력이 경미한 경우 셋째, 급부 및 수혜적 영역에서의 차별인 경우에 주로 적용된다. 이러한 영역은 입법자의 입법형성이 넓게 인정되어야 하는데, 비례성심사를 하게 되면 헌법재판소가 입법자를 대신하게 되어 권력분립원리에 위배된다. 자의금지원칙이 정당화되는 이유이다. 따라서 자의금지원칙은 입법자에게 광범위한 형성의 자유가 허용되는 경우에 적용된다. 헌법재판소는 명백한 자의, 즉 명백한 평등위반에 대해서만 위헌으로 결정하게 된다(명백성 통제).

④ 헌법재판소 결정 헌법재판소는 '소주도매업자로 하여금 그 영업장소소재지에서 생산되는 자도소주를 의무적으로 총구입액의 100분의 50 이상을 구입하도록 한 자도소주명령구입제도, 중학교 의무교육의 단계적 실시, 국공립대학교 사범대학출신자를 교사에 우선 인용하도록 한 것, 출생일을 기준으로 혈우병환자에 대한 요양급여제한에서 자의금지원칙'을 평등위반 여부의 기준으로 적용한 바 있다.

또한 급부·수혜 영역에 대해서 헌법재판소는 자의금지원칙을 적용하여 왔는데, 국민연금가입대상자를 만60세 미만으로 한정한 것, '사업의 위험률·규모 및 사업장소 등을 참작하여 대통령령이 정하는 사업'을 산업재해보험의 적용대상에서 제외한 것, 재해근로자의 산재보험급여를 제한하기 위해 최고보상기준금액을 법정한 것, 공무상 질병 또는 부상으로 '퇴직 이후에 폐질상태가 확정된 군인'에 대해서 상이연금 지급에 관한 규정을 두지 아니한 것이 그것이다.

(나) 비례성 심사원칙

① 의 의 비례성 심사원칙이란 차별목적과 차별수단 간에 엄격한 비례관계(목적, 적합, 필요, 법익균형)를 충족하여야 합리적 차별이 된다는 원칙이다. 즉 정당한 목적을 추구하고, 그 수단이 목적달성을 위해 적합하고 필요하며, 법익균형을 이룰 때 비로소 합리적 차별이 된다는 것을 말한다.

② 과잉금지원칙과의 관계 비례성심사원칙은 과잉금지원칙과 내용에 있어 차이가 있으나, 실제적 적용에 있어서는 동일하다고 보아야 한다. 구체적 내용에 차이가 나타나는 것은 심사대상의 특성에 기인한 것이다.

③ 적용범위 어떤 경우에 비례성 심사원칙이 적용될 것인가가 문제된다.

비례성 심사원칙은 첫째, 인적차별이 있거나 또는 물적차별이지만 인적차별을 초래하는 경우, 둘째, 차별적 취급으로 인하여 관련 기본권에 대한 중대한 제한을 초래하는 경우, 셋째, 헌법이 직접 차별금지기준이나 금지영역을 제시하면서 평등을 요구하는 경우에 적용된다. 헌법재판소 역시 헌법이 스스로 차별의 근거로 삼아서는 안 되는 기준을 제시하거나 차별을 금지하고 있는 영역을 제시하고 있는 경우, 그리고 기본권에 대한 중대한 제한을 초래하는 경우에는 비례성 심사가 적용된다고 한다.

④ 엄격한 비례성 심사와 완화된 비례성 심사 비례성 심사원칙은 다시 엄격한 비례성 심사원칙과 완화된 비례성 심사원칙으로 나눌 수 있다. 비례성 심사를 엄격 심사와 완화된 심사로 구별하려는 것은, 엄격한 비례성 심사가 요구되는 것은 아니나 그렇다고 자의금지심사로 충분하지 않는 상황이 존재하기 때문이다. 헌법재판소가 제대군인가산점사건과 같이 간접차별이 문제되는 경우에 엄격심사를 적용하여 위헌결정을 도출한 것에 대해 비판의 소리가 적지 않은 것도 이런 이유에서이다. 반면 헌법이 차별대우를 명하고 있는 '국가유공자 가산점'사건과 같은 경우 헌법재판소가 완화된 비례성 심사를 적용한 것은 적절하다.

⑤ 헌법재판소 결정 헌법재판소는 국가공무원 7급 시험에서 기능사 자격증에는 가산점을 주지 않고 기사등급 이상의 자격증에는 가산점을 주도록 한 것, 지방교육위원선거에서 교육경력자를 비경력자에 비해 우선하여 선출하도록 한 것, 제대군인에게 공무원채용시험에서 가산점을 주도록 한 것, 교통사고처리특례법 제 4 조 제 1 항 본문 중 업무상과실 또는 중대한 과실로 인한 교통사고로 말미암아 피해자로 하여금 상해에 이르게 한 경우 공소를 제기할 수 없도록 한 것에 대해서는 엄격한 비례성 심사를 하였다. 반면 국가유공자와 그 유족에게 국가기관이 실시하는 채용시험에 가점을 주도록 한 것, 또는 시각장애인에 한하여 안마사 자격인정을 받을 수 있도록 한 것과 같이 헌법이 우선 보호를 명한 경우와 공무원이 제직 중의 사유로 금고 이상의 형을 받은 때에는 연금의 일부를 감액하도록 한 것과 같이 사회보장수급권의 제한이나 축소의 경우에는 비례성심사원칙을 적용하였으나 입법형성권을 감안하여 완화된 심사를 하였다.

(3) 특권제도의 금지

(가) 사회적 특수계급제도의 부인

헌법 제11조 제 2 항은 사회적 특수계급제도는 인정되지 아니하며, 어떠한 형태로도 이를 창설할 수 없다고 규정하고 있다. 특수계급이란 귀족제도나 노예제도와 같은 봉건적 제도를 말하는 것으로 이러한 특수계급제도의 창설은 평등원칙에 위반된다.

(나) 영전일대의 원칙

헌법 제11조 제3항은 훈장 등의 영전은 이를 받은 자에게만 효력이 있고, 어떠한 특권도 따르지 아니한다고 규정한다. 영전의 세습제나 영전의 특권화를 배제함으로써 특권계층의 발생을 예방하고 있다. 영전을 받은 자에게 세금감면이나 처벌면제 등의 특권을 부여할 수 없다. 다만 훈장에 수반되는 연금이나 유족에 대한 보훈까지 금하는 것은 아니다. 헌법재판소는 독립유공자에게 서훈의 등급에 따라 부가연금을 지급하는 것은 합헌이라고 하였다.

Ⅱ. 평 등 권

1. 평등권의 의의

(1) 개　　념

평등권이란 부당한 차별의 금지를 요구하는 주관적 공권을 말한다. 평등권은 국가의 침해로부터 배제를 요구하거나 국가에게 일정한 급부를 요구하는 권리가 아니다. 평등권은 국가작용 그 자체의 지나침이나 부족을 다투는 자유권이나 생존권 등과 달리 국가의 차별대우를 다투는 것이다. 헌법 제11조 제1항 제2문은 평등권을 보장하고 있다.

(2) 법적 성격

(가) 주관적 공권, 객관적 원칙규범

평등권은 국가에 대한 주관적 공권의 성격을 지닌다. 평등권은 그 자체로서 독립된 기본권의 성격을 지니지만 다른 기본권들의 보장과 실현에 더불어 적용되는 성격을 지닌다. 평등권은 주관적 공권의 성격 외에도 객관적 원칙규범으로 민주주의 헌법질서를 구성하는 객관요소의 성격을 지닌다.

(나) 자유권과 평등권

자유권과 평등권은 다음과 같은 점에서 구별된다. 첫째, 자유권은 국가와 개인의 2원적 구조를 취하나, 평등권은 국가·개인·개인의 3원적 구조를 취하고 있다(본질). 둘째, 자유권과 평등권은 모두 대국가적 방어권의 성격을 지니나, 자유권은 국가의 자유에 대한 제한을 방어하는 반면, 평등권은 국가의 차별대우를 방어한다(방어권의 내용). 전자는 과잉에 대한 방어이지만 후자는 자의에 대한 방어이다. 셋째, 자유권은 3단계심사방법(보호영역, 제한, 제한의 정당성)을 취하나, 평등권은 2단계심사구조(차별대우의 존재 여부, 차별대우의 정당성)를 취하게 된다(심사구조의 차이). 넷째, 자유권에 대한 심사는 과잉금지원칙이 적용되나, 평등권은 자의금지원칙과 비례성심사원칙이 적용된다(심사방법).

2. 평등권의 주체

평등권의 향유주체는 개인뿐 아니라 법인은 물론 권리능력 없는 사단이나 재단도 주체가 된다. 외국인도 그 주체가 될 수 있다. 외국인의 경우 국제법과 상호주의의 원칙에 따라 제한은 불가피하다. 특히 국가인권위원회법은 대한민국 영역 내에 있는 외국인에게 평등권을 보장하고 있다(동법 제 2 조 제 4 호, 제 4 조).

3. 평등권의 내용

(1) 차별금지 사유

헌법 제11조는 '누구든지 성별·종교 또는 사회적 신분에 의하여 … 차별을 받지 아니한다'고 규정하고 있다. 차별금지사유로 든 '성별·종교·사회적 신분'이 예시적 사유에 속하는지 아니면 열거적 성격을 지니는가가 문제된다. 통설은 예시적으로 이해하며, 따라서 학력, 건강, 정치관, 연령, 출신지역, 인종, 언어 등의 사유로 인한 불합리한 차별은 허용되지 않게 된다.

(가) 성 별

① 성별에 의한 차별금지 성별에 의한 차별금지란 남성이나 여성에게 다른 법적효과를 부여하는 공권력행사를 금하는 것으로 남녀의 성에 관한 가치판단에 따른 차별은 금지된다. 차별이란 이익이나 불이익을 주는 것으로, 직·간접 차별을 불문하고, 성별과 차별 사이에는 인과관계가 요구되나 의도 여부는 묻지 않는다. 남녀평등은 법률상 인격의 평등을 말하므로 모든 경우에 남녀를 동일하게 대우하는 것을 말하지 않으며 사물의 본성에 따라 정당화될 수 있는 경우에는 차별이 허용된다. 따라서 남녀의 생물학적 차이에 의한 차별(임신, 출산, 모성보호)이나 합리적 차별까

지 금지하는 것은 아니다. 성에 관한 인식에 많은 변화가 있다. 대법원이 아내에 대한 강간죄성립을 인정하였고, 2011년 '아동·청소년의 성보호에 관한 법률'은 간음의 객체를 '여자 아동·청소년'에서 '아동·청소년'으로 확장하였으며, 2012년 개정 형법은 강간죄의 객체를 '부녀'에서 '사람'으로 변경하였다.

② 간접차별 간접차별이란 법규범이 중립적 성격을 지니고 있으나 사실상의 차이로 불평등한 차별을 초래하는 경우를 말한다. 예를 들어, 공무원임용자격에 175센티의 키를 요구하는 경우 이는 신체구조의 특성상 사실상 여성이 충족하기 어렵기 때문에 여성에게 차별이 되어 여성의 공무원임용자격을 제한한다. 제대군인가산점제는 제대군인과 비제대군인 간의 차별문제이지만, 남성의 대부분이 제대군인이며 여성은 극히 일부만이 제대군인이기에 헌법재판소는 이를 성별에 의한 차별로 보았다. 일종의 간접차별이다. 간접차별의 경우 위헌 여부는 '완화된 비례성심사'가 적용되어야 한다.

③ 양성평등실현 양성평등실현이란 여성들이 받은 기존의 불이익을 제거하기 위하여 적극적으로 남녀동권을 관철하는 것을 말한다. 양성평등실현은 한쪽 성(특히 여성)이 역사적으로 경제사회적 불이익을 받아 온 경우 이에 대한 보호를 통해 평등이념을 실현하기 위한 적극적 개념으로, 국가로부터 부당한 처우의 금지를 요구하는 소극적 차별금지와 다르다.

④ 여성할당제 양성평등실현과 관련하여 여성할당제가 문제된다. 여성할당제란 자격이나 능력을 고려하지 않고 여성이라는 이유로 공직임용이나 승진에 있어 우대하는 것을 말한다. 일정한 목표(백분율)를 정하고 무조건적으로 여성을 우대하는 것은 허용될 수 없다. 이러한 여성할당제는 능력주의에 위배되며, 보다 능력있고 적합한 남성을 배제하고 있으므로 남성에 대한 불합리한 차별이 된다. 다만 일정한 생활영역에서 여성의 수적 열세가 인정되며 남녀가 동등한 자격과 능력을 보이는 경우, 남성에게 피해를 주지 않는 조건하에서 우대하는 것은 허용될 수 있다.

⑤ 제대군인 가산점제

제대군인 가산점제는 근로 내지 고용의 영역에서 남녀평등을 요구하고 있는 헌법 제32조 제 4 항에 위배되고, 공무담임권행사에 중대한 제약을 초래하므로(사기업의 경우에는 직업선택의 자유에 대한) '원칙적'으로 허용될 수 없다. 한편 병역의무이행으로 인하여 불이익한 처우를 받지 않는다고 한 헌법 제39조 제 2 항은 헌법이 적극적 우대조치를 명한 경우에 해당되지 않는다. 헌법 제39조 제 2 항은 국방의무의 이행에 대해 보상조치나 특혜를 부여할 의무를 부과하고 있지 않다.

(나) 종 교

종교에 의한 차별이 금지된다. 우리의 경우 특정종교 때문에 차별대우를 받는 경우가 외국에 비해 심각하지 않지만 종종 발생된다. 입학이 강제로 배정되는 사립중고등학교에서의 종교교육의 강제가 문제된다.

(다) 사회적 신분

사회적 신분이 무엇을 의미하는가에 관하여 학설의 대립이 있다.

① 선천적 신분설과 후천적 신분설 　선천적 신분설은 '신분'을 강조하는 입장에서 사회적 신분을 출생으로 인하여 고정된 사회적 지위로 본다. 이 견해는 사회적 신분이 가문 내지 문벌과 다르지 않게 된다. 반면 후천적 신분설은 '사회적'을 강조하는 입장으로 사회적 신분이란 선천적 신분에 국한할 이유가 없고 후천적으로 사회에서 장기간 점하고 있는 지위를 포함하는 것으로 본다(다수설).

② 존·비속의 지위와 형법상 신분

㉠ 존속·비속 　존속살인이나 존속상해에 대한 형의 가중이 위헌인가의 문제와 관련하여 존속과 비속의 관계를 사회적 신분으로 보는 견해와 자연적(친족적) 신분으로 보는 견해로 나누어진다. 존·비속의 관계는 사회적 신분이 아니라 친족적 혈연관계로 맺어진 자연적 관계로 보는 것이 타당하다. 헌법재판소는 존속상해치사죄를 통상의 상해치사죄보다 엄벌하는 것이나, 자기 또는 배우자의 직계존속을 고소하지 못하도록 한 형사소송법 제224조는 차별취급에 합리적 근거가 있다고 하였다.

㉡ 형법상 신분 　형법상 신분으로 형이 가중되는 경우 사회적 신분에 의한 차별이 아니다. 헌법재판소는 누범을 가중 처벌하는 것은 전과자라는 사회적 신분에 의한 차별이 아니라 하였다.

(라) 연 령

최근에 차별금지사유로 주목받는 것이 연령이다. 연령은 차별금지사유라기보다는 차별을 정당화하는 근거로 인식되어 왔다. "고용상 연령차별금지 및 고령자고용촉진에 관한 법률"은 연령을 이유로 고용차별을 금지하고 있으며, 직무의 성격에 비추어 특정 연령기준이 불가피하게 요구되는 경우(진정직업자격)에는 차별을 허용하고 있다. 진정직업자격이란 담당할 업무의 유형이나 조건에 비추어 본질적이고 결정적인 직업요건을 말한다. 연령이 진정직업자격이 되는 경우에는 연령을 이유로 한 차별은 허용된다.

일정 연령의 청년에게 한시적으로 정원의 3%를 공공기관이나 공기업에 채용하도록 한 소위 청년할당제가 평등원칙에 부합되는가가 문제된다. 헌법재판소 법정의견(4인 합헌의견)은 공공기관 및 공기업으로 하여금 매년 정원의 3% 이상씩 청년 미취업자를 채용하도록 한 청년고용촉진특별법(§5①)의 청년할당제는 평등에 위배되지 않는다고 하였다.

(2) 차별금지 영역

헌법 제11조 제1항은 정치적·경제적·사회적·문화적 모든 영역에 있어서 차별을 받지 아니한다고 규정하고 있다. 모든 영역에서 차별이 금지된다. 각 영역에서 나타나는 평등관련 문제는 해당 분야에서 자세하게 다루기 때문에 별도의 중복된 설명은 생략하기로 한다.

4. 평등권의 효력

(1) 대국가적 효력

평등권은 입법, 행정, 사법의 모든 국가권력을 직접 구속한다.

(가) 입 법 권

입법권은 평등권에 구속된다. 평등원칙을 실현함에 있어 입법자에게 재량이 부여되지만 평등원칙이 준수되어야 한다. 평등침해법률을 누가 어떻게 다툴 것인가가 문제된다. 법률내용이 수혜규정인가 부담규정인가에 따라 차이가 있다. 부담규정의 경우 자기가 속한 집단에게 부담이 부과되면 부과 받은 집단의 구성원이 평등위반을 이유로 이를 다툴 수 있음은 당연하다. 그러나 수혜규정인 경우, 자신이 속한 집단만이 수혜에서 제외된 경우 수혜에서 배제된 자가 이를 다투어야 하는데, 수혜에서 배제된 모든 자에게 다툴 수 있는 자격이 부여되는 것은 아니다. 수혜배제를 통해 자신의 법적 지위를 향상시키거나 유리한 변동을 가져올 수 있는 경우이다.

그러나 다른 집단에게 부여된 혜택을 받기 원하는 경우(또는 받을 가능성이 있는 경우)에는 평등위반을 다툴 수 있다. 이 경우 헌법재판소는 평등에 반하는 법규범에 대해 무효 또는 수혜배제가 위헌이라는 결정을 내릴 수 있지만, 특별한 사유가 없는 한 다른 집단에게 혜택을 확장하는 결정을 내릴 수 없다. 혜택확장은 헌법재판소가 입법자를 대신하는 것이기 때문이다.

(나) 행 정 권

행정작용이나 사법작용과 같은 집행작용은 법령의 기속을 받으므로 법령이 집행작용에게 재량의 여지를 부여한 경우에만 평등 또는 불평등 대우를 할 수 있는 가능성이 주어진다. 행정권이 스스로 재량준칙으로 삼은 행정규칙이나 재량행사시 준수해온 확립된 행정관행에 반하는 조치를 취할 경우, 평등원칙 위반을 이유로 이를 다툴 수 있다.

(다) 사 법 권

평등원칙이 법의 발전이나 법의 보충적 형성에 장애가 되어서는 안되므로 사법권이 기존의 입장을 변경하였다 하여 평등원칙의 위반이라 볼 수 없다. 그러나 자기구속도 지켜져야 한다.

(2) 대사인적 효력

평등권은 간접적으로 대사인효를 갖는다.

5. 평등권의 제한

(1) 헌법에 의한 제한

헌법이 직접 평등원리의 예외를 인정하거나 평등권을 제한하는 경우가 있다. 제한 유형은 크게 두 가지로 대별된다. 특권을 부여하는 경우와 특별한 제한을 하는 경우이다. 전자로는 정당의 특권(§8④), 대통령의 형사상 특권(§84), 국회의원의 불체포특권 및 면책특권(§44, §45), 국가유공자의 우선적 취업기회보장(§32⑥)이 이에 해당된다. 후자는 공무원에 대한 특별한 제한을 들 수 있다. 공무원의 근로3권 제한(§33②), 군인·군무원의 2중 배상금지(§29②), 군인·군무원의 군사재판(§27②) 등이다.

(2) 법률에 의한 제한

법률에 의해 평등권이 제한되는 경우로는 공무원법에 따른 공무원의 정치활동 제한, 행형법에 따른 수형자의 서신검열 등, 군인사법 등에 따른 군인·군무원의 거주·이전의 제한, 출입국관리법에 따른 외국인의 체류제한 등이다. 우체국보험금 전액에 대한 압류를 금지함으로써 우체국보험 가입자의 채권자를 일반 인보험 가입자의 채권자에 비하여 차별한 것은 평등원칙에 위반된다. 친고죄에 있어서 고소 취소가 가능한 시기를 제 1 심 판결 선고 전까지로 제한한 형사소송법은 평등권을 침해하지 않는다. 또한 2021년 헌법재판소는 혼인한 등록의무자 모두 배우자가 아닌 본인의 직계존·비속의 재산을 등록하도록 공직자윤리법이 개정되었음에도 불구하고, 혼인한 여성 등록의무자의 경우에만 종전과 동일하게 계속해서 배우자의 직계존·비속의 재산을 등록하도록 규정한 공직자윤리법 부칙 제 2 조는 평등원칙에 위배되는 것으로 헌법에 위반된다고 하였다.

(가) 평등권 침해 여부에 대한 심사

평등권 침해 여부를 판단함에 있어 헌법 제37조 제 2 항이 적용될 수 있는가에 관해 이를 부정하는 견해도 있지만, 평등권의 특성 때문에 일부 변형이 불가피하지만 헌법 제37조 제 2 항이 적용될 수 있다고 본다. 헌법 제37조 제 2 항은 모든 자유와 권리를 그 대상으로 하며, '필요한 경우'에 법률로 제한할 수 있기 때문이다. 평등의 특성 때문에 과잉금지원칙이 비례성심사원칙과 그 내용에 있어 차이가 있고, 본질적 내용침해금지가 적용되지 않을 뿐이다.

(나) 2단계 심사구조

평등권위반 여부는 2단계 심사구조로 이루어진다. 먼저 차별대우가 있었는가를 파악하고, 차별대우에 대한 정당성 심사가 이루어진다.

제 3 절 자유권적 기본권

제 1 항 신체에 관한 자유와 권리

헌법 제12조 제 1 항은 '모든 국민은 신체의 자유를 가진다'고 하여 신체의 자유를 보장하고 있다. 신체의 자유의 완벽한 보호를 위해 제 2 항에서 제 7 항에 이르기까지 신체의 자유를 보장할 수 있는 각종의 실체·절차적 장치를 두고 있다. 제13조는 이중처벌금지와 형벌불소급을, 제27조는 재판받을 권리를, 제28조는 형사보상청구를 규정하고 있다. 신체의 자유는 신체의 완전성과 신체활동의 자유를 그 내용으로 한다.

Ⅰ. 신체를 훼손당하지 않을 권리(신체의 완전성)

1. 의 의

신체의 자유란 신체의 완전성이 침해당하지 아니할 자유와 자율적인 신체활동의 자유를 말한다. 신체의 완전성은 신체를 훼손당하지 않을 권리에 의해 보호되고, 자율적인 신체활동의 자유는 신체의 자유의 보호영역으로 보아 양자를 구별한다.

우리 헌법은 신체를 훼손당하지 않을 권리를 명시적으로 규정하고 있지 않으나 생명권과 더불어 당연히 허용되는 헌법적 권리로 본다. 신체를 훼손당하지 않을 권리의 헌법적 근거에 관해 다양한 견해가 제시되어 있으나, 헌법 제12조의 신체의 자유로 보는 것이 타당하다. 신체를 훼손당하지 않을 권리는 인간의 권리로 국민은 물론 외국인이나 무국적자도 그 주체가 된다.

2. 신체를 훼손당하지 않을 권리의 내용

신체불훼손권은 신체의 완전성을 보호한다. 신체의 완전성은 신체외양을 보호하고 신체에 대한 가시적 훼손으로부터 보호된다. 모발절단이나 두발모양의 강제변경 등과 같이 신체의 외양에 변경을 가하는 행위가 금지되며, 태형, 강제거세, 혈액채취, 강제불임, 체벌 등 일체의 신체가혹행위로부터 보호된다. 헌법재판소는 금치처분을 받은 수형자에 대한 절대적 운동의 금지는 수형자의 신체적 건강뿐만 아니라 정신적 건강을 해칠 위험성이 현저히 높아, 신체의 안전성이 훼손당하지 아니할 자유에 대한 침해라 하였다.

3. 신체를 훼손당하지 않을 권리의 효력

신체를 훼손당하지 않을 권리는 대국가적 효력을 지니며, 간접적 대사인효를 지닌다.

4. 신체를 훼손당하지 않을 권리에 대한 제한과 한계

신체를 훼손당하지 않을 권리도 헌법 제37조 제 2 항에 따라 제한될 수 있다.

제한되는 경우에도 본질적 내용을 침해할 수 없다. 특수신분관계에서 신체를 훼손당하지 않을 권리를 제한하는 경우 특수신분관계의 설정목적과 비례관계가 유지되어야 한다.

Ⅱ. 신체의 자유(신체활동의 임의성)

1. 신체의 자유의 의의

신체의 자유란 신체의 완전성과 신체활동의 임의성을 보호영역으로 하는데, 신체의 완전성은 신체불훼손권으로 보호되기에 신체활동의 임의성을 그 내용으로 하는 '신체활동의 자유'를 의미한다.

2. 신체의 자유의 내용

(1) 신체활동의 자유

신체의 자유는 자율적인 신체활동의 자유로서 신체이동의 자유를 포함한다. 신체이동의 자유는 일정한 장소로부터 임의로 이동하는 것을 말한다. 신체이동의 자유는 적극적으로 원하는 곳을 방문하고 이동할 수 있는 자유와 머물고 있는 장소에서 이동을 강제받지 않는 소극적 자유를 보장한다. 소극적 이동의 자유, 즉 현재 있는 장소에 머물 수 있는 자유를 부정하는 견해도 있지만 긍정되어야 한다.

(2) 불법적인 공권력행사로부터의 신체활동의 보장

헌법 제12조 제1항은 누구든지 법률에 의하지 아니하고는 체포·구속·압수·수색·심문을 받지 않고, 법률과 적법절차에 의하지 않고서는 처벌·보안처분·강제노역을 받지 않는다고 규정하고 있다.

법률에 의한 신체의 자유의 제한으로는 체포·구속·압수·수색·심문이 있다. 체포란 실력으로써 신체를 속박하여 일정기간 유치하는 것을 말하며, 구속이란 계속 구류하여 장소적 이동을 불가능하게 하는 것으로, 구인과 구금을 포함한다. 구인이란 일정한 장소에 강제로 인치함을 말하고, 구금이란 신체의 자유를 구속하여 일정한 장소에 계속 유치하는 것을 말한다. 구속은 이른바 미결구금을 말하므로 형의 일종인 구류와 구별된다. 압수란 강제로 어떤 물건의 점유를 취득하는 것을 말하며, 수색이란 실력으로써 신체를 검색하는 것을 말한다. 본조의 수색에는 헌법 제16조의 가택수색은 제외된다. 심문(審問)이란 답변강요를 말하는 것으로, 신문(訊問)을 포함한다.

법률과 적법한 절차에 의한 신체의 자유의 제한으로는 처벌·보안처분·강제노역이 있다. 처벌은 형사상 처벌(형사법) 이외에도 본인에게 고통이 되는 일체의 제재를 말하므로 질서벌이나 집행벌을 포함한다. 보안처분이란 사회방위를 위하여 범죄자나 범죄를 저지를 우려가 있는 범죄위험자에 대하여 범죄위험성에 대응하여 부과하는 범죄예방처분을 말한다. 보안처분에는 형법상 보안처분, 소년법상의 보호처분, '보호관찰 등에 관한 법률'상의 보호관찰처분, 보안관찰법의 보안관찰, 치료감호법상의 보안처분 등이 있다. 또한 최근 다양한 보안처분이 나타나고 있다. "특정 범죄자에 대한 위치추적 전자장치 부착 등에 관한 법률"에 의한 전자감시제도나 "가정폭력범죄의 처벌 등에 관한 특례법(§40)"에 따른 봉사명령 등이 그것이다. 강제노역이란 본인의 의사에 반하여 강요된 노역을 말한다. 집행유예시 보호관찰을 명하거나 사회봉사 또는 수강명령을 명할 수 있는데, 이는 일종의 보안처분으로 형벌의 대체수단으로서 강제노역과 구별된다. 또한 선택적 노역으로서의 환형처분도 강제노역과 구별된다.

3. 신체의 자유의 효력

신체의 자유는 대국가적 효력을 가지며, 간접적 대사인효를 가진다.

4. 신체의 자유에 대한 제한과 한계

신체의 자유는 법률로 제한할 수 있다. 신체의 자유의 본질적 내용에 대한 침해는 불허된다. 헌법재판소는 수형자에게 약 400일 동안 상시적으로 양팔을 사용할 수 없도록 금속수갑과 가죽수갑을 착용하게 한 계구사용행위는 신체거동의 자유를 침해하였다고 하였다.

Ⅲ. 신체의 자유의 실체적 보장

1. 죄형법정주의

(1) 의 의

헌법은 제13조 제 1 항과 제12조 제 1 항에서 죄형법정주의를 규정하고 있다. 이는 우리 헌법이 모든 신체보장의 권리장전이 되는 죄형법정주의를 신체의 자유보장의 중요한 원리로 삼고 있음을 나타낸 것이다. 죄형법정주의는 한마디로 '법률 없으면 범죄 없고, 형벌 없다'로 표현된다. 죄형법정주의는 범죄의 구성요건과 형벌의 양과 종류를 미리 법률로 확정함으로써, 무엇이 처벌될 행위인가를 예측 가능하도록 하여 국민의 법적 안정성을 보호하고 국민의 자유와 권리를 국가권력의 자의적 행사로부터 보호하려는 데 그 의의가 있다.

(2) 파생원칙

(가) 관습형법의 금지

범죄와 형벌은 법률로 사전에 정해져야 한다. 법률로 정해져야 법적 예측이 가능하며 법적 안정성이 확보된다. 따라서 관습법에 의해 구성요건을 정하거나 가벌성을 정할 수 없다. 범죄와 형벌은 법률로 정해져야 하나 이를 모두 법률로 규율하는 것은 불가능하기에 하위법인 명령에 위임은 불가피하다. 명령에 의한 처벌을 허용하더라도, 구성요건·형벌의 종류·형벌의 상한과 폭에 관한 명확한 기준이 근거 법률에서 제시되어야 하며, 그것도 긴급한 필요가 있거나 법률로써 자세히 정할 수 없는 부득이한 사정이 있는 경우로 한정되어야 한다. 또한 범죄의 구성요건의 실질적 내용을 법률이 아닌 법인의 정관이나 단체협약에 맡기는 것은 죄형법정주의에 위반된다. 다만 조례로 정하는 것은 법률의 위임이 있는 한 허락된다.

(나) 형벌소급금지의 원칙

형벌소급금지란 행위시 법률에 의하지 아니하고는 처벌되지 않는다는 것으로(§13①) 사후입법에 의한 처벌을 금지함으로써 법적 안정성과 신뢰보호를 확보하고자 함이다. 형벌소급금지원칙은 형벌의 소급적용을 불허하나 모든 소급적용을 금하는 것은 아니다. '경한 신법'의 소급적용은 허용된다. 행위 당시의 판례에 의하면 처벌대상이 아니었던 행위가 판례변경에 따라 처벌되게 되었다 하여도 형벌불소급의 원칙에 반하지 않는다.

공소시효의 소급적용이 형벌불소급원칙에 위배되는가가 문제된다. 공소시효의 연장을 소급적용하는 것은 형벌소급금지원칙에 위반되지 않는다고 보아야 한다. 공소시효란 소추가능성의 문제이지 가벌성문제가 아니기 때문이다. 문제는 공소시효가 완성된 경우에도 소급적용이 가능한가이다. 공소시효가 완성된 경우 소급적용은 불가능하다는 견해와 완성된 경우라 하더라도 더 크고 중대한 공익이 존재하는 경우에는 소급적용이 가능하다는 견해로 대립된다. 공소시효가 완성된 경우 소급적용은 원칙적으로 허용될 수 없지만 소급금지를 통해 얻는 공익보다 더 크고 중대한 공익이 존재하는 경우에는 매우 제한적이긴 하여도 소급이 가능하다고 본다.

형벌소급금지원칙이 보안처분에 적용될 것인가가 문제된다. 보안처분은 형벌과 그 본질을 달리하는 범죄예방처분이기에 형벌소급금지의 대상이 되지 않는다고 볼 수 있지만 형벌 못지않게 신체의 자유에 대한 중대한 위협이 되므로 소급금지의 대상이 되어야 한다고 볼 수 있다. 보안처분은 형벌소급금지의 대상에 해당되지 않는다는 것이 대법원의 주류적 입장이다. 헌법재판소는 보안처분을 형벌적 보안처분과 비형벌적 보안처분으로 구별하여, 형벌적 보안처분에 대해서만 형벌소급금지원칙을 적용하고 있다.

(다) 명확성의 원칙

명확성원칙이란 금지되는 행위와 그에 대한 제제가 법률로 구체적이고 명료하게 규정되어야 함을 말한다(실질적 죄형법정주의).

법률은 모든 사람과 사건에 적용되어야 하므로 모든 상황에 다 적용될 수 있도록 구체적으로 규율하는 것은 불가능하다. 어느 정도 추상적이고 불확정적인 개괄조항을 사용하는 것은 불가피한데, 어느 정도로 명확하여야 하는가가 문제된다. 명확 여부는 건전한 상식과 정상적인 법감정을 지닌 사람이 그 의미를 이해할 수 있는가를 기준으로 한다. 법률을 구체적으로 완벽하게 규율하는 것은 불가능에 가깝고 법률의 흠결로 인한 법집행의 공백을 방지하기 위해 가치개념을 포함하는 일반적·규범적 개념의 사용은 허용되며 불가피하다. 다소 광범위하고 법관의 보충적 해석을 필요로 하는 개념을 사용하였다 하더라도 적용단계에서 다의적으로 해석될 우려가 없는 경우는 명확성원칙에 반하지 않는다.

(라) 유추해석의 금지와 절대적 부정기형의 금지

유추해석(적용)이란 법률에 규정이 없는 사항에 대하여 그것과 유사한 성질을 가지는 사항에 관한 법률을 적용하는 것을 말한다. 죄와 벌에 대한 유추해석을 허용하게 되면 법률에 명시적으로 규정되어 있지 않은 행위에 대한 처벌이 가능하게 되며, 결국 법관에 의해 자의적 법창조 및 법집행을 허용하는 것이 되므로 죄형법정주의에 위배된다. 동시에 법률해석을 통해 형벌의 부과(또는 과세의 근거)를 창설할 수 없다. 절대적 부정기형의 금지란 기간을 정하지 않은 형의 선고를 금지하는 것을 말한다.

(마) 자기책임의 원리

자기책임원리란 타인의 행위에 대해 책임을 지지 않는다는 것으로, 인간의 존엄 및 인간의 자유와 유책성의 필연적 결과로서, 근대법의 기본이념으로 기능한다. 자기책임원리는 인간으로서의 존엄을 가지고 스스로의 책임에 따라 자신의 행동을 결정할 것을 보장하고 있는 헌법 제10조로부터 도출된다.

헌법재판소는 일관되게 양벌규정은 책임주의원칙에 반한다는 입장을 보이고 있다. 한편 헌법재판소는 건설공사 하수급인이 임금을 지급하지 못한 경우 직상 수급인으로 하여금 연대하여 책임을 지도록 한 것은 자기책임원칙에 대한 위배로 볼 수 없고, 고의 또는 과실로 건설공사의 시공을 조잡하게 한 경우 당해 건설업자에게 과징금 부과처분을 할 수 있도록 하면서, 하도급한 때에는 그 수급인을 포함하도록 한 건설산업기본법은 자기책임원리에 위배되지 않는다고 하였다. 운전자의 교차로 통행방법 위반 시 행정형벌을 과하는 것(도로교통법 §25①)은 책임과 형벌의 비례원칙에 반하지 않는다.

2. 일사부재리의 원칙(이중처벌금지)

(1) 의　　의

헌법 제13조 제1항 2문은 '동일한 범죄에 대하여 거듭 처벌받지 아니한다'고 하여 이중처벌금지를 규정하고 있다. 이중처벌금지는 국민의 신체의 자유를 보장하기 위하여, 판결이 확정되어 처벌된 경우 동일한 사유로 다시 처벌할 수 없다는 것으로, 형사소송법(§326)이 일사부재리원칙으로 이를 실현하고 있다. 헌법 제13조 제1항의 처벌은 범죄에 대한 형벌권 실행(과벌)으로서의 처벌을 의미한다. 적법절차에 의하지 않고서는 처벌을 받지 않는다는 헌법 제12조 제1항의 처벌은 국가가 행하는 일체의 제재나 불이익을 말하므로, 이 점에서 범죄에 대한 형벌권 부과를 의미하는 제13조의 처벌과 구별된다. 이중처벌금지는 통상 일사부재리원칙을 그 내용으로 하지만 반드시 일치하는 것은 아니고, 더 포괄적이다. 이중처벌금지는 동일사건에 대해 형사벌에 의한 이중처벌을 금하지만 질서벌에 의한 이중처벌도 금한다.

(2) 일사부재리원칙에 위배되지 않는 경우

일사부재리원칙에 위배되지 않는 경우를 보면, ㉠ 공소기각의 판결이나 관할위반 등과 같이 법원의 실질적 판단이 없는 경우, ㉡ 동일한 사건에 대한 법원의 판단과 법원 이외의 기관이 행한 결정, ㉢ 두 개의 판단이 목적을 달리하는 별개의 독립된 처분의 성격을 지닌 경우, ㉣ 법원의 확정판결과 같은 기판력이 부여되지 않는 경우, ㉤ 두 개의 범죄를 일괄하여 처리하는 경우가 아닌 경우, ㉥ 형법상 구성요건을 달리하는 경우이다.

(3) 일사부재리원칙에 위배되는 경우

무죄의 확정판결이 있은 후 새로운 범죄사실이나 증거에 의하여 범죄의 확증이 생긴 경우, 다툼이 있지만 재심절차가 허락될 수 없다고 본다. 무죄의 확정판결이 있은 후 이를 다시 심리하는 것은 실체적 진실발견보다 법적 안정성을 우위에 두는 일사부재리원칙에 위배되기 때문이다. 재심은 법이 정한 일정한 사유에 해당되는 경우 유죄의 확정판결에 대하여 그 선고를 받은 자의 이익을 위하여 청구할 수 있다(형소법 §420).

(4) 이중위험금지

이중위험금지란 하나의 형사절차에서 피고인을 두 번 위험에 빠뜨려서는 안 된다는 원칙을 말한다. 미국 헌법상의 이중위험(double jeopardy)금지원칙은 대륙법상의 일사부재리원칙과 유사하지만 그 내용에 있어서 상당한 차이가 있다. 첫째, 전자는 절차가 일정단계에 이르면 동일절차를 반복할 수 없다는 절차법상의 원칙이나 후자는 실체판결에 의하여 발생한다. 둘째, 전자는 절차가 일정단계에 이르면 발생하나 후자는 판결이 확정되어야 발생한다. 이중위험금지의 원칙은 'U. S. v. Ball 판결'에서 성립된 이후 판례를 통하여 확립되었다.

3. 연좌제의 금지

헌법 제13조 제 3 항은 '모든 국민은 자기의 행위가 아닌 친족의 행위로 인하여 불이익한 처우를 받지 아니 한다'고 규정하여 연좌제를 금지하고 있다. 연좌제란 자기의 행위가 아닌 타인의 행위 때문에 책임을 지는 것으로, 이는 근대 형법의 기본원리인 자기책임원리에 위배된다. '친족'은 민법상 친족에 국한되지 않으며 다른 모든 사람을 포함한다. 불이익한 처우란 형법상 불이익을 포함하여 취업·해외여행·관급공사 등 모든 영역에서의 불이익을 말한다. 따라서 친족의 재산까지 몰수형을 선고하도록 한 '반국가행위처벌법'은 연좌제금지에 위반되며, 면세용 담배를 공급받은 자가 담배를 용도 외에 부정사용한 경우 위반행위와 무관한 담배제조자에게 담배소비세를 징수하는 것은 자기책임의 원리에 위반된다.

반면 다른 사람의 행위로 불이익을 받는 경우라도 다른 사람의 행위를 '자신의 행위'로 볼 수 있거나 보아야 되는 경우 또는 '자기책임'으로 보아야 하는 경우에는 연좌제금지에 위배되지 않는다. 따라서 선거사무장의 처벌을 당선무효사유로 삼은 것, 배우자의 중대 선거범죄를 이유로 후보자의 당선을 무효로 삼은 것, 회계책임자의 형사책임을 근거로 후보자의 당선을 무효로 하는 것은 연좌제금지에 위배되지 않는다. 또한 하급자의 행위에 대한 책임으로 상급자를 인사조치하는 것이나, 승객이 사망하거나 부상당한 경우 운행자에게 무과실책임을 지운 것은 자기책임에 대해지는 것이므로 연좌제금지에 위배되지 않는다.

Ⅳ. 신체의 자유의 절차적 보장

1. 적법절차의 원리

헌법 제12조 제 1 항은 '누구든지 … 법률과 적법한 절차에 의하지 아니하고는 처벌·보안처분·강제노역을 받지 아니한다'고, 동조 제 3 항은 '체포·구속·압수·수색을 할 때에는 적법한 절차에 따라 검사의 신청에 의해 법관이 발부한 영장을 제시하여야 한다'고 하여 적법절차의 원리를 규정하고 있다.

(1) 의 의

적법절차원리란 모든 국가작용은 정당한 법률과 정당한 절차(due process of due law)에 따를 것을 요구하는 헌법원리를 말한다. 적법절차는 공권력의 자의적 행사를 방지하고 인권을 실질적으로 보호하는데 그 의의가 있다.

적법절차원리의 기원은 멀리 영국의 대헌장까지 소급되나 헌법의 지도원리로 자리매김을 한 것은 1791년 미국 연방헌법부터이다. 1791년 미국 연방헌법의 적법절차조항은 이후 다른 헌법에 많은 영향을 주었다. 일본은 1947년 헌법(§31)에서 적법절차를 수용하였고 우리나라는 현행 헌법이 처음으로 이를 채택하였다.

(2) 기 능

적법절차원리는 모든 절차에 적용되는 헌법원리의 성격을 지니지만, 그 적용범위를 형사절차로 제한하더라도 적법절차원리는 실체적 진실발견보다 우월한 형사절차의 최고이념이 된다. 또 적법절차원리는 입법·사법·행정의 모든 국가작용을 지배하는 헌법적 원리라는 점에서 입법작용의 제한원리에 그치는 과잉입법금지(§37②)와 구별된다. 적법절차원리는 법률이 정당성을 갖고 있는가를 판단하는 위헌법률심판의 심사기준이 된다.

(3) 내 용

(가) 절차 적법주의

헌법(§12①, ③)에 규정된 적법절차의 내용에 관해, 다수설과 판례는 적법절차를 절차와 실체에 있어 법률이 모두 적정할 것을 요구하는 것으로 이해하는 실체·절차 적법주의의 입장을 취하고 있다.

(나) 적법절차

적법절차란 원래 절차적 정의를 의미하는 것으로 적법절차는 절차 적법주의를 말한다. 적법절차는 공권력행사에 있어 '정당한 절차가 법률로 보장'될 것을 요구한다. 여기서 법이란 법률만을 말하는 것은 아니고 명령·규칙 등을 모두 포함한다. 절차의 보장이란 형사절차나 행정절차에서 고지, 청문, 의견 및 자료제출, 변명 등 방어기회가 제공되어야 함을 말한다. 입법절차에서도 입법예고 등 정당한 절차가 주어져야 한다.

(다) 적용대상

헌법 제12조 제 1 항과 제 3 항은 적법한 절차에 의하지 아니한 '처벌·보안처분·강제노역과 영장의 발부'만을 금지하고 있다. 인권보장의 철저한 실현을 위해서는 '처벌·보안처분·강제노역 및 영장의 발부'는 예시적 규정으로 보아야 한다. 따라서 적법절차원리는 신체의 자유와 관련된 '처벌·보안처분·강제노역 및 영장의 발부'에 그치는 것이 아니라, 본인에게 생명·자유·재산 등 모든 기본권에 불이익이 되는 일체의 제재에 적용된다.

(라) 적용범위

적법절차원리는 형사소추절차나 재판절차에 주로 적용되지만, 입법절차·행정절차 및 사법절차에도 적용된다. 탄핵절차에는 적용되지 않는다. 전자우편에 대한 압수수색 집행의 경우, 급속을 요하는 때에는 사전통지를 생략할 수 있도록 한 형사소송법 제122조는 적법절차원칙에 위배되지 않는다. 또한 범칙금 납부통고의 경우, 통고처분에 대한 행정청 내부의 불복절차를 둔다면 절차의 중복과 비효율을 초래하고 신속한 사건처리에 저해가 될 우려가 있으므로, 이의제기나 의견진술 기회를 주지 않고 곧바로 즉결심판 절차에 회부하도록 한 도로교통법(§165) 역시 적법절차원칙에 위배되지 않는다. 민사집행법상 재산명시의무를 위반한 채무자에 대하여 법원이 결정으로 20일 이내의 감치에 처하도록 규정한 민사집행법(§68①)은 적법절차원칙에 위반되지 아니하고, 신체의 자유, 양심의 자유, 진술거부권을 침해하지 않는다. 교도소장이 수형자를 조사실에 '분리수용한 행위'와 수형자의 작업, 교육훈련, 공동행사참가를 제한한 '처우제한행위'는 적법절차원칙에 위반되지 않고, 수형자가 변호인 아닌 자와 접견할 당시 교도관이 참여하여 대화내용을 기록하게 한 '접견참여·기록행위'는 사생활의 비밀을 침해하지 않으며, 수형자가 제출한 소송서류의 발송일자 등을 소송서류 접수 및 전달부에 등재한 '소송서류 등재행위'는 개인정보자기결정권에 대한 침해로 볼 수 없다.

(4) 적법절차원리의 위반효과

적법절차원리를 위반한 공권력에 대하여는 헌법소원을 제기할 수 있다.

2. 영장주의

(1) 의 의

헌법은 제12조 제3항에서 체포·구속·압수·수색을 할 때에는 검사의 신청에 의하여 법관이 발부한 영장을 제시하도록 규정하고 있다. 영장주의란 수사기관이 인신에 대한 강제조치를 취할 경우 법관의 허락을 얻어야 하는 원리를 말한다. 영장주의는 군정법령 제176호에 의하여 처음으로 도입되었고, 그 후 헌법에 편입되었다.

(2) 영장주의의 내용

영장주의란 형사절차와 관련하여 체포·구속·압수·수색의 강제처분을 함에 있어서는 사법권 독립에 의하여 그 신분이 보장되는 법관이 발부한 영장에 의하지 않으면 안 된다는 원칙을 말한다. 영장주의의 본질은 신체의 자유를 침해하는 강제처분은 중립적인 법관이 구체적 판단을 거쳐 발부한 영장에 의해야 한다는 데에 있다. 영장주의는 피의자 이외의 참고인 등에게도 당연히 적용된다.

(가) 영 장

영장이란 신체와 관련된 강제처분을 허락하는 법원의 허가장이다. 영장에는 체포영장, 구속영장, 압수·수색영장이 있다. 영장에는 체포 및 구속의 대상, 압수의 목적물 또는 수색의 장소 등이 구체적으로 명시되어야 한다. 이른바 일반영장은 금지된다.

(나) 영장의 신청과 발부, 집행

영장은 검사가 신청(청구)하며 법관이 발부한다(§12③; 형소법 §200의2). 청구권자를 검사로 국한한 것은 검사가 아닌 사법경찰관의 영장신청을 금지함으로써 인권에 대한 부당한 침해를 방지하기 위함이다. 공판단계에서 법원이 직권으로 피고인을 구속할 수 있도록 한 형사소송법 제70조 제 1 항은 헌법 제12조 제 1 항에 근거한 것으로, 영장은 검사가 신청하고 법관이 발부하도록 한 헌법 제12조 제 3 항에 반하지 않는다. 영장집행은 영장주의를 실질적으로 구현하고 비례성원칙에 부합하게 이루어져야 한다.

(다) 체포와 체포영장

피의자가 죄를 범하였다고 의심할 만한 상당한 이유가 있고, 정당한 이유 없이 검사 또는 사법경찰관의 출석요구에 응하지 아니하거나 응하지 아니할 우려가 있는 때에는 검사는 관할 지방법원판사에게 청구하여 체포영장을 발부받아 피의자를 체포할 수 있다(형소법 §200의2①). 다만, 다액 50만원 이하의 벌금, 구류 또는 과료에 해당하는 죄에 관하여는 피의자가 일정한 주거가 없는 경우 또는 정당한 이유 없이 검사 또는 사법경찰관의 출석요구에 응하지 아니한 경우에 한한다. 체포한 피의자를 구속하고자 할 때에는 체포한 때부터 48시간 이내에 구속영장을 청구하여야 하고, 그 기간 내에 구속영장을 청구하지 아니하는 때에는 피의자를 즉시 석방하여야 한다(형소법 §200의2⑤). 검사 또는 사법경찰관은 피의자를 체포하는 경우에는 피의사실의 요지, 체포의 이유와 변호인을 선임할 수 있음을 말하고 변명할 기회를 주어야 한다(형소법 §200의5).

(라) 구속과 구속영장

① 구속영장의 청구 　구속은 체포보다 그 요건이 엄격하다. 피의자가 죄를 범하였다고 의심할 만한 상당한 이유가 있고, ㉠ 피고인이 일정한 주거가 없는 때, ㉡ 피고인이 증거를 인멸할 염려가 있는 때, ㉢ 피고인이 도망하거나 도망할 염려가 있는 때에는(형소법 §70) 검사는 관할지방법원판사에게 청구하여 구속영장을 받아 피의자를 구속할 수 있다(형소법 §201). 다만, 경미사건의 경우에는 피의자가 일정한 주거가 없는 경우에 한한다.

② 영장실질심사제(구속전 피의자 심문제도) 영장실질심사제란 법관의 구속영장 발부 시 법관이 직접 피의자를 심문하여 영장발부 여부를 결정하는 제도를 말한다. 관련서류에 대한 형식적 심사만으로 영장발부가 이루어지는 것보다 피의자를 직접 심문하여 구속사유의 충족 및 필요성을 심사하도록 함으로써 절차적 정의를 실현하기 위함이다. 체포나 긴급체포 또는 현행범으로 체포된 피의자에 대하여 구속영장을 청구 받은 판사는 지체 없이 피의자를 심문하되, 특별한 사정이 없는 한 구속영장이 청구된 날의 다음날까지 심문하여야 한다(형소법 §201의2①). 체포되지 않은 기타의 피의자에 대하여 구속영장을 청구 받은 판사는 피의자가 죄를 범하였다고 의심할 만한 이유가 있는 경우에 구인을 위한 구속영장을 발부하여 피의자를 구인한 후 심문하여야 한다(형소법 §201의2②). 심문할 피의자에게 변호인이 없는 때에는 지방법원판사는 직권으로 변호인을 선정하여야 한다(형소법 §201의2⑧).

(마) 압수·수색과 압수·수색영장

압수·수색절차에도 영장이 요구된다(§12③). 검사는 범죄수사에 필요한 때에는 지방법원판사에게 청구하여 발부받은 영장에 의하여 압수, 수색 또는 검증을 할 수 있다(형소법 §215). 체포나 긴급체포 또는 현행범인임을 이유로 피의자를 체포하거나, 피의자를 구속할 경우, 필요한 때에는 '체포현장에서의 압수, 수색, 검증'은 영장 없이 할 수 있다(형소법 §216①). 다만 헌법재판소는 체포영장을 집행하는 경우 필요한 때에는 '타인의 주거 등'에서 별도의 압수수색 영장 없이도 피의자 수사를 할 수 있도록 한 형사소송법(§216①, 제1호)은 영장주의에 위반된다고 하였다. 범행 중 또는 범행직후의 범죄 장소에서 긴급을 요하여 법원판사의 영장을 받을 수 없는 때에는 영장 없이 압수, 수색 또는 검증을 할 수 있다(긴급압수수색). 이 경우 사후에 지체 없이 영장을 받아야 한다(사후영장)(형소법 §216③). 압수·수색영장을 발부받지 못한 때에는 압수한 물건을 즉시 반환하여야 한다.

(3) 영장주의의 예외

(가) 현행범인과 준현행범인

현행범인이란 범죄의 실행 중에 있거나 실행의 직후인 자를 말한다(형소법 §211). 현행범인과 준현행범은 누구든지 영장 없이 체포할 수 있다(형소법 §212). 현행범이라도 경미사건의 경우에는 범인의 주거가 분명하지 아니한 때에 한하여 영장 없이 체포가 가능하다(형소법 §214). 현행범인을 체포한 때 구속할 필요성이 인정되면,

48시간 이내에 구속영장을 청구하여야 하고, 그 기간 내에 구속영장을 청구하지 아니하는 때에는 피의자를 즉시 석방하여야 한다(형소법 §200의4).

(나) 긴급체포

피의자가 장기 3년 이상의 징역이나 금고에 해당하는 죄를 범하였다고 의심할 만한 상당한 이유가 있고, ㉠ 증거를 인멸할 염려가 있거나, ㉡ 도망하거나 도망할 우려가 있는 경우에, 긴급을 요하여 지방법원판사의 체포영장을 받을 수 없는 때에는 그 사유를 알리고 영장 없이 피의자를 체포할 수 있다(형소법 §200의3①). 이 경우 긴급을 요한다 함은 피의자를 우연히 발견한 경우 등과 같이 체포영장을 받을 시간적 여유가 없는 때를 말한다(형소법 §200의3②). 긴급체포한 경우 검사는 긴급체포서를 작성하고, 구속영장을 청구할 때 긴급체포서를 첨부하여야 한다(형소법 §200의3③). 검사는 체포한 때로부터 늦어도 48시간 아내에 구속영장을 청구하여야 한다(형소법 §200의4①).

(다) 비상계엄

헌법(§77③)은 비상계엄이 선포된 경우에 영장제도에 특별한 조치를 허용하도록 하여 영장주의의 예외를 인정하고 있다. 이는 국가적 위기상황을 극복하기 위함이다. 비상계엄하에서 영장제도를 제한하더라도 법관에 의한 영장제도를 전면적으로 배제하는 것은 허용되지 않는다.

(라) 별건체포 · 구속

별건체포·구속이란 중대한 사건(본건)을 수사하기 위하여 이미 증거가 확보된 경미한 사건(별건)으로 체포·구속하여 발부된 기간 동안 본건을 조사하는 수사방법을 말한다. 이는 중대한 사건에 대하여 영장을 청구할 정도로 증거를 수집하지 못하였거나 법정기간 내에 증거를 완비하기 어려운 경우에 행해진다.

(마) 행정절차

행정상 즉시강제의 경우에도 영장을 필요로 하는가에 관하여, 영장주의는 사법작용 및 행정작용에도 동일하게 적용되는 것이 원칙이나, 행정강제의 특수성을 무시할 수 없으므로 행정목적의 달성을 위해 불가피하다고 판단될 만한 합리적 이유가 있는 경우에 한하여 법률에 근거만 있으면 영장 없이도 가능하다는 것이 다수설이다. 헌법재판소는 불법게임물을 즉시 수거·폐기할 수 있도록 하는 행정상 즉시강제는 급박한 상황에 대처하기 위한 것으로서 그 불가피성과 정당성이 충분히 인정되는 경우이므로 '음반 및 비디오법'이 영장 없는 수거를 인정한다고 하더라도 영장주의에 위배되는 것으로 볼 수 없다고 하였다.

3. 체포·구속적부심사제

(1) 연 혁

영국은 1679년 인신보호법(Habeas Corpus Act)을 제정하여 인신구속에 대한 구제절차를 정비하였다. 영국의 인신보호영장제도는 미국을 비롯한 여러 나라 헌법에 계수되었다. 우리나라는 건국헌법에서부터 이 제도가 실시되어 오다가 유신헌법에서는 삭제되었고, 제 5 공화국 헌법에서 다시 부활되었다. 제 5 공화국 헌법은 구속적부심제도를 부활하였으나, 당시 형사소송법(§ 214의2)은 중대한 범죄사건, 국가보안법위반사건 및 검사가 직접 인지한 사건에 대하여는 적부심을 청구할 수 없도록 하였다. 현행 헌법은 이와 같은 제한을 두고 있지 않다. 헌법은 제12조 제 6 항에서 '누구든지 체포·구속을 당한 때에는 적부의 심사를 법원에 청구할 권리를 가진다' 라고 규정하여, 체포·구속적부심사를 규정하고 있다.

(2) 의 의

체포·구속적부심사란 피체포자·피구속자가 청구한 체포·구속의 적부 여부를 법원이 심사하는 것을 말한다. 체포·구속적부심사는 영장발부에 대한 재심사 기회를 줌으로써 인신보호에 만전을 기하기 위함이다. 헌법은 인신보호의 만전을 기하기 위해 사전 예방책으로 영장제도를, 사후 구제책으로 체포·구속적부심사를 두고 있다.

(3) 내 용

(가) 신 청 인

체포 또는 구속된 피의자 또는 그 변호인, 법정대리인, 배우자, 직계친족, 형제자매나 가족, 동거인 또는 고용주는 관할법원에 체포 또는 구속의 적부심사를 청구할 수 있다(형소법 § 214의2①). 형사소송법은 피고인에게 적부심사청구권을 불허하고 있는데 이는 무죄추정원칙에 어긋나며 체포·구속적부심사에 대한 부당한 제약이 된다.

(나) 청구대상

모든 범죄에 대하여 체포·구속적부심사의 청구가 가능하다. 2007년 형사소송법개정 전에는 체포·적부심사의 대상을 '체포영장 또는 구속영장에 의한 체포·구속'이라 하여 영장 없는 체포·구속은 물론 불법 체포·구속에 대한 적부심사가 불허됨으로써 부당·불법의 체포 구속으로부터 인신을 보호하려는 본래의 취지를 살리지 못하였으나, 법개정으로 '체포·구속된 피의자'로 그 범위를 확대한 것은 바람직하다.

(다) 심사기관

체포·구속영장을 발부한 법관은 적부심사의 심문·조사·결정에 관여하지 못한다(형소법 §214의2⑫). 이는 체포·구속적부심사가 영장발부에 대한 재심절차의 성격을 지니기 때문이다. 다만, 체포·구속영장을 발부한 법관 외에는 심문·조사·결정을 할 판사가 없는 경우에는 그러하지 아니하다

(라) 심사절차

법원은 청구서가 접수된 때부터 48시간 이내에 체포 또는 구속된 피의자를 심문하고 수사관계서류와 증거물을 조사하여 그 청구가 이유 없다고 인정한 때에는 결정으로 이를 기각하고, 이유 있다고 인정한 때에는 석방을 명하여야 한다(형소법 §214의2④). 헌법재판소는 구속된 피의자가 적부심사를 청구하였는데 검사가 전격기소를 하여 피고인신분으로 변경되는 바람에 적부에 대한 법원의 판단을 받을 수 없도록 한 것은 헌법에 합치하지 않는다고 하였다. 형사소송법개정(2007)을 통해 적부심사청구 후 피의자에 대하여 공소제기가 있는 경우에도 적부의 판단을 받을 수 있도록 하였다(형소법 §214의2④).

법원은 구속된 피의자(심사청구 후 공소제기된 자 포함)에 대하여 피의자의 출석을 보증할 만한 보증금의 납입을 조건으로 피의자를 석방할 수 있다(형소법 §214의2④)("보증금 납입 조건부 피의자석방제도"). 체포 또는 구속된 피의자에게 미성년자, 심신장애 등의 사유로(형소법 §33), 변호인을 구할 수 없는 때에는 국선변호인을 선정하여야 한다(형소법 §214의2⑩). 체포·구속적부심사결정에 의하여 석방된 피의자는 도망하거나 죄증을 인멸하는 경우를 제외하고는 동일한 범죄사실에 관하여 재차 체포·구속하지 못한다(형소법 §214의3).

(마) 심사대상

심사대상은 영장발부의 요건이나 절차에 관한 형식적 사항과 구속사유의 타당성 및 적법성에 관한 실질적 사항이다.

(바) 판단시기

체포·구속의 적부를 판단함에 있어 어느 시점을 기준할 것인가에 관해 영장발부시설, 영장집행시설, 적부심사시설이 대립된다. 적부는 체포·구속영장 '발부의 적법 여부'뿐만 아니라 '심사 당시의 체포·구속의 필요 여부'도 심사하므로 적부심사시설이 타당하다.

(사) 불복제도

법원의 체포·구속적부심사의 결정에 대하여는 검사나 피의자 모두 항고할 수 없다(형소법 § 214의2⑧). 이는 구속적부심이 법판의 영장발부에 대한 항고적 성격을 지니기 때문으로 보인다. 그러나 항고금지는 하급법원의 독선적 기각결정에 대한 상급법원의 심사를 원천봉쇄하는 것으로, 문제가 있다.

4. 체포·구속이유 등의 고지를 받을 권리

(1) 의 의

헌법 제12조 제 5 항은 "누구든지 체포 또는 구속의 이유와 변호인의 조력을 받을 권리가 있음을 고지 받지 아니하고는 체포 또는 구속을 당하지 아니한다. 체포 또는 구속을 당한 자의 가족 등 법률이 정하는 자에게는 그 이유와 일시·장소가 지체 없이 통지되어야 한다"고 규정하고 있다. 이는 미국에서 성립된 소위 Miranda원칙을 규정한 것이라 할 수 있다.

(2) 내 용

체포·구속이유 등 고지제도는 두 가지를 내용으로 한다. 형사피의자에 대한 체포·구속이유와 변호인의뢰권을 고지하는 것과 가족과 변호인 등에게 체포·구속이유와 구속의 일시 및 장소를 통지하는 것이다.

(가) 고 지

형사피의자가 체포·구속을 당할 경우 체포·구속의 이유와 변호인의뢰권이 고지되어야 한다(형소법 § 88). 현행범이나 긴급체포의 경우에도 동일하다. 고지는 체포·구속 당시에 이루어져야 한다.

(나) 통 지

형사피의자가 체포·구속을 당한 경우 가족 등 법률이 정하는 자에게 체포·구속의 이유와 구속의 일시 및 장소가 통지되어야 한다. 변호인이 있는 경우에는 변호인에게, 변호인이 없는 경우에는 피의자(피고인)의 법정대리인, 배우자, 직계친족과 형제자매 중 피의자(피고인)가 지정한 자에게 알려야 한다(형소법 §87①). 통지는 지체 없이 서면으로 하여야 한다(형소법 §87②).

Ⅴ. 형사피의자·형사피고인의 인신을 보장하는 형사절차상 원리와 권리

1. 무죄추정원리

(1) 의 의

헌법 제27조 제4항은, '형사피고인은 유죄의 판결이 확정될 때까지는 무죄로 추정된다'고 규정하여 무죄추정의 원리를 선언하고 있다. 형사소송법 제275의2도 이 권리를 규정하고 있다. 시민적 및 정치적 권리에 관한 국제인권규약 제14조 제2항도 무죄추정을 선언하고 있다. 무죄추정의 원리는 수사, 공소, 공판과 같은 판결형성 이전의 절차는 물론 판결형성에서도 준수되어야 하는 헌법상 기본원리이다.

(2) 내 용

㈎ 형사피고인

헌법은 형사피고인의 무죄추정에 대해서만 규정하고 있다. 형사피의자의 무죄추정은 당연한 것이라는 전제에 서 있다고 보아야 한다.

㈏ 유죄판결의 확정

무죄추정은 유죄판결이 확정될 때까지 인정된다. 여기서 유죄판결이란 실형선고, 형의 면제, 집행유예 등의 판결을 말한다. 유죄도 무죄도 아닌 면소판결은 유죄의 판결이 아니므로 면소판결을 받은 자는 무죄로 추정된다. 유죄판결의 선고가 있어도 확정되지 않으면 무죄로 추정된다.

㈐ 무죄추정

형사피고인은 무죄로 추정되기에 형사사건에서 유죄의 모든 입증책임은 검사에게 있다. 검사가 유죄의 입증을 하지 못하면 무죄가 된다. 무죄추정원리는 형사절차에서 불구속수사(형소법 §198①)와 불구속재판을 원칙으로 할 것을 요구하게 된다. 미결구금일수 중 일부만을 본형에 산입할 수 있도록 한 형법 제57조 제 1 항은 무죄추정원리에 위배되며, 상소제기 후 상소취하시까지의 미결구금일수를 본형에 산입하도록 규정하지 않은 것 역시 무죄추정원리에 위배된다.

(라) 불 이 익

무죄추정원리는 유죄판결이 확정될 때까지 피의자나 피고인에게 어떠한 불이익도 줄 수 없는가가 문제된다. 즉 죄 없는 사람과 무조건 동일하게 다루어야 되는가이다. 무죄추정의 원칙이란 공소의 제기가 있는 피고인이라도 유죄의 확정판결이 있기까지는 원칙적으로 죄가 없는 자에 준하여 취급하여야 하고 불이익을 입혀서는 안 된다는 것을 말하지만, 죄 없는 사람과 동일하게 보아 일체의 불이익이 허용될 수 없는 것은 아니다. 필요최소한의 불이익은 부과될 수 있다.

불이익을 부과하는 경우에는 비례의 원칙이 존중되어야 한다. 불이익에는 형사절차상의 처분뿐만 아니라 그 밖의 기본권제한과 같은 처분도 포함된다. 헌법재판소도 불이익은 죄가 없는 자에 준하는 취급이 아님은 말할 것도 없고, 불이익을 가하는데 필요한 요건, 불이익처분의 기관구성, 절차 및 불이익의 정도 등에 있어서 비례의 원칙이 준수되어야 한다고 하였다. 변호사가 공소제기되어 그 재판 결과 등록취소될 가능성이 매우 크고, 장차 의뢰인이나 공공의 이익을 해칠 구체적인 위험성이 있는 경우 법무부장관이 업무정지를 명할 수 있도록 한 변호사법(§102)은 무죄추정의 원칙에 위반되지 않는다.

2. 고문을 받지 아니할 권리

모든 국민은 고문을 받지 아니한다(§12②). 형법(§125)은 고문을 범죄로 규정하여 처벌하고 있고, 형사소송법(§309)은 고문에 의한 자백의 증거능력을 절대적으로 배제하여 고문을 받지 않을 권리를 실효적으로 보장하고 있다.

3. 진술거부권(묵비권)

(1) 의 의

헌법은 제12조 제 2 항에서, '모든 국민은 … 형사상 자기에게 불리한 진술을 강요당하지 아니한다'고 하여 진술거부권을 보장하고 있다. 진술거부권은 수사절차나 공판절차에서 자기에게 불리한 진술이나 증언을 거부할 수 있는 권리를 말한다. 이는 미국 연방수정헌법 제 5 조의 '자기負罪강요금지의 특권'에서 유래된다.

(2) 진술거부권의 주체

형사피의자나 형사피고인에게 진술거부권이 인정된다. 증인이나 참고인에게도 인정된다.

(3) 진술거부권의 내용

(가) 모든 절차

진술거부권은 형사절차를 포함한 모든 절차에서 인정된다. 행정절차는 물론 국회의 청문회 절차에서도 진술을 거부할 수 있다.

(나) 진술거부

진술거부권에서 진술이란 생각이나 지식 및 경험사실을 정신작용의 일환인 언어를 통해 표출하는 것을 말한다. 진술에는 구두의 진술과 이를 대신하는 진술증거가 있다. 비진술증거의 제출이나 신체적 강제의 수인은 진술거부권의 대상이 아니다. 따라서 피의자 등이 보관하는 증거물이나 신체로부터 객관적 증거를 얻으려는 것은 진술거부권에 의해 보호되지 않는다. 헌법재판소는 정당의 회계책임자에게 정치자금의 내역을 보고하도록 '보고'의무를 부과하는 것이나 그 내용을 '기재'하도록 한 것은 진술거부권이 금지하는 진술강요에 해당하나, 정당의 회계책임자가 불법정치자금이라도 그 수수 내역을 회계장부에 기재하고 이를 신고하도록 한 것은 진술거부권을 침해한다고 볼 수 없다고 하였다.

(다) 형사상 불이익

진술거부권은 진술로 인해 형사상 불이익을 받을 우려가 있어야 인정된다. 민사·행정상 불이익이 되는 경우는 제외된다. 또한 진술로 인해 허가취소 등 행정상 처분을 받을 우려가 있는 경우나 자신의 명예나 성실성에 손상을 주는 경우에는 인정되지 않는다. 성명에 대하여는 진술거부권이 인정되지 않는다. 자기에게 불이익이 되어야 하므로 제 3 자에게 불이익이 되는 경우에는 인정되지 않는다. 불이익을 받을 우려한 진술로 유죄판결이 되거나, 형사책임이 가중되는 것을 말한다.

(라) 불고지의 효과

진술거부권은 사전 고지되어야 한다(형소법 § 244의3). 진술거부권을 고지하지 않은 상태에서 이루어진 진술은 무효로서 이를 유죄의 증거로 삼을 수 없다.

(4) 진술거부권과 Miranda원칙

위법으로 수집된 증거의 증거능력을 부정하고, 변호인의 도움을 받지 못한 가운데 이루어진 피의자 진술의 증거능력을 부정하며, 진술거부권의 고지를 받지 못한 가운데 이루어진 피의자 진술의 증거능력을 배제하는 것이 그것이다. 그중 가장 의미 있는 것이 진술거부권과 변호인의 조력을 받을 권리에 대한 고지가 이루어지지 않은 가운데 이루어진 진술의 증거능력을 배제하는 것으로 1966년의 미란다원칙이다.

현재 미란다원칙에 대한 우리나라에서의 이해는 진술거부권과 변호인의뢰권의 고지 정도이다. 이러한 정도의 고지는 어려운 일도 아니어서, 이와 같은 요식행위는 피의자나 피고인의 신체의 자유의 보장과 아무런 관련성이 없다고 해도 지나친 말이 아니다.

4. 자백의 증거능력과 증명력

헌법 제12조 제 7 항은 '피고인의 자백이 고문·폭행·협박·구속의 부당한 장기화 또는 기망 기타의 방법에 의하여 자의로 진술된 것이 아니라고 인정될 때 또는 정식재판에 있어서 피고인의 자백이 그에게 불리한 유일한 증거일 때에는 이를 유죄의 증거로 삼거나 이를 이유로 처벌할 수 없다'고 규정하여 자백의 증거능력과 증명력을 제한하고 있다. 형사소송법 제309조와 제310조도 동일한 내용을 규정하고 있다.

(1) 의　　의

자백이란 자기의 범죄사실을 시인하는 것을 말한다. '자백은 증거의 왕'에 의거하여 국가가 강압수단을 통해 자백을 얻어내려고 한다면 헌법이 보장하는 신체의 자유는 무의미해진다. 위법·부당한 자백의 증거능력을 배제하고 증명력을 제한함으로써 자백강요를 통한 인신침해를 방지하려는데 그 의의가 있다. 자백의 증거능력배제는 고문을 받지 않을 권리나 진술거부권의 실효성을 보장하여 준다.

(2) 증거능력과 증명력

형사절차에서 증거로 사용되기 위해서는 증거는 증거가 될 수 있는 자격(증거능력)이 있어야 한다. 임의성 없는 증거의 증거능력은 부정된다. 또한 증거능력이 있는 증거라 하더라도 증거가 범죄를 입증할 수 있는 힘(증명력)이 있어야 한다. 신빙성 없는 증거는 증명력이 없다. 증거의 증명력은 법관의 자유판단에 의한다(자유심증주의, 형소법 §308).

(3) 내 용

(가) 자백의 증거능력 배제

피고인의 자백이 불법(고문, 폭행, 협박, 구속의 부당한 장기화)이나 부당한 방법(기망)으로 임의로 진술한 것이 아니라고 인정될 때에는, 즉 임의성 없는 자백인 경우에는 자백의 증거능력이 배제된다. 불법자백의 경우 피고인이 증거사용에 동의하였다 해도 증거능력은 부정된다.

(나) 자백의 증명력의 제한

피고인의 자백이 그에게 불리한 유일한 증거일 때에는 이를 이유로 처벌할 수 없다고 하여 자백의 증명력을 제한하고 있다. 따라서 증거능력 있는 자백으로, 그 자백에 신빙성이 인정된 경우라도 별도의 보강증거가 없는 한 자백만으로 처벌할 수 없게 된다. 이는 자백의 임의성과 신빙성이 인정되어도 그것이 피고인에게 불리한 유일한 증거일 때에는 증명력을 제한하여 혹시 있을 수 있는 법관의 오판이나 자의를 방지하고자 함이다. 법관의 자유심증주의를 제한하고 있다. 보강증거는 증거능력이 있는 독립된 증거이어야 하며, 소위 전문증거는 증거로 될 수 없다(형소법 §310의2).

(다) 약식재판의 경우

자백의 증명력의 제한은 정식재판의 경우에만 인정된다. 따라서 즉결심판과 같은 약식재판에서는 자백만으로 유죄의 선고를 할 수 있다(즉결심판에 관한 절차법 §10).

(4) 위법으로 수집된 증거의 증거능력

위법으로 수집된 증거의 증거능력을 인정할 것인가에 관하여, 형사소송법(§308의2)은 적법한 절차에 따르지 아니하고 수집한 증거는 증거로 할 수 없다고 하고 있는데, 대법원은 변호인의 접견교통권을 침해하거나 진술거부권 불고지로 획득한 피의자 진술조서의 증거능력은 부정하는 입장을 취하면서, '증거물'의 경우에는 위법한 압수절차에 의한 것이라도 증거능력을 인정하고 있었다. 2007년 대법원은 위법으로 수집한 증거는 적법절차에 따르지 않은 것으로서 원칙적으로 유죄 인정의 증거로 삼을 수 없다고 하여, 기존의 성질·형상 불변론에 입각한 불배제 입장을 변경하였다. 인권보장에 획기적 진전으로 평가된다.

5. 변호인의 도움을 받을 권리

(1) 의　　의

헌법은 제12조 제4항에서 '누구든지 체포 또는 구속을 당한 때에는 즉시 변호인의 조력을 받을 권리를 가진다'고 하여 변호인의 도움을 받을 권리를 기본권으로 보장하고 있다. 누구든지 강력한 국가권력을 행사하는 수사기관에 맞서기 위해서는 법률전문가의 도움이 반드시 요구된다. 이는 무기대등의 원칙을 형사절차에서 실현시킴으로써 국가형벌권의 일방적 행사로 인한 인신의 침해를 막기 위함이다.

(2) 주　　체

체포·구속된 모든 사람은 변호인의 도움을 받을 권리가 있다. 체포·구속에 이르지 않은 경우에도 당연히 인정된다. 형사절차가 종료되어 교정시설에 수용중인 수형자는 헌법 제12조의 변호인의 조력을 받을 권리의 주체가 될 수 없다. 변호인의 조력을 받을 권리는 '형사사건'에서 변호인의 조력을 받을 권리를 말하므로, 수형자가 형사사건이 아닌 민사사건, 행정사건, 헌법소원사건 등에서 변호사와 접견할 경우에는 변호인의 조력을 받을 권리의 주체가 될 수 없다(헌결 2011헌마398).

(3) 내　　용

(가) 변호인 선임권

변호인 선임권이란 변호인을 선임하여 조력을 받을 권리를 말한다. 변호사를 선임할 능력이 없는 경우, 어느 경우에 어디까지 국선변호인 선임청구가 허용되는가가 문제된다. 헌법(§12④)은 형사피고인이 스스로 변호인을 구할 수 없는 경우에는 국가에 대하여 국선변호인의 선임을 요구할 수 있다고 규정하고 있으므로, 형사피고인의 국선변호인 선임요구는 헌법상 기본권으로 보장된다. 문제는 피의자에게 국선변호인 선임요구가 허용되는가이다. 헌법재판소는 국선변호제도의 현실을 고려하여 국선변호선임권의 주체를 피고인으로 국한하고 있지만, 헌법(§12④)이 '누구든지' 체포 구속을 당한 때에는 '즉시' 변호인의 조력을 받을 권리를 가진다고 규정한 이상, 구속 피의자에게도 국선변호인의 조력을 받을 권리를 기본권으로 인정하는 것이 논리적이며, 타당하다.

(나) 변호인 접견·교통권

변호인 접견·교통권은 선임된 변호인과 상담하고 조언을 구할 권리로, 변호인의 조력을 받을 권리의 본질적 내용을 이룬다. 변호인 접견·교통권은 변호인과의 자유로운 접견·교통의 보장과 교통내용의 비밀보장을 그 내용으로 한다. 체포·구금을 당했을 때 변호인과의 접견을 일정기간 금지하거나, 접견 시 수사관 등이 대화를 듣거나 녹화하는 것은 변호인 접견·교통권에 대한 침해가 된다. 또 미결수용자가 변호사에게 발송을 의뢰한 서신이나 변호사가 미결수에게 보낸 서신에 대한 검열 역시 변호인의 조력을 받을 권리에 대한 침해가 된다, 변호인 아닌 제 3 자와의 접견교통도 보장되어야 하나, 미결수용자의 가족 등과의 교류보장은 변호인 접견·교통권이 아닌 일반적 행동자유권의 내용으로 보아야 한다. 대법원은 위법한 변호인접견불허기간 중에 작성된 검사 작성의 피의자신문 조서의 증거능력을 부정하고 있다.

(다) 변호인 참여요구권

변호인 참여요구권이란 형사피의자(피고인)가 형사절차에서 변호인과 상담하고 조언을 구하기 위해 변호인의 참여를 요구할 수 있는 권리를 말한다. 헌법(§ 12 ④)은 '체포·구속'된 경우에 변호인의 조력을 받을 수 있다고 규정하고 있어 '불구속' 피의자(피고인)에게 변호인의 조력을 받을 권리가 허용되는가가 문제되기도 하였으나, '불구속' 피의자(피고인)에게 이를 부정할 이유가 없다. 피의자신문과정에서의 기본권 침해에 대한 우려를 예방하고, 피의자가 방어권을 실질적으로 행사할 수 있도록 불구속 피의자에게도 '피의자신문에 변호인의 참여를 요구할 수 있는 권리'가 보장되어야 한다.

(라) 변호인을 통해 소송행위를 할 수 있는 권리

변호인의 조력을 받을 권리는 변호인을 통해 소송준비 및 소송행위를 할 수 있는 권리를 보장한다. 변호인은 소송기록을 열람·등사할 수 있고 증인 및 참고인을 접견할 수 있다. 검사가 수사기록의 열람·등사신청을 불허할 경우 변호인은 법원에 불복할 수 있는데, 열람·등사를 허용하는 법원의 결정이 있을 때에는 검사는 수사기록을 공개해야 한다. 검사가 이를 거부할 경우 이는 피고인의 열람·등사권에 대한 침해가 되며, 검사에게 국가배상책임이 인정된다.

(마) 변호인의 피구속자를 조력할 권리

변호인의 조력을 받을 권리는 변호인이 피구속자를 조력할 권리를 그 내용으로 한다. 변호인의 조력을 받을 권리는 피구속자를 조력할 변호인의 권리가 보장되지 않으면 유명무실해질 수 있기 때문이다. 그렇다고 변호인의 피구속자를 조력할 권리를 모두 기본권으로 볼 수 없다. '피구속자를 조력할 변호인의 권리 중' 그것이 보장되지 않으면 피구속자가 변호인으로부터 조력을 받는다는 것이 유명무실하게 되는 핵심적인 부분에 한해 기본권으로 보호되어야 한다. 이러한 경우는 '피구속자의 조력을 받을 기본권'과 표리의 관계에 있기 때문이다.

(4) 제한과 한계

변호인의 조력을 받을 권리도 법률로 제한할 수 있으나 본질적 내용은 침해할 수 없다. 다만 변호인의 조력을 받을 권리 중 '자유로운 접견'은 본질적 내용에 해당되는 것이어서 국가안전보장, 질서유지, 공공복리 등 어떠한 명분으로도 제한될 수 없다. 대법원은 피고인으로부터 국선변호인을 선정해 달라는 신청을 받은 재판부가 변호인 선정을 지연하다 피고인이 항소이유서 제출기간 내에 이유서를 제출하지 않았다는 이유로 항소를 기각한 것은 변호인의 조력을 받을 권리에 대한 침해라 하였다.

제 2 항 사회·경제적 자유

Ⅰ. 거주·이전의 자유

헌법 제14조는 '모든 국민은 거주·이전의 자유를 가진다'고 규정하여 거주·이전의 자유를 보장하고 있다.

1. 의 의

(1) 연 혁

Virginia 권리장전 등 근대 입헌주의 헌법은 거주·이전의 자유를 규정하지 않았다. 거주·이전의 자유가 처음으로 헌법에 규정된 것은 1849년 독일의 Frankfurt 헌법(§133)이다. Weimar 헌법(§111)에 이어, 1946년 일본 헌법, 1949년 독일 헌법에 규정되었다. 국제적 차원에서 시민적·정치적 권리에 대한 국제인권규약(§12) 역시 거주·이전의 자유를 보장하고 있다.

(2) 개 념

거주·이전의 자유란 자기가 원하는 곳에 주소나 거소를 설정하고, 체류하며, 이전할 자유를 말한다. 자기 의사에 반하여 주거지를 옮기지 않을 자유를 포함한다.

거주란 일정한 장소를 생활의 중심지로 삼으려는 의사를 갖고 정주하는 것을 말한다. 반면 체류는 일정한 장소에 잠정적으로 머무는 것을 말한다.

(3) 기 능

거주·이전의 자유는 사회활동을 가능케 하는 사회적 자유의 성격과 직업수행을 가능케 하고 영업의 자유를 보장하는 경제적 자유의 성격을 동시에 지닌다. 아울러 생활의 근거를 자유롭게 이동할 수 있게 해 줌으로써 개성신장을 촉진시켜 주며 헌법이 보장하는 다른 기본권들의 실효성을 증대시켜 준다.

(4) 주 체

거주·이전의 자유의 향유주체는 모든 국민이다. 외국인은 그 주체가 될 수 없다(다수설). 북한주민의 경우 입국의 자유가 보장된다. 공법인을 제외한 법인에게도 허용된다.

2. 거주·이전의 자유의 내용

(1) 국내 거주·이전의 자유

(가) 적극적 거주·이전의 자유

적극적 거주·이전의 자유란 대한민국의 영토 안에서 자유롭게 주소나 거소를 설정하고 이전할 수 있는 자유를 말한다. 거주·이전의 목적은 불문하기에 직업이나 영업을 위한 거주·이전은 물론 휴양이나 관광목적의 거주·이전도 보호대상이 된다.

(나) 소극적 거주·이전의 자유

거주·이전의 자유는 장소를 변경하지 않을 자유, 즉 소극적 거주·이전의 자유를 보장한다. 어떤 장소를 선택할 수 있는 자유는 선택한 장소에 머무를 수 있는 자유가 보장되지 않으면 의미가 없다. 강제퇴거나 주거의 강제지정은 거주이전의 자유에 대한 침해가 된다.

(2) 국외 거주·이전의 자유

(가) 해외여행의 자유

국외 거주·이전의 자유는 해외여행의 자유를 보장한다. 출국과 입국의 자유 및 귀국의 자유가 보장된다. 출국의 자유와 관련하여 여권발급이 출국허가형식으로 운영하는 것은 거주·이전의 자유에 대한 침해이다.

(나) 해외이주의 자유

해외이주의 자유란 외국에서의 영주 또는 장기간 해외에서 거주할 수 있는 자유를 말한다. 해외이주의 자유는 국가를 떠날 수 있는 자유로, 누구든 자신이 속한 정치체제로부터 벗어날 수 있다. 해외이주의 보장은 자유민주국가의 특징이다.

(다) 국적변경(이탈)의 자유

세계인권선언(§ 15②)은 국적변경의 자유를 규정하고 있는데, 우리 헌법에도 타당하다. 국적변경의 자유를 인정한다고 하여 무국적이 되는 자유까지 보장하는 것은 아니다. 기본권보장이 범죄의 수단으로 악용되어서는 안되므로 탈세나 병역기피의 목적으로 국적을 변경하는 것까지 거주·이전의 자유에 의해 보호될 수 없다.

3. 거주·이전의 자유의 효력

거주·이전의 자유도 대국가적 효력을 지니며 간접적 대사인효를 지닌다.

4. 거주·이전의 자유에 대한 제한과 한계

(1) 제 한

거주·이전의 자유는 국가안전보장·질서유지·공공복리를 위하여 법률로써 제한할 수 있다. 국가안전보장을 위해 국가보안법이나 군사시설보호법이 북한지역으로의 여행을 제한하거나 군사시설에의 출입을 제한하고 있으며, 질서유지를 위해 경찰관직무집행법이나 소년법이 보호조치나 주거를 제한하고 있다. 공공복리를 위한 제한으로 전염병예방법, 마약법 등이 환자의 강제수용, 전염병방지를 위한 강제조치를 규정하고 있다.

거주이전의 자유에 대한 제한은 직접적인 것에 한한다. 간접적 방해나 제약만으로는 거주이전의 자유에 대한 제한으로 볼 수 없다. 즉 거주·이전에 대한 불리한 효과가 다른 기본권을 제한함으로써 발생하는 간접적인 제한이거나 또는 부수적 효과에 불과할 경우 거주·이전에 대한 제한으로 볼 수 없다.

(2) 한 계

거주·이전의 자유의 본질적 내용을 침해할 수 없다. 거주·이전에 대한 허가제는 위헌이다. 대도시의 인구집중을 막기 위해 대도시 진입을 제한하는 입법은 내용에 따라서 거주·이전의 자유의 침해가 될 수 있다. 헌법재판소와 대법원은 대도시의 인구집중을 억제하고 공해방지를 위하여 등록세를 중과세하고 있는 지방세법 제138조를 합헌이라고 하였다.

Ⅱ. 직업선택의 자유

헌법 제15조는 '모든 국민은 직업선택의 자유를 가진다'고 규정하여 직업의 자유를 보장하고 있다.

1. 의 의

(1) 연 혁

직업의 자유는 경제적인 생활영역에서 개인의 인격발현을 목적으로 하며 자유주의적 경제사회질서의 요소가 되는 기본권으로, Weimar 헌법이 최초로 명문화하였다.

우리나라는 제 3 공화국 헌법에서 직업선택의 자유를 처음으로 규정하였다. 제 3 공화국 헌법 전까지는 직업의 자유의 헌법적 근거를 거주·이전의 자유에서 찾았다. 헌법 제15조가 선택의 자유만 보장하는 형태를 취하고 있으나 직업선택과 직업수행을 모두 포함하는 '직업의 자유'의 보장으로 보는 데 이의가 없다.

(2) 개 념

직업의 자유란 원하는 직업을 자유롭게 선택하고 선택한 직업에 종사하는 자유를 말한다. 직업이란 생활의 기본적 수요를 충족시키기 위한 계속적인 소득활동을 말한다(생활수단성, 계속성). 직업의 개념에 있어서, 특히 법적 허용성을 직업의 보호영역으로 할 것인가가 문제된다.

(가) 생활수단성

직업은 생활기반을 마련하고 이를 유지하기 위한 것이어야 한다. 단순한 취미활동은 직업이 될 수 없다. 부업은 단순한 취미와 달리 생활기반을 마련하는 데 기여하기 때문에 직업에 해당한다.

(나) 계 속 성

직업으로 인정되기 위해서는 어느 정도의 지속성이 요구된다. 종신적일 필요는 없으나 한 차례의 활동으로 끝나버리는 일은 직업이 될 수 없다. 부정기적 소득활동이나 휴가기간 중 소득활동 역시 직업에 해당된다. 대학생은 본업이 학업수행이지만, 방학기간을 이용하여 또는 휴학 중에 학비 등을 벌기 위해 학원강사로서 일하는 행위는 어느 정도 계속성을 띤 소득활동으로서 직업의 자유의 보호영역에 속한다.

(다) 법적 허용성

직업의 개념적 요소로서 법적 허용성 내지 공공무해성을 드는 견해가 있지만, 법적 허용성을 직업의 개념요소로 볼 필요가 없다. 직업의 보호영역은 가능한 넓게 이해되어야 하며, 공공에 유해한 직업을 직업에서 배제하는 것은 제한의 정당성 단계에서 판단되어도 충분하고, 유해 여부의 판단기준이 애매모호하다는 점을 감안해 볼 때 보호영역단계에서 법적 허용성 여부를 판단하는 것은 적절치 않기 때문이다.

(3) 법적 성격

직업의 자유는 생활의 기본적 수요를 충족시키며 개성을 신장시켜 주는 주관적 공권(방어권)의 성격을 지니며, 사회적 시장경제질서의 구성요소로서 객관적 원칙규범의 성격을 지닌다.

(4) 주　　체

직업선택의 자유의 향유주체는 국민이다. 외국인에게도 주체성을 부정할 이유가 없다. 법인의 경우 당연히 그 주체가 될 수 있으나, 공법상 법인은 직업선택의 자유가 인정되지 않는다.

2. 직업선택의 자유의 내용

(1) 직업결정의 자유

(가) 직업결정의 자유

직업결정의 자유란 자기가 원하는 직업을 선정하여, 개시, 계속, 포기, 변경할 자유를 말한다. 두 개 이상의 직업을 동시에 가질 수 있는 겸직의 자유를 포함하며, 직업 없이 자신의 재산으로 살고자 하는 무직업의 자유도 보호한다. 법인의 설립 그 자체는 간접적인 직업결정에 해당된다. 공직은 직업결정의 자유의 대상이 되지 않는다. 국가기능의 수행은 직업이 될 수 없기 때문이다. 따라서 공직선택은 직업결정이라기 보다는 공무담임으로, 공직수행은 직업수행이라기보다는 공권력행사로 이해되어야 한다. 헌법재판소도 공무원직에 관한 한 공무담임권은 직업의 자유에 우선하여 적용되는 특별법적 규정이라고 하였다.

㈏ 직업교육장선택의 자유

직업결정의 자유는 원하는 직업에 대한 직업교육이 보장되지 않고서는 실효성이 없으므로 직업교육을 담당하는 기관의 자유로운 선택, 즉 '직업교육장선택의 자유'를 그 내용으로 한다(다수설). 직업교육장선택의 자유란 직업을 선택하는 데 필요한 교육기관이나 훈련기관을 자유롭게 정할 수 있는 자유를 말한다.

(2) 직업수행의 자유

직업수행의 자유란 자신이 결정한 직업에 종사할 자유를 말한다. 직업수행의 자유는 직업의 시작과 계속과 끝을 마음대로 결정할 수 있고, 직업수행의 장소·기간·형태·수단 등을 자유롭게 결정할 수 있음을 말한다. 직업수행의 자유에는 개인의 소득활동은 물론 영업의 자유까지 포함되므로, 영업의 자유는 직업수행의 자유의 한 내용이 된다. 영업의 자유란 상업, 자영업 등 독립된 형태의 직업을 선택하고 행사할 자유를 말한다. 직장이란 직업이 수행되는 장소인데, 직업수행의 자유는 직업수행을 위한 직장을 임의로 결정할 수 있는 직장선택의 자유를 포함한다. 직장의 선택, 포기, 변경, 유지의 자유이다. 직장선택의 자유는 직장에 대한 지속적 존속을 보장하지 않는다. 일정한 자격이 요구되는 직업에 있어 결격사유로 인한 자격박탈이 직업선택의 자유에 대한 침해인지가 문제된다. 직업의 자격요건이나 결격사유는 입법자의 재량영역에 속하지만, 특히 결격사유를 정함에 있어서 기본권침해가 나타나지 않도록 유의해야 한다. 자격박탈은 장기간 쌓아온 지위를 박탈하는 것으로 중대한 불이익을 초래하기 때문이다. 벌금형을 선고받은 자에게 필요적으로 자격을 박탈하게 하는 것이 그것이다.

(3) 독점과 경쟁의 자유

직업의 자유는 경쟁의 자유를 전제로 한다. 국가가 특정인(기업)을 우대하거나 직종을 독점하거나 또는 독과점상태를 조장 내지 옹호한다면 이는 직업의 자유에 대한 중대한 위협이 되기 때문이다. 또한 경쟁의 자유는 생산의 종류, 양과 방향을 시장기능을 통해 결정하는 소비자주권의 실현에 기여하며, 소비자보호를 위해 포기할 수 없는 시장결제질서의 중요한 구성부분이다. 경쟁의 자유는 다른 기업과의 경쟁에서 국가의 간섭이나 방해를 받지 않고 기업활동을 할 수 있는 자유를 말하는 것으로, 이러한 경쟁의 자유는 기본권의 주체가 직업의 자유를 실제로 행사하는 데에서 나오는 결과이므로 당연히 직업의 자유에 의하여 보장된다.

3. 직업선택의 자유의 효력

직업의 선택의 자유는 대국가적 효력을 지니며 간접적 대사인효를 지닌다. 근로자에게 퇴직 후 비밀유지의무나 경업금지의무를 부과하는 내용의 계약체결은 직업선택의 자유를 침해할 우려가 있다.

4. 직업선택의 자유에 대한 제한과 한계

(1) 제 한

직업선택의 자유는 국가안전보장·질서유지·공공복리를 위하여 필요한 경우 법률에 의하여 제한될 수 있다.

(가) 직업결정의 자유에 대한 제한

① 필요적 취소 헌법재판소는 임원이 금고 이상의 형을 선고받은 경우 법인의 건설업등록을 필요적으로 말소하도록 한 것, 법인의 임원이 '학원의 설립·운영 및 과외교습에 관한 법률'을 위반(미신고 교습소를 설립운영)하여 벌금형을 선고받은 경우 법인등록의 효력을 상실하게 한 것, 운전면허를 받은 사람이 자동차 등을 이용하여 살인 또는 강간 등의 범죄행위를 한 때 운전면허의 필요적 취소, 수상레저안전법상 조종면허를 받은 사람이 동력수상레저기구를 이용하여 범죄행위를 한 경우 조종면허의 필요적 취소는 직업선택의 자유에 대한 침해로 위헌이라고 하였다. 반면 부정한 방법으로 건설업을 등록한 경우 건설업의 등록을 취소하게 한 것은 직업선택의 자유에 대한 침해가 아니며, 주취음주운전금지규정을 3회 위반한 자에 대해 운전면허의 필요적 취소는 직업의 자유에 대한 침해가 아니라 하였다. 또 '공인중개사의 업무 및 부동산 거래신고에 관한 법률'위반으로 벌금형을 선고받은 공인중개사에 대한 개설등록의 필요적 취소 역시 직업의 자유에 대한 침해가 아니라 하였다.

② 기 타

㉠ 위 헌 헌법재판소는 성범죄로 형(또는 치료감호)을 선고받은 사람이 형(또는 치료감호)집행 종료 후 10년간 의료기관(또는 청소년관련기관)에 취업을 금지한 것, 치과전문의 자격 인정 요건으로 '외국의 의료기관에서 치과의사 전문의 과정을 이수한 사람'을 포함하지 아니한 것, 전문과목을 표시한 치과의원은 그 표시한 전문과목에 해당하는 환자만을 진료하여야 한다고 규정한 의료법(§ 77)은 직업선택의 자유에 대한 침해로 위헌이라고 하였다. 헌법재판소는 세무사 자격 보유 변호사

로 하여금 세무대리를 일체 할 수 없도록 한 세무사법은 세무사 자격 보유 변호사의 직업선택의 자유를 침해한다고 하였다.

㉡ 합 헌 반면 헌법재판소는 일반학원의 강사의 자격기준을 대학졸업 이상의 학력소지자로 한 것은 직업선택의 자유를 침해한 것으로 볼 수 없으며, 근로자공급사업을 허가제로 한 것, 국민의 생명·건강에 직결되는 분야에 관하여 민간자격의 신설을 금지하는 것은 직업의 자유에 대한 침해가 될 수 없다고 하였다. 또한 사립학교 교원이 금고 이상의 형의 집행유예를 받거나 또는 파산선고를 받으면 당연 퇴직되도록 한 것은 교원의 직업선택의 자유를 침해한다고 볼 수 없고, 금고 이상의 실형을 선고받고 그 집행이 끝나거나 집행이 면제된 날로부터 3년이 지나지 아니한 사람은 행정사가 될 수 없도록 규정한 행정사법은 직업선택의 자유에 대한 침해가 아니라고 하였다.

㈏ 직업수행의 자유에 대한 제한

① 장소적 제한

㉠ 학교환경위생정화구역 헌법재판소는 초중고등학교의 학교환경위생정화구역 안에서 당구장시설을 금한 것은 합헌이지만, 대학이나 유치원의 위 구역 안에서 이를 금한 것은 직업행사에 대한 침해라고 하였다. 헌법재판소는 초·중등·대학교 학교환경위생정화구역 안에서 여관시설과 영업을 금지한 것은 합헌이며, 대학의 학교환경위생정화구역 내에서 극장을 금지한 것은 위헌이고, 초중고등학교의 위 구역 안의 절대금지구역 내에서 공연장 등의 유형의 극장마저 불허한 것은 위헌이라고 하였다.

반면 헌법재판소는 학교환경위생정화구역 내에서 청소년유해업소, 납골시설, PC방, 노래방 영업금지를 합헌으로 판단하였다. 헌법재판소는 대학의 정화구역 내의 납골시설의 금지를 정당하다고 하는데, 납골시설은 대학생의 신체적·정신적 성숙성에 비추어 볼 때, 대학의 교육환경에 부정적인 영향을 줄 가능성이 없다고 보아야 한다.

㉡ 기 타 헌법재판소는 변호사의 개업지 제한, 의료기관 내에서의 약국개설금지, 의약품의 판매장소를 약국내로 제한한 것 모두 위헌이 아니라고 하였다.

② 방법적 제한

㉠ 위 헌 헌법재판소는 의료인의 의료상업광고를 제한하는 것은 의료인

의 직업수행의 자유에 대한 침해이며, 약사(또는 한약사)가 아니면 약국개설을 금지한 것은 약국개설권이 있는 약사들로 구성된 법인의 약국개설을 금지하는 것으로 직업수행의 자유에 대한 침해이고, 한국방송광고공사와 이로부터 출자를 받은 회사에 대해서만 지상파 방송광고 판매대행을 할 수 있도록 한 것, 운전전문학원의 귀책사유를 불문하고 수료생이 일으킨 교통사고를 자동적으로 운전전문학원의 책임으로 연관시키는 것은 기본권침해로 위헌이라고 하였다.

㉡ 합 헌 헌법재판소는 노래방에서 주류판매를 금지하거나, 심야시간에 보호자와 동행하지 않는 청소년의 찜질방 출입을 금지하는 것, 법무사의 보수를 제한하고, 부동산중개업자의 수수료를 법정한 것은 직업수행의 자유에 대한 침해가 아니라고 하였다.

헌법재판소는 업무의 중첩적 허용의 경우 일반적으로 직업수행의 자유에 대한 침해가 아니라고 한다. 또한 헌법재판소는 백화점이나 대형할인점의 셔틀버스운행금지나 약국의 셔틀버스운행금지는 영업의 자유에 대한 침해가 아니며, 의료법인, 의료기관 또는 의료인이 아닌 자가 의료에 관한 광고를 할 경우에 이를 형사처벌하도록 한 것, 한의사에게 물리치료사에 대한 지도권한을 인정하지 않은 것, 개인택시운송사업자의 운전면허가 취소된 경우 개인택시운송사업면허를 취소할 수 있도록 한 것은 기본권침해가 아니라 하였다.

③ 시간적 제한 헌법재판소는 식품위생법시행령 제 7 조 제 8 호 라목의 유흥주점 영업행위 중 "무도장을 갖추고 손님으로 하여금 춤을 추게 하는 행위"에 대해서는 오전 9시부터 오후 5시까지 영업시간을 제한하고 있는 보건복지부장관의 고시는 직업수행의 자유에 대한 침해로 볼 수 없다고 하였고, 국산영화의 상영의무 공연장의 경영자에게 연간 대통령령이 정하는 일수 이상(연간상영일수의 5분의 2 이상) 국산영화를 상영하도록 한 영화법 제26조는 직업수행의 자유에 대한 침해가 아니라 하였다. 일정한 시간대의 인터넷게임의 제공을 금지하는 '강제적 셧다운제'는 인터넷게임 제공자의 직업수행의 자유에 대한 과도한 제한으로 볼 수 없다.

(2) 한 계

(가) 본질적 한계

직업선택의 자유의 본질적 내용은 침해될 수 없다. 세금의 부과가 일정한 직업의 존립에 중대한 영향을 미치는 경우, 예를 들어 담배(인삼)에 대한 과세율이 너무 높은 나머지 이익을 기대할 수 없어 담배(인삼)소매인이라는 직업이 사실상 없어지게 될 정도라면 직업의 자유에 대한 본질적 침해가 된다.

(나) 단계적 한계(단계이론)

단계이론은 독일연방헌법재판소가 '약국판결'에서 처음 개발한 것으로 이후 직업의 자유에 대한 침해 여부를 판단하는 기준으로 유지되고 있으며, 우리 헌법재판소도 이 단계이론을 수용하고 있다. 단계이론이란 직업의 자유를 제한하는 경우 가장 약한 제한으로 제한목적을 달성해보고 그것으로 목적달성이 어려운 경우 다음 단계의 보다 강한 제한을 해야 한다는 것이다.

① 직업수행의 자유제한(1단계) 직업의 자유에 대한 제한은 기본권에 대한 침해정도가 좀 더 경미한 직업수행의 자유를 제한하는 방법으로 공익목적을 달성하도록 하여야 한다. 유흥업소의 영업시간제한, 택시의 10부제 운행, 영업종료시간의 설정, 변호사의 광고금지, 1약사 1약국경영제한, 국산영화의 연간상영일수제한, 백화점세일의 횟수제한 등이 이에 해당된다.

② 주관적 조건에 의한 직업결정의 자유제한(2단계) 2단계 제한은 직업수행의 자유에 대한 제한으로 공익목적의 달성이 어려운 경우에 행해지는 것으로 주관적 조건을 근거로 직업결정의 자유를 제한하는 것이다. 주관적 조건은 개인적 능력이나 지식 그리고 경험 등에 결부되어 있다. 일정한 요건을 충족하지 않고서는 직업을 수행하는 것이 불가능하거나 사리에 맞지 않거나 위험을 초래할 수 있는 경우에 이루어지는 제한이다. 예를 들어, 법조인이나 의료인이 되고자 하는 자에게 자격시험의 합격을 요구하거나, 영업용택시운전사에게 1종 면허소지를 요구하는 것, 또는 일반 학원강사에게 대학졸업 이상의 학력 소지를 요구하는 것 등이다.

③ 객관적 조건에 의한 직업결정의 자유제한(3단계) 주관적 조건 이외에 객관적 조건에 의하여 직업결정의 자유가 제한될 수 있다. 객관적 조건은 기본권 주체의 능력과 무관한 것이므로 이를 가지고 직업선택을 제한하는 것은 직업의 자유에 대한 중대한 위협이 되므로, 매우 중요한 법익에 대한 명백하고 현존하는 중대한 위험을 방지하기 위해 필요한 경우에만 정당화될 수 있다. 따라서 적정분포의 관점, 기존업체 보호의 관점, 동일업종의 수 제한 등의 관점에서 직업의 자유를 제한하는 것은 위헌의 소지가 크다. 헌법재판소 역시 당사자의 능력이나 자격과 상관없는 객관적

사유에 의한 제한은 월등하게 중요한 공익을 위하여 명백하고 확실한 위험을 방지하기 위한 경우에만 정당화될 수 있다고 하였다.

Ⅲ. 재산권의 보장

헌법 제23조는 '① 모든 국민의 재산권은 보장된다. 그 내용과 한계는 법률로 정한다. ② 재산권의 행사는 공공복리에 적합하도록 하여야 한다. ③ 공공필요에 의한 재산권의 수용·사용 또는 제한 및 그에 대한 보상은 법률로써 하되, 정당한 보상을 지급하여야 한다'고 규정하여 재산권을 보장하고 있다.

1. 의 의

(1) 연 혁

1919년 Weimar헌법(§153)은 처음으로 재산권의 사회적 기속성을 헌법에 반영하였다. 이후 세계 각국의 헌법은 정도의 차이는 있어도 재산권의 사회적 제약을 수용하고 있다.

(2) 개 념

재산권보장이란 재산의 존속을 보호하고 재산에 대한 자유로운 사용, 수익, 처분 및 상속을 허용하는 것을 말한다. 재산권이 보장될 때 자신의 삶을 스스로 책임질 수 있으며, 개개인의 자유와 창의는 보장되고 더 나아가 인간의 존엄과 가치를 증대시켜 준다.

(3) 법적 성격

재산권의 법적 성격에 관해, 재산권은 자유권이지만 그 내용과 한계가 법률로 정해지고 행사가 공공복리에 적합해야 되는 고도의 사회적 의무를 수반하는 권리라고 하는 견해(자유권설)와 사유재산을 허용하는 사유재산제도와 이 제도에 의하여 인정된 사유재산에 대한 구체적 권리인 사유재산권을 의미하는 것으로 보는 견해(권리제도동시보장설)로 대립된다. 후자가 다수설 및 판례이다.

(4) 재산권의 주체

재산권의 향유주체는 모든 국민과 법인이다. 외국인도 재산권 보장을 받을 수 있으나, 국제조약이 정하는 바에 따라 보장범위가 결정된다(통설).

2. 재산권의 객체

(1) 재 산 권

헌법(§ 23①)의 재산권은 그 내용이 입법자에 의해 형성된다 하여도 재산권개념은 법률로 정해지는 것이 아니라 헌법에 의해서 독자적으로 결정된다. 재산권의 기본내용은 재산적 가치가 개인에게 귀속되며, 재산에 대한 사용·수익·처분이 가능해야 한다. 헌법 제23조 제 1 항의 재산권은 공·사법상 재산적 가치가 있는 모든 권리를 말한다. 재산가액의 다과는 문제되지 않는다. 헌법의 재산권은 민법의 재산권과 동일하지 않고 더 포괄적이다. 따라서 재산권은 민법의 소유권, 물권, 채권 등 재산적 가치가 있는 모든 권리 외에도, 특별법상 권리(광업권, 어업권, 수렵권)와 공법상 권리(봉급청구권, 퇴직연금수급권, 연금청구권)를 포함한다. 지적 소유권이라고 불리는 무체재산권(저작권, 공업소유권, 출판권, 공연권)도 재산권에 포함되나 헌법은 이러한 정신적 재산권을 학문과 예술의 자유(§ 22②)에서 보장하고 있다. 상속권에 관하여는 명문규정이 없으나 재산권에 당연히 포함된다. 헌법재판소는 사실혼 배우자에게 상속권을 인정하지 않는 민법 제1003조 제 1 항 중 '배우자' 부분이 사실혼 배우자의 상속권을 침해하지 않는다고 하였다.

재산권은 재산적 가치 있는 재화를 보호하는 것이므로, 구체적 권리가 아닌 단순한 기대이익이나 반사적 이익, 단순한 경제적 기회, 우연히 발생한 법적 지위, 사실상의 기업여건 등은 재산권보장의 대상이 될 수 없다. 헌법재판소는 관재공무원의 국유재산을 취득할 수 있는 재산획득의 기회, 약사의 한약조제권, 약사가 약국경영으로 얻을 수 있는 영업이익은 재산권보장의 대상이 아니라 하였다. 주주권은 주주의 자격과 분리하여 양도·압류할 수 없고 시효에 걸리지 않아 보통의 채권과는 상이한 성질을 갖지만, 주주의 자격과 함께 사용(결의)·수익(담보제공)·처분(양도·상속)할 수 있다는 점에서 '사적유용성 및 그에 대한 원칙적 처분권을 내포하는 재산가치 있는 권리'로 볼 수 있으므로 헌법상 재산권 보장의 대상에 해당한다. 체육시설업에 대한 '사업계획승인에 대한 권리'는 사적유용성, 원칙적 처분권, 재산가치 모두 결여되어 있으므로 헌법상 보호되는 재산권이라 할 수 없다.

(2) 공법상 권리

(가) 문 제 점

공법상 권리는 그 권리가 재산적 가치를 지니고 있다 하여도 사법상 권리와 동일시 할 수 없는 특성을 지니고 있다. 공법상 권리 중에는 자신의 기여와 노력에 의해 창출된 권리가 있는 반면 국가가 사회부조의 차원에서 일방적으로 인정하는 권리가 있기 때문이다. 전자는 사법상 권리와 다름없지만 후자는 재산권의 보장대상으로 보기 어렵다. 만일 후자를 재산권범주에 포함시킨다면 국가적 차원에서 사회부조에 대한 급부축소가 불가피한 경우라도 '보상 없는 재산권 박탈금지'가 적용되어 사회정의와 모순된다.

(나) 재산권에 포함될 수 있는 요건

공법상의 권리가 재산권보장의 보호를 받기 위한 요건으로, 첫째, 공법상의 권리가 권리주체에게 귀속되어 개인의 이익을 위하여 이용 가능해야 하며(사적 이용성), 둘째, 국가의 일방적인 급부에 의한 것이 아니라 권리주체의 노동이나 투자, 특별한 희생에 의하여 획득되어 자신이 행한 급부의 등가물에 해당하는 것이어야 하며(수급자의 상당한 자기기여), 셋째, 수급자의 생존의 확보에 기여해야 한다.

(3) 개인의 재산

헌법 제23조는 재산권의 내용과 한계를 법률로 정한다고 규정하고 있으니, 헌법 제23조는 재산권을 그 대상으로 하는 것이지 재산 그 자체를 대상으로 한다고 볼 수 없다. 헌법이 보호하는 재산권은 재화에 대한 구체적 권리이지 재산가치로서의 재산 그 자체는 아니다. 이렇게 이해할 때 조세나 공과금부과는 재산권보장과 무관하게 된다. 조세부과로 인해 납세의무자는 자신의 전체 재산 중에서 일부를 납부함으로써 납세의무자의 재산적 가치가 감소될 수는 있어도 재산권을 제한하지는 않기 때문이다.

그러나 조세나 공과금의 부담이 엄청나 재산권보장하에 있는 개개의 대상을 포기하지 않고서는 납부의무를 이해할 수 없다면 이는 재산권 자체에 대한 강제와 다르지 않다. 방식의 차이만 있을 뿐이다. 그렇다면 재산권보장은 구체적인 재산적 권리뿐만 아니라 그의 총체로서 재산을 포함하는 것으로 보아야 한다. 헌법재판소도 재산 그 자체를 재산권의 보호영역으로 포함시키고 있고, 따라서 모든 세법규정을 재산권에 대한 제한으로 파악하고 있다.

3. 재산권의 내용과 한계

헌법 제23조 제 1 항 제 2 문은 재산권의 내용과 한계는 법률로 정한다고 규정하여, 재산권의 내용에 관한 개별적 법률유보를 규정하고 있다.

(1) 의 의

재산권의 대상이 되는 사유재산의 범위를 어떻게 정하며, 어떤 가치에 어떤 권리를 인정할 것인가는 입법자에게 위임되어 있다. 입법자는 재산권의 내용과 한계를 정함에 있어 제 2 항의 사회적 기속을 실현하여야 한다. 입법자는 새로운 권리를 도입할 수 있고 배제할 수도 있다. 입법재량도 정당한 형량의 명령에 구속된다.

(2) 법률유보

재산권의 내용과 한계를 정하는 법률은 재산권의 구체적 내용을 형성하는 성격을 지닌다(형성적 유보). 재산권의 구체적 모습은 법률로 형성되는 것이지 제한되는 것이 아니기 때문이다. 헌법재판소도 법률유보를 형성적 유보로 이해한다. 이와 같이 법률유보가 형성적 유보의 성격을 지니고 있다는 데에 이의가 없으나 형성적 성격이외에도 재산권에 대한 제한의 성격을 동시에 지닌다고 보아야 한다. 입법자가 재산권의 내용을 형성하는 것은 동시에 (일반적으로) 기득 재산권에 대한 제한이 되기 때문이다.

(3) 형성의 원칙

헌법은 재산권의 내용과 한계를 입법자에게 맡기고 있는데 '헌법의 재산권'을 입법자로부터 어떻게 보호할 것인가가 문제된다. 입법형성은 입법자에게 전적으로 일임되어 있는 것이 아니며, 그 형성에 다음과 같은 한계가 주어진다. 첫째, 입법자는 비례원칙, 평등원칙, 신뢰보호원칙 등에 부합되도록 내용을 형성하여야 한다. 둘째, 재산권형성에 있어서는 재산권에 부여된 목적, 기능, 특성이 존중되어야 한다. 셋째, 헌법상의 재산권보장과 재산권의 사회기속성을 함께 고려하여 양 법익이 조화와 균형을 이룰 수 있도록 하여야 한다. 넷째, 형성은 장래에 발생할 사실관계에 적용될 새로운 권리를 형성하고 그 내용을 규정할 수 있음은 물론 과거의 법에 의하여 취득한 구체적인 법적 지위에 대해서 그 내용을 새로이 형성할 수 있는 권리까지 포함한다.

(4) 내용·한계규정과 보상

입법자는 재산권의 내용과 한계를 형성할 수 있는데 재산권의 사적유용가능성의 보장, 재산권의 본질적 내용에 대한 침해금지, 사회기속성과의 조화, 그리고 비례원칙, 신뢰원칙, 평등원칙에 구속된다. 재산권의 내용한계규정이 형성원칙에 위배된 때에는 위헌인 법률이 된다. 특히 재산권의 내용이 수용적 침해의 효과를 나타내는 경우 제23조 제 3 항의 공용침해가 되는 것이 아니지만 이에 대한 적절한 보상(후술하는 조정적 보상)이 주어져야 한다. 헌법재판소는 도로 등 영조물 주변에서의 채굴행위를 제한하고, 광업권이 설정되거나 채굴이 개시된 이후에 도로 등이 설치되는 경우에도 채굴을 제한하면서 이에 대한 보상(의무)을 규정하지 않은 광업법(§ 44①)은 광업권과 토지소유권의 충돌을 조정한 것으로, 광업권의 내용과 한계를 정한 것이며 광업권의 내용과 한계는 입법자의 폭넓은 재량영역으로, 그 내용이 비례의 원칙에 위배되지 않으며, 그 제한의 정도 역시 수인한도 내의 사회적 제약에 속하므로, 광업권자의 재산권을 침해하지 않는다고 하였다.

4. 재산권의 내용(사유재산제도와 사유재산권)

헌법이 보장하는 재산권은 사유재산제도와 사유재산권을 그 내용으로 한다.

(1) 사유재산제도

사유재산제도란 생산수단의 사유를 허용하는 제도를 말한다. 사유재산제도는 사유재산권의 전제조건이 된다. 사유재산권은 그 내용을 실현시킬 수 있는 최소한의 법질서가 보장되어야 하기 때문이다. 사유재산제도의 보장은 사유재산권보장과 달리 입법자만을 수범자로 한다. 사유재산제도의 보장에 대한 중대한 위협은 상속제도의 부인, 생산수단의 국공유화 그리고 전면적인 계획경제체제의 도입이다.

한편 사유재산제도는 사유재산제도의 보장으로 인한 역기능을 방어해야 한다. 분배구조의 위기극복해결은 헌법 제119조 제 2 항을 근거로 이루어지지만 위기극복요청의 당위성은 제23조 제 1 항의 사유재산제도보장의 규범적 의미에서 찾아야 한다.

(2) 사유재산권

(가) 재산권보장

사유재산권이란 사유재산제도의 기초 위에서 재화의 소유, 사용, 수익, 처분할 수 있는 권리를 말한다. 재산권은 사유재산권을 보장하며, 이러한 사유재산권보장은 사유재산제도의 보장과 달리 입법권, 사법권, 행정권 모두를 구속한다. 재산권보장은 이미 획득된 것이나 활동의 결과를 보호한다는 점에서 획득활동 자체를 보호하는 직업의 자유와 구별된다.

(나) 소급입법에 의한 재산권 박탈의 금지

헌법 제13조 제 2 항은 모든 국민은 소급입법에 의해 재산권을 박탈당하지 않는다고 규정하여 소급입법에 의한 재산권박탈을 금하고 있다.

소급입법은 새로운 입법으로 이미 종료된 사실관계 또는 법률관계에 적용하도록 하는 진정소급입법과 현재 진행중인 사실관계 또는 법률관계에 적용하도록 하는 부진정소급입법으로 나눌 수 있다. 부진정소급입법은 원칙적으로 허용되지만 소급효를 요구하는 공익상의 사유와 신뢰보호의 요청 사이의 교량과정에서 신뢰보호의 관점이 입법자의 형성권에 제한을 가하게 된다. 반면 진정소급입법은 개인의 신뢰보호와 법적 안정성을 내용으로 하는 법치국가원리에 의하여 특단의 사정이 없는 한 헌법적으로 허용되지 않는 것이 원칙이다. 그러나 예외적으로 국민이 소급입법을 예상할 수 있었거나, 법적 상태가 불확실하고 혼란스러웠거나 하여 보호할 만한 신뢰의 이익이 적은 경우와 소급입법에 의한 당사자의 손실이 없거나 아주 경미한 경우, 그리고 신뢰보호의 요청에 우선하는 심히 중대한 공익상의 사유가 소급입법을 정당화하는 경우에는 허용될 수 있다. 예외사유에 해당하는지 여부는 엄격하게 판단되어야 한다.

5. 재산권의 한계

헌법 제23조 제 2 항은 재산권의 행사는 공공복리에 적합하도록 하여야 한다고 규정하며 재산권의 사회적 기속, 즉 재산권행사의 공공복리 적합성의 의무를 천명하고 있다.

(1) 의 의

자유와 권리는 사회공동체에 대한 의무와 조화를 이루어야 한다. 재산권은 제한된 자원의 성격으로 인해 공동체에 대한 의무 사이의 갈등이 다른 기본권에 비해 상대적으로 크다. 재산권의 사회적 기속이란 재산권은 그 내용 및 행사에 있어 사회적 제약이 불가피하다는 것을 말한다. 헌법 23조의 재산권보장은 개인의 임의적인 재산권이 아닌 사회적으로 기속되고 공공복리에 대하여 의무지워진 재산권 보장을 말한다.

(2) 법적 성격

재산권행사의 공공복리적합성의 요구는 재산권에 대한 사회적 기속을 나타낸 것으로 재산권에 대한 헌법적 한계가 되며 입법자에게 부과된 의무의 성격을 지닌다. 공공복리적합성 의무를 국민에 대한 직접적 헌법의무로 보는 다수견해나 판례는 문제가 있다는 이설이 있다.

(3) 사회적 기속의 구현

입법자는 입법형성(제 1 항 제 2 문)을 실현함에 있어 사회적 기속(제 2 항)을 감안하여야 한다. 재산권의 사회적 기속성은 제23조 제 1 항의 재산권의 내용과 한계를 정함에 있어 지침과 기준의 역할을 한다. 입법자는 재산권이 어느 정도로 공공복리에 관여되어 있고 그에 따른 사회적 제약을 어떻게 정할 것인가를 결정한다.

(4) 재산권의 내용규정(사회적 기속)과 공용침해와의 관계(제 1 항 제 2 문과 제 3 항)

재산권의 내용과 한계(제 1 항 제 2 문)가 사회적 기속(제 2 항) 범위 내의 것이라면 이러한 재산권제한에 대한 보상은 필요치 않다. 재산권에 대한 제한이 사회적 기속을 넘는 경우 이를 어떻게 볼 것인가가 문제된다. 사회적 기속을 넘는 경우, 특별한 희생에 해당되어 요보상의 공용침해(제 3 항)로 자동 전환되는 것으로 볼 것인가 아니면 보상을 요하는 내용규정(제 1 항)으로 남을 것인가이다. 경계이론과 분리이론의 대립이 그것이다.

(가) 경계이론

경계이론은 사회적 기속과 공용침해가 상호 별개의 제도가 아니라 재산권에 대한 제한 정도의 차이에 따른 구별에 불과하다는 전제에 서 있다. 경계이론에 의하면 사회적 기속을 기준하여 이 기속의 범주 내이면 무보상의 사회적 기속으로, 범주를 넘는 것이면 요보상의 공용침해가 된다는 것이다. 경계이론에서는 보상을 요하는 침해와 요하지 않는 사회적 기속간의 경계설정, 즉 보상이 시작되는 경계선을 찾는 것이 중요하게 된다. 양자의 경계를 구별하는 다양한 견해가 제시되어 있는데, 평등원칙의 시각에서 재산권제한이 특별한 희생에 해당될 때 보상이 주어져야 한다는 특별희생설 이론이 가장 많은 지지를 얻고 있다.

(나) 분리이론

분리이론이란 사회적 기속과 공용침해는 서로 별개의 제도로서 제한의 정도에 따라 구별되는 것이 아니라는 입장이다. 경계이론은 사회적 기속과 공용침해를 상호 전환이 가능한 것으로 보지만, 분리이론은 양자를 서로 별개의 제도로 이해한다.

분리이론에 의하면, 要보상의 내용규정(제 1 항 제 2 문)은 추상적이고 일반적인 형식으로 재산권의 내용을 확정하는 것인 데 반해, 要보상의 공용침해(제 3 항)는 공적과제의 수행을 위해 기 형성된 재산권을 박탈하는 것이 되어 양자는 구별된다.

(다) 결　　론

생각건대, 헌법 제23조의 재산권은 그 주체에게 재산의 존속을 보장하는 데 의의가 있으므로, 재산권에 대한 수인한계를 넘는 제한이 있을 경우 제123조 제 3 항의 보상만 주면 된다는 경계이론은 재산권보장에 관한 헌법원리(존속보장)에 위배된다.

헌법재판소는 내용규정이 수용적 효과를 초래한 경우 제 3 항의 공용침해(공용제한)로 보지 않고 제 1 항의 위헌적인 내용규정으로 보았다. 이는 양자를 별개로 보는 독일의 분리이론을 수용한 것으로 올바른 결정이라 생각한다.

6. 재산권의 제한과 보상

헌법 제23조 제 3 항은 '공공필요에 의한 재산권의 수용·사용 또는 제한 및 그에 대한 보상은 법률로써 하되, 정당한 보상을 지급하여야 한다'고 하여, 재산권의 제한과 보상을 규정하고 있다.

(1) 의　　의

헌법은 재산권에 대한 제한을 허용하면서도 이에 대한 정당한 보상을 지급하도록 하여 양자의 조화를 명하고 있다. 재산권 제한에 보상을 지급하도록 한 것은 다른 기본권에서 볼 수 없는 일종의 특칙이다.

(2) 재산권의 제한

(가) 개　　념

재산권의 제한은 공공필요를 위하여 법률에 의한 정당한 보상하에 가능하다. 헌법 제23조는 제 1 항에서 위법한 공권력행사로부터 재산권 그 자체의 존속보장을 목표로 하나, 이를 보장하지 못할 경우 재산권의 가치를 보장하는 제 3 항의 손실보상(가치보장)으로 이관됨을 나타낸다.

(나) 제한유형

재산권 제한은 소유권을 강제적으로 취득하거나(수용), 일시적으로 사용하거나

(사용), 일정한 제한을 가하는(제한) 형태로 되어 있다. 수용, 조세, 몰수, 징발은 재산권의 강제취득이란 점에서 유사하나, 수용은 공공필요를 위해, 조세는 국가의 재정확보를 위해, 몰수는 형사법질서를 확보하기 위해, 징발은 국방상 목적을 위해 부과되는 점에서 구별된다. 공용수용, 공용사용, 공용제한을 공용침해라 부른다.

(다) 제한목적

① 공공필요　　공공필요란 공익사업의 실현을 위해 재산권제한이 불가피하게 요구되는 공익상의 요청을 말한다. 공용침해는 공공필요에 의해서만 이루어져야 한다. 따라서 공익사업이 공익증대를 목적으로 하지 않거나, 또는 수용대상이 공익사업에 필요 없게 되거나 공익사업에 이용되지 아니한 때, 그리고 공공재산의 단순취득만을 목적으로 하거나, 공공사업이 수행되지 않은 때에는 공용침해가 정당화될 수 없다. 또한 공공필요에 의한 공용침해에 비례의 원칙이 적용되어야 한다. 공용침해는 공공필요에 의한 최후수단이어야 한다. 동시에 사용이나 제한의 방법으로도 목적을 달성할 수 있다면 더 큰 재산권 제한수단인 수용은 허용되지 않는다. 헌법재판소는 민간개발자에게 관광단지 조성을 위하여 토지수용권을 부여한 관광진흥법(§54④)에 대하여는 공공필요성을 인정하여 합헌으로 결정하였지만. 고급골프장 사업과 같이 공익성이 낮은 사업에 대해서까지 민간개발자에게 수용권한을 부여하는 '지역균형개발 및 지방중소기업 육성에 관한 법률(지역균형개발법(§16①))'은 위헌으로 잠정적용의 헌법불합치결정을 선고하였다.

② 공공필요와 헌법 제37조 제 2 항의 공공복리　　재산권의 제한은 공공필요에 의하여야 하는데 헌법 제37조 제 2 항의 공공복리와의 관계가 문제된다. 헌법 제23조 제 3 항의 공공필요도 당연히 제37조 제 2 항의 한계 내에서만 인정된다는 견해와 공공필요를 제37조 제 2 항의 공공복리의 개념보다 더 넓고 적극적인 개념으로 보는 견해(다수설)가 대립된다. 생각건대 공공필요란 공익사업을 실현하거나 공익목적을 달성하기 위해 재산권제한이 불가피한 경우를 말한다. 공공필요를 기본권제한사유인 헌법 제37조 제 2 항의 국가안전보장·질서유지·공공복리보다 넓게 보거나, 그 반대로 좁게 보는 견해가 있지만 양자는 '동일'한 것으로 보아야 한다.

(라) 제한형식

① 법　률　　재산권은 형식적 의미의 법률로 제한된다. 헌법 제76조, 제77조의 예외가 있으나 명령으로는 재산권을 제한할 수 없다. 조례로 재산권을 제한할 수

있는가가 문제된다. 부정적으로 보는 것이 다수설이나 부정할 필요는 없다. 조례는 지방의회가 제정한 규범으로 법률의 위임이 있고 위임의 한계를 벗어나지 않는 한 조례로 재산권을 제한할 수 있다고 본다.

② 입법수용과 행정수용　　공용침해는 법률로 하는 입법공용침해(입법수용)와 법률에 근거한 행정공용침해(행정수용)가 있다. 제 3 항이 말하는 '법률로써'는 법률 자체에 의한 입법공용침해가 아니라 법률에 근거를 두는 행정공용침해로 보아야 한다. 입법수용은 행정수용에 비해 권리보호의 수단이 제한적이기 때문에 재산권제한은 행정수용을 원칙으로 한다.

(3) 재산권에 대한 보상

공용침해로 재산권에 대한 제한이 있는 경우 그에 대한 보상은 법률로써 하되, 정당한 보상을 지급하여야 한다.

(가) 불가분조항

불가분조항(원칙)이란 재산권 제한규정과 이에 대한 보상규정은 서로 분리할 수 없는 관계에 있다는 원칙을 말한다. 따라서 보상조항 없는 제한조항은 그 자체 위헌이 된다. 부대조항이라고도 한다. 불가분조항은 제23조 제 1 항의 재산권보장의 실효성을 확보하여 준다.

(나) 보　　상

① 완전보상　　헌법은 정당한 보상을 지급하도록 규정하고 있는데 정당한 보상의 내용에 관하여, 완전(정당)보상설과 상당보상설이 대립된다. 정당한 보상이란 피수용자의 재산가치를 완전하게 보상하는 완전보상을 말한다. 이러한 측면에서 볼 때 토지수용법 등이 시가에 훨씬 못미치는 공시지가를 기준하여 보상하는 것은 정당한 보상으로 보기 어렵다.

② 개발이익공제　　개발이익공제란 토지소유자에게 손실을 보상하면서 형평성 차원에서 공익사업을 통해 얻게 되는 개발이익을 공제하는 것을 말한다. 개발이익환수에관한법률(§ 3)은 토지소유자가 개발사업을 통해 얻게 되는 토지가격의 증가분에서 정상지가상승분과 개발비용을 공제한 개발이익을 부담금의 형태로 환수한다.

③ 생활보상　　생활보상이란 댐건설과 같은 대규모 공익사업으로 인하여 기존

주거지를 다른 지역으로 이주해야 하는 경우 생활재건조치에 필요한 내용의 보상을 말한다. 이주대책, 정착자금 지원 등이 이에 해당된다. 생활보상을 손실보상으로 이해하는 견해도 있지만, 사회보장적 측면에서 주어지는 수단으로 보아야한다.

④ 보상방법 보상은 금전보상을 원칙으로 하나 현물보상도 허용된다. 대지나 건축시설을 분양하거나 환지교부가 그 것이다. '공익사업을 위한 토지 등의 취득 및 보상에 관한 법률' 제63조 제 7 항은 채권보상을 허용하고 있는데, 정당한 보상이라 할 수 있을지 의문이다.

7. 재산권의 제한의 한계

재산권을 제한하는 경우에도 일정한 한계가 있다(§ 37②). 상속제도를 전면적으로 부정하거나, 재산권의 본질적 부분을 유명무실하게 할 정도의 제한이거나, 소급하여 재산권을 박탈하는 것은 재산권에 대한 본질적 내용을 침해하는 것으로 위헌이 된다. 또한 보상 없는 재산권 박탈 역시 본질적 침해가 된다. 헌법재판소는 임대차 존속기간을 20년으로 제한하고 있는 민법 제651조 제 1 항을 헌법에 위반된다고 하였고, 임대인은 임차인의 계약갱신요구권을 거절할 수 없으나, 임대인이 재건축을 위하여 건물의 점유를 회복할 필요가 있는 경우에는 예외적으로 갱신거절을 할 수 있도록 한 '상가건물 임대차보호법(§ 10①, 7호)'은 임차인의 재산권을 침해하지 않으며, 부동산 매각허가결정에 대한 즉시항고가 기각될 경우 공탁한 항고보증금 중 매각대금에 대한 대법원 규칙이 정하는 이율에 의한 금액은 돌려줄 것을 요구할 수 없다고 규정한 민사집행법(§ 130⑦)은 헌법에 위반되지 않는다고 판시하였다.

제 3 항 사생활영역의 자유

Ⅰ. 주거의 자유

헌법 제16조는 '모든 국민은 주거의 자유를 침해받지 아니한다. 주거에 대한 압수나 수색을 할 때에는 검사의 신청에 의하여 법관이 발부한 영장을 제시하여야 한다'고 하여 주거의 자유를 보장하고 있다.

1. 의 의

(1) 연 혁

로마법의 주거의 불가침, 게르만법의 주거의 평온 그리고 영국의 Common Law 상의 주거존중사상은, 주거의 자유가 인간의 존엄과 결부된 개인의 자유권으로서 1776년 Virginia 권리장전(§ 10)과 미국 연방수정헌법(§ 4)에 규정되었고 오늘날에는 거의 모든 헌법이 이를 보장하고 있다.

(2) 개 념

주거의 자유란 개인의 기본적인 생활공간을 보장하여 그 공간에서 안식할 수 있는 권리를 말한다. 사람은 누구나 편안하게 쉴 수 있는 자신만의 생활공간을 갖기 원한다. 주거의 자유는 자신의 생활공간인 주거가 부당하게 침해당하지 않을 권리로서, 자기만의 생활공간에 타인이 출입하는 것을 금한다.

(3) 주 체

주거의 자유의 향유주체는 모든 국민과 외국인이다. 성질상 법인은 주체가 될 수 없다. 주택의 경우 가족구성원 모두가 주거의 자유의 주체가 된다. 학교나 공장과 같은 복합시설물의 경우에는 원칙적으로 생활공간의 관리자인 교장이나 공장장이 주체가 된다.

2. 주거의 자유의 내용

(1) 주거의 불가침

(가) 주 거

주거란 거주하기 위하여 점유하고 있는 일체의 공간적인 생활영역을 말한다. 실제 거주 여하를 불문하고, 반드시 주택이어야 하는 것도 아니다. 헌법이 보호하는 주거를 판단함에 있어, 특정한 장소나 공간을 자신의 사적인 영역으로 하겠다는 개인의 의사와 이러한 개인의 의사에 대한 사회적 승인 여부가 중요한 기준역할을 한다.

(나) 불 가 침

불가침이란 사적 생활공간이 권원 없이 침해되지 않는다는 것을 말한다. 침해란 거주자의 동의 없이 주거에 출입하거나 그 의사에 반하여 주거에 머무는 것이다.

거주자의 동의가 있는 경우에는 면책되지만 거주자의 동의가 있었다 하여도 동의는 언제든지 철회할 수 있다. 거주자의 의사에 반하여 주거에 들어가는 것은(침입) 주거의 자유에 대한 침해이며, 주거 내에 설치된 도청기를 사용하여 내부의 회화를 도청하거나 녹음하는 것 또는 몰래 카메라를 소지하여 주거 내부를 비밀리에 촬영하는 것 역시 주거침해에 해당된다. 다만 주거밖에 도청기를 설치한 경우는 사생활침해는 되어도 주거침해는 아니라고 본다. 거주자의 동의가 있어도 불법을 목적으로 들어간 경우에는 거주자의 진정한 동의가 있었다고 볼 수 없으므로 주거침입이 성립된다.

(2) 주거에 대한 압수·수색과 영장주의

(가) 원 칙

주거에 대한 압수란 주거에 들어가 점유자의 소지품 등을 강제로 취득하는 것이고, 수색이란 사람이나 물건을 발견하기 위하여 물건·장소에 대하여 행하는 강제검색을 말한다. 주거에 대한 압수·수색에는 영장이 제시되어야 한다. 영장발부에는 범죄의 혐의가 있고, 압수·수색의 객관적 필요성, 즉 증거물의 발견·보전의 필요성이 있어야 한다. 영장에는 압수할 물건과 수색할 장소가 명시되어야 한다. 따라서 일반영장은 금지된다. 주거에 대한 압수·수색도 적법한 절차에 따라야 함은 물론이다.

(나) 예 외

현행범을 체포하거나 긴급체포를 하는 경우, 체포현장에서의 압수·수색·검증은 별도의 압수·수색의 영장이 없어도 할 수 있다(형소법 §216①). 이는 구속영장의 집행에 준용된다(형소법 §216②). 범행중 또는 범행 직후의 범죄 장소에서, 긴급을 요하여 법원판사의 영장을 받을 수 없는 때에는 영장 없이 압수·수색 또는 검증을 할 수 있다(긴급압수수색). 이 경우에는 사후에 지체 없이 영장을 받아야 한다(형소법 §216③). 헌법재판소는 체포영장을 집행하는 경우 필요한 때에는 '타인의 주거나 타인이 간수하는 가옥, 건조물, 항공기, 선차'('타인의 주거 등') 내에서 별도의 압수수색 영장 없이도 피의자 수사를 할 수 있도록 한 형사소송법은 체포영장이 발부된 피의자가 '타인의 주거 등'에 소재할 개연성은 소명되나, 영장을 발부받기 어려운 긴급한 사정이 인정되지 않는 경우에도 영장 없이 피의자 수색을 할 수 있게 한 것으로, 헌법 제16조의 영장주의 예외 요건을 벗어나는 것으로서 영장주의에 위반된다고 하였다.

(다) 행정절차에 준용

영장주의가 형사절차 이외에 행정상 즉시강제와 같은 행정절차에도 적용되는가가 문제된다. 영장주의는 행정절차에도 원칙적으로 적용되나, 소방이나 영업감독, 위생검사 또는 전염병예방과 같은 순수한 행정절차의 경우에는 영장의 발부나 제시가 필요 없다는 절충설이 지배적인 견해이다.

3. 주거의 자유의 효력

주거의 자유는 대국가적 효력을 지니며 간접적 대사인효를 지닌다.

4. 주거의 자유에 대한 제한과 한계

주거의 자유는 헌법 제37조 제 2 항에 의하여 법률로써 제한할 수 있다. 다만 그 본질적 내용은 침해할 수 없다. 제한법률로는 경찰관직무집행법, 소방법, 우편법, 전염병예방법, 마약법, 조세범처벌절차법 등이 있다.

Ⅱ. 사생활의 비밀과 자유

헌법 제17조는 '모든 국민은 사생활의 비밀과 자유를 침해받지 아니한다'고 하여 사생활의 비밀과 자유를 보장하고 있다.

1. 의 의

(1) 연 혁

미국, 독일, 일본헌법은 Privacy권을 별도로 규정하고 있지 않다. 우리나라는 제 5 공화국 헌법에서 처음으로 사생활의 비밀과 자유를 기본권으로 규정하였다.

(2) 개 념

사생활의 비밀과 자유란 자기만의 비밀이 부당하게 공개당하지 않고 자신의 삶을 자율적으로 영위할 수 있는 자유를 말한다. 사생활이란 시대와 장소에 따라 변화되는 상황적 개념으로, 다의적이며 포괄적이고 또 주관적이다. 또한 사생활은 개인의 인격·개성·동일성 실현을 위한 자율영역으로, 내적으로 차단된 활동영역이다. 이러한 영역에 대한 보호 없이 존엄과 행복은 불가능하다.

(3) 일반적 인격권 및 일반적 행동자유권과의 관계

사생활의 비밀은 일반적 인격권의 내용과 중복될 수 있다. 일반적 인격권은 인격을 형성·유지하고 인격의 자유발현, 즉 인격의 왜곡·변형을 받지 않을 권리이기에, 사생활을 보호영역으로 하는 사생활의 비밀보다는 그 범위가 좁다. 초상권, 명예권, 성명권은 일반적 인격권에 속한다. 제17조는 일반적 인격권 이외의 사생활비밀을 그 내용으로 한다.

사생활의 자유는 일반적 행동자유권과 보호영역에서 중복될 수 있다. 사생활의 자유는 혼인, 성, 출산, 가족관계, 취비활동과 같은 사생활을 형성하는 권리를 보호한다. 포괄적 행동의 자유 중 사생활의 자유를 제외한 그 밖의 일반적 행동(여가생활, 두발과 복장을 결정할 자유)은 일반적 행동자유권의 보호영역에 속한다.

(4) 주 체

사생활의 비밀과 자유의 향유주체는 모든 국민이며 외국인을 포함한다. 법인이나 단체 등은 주체가 될 수 없다.

2. 사생활의 비밀과 자유의 내용

(1) 사생활의 비밀의 불가침

사생활의 비밀의 불가침이란 국가가 사생활을 들여다보고 정보를 수집하는 것에 대한 보호로서, 자신을 은밀히 탐지하는 것에 대한 방어권의 성격을 지닌다. 국가의 자료수집으로부터의 보호를 주된 내용으로 한다. 자신만이 간직하고자 하는 私事, 예를 들어 신체의 특징, 성, 질병기록, 명예나 신용, 전과사실 등이 조사되거나 공개되어서는 안 된다. 헌법재판소는 수용자의 거실에 폐쇄회로 텔레비전(CCTV)을 설치하여 계호한 행위가 수용자의 사생활의 비밀 및 자유를 침해하지 않는다고 하였다. 금융감독원의 4급 이상 직원에 대한 재산등록제도 및 취업제한제도(퇴직일로부터 2년간 사기업체등에의 취업을 제한)는 사생활의 비밀과 자유, 직업선택의 자유를 침해하지 않는다.

(2) 사생활의 자유의 불가침

사생활의 자유의 불가침이란 국가가 사생활의 자유로운 형성을 방해하거나 금지하는 것에 대한 보호이다. 개인의 사생활, 즉 결혼, 이혼, 피임, 출산, 가옥의 형태, 취미생활 등에 관한 자유로운 결정이 보호된다. 2015년 헌법재판소는 간통죄를 처벌하는 것(형법 제241조)은 성적 자기결정권 및 사생활의 비밀과 자유를 침해하는 것으로 헌법에 위반된다고 하였다.

임산부의 낙태에 대한 자기결정권이 문제된다. 헌법재판소는 태아의 생명권이 임부의 자기결정권보다 우위에 있으므로 임부의 낙태를 처벌하는 것은 합헌이라고 하였다. 그러나 생명도 생명의 발전과정에 따라 상이한 법적 효과를 부여하는 것이 가능하다. 감각도 없고 지각도 없는 임신 초기(임신 1주~12주)의 태아에 대해서는 임부의 (낙태에 관한) 자기결정권을 존중하는 전향적인 접근이 필요하다.

또 2016년 헌법재판소는 성매매 당사자를 처벌하도록 규정한 '성매매알선 등 행위의 처벌에 관한 법률(소위, 성매매처벌법)'은 성매매 당사자(성판매자와 성구매자)의 성적 자기결정권이나 사생활의 비밀과 자유를 침해하지 않는다고 하였다.

(3) 정보자기결정권(정보자결권)

(가) 의의와 법적 근거

당사자의 의사에 반해 정보를 수집하는 것에 대한 방어(사생활비밀보호)가 요구되며 더 나아가 정보를 수집 또는 처리하는 방법이나 과정에서 사생활이나 인격이 침해될 수 있기에 이에 대한 방어가 정보자기결정권으로 나타난다.

또 사생활의 보호가 개인의 인격적 정체성보호에 중점을 둔다면 정보자기결정권은 개인의 사회적 정체성보호에 중점을 둔다. 정보자기결정권을 사생활과 구별하여 별개의 기본권으로 이해하려는 시도나 헌법재판소의 입장은 이러한 시각에서 정당화될 수 있다. 헌법재판소는 정보자기결정권을 개인정보자기결정권이라 하면서, 사생활의 비밀과 자유 및 일반적 인격권과 구별되는 독자적 기본권으로 본다. 본서에서는 정보자기결정권의 헌법적 근거를 독립된 기본권으로 보기보다는 헌법 제17조의 사생활의 보호의 한 내용으로 이해하고자 한다.

헌재결정

개인정보자기결정권의 헌법상 근거로는 헌법 제17조의 사생활의 비밀과 자유, 헌법 제10조 제 1 문의 인간의 존엄과 가치 및 행복추구권에 근거를 둔 일반적 인격권 또는 위 조문들과 동시에 우리 헌법의 자유민주적 기본질서 규정 또는 국민주권원리와 민주주의원리 등을 고려할 수 있으나, 개인정보자기결정권으로 보호하려는 내용을 위 각 기본권들 및 헌법원리들 중 일부에 완전히 포섭시키는 것은 불가능하다고 할 것이므로, 그 헌법적 근거를 굳이 어느 한두 개에 국한시키는 것은 바람직하지 않은 것으로 보이고, 오히려 개인정보자기결정권은 이들을 이념적 기초로 하는 독자적 기본권으로서 헌법에 명시되지 아니한 기본권이라고 보아야 할 것이다(헌결 2004헌마190).

(나) 개 념

정보자기결정권은 자기정보결정권과 자기정보통제권으로 구성된다. 자기정보결정권은 사신에 관한 정보가 언제, 누구에게, 어느 범위까지 알려지고 이용되도록 할 것인가를 정보주체가 스스로 결정할 수 있는 권리이며, 자기정보통제권은 자신의 정보를 열람, 정정, 이용중지, 삭제 등을 요구할 수 있는 권리를 말한다.

(다) 내 용

① 개인정보 　정보자기결정권의 보호대상이 되는 개인정보란 개인의 신체, 신념, 사회적 지위, 신분 등과 같이 개인의 인격주체성을 특징짓는 사항으로서 개인의 동일성을 식별할 수 있게 하는 일체의 정보를 말한다. 개인의 내밀한 영역이나 사사의 영역에 속하는 정보에 국한되지 않고, 공적 생활에서 형성되었거나 이미 공개된 개인정보까지 포함한다. 지문이나, 정보통신서비스 제공자에게 요구되는 게시판 이용자의 본인확인정보는 정보주체를 타인으로부터 개인의 동일성을 식별할 수 있게 하는 정보에 해당된다. 개인정보화일을 운영하기 위해 개인정보를 처리하는 공공기관(또는 개인)은 개인정보의 처리에 있어 개인의 인격이 침해되지 않도록 하여야 한다. 개인정보를 처리함에 있어 처리목적이 명확해야 하며, 목적에 필요한 최소한의 개인정보만을 적법하고 정당하게 수집하여야 한다. 수집된 정보를 목적 외의 용도로 활용해서도 안 되며, 정보의 정확성, 완전성 및 최신성을 보장하며, 안전하게 관리하고, 사생활 침해를 최소화하는 방법으로 처리하여야 한다. 또한 익명처리가 가능한 경우에는 익명으로 처리하여야 한다(개인정보보호법 §3).

② 자기정보결정권 　자기정보결정권은 개인정보의 사용과 공개에 관하여 정보주체가 스스로 결정할 수 있는 권리이기에 누가, 무엇을, 언제, 어떠한 경우에 자기에 관한 정보를 수집, 관리, 처리할 것인가를 결정할 수 있다. 개인정보보호법(§4)은 정보주체는 자신의 개인정보 처리와 관련하여, 개인정보의 처리에 관한 정보를 제공받을 권리와 개인정보의 처리에 관한 동의 여부, 동의 범위 등을 선택하고 결정할

권리를 가진다고 규정하고 있다. 개인정보를 대상으로 한 조사·수집·보관·처리·이용 등의 행위는 모두 자기정보결정권에 대한 제한에 해당한다.

③ 자기정보통제권 자기정보통제권은 자기정보에 대한 열람 및 통제를 구할 수 있는 권리를 말한다. 개인정보보호법(§4)은 정보주체는 자신의 개인정보 처리와 관련하여, 개인정보의 처리 여부를 확인하고 개인정보에 대하여 열람(사본의 발급을 포함)을 요구할 권리, 개인정보의 처리정지, 정정·삭제 및 파기를 요구할 권리, 개인정보의 처리로 인하여 발생한 피해를 신속하고 공정한 절차에 따라 구제받을 권리를 가진다고 규정하고 있다. 헌법재판소는 국민기초생활보장법의 급여신청자에게 금융거래정보의 제출을 요구할 수 있도록 한 것은 급여신청자의 개인정보자기결정권을 침해하지 않는다고 하였고, 채무불이행자명부나 그 부본을 누구든지 보거나 복사할 수 있도록 한 민사집행법(§72④)은 채무불이행자명부에 등재된 자들의 개인정보자기결정권을 침해하지 않는다고 하였다.

④ 개인정보보호법의 개인정보보호 개인정보처리자(공공기관, 법인, 단체 및 개인)는 법이 정한 경우에 한해 개인정보를 수집할 수 있으며 그 수집 목적의 범위에서 이용할 수 있다(정보보호법 §15). 개인정보를 수집하는 경우에는 그 목적에 필요한 최소한의 개인정보를 수집하여야 한다. 이 경우 최소한의 개인정보 수집이라는 입증책임은 개인정보처리자가 부담한다. 정보처리자가 수집한 개인정보는 정보주체 또는 제 3 자의 이익을 부당하게 침해할 우려가 있을 때를 제외하고는 개인정보를 목적 외의 용도로 이용하거나 이를 제 3 자(또는 공공기관)에게 제공할 수 있다(정보보호법 §18②).

㈑ 제한과 한계

정보자기결정권도 일반적 법률유보(§37②)에 따라 제한될 수 있다. 국가를 통한 개인관련정보의 모든 조사, 저장, 전달은 정보자기결정권의 제한이므로 법적 수권이 필요하다. 제한은 법률로 하되 수집, 보관, 이용 등에 관하여 주체, 목적, 대상, 범위가 구체적으로 명확하게 규정되어야 한다. 개인정보의 종류와 성격에 따라 명확성요구가 완화될 수 있다. 개인정보가 인격에 밀접하게 연관될수록 명확해야 하지만 공적 영역에 속한 때에는 수권법률의 명확성요청이 완화된다. 헌법재판소는 이동전화식별번호를 010으로 강제이동하게 한 방송통신위원회의 이행명령이나, 근로소득자의 진료정보를 국세청으로 제출하게 한 것, 그리고 구치소장이 검사의 요청에 따라 구속된 피의자와 그 배우자 간의 접견녹음파일을 제공한 행위는, 개인정보자기결정권을 침해한 것이 아니라고 하였다. 주민등록표의 열람, 등초본교부에 수수료를 부과하는 것은 자기정보결정권에 대한 침해로 볼 수 없다.

현대사회는 사회국가를 요청하며 국가가 사회국가로 이전되면 될수록 개인의 사생활과 비밀은 필연적으로 위협받게 된다. 개인의 자료를 무제한적으로 수집, 저장, 사용, 전달하는 것은 정보자기결정권의 본질적 내용에 대한 침해가 된다. 또한 개인의 인격과 밀접하게 관련된 정보의 수집은 그 허용이 엄격히 제한되어야 한다. 다만 공동체 생활에 필요한 기초정보는 엄격한 보호의 대상이 되지 않는다. 헌법재판소는 주민등록번호 변경에 관한 규정을 두고 있지 않은 주민등록법(§7)은 개인정보자기결정권에 대한 침해로 위헌(계속적용, 헌법불합치)이라고 하였다. 또 2020년 헌법재판소는 야당 소속 후보를 지지하였거나 정부에 비판적 활동을 한 문화예술인이나 단체를 정부의 문화예술 지원사업에서 배제할 목적으로 대통령과 수석비서관 및 장관이 개인의 정치적 견해에 관한 정보를 수집·보유·이용한 행위는 과잉금지원칙을 위반하여 개인정보자기결정권을 침해하였다고 하였다.

3. 사생활의 비밀과 자유의 효력

사생활의 비밀과 자유는 대국가적 효력을 지니며 간접적 대사인효를 지닌다. 특히 정보화시대에 개인정보가 무분별하게 침해되는 현상이 급증하고 있어 사인 간에 존중될 것이 강하게 요청된다.

4. 사생활의 비밀과 자유에 대한 제한과 한계

사생활의 비밀과 자유는 국가안전보장·질서유지·공공복리를 위하여 법률로써 제한할 수 있다. 그 본질적 내용은 침해할 수 없다. 사생활 영역을 그 내용에 따라 내밀영역, 사적영역 또는 비밀영역, 사회적 영역으로 구별한다면, 내밀영역은 인간존엄과 밀접한 관련을 지니는 사생활의 비밀의 본질적 내용으로서 제한할 수 없다. 다만 사적 영역(비밀영역)이나 사회적 영역은 비례의 원칙을 준수하는 한 제한될 수 있다.

(1) 사생활의 비밀과 표현의 자유와의 관계

(가) 두 법익의 합리적 형량

언론·출판에 의해 사생활의 비밀(또는 일반적 인격권)이 침해되는 경우 표현과 사생활 사이에 기본권 충돌이 발생하게 된다. 사생활보호와 표현의 자유 모두 민주주의의 핵심적 요소에 해당되므로 양자가 충돌할 경우 두 법익을 합리적으로 형량하여 조화를 이룰 수 있도록 하여야 한다. 조화적 해결을 위한 다양한 견해가 제시되어 있는데, 권리포기이론, 공익이론, 공적인물이론 등이 그것이다. 어느 한 이론에만 의존할 수 없다.

(나) 구체적 형량방법

사생활의 비밀이 표현의 자유와 충돌할 경우, 먼저 침해된 사생활 영역이 내밀영역에 해당하는 사안인가를 파악한다. 만일 내밀영역에 해당한다면 이는 사생활의 본질적 내용에 해당하므로 어떤 이유로도 이에 대한 제한은 정당화될 수 없고 따라서 표현의 자유보다 강하게 보호되어야 한다. 둘째, 내밀영역에 속하는 사안이 아닌 경우에도 사생활의 비밀과 표현의 자유와의 충돌이 개인 대 개인 간에 이루어진 것이라면 표현의 자유보다 사생활의 비밀이 우선한다. 그러나 사생활의 비밀(인격권)과 언론기관의 자유가 충돌한 경우에는 어느 한 쪽을 일방적 우위에 둘 수 없다. 당해 표현의 피해자가 누구인가에 따라, 표현의 내용에 따라, 표현이 지니는 기능과 효과에 따라, 피해자가 표현의 위험을 자초하였는가에 따라 그 우열을 결정하여야 한다. 또 당해 표현이 사적인 영역에 속하는 사안인 경우에는 언론의 자유보다 인격권이 우선할 수 있으나, 공공적·사회적 의미를 지닌 사안에 해당될 때에는 언론의 자유에 대한 제한이 완화되어야 한다.

(2) 사생활의 비밀과 범죄수사와의 관계

범죄수사는 사생활의 비밀에 큰 위협이 되기에 수사권발동은 발동에 필요한 법률요건을 엄격하게 준수하여야 한다. 피의자 등에 대한 사진촬영, 감청, 감시, 전과사실의 조회와 공개, 증거확보 등은 실체적 진실발견에 필요한 최소한도의 범위 내에서 이루어져야 한다. 수사기관이 범죄수사와 무관하게 일반적으로 개인의 정보를 수집하고 보유하는 것은 금지되며, 이를 위해 비밀리에 포괄적인 감시나 수사를 하는 것은 사생활에 대한 중대한 침해가 된다.

(3) 사생활의 비밀과 국가의 정보요구권과의 관계

국가가 사생활 영역에 속하는 사항을 조사할 경우 어디까지 허용되는가가 문제된다. 국가의 정보요구권은 행정수요예측을 위해 꼭 필요한 사항을, 조사자료와 대상자가 추상화되는 익명처리의 방법으로, 통계목적으로만 사용되는 경우, 동시에 다른 기관에 정보의 양도나 제공을 금할 것을 조건으로 하는 때에 정당화될 수 있다.

(4) 사생활의 비밀과 국정감사·조사, 명단공표, 신상공개

국정감사나 국정조사의 경우 그 과정에서 개인의 사생활이 침해될 가능성이 높기에, '국정감사 및 조사에 관한 법률(§8)'은 감사 또는 조사가 개인의 사생활을 침해해서는 안 된다고 규정하여 사생활을 보호하고 있다. 따라서 행정법상의 의무위반자에 대한 명단공표도 Privacy와 충돌할 우려가 있다. 따라서 행정의무위반자의 명단공표 역시 법적 근거가 있어야 하며 공표의 필요성과의 이익형량이 요구된다. 2003년 헌법재판소는 청소년의 성을 매수한 자의 신상을 공개하노록 한 '청소년의 성보호에관한법률(§20)'이 헌법에 위반되지 않는다고 하였다. 헌법재판소의 합헌결정(위헌의견 5인)에도 불구하고 신상공개의 위헌시비가 끊이지 않았고 적지 않은 비판의견이 제시되었다. 2000년 '청소년성보호법'의 신상공개대상에는 청소년에 대한 강간 및 강제추행도 포함되었지만, 주로 성매수에 관한 범죄가 주를 이루었는데, 당시의 성매수자의 신상공개는 성범죄자에 대한 정보를 등록, 관리하는 장치가 없는 가운데 이루어진 것이고, 범죄예방을 위한 위협적 효과만으로 신상을 공개하고 있으며, 17~8세 정도의 청소년에 대한 단순한 성매매는 청소년대상 성폭행과 구별되어야 하고, 범인의 사회적 기초가 무너지고 가족이 입는 막대한 정신적 고통을 고려하면, 또 정상적인 사회복귀를 지나치게 가로막는 부작용을 감안하면 성범죄를 방지하려는 입법목적은 이해되지만 사익과 공익의 적정한 비례관계가 없으며, 더욱이 신상공개가 법원의 판결이 아닌 청소년보호위원회의 결정으로 이루어지고 있어 인격권에 대한 침해로 보아야 한다.

2010년 '아동청소년성보호법'은 신상공개명령을 법원의 판결로 하게 하면서, 중범 또는 재범가능성이 있는 범죄자에 한해 신상정보를 공개하도록 하였고(§38), 등록정보를 지역주민 등에게 알리는 고지제도(§38의2)[1]를 시행하였다. 2013년 헌법

---

1) 법원은 공개대상자 중 아동·청소년대상 성폭력범죄를 저지른 자와 같은 고지대상자에 대하여는 판결로 고지정보를 고지대상자가 거주하는 읍·면·동의 지역주민, 어린이집의 원장, 유치원의 장, 초중등학교의 장에게 고지하도록 하는 명령을 아동·청소년대상 성범죄 사건의 판결과 동시

재판소는 신상공개에 대해 다시 합헌결정을 내렸다. '아동청소년성보호법'은 형사제재의 성격을 지닌 신상공개를 행정기관이 아닌 사법기관이 하도록 하였고, 벌금형을 선고받은 자를 제외함으로써 단순 성매수자를 사실상 공개대상에서 제외하는 등 피해를 최소화하고 있으므로, 헌법재판소의 합헌결정은 설득력을 지닌다고 할 것이다.

헌법재판소는 임신한 여성의 자기낙태를 처벌하는 형법(자기낙태)과 의사가 임신한 여성의 촉탁 또는 승낙을 받아 낙태하게 한 경우(동의낙태)를 처벌하는 것은 임신한 여성의 자기결정권을 침해했다는 헌법불합치 결정을 하였다(헌결 2017헌바127).

Ⅲ. 통신의 자유

헌법 제18조는 '모든 국민은 통신의 비밀을 침해받지 않는다'고 규정하여 통신의 자유를 보장하고 있다.

1. 의 의

(1) 개 념

통신의 자유란 자유로운 통신의 보장과 통신비밀의 불가침을 그 내용으로 한다. 통신의 비밀의 불가침이란 개인이 자신의 의사를 전달하고 교환할 때 그 내용 등이 본인의 의사에 반하여 열람되거나 공개되지 않을 자유를 말한다.

(2) 법적 성격

통신의 자유는 통신 그 자체를 보호하지만 통신을 매개로 한 사생활의 내용과 비밀도 보호한다. 통신행위에 의해 의사형성이 이루어진다는 점에서 통신의 자유는 표현의 자유의 기초가 된다. 표현은 자신의 의사를 외부에 적극적으로 알리는 것을 보호하지만 통신은 의사표시의 내용과 비밀을 대내적으로 보장한다는 점에 차이가 있다.

(3) 주 체

통신의 자유의 향유주체는 국민과 법인이며, 외국인도 주체가 될 수 있다. 우편물의 경우 발송인과 수취인이, 전기통신의 경우 송수신인 모두가 주체가 된다. 운송기업도 부분적이긴 하나 통신의 비밀의 보호를 받는다. 수형자도 주체가 된다.

에 선고하여야 한다(법 § 38의2).

2. 통신의 자유의 내용

(1) 통신의 비밀

(가) 통 신

통신이란 격지자 간의 의사나 정보의 전달을 의미한다. 통신은 우편물과 전화·전자우편·전신·팩스 등의 전기통신을 말하며, 물품의 수수를 포함한다. 통신의 범주에는 우체국이나 통신업체에 저장되어 있는 정보도 포함된다.

헌법이 보장하는 통신의 자유는 합법적이고 정당한 통신이다. 따라서 통신을 통해 이루어지는 범죄행위나 타인의 권리행사를 방해하는 통신은 보호될 수 없다. 전화를 통한 협박의 경우 발신장소에 대한 탐지나 전화녹음은 영장 없이도 가능하다(전화의 역탐지).

(나) 비 밀

통신의 비밀이란 신서, 전신, 그 밖의 우편물들의 통신의 내용과 통신의 형태, 당사자, 배달방법, 전달자, 배달과 관련된 모든 자료를 말하며, 비밀성 유무를 불문한다. 통신의 자유는 통신 그 자체의 보호에 국한되는가 아니면 통신의 내용까지 보호영역에 포함시킬 것인가가 문제된다. 제18조의 통신은 통신의 내용까지 보호하는 것으로 보아야 한다. 통신의 자유에서 내용이 제외된다면 통신의 자유는 알맹이 없는 것이 될 수 있다. 통신의 자유는 그 내용이 사적인 것 외에 공적인 것도 포함한다.

(2) 통신의 불가침

통신의 불가침이란 통신에 대한 열람을 금하며 지득한 통신을 누설하지 않음을 말한다. 신서, 전신, 그 밖의 우편물, 이메일 등 통신수단이 당사자의 의사에 반하여 개봉되거나 열람되는 것이 금지된다. 또한 통신관련 업무종사자나 전기통신사업자가 통신업무종사와 관련하여 알게 된 비밀을 다른 사람에게 알리는 것 또한 금지된다. 다만 우체국 등 통신업체들이 발신인 또는 수신인이 기재되지 아니한 배달불능의 발송물을 발송인이나 수신인을 위해 개봉하는 것은 영업상 불가피한 조치로서 기본권 침해로 볼 수 없다. 우편물에 대한 검열, 전기통신의 감청, 통신사실확인자료의 제공, 타인 간의 대화의 녹음이나 청취는 불허된다(통비법 §3). 불법검열, 불법감청, 불법녹음·불법청취로 지득 또는 채록된 내용은 재판 또는 징계절차에서 증거로 사용될 수 없다(통비법 §4, §14).

3. 통신의 자유의 효력

통신의 비밀은 대국가적 효력을 지니며 간접적 대사인효를 지닌다. 통신업무를 수행하는 국가기관은 물론 통신업무와 무관한 공안기관들까지도 구속한다. 통신업무가 사법적 형태를 지니고 사기업처럼 운영되더라도 그 주체가 국가인 한 통신의 비밀에 구속된다(통비법 §3).

4. 통신의 자유에 대한 제한과 그 한계

통신의 자유는 국가안전보장·질서유지·공공복리를 위하여 법률로 제한할 수 있다. 통신의 자유를 제한하는 법률로는 통신비밀보호법, 국가보안법, 전파관리법, 파산법, 행형법 등이 있다. 통신의 자유의 본질적 내용을 침해할 수 없다. 금치기간 중 수형자나 미결수용자의 서신수수를 금지한 것은 통신의 자유에 대한 침해가 아니다.

(1) 도 청

도청이란 불법적으로 다른 사람의 전기통신의 내용을 청취하는 것을 말한다. 도청은 위법으로 언제나 불허된다. 도청은 어떤 수단에 의하건 통신의 자유에 대한 중대한 침해이며 사생활의 비밀에 대한 침해가 된다. 통신장비를 주거 내에 설치하여 도청한 경우에는 주거의 자유에 대한 침해도 된다.

(2) 감 청

(가) 의 의

감청이란 법률에 따라 적법하게 다른 사람의 통신내용을 청취하는 것을 말한다. 감청은 적법한 통신제한조치란 점에서 도청과 구별된다. 타인의 전기통신을 지득하는 것은 통신의 비밀에 대한 침해이지만 범죄의 계획과 실행이 의심될 충분한 이유가 있는 경우 통신에 대한 제한은 불가피하다. 문제는 통신의 비밀보호와 감청은 원칙과 예외이어야 하는데 실제에서는 그 반대가 되어 있다는 것이다.

감청의 대상은 전기통신이다(통비법 §3①). 송수신이 완료된 전자우편은 통신제한조치의 대상이 아니라 압수수색의 대상이 된다. 전기통신이란 전자우편을 '송신하거나 수신하는 것'이며, 송수신이 완료된 전자우편은 이에 해당되지 않으므로 통신제한조치의 대상이 될 수 없다. 송수신이 완료된 전자우편은 압수수색영장에 의해 수집되어야 한다(통비법 §9의3).

(나) 감청의 종류

① 일반감청 일반감청은 범죄를 계획 또는 실행하고 있거나 실행하였다고 의심할만한 충분한 이유가 있고 다른 방법으로는 그 범죄의 실행을 저지하거나 범인의 체포 또는 증거의 수집이 어려운 경우, 검사의 청구에 의해 법원의 통신제한조치의 허가를 얻어 행하여진다(통비법 §6). 통신제한조치의 기간은 2개월을 초과하지 못한다.

② 특별감청 특별감청은 국가안전보장에 대한 상당한 위험이 예상되는 경우 그 위해를 방지하기 위하여 정보수집이 특히 필요한 때, 정보수사기관의 장이 통신의 일방이 내국인인 때에는 고등법원 수석부장판사의 허가를 받아, 외국의 기관·단체와 외국인에 대하여는 대통령의 승인을 얻어 행하는 통신제한조치이다(통비법 §7). 통신제한조치의 기간은 4개월을 초과하지 못한다.

③ 긴급감청 긴급감청은 국가안보를 위협하는 음모행위, 직접적인 사망이나 심각한 상해의 위험을 야기할 수 있는 범죄의 계획이나 실행 등 긴박한 상황에 있고, 법원의 허가절차를 거칠 수 없는 긴급한 사유가 있는 때, 검사 또는 정보수사기관의 장이 법원의 허가를 얻지 않고 행하는 통신제한조치를 말한다(통비법 §8①). 긴급통신제한조치를 한 때에는 지체 없이 법원에 허가청구를 하여야 하며, 긴급통신제한조치를 한 때부터 36시간 이내에 법원의 허가를 받지 못한 때에는 즉시 이를 중지하여야 한다(통비법 §8②).

(다) 통신제한조치(감청)의 집행과 통지

통신제한조치는 검사·사법경찰관 또는 정보수사기관의 장이 집행한다. 이 경우 체신관서 기타 관련기관 등에 그 집행을 위탁하거나 집행에 관한 협조를 요청할 수 있다(통비법 §9①). 검사는 일반감청이나 긴급감청을 집행한 사건에 관하여 공소를 제기하거나, 제기하지 않는 처분을 한 때에는 처분을 한 날부터 30일 이내에, 통지유예사유에 해당하지 않는 한(통비법 §9의2④), 감청의 대상이 된 전기통신의 가입자에게 통신제한조치를 집행한 사실·집행기관·기간 등을 서면으로 통지하여야 한다(통비법 §9의2①). 정보수사기관의 장은 통신제한조치(특별감청)를 종료한 날부터 30일 이내에 감청의 대상이 된 전기통신의 가입자에게 통신제한조치를 집행한 사실·집행기관·기간 등을 서면으로 통지하여야 한다(통비법 §9의2③).

(3) 범죄수사를 위한 통신제한조치

(가) 의 의

통신제한조치는 통신비밀보호법 제5조 각호의 범죄를 계획 또는 실행하고 있거나 실행하였다고 의심할만한 충분한 이유가 있고 다른 방법으로는 그 범죄의 실행을 저지하거나 범인의 체포 또는 증거의 수집이 어려운 경우에 한하여 허가할 수 있다(통비법 §5①). 통신제한조치는 제5조 제1항의 요건에 해당하는 자가 발송·수취하거나 송·수신하는 특정한 우편물이나 전기통신 또는 그 해당자가 일정한 기간에 걸쳐 발송·수취하거나 송·수신하는 우편물이나 전기통신을 대상으로 허가될 수 있다(통비법 §5②).

헌법재판소는 인터넷회선 감청은 그 특성상 집행 단계에서 법원이 허가한 인적, 물적 범위를 넘어 동일한 인터넷회선을 이용하는 불특정 다수인의 통신자료까지 수사기관에 모두 수집·저장될 수 있어, 감청으로 수사기관이 취득하는 자료의 범위가 무한히 확대될 가능성이 크기 때문에, 수사기관의 권한 남용을 방지하고 기본권 침해를 최소화하기 위한 장치가 요구되는데, 이러한 장치가 확보되지 않은 통신비밀보호법 제5조 제2항 중 '인터넷회선을 통하여 송·수신하는 전기통신'에 관한 부분은 통신의 자유 및 사생활의 비밀을 침해하여 헌법에 어긋난다고 하였다.

(나) 통신제한조치의 절차

검사는 법원에 대하여 각 피의자별 또는 각 피내사자별로 통신제한조치를 허가하여 줄 것을 청구할 수 있다(통비법 §6①). 법원은 청구가 이유 있다고 인정하는 경우에는 각 피의자별 또는 각 피내사자별로 통신제한조치를 허가하고, 이를 증명하는 서류(허가서)를 청구인에게 발부한다(통비법 §6⑤). 허가서에는 통신제한조치의 종류·그 목적·대상·범위·기간 및 집행장소와 방법을 특정하여 기재하여야 한다(통비법 §6⑥). 통신제한조치의 기간은 2월을 초과하지 못하고, 그 기간 중 통신제한조치의 목적이 달성되었을 경우에는 즉시 종료하여야 한다. 다만, 일정한 경우 2월의 범위 안에서 통신제한조치기간의 연장을 청구할 수 있다(통비법 §6⑦).

(4) 범죄수사를 위한 통신사실 확인자료제공

(가) 확인자료제공의 요청

검사 또는 사법경찰관은 수사 또는 형의 집행을 위하여 필요한 경우 전기통신사업자에게 '통신사실 확인자료의 열람이나 제출'을 요청할 수 있다(통비법 §13①). 통신사실 확인자료제공을 요청하는 경우에는 요청사유, 해당 가입자와의 연관성 및 필요한 자료의 범위를 기록한 서면으로 지방법원의 허가를 받아야 한다.

헌법재판소는 '검사 또는 사법경찰관은 수사를 위하여 필요한 경우 전기통신사업법에 의한 전기통신사업자에게 통신사실 확인자료(가입자의 전기통신일시, 전기통신개시·종료시간, 발·착신 통신번호 등 상대방의 가입자번호, 사용도수)의 열람이나 제출을 요청할 수 있다'는 부분은, 범죄의 의혹만으로 특정 시간대 특정 기지국에서 발신된 불특정 다수의 통신사실 확인자료를 제공받도록 한 것은 정보주체의 기본권을 과도하게 제한하고 있으므로, 개인정보자기결정권과 통신의 자유를 침해한다고 하였다.

또한 헌법재판소는 검사가 통신사실 확인자료(발신기지국의 위치추적자료, 정보통신기기의 위치를 확인할 수 있는 접속지의 추적자료)를 제공을 받을 수 있도록 한 통신비밀보호법은 수사의 필요성외에 다른 방법으로는 범죄실행을 저지하거나 범인의 발견·확보 또는 증거의 수집·보전이 어려운 경우에 한하여 위치정보 추적자료의 제공을 요청할 수 있게 해야 함에도 이런 장치 없이 필요에 의해서만 자료요청을 하도록 하고 있어 개인정보자기결정권 및 통신의 비밀을 침해한다고 하였다.

(나) 확인자료제공의 통지

검사 또는 사법경찰관은 통신사실 확인자료제공을 받은 사건에 관하여 공소를 제기하거나, 공소의 제기 또는 입건을 하지 아니하는 처분(기소중지결정을 제외한다)을 한 때에는 그 처분을 한 날부터 30일 이내에 통신사실 확인자료제공을 받은 사실과 제공요청기관 및 그 기간 등을 서면으로 통지하여야 한다(통비법 §13의3①).

헌법재판소는 통시사실 확인자료제공을 받은 사건에 대해 공소를 제기하거나, 공소의 제기 또는 입건을 하지 아니하는 처분(기소중지결정을 제외한다)을 한 때에는 그 처분을 한 날부터 30일 이내에 통신사실 확인자료제공을 받은 사실과 제공요청기관 및 그 기간 등을 서면으로 통지하도록 한 통신비밀보호법 제13조의3 제1항은, 수사가 장기간 진행되거나 기소중지결정이 있는 경우에는 정보주체에게 위치정보 추적자료 제공사실을 통지할 의무를 규정하지 아니하고, 그 밖의 경우에도 제공사실을 통지받더라도 그 제공사유가 통지되지 아니하고 있어 적법절차원칙에 위배되어 개인정보자기결정권을 침해한다고 하였다.

제4항 정신생활영역의 자유

Ⅰ. 양심의 자유

헌법 제19조는 '모든 국민은 양심의 자유를 가진다'고 하여 양심의 자유를 보장하고 있다. 또 국회의원의 양심에 따른 직무수행(§46②) 및 법관의 양심에 따른 심판(§103)을 규정하고 있다.

1. 의 의

(1) 연 혁

양심의 자유는 국가에 의한 신앙강제(국교제도)로부터 신앙을 보호하기 위해 시작되었기에 역사적으로 종교와 관련하여 보장되었다. Virginia 권리장전(§16)이 양심을 내심의 종교의 자유의 일종으로 이해한 것은 이러한 맥락에서이다.

국교제도가 폐지됨으로써 양심은 신앙과 분리되어 고유한 보호영역을 지닌 독자적 기본권으로 발전하게 되고, 신앙적 동기와 무관한 모든 양심상의 결정을 보호하게 된다. Weimar 헌법(§135)은 처음으로 양심과 신앙을 분리하여 규정하였다. 우리나라는 건국헌법에서 신앙과 양심을 하나의 조문에서 보장하였으나 제3공화국 헌법부터 신앙과 양심을 분리하여 규정하기 시작하였다.

(2) 개 념

양심은 선과 악에 관한 진지한 윤리적 결정을 말한다. 양심의 자유는 선악에 관한 진지한 윤리적 결정에 대한 침해나 위협으로부터 양심을 보호함으로써 개인의 인격의 정체성을 지키고자 한다. 양심은 선악에 관한 결정이기에, 미추나 진위에 대한 평가는 양심과 무관하다. 또 진지한 결정이어야 하므로 단순한 회의나 의심은 양심에 속하지 않는다. 양심은 인격의 정체성이 심각하게 위협받는, 즉 존재 자체가 의문시되는 위기상황에서 비로소 진가가 나타나기 때문이다. 양심은 윤리적 결정이므로 양심의 결정이 이성적인가 또는 합리적인가에 의해 판단될 수 없다.

(3) 양심의 범위와 구별개념

(가) 양심과 신앙과의 관계

양심이란 선악에 관한 윤리적 결정인데, 이러한 윤리적 결정은 많은 경우 신앙에서 연유하기 때문에 양심과 신앙은 내적으로 밀접한 관련성을 지니지만 양자는 구별된다. 양심은 윤리적 확신으로서 인간의 윤리적·도덕적 영역에 속하는 문제에 대한 인식이란 점에서, 종교적 확신을 기초로 인간의 본질을 고차원적 차원에서 이해하고자 하는 형이상학적인 사고체계인 신앙과 구별된다.

(나) 양심과 사상과의 관계

양심도 일정한 세계관이나 가치관에 기초되어지고 사상 역시 단순한 지식체계에 그치는 것이 아니라 일정한 가치관에 기초하여 이루어지기 때문에, 양심과 사상 역시 밀접한 연관성을 지니게 된다. 그러나 양심은 윤리적 측면의 선악판단이란 점에서 논리적 측면의 사고인 사상과 구별된다. 양심과 사상의 가장 큰 차이는, 양심과 사상이 다른 양심이나 사상과 충돌할 때 사상은 동화 내지 변질의 가능성을 지니지만 양심은 Konsens가 불가능하다는 데 있다.

(다) 직업적 양심과의 관계

헌법 제46조 제 2 항과 제103조는 각각 국회의원의 양심에 따른 직무수행과 법관의 양심에 따른 재판을 규정하고 있다. 이는 직업적 양심을 나타내는 것으로 제19조의 인격적 양심과 구별된다. 국가기관에 요구되는 양심, 즉 직무수행시 요구되는 양심은 직무의 적정성보장에 직접 목적이 있다. 국회의원이나 법관은 제19조의 양심이 아닌 직업적 양심에 따라 직무를 수행할 것이 요구된다.

(라) 현행 헌법상 양심의 범위

양심은 사상과 개념상 구별되지만 헌법이 사상의 자유를 별도로 규정하고 있지 않기에 제19조의 양심은 사상을 포함한다. 제19조의 양심은 윤리적 도덕과 논리적 이성을 포함하며 신조와 같은 일련의 가치관을 포함한다. 단순한 사실관계의 확인과 같이 가치적·윤리적 판단이 개입될 여지가 없는 경우, 또는 법률해석에 관하여 여러 견해가 갈리는 경우처럼 다소의 가치관련성을 가진다고 하더라도 개인의 인격형성과는 관계가 없는 사사로운 사유나 의견 등은 양심의 범위에 포함되지 않는다.

(4) 주　　체

양심의 자유의 향유주체는 모든 국민과 외국인이다. 양심의 자유는 고도의 개인적인 권리이므로 법인은 향유할 수 없다.

2. 양심의 자유의 내용

양심은 내면영역과 외부영역을 분리하여, 내면영역에서의 양심형성과 외부영역으로의 양심실현으로 나눌 수 있다. 전자는 양심형성의 자유, 후자는 양심실현의 자유가 된다.

(1) 양심형성의 자유

양심형성의 자유란 외부로부터 부당한 간섭이나 강제를 받지 않고 양심을 형성하여 양심상의 결정을 내리는 자유를 말한다. 올바른 양심형성이 이루어지기 위해서는 양심의 주체가 자율적인 양심형성을 위협하는 각종의 영향력행사로부터 벗어나 있어야 한다. 양심형성은 외부와의 사상적 교류 없이는 불가능하므로 양심형성의 자유는 양심형성에 관한 일체의 외부적 영향이나 관여를 배제하는 것이 아니다. 국가는 각종 교육을 통해 개인의 사고형성에 영향을 주지만, 양심형성의 자유는 양심형성에 관한 개인의 독자적 결정을 위협할 정도의 국가의 관여나 영향을 배제하고자 한다. 양심상 결정이 어떠한 종교관이나 세계관 또는 그 외의 가치체계에 기초하여 이루어졌는가에 관계없이 모든 내용의 양심상 결정은 양심형성의 자유에 의하여 보장된다.

(2) 양심실현의 자유

양심실현의 자유란 양심표명과 양심실현의 자유를 말한다.

(가) 양심표명의 자유

양심표명의 자유는 적극적으로 자신의 양심을 표명할 자유와 소극적으로 형성된 양심을 그 의사에 반하여 표명당하지 않을 자유를 말한다.

① 양심표명의 자유 　양심표명의 자유는 형성된 윤리적 내적 확신을 방해받지 않고 표명할 수 있는 자유를 말한다. 양심표명의 자유가 실효성을 지니기 위해서는 자유로운 토론이 보장되어야 하며, 다수의 생각이 언제나 타당하다는 전제에서 벗어나야 한다.

② 양심표명을 강제당하지 않을 자유 　소극적 양심표명의 자유는 형성된 양심을 언어를 통해 표명하도록 강제당하지 않을 자유(소위 침묵의 자유)와 행동으로 표명하도록 강제당하지 않을 자유(소위 양심추지의 금지)로 구별된다.

㉠ 침묵의 자유　　침묵의 자유란 형성된 양심(사상)을 말로 표명하도록 강제당하지 않을 자유를 말한다. 침묵의 자유는 양심에 대한 표명강제의 금지이므로 객관적 사실에 대하여 침묵할 수 있는 자유를 포함하지 않는다. 따라서 증인의 증언거부나 신문기자의 취재원묵비권은 침묵의 자유로 보장되지 않는다. 또한 침묵의 자유는 국가권력으로부터 신체의 자유를 보호하기 위한 진술거부권과 구별된다.

㉡ 양심추지의 금지　　양심추지의 금지란 형성된 양심을 행동을 통해 표명하도록 강제당하지 않을 자유를 말한다. 침묵의 자유가 양심에 대한 직접강제를 금지하는 것이라면 추지의 금지는 간접강제를 금하는 것으로, 내심의 추측을 가능하게 하는 행위에 대한 강제금지이다.

(나) 양심실현의 자유

양심실현은 양심에 따른 행동을 할 자유와 양심에 반하는 행동을 강요당하지 않을 자유로 구별된다.

① 부작위에 의한 양심실현의 자유　　부작위에 의한 양심실현의 자유란 양심에 반하는 행동을 강요받지 아니할 자유를 말한다. 사죄광고, 집총거부, 준법서약, 공표명령 등이 문제된다.

㉠ 사죄광고　　사죄광고란 타인의 명예를 훼손하여 비행을 저질렀다고 믿지 않는 자에게 사과내용이 담긴 글을 신문에 게재하도록 명하고, 이에 불응할 경우 법원이 그 내용을 만들어 강제로 신문에 게재하는 제도를 말한다. 헌법재판소는 사죄광고의 강제를 양심의 자유에 대한 침해로 보았다. 사죄문 성격의 시말서제출도 양심의 자유에 대한 침해가 된다.

㉡ 양심적 집총거부　　양심적 집총거부란 양심(신앙, 신념)을 이유로 한 전쟁참가거부, 병역이행거부, 집총거부를 말한다. 집총을 양심상 절대 악으로 판단하여 거부할 때에 이러한 양심의 결정을 보호할 것인가가 문제된다. 헌법재판소는 병역의 종류를 현역, 예비역, 보충역, 병역준비역, 전시근로역의 다섯 가지로 한정하여 규정하고 양심적 병역거부자에 대한 대체복무제를 규정하지 아니한 병역종류조항이 과잉금지원칙을 위반하여 양심적 병역거부자의 양심의 자유를 침해하였다고 하였다. 이는 기존의 합헌결정(헌결 2002헌가1)의 선례를 변경한 것으로 양심의 자유에 대한 기념비적 결정으로 보아야 한다. 만일 대체복무를 허용하지 않으면, 양심적 집총거부를 확신하는 사람들은 양심을 꺾든지 아니면 형사처벌을 감수해야 하는데,

어떤 선택을 하더라도 인간의 존엄과 가치는 큰 손상을 받게 된다. 대체복무제가 실시되어야 할 중요한 이유이다. 대체복무를 인정하더라도 대체복무 부과에 대한 거부는 허용되지 않는다. 대체복무마저 거부하는 것을 허용하게 되면 모든 국민에게 부과되는 의무를 면제하는 것이 되어, 일종의 특혜가 되기 때문이다.

㉢ **준법서약**(전향제도) 보안관찰법(§ 11①)은 보안관찰처분의 면제요건으로 준법정신이 확립되어 있을 것을 요구하고 있다. 준법서약서의 제출요구가 양심의 자유에 대한 침해인가가 문제된다. 헌법재판소나 대법원은 준법서약서제출은 국법질서의 준수라는 서약을 요구하는 것이며, 제출을 강제하고 있지 않고, 제출거부시 가석방의 혜택을 배제할 뿐이라는 점에서, 이는 양심의 영역문제가 아니며 재범의 위험성이 외부에 표출되는 경우 이를 방지하기 위한 범죄예방적 처분이라는 점에서 양심의 자유에 대한 침해가 아니라 한다.

㉣ **공표명령** 행정관청(공정거래위원회)이 법률위반혐의자에 대하여 법위반사실을 공표하도록 하는 것이 양심의 자유에 대한 침해인가가 문제된다. 단순한 사실관계의 확인과 같이 가치적·윤리적 판단이 개입될 여지가 없는 경우는 물론 법률해석에 있어 여러 견해가 갈리는 경우처럼 다소의 가치관련성을 지닌 경우라 하여도 개인의 인격형성과 무관한 사사로운 사유나 의견 등은 양심의 보호대상이 아니다.

㉤ **고지의무** 국가보안법(§ 10)은 일정한 범죄에 대해 고지의무를 요구하고 있는데 이러한 고지의무가 양심의 자유에 대한 침해인가가 문제된다. 고지할 수 없다는 양심의 명령과 고지해야 하는 법의 명령이 충돌한다. 친족과 친구를 고지하는 것은 개인의 윤리적 정체성에 커다란 위기상황을 초래하며 양심갈등의 전형적인 예가 된다. 다만 본범과 친족관계가 있는 때에는 그 형을 감면한다고 규정하고 있어 과도한 제한으로 보기 어렵다.

② 작위에 의한 양심실현의 자유 작위에 의한 양심실현의 자유란 양심에 따른 행동을 할 자유를 말한다. 양심상 명령을 외부에 실현할 경우 국법질서 내지 다른 사람의 자유나 권리와 충돌하게 되므로 작위에 의한 양심실현을 보장할 것인가가 문제된다. 부정설에 의하면, 서로 다른 양심을 가진 자들이 각각의 양심을 실현하고자 하면 다른 법익이나 타인의 권리를 침해할 수 있으며, 국가의 법질서가 국민 한 사람 한 사람의 양심상의 이유 때문에 무시될 수 없다는 것을 이유로, 양심의 자유를 인간의 내면적 자유에 국한시킴으로써 양심상의 결정을 실현시키거나 구체적인

행동을 할 자유를 양심의 자유에서 제외시키고 있다. 그러나 양심의 자유에 있어 양심실현을 제외시킨다면 양심의 자유는 큰 의미가 없게 된다. 외부영역과 단절된 양심의 자유는 실천적으로 볼 때 불필요하기까지 하다. 따라서 양심의 자유는 양심실현까지 포함하는 것으로 보아야 한다. 양심실현을 인정하더라도 실현에 일정한 한계가 있음은 물론이다.

3. 양심의 자유의 효력

양심의 자유는 대국가적 효력을 지니며 간접적으로 대사인효를 지닌다.

4. 양심의 자유에 대한 제한과 한계

(1) 제한과 한계

양심형성의 자유는 내심에 머무는 한 법률로도 제한할 수 없는 절대적 자유이다. 양심의 자유가 보장된다고 하여 양심을 이유로 법질서에 대한 복종을 거부할 수 있는 권리가 보장되는 것은 아니다. 모든 개인이 자신의 양심을 주장하여 법률복종을 거부할 수 있다고 하면 국가공동체는 해체될 수밖에 없기 때문이다. 양심의 자유(특히 실현의 자유)에 대한 제한은 공동체의 존속과 유지를 위해 불가피하다. 양심에 따른 거부명령이 인정된다고 하여도 법의 행위명령 그 자체만 면제되는 것이므로 이를 대체하는 의무를 부과하는 것은 양심에 대한 침해가 될 수 없다.

양심의 자유가 인정된다고 하여 자신의 주관적 윤리적 판단이나 확신을 다른 국민과 달리 특별한 배려를 해줄 것을 요구할 수 없다. 양심실현의 자유는 소수의 양심에 대한 국가의 배려이며 관용의 문제로서, 결국 국가가 법질서를 유지하면서 개인의 양심을 보호하는 대안을 제시할 수 있는가의 문제이다. 반면 양심실현의 자유는 타인의 기본권이나 헌법질서와 저촉되는 경우 국가안전보장·질서유지·공공복리를 위해 법률에 의하여 제한될 수 있다. 다만 본질적 내용에 대한 침해는 허락되지 않는다.

(2) 제한과 비례원칙

양심의 자유에 대한 침해 여부의 심사에 있어 비례의 원칙이 적용될 수 있는가가 문제된다. 양심의 자유의 경우, 비례의 원칙을 통하여 양심의 자유를 공익과 비교 교량하는 것은 양심의 자유의 본질과 부합하시 않는다. 양심싱 결정이 법익교량과정에서 공익에 부합하는 상태로 축소되어 양심의 내용이 왜곡되고 굴절된다면 더 이상 양심이 아니기 때문이다. 따라서 비례의 원칙을 통한 공익과 양심의 조화는 양심의 자유에 관한한 허락될 수 없으며 양심의 자유의 경우에는 법익교량을 통하여 양심의 자유와 공익을 조화와 균형의 상태로 이루어 양 법익을 함께 실현하는 것이 아니라, 양심의 자유와 공익 중 양자택일의 문제만 있을 뿐이다.

Ⅱ. 종교의 자유

헌법 제20조는 '모든 국민은 종교의 자유를 가진다. 국교는 인정되지 아니하며, 종교와 정치는 분리된다'고 하여 종교의 자유와 국교부인 및 정교분리원칙을 보장하고 있다.

1. 의 의

(1) 연 혁

종교의 자유는 1776년 Virginia 권리장전(§16), 1789년 프랑스 인권선언(§10), 1791년 미국 연방수정헌법(§1)에서 선언된 이래 세계 각국헌법이 거의 예외 없이 채택하고 있다. 우리나라 건국헌법은 종교의 자유를 양심의 자유와 함께 규정하였으나 제3공화국 헌법에서부터 종교의 자유를 양심의 자유와 분리하여 규정하였고 오늘에 이르고 있다.

(2) 개 념

종교의 자유에서의 신앙이란 신이나 초자연적인 존재의 힘에 대한 믿음과 숭배를 말한다. 신이나 초자연적 존재에 대한 관련성이 없는 주관적 확신은 사상에 불과하다. 헌법이 보호하는 종교는 문화민족 사이의 어느 정도 공통된 기본적인 윤리관의 토대 위에서 만들어진 신앙을 보호하는 것은 아니다. 기존의 전통적인 교리와 다른 신앙적 확신도 보호되기에, 소수종파·신흥종파 모두 신앙의 자유를 원용할 수 있다.

(3) 주 체

종교의 자유의 향유주체는 모든 국민과 외국인이다. 성질상 법인은 주체가 될 수 없으나, 선교·포교·교육 등 종교행위(실현)의 자유는 향유할 수 있다. 권리능력 없는 단체나 조직(기독교 청년회 등)도 종교의 자유(종교실현)의 주체가 될 수 있다.

2. 종교의 자유의 내용

(1) 신앙형성의 자유(신앙의 자유)

신앙형성의 자유란 누구든지 자율적으로 신앙을 갖거나 신앙을 갖지 않을 자유를 말한다. 신앙을 선택하고 변경할 수 있는 자유(개종)를 포함한다. 통상 신앙의 자유로 불려진다.

(2) 신앙실현의 자유

(가) 신앙표명의 자유(신앙고백의 자유)

신앙표명의 자유는 자신의 신앙을 외부에 표명할 수 있는 자유(적극적 신앙표명)와 자신의 신앙이 외부에 강제적으로 표명당하지 않을 자유(소극적 신앙표명)를 보장한다. 자신의 신앙을 알리거나 자신이 믿는 종교적 상징물을 착용하는 것은 적극적 신앙고백의 자유로 보장된다.

(나) 신앙실천의 자유

① 적극적 신앙실천의 자유　　적극적 신앙실천의 자유란 자신의 신앙교리에 따라 행동하고 신앙을 실현하는 행위를 말한다. 신앙을 실현하는 각종의 종교의식, 예배, 독경, 기도 등이 보장되며(종교행사의 자유), 자기종교를 선전하고 타종교를 비판하며 개종을 권고하는 것도 보장된다. 종교행사의 자유가 보장된다고 하여 종교행사를 위한 장소나 수단까지 보장되는 것은 아니다. 종교단체가 벌이는 모금운동이나 수집운동은 어떤 대가를 전제로 하는 것이 아닌 한 종교행사의 자유의 한 내용으로 보아야 한다. 또한 신앙실천의 자유는 종교교육의 자유를 보장한다(종교교육의 자유). 종교학교를 설립·운영하여 종교교육을 실천하는 것이 허용된다. 그러나 국·공립학교에서는 특정 종교의 교육이 금지된다. 비록 사립(종립)학교라 하더라도 고등학교 평준화정책에 따라 학생 자신의 신앙과 무관하게 입학하게 된 학생들을 상대로 학교설립이념이 된 특정의 종교교리를 전파하는 종교교육은 허락되지 않는다. 종교적 결사는 집단적 종교의 자유를 누리며, 종교단체의 자결권을 향유한다.

② 자신의 신앙에 반하는 행동을 강제당하지 않을 자유(소극적 신앙실천의 자유)　자신의 신앙과 다른 신앙이 강제되거나 신앙유지를 위협하는 강제교육은 소극적 신앙의 자유에 대한 침해가 된다. 따라서 학교선택권이 허용되지 않고 주거지를 요건으로 학교가 강제 배정되는 상황에서는 사립학교라도 종교교육을 강제할 수 없

다. 다만 사립대학은 학생들의 신앙을 가지지 않을 자유를 침해하지 않는 범위 내에서 종교교육을 졸업요건으로 하는 학칙을 제정할 수 있다. 대법원은 국기에 대한 경례를 종교상의 우상숭배라 하여 거부한 학칙위반 여자 고등학교학생에 대한 제적처분을 정당하다고 한 적이 있으나 종교의 자유에 대한 올바른 이해가 아니며, '행위와 처벌' 간에 비례성이 확보되어 있지도 않다.

3. 종교의 자유의 효력

종교의 자유는 대국가적 효력을 지니며 간접적 대사인효를 지닌다.

4. 종교의 자유에 대한 제한과 한계

종교의 자유에 대한 제한은 신앙형성의 자유와 신앙실천의 자유를 나누어 고찰하여야 한다. 신앙형성의 자유는 법률로도 제한할 수 없는 절대적 기본권이나, 신앙실천의 자유는 헌법 제37조 제 2 항에 따라 법률로 제한될 수 있다. 종교의 자유의 본질적 내용은 침해할 수 없다. 대법원은 승리제단교주가 신도들로부터 헌금명목으로 금원을 교부받은 것을 사기죄로 처단하였고, 신앙을 이유로 병역의무를 거부할 수 없다고 하였으며, 수혈을 거부한 어머니에게 유기치사죄를 인정한 바 있다. 일요일은 특정한 종교의 종교의식일이 아니라 일반적인 공휴일로 보아야 하므로 사법시험 1차 시험을 일요일로 정한 것이 기독교인인 수험생의 종교의 자유에 대한 침해가 아니다.

5. 국교부인과 정교분리의 원칙

(1) 의 의

국교부인이란 특정의 종교를 국교로 지정하는 것을 금하는 것이다. 정교분리란 정치와 종교는 하나가 되어서는 안 된다는 것으로 정치와 종교가 국민의 서로 다른 생활영역을 관장하도록 한다. 즉 국가는 국민의 세속적 생활을, 종교는 신앙생활을 규율한다.

(2) 내 용

(가) 국교의 부인

국가는 특정의 종교를 국교로 지정할 수 없으며 특별한 보호나 특권을 부여할 수 없다.

(나) 국가의 정치적 중립성(정교분리)

정교분리는 정치의 종교화를 막고 종교의 정치화를 방지함으로써 종교의 부패를 방지하고 국가권력의 파멸을 막기 위함이다. 동시에 다양하고 상반된 종교집단 간에 평화적 공존을 확보하여 준다는 데 헌법적 의의가 있다. 종교의 자유에서 종교에 대한 적극적인 우대조치를 요구할 권리가 직접 도출되거나 우대할 국가의 의무가 발생하지 않는다. 지방자치단체가 유서 깊은 천주교 성당 일대를 문화관광지로 조성 지원한 것은 헌법의 정교분리원칙에 위배되지 않는다.

Ⅲ. 언론·출판의 자유

헌법 제21조는 '① 모든 국민은 언론·출판의 자유를 가진다. ② 언론·출판에 대한 허가나 검열은 인정되지 아니한다. ③ 통신·방송의 시설기준과 신문의 기능을 보장하기 위하여 필요한 사항은 법률로 정한다. ④ 언론·출판은 타인의 명예나 권리 또는 공중도덕이나 사회윤리를 침해하여서는 아니 된다. 언론·출판이 타인의 명예나 권리를 침해한 때에는 피해자는 이에 대한 피해의 배상을 청구할 수 있다'고 하여 언론·출판의 자유를 보장하고 있다.

1. 의 의

(1) 연 혁

1695년 영국의 검열법의 폐지로 언론출판의 자유가 확립되었으며, 그 후 1776년 미국 Virginia 권리장전(§12), 1789년 프랑스 인권선언(§11), 1791년 미 연방수정헌법(§1) 등에서 언론출판의 자유가 규정된 이래 오늘날 세계 모든 헌법이 이를 수용하고 있다. 우리나라는 헌법 제21조에서 표현의 자유(언론출판, 집회결사) 전부를 규율하고 있는 반면, 독일 헌법은 언론출판(§5), 집회(§8), 결사(§9)의 자유를 각각 별도의 조문에서 규율하고 있다.

(2) 개념과 기능

(가) 개 념

언론·출판의 자유란 자신의 생각이나 의견을 언어나 문자 등을 통해 외부에 표현(표명과 전달)하는 자유를 의미한다. 언론이란 구두에 의한 표현이며, 출판이란 문자나 상형에 의한 표현을 말한다. 의사표현의 매개체는 어떠한 형태이건 가능하며 그 제한이 없다. 언론·출판은 불특정다수인을 대상으로 하므로 개인 간의 회화나 편지 등은 언론·출판의 개념에 포함될 수 없다.

(나) 기 능

언론·출판의 자유는 자신의 생각을 자유롭게 외부에 표명하도록 함으로써 개인의 인격을 발현시켜 주는 가장 유효하고도 적절한 수단의 성격을 지닌다. 또한 개인의 의사표현의 보장 외에도 개인과 개인을 연결시켜 주는 정신적 의사소통의 자유를 보장한다. 한편 언론·출판의 자유는 근대 국가에서 국가권력에 대한 제한원리로 기능하였으나, 현대의 자유민주국가에서는 국가의사를 결정하는 구성원리로서의 성격을 지니게 된다.

(3) 법적 성격

언론·출판의 자유는 언론·출판의 자유를 보장하는 자유권으로서의 방어권의 성격과 민주 헌법질서의 불가결의 존재로서 객관적 원칙규범의 성격을 지닌다. 또한 헌법 제21조는 자유로운 언론·출판제도를 보장하는 성격도 아울러 지닌다.

(4) 주 체

언론·출판의 자유의 향유주체는 모든 국민이며 외국인도 그 주체가 될 수 있다. 법인에게도 보장된다.

2. 언론·출판의 자유의 내용

(1) 의사의 표명 및 전달의 자유(고전적 의사표현의 자유)

(가) 의 의

의사표명 및 전달의 자유란 자기의 생각이나 의견을 자유롭게 표명하고 전달할 수 있는 자유를 말한다. 의사를 표명하고 전달하는 형식에는 아무런 제한이 없다. 표명이 자신의 입장을 밝히는 것이라면, 전달은 타인의 의사를 알리는 것이다. 의사표명의 보호법익은 익명표현의 자유를 포함한다.

의사표명은 의견형성에 기여하며, 자유로운 의견형성을 전제로 한다. 불매운동에 동참을 호소하는 의사표명도 의사형성적 성격을 지니므로 의사표현의 자유에 포함된다. 하지만 불매운동에 동참하지 않을 경우 일정한 압력을 가할 것을 명시 또는 묵시적으로 나타내는 경우 그러한 의사표명은 자유로운 상태에서 의견형성을 구하는 것이 아니므로 표현의 자유에 의해 보호될 수 없다. 의사표명은 자신의 의견을 표명하지 않을 자유, 즉 소극적 의사표명도 보호한다. 건강을 해친다는 흡연문구를 삽입하도록 하거나 청소년유해물임을 표시하도록 한다면 소극적 의사표명의 자유에 대한 제한이 된다.

(나) 의사의 개념

① 평가적 의사와 사실전달 의사표명 및 전달의 자유에서 의사의 개념을 어떻게 이해할 것인가가 나두어진다. 의사의 개념을 합리적이고 평가적인 사고의 과정을 거친 평가적 의사만으로 이해하는 평가적 의사설이 있다. 평가적 의사설에 의하면 객관적 사실에 대한 주장이나 전달은 의사표현에 해당되지 않게 된다. 반면 의사를 넓게 이해하여 단순한 사실의 전달도 의사에 포함시키려는 입장이 있다(다수설). 의사와 사실은 개념상 구별되나 의사표명에 있어 의사를 평가적 의사로 국한하는 것은 적절치 않다. 표현의 자유를 충분히 보호하려면 사실주장이나 전달을 보호에서 배제할 수 없으며, 의사표명에서 의사의 개념은 넓게 이해되어야 한다.

한편 사실의 주장을 의견에 포함해서 표현으로 보호해야 하지만, 의견과 사실을 구별할 필요가 있다. 이는 우리 법제가 의견과 사실을 여러 곳에서 구별하여 취급하고 있기 때문이다. '사실상 주장'에 대해서만 반론을 허용하는 '언론중재 및 피해구제 등에 관한 법률(§ 16①)', 형법상 명예훼손죄의 '사실의 적시', 그리고 공직선거법(§ 251, 후보자비방)의 '공연히 사실을 적시하여'가 그것이다. 대법원도 의견과 사실 그리고 사실의 적시가 전제된 혼합의견을 구분하고 있다.

② 허위사실의 보도나 주장 허위사실의 보도나 주장을 의사표명의 보호영역에 포함할 것인가가 문제된다. 허위사실은 의사표명의 보호영역에 넣을 수 없지만 진실의무를 지나치게 강조할 경우 제재의 두려움으로 의사표명의 자유가 지나치게 억제 위축될 수 있으므로, 양자의 조화가 모색되어야 한다. 전달된 사실이 사후에 허위로 판명되더라도 의사표명자가 진실성 여부에 상당한 주의를 한 경우에는 면책되도록 하는 것이다. 즉 적시된 사실이 진실된 것이라는 증명이 없더라도 행위자가 진실한 것이라고 믿었고 그렇게 믿을 만한 상당한 이유가 있는 경우에는 책임을 지우지 않는 것이다. 대법원도 동일한 입장을 취하고 있다.

③ 상징적 표현　　상징적 표현이란 일정한 의사를 언어나 문서에 의하지 않고, 리본패용 등 비언어적 매체(행동)에 의한 의사의 전달을 의미하는 것으로, 표현의 자유에 포함된다.

(2) **알 권리**(정보의 자유)

(가) 개　　념

알 권리란 의사형성을 위하여 필요한 정보에 접근하고 정보를 수집할 수 있는 권리를 말한다. 의사의 표명·전달의 자유가 주는 쪽의 자유라면 알 권리란 주로 받는 쪽의 자유이다. 알 권리는 읽을 권리, 들을 권리, 볼 권리를 그 내용으로 한다. 알 권리는 정보에 접근하고 수집할 수 있는 권리이기에 정보의 자유로 불리운다.

(나) 법적 성격

알 권리는 헌법에 명시적 규정이 없다 하여도 또 법률로 규정되어 있는 경우에도 헌법으로부터 직접 도출되는 구체적 권리의 성격을 지닌다. 알 권리는 자유권과 청구권의 성격을 모두 지니고 있는 복합적 성격의 기본권이다. 알 권리는 정보접근에 있어 국가권력의 방해를 받지 않는 방어권의 성격과(자유권), 의사나 여론형성에 필요한 정보를 적극적으로 수집할 수 있는 정보공개청구권의 성격을 지닌다(청구권).

(다) 법적 근거

알 권리에 관한 명문규정이 없는 우리 헌법의 경우, 그 인정 여부와 법적 근거를 어디에서 구할 것인가가 문제되나, 알 권리의 헌법적 근거는 제21조와 일반적 인격권으로 보아야 한다. '공공기관의 정보공개에 관한 법률(정보공개법)'이 1996년에 제정(1998년 시행)되어 알 권리를 법률적 차원에서 구체화시키고 있다.

(라) 주　　체

모든 국민이다. 신문독자나 방송시청자는 정보의 자유의 주체가 된다.

(마) 내　　용

알 권리란 의사형성을 위하여 필요한 일반적 정보에 접근하고 정보를 수집할 수 있는 자유를 말한다. 알 권리는 정보를 받을 권리(정보수령권)와 정보를 구할 권리(정보수집권)를 그 내용으로 한다.

① 정　　보　　알 권리의 대상인 정보란 의사표명과 관련된 일체의 자료를 말한다. 알 필요가 있고 알아야 할 가치가 있는 모든 것이 정보가 된다. 그러나 흥미

나 오락 차원의 정보까지 알 권리 대상이 되는 것은 아니다. 의사건 사실이건, 공적 사항이건 사적 사항이건 불문한다. 외국에서 수입되는 출판물도 정보에 해당한다. 정보원(源)이란 정보의 원천으로 신문, 잡지, 서적, 영화, TV, 라디오 등을 말한다.

② 정보수령권과 정보수집권 정보수령권이란 정보원으로부터 방해받지 않고 정보에 접근하여 이를 수령하는 자유를 말한다. 정보수집권은 능동적으로 정보를 수집하는 권리로서, 개인의 정보수집의 자유나 취재의 자유를 그 내용으로 한다. 따라서 적어도 직접의 이해관계가 있는 자에 대하여는 특단의 사정이 없는 한 의무적으로 공개하여야 한다. 만일 정보수집에 괴도한 대가를 징수함으로써 수집을 사실상 불가능하게 하거나, 정보에 대한 접근을 시간적으로 지연시키는 것은 알 권리에 대한 침해가 된다. 헌법재판소는 변호인이 있는 피고인에게 변호인과 별도로 공판조서 열람권을 부여하지 않았다 하여도 피고인의 알 권리 침해가 아니며, 국회예산결산특별위원회 계수조정소위원회 방청허가를 불허한 것도 알 권리에 대한 침해가 아니라 하였다.

(바) 정보공개법상의 정보공개청구

국가에 대한 정보공개청구는 알 권리를 근거로 인정되는데, 정보공개법은 정보공개청구의 내용, 절차, 방법 등을 구체화하고 있다.

① 정보공개의 청구 모든 국민은 '정보공개'를 청구할 수 있다(정보공개법 §5). 국민은 공공기관이 직무상 작성 또는 취득하여 관리하고 있는 문서 · 도면 · 사진 · 필름 · 테이프 · 슬라이드 등에 기록된 사항의 공개를 청구할 수 있고, 공공기관에 대해 정보의 열람이나 사본 · 복제물의 제공을 요청할 수 있다(정보공개법 §2).

② 정보공개 공공기관은 자신이 보유 관리하는 정보를 적극적으로 공개하여야 한다(정보공개법 §3). 국민생활에 매우 큰 영향을 미치는 정책이나, 대규모 예산이 투입되는 사업, 예산집행의 내용 등에 관한 정보에 대해서는 정기적으로 공개하여야 한다(정보공개법 §7).

③ 정보비공개 공공기관이 보유 관리하는 정보는 공개되어야 하나, 모든 정보가 다 공개되어야 하는 것은 아니다. 정보의 공개로 국가의 중대한 이익을 해할 우려가 있거나, 다른 사람의 생명이나 신체에 위협이 될 수 있거나 또는 개인의 프라이버시가 침해될 수 있다면 정보는 비공개되어져야 한다. 정보공개법(§9)은 공익

과 다른 사람의 사익을 고려하여 일정한 사항에 대해서는 비공개할 수 있도록 규정하고 있다.

④ 불 복 정보공개와 관련한 공공기관의 결정(비공개 결정, 부분공개 결정)에 대하여는 이의신청, 행정심판, 행정소송을 청구할 수 있다(정보공개법 § 18, § 19, § 20).

(사) 제한과 한계

알 권리도 일반적 법률유보(§ 37②)에 의하여 제한될 수 있다. 알 권리는 국가기밀과 사생활의 비밀보호와 많은 경우에 충돌한다. 정보는 최대한 공개되어야 하나 모든 정보가 공개되어야 하는 것은 아니다. 정보비공개의 공익이나 사익이 알 권리보다 큰 경우 정보는 공개될 수 없기 때문이다. 따라서 알 권리를 근거로 국가기관에게 모든 정보의 공개를 요구할 수 없다. '익명처리'는 알 권리와 비공개의 사익 간의 실제적 조화를 이루는 적절한 방법이 된다. 학부모는 교원의 교원단체 및 노동조합 가입에 관한 정보의 공개를 요구할 수 있는가가 문제되었다. 학부모의 자녀교육권에는 교원의 교원단체 및 노동조합 가입에 관한 정보공개를 요구할 수 있는 알 권리가 포함된다. 정보공개의 알 권리는 정보비공개를 요청하는 정보주체의 자기정보결정권과 충돌되므로, 양자의 조화가 요구된다. 헌법재판소는 '교육관련기관의 정보공개에 관한 특례법'이 교원의 개인정보 공개를 금지하는 한편 동법 시행령이 가입 현황(인원 수)만을 공시의 대상으로 규정한 것은 학부모 등 국민의 알 권리와 교원의 개인정보 자기결정권이라는 두 기본권을 합리적으로 조화시킨 것으로, 양 기본권의 제한에 있어 적정한 비례관계를 유지하였다고 하였다. 헌법재판소는 변호사시험 성적 공개를 금지한 변호사시험법은 알 권리(정보공개청구권)를 침해하여 헌법에 위반된다고 하였다.

(3) Access권

(가) 개 념

Access권이란 언론매체에 대한 접근이용권을 말한다. Access권은 1967년 Barron이 주장한 것으로 약자인 국민에게 언론에 액세스할 기회를 부여함으로써 정보를 받기만 하는 국민을 정보를 보내는 국민으로 복권하려는 데 의의가 있다. Access권은 언론매체의 횡포를 규제하고, 표현의 자유의 내실을 기할 수 있도록 하며, 개인의 인격권을 보호하여 주는 기능을 담당한다.

(나) 법적 근거와 성격

Access권의 헌법적 근거에 관하여 다양한 견해가 제시되어 있다. Access권은 언론·출판의 자유의 객관적 가치질서의 성격으로부터 도출된다고 보는 것이 타당하다. Access권은 국민의 언론기관 대한 권리라는 점에서 국가를 대상으로 하는 여타의 기본권과 다른 특색을 지닌다.

(다) 내 용

Access권은 정정보도청구권과 반론보도청구권 및 해명권을 그 내용으로 한다.

① 정정보도청구권

㉠ 의 의 정정보도청구권이란 사실적 주장에 관한 언론보도가 진실하지 않아 피해를 입은 자가 보도의 정정을 언론사에 청구할 수 있는 권리를 말한다. 정정보도의 청구에는 언론사의 고의·과실이나 위법을 요하지 않는다(언론중재법 §14②).

㉡ **반론보도청구권과의 관계** 반론보도청구나 정정보도청구 모두 언론사의 고의·과실이나 위법 여부를 묻지 않는 점에서 그리고 사실적 주장을 그 대상으로 한다는 점에서 같다. 그러나 첫째, 전자는 보도내용의 진실 여부를 묻지 않지만 후자는 허위의 보도를 대상으로 한다는 점에서, 둘째, 전자는 자신의 반박문의 게재를 요구하지만 후자는 보도내용을 정정한다는 사실적 진술이 포함되어야 한다는 점에서, 셋째, 전자는 사실 여부와 무관하게 반대당사자의 반박을 게재함으로써 형평을 유지하는데 목적을 두나 후자는 이미 행하여진 허위보도를 진실에 부합하도록 교정하고자 한다는 점에서 구별된다.

㉢ **청구절차와 방법** 피해자는 언론보도가 있음을 안 날부터 3월 이내에 언론사의 대표자에게 서면으로 정정보도를 청구하여야 한다. 언론사의 대표자는 3일 이내에 그 수용 여부에 대한 통지를 청구인에게 발송하여야 하며, 청구를 수용하는 때에는 청구를 받은 날부터 7일 내에 정정보도문을 방송 또는 게재하여야 한다(언론중재법 §15③).

㉣ **언론중재위원회를 통한 분쟁해결방법** 정정보도청구와 관련하여 분쟁이 있는 경우 피해자 또는 언론사는 중재위원회에 조정을 신청할 수 있다(언론중재법 §18).

㉤ **법원에 의한 분쟁해결방법** 피해자는 정정보도(반론보도, 추후보도)청구의 소를 중재위원회의 조정절차를 거치지 않고서도 법원에 제기할 수 있다(언론중재법 §26). 헌법재판소가 정정보도청구권의 소를 가처분절차에 의하도록 한 것은 언론의

자유를 지나치게 위축한다고 하여 위헌결정을 내린 바 있다. 정정보도청구의 소는 민사소송법의 소송절차에 관한 규정에 따라 재판한다.

② 반론권(반론보도청구권)

㉠ 의 의 반론보도청구권이란 사실적 주장에 관한 언론보도로 피해를 입은 자가 보도의 진실 여부를 불문하고 그 보도내용을 반박하는 주장(반론보도)을 언론사에 청구할 수 있는 권리를 말한다(언론중재법 §16①). 언론사의 위법성이나 귀책사유가 문제되지 않으며, 내용의 진실성 여부를 불문한다(언론중재법 §16②).

㉡ 종 류 사실적 주장에 대해서 반론을 허용할 것인가 아니면 의견에 대해서도 허용할 것인가에 관해, 언론중재법(§16①)은 사실상 주장에 대해서만 반론을 허용하고 있다. 반론의 대상이 되는 사실적 주장과 의견표명과의 구별이 실제에서는 쉽지 않고, 의견표명 속에 사실적 주장이 포함되어 있거나 전제된 경우가 있기에 그 구별을 더욱 어렵게 한다.

㉢ 기 능 반론권은 피해구제실현의 신속성과 발언효과의 실효성을 보장한다. 반론권은 쌍방의 말을 들을 수 있게 함으로써 진실발견에 기여하며, 무기대등의 원칙을 실현시키고, 올바른 여론형성을 가능케 함으로써 언론의 공정성을 제고하는 기능을 지닌다. 또한 반론권은 피해자의 인격보호에 기여한다는 데 의의가 있다.

㉣ 내 용 사실적 주장에 관한 언론보도로 피해를 입은 자가 반론을 청구할 수 있다. 피해를 입은 자란 문제된 사실적 주장의 보도와 관련된 자를 말한다. 연관성이 인정되려면 보도내용과 피해자의 법익 사이에 일반적 관련성으로는 부족하고 개별적이고 구체적인 연관성이 요구된다. 따라서 흡연자에 대한 일반적인 부정적 보도에 대해서 애연가가 반론을 청구할 수 없다. 반론보도는 원보도가 허위임을 요건으로 하지 않으며, 반론보도의 내용은 원보도의 사실적 주장과 관념적으로 연관성을 가지는 사실적 진술과 이를 명백히 전달하는 데 필요한 설명에 국한된다. 반론권 불허사유는 정정보도청구의 그것과 동일하다(언론중재법 §16③).

㉤ 절 차 반론보도청구에 관하여는 정정보도에 관한 규정을 준용한다(언론중재법 §16③).

③ 해명권(추후보도청구권) 언론에 의해 범죄혐의가 있거나 형사상의 조치를 받았다고 보도 또는 공표된 자는 그에 대한 형사절차가 무죄판결 또는 이와 동등한 형태로 종결된 때에는 그 사실을 안 날부터 3월 이내에 언론사에 이 사실에 관한

추후보도의 게재를 청구할 수 있다(언론중재법 §17①). 추후보도에는 청구인의 명예나 권리회복에 필요한 설명 또는 해명이 포함되어야 한다. 추후보도청구권에 관하여는 정정보도청구권에 관한 규정을 준용한다(언론중재법 §17②). 추후보도청구권은 정정보도청구권이나 반론보도청구권의 행사에 영향을 미치지 아니한다(언론중재법 §17③).

㈑ 제한과 한계

Access권도 일반적 법률유보에 의해 제한될 수 있다. Access권이 보장된다고 하여 언론사의 언론의 사유(특히 편집의 사유)를 침해할 수 없다. Access권은 신문의 편집권이나 방송의 편성권과 충돌되며, 언론기관의 보도의 자유를 위축시킬 수 있으므로 양자의 균형있는 조화가 요구된다. Access권이 인격적 가치를 내용으로 하거나 민주정치의 여론형성에 꼭 필요한 경우에는 편집(방송)의 자유보다 더 강한 보호가 요구된다.

⑷ 언론기관의 설립자유

㈎ 시설기준 법정주의

헌법(§21③)은 통신·방송의 시설기준을 법률로 정하도록 규정하고 있다. 이는 언론기관의 설립자유를 보장함과 동시에 언론기관의 남설 방지의 의미를 지닌다. 필요한 사항을 법률로 정함에 있어 설립보장에 중점을 두어야지 설립제한에 무게를 두어서는 안 된다. 통신이나 방송의 기준이 지나치게 엄격하면 언론기관의 설립자유를 침해할 우려가 크기 때문이다. 신문법은 ㉠ 신문이나 인터넷 신문 발행에 일정사항의 등록을 요구하며(§9), ㉡ 신문 중 일간신문과 일반주간신문의 발행은 법인만이 할 수 있도록 하고 있고(§13③), ㉢ 일정한 자(§13①, ④)는 신문의 발행인이나 편집인이 될 수 없도록 제한하고 있다.

㈏ 언론기관의 독과점방지

언론기관의 자유로운 설립의 보장은 언론기관의 독과점을 제거하고 방지하여준다. 언론기관이 재벌기업에 의해 독과점되는 경우 언론이 상품화될 수 있고, 특정기업의 이해에 따라 국민의사가 왜곡될 수 있다. 언론매체의 독과점현상은 언론출판의 자유에 대한 중대한 위협이 되므로 언론기관의 독과점은 허용될 수 없으며, 독과점방지의 필요성이 요구되고 긍정된다.

2010년 개정된 신문법은 신문, 뉴스통신, 방송사업간의 겸영을 금지하는 규정

(구 신문법 §15②)과 일간신문·뉴스통신 또는 방송사업을 경영하는 법인 간의 상호소유를 제한하는 규정(구 신문법 §15③)을 삭제함으로써, 언론매체 간 동종·이종을 불문하고 겸영을 허용하였고 또 상호소유가 가능하도록 하였다. 단 대기업의 일반 일간신문의 소유만을 제한하고 있다(신문법 §18).

(5) 언론기관의 자유(신문과 방송의 자유)

(가) 의 의

언론출판의 자유는 신문과 방송의 자유와 같은 언론기관의 자유를 보장한다. 표현의 자유를 보장하고 활성화하기 위해서는 신문과 방송에게 자유로운 활동을 보장해 주어야 한다. 언론매체의 자유로운 활동 없이는 올바른 여론 형성이 불가능하며 그 결과 여론에 기초를 두는 민주주의도 성공할 수 없기 때문이다. 신문의 자유에 대한 국가개입은 허용되지 않으나 신문의 경향과 독과점이 결합하여 민주주의를 위협하게 될 때 신문에 대한 국가의 개입은 정당화된다.

한편 방송은 신문과 다른 특성을 지니고 있어 신문과 동일한 접근이 허용될 수 없다. 주파수 제한이라는 기술적 조건으로 인해 방송의 다양성이 만들어지기 어렵기 때문에 방송의 객관성을 실현하기 위해서는 방송에 대한 외부관여가 요청되며 국가개입이 정당화된다.

(나) 신문의 자유와 방송의 자유의 객체

신문의 자유에서 신문이란 정기적으로 발행되는 인쇄물을 말한다. 신문은 정기성과 계속성이 요구된다(신문법 §2). 신문의 개념을 광의로 보아 부정기적 성격의 간행물을 포함시키는 견해가 있으나, 임시로 발행되는 여러 형태의 유인물은 신문이라기보다는 단순한 의사표현의 한 형식으로 보아야 한다. 또한 방송이란 방송프로그램을 기획·편성 또는 제작하여 이를 시청자에게 전기통신설비에 의하여 송신하는 것을 말한다(방송법 §2, 1호).

(다) 내 용

① 언론기관의 대외적 자유

㉠ 보도(방송)의 자유　　보도(방송)의 자유란 언론기관이 신문(방송)을 통해 의사를 표현하고 사실을 전달함으로써 여론형성에 기여할 수 있는 자유를 말한다. 언론기관은 보도나 방송을 통하여 국민에게 정보를 제공하며, 여론형성에 기여하고, 동시에 국가에 대한 권력통제의 기능을 담당한다.

㉡ 취재의 자유　　보도(방송)를 위해서는 자유로운 취재의 자유가 보장되어야 한다. 언론기관이 정부가 제공하는 뉴스만을 보도(방송)한다면 더 이상 언론기관으로 볼 수 없기 때문이다.

취재의 자유에 취재원을 말하지 않을 취재원묵비권(비닉권)이 포함되는가에 관하여 다툼이 크다. 취재원묵비권이란 정보를 수집한 언론매체종사자가 자신이 수집한 정보의 출처를 비밀로 할 수 있는 권리를 말한다. 이는 재판의 증언과정에서 취재원의 출처를 밝히기를 거부할 수 있는 권리를 말한다. 묵비권인정설은 익명을 조건으로 정보를 제공한 취재원의 신원을 밝히는 것은 표현의 자유에 대한 중대한 위협이 되며, 기자에게 정보제공을 꺼리게 되므로, 진실보도·사실보도·공정보도를 위하여 묵비권이 인정되어야 한다고 한다. 그러나 묵비권의 전면적 허용은 타당하지 않다. 제한 없는 묵비권인정은 언론인과 취재원 사이에 담합이 이루어질 수 있으며, 부정직하고 부정확한 사실이 전달되어 실체적 진실발견을 저해할 수 있고, 이는 결국 공정한 재판에 한 중대한 위협이 될 수 있기 때문이다. 취재원묵비권의 인정여부는 이를 일률적으로 정하기보다는, 개별사건마다 사건의 성질과 양태, 취재원을 밝힐 필요성을 종합적으로 고려하여 판단하여야 한다.

㉢ 제작, 배포, 보급의 자유　　신문의 경우 제작·배포·보급의 자유가 보장되어야 한다. 제작의 자유는 신문의 표지, 형식, 편집작업의 비밀성을 포함한다.

② 언론기관의 대내적 자유　　편집의 자유가 문제된다. 신문이나 방송이 전달할 내용은 사실 그 자체가 아니라 신문이나 방송이 자신의 판단에 따라 다시 만든 생산물이어서, 편집과정에서의 자유와 독립이 절실히 요망된다. 편집이 경영으로부터 독립이 강조되는 이유이다. 신문의 편집인은 신문이 무엇을, 어느 정도로, 또 어떤 방향으로 보도할 것인가를 판단할 수 있는 편집권을 향유한다. 신문의 편집권은 국가 등 외부세력으로부터 규제·간섭을 받지 않으며(신문법 § 3②), 신문기업 내부에서 발행인에 의한 개입으로부터 보호되어야 한다(신문의 내적 자유, 신문법 § 3③). 신문의 내적 자유의 경우 편집종사자(편집인, 기자)에게 독점적 편집권이 인정되었다고 볼 수 없다. 신문법과 방송법은 편집의 자유와 독립성을 특히 강조하고 있다. 신문 및 인터넷 신문사업자는 편집인의 자율적인 편집을 보장하여야 하며(신문법 § 4), 방송사업자 역시 방송편성책임자의 자율적인 방송편성을 보장하여야 한다(방송법 § 4③).

3. 언론·출판의 자유의 효력

언론·출판의 자유는 대국가적 효력을 지니며 간접적 대사인효를 지닌다.

4. 언론·출판의 자유의 헌법적 한계

언론·출판의 자유는 공동체의 존립 자체를 파괴하거나 공동체에 소속되어 있는 다른 구성원의 인간성과 인격을 파괴할 수 없다. 헌법(§21④)은 언론·출판의 자유에 대한 한계를 분명히 밝히고 있다. 헌법 제21조 제4항은 헌법 제21조 제1항의 언론·출판의 자유의 헌법적 한계를 규정한 것으로서, 언론출판의 자유의 내재적 한계를 헌법이 확인한 것으로 보아야 한다. 보호영역의 한계설정으로 보는 것은 적절치 않다.

(1) 타인의 명예나 권리침해

언론 출판은 타인의 명예나 권리를 침해해서는 안 된다. 타인의 명예나 권리는 타인의 명예·초상·성명·사생활의 비밀 등을 말한다. 명예란 자신에 대한 사회적 평가를 총칭하는 것으로 언론출판으로 인한 명예훼손의 경우 민형사상 책임을 지우고 있다. 초상권이란 자신의 초상에 대하여 갖는 인격적·재산적 이익을 말한다. 자신의 얼굴이나 특정인을 식별할 수 있는 신체적 특징이 함부로 촬영되거나 또는 자신과 무관한 기사나 방송에 자신의 사진이 게재되는 경우 초상권침해가 된다. 또한 유명인사(배우, 선수)의 출연을 예고하는 허위광고나 그 이름을 사용한 게임물의 제작·판매는 성명권에 대한 침해가 된다. 대법원은 잡지에 개인에 대한 인신공격적 내용의 수기를 그대로 게재한 경우 잡지 발행인에게 명예훼손으로 인한 손해배상책임을 인정하였다.

(2) 공중도덕이나 사회윤리 침해

헌법(§22①)이 기본권으로 보장하는 표현의 자유도 헌법 제21조 제4항은 공중도덕이나 사회윤리를 침해하는 경우에는 이를 제한할 수 있도록 하였다. 이에 따라 형법에서는 건전한 성적 풍속 내지 성도덕을 보호하기 위하여 음란한 문서를 판매한 자(§243)와 음란한 문서를 제조한 자(§244)를 각 처벌하도록 규정하고 있다. 또한 "잡지 등 정기간행물의 진흥에 관한 법률"(§24②)은 '음란한 내용의 정기간행물을 발행하여 공중도덕이나 사회 윤리를 현저하게 침해한 때'에는 정기간행물의 발행을 정지할 수 있도록 하였다. 헌법재판소는 등록된 출판사가 음란 또는 저속한 간행물을 출판하여 공중도덕이나 사회윤리를 침해하였다고 인정되는 경우 등록청이 그 출판사의 등록을 취소할 수 있도록 한, '출판사 및 인쇄소의 등록에 관한 법률' 제 5 조의2 제 5 호의 "음란 또는 저속한 간행물"에 관한 부분 중 "음란한 간행물"에 관한 부분은 헌법에 위반되지 아니하고, "저속한 간행물"에 관한 부분은 헌법에 위반된다고 하였다.

5. 언론·출판의 자유에 대한 제한과 그 한계

(1) 제 한

(가) 사전제약

① 허가제 금지 언론출판에 대한 허가제는 금지된다. 그러나 등록제와 신고제는 허가제금지에 위배되지 않는다. 등록제는 무책임한 신문이나 정간물의 난립을 방지하고 언론출판의 공적 기능과 언론의 건전한 발전을 위한 것으로 허가제와 구별되며, 허용된다. 그러나 등록사항이 정기간행물발행에 필요한 외형적 물적 시설이 아니라 언론의 자유와 보도의 내용을 간섭하거나 허가하는 것이라면, 또 등록요건이 너무 엄격하여 언론·출판에 대한 실질적 제한이 되는 경우 그러한 등록제는 위헌이다.

방송법(§9①)은 지상파방송을 하고자 하는 자에게 방송위원회의 허가를 받도록 규정하고 있다. 방송매체는 직접적으로 대중에게 전파되기 때문에 강한 호소력을 지니며, 대중조작이 가능하고, 방송이 사회적으로 강한 영향력을 발휘하는 추세에 있으므로, 방송의 기능을 보장하면서 그 폐해를 방지할 필요성은 신문 등 인쇄매체보다 훨씬 높다. 따라서 입법자는 광범위한 형성재량을 가지고 방송의 설립 및 운영에 관한 실체적인 규율을 행할 수 있다고 보아야 한다. 방송사업 허가제는 위헌으로 보기 어렵다.

② 검열제 금지

㉠ 검열제금지 이유 언론·출판에 대하여 검열을 금지하는 것은, (사전)검열이 허용될 경우 행정기관이 자신에게 불리한 내용의 표현을 사전에 억제함으로써 관제의견이나 권력에 유익한 여론만이 허용되게 되어 국민의 표현활동의 독창성과 창의성을 침해할 수 있기 때문이다.

㉡ 검열의 개념 검열이란 허가받지 않은 사상이나 의견의 발표를 금지하는 것으로서, 행정권이 주체가 되어 사상이나 의견이 발표되기 전에 그 내용을 심사·선별하여 발표를 사전에 억제하는 제도를 말한다. 헌법 제21조 제 2 항이 금지하는 검열은 사전검열만을 의미하므로 개인이 정보와 사상을 발표하기 이전에 국가기관이 미리 그 내용을 심사·선별하여 일정한 범위 내에서 발표를 저지하는 것만을 의미하고, 헌법상 보호되지 않는 의사표현에 대하여 공개한 뒤에 국가기관이 간섭하는 것을 금지하는 것은 아니다. 행정권이 주체가 되고 표현물의 제출의무 및 허가를 받지 않은 의사표현의 금지 그리고 심사절차를 관철할 수 있는 강제수단을 갖춘 경우에는 그 명칭에 구애받지 않고 검열에 해당된다. 그러나 표현물의 내용에 관한 것이 아닌 옥외광고물의 종류·모양 등에 대한 통제나, 등급심사를 위한 사전심사는 검열에 해당하지 않는다. 또한 교과서 검인정제도는 연구결과를 일반저작물로 출판하는 것을 금지하는 것이 아니라 출판물을 교과서로 사용할 수 없도록 한 것에 불과하므로 검열로 볼 수 없다.

㉢ 영화·연예에 대한 검열 영화·연예에 대한 검열이 가능한가가 문제된다. 제 3 공화국 헌법(4, 5공화국 헌법 역시)은 영화·연예에 대한 검열이 가능하다는 규정을 두었으나 현행 헌법은 이에 대해 침묵하고 있다. 영화가 사회윤리나 공중도덕에 대해 지니는 직접적이고 강력한 또 광범위한 영향력 때문에 이에 대한 사전규제의 필요성은 긴절하다고 할 수 있다. 그러나 이에 대한 규제가 표현의 본질에 대한 침해가 되어서도 안 되기에 양자의 적절한 조화가 모색되어야 한다.

㉣ 사전심의 영화에 대한 심의제도는 영화법이 처음으로 만들어질 때부터 도입되었다. 심의주체는 처음에는 문공부장관이었고 그 후에는 공연윤리위원회이었는데, 헌법재판소는 영화, 음반, 비디오물에 대한 공연윤리위원회에 의한 사전심의가 사전검열에 해당하는 것으로 판단하여 각각 모두 위헌 선언하였다. 또한 헌법재판소는 '음반 및 비디오물에 관한 법률'에 대한 위헌사건에서 한국공연예술진흥협의회에 의한 비디오물의 사전심의도 사전검열에 해당한다 하였고, 또 영상물등급위원회도 검열기관에 해당하며, 영상물등급위원회에 의한 등급분류보류제도 역시 사전검열에 해당한다고 하였다. 헌법재판소는 텔레비전 방송광고를 하고자 하는 자에게 방송국에 이에 대한 청약을 하기 전에 먼저 방송위원회의 사전심의를 얻도록 한 것은 사전검열금지에 위배된다고 하였다. 한편 헌법재판소는 건강기능식품의 기능성 표시·광고에 식품의약품안전청장이 정한 사전심의를 얻도록 한 것은 사전검열

금지에 위배되지 않는다고 하였다. 헌법재판소는 민간심의기구(의사협회)가 심의를 담당하는 경우에도 행정권의 개입 때문에 자율성이 보장되지 않는다면, 헌법이 금지하는 행정기관에 의한 사전검열에 해당되며, 따라서 의사협회의 사전심의를 받지 아니한 의료광고를 금지하고 이를 위반한 경우 처벌하는 것은 위헌이라고 하였다.

헌법재판소는 건강기능식품의 기능성 광고는 인체의 구조 및 기능에 대하여 보건용도에 유용한 효과를 준다는 기능성 등에 관한 정보를 널리 알려 해당 건강기능식품의 소비를 촉진시키기 위한 상업광고이지만, 헌법 제21조의 표현의 자유의 보호대상이 됨과 동시에 사전검열 금지 대상도 되며, 한국건강기능식품협회가 행하는 건강기능식품 기능성광고 사전심의는 헌법이 금지하는 사전검열에 해당하므로 헌법에 위반된다고 하여, 사전검열이 아니라고 한 선례(2006헌바75)를 변경하였다.

ⓜ 등급심사와 등급보류 영화가 상영된 후 나타날 수 있는 실정법위반의 가능성을 사전에 막고 청소년 등에 대한 상영이 부적절하다고 판단된 경우, 이를 유통단계에서 효과적으로 관리할 수 있도록 등급보류를 목적으로 하는 등급심사는 사전검열에 해당되지 않는다. 그러나 등급보류제도는 등급분류를 받지 아니한 영화의 상영을 금지하고 있고, 이를 위반할 경우 형벌까지 부과할 수 있도록 하며, 등급분류보류의 횟수제한이 없어 실질적으로 영상물등급위원회의 허가를 받지 않는 한 영화를 통한 의사표현이 무한정 금지될 수 있으므로 검열에 해당한다.

(나) 사후제약

언론·출판의 자유도 헌법 제37조 제 2 항에 따라 법률로 제한된다. 그러나 언론 출판의 자유가 민주주의 초석이라는 헌법적 의의를 고려할 때 다른 기본권과 다른 대우가 요청된다. 따라서 표현의 자유에 대한 제한은 엄격한 심사기준이 적용되어야 한다. 표현의 자유는 주로 공익이나 명예와 충돌된다.

① 명예와 표현의 자유 – 현실적 악의이론(Actual Malice)

㉠ 개 념 현실적 악의이론이란 공직자의 공적행위에 관한 언론기관의 보도에 대하여 언론기관이 그 보도내용이 허위임을 알면서 또는 중대한 과실로 이를 알지 못하고 보도한 경우에 한해 언론기관에게 명예훼손으로 인한 손해배상책임을 지울 수 있다는 원칙을 말한다. 현실적 악의란 허위임을 알았거나 중대한 과실로 허위임을 알지 못한 것을 말한다. 현실적 악의이론은 New York Times v. Sullivan 사건(1964)에서 미 연방대법원이 정립한 이론으로, 전통적인 명예훼손이론을 헌법

적 차원에서 재정립한 것으로 언론자유의 보장역사에서 기념비적인 판결로 평가되기도 한다.

㉡ 내 용 전통적 이론에 의하면, 명예훼손을 다투는 경우 원고는 보도의 허위성을 주장하고 허위성에 관한 입증책임은 피고가 부담하였다. 즉 피고인 언론기관이 자신의 보도가 허위가 아님을 입증하여야 한다. 그러나 현실적 악의이론을 수용하게 되면 원고가 언론기관의 현실적 악의를 입증하여야 하므로 입증책임이 전환되고, 결과적으로 언론기관의 입지는 강화된다. 원고가 언론기관이 보도가 허위임을 알았거나 중대한 과실로 이를 알지 못하였음을 입증하여야 하기 때문이다. 헌법재판소는 김일성 애도편지 사건에서 현실적 악의이론을 수용한 듯한 결정을 내린 바 있으나 완전수용으로 보기는 어렵다. 다만 대법원은 현실적 악의를 수용하고 있지 않다.

② 공익과 표현의 자유(명백하고 현존하는 위험의 법리)

㉠ 의 의 명백현존위험 원칙이란 표현을 제한하지 않을 때 나타날 수 있는 위험이 명백하고 현존할 경우에만 표현의 자유에 대한 제한이 정당화된다는 법리를 말한다. 이는 Schenck v. U. S. 사건(1919)에서 Holmes 판사가 처음으로 주장한 이론으로, 미국은 물론 전 세계적으로도 언론의 자유에 대한 제한과 관련된 판결에 지대한 영향을 주었다.

㉡ 내 용 명백현존위험 원칙이란 일정한 표현이 국가가 수호해야 할 이익에 실질적 해악을 가져올 것이 명백하고 그 위험이 현존하는 것일 때 한하여 표현제한이 정당화된다는 원리이다. 실질적 해악이란 국가가 방지할 필요가 있는 이익에 대한 침해나 위협을 말한다. 또 명백이란 표현과 해악 간에 명확한 인과관계의 존재를 말하며, 현존이란 표현으로 인한 해악발생이 시간적으로 근접한 것을 말한다. 이는 단순한 위험의 경향이 있다는 이유만으로 표현을 규제해서는 안 된다는 것이다.

㉢ 판 례 헌법재판소는 국가보안법 제 7 조 제 5 항에 대하여 그 소정행위에 의하여 국가의 존립·안전이나 자유민주적 기본질서에 실질적 해악을 줄 명백한 위험성이 있는 경우에 처벌되는 것으로 축소제한 해석을 하는 한 헌법에 위반되지 않는다고 판시하였는데, 이는 명백현존의 위험의 법리를 염두에 둔 헌법해석으로 보여진다. 비록 소수의견이었지만, '의사표현행위를 처벌하기 위해서는 그것이 장래

에 있어 국가나 사회에 단지 해로운 결과를 가져올 수 있는 성향을 띠었다는 것만으로는 부족하고, 법률에 의하여 금지된 해악을 초래할 명백하고도 현실적인 위험성이 입증된 경우에 한정되어야 하는 것이다(명백하고도 현존하는 위험의 원칙)'라고 하여 명시적으로 동 이론을 수용하였다.

(2) 한 계

언론·출판의 자유를 제한하는 경우에도 그 본질적 내용은 침해할 수 없다. 언론·출판에 대한 허가제나 검열제를 도입하는 것이나 국영의 보도기관만을 허용하는 것은 표현의 자유의 본질적 내용에 대한 침해가 된다. 또한 언론기관에 대한 행정기관의 임의적인 등록취소역시 언론·출판의 본질적 내용을 침해하는 것으로 허용되지 않는다. 헌법재판소는 인터넷게시판을 설치·운영하는 정보통신서비스 제공자에게 본인확인조치의무를 부과하여 게시판 이용자로 하여금 본인확인절차를 거쳐야만 게시판을 이용할 수 있도록 한 '본인확인제'를 위헌이라 하였다. 헌법재판소는 지역농협 이사 선거의 경우 선거 공보의 배부를 통한 선거운동만을 허용하고 전화(문자메시지를 포함)·컴퓨터통신(전자우편을 포함)을 이용한 지지 호소의 선거운동 방법을 금지하고, 이를 위반한 자를 처벌하는 농업협동조합법은 표현의 자유에 대한 침해가 된다고 하였다.

헌법재판소는 또한 사생활 침해를 이유로 침해받은 자가 삭제요청을 한 경우, 권리침해 여부를 판단하기 어렵거나 이해당사자 간에 다툼이 예상되는 경우에는 30일 이내에서 정보에 대한 접근을 임시적으로 차단하는 조치를 하도록 한 것은 표현의 자유에 대한 침해로 볼 수 없다. 객관적이지 못하고 진실하지 못한 의료광고는 의료피해로 이어지고, 비정상적 광고경쟁을 유발할 수 있으므로 소비자를 현혹할 우려가 있는 내용의 의료광고를 금지하는 것이 표현의 자유나 직업수행의 자유를 침해한다고 볼 수 없다고 하였다.

Ⅳ. 집회·결사의 자유

헌법 제21조 제 1 항은 '모든 국민은 집회·결사의 자유를 가진다'고 하여 집회결사의 자유를 보장하고 있고, 제 2 항은 '집회·결사에 대한 허가는 인정되지 아니한다'고 하여 집회결사의 허가제를 금하고 있다.

1. 집회의 자유

(1) 의 의

(가) 연혁과 기능

집회의 자유가 헌법에 처음 등장하게 된 것은 바이마르 헌법(§123)부터이다. 집회의 자유와 결사의 자유는 통상 하나의 조문에서 규정하는 것이 헌법의 일반적인 태도이다. 미국 연방헌법이나 일본 헌법 그리고 현행 헌법은 동일한 조문에서 다루고 있다. 반면 바이마르 헌법이나 독일 헌법은 양자를 별개의 조문에서 규율하고 있다.

집회의 자유는 민주주의 실현에 매우 중요한 역할을 담당하는 기본권이다. 집회의 자유는 자신의 의견을 집단적으로 표명함으로써 여론형성에 기여하며, 언론매체에 접근하기 어려운 소수집단으로 하여금 불특정 다수에게 의사를 전달할 수 있도록 함으로써 소수보호에 기여한다.

(나) 개 념

집회의 자유란 다수인이 공동의 목적을 가지고 일시적으로 모이는 자유를 말한다. 집회의 자유는 다수의 집단적 의사표명을 보장한다는 점에서 개별적 의사표명을 보호하는 언론·출판과 구별되며, 의사표현을 말 또는 글 대신에 모여서 한다는 점에 차이가 있다.

① 다 수 인　　헌법적으로 집회가 성립되기 위해서는 다수인이어야 하는데 최소한의 수는 3인으로 본다. 소위 '1인시위'라 불리는 것이 있지만 이는 의사표현의 문제일 뿐 집회의 자유의 적용대상이 아니다.

② 평화적(비폭력적) 집회　　집회는 당연히 평화적이며 비폭력적 집회이어야 한다. 이는 집회의 개념내재적 한계에 속한다. 민주국가에서 정신적 대립과 논의의 수단으로서 평화적 수단을 이용한 의견표명은 헌법적으로 보호되지만 폭력을 사용한 의견의 강요는 헌법적으로 보호될 수 없기 때문이다.

③ 공동의 목적　　집회는 공동의 목적을 지녀야 하므로 공동의 목적에 따른 내적 유대감이 없는 군집은 집회로 볼 수 없다.

④ 의사형성에 기여　　집회는 의사형성에 기여하여야 한다. 의사형성의 범위에 관하여, ㉠ 민주적 공동생활에 관한 공적사항으로 국한시키는 견해(협의설), ㉡ 반드

시 공적 사항일 필요는 없으나 의사표현을 목적으로 해야 한다는 견해(광의설), ㉢ 타인과 접촉을 목적으로 하면 족하고 반드시 의사표현을 위한 것일 필요가 없다고 하는 견해(최광의설)로 나누인다. 광의설이 다수설이며 타당하다.

(다) 종 류

집회는 장소에 따라(옥내, 옥외), 목적에 따라(정치적, 비정치적), 성질에 따라(평화, 비평화), 시간에 따라(주간, 야간) 구별된다. 헌법적 설명이 요구되는 집회만 살펴보기로 한다.

① 옥외집회와 시위

㉠ **옥외집회** 옥외집회의 개념에 대하여 헌법은 침묵하고 있지만 '집회 및 시위에 관한 법률'(이하, 집시법) 제 2 조 제 1 호는 '천장이 없거나 사방이 폐쇄되지 않은 장소에서의 집회'라고 정의하고 있다. 집시법이 옥외집회와 옥내를 구별하면서 옥외집회에 대해 일정한 제한(신고의무)을 가하는 이유는 옥외집회는 공익 또는 다른 기본권과 충돌할 가능성이 옥내집회에 비해 크기 때문이다.

㉡ **시 위** 시위란 여러 사람이 공동의 목적을 가지고 도로·광장·공원 등 일반인이 자유로이 통행할 수 있는 장소를 행진하거나 위력 또는 기세를 보여, 불특정한 여러 사람의 의견에 영향을 주거나 제압을 가하는 행위를 말한다(집시법 §2, 2호). 법이 정한 시위의 개념을 보면, 목적은 '다수인이 공동목적을 가지고 불특정 다수인의 의견에 영향을 주기 위한 것'이며, 방법은 '행진 또는 위력이나 기세를 보이는 방법'으로, 장소는 '일반인이 자유로이 통행할 수 있는 장소'에서 이루어져야 한다.

㉢ **우발적 집회** 우발적 집회란 계획되지 않은 집회를 말한다. 우발적으로 이루어지는 자연발생적 집회의 경우, 신고의무가 불가능하므로 우발적 집회에 대하여 계획된 집회에 적용되는 신고의무가 그대로 적용될 수 없다. 따라서 사전신고가 없었다고 무조건 불법집회로 볼 것이 아니라 집회의 목적·방법 등을 감안하여 신고된 집회와 마찬가지로 집회로 보호되어야 한다.

㉣ **긴급집회** 긴급집회란 사전계획은 있었으나 사안의 긴급성 때문에 사전신고기간(48시간) 전에 신고가 불가능한 집회를 말한다. 사전신고의무의 이행이 불가능한 것이 우발적 집회라면, 긴급집회는 사전신고기간의 준수가 불가능한 집회를 말한다.

(라) 법적 성격

집회의 자유는 공권력으로부터 집회의 개최나 참가를 방해받지 않는 방어권의 성격을 지닌다. 동시에 집회의 자유는 집단적 의견표명을 통해 여론을 형성한다는 점에서 민주적 공동체가 기능하기 위한 불가결의 구성요소의 성격을 지닌다. 집회의 자유의 객관적 가치질서의 성격은 민형사법률의 해석·적용에 영향을 미친다.

(마) 주 체

집회의 자유의 향유주체는 모든 국민이다. 외국인이 포함될 것인가에 관하여 학설이 대립한다. 부정설이 지배적인데 외국인을 주체에서 배제할 이유가 없다.

(2) 집회의 자유의 내용

(가) 집회 개최 및 진행의 자유

집회의 자유는 집회를 개최하고 진행하는 자유를 보장한다. 집회를 개최하고 진행함에 있어 집회의 목적, 시간, 장소, 방법을 스스로 결정할 수 있다. 집회의 자유는 집회준비행위까지 보호한다. 또한 집회의 자유는 집회의 개최를 강요받지 않을 자유도 보장한다. 집회·시위의 자유에는 장소선택의 자유가 포함된다. 자신이 계획한 집회를 어떤 장소에서 할 것인가를 자유롭게 결정할 수 있을 때 비로소 효과적인 집회가 보장될 수 있다. 집회의 자유는 원칙적으로 집회장소를 항의의 대상으로부터 분리하는 것을 금지한다.

(나) 집회에 참가할 자유

집회의 자유는 집회에 참가할 자유를 보장한다. 집회참가자는 참가의 형태와 정도 및 참여복장 등을 자유롭게 결정할 수 있다. 집회를 방해할 목적으로 집회에 참가하는 것은 보호되지 않는다. 집회에 참가하는 것을 방해하는 국가행위는 금지된다.

(다) 집회에서의 의견표명(연설과 토론)

집회에서의 의견표명이 집회의 자유에 속하는지 아니면 표현의 자유의 내용으로 볼 것인지가 문제된다. 표현의 자유로 보는 견해와 집회의 자유의 당연한 내용으로 보는 견해의 대립이 그것이다. 생각건대, 의사표현과 무관한 집회가 있을 수 없고, 집회가 집단적으로 의사를 표현하는 것이란 점에서 양자를 분리하지 않는 견해가 설득력이 없는 것은 아니나 양자는 분리되어 이해되어야 한다.

(3) 절차(신고의무)

(가) 신고의무의 의의

집회의 자유는 그 기본권 행사과정에서 법익충돌이 예상되므로 사전예방책이 요구된다. 집시법은 옥외집회 및 시위의 경우 일정한 신고의무를 명하고 있다. 신고의무의 기본취지는 집회를 금지하는 데 있는 것이 아니라 계획된 집회를 가능하게 하면서 제 3 자의 기본권적 이익이나 공익과의 조화를 도모하여 법익충돌을 방지하고 예방하는데 있다. 따라서 신고의무는 헌법 제21조가 금지하는 허가에 해당되지 않으며, 헌법 제37조 제 2 항에 따른 집회의 자유에 대한 제한에 해당되나 집회의 자유에 대한 침해로 볼 수 없다. 집시법 제 6 조의 신고는 수리를 요하지 않는 신고, 즉 자기완결적 신고로 보아야 한다.

(나) 신고절차

옥외집회 및 시위를 하고자 하는 자(주최자)는 목적·일시·장소·주최자·연락책임자·질서유지인의 성명·직업 등을 기재한 신고서를 720시간 전부터 48시간 전에 관할 경찰서장에게 제출하여야 한다(집시법 §6). 관할 경찰서장은 신고서의 미비사항이 있을 때에는 보완을 명할 수 있다(집시법 §7).

접수된 집회·시위가 집시법에 저촉되는 경우 접수한 때부터 48시간 이내에 집회·시위의 금지를 주최자에게 통고할 수 있다(집시법 §8). 금지통고에 대하여는 10일 이내에 해당 경찰관서의 바로 위의 상급경찰관서의 장에게 이의신청을 할 수 있으며(집시법 §9①), 이의신청 접수 시부터 24시간 이내에 재결하여야 하고, 만일 재결기간이내에 재결서를 발송하지 않으면 금지통고는 소급하여 효력을 상실한다(집시법 §9②). 금지통고가 위법하거나 부당한 것으로 재결되거나 그 효력을 잃게 된 경우 최초의 신고대로 집회를 할 수 있다.

학문, 예술, 체육, 종교, 의식, 친목, 오락, 관혼상제 및 국경행사에 관한 집회는 신고 없이 할 수 있다(집시법 §15). 사전에 신고하지 않거나 신고내용과 다른 집회라 하여 무조건 집회금지나 집회해산의 대상으로 삼아서는 안 된다. 공공의 안녕질서에 대한 직접적인 위협이 존재하는 조건하에서만 집회금지나 집회해산은 정당화된다. 그렇다면 집시법(§8)의 금지통고 역시 제한통고(소위 조건부 허용)를 통해 공공의 안녕질서에 대한 위험성을 제거할 수 없을 경우에 한해 비로소 정당화된다(비례의 원칙). 헌법재판소는 신고한 목적, 일시, 장소, 방법 등의 범위를 뚜렷이 벗어난 옥외집회를 금지 및 처벌하는 '집회 및 시위에 관한 법률(§16, 3호)'의 "뚜렷이" 부분은 명확성원칙에 위배되지 않는다고 하였다.

(4) 집회의 자유의 효력

집회의 자유는 대국가적 효력을 지니며 간접적 대사인효를 지닌다.

(5) 집회의 자유에 대한 제한과 한계

(가) 제21조에 의한 제한(허가금지)

헌법은 제21조 제 2 항에서 집회에 대한 허가를 금지하고 있다. 헌법에서 금지하고 있는 허가는 '행정권'이 주체가 되어 집회 이전에 예방적 조치로서 집회의 내용·시간·장소 등을 사전 심사하여 일반적인 집회금지를 특정한 경우에 해제함으로써 집회를 할 수 있게 하는 제도를 의미한다. 집회의 허가제는 집회에 대한 검열과 같은 것으로 허용되지 않는다.

헌법이 불허하는 허가금지의 대상이 집회의 내용(목적)인지 아니면 집회의 시간·장소까지도 포함하는지가 문제된다. 헌법재판소(다수의견)는 허가금지의 대상을 내용 이외에도 시간·장소까지로 이해하고 있으나, 허가금지의 대상은 집회내용(목적)으로 한정하여야 한다. 집회의 내용에 따라 허가 여부를 결정하는 것은 일종의 표현에 대한 검열에 해당하므로 허용될 수 없으나(절대적 금지), 집회장소나 집회시간과 같이 내용중립적인 집회의 실행과 관련된 허가는 가능하고 필요하다고 보며, 이에 대한 규제는 허가제금지(§21②)에 위배되지 않는다. 이러한 접근은 언론출판의 내용만을 검열금지대상으로 이해하는 것과도 조화를 이룬다.

(나) 제37조 제 2 항에 의한 제한(과잉금지)

집회의 자유는 헌법 제37조 제 2 항에 따라 법률에 의해 제한된다. 집회의 자유에 대한 제한 역시 비례원칙이 적용되어야 함은 물론이다. 집회의 금지와 해산은 공공의 안녕질서에 대한 직접적인 위협이 명백하게 존재하는 경우에 한하여 허용된다. 집회에 수반되는 불가피한 불편함, 소음, 교통장애 등은 수인되어야 한다.

① 시간적 제한　　집시법(§10)은 일출 전 또는 일몰 후 옥외집회 또는 시위는 금지되며, 주최자가 질서유지인을 두고 미리 신고한 경우에는 일정한 조건하에 허용된다고 규정하고 있는데, 헌법 제21조 제 2 항 및 제37조 제 2 항과의 저촉 여부가 문제된다. 집회의 내용이 아닌 집회의 실행과 관련된 옥외집회의 시간이나 장소에

대한 행정권에 의한 사전적 규제는 가능하고 필요하다. 다만, 현행 집시법 제10조의 "해가 뜨기 전이나 해가 진 후"라는 광범위하고 가변적인 시간대를 기준으로 옥외 집회를 금지한 것은 집회에 대한 지나친 제한으로 과잉금지의 위반으로 보아야 한다. 헌법재판소는 집시법(§10)의 "옥외집회 및 시위"에 대해서 '해가 진 후부터 같은 날 24시까지의 시위'에 적용하는 한 헌법에 위반된다는 한정위헌결정을 내렸다.

② 장소적 제한　집시법(§11)은 ㉠ 국회의사당, 각급 법원, 헌법재판소, ㉡ 대통령 관저, 국회의장 공관, 대법원장 공관, 헌법재판소장 공관, 국무총리 공관, ㉢ 국내주재 외국의 외교기관이나 외교사절의 숙소 등의 경계지점으로부터 100m 이내의 장소에서는 옥외집회나 시위를 할 수 없도록 규정하고 있다. 다만 행진의 경우는 예외로 하고 있다. 헌법재판소는 집시법이 외교기관이나 외교사절의 숙소 인근의 집회를 전면적으로 금지한 것은 집회의 자유에 대한 침해라고 하였다. 또한 헌법재판소는 국회의사당의 경계지점으로부터 100m 이내의 장소에서 옥외집회 또는 시위를 금지하고 있는 것이나, 각급 법원의 경계 지점으로부터 100m 이내의 장소에서 옥외집회 또는 시위를 금지한 것, 그리고 국무총리 공관 인근에서 옥외집회·시위를 금지하고 있는 것은 집회의 자유를 침해한다고 하였다.

③ 방법적 제한　주요 도시의 주요 도로에서의 집회 또는 시위에 대하여 교통소통을 위하여 필요하다고 인정하면 이를 금지하거나 교통질서 유지를 위한 조건을 붙여 제한할 수 있다(집시법 §12). 또한 집회 또는 시위에서 타인에게 심각한 피해를 주는 소음을 발생시켜서는 아니 되며, 기준을 초과하여 소음을 발생시켜 타인에게 피해를 주는 경우에는 그 기준 이하의 소음 유지 또는 확성기 등의 사용 중지를 명하거나 확성기 등의 일시보관 등 필요한 조치를 할 수 있다(집시법 §14).

(다) 한　계

집회의 자유를 법률로 제한하더라도 집회의 자유의 본질적 내용은 침해할 수 없다. 과도한 사찰과 기록이 행해져서 집회참석을 포기할 정도에 이르게 되는 경우라면 집회의 자유의 본질적 침해가 된다. 집회의 자유에 대한 허가제 역시 본질적 침해가 된다. 헌법이 허가제를 금지하는 것(§21②)은 국가가 집회를 그 목적과 내용에 따라 자의적으로 금지하거나 허용하는 것을 방지하고자 함이다.

2. 결사의 자유

(1) 의　　의

(가) 개　　념

결사의 자유란 다수인이 공동의 목적을 실현하기 위하여 자유롭게 단체를 결성하는 자유를 말한다. 결사란 공동목적을 위하여 다수로 조직된 의사형성이 가능한 단체를 말한다. 다수란 집회의 자유와 마찬가지로 3인 이상이어야 한다. 공동의 목적은 주목적에 대한 동의가 있으면 충분하며 부수적 목적에 대한 동의까지 요구되지 않는다.

결사의 법적 형태는 결사의 자유를 향유하는 결사에 결정적 영향을 주지 못한다. 느슨한 시민운동단체에서부터 결속력 강한 단체 모두가 결사에 해당되며, 영리단체 역시 헌법상 결사의 자유에 의하여 보호된다. 결사는 어느 정도 계속성을 지녀야 한다. 다만 공법상 결사나 또는 법이 특별한 공공목적을 위하여 구성원의 자격을 정하고 있는 특수단체는 제21조의 결사개념에 포함되지 않는다. 또 정치, 종교, 학문, 예술, 노동목적 등을 위한 특수결사는 각각 해당 기본권에 의해 보호되므로 제21조의 결사에 해당되지 않는다.

(나) 기　　능

결사의 자유는 국민의 의사를 국정에 반영시키고 국정을 통제하는 역할을 담당한다. 동시에 단체를 통한 영향력 행사로 지속적이고 효과적인 정치투쟁을 가능하게 하여 준다. 또한 단체를 만들어 의사표현을 할 수 있어 사회적 약자를 보호하여 주며 소수의 의사표현을 가능케 한다.

(다) 법적 성격

결사의 자유는 자유로운 단체결성과 가입 및 탈퇴를 국가로부터 방해받지 않는 방어권의 성격과 단체를 통해 여론을 형성한다는 점에서 민주적 공동체가 기능하기 위한 불가결의 구성요소로서의 성격을 지닌다. 또 결사의 자유는 결사제도의 보장을 그 내용으로 한다.

(라) 주　　체

결사의 자유의 향유주체는 모든 국민이다. 외국인이 포함될 것인가에 관하여 학설이 대립하나, 외국인을 향유주체에서 배제할 이유가 없다. 결사의 자유는 법인도 주체가 될 수 있다. 공법인은 제외된다.

(2) 결사의 자유의 내용

(가) 적극적 결사의 자유

결사의 자유는 자유롭게 단체를 결성할 수 있는 자유를 보장한다. 결사의 설립 시기, 목적, 법적 형태, 명칭, 정관, 소재지 등을 자유롭게 정할 수 있다. 결사의 자유는 설립된 단체에 가입하고, 활동하며, 잔류할 자유를 보장한다. 결사의 자유는 결사의 창설단계에 대한 국가의 통제를 거부한다. 결사의 자유는 개인의 결사의 자유뿐만 아니라 결사 자체의 성립과 존속을 보장하는 집단적 결사의 자유(단체 자체의 자유)의 성격을 지닌다.

(나) 소극적 결사의 자유

결사의 자유는 결사에 가입하지 않을 자유와 탈퇴할 수 있는 자유를 보장한다. 즉 소극적 결사의 자유를 보장한다. 구성원자격을 강제적으로 부여하는 것은 허락될 수 없다. 개인은 탈퇴를 원하는데 단체는 탈퇴를 불허하고자 하는 경우, 개인의 소극적 자유와 단체의 집단적 결사가 충돌한다. 일반 단체의 경우 구성원의 소극적 결사가 (단체의 적극적 결사의 자유보다) 더 보장되어야 하나, 노동조합에 한해 단체의 적극적 결사의 자유와 구성원의 소극적 결사의 자유가 충돌되며, 양자의 규범조화적 해결이 요구된다. 다만 공법인(공법적 결사)의 경우 공법인은 결사의 자유의 주체가 아니므로, 공법인에 대한 가입강제는 구성원의 소극적 결사의 자유에 대한 침해 여부문제이지, 단체의 적극적 결사의 자유와의 충돌문제가 아니다.

공법적 결사에 대한 소극적 결사의 자유의 허용 여부(가입강제)가 문제된다. 공법적 결사에 대해 소극적 결사의 자유를 부정하는 것이 통설이다.

헌법재판소는 대한변리사회를 사법적 결사로 이해하면서 변리사회의 가입강제를 소극적 결사의 자유에 대한 제한으로 보고 있다.

(3) 결사의 자유의 효력

결사의 자유는 대국가적 효력을 지니며 간접적 대사인효를 지닌다.

(4) 결사의 자유에 대한 제한과 한계

결사의 자유는 일반적 법률유보(§37②)에 따라 법률로 제한할 수 있다. 다만 본질적 내용은 침해할 수 없다. 국가보안법과 형법은 반국가단체나 범죄단체의 조직을 금하고 있다. 결사에 대한 허가제나 사법적 결사에 대한 가입강제는 결사의 자유의 본질적 내용에 대한 침해가 된다. 헌법재판소는 축협은 사법인으로서 결사의 자유가 보장되며, 따라서 업종별 축협의 복수설립을 금하고 있는 것은 양축인의 결사의 자유를 침해한 것으로 위헌이라고 하였다. 반면 광역시의 군단위에는 상공회의소의 설치를 금지하는 것이 상공회의소의 결사의 자유에 대한 침해가 아니라고 하였다. 헌법재판소는 수협은 어업인의 자주적 협동조직으로 사법인적 성격을 지니고 있으므로 위 조합의 활동은 결사의 자유 보장의 대상이 되며, 수협의 조합장 선출행위는 결사 내 업무집행 및 의사결정기관의 구성에 관한 자율적인 활동이라 할 수 있고, 직선제 조합장선거의 경우 후보자가 아닌 사람의 선거운동을 전면 금지하고, 이를 위반하면 형사 처벌하도록 한 '공공단체등 위탁선거에 관한 법률(§24①)'은 조합장선거의 후보자 및 선거인인 조합원의 결사의 자유를 침해한 것으로 볼 수 없다고 하였다.

Ⅴ. 학문과 예술의 자유

헌법 제22조는 '모든 국민은 학문과 예술의 자유를 가진다. 저작가·발명가·과학기술자와 예술가의 권리는 법률로써 보호한다'고 하여 학문과 예술의 자유 및 지적재산권을 보장하고 있다.

1. 학문의 자유

(1) 의 의

㈎ 연 혁

학문의 자유는 17세기 영국의 Bacon, Milton 등에 의하여 주장되었으며, 최초로 헌법에 명문화된 것은 1849년의 Frankfurt 헌법(§152)이다. 1850년 프로이센 헌법(§20)에 이어 1919년 Weimar 헌법(§142)이 학문과 예술의 자유를 보장하였다. 우리 헌법은 건국헌법부터 학문의 자유를 규정하고 있다.

㈏ 개 념

학문의 자유란 진리를 탐구하는 자유를 말한다. 학문은 인간의 사고·탐구·행동과 관련된, 객관적이고 합리적으로 검증할 수 있는 진리에 대한 탐구이다. 진리탐구의 모든 행동이 학문이 될 수는 없다. 학문이 되기 위해서는 진리탐구나 지식획득을 목적으로 하며(목적성), 일정한 법칙에 기초하여 계획적이고 합리적인 방법(방법의 체계성)으로 이루어지는 것이어야 한다. 학문이 진리발견에 중점이 주어져 있다는 점에서 지식의 전달이나 인격형성에 초점을 맞추고 있는 교육과 구별된다.

(다) 법적 성격

학문의 자유는 국가로부터 학문연구를 간섭받지 않는 방어권의 성격을 지니며, 동시에 학문의 자유는 문화공동체의 객관적 가치질서의 요소가 된다. 또한 학문의 자유는 대학의 자치를 보장하는 제도보장의 성격을 지닌다.

(라) 주 체

학문의 자유는 학문적으로 활동하거나 하려는 모든 사람이 주체가 된다. 법인이나 단체도 주체가 된다. 진리탐구에 고도의 전문적 능력이 필요하고, 막대한 연구비 및 인적·물적 시설이 요구되는 현대의 새로운 학문적 환경에서는, 법인이나 단체의 주체성이 더 강하게 요구된다.

(2) 학문의 자유의 내용

(가) 학문연구의 자유

학문연구의 자유란 진리를 추구하는 자유로서, 사물의 바른 이치를 찾아내려는 모든 인간의 노력과 행위를 포함한다. 연구란 체계적이고 검증 가능한 방법으로 새로운 지식을 획득하려는 목적을 가진 행동으로, 연구대상(과제), 연구방법, 연구시기, 연구장소 등에 관한 공권력의 개입은 허용되지 않는다. 고도의 전문성에 기초한 학문연구에 대하여 상식적 판단에 입각한 공권력관여는 학문의 자유에 대한 중대한 위협이 되기 때문이다. 학문연구의 자유는 연구과정의 자유를 포함한다.

(나) 학문연구발표의 자유

학문연구발표의 자유란 연구결과를 교수 이외의 형태로 외부에 자유롭게 발표하는 자유를 말한다. 연구발표는 학회에서 또는 학술지나 저서 등으로 발표하는 것을 말한다. 대학의 강의실에서 발표하는 것은 후술하는 강학의 자유로 보장된다.

(다) 교수(講學)의 자유

교수(Lehrfreiheit)란 연구를 통해 획득한 지식의 학문적 전수를 말한다. 교수의 자유란 대학이나 고등교육기관의 교육자가 자신의 학문적 인식을 방해받지 않고 자유로이 전수할 수 있는 자유를 말한다. 대학의 교수(Professor)는 강의 내용이나 강의방법에 관하여 누구의 지시나 간섭을 받지 아니하며, 자기의 학문적 견해를 교수할 수 있다. 교수의 자유는 헌법을 비판할 수 있으나 헌법을 파괴하는 수단이 되어서는 안 된다. 교수(강학)란 연구결과를 전달하는 행위인 동시에 그 자체가 하나의 연구를 의미한다. 수강자와 함께 진리탐구를 모색하는 학술활동에 해당된다.

(라) 학문적 집회·결사의 자유

학문적 집회·결사의 자유란 학문연구나 발표를 위해 모이거나 단체를 형성하는 자유를 말한다. 학문적 집회·결사의 자유는 일반 집회·결사의 자유보다 더 많은 보호를 받는다(특별관계).

(3) 대학의 자치

(가) 의　　의

대학자치란 연구·교육에 대한 실질적 권한과 책임이 대학에 있다는 원칙을 말한다. 따라서 대학은 인사, 시설, 재정, 학사관리 등에 대한 자주성이 인정된다. 대학의 자치가 학문의 자유 그 자체는 아니지만 학문의 자유의 중요한 내용을 이룬다. 대학의 자치는 학문의 자유의 보장수단으로 대학에 부여된 헌법상 기본권이다. 대학의 자치의 주체는 대학이지만, 교수나 교수회도 주체가 된다. 동시에 대학의 자치는 대학의 자치제도의 보장이란 측면의 제도보장의 성격을 지닌다.

(나) 헌법적 근거

대학자치의 헌법적 근거를 교육에 관한 기본권(§31)에서 찾는 견해가 있으나, 학문의 자유에서 근거를 구하여야 한다. 대학의 자치는 학문의 자유를 실현시켜 주는 중요한 수단으로 학문의 자유의 한 내용이 되기 때문이다. 헌법 제31조 제 4 항의 대학의 자율성조항은 대학자치의 근거규정이 아니라 확인규정이다.

(다) 내　　용

① 교수회의 자치　　교수회의 자치란 대학에 관한 모든 문제가 교수회에 의하여 자주적으로 결정되어야 하는 것을 말한다. 대학인사, 학사, 시설, 재정, 징계, 입학 등이 모두 자주적으로 결정되어야 한다. 대학의 자치는 국가공권력에 의한 위협이나 대학의 설립자나 재단으로부터 보호되어야 한다. 재정지원을 수단으로 국가의 대학(특히 국립)에 대한 포괄적 규제와 간섭은 대학의 자치와 조화를 이룰 수 없다. 사립대학의 경우 재단의 사학의 자유와 학문의 자유(대학의 자치)와의 균형과 조화

가 요구된다. 국가는 사립학교의 사학의 자유를 보장하여야 한다. 헌법재판소는 대학의 장 임기만료 후 3개월 이내에 후보자를 추천하지 아니한 경우 대학의 추천 없이 교육인적자원부장관의 제청을 받아 대통령이 대학의 장을 임용하도록 한 것은 대학의 자율권침해가 아니라고 하였고, 대법원은 사립대학교의 총장의 선임을 학교법인의 이사회의 권한으로 한 것이 사립대학 교수의 학문의 자유 및 대학의 자치권 침해가 아니라고 하였다.

대학의 자치는 교수에 대한 강한 신분보장을 요청한다. 대학교원의 기간제임용이 문제된다. 기간임용제 자체를 위헌이라고 할 수 없으나 학문의 자유(대학의 자치)를 위태롭게 할 정도로 대학교원의 신분을 위협하는 것은 헌법에 위배된다. 국립대학의 교수나 교수회는 대학총장 후보자 선출에 참여할 권리가 있으며, 이 권리는 대학의 자치의 본질적인 내용에 포함되며 헌법상의 기본권으로 인정된다. 대학의 장 후보선출에 대한 관리를 선거관리위원회에 위탁하도록 한 것은 대학의 자율에 대한 침해가 아니다.

② 대학자치와 경찰권의 개입　대학은 경찰력이 질서유지라는 이름으로 대학에 개입하는 것을 거부할 권리를 가진다. 대학은 자주적인 가택권을 가지며, 질서유지권 및 징계권을 갖는다. 대학에 대한 감시나 사찰활동과 같은 정보활동도 허락될 수 없다. 대학에 경찰권의 개입이 필요한 경우가 발생할 수 있으나, 이때에도 경찰권 개입의 필요성 여부에 대한 판단은 대학에게 우선권이 있다고 보아야 한다.

③ 학생의 자치　대학의 자치에 학생의 자치가 포함될 것인가가 문제된다. 과거에는 학생의 자치는 대학자치에 포함되지 않는다는 견해가 주류를 이루었다. 학생은 영조물이용자로 파악되었고 학생의 자치는 교육의 일환으로 인식되었기 때문이다. 학생은 대학이라는 학문연구공동체의 일원으로서, 학문은 교수와 학생 간의 토론, 대화, 공동연구 등 복수정신의 상호 교섭과정을 통해 이루어지기에, 학생의 자치는 대학자치에 의해 보장되어야 한다. 다만 학생의 자치는 교수회의 자치와 대등한 관계일 수 없다. 대학에 대한 학생회의 발언은 존중되어야 하나 그 결정참여에는 한계가 있기 때문이다.

(4) 학문의 자유의 효력

학문의 자유는 대국가적 효력을 지니며 간접적 대사인효를 지닌다.

(5) 학문의 자유에 대한 제한과 한계

학문의 자유는 헌법 제37조 제 2 항에 의하여 법률로 제한될 수 있다. 다만 학문의 자유 중 학문연구의 자유는 내심의 자유로서 법률로도 제한할 수 없는 절대적 기본권이다. 연구의 자유는 다른 기본권과의 충돌가능성이 없으므로 제한 없이 보장된다. 다만 핵물질에 대한 실험 등은 공익과의 조화가 요구되므로 허가 등의 제한이 가능하고 요구된다. 법률로 제한이 가능한 학문의 자유의 경우에도 학문의 특성을 고려하여 법률에 의한 제한은 자제되어야 한다. 학문의 자유의 본질적 내용을 침해할 수 없다.

2. 예술의 자유

(1) 의 의

Weimar 헌법(§ 142)이 처음으로 예술의 자유를 헌법에 규정하였다. 이어서 Bonn 기본법(§ 5③) 역시 예술의 자유를 규정하고 있다. 소수의 국가에서만 예술의 자유를 개별기본권으로 보장하고 있다. 우리나라는 건국헌법부터 규정하였고 지금까지 이어져오고 있다.

(가) 개 념

'무엇이 예술인가'를 판단할 수 있는 보편적 기준을 마련하는 것이 매우 어렵다 하여도 예술개념에 대한 정의와 이를 판단할 수 있는 객관적 기준의 정립은 불가피하다.

예술은 '주관적·미적 체험'을 '형태언어'를 통하여 창조적·개성적으로 외부에 표현하는 자율적 활동을 말한다. 예술의 형태언어는 다른 사람과의 예술적 대화가 이루어질 수 있어야 한다. 표현의 자유와 구별되는 독자적 기본권으로서의 예술의 자유의 특성은, 예술은 자기목적적 성질이 강하다는 것과 예술작품은 전달보다는 표현에 중점이 두어진다는 것이다.

(나) 법적 성격

예술의 자유란 학문의 자유와 마찬가지로 방어권인 동시에 객관적 가치질서의 성격을 지닌다.

(다) 주 체

예술의 자유는 개개 국민이나 외국인이 주체가 된다. 법인이나 법인 아닌 단체가 예술의 자유의 주체가 될 수 있는지 다투어진다. 예술은 개성적 성격 때문에 극장, 미술관, 박물관, 교향악단 등의 예술단체는 그 자체로서 주체가 될 수 없고 구성원인 개개인만이 주체가 될 수 있다는 주장이 있다. 그러나 법인이나 법인 아닌 단체 역시 예술의 자유의 주체성이 부정될 이유가 없고, 더 나아가 공법인도 주체가 될 수 있다고 보아야 한다.

(2) 예술의 자유의 내용

(가) 예술창작의 자유

예술창작의 자유란 다양한 예술작품을 자유롭게 창작할 수 있는 자유를 말한다. 예술은 인간의 창조적 정신의 표현이다. 작품탄생에 이르는 전 과정의 자유가 보장되며, 소재선택, 작품형태를 자유롭게 결정할 수 있다. 창작과정도 보호된다. 예술창작의 자유는 창작된 예술작품의 보호에까지 미친다.

(나) 예술표현의 자유

예술표현의 자유란 예술작품을 예술가의 의사에 따라 다른 사람에게 표명하고 전파할 수 있는 자유를 말한다. 표현형식에는 제한이 없다.

(3) 예술의 자유의 효력

예술의 자유는 대국가적 효력을 지니며 간접적 대사인효를 지닌다.

(4) 예술의 자유에 대한 제한과 한계

예술의 자유도 일반적 법률유보(§37②)에 의해 법률로 제한할 수 있다. 다만 예술창작의 자유는 법률로도 제한할 수 없는 절대적 기본권에 속한다. 기존의 정치, 종교, 도덕적 관념에서 벗어나는 예술활동은 용인되기보다는 불허되기 쉬운데 예술의 특성을 감안하여 제한에 각별한 주의가 요구된다. 또한 예술의 자유의 본질적 내용은 침해할 수 없다. 예술형태, 내용, 경향에 대한 국가의 간섭은 본질적 침해가 된다. 모든 예술작품에 대한 수준심사 역시 허용될 수 없다.

3. 지적재산권의 보호

헌법은 학문과 예술의 자유를 제도적 보장하기 위해 저작자, 발명가, 과학기술자, 예술가의 권리를 보장하고 있다. 저작자, 발명가, 과학기술자, 예술가의 권리는 지적재산권으로 분류되는데, 저작권, 산업소유권, 예술공연권 등으로 구성된다. 이들은 각각 저작권법, 특허법, 상표법, 실용신안법, 의장법, 영화법, 공연법 등에 의해 보호되고 있다. 또한 저작자, 발명가, 과학기술자, 예술가의 법적 지위 향상을 위해 각종의 진흥법이 제정되어 있다.

제 4 절 생존권적 기본권

제 1 항 생존권의 의의와 법적 특성

Ⅰ. 생존권의 의의

1. 생존권의 헌법적 의의

스스로의 힘으로 자신을 보호할 수 없는 자를 외면하고 방치하면서 정치공동체를 만들고 유지하려는 것은 허구일 수 있다. 사회경제적 약자의 최소한의 생존을 보장하며 이들에게 허락된 자유를 실질적 자유로 만들어줄 수 있는 장치가 요구된다. 우리 헌법은 실질적 평등실현을 통해 사회경제적 약자를 보호하려는 사회국가원리를 헌법의 기본원리로 삼고 있다. 사회국가원리는 사회정의를 실현하기 위한 헌법적 당위로서 국가에게 주어진 과제요 의무이나 그 실현방법은 매우 다양하며, 어디까지 어떻게 실현할 것인가는 쉬운 일이 아니다. 그러나 결코 포기할 수 없는 국가책무이다.

2. 생존권의 개념

생존권이란 인간다운 생존(삶)을 확보하기 위해 국가의 적극적 급부와 배려를 요구할 수 있는 권리를 말한다. 국가마다 인간다운 생존을 실현하는 방법에 차이가 있다. 기본권의 형태로 규율하는 방법과 국가목표조항으로 실현하는 방법이 있으나 우리 헌법은 독일과 달리 기본권(생존권)의 형태를 취하고 있다. 우리 헌법은 사회국가원리를 실현하기 위해 국가에 부과된 과제실현을 국가목표조항을 넘어, 포괄적 급부요구를 그 내용으로 하는 생존권을 통해 보장하고 있다.

3. 자유권과 생존권

(1) 이 념

자유권은 자유 그 자체의 실현을 목표로 하는 데 반해, 생존권은 자유를 향유하기 위한 필수적 전제조건의 마련을 요구한다. 자유의 전제조건마련에 대한 요구를 불허할 경우 자유 그 자체도 무가치해지므로, 생존권보장이 정당화된다. 생존권은 최소한의 인간다운 삶, 즉 생존의 실현을 그 이념으로 한다.

(2) 규범구조

자유권은 그 존재 자체로 구체적 권리의 성격을 지니고 국가에 대한 방어권의 성격을 지니며(소극적), 소구 가능한 권리로서 그 제한에는 과잉(제한)금지의 원칙이 적용된다. 반면 생존권은 급부를 요구하는 것으로서(적극적) 내용실현에 입법자의 구체적 형성이 요구되고, 재정능력에 따라 실현가능성이 좌우되며 소구가 어려운 권리로서 그 실현에 최소보장의 원칙(과소보호금지)이 적용된다.

(3) 내용(보호영역)

자유권의 보호영역은 그 내용을 구체화시키기가 비교적 용이한 반면, 생존권의 보호영역은 그 내용이 매우 추상적이어서 구체적 내용이 역사, 사회, 경제적 조건에 따라 매우 상이할 수 있다는 것이다.

(4) 실현의 조건과 방법

생존권은 자유권과 달리 그 실현 여부와 정도가 국가의 재정능력에 좌우된다. 자유보장은 원칙적으로 타인의 자유와 권리를 제한하지 않지만, 생존의 실현은 타인의 자유와 권리를 '필연적'으로 제한하거나 침해한다. 이는 생존권이 제한된 재화의 분배와 관련되기 때문이다. 한편 자유권은 모든 국가권력을 직접 동등하게 구속하지만 생존권은 그 실현이 원칙적으로 입법부에 의존하기 때문에 생존권이 입법권을 구속하는 정도와 행정권이나 사법권을 구속하는 정도가 동일하지 않다.

(5) 침해 여부에 대한 심사구조

자유권은 침해 여부를 판단함에 있어 3단계심사구조를 취하지만, 생존권의 경우 생존권의 성격을 국가목표로 볼 것인가 아니면 권리로 볼 것인가에 따라 심사구조에 차이가 있게 된다. 생존권을 권리로 이해할 경우에는 3단계심사가 이루어진다.

(6) 판단기준(과잉제한금지, 과소보호금지)

헌법 제37조 제2항의 과잉금지와 본질적 내용침해금지는 생존권에 적용되지 않음이 원칙이다. 다만 생존권의 경우에도 생존권이 입법에 의해 주관적 권리로 형성된 경우 이에 대한 제한축소가 이루어지는 경우에는 과잉금지원칙이 적용된다. 이러한 생존권의 특성으로 인해, 생존권에 대한 위헌심사는 법률이 생존권을 과잉제한하고 있는가가 아니라 법률이 생존권을 제대로 실현하고 있는가를 판단하는 것이므로 그 기준은 과소보호금지원칙이 된다.

(7) '제한과 한계' 및 '형성과 한계'

국가가 생존권을 실현하는 데 있어 그 실현은 최소한의 보장 그 이상이어야 한다(과소보호금지). 만일 그 보장이 생존권을 실현했다고 보기 어려운 정도에 그침으로써 헌법이 보장하는 생존권의 존재를 유명무실하게 한다면 과소보호금지원칙에 위배된다. 따라서 입법자는 생존권의 존재가 유명무실해질 수 있는 수준 이상을 보장하여야 한다. 과소금지원칙은 실현의 하한선으로 입법자의 형성재량에 한계를 설정한다.

그렇다면 기본권에 대한 제한과 한계는, 자유권에 대하여는 제한과 한계가 타당하나 생존권에 대해서는 과잉금지가 적용되는 예외적인 경우를 제외하고는 '제한과 한계' 대신, '형성과 한계'로 접근되어야 한다. 생존권은 입법재량범위 내에서 최대한 보장되어야 하나(형성), 그 정도는 최소한 보장 이상이어야 한다(한계). 생존권의 경우, 생존권에 과잉금지원칙이 적용되는 예외적인 경우에는 제한과 한계로, 과소보호금지원칙이 적용되는 경우에는 형성과 한계로 구별하여 다루는 것이 타당하지만, 개별적·구체적 생존권을 설명함에 있어 "형성 및 제한과 그 한계"로 양자를 묶어 함께 다루기로 한다.

Ⅱ. 생존권의 법적 성격

1. 의　　의

생존권의 법적 성격이 문제된다. 권리로 볼 것인가 아니면 국가목표조항으로 볼 것인가가 다투어지고 있고, 아직도 불충분한 결론에 만족해야만 하는 불완전한 상태에 놓여 있다. 우리 헌법은 다수의 생존권 조항을 가지고 있는데 생존권조항의 규정양식이 매우 다양하게 되어 있어 획일적인 성격규정이 쉽지 않다. 생존권의 법적 성격에 관해 프로그램적 규정설로부터 구체적 권리설까지 다양한 견해가 제시되어 있다. 생존권의 주관적 권리성을 부정하는 견해는 객관설로, 이를 긍정하는 견해는 주관설로 대별하여 고찰하기로 한다.

2. 객 관 설

객관설도 그 내용이 다양하지만, 공통된 점은 생존권을 국가에게 생존실현의 의무를 부과하는 객관적 헌법규범으로 이해하며, 권리의 성격을 부정한다는 것이다.

(1) 프로그램적 규정설

프로그램적 규정설은 생존권은 입법자에게 하나의 방침(프로그램)을 제시하는 것으로, 그 자체로 법적 구속력을 갖지 못하며 입법이 이루어져야 비로소 법적 구속력을 갖는다는 견해이다. 이 견해에 의하면 생존권의 (급부적) 권리의 성격은 부정되며, 생존권을 실현할 입법자의 의무는 법적 의무가 아닌 정치적·도의적 의무에 불과하게 된다.

(2) 국가목표규정설

생존권은 국가의 목표를 규정한 것으로, 모든 국가활동에 원칙과 지침을 제시하고 생존의 과제를 실현하라는 규범으로 이해한다. 생존권은 입법, 행정, 사법의 모든 국가작용에 대해 구속력을 지닌다고 한다.

(3) 헌법위임규정설

헌법위임이란 헌법이 달성하고자 하는 국가목표를 입법자에게 명시적으로 위임한 것으로, 생존권은 헌법이 생존과제를 실현하기 위해 입법자에게 그 실현을 위임한 것이라고 한다. 생존권은 입법자에게 생존권실현의 의무를 부과하는 헌법적 명령으로, 입법자에 대한 객관적 의무가 된다. 헌법위임규정설은 입법자만을 구속한다는 점에서 모든 국가기관을 구속하는 국가목표규정설과 구별된다.

3. 주 관 설

주관설은 헌법의 생존권규정을 국가에 대한 권리로 보는 견해이다. 권리의 내용을 어떻게 이해하는가에 따라 추상적 권리설과 구체적 권리설로 대별된다.

(1) 추상적 권리설

추상적 권리설은 생존권을 프로그램이나 국가목표로 볼 수 없으며, 권리로 규정하고 있기에 그 성격을 법적 권리로 보아야 한다는 것이다. 추상적 권리설은 생존권이 입법을 통해 구체적이고 현실적인 권리가 되기까지는 추상적 권리에 불과하게 되어, 명칭만 권리이지 실제로는 프로그램적 규정설과 다르지 않다.

(2) 구체적 권리설

구체적 권리설은 생존권은 그 자체가 직접적이고 현실적 효력을 지니는 헌법적 권리라고 한다. 이 견해에 따르면 국민은 생존권 실현에 필요한 조치를 구할 수 있는 구체적 권리를 가지게 되며, 생존권의 재판규범성과 국가권력구속성이 긍정된다.

(3) 불완전한 구체적 권리설

생존권은 자유권과 같이 직접 효력을 갖는 완전한 의미의 구체적 권리로 볼 수 없으나 적어도 청구권이나 정치적 기본권의 일부와 동일한 수준의 불완전하나마 구체적 권리로서의 성격을 지닌다고 보는 견해이다. 구체적 권리설의 문제점을 보완하기 위한 시도로 이해되나, 내용은 여전히 불완전하다.

4. 결론 및 사견

생존권의 법적 성격에 관해 매우 다양한 견해가 제시되어 있다. 이는 그 어느 것 하나도 생존권의 법적 성격을 완벽하게 설명하는 것이 매우 어렵다는 반증으로 이해되어야 한다. 생존권 중에는 구체적 권리를 지닌 것도 있으나, 일반적으로 법률로 그 내용이 형성되는 추상적 권리의 성격 내지는 국가목표규정의 성질을 지닌다. 기본권마다 개별적으로 판단될 수밖에 없다.

제 2 항 개별적 생존권

Ⅰ. 인간다운 생활을 할 권리

헌법 제34조 제 1 항은 '모든 국민은 인간다운 생활을 할 권리를 가진다'고 하여 인간다운 생활을 할 권리를 보장하고 있다. 인간다운 생활을 할 권리의 실현을 위해 사회보장·사회복지의 증진(제 2 항), 여자·노인·청소년의 복지향상(제 3 항, 제 4 항), 생활무능력자보호(제 5 항), 재해방지(제 6 항) 등 생존에 관한 국가의무를 규정하고 있다.

1. 의 의

(1) 연 혁

인간다운 생활을 할 권리가 헌법에 처음으로 등장한 것은 1919년 Weimar 헌법(§ 151)부터이다. 우리 헌법은 제 3 공화국 헌법에서 처음으로 인간다운 생활을 할 권리를 두었고, 지금까지 유지되고 있다.

(2) 개 념

인간다운 생활을 할 권리란 인간 생존에 필요한 최소한의 최저 물질적 생활을 청구할 수 있는 권리를 말한다. 물질적 최저생활의 수준을 어느 정도로 볼 것인가는 소득수준, 생활수준, 국가의 재정규모와 정책 등 다양한 요소를 고려하여 정할 수밖에 없다. 입법부의 광범위한 재량에 맡겨져 있다.

(3) 법적 성격

제34조 제 1 항은 인간다운 생활을 할 권리를 보장하고 있고, 제 2 항부터 제 6 항까지는 인간다운 삶의 다양한 실현방법을 국가의 의무로 규정하고 있다. 인간다운 생활을 할 권리는 모든 생존권규정의 이념적 기초가 되는 원리를 선언한 것으로 인간의 존엄성의 내용을 이루며 사회국가원리실현의 이념적 기초이자, 생존권의 총칙적 규정으로 보는 것이 지배적인 견해이다.

(4) 주 체

인간다운 생활을 할 권리의 향유주체는 국민에 한한다. 법인과 외국인은 제외된다.

2. 인간다운 생활을 할 권리의 내용

(1) 최소한의 최저 물질적인 생존보장의 청구

인간다운 생활을 할 권리는 최소한의 최저 물질적인 생존보장을 청구할 수 있는 권리를 말한다. 최소한의 최저 물질적 생존보장의 수준을 어떻게 이해할 것인가가 문제된다. 국가가 인간다운 생활을 보장하기 위한 객관적 내용의 최소한을 보장하고 있는지의 여부는 생활보호법에 의한 생계보호급여만을 가지고 판단할 것이 아니라 다른 법령에 의한 급여나 부담의 감면을 모두 감안하여 판단하여야 한다. 최소한의 최저 물질적 생존보장수준을 일률적으로 정하기 어렵지만 최저생계비 수준은 되어야 한다. 헌법재판소가 최저생계비의 절반에도 미치지 못하는 금액을 생계보호급여로 규정한 보사부지침을 합헌으로 한 것은 인간다운 생활의 최소한의 최저 물질적 생존보장에 대한 올바른 독해로 볼 수 없다. 헌법재판소는 최소한의 최저 물질적 생존보장에 대해 매우 소극적 입장을 보이고 있는데, '93헌가14결정' 이후의 '94헌마33결정'에서, 또 '2002헌마328결정'에서도 과거의 소극적 입장에서 한 발짝도 앞으로 나가지 못하고 있는데, 전향적 접근이 요청된다.

인간다운 생활을 보장하기 위한 기본권은 다양한 형태로 나타나는데, 최저 물질적 생존의 보장을 청구하는 권리를 포함하여 사회보험이나 사회보장영역에서 청구할 수 있는 모든 권리를 총칭하여 사회보장수급권이라고 한다. 사회보장수급권에는 의료보험수급권, 각종(국민, 공무원, 군인, 사립학교교원)의 연금수급권, 국민건강보험수급권, 상이연금수급권, 산업재해보상보험수급권 등이 포함된다.

(2) 사회보장 및 사회복지의 증진의무(제 2 항)

(가) 증진의무의 내용

헌법은 사회보장 및 사회복지를 증진할 의무를 포괄적인 사회보장정책의 강령으로 보장하고 있다. 제 2 항의 사회보장 및 사회복지 증진의무에 따른 확정적 권리의 수준은 제 1 항의 인간다운 생활의 물질적 수준을 넘는 그 이상의 것이어야 한다. 제34조 제 1 항은 권리의 형태로 보장하고 있으나 제 2 항은 증진의무의 형태를 띠고 있기 때문이다. 기존의 사회보장제도와 사회복지급부를 대안 없이 폐지하는 것은 제34조 제 2 항에 위배된다.

(나) 사회보장

사회보장이란 질병, 장애, 노령, 실업 등 일상생활에서 닥칠 수 있는 사회적 위험으로부터 국민을 보호하기 위한 제도를 말한다. 사회보장은 사회보험과 공공(공적)부조를 그 내용으로 한다.

사회보험이란 사회적 위험을 보험방식으로 대처함으로써 국민의 건강과 안정된 경제생활을 보호·보장하기 위한 제도를 말한다. 사회보험은 국민의 자발적 기여를 기초로 각종의 위험을 대비하려고 한다는 점에서 이를 기초로 하지 않는 공공(공적)부조와 구별된다. 사회보험제도는 강제가입이나 이용강제가 인정된다는 점에서 사보험과 구별된다.

헌법재판소는 공무원의 연금수급권은 사회보장수급권 및 재산권의 성격이 혼재되어 있으므로 연금수급의 내용을 정함에 있어 민법의 상속 법리와 순위에 좌우될 필요가 없다고 하였고, 연금수급권자에게 2 이상의 급여의 수급권이 발생한 때 수급권자의 선택에 의하여 그 중의 하나만을 지급하도록 한 국민연금법이 헌법에 위배되지 않는다고 하였으며, 퇴직연금의 수급자가 사립학교교직원연금법 제3조의 학교기관으로부터 보수 기타 급여를 지급받는 경우 퇴직연금의 지급을 정지하도록 한 공무원연금법(§47)은 헌법에 위배되지 않는다고 하였다. 헌법재판소는 보훈보상대상자의 부모에 대한 유족보상금 지급 시 수급권자를 1인에 한정하고, 나이가 많은 자를 우선하도록 한 것은, 부모 상호간에는 직업이나 보유재산에 따라 경제적 형편이 다를 수 있는데 생활이 어려운 유족을 배제하면서까지 연장자라는 이유로만 보상금을 지급하는 것은 평등권을 침해한다고 하였다. 2021년 헌법재판소는 6·25 전몰군경자녀에게 전몰군경자녀수당을 지급하면서 수급권자를 적절히 분할하지 않고 전몰군경자녀 중 1명에 한정한 것과, 나이가 많은 자를 우선하도록 정한 것은 전몰군경자녀의 평등권을 침해한다고 하였다.

공공부조란 국가나 지방자치단체가 생활유지능력이 없거나 생활이 어려운 국민에게 최저생활을 보장하고 자립을 지원하는 제도를 말한다. 이를 위한 사회보장입법으로, 국민기초생활보장법, 의료급여법, 한부모가족지원법 등이 있다. 의료급여법상의 의료급여제도는 생활유지 능력이 없거나 생활이 어려운 저소득 국민의 의료문제를 국가가 보장하는 공공부조제도로, 건강보험과 함께 국민의료보장의 중요한 수단이 되는 사회보장제도이다. 국민기초생활보장법은 급여의 일종으로 '의료급여'를 보장하고 의료급여의 내용은 특별법인 의료급여법을 통해 규율하게 하고 있다.

(다) 사회복지

사회복지란 상담, 재활, 직업의 소개 및 지도, 사회복지시설의 이용 등을 제공하여 보건, 주거, 교육, 고용 등의 분야에서 인간다운 생활이 보장될 수 있도록 지원하는 각종 복지제도를 말한다. 사회복지는 직접적인 생존실현을 목적으로 하는 것이 아니라는 점에서 사회보장과 구별된다. 직업훈련원, 고아원, 양로원, 탁아시설 등 각종의 복지제도의 제공을 통해 지원되는 보충적 지원방법이다. 이를 위한 사회보장입법으로 청소년기본법, 아동복지법, 노인복지법, 장애인복지법, 영유아보육법 등이 있다.

(3) 여자, 노인, 청소년의 복지향상실현의무(제 3 항, 제 4 항)

헌법은 여자, 노인, 청소년의 권익 내지 복지향상을 국가의 목표로 명시하고 있다. 이 역시 잠정적 의무의 성격을 지닌다. 국가는 남녀평등을 실현하고 여성의 사회참여를 확대하며 여성복지를 증진할 장치를 마련하고 재원을 조달해야 할 의무를 부담한다.

(4) 생활무능력자에 대한 국가보호(제 5 항)

생존능력이 부족하게 된 자들이 모두 동일한 상황에 처해 있지 않다. 무능력에 빠지게 된 원인과 정도에 따라 다르기 때문이다. 헌법은 신체장애, 질병, 노령 등 본인이 책임질 수 없는 사유로 생활무능력자가 된 일정 계층에게 적극적인 국가보호를 명하고 있다. 제 5 항은 제 1 항의 보장 그 이상이어야 한다. 이는 특별한 보호가 요구되는 사람이기 때문이다. 장애자를 위한 보호장구나 이동장구의 지급, 입원치료, 복지시설에의 수용 등의 보호조치가 이루어져야 한다. 생활능력이 없는 자에 대한 국가보호의무(§34⑤)는 확정적 권리에 해당된다. 장애인 보호를 위한 입법으로 장애인복지법외에도, "장애인고용촉진 및 직업재활법", "장애인 등에 대한 특수교육법", "교통약자의 이동편의증진법", "장애인차별금지 및 권리구제 등에 관한 법률"이 제정되어 있다.

(5) 재해예방의무(제 6 항)

국가는 재난을 예방하고 그 위협으로 국민을 보호하여야 한다. 자연재해 및 산업재해로부터 국민의 생명이나 신체를 보호하는 것은 사회국가의 중요한 과제이다. 이와 관련하여 '재난 및 안전관리 기본법', '산업안전보건법' 등이 제정되어 있다.

3. 인간다운 생활을 할 권리의 효력

인간다운 생활을 할 권리는 대국가적 효력을 지닌다. 국가기관에 따라 대국가적 효력에 차이가 있다. 문제는 대사인 간 효력이 인정될 것인가이다. 인간다운 생활을 할 권리는 국가의 급부를 요구하는 권리이므로 본질적으로 대사인 간 효력이 인정될 수 없다.

4. 인간다운 생활을 할 권리에 대한 제한 및 형성과 그 한계

인간다운 생활을 할 권리는 최소한의 최저 물질적 생존보장청구와 같이 헌법에 근거하여 직접 구체적 권리의 성격이 인정되는 예외적 경우를 제외하고는 그 내용이 법률로 형성된다. 입법자는 인간다운 생활을 할 권리(사회보장수급권)를 보장하기 위해 법률로 그 내용(요건, 범위, 금액)을 형성할 수 있다. 입법자는 사회보장수급권을 형성함에 있어 그 실현수준은 최소한의 보장 그 이상이어야 한다. 만일 이에 미치지 못한다면 입법자는 입법형성을 제대로 수행하지 못한 것으로 과소보호금지원칙에 위배된다.

인간다운 생활을 할 권리와 같은 생존권은 원칙적으로 법률에 의해 실현되는 권리이기에 헌법 제37조 제2항에 따른 제한과 한계가 적용될 수 없다. 다만 헌법에 의해 확정된 권리 또는 법률에 의해 형성된 권리라도 그 권리가 축소 또는 소멸되는 경우에는 이는 제한의 문제로 보아야 한다. 또 공공복리를 이유로, 국가안전보장이나 질서유지의 목적으로도, 특수한 상황에서 법률로 제한하는 것이 불가능하지 않다고 보아야 한다(다수설). 인간다운 생활을 할 권리의 본질적 내용에 대한 침해는 금지된다. 헌법재판소는 교도소·구치소 또는 구치소·치료감호시설에 수용 중인 자를 기초생활보장급여의 지급대상에서 제외시킨 것은 헌법상 인간다운 생활을 할 권리를 침해하지 않는다고 하였고, 마약거래범죄자를 보호대상에서 제외하도록 한 '북한이탈주민의 보호 및 정착지원에 관한 법률(§9)'은 북한이탈주민의 인간다운 생활을 할 권리를 침해하지 않는다고 하였다.

Ⅱ. 교육을 받을 권리

헌법 제31조는 제1항에서 '모든 국민은 능력에 따라 균등하게 교육을 받을 권리를 가진다'고 하여 교육을 받을 권리를 규정하고 있다. 교육을 받을 권리 외에 제2항에서부터 제6항에 이르기까지 교육을 받게 할 의무(제2항), 의무교육의 무상(제3항), 교육의 자주성보장(제4항), 국가의 평생교육진흥의무(제5항), 교육제도 법정주의(제6항)를 규정하고 있다.

1. 의 의

(1) 연 혁

교육을 받을 권리는 1848년 프랑스 헌법이 처음으로 규정하였다. 1848년 프랑스 헌법은 교육을 받을 권리를 자유권적 측면에서 규정하였지만 생존권적 시각에서 처음으로 규정한 것은 1919년 Weimar 헌법부터이다. 1948년 세계인권선언(§ 26)도 교육을 받을 권리를 규정하고 있다. 우리 헌법은 건국헌법부터 교육을 받을 권리를 보장하여 지금까지 유지되고 있다.

(2) 개 념

교육을 받을 권리란 개인의 능력에 따라 균등한 교육을 받을 권리(수학권, 학습권)를 말한다. 즉 국가에 대하여 능력과 적성에 맞는 교육을 받을 수 있도록 교육에 필요한 제 조건을 마련해 줄 것을 요구할 수 있는 권리이다. 교육을 받을 권리는 부모가 미성년자인 자녀에게 교육을 시킬 권한, 즉 부모의 교육권을 포함한다. 부모의 교육권은 자녀에게 적절한 교육의 기회를 제공해 줄 것을 요구할 수 있는 교육기회제공청구권을 보장한다. 반면 교육을 받을 권리는 교사의 교육권(수업권)을 보장하지 않는다.

(3) 법적 성격

교육을 받을 권리는 헌법규정에 의해 잠정적인 권리로 인정되나 다른 원리들과의 형량을 통해 확정적 권리의 성격을 지니게 된다. 교육을 받을 권리는 국가에 대하여 교육의 실현을 요구하는 적극적 권리로서의 생존권이지만, 교육의 차별대우나 방해배제를 요구할 수 있는 방어의 성격도 지닌다. 교육을 받을 권리는 생존권으로서 국가에게 교육을 받을 권리를 실현시킬 수 있는 공교육제도를 제공해 줄 것을 요구하며, 경제적 약자에게 교육의 실질적 기회를 부여하기 위한 제 조건(무상교육, 장학금, 학자금 융자 등)의 실현을 요구할 수 있다. 동시에 교육을 받을 권리는 객관적 가치질서로서의 성격을 지니고 있다.

(4) 주 체

교육을 받을 권리의 향유주체는 국민에 한한다. 법인과 외국인은 제외된다. 교육을 받을 권리 중 수학권은 개개인이 주체가 되나, 부모의 교육권이나 교육기회제공청구권은 학령아동의 부모가 주체가 된다.

2. 교육을 받을 권리의 내용

(1) 능력에 따라 균등하게 교육을 받을 권리

(가) 능력에 따라

능력에 따른 교육이란 정신적·육체적 능력과 같이 개인의 일신전속적 능력에 따른 교육을 말하는 것으로, 재산·가정·성별 등과 같은 비전속적 능력에 따른 교육 차별은 금지된다. 교육을 받을 권리에 대한 제한요소로 헌법은 능력을 제시하고 있다(교육영역에서의 능력주의). 반면 능력에 따른 차별이 허락된다고 하여 능력이 부족한 자에 대한 교육을 무시해도 좋다는 것은 아니다. 국가는 장애인 등 특수아동의 교육을 위한 필요한 교육조건을 확보하여야 한다. 또한 교육을 받을 권리는 개인의 능력이나 적성에 맞는 교육을 받을 권리의 보장을 요구한다. 따라서 국가는 특수교육, 영재교육, 유아교육 등과 같이 지적능력에 상응하는 교육이 이루어질 수 있도록 노력하여야 한다.

(나) 균등하게

균등하게 교육을 받을 권리란 사회경제적 약자가 실질적으로 평등한 교육을 받을 수 있도록 국가에게 이에 필요한 교육여건을 마련하고 정책의 실현을 요구할 수 있는 권리를 말한다. 이는 소극적인 차별금지가 아니라 적극적으로 균등한 교육여건을 마련해 줄 것을 요구하는 생존권이다. 균등한 교육의 보장은 모든 교육시설의 이용에 균등하게 참여가 보장되는 교육참여청구권을 보장한다. 균등한 교육이란 능력에 따른 균등한 교육이 되어야 한다.

(다) 교 육

교육이란 학교교육·가정교육·사회교육 등 다양한 형태로 존재하는데, 교육을 받을 권리의 교육은 주로 학교교육을 말한다. 헌법은 학교교육에 관한 포괄적 권한을 국가에 위임하고 있다. 국가는 학교교육의 이념과 목표를 정하며, 이를 달성하기 위해 학교제도, 교육내용, 교육과정 등을 규율한다.

국가는 학교교육에 관한 광범위한 형성권을 가진다. 즉 국가는 부모의 교육권으로부터 독립된 독자적 교육권한을 가진다. 공교육은 국가의 교육권한 범위 내에 있으나 사교육과 가정교육은 부모의 교육권에 맡겨져 있다. 따라서 사교육에 대한 국가의 관여는 부모가 교육책임을 이행하지 않거나 할 수 없는 예외적인 경우에 한해서 허락된다. 국가는 취학연령을 일정연령으로 정하여 국민기초교육을 실시하거나, 부모에게 취학의무를 강제할 수 있다. 국가가 과외교습과 같은 사교육에 관여한 것을 위헌이라고 한 것이나, 학원의 교습시간의 제한을 합헌으로 본 헌법재판소의 결정은 정당하다.

부모의 교육권이 학교교육에서 배제되는 것은 아니다. 국가의 교육권은 부모의 교육권과 충돌될 수 있다. 부모는 부모가 원하는 가치관이나 세계관을 자녀에게 주입시켜주길 원하지만 국가는 중립적 세계관에 서야 하며, 또한 부모는 자녀의 능력과 적성에 맞는 교육을 받길 원하나 국가는 집단적 교육을 담당해야 하므로 교육의 통일성과 평준화를 교육의 기본원칙으로 삼아야 하기 때문이다.

㈑ 권　리

권리는 확정적 권리가 아니라 잠정적 권리이다. 능력에 따른 균등한 교육을 실현시켜줄 것을 요구하는 권리이다. 수학권의 보장은 인간으로서의 존엄과 가치를 실현하고 행복을 추구하며(§10) 인간다운 생활을 영위하는 데(§34①) 필수적인 조건이 된다.

(2) 교육을 시킬 권리(§31①)

㈎ 부모의 자녀 교육권

교육을 받을 권리는 부모가 미성년자인 자녀를 교육시킬 권한, 즉 '부모의 자녀에 대한 교육권'을 포함한다. 부모는 자녀의 교육에 관하여 전반적인 계획을 세우고 자신의 인생관·사회관·교육관에 따라 자녀의 교육을 자유롭게 형성할 권리를 가진다. 여기서 부모의 교육권은 부모에게 허락된 기본권이지만 부모의 자기결정권이라는 의미가 아니며, 자녀의 보호와 인격발현을 위하여 부모에게 부여된 기본권이란 점에서 다른 기본권과 구별된다. 자녀의 교육에 관한 부모의 권리와 의무는 서로 불가분의 관계에 있기 때문에 부모의 자녀교육권은 자녀교육에 대한 부모의 책임으로도 표현될 수 있다(교육기본법 §13②). 부모의 교육권은 자녀에 대한 학교선택권과 국가가 주도하는 교육과정에 대한 교육참여권을 보장한다.

학부모는 자녀에게 교육을 시킬 권리를 가지는데, 그 영역은 사교육 및 가정교육이 주가 되지만 공교육에 대하여도 관여할 수 있다. 국가는 부모가 원하는 자녀의 능력과 적성에 부합하는 다양한 교육가능성을 제공할 의무가 주어진다.

(나) 교사의 수업권과 교육권

교사의 교육의 자유는 교사의 수업권 또는 교육권으로 불린다. 엄밀히 말하면 교육권은 수업권을 포함하는 더 포괄적 개념이다. 교사는 수업의 방법 이외에도 학생들을 지도할 지위를 가지기 때문이다. 중고등학교의 교사의 수업권의 본질은 학부모의 자녀에 대한 교육권을 신탁 받은 것이며, 법적으로는 공교육의 책임이 있는 국가의 위임에 의한 것이다. 교육권은 학생의 기본권(수학권)을 존중해야 하는 의무의 성격을 지닌 것으로, 교사의 직분에서 도출되는 법적 권리일 뿐 교사의 기본권으로 볼 수 없다. 따라서 수업권을 내세워 학생들의 기본권인 수학권을 침해할 수 없다.

(3) 무상의 의무교육제도(§31②, ③)

(가) 의무교육(§31②)

모든 국민은 그 보호하는 자녀에게 적어도 초등교육과 법률이 정하는 교육을 받게 할 의무를 진다. 의무교육제도는 국민의 교육을 받을 권리를 뒷받침하기 위한 헌법상의 교육기본권에 부수되는 제도보장이다. 교육을 받게 할 의무는 학령아동의 친권자 또는 후견인이 부담한다(초중등교육법 §13). 현재는 중학교까지 의무교육이 시행되고 있다(교육기본법 §8).

(나) 의무교육의 무상(§31③)

헌법은 의무교육의 실효성 증대를 위해 의무교육을 무상으로 하도록 규정하고 있다. 무상의 범위에 관하여 무상범위법정설, 취학필요비무상설, 수업료면제설이 대립하나, 국가는 재정이 허용하는 한 학용품을 포함하여 급식의 무상까지 실시해야 한다는 취학필요비무상설이 타당하다(다수설). 의무교육은 경제적 차별 없이 수학하는 데 반드시 필요한 비용을 부담시키지 않아야 한다. 만일 학생에게 입학금이나 수업료를 부담하게 하거나 학교운영에 필요한 경비(인건비, 시설유지비)를 부담하게 한다면 무상원칙에 저촉된다고 할 것이다.

3. 교육제도의 보장

(1) 교육의 자주성·전문성·정치적 중립성의 보장(§31④)

(가) 교육의 자주성

교육의 자주성이란 교육기관이 교육운영에 관하여 자주적 결정권을 갖는 것을 말한다. 교육의 자주성을 확보하기 위해서는 교육기관에게 국가권력과 설립자로부터 교육의 자유가 보장되어야 하고, 교사의 신분보장이 이루어져야 하며, 교육행정이 일반 행정으로부터 독립되어야 한다.

(나) 교육의 전문성

교육의 전문성이란 교육의 전문가인 교사가 교육내용이나 방법 등을 자주적으로 결정하거나 할 수 있는 것을 말한다(교육의 자유). 따라서 교육내용에 대한 교육행정기관의 권력적 개입은 배제되어야 한다. 교육효과의 증대를 위해서는 교육의 전문성 확보가 필수적으로 요구된다. 전문성을 확보하기 위해 교원의 자격제도 및 전문적 교원의 양성제도가 요구된다. 학교급식의 실시에 필요한 시설·설비에 요하는 경비를 원칙적으로 학교의 설립경영자가 부담하도록 한 학교급식법은 사립학교 운영의 자유를 침해하지 않는다.

(다) 교육의 정치적 중립성

교육의 정치적 중립성이란 교육이 특정한 정당이나 종교에 의해 영향을 받지 말아야 함을 말한다. 교육의 정치적 중립성요청은 교육이 정치적으로 중립적이어야 함은 물론 종교적, 가치관적, 세계관적 측면에서도 중립일 것을 요청한다.

(2) 대학의 자율성 보장(§31④)

대학의 자율성이란 대학의 문제를 외부의 영향을 받음이 없이 대학 스스로가 결정하고 집행하며 그 결과에 대하여 책임을 지는 것을 말한다. 대학의 자율은 학문의 자유의 확실한 보장수단으로 꼭 필요한 것으로서, 대학에게 부여된 헌법상 기본권이다. 법학전문대학원에 대한 인가주의 및 총입학정원주의는 대학의 자율성과 국민의 직업선택의 자유를 침해하지 않는다. 대학의 장이 단과대학장을 보할 때 해당 단과대학 소속 교수 또는 부교수 중에서 직접 지명하도록 한 것은 대학의 자율성을 침해하지 않는다. 사립대학 학교법인이 법인회계 수입으로 충당할 수 없는 교직원 연금의 법인부담금 부족액을 학교회계 수입으로 충당하려는 경우에 장관의 승인을 받도록 한 사립학교교직원연금법(§47)은 사립대학 학교법인의 사립학교 운영의 자유, 평등권을 침해하는 것이 아니다.

(3) 평생교육의 진흥(§31⑤)

평생교육 역시 교육(§31①)의 범위에 포함되지만 헌법은 평생교육의 진흥을 따로 규정하고 있다. 이는 부단히 발전하는 현대 문명사회에 적응하기 위해서는 학교

교육 이외에 사회·직업교육 등의 제 교육이 평생에 걸쳐 요망되기 때문이지만, 체계적이고 조직적인 평생교육의 실시는 국가에 의해서만 가능하기 때문이다. 또 교육적령기에 교육의 기회를 놓친 사람은 물론 누구나 최신의 지식을 배울 수 있는 기회가 보장되어야 하기 때문이다.

(4) 교육제도 등의 법률주의(§31⑥)

헌법은 교육제도와 그 운영, 교육재정 및 교원의 지위에 관한 기본적인 사항은 법률로 정하도록 하여 교육제도 등의 법률주의를 규정하고 있다. 이는 교육의 물적 기반인 교육제도와 인적 기반인 교원의 지위를 법률로 정하도록 함으로써 교육의 실효성을 확보하고자 함이다.

이와 같이 교육제도, 제도운영, 교육재정에 관한 사항을 법률로 정하도록 한 것은 교육이 특정정치세력의 영향을 받는 것을 예방하기 위함이다. 또 교원의 지위를 법정한 것은 교원의 권익을 보장하고 교원의 법적 지위가 행정권력으로부터 부당하게 침해되지 않도록 하려는 것이다. 교원의 지위에 관한 기본적인 사항은 교원의 지위를 법률로 정하라는 헌법(§31⑥)의 취지나 교육의 특성에 비추어 볼 때 교원이 자주적이고 전문적으로 또 중립적으로 학생을 교육하기 위하여 필요한 중요한 사항으로 이해되며, '교원의 신분' 및 '교원의 보수'가 이에 해당된다. 대학교원은 그 임기가 만료된 경우 재임용을 받을 권리를 가진다고 할 수 없으나, 학교법인에 대하여 재임용 여부에 관하여 합리적 기준에 따른 정당한 평가를 받을 권리를 가진다고 보아야 한다. 따라서 대학교원이 재임용에서 탈락된 경우 자신의 입장을 진술할 수 있는 기회가 보장되어야 함은 물론이고, 재임용거부의 사전통지와 재임용이 거부되었을 경우 사후에 이를 다툴 수 있는 제도적 장치가 보장되어야 한다. 헌법재판소는 학생교육·학문연구·학생지도를 교원의 재임용 심사요소로 하면서, 이를 모두 필수요소로 강제하지 않음으로써 강의전담교원과 연구전담교원을 재량적으로 임용할 수 있도록 한 사립학교법(§53의2⑦)이 교원지위법정주의에 위반되지 않는다고 하였다. 법률주의에 따라 만들어진 법률로는 교육법, 교육공무원법, 교육세법, 지방교육재정교부금법 등이 있다.

4. 교육을 받을 권리의 효력

교육을 받을 권리는 대국가적 효력을 지닌다. 문제는 대사인 간 효력이 인정될 것인가이다. 교육을 받을 권리는 국가의 급부를 요구하는 권리이므로 본질적으로 대사인간 효력이 인정될 수 없다. 다만 교육을 받을 권리가 지니는 자유권적 측면과 관련하여서는 간접적 대사인효를 지닌다.

5. 교육을 받을 권리에 대한 형성 및 제한과 그 한계

입법자는 교육을 받을 권리를 보장하기 위해 법률로 그 내용을 형성할 수 있다. 입법자는 교육을 받을 권리를 형성함에 있어 그 실현수준은 최소한의 보장 그 이상이어야 한다. 만일 이에 미치지 못한다면 입법자는 입법형성을 제대로 수행하지 못한 것으로 과소보호금지원칙에 위배된다.

이미 언급하였지만, 교육을 받을 권리와 같은 생존권은 원칙적으로 법률에 의해 실현되는 권리이기에 헌법 제37조 제 2 항에 따른 제한과 한계가 적용될 수 없다. 다만 교육을 받을 권리의 자유권적 측면인 학습의 자유와 같은 기본권이 제한되거나 또는 법률에 의해 형성된 권리라도 그 권리가 축소 또는 소멸되는 경우에는 이는 제한의 문제로 보아야 한다. 또 공공복리를 이유로, 국가안전보장이나 질서유지의 목적으로도, 특수한 상황에서 법률로 제한하는 것이 불가능하지 않다고 보아야 한다. 교육을 받을 권리의 본질적 내용에 대한 침해는 금지된다.

Ⅲ. 근로의 권리

헌법 제32조 제 1 항은 '모든 국민은 근로의 권리를 가진다'고 규정하고 있다. 근로의 권리 이외에, 고용증진의무, 적정임금과 최저임금의 보장, 근로의 의무(제 2 항), 근로조건의 법정주의(제 3 항), 여자·연소자 근로의 특별보호(제 4 항), 국가유공자 우선취업기회부여(제 5 항)를 규정하고 있다.

1. 의 의

(1) 연 혁

근로의 권리에 대한 국가의 적극적이고 능동적인 보호를 기본권(생존권)으로 인정한 최초의 헌법은 1919년의 Weimar 헌법(§ 163②)이다. 세계 제 2 차 대전 후 다수의 헌법은 근로의 권리를 기본권으로 규정하고 있다. 1948년 세계인권선언(§ 23①)과 1976년 국제인권규약 A규약(§ 6①)에서도 근로의 권리를 기본적 권리로 보장하고 있다.

(2) 개　　념

근로의 권리란 국가에 대하여 근로의 기회를 얻을 수 있도록 요구할 수 있는 권리를 말한다. 근로란 일정한 질적 내용을 담보하는 일정 수준 이상의 고용이어야 한다. 근로의 권리는 근로관계를 계속 유지하고 부당하게 해고당하지 않을 권리를 보장한다.

(3) 법적 성격

근로의 권리는 국가에 대하여 근로의 실현을 요구하는 적극적 권리로서의 생존권이며, 동시에 근로의 권리는 객관적 가치질서로서의 성격을 지니고 있다.

(4) 주　　체

근로의 권리의 향유주체는 자연인인 국민에 한한다. 현재 근로관계에 있는 국민 이외에 실업자, 해고자 등의 미취업자와 같이 근로계약관계를 예상하는 자도 주체가 된다. 외국인에게는 보장되지 않는나. 노동조합은 근로의 권리의 주체가 될 수 없다.

2. 근로의 권리의 내용

(1) 근로기회청구권

근로의 권리가 근로의 기회를 얻을 수 있도록 요구할 수 있는 권리(근로기회제공청구권)라는 데 이견이 없다. 문제는 근로기회청구권을 근거로 개인에게 일자리를 제공하지 못한 경우 필요한 생활비지급을 청구할 수 있는가이다. 생계비지급을 청구할 수 있다는 입장이 있을 수 있지만, 현행 헌법 하에서 아무리 생각을 달리하여도 생활비의 지급을 청구할 수 있는 권리로 볼 수 없다. 만일 근로기회를 제공받지 못하여 인간다운 삶이 위협되는 때에는 헌법 제34조의 인간다운 생활을 할 권리로 이관되어 다루어져야 한다.

(2) 해고의 제한

근로의 권리에 대한 헌법적 보장은 근로자의 해고를 제한하는 법적 근거가 될 수 있다. 초기 자본주의체제하에서 해고는 계약자유의 대상일 뿐이었다. 그러나 근로의 권리를 생존권의 하나로 헌법이 보장한 이상 자유로운 해고는 허락될 수 없다. 근로의 권리에 대한 중대한 위협이 되기 때문이다.

사용자가 근로자를 해고할 경우에는 정당한 이유가 있어야 하므로(근기법 §23) 부당한 해고는 금지된다. 국가는 사용자의 해고로부터 근로자를 보호함에 있어 직장존속이라는 근로자의 이익만 고려해서는 안 되며, 영업의 자유 및 재산권보장이라는 사용자의 이익도 고려해야 하고 아직 취업하지 못한 근로자의 이익까지도 함께 고려해야 한다. 헌법재판소는 선례(99헌마663)를 변경하면서, 월급근로자로서 6개월이 되지 못한 자를 해고예고제도의 적용예외 사유로 규정하고 있는 근로기준법 제35조 제3호는 근무기간이 6개월 미만인 월급근로자의 근로의 권리를 침해하고 평등원칙에도 위배되어 위헌이라고 하였다.

3. 근로의 권리에 관한 국가의 객관적 의무

(1) 국가의 고용증진의무

국가는 사회적·경제적 방법으로 근로자의 고용증진에 노력하여야 한다(§32①). 국가는 고용확대를 위해, 또 실업방지대책의 수립 및 시행을 통해 고용증진에 노력하여야 한다. 고용증진은 사회정책이나 경제정책 등의 방법으로 이루어져야 한다. 국가에 의한 강제적 방법으로 행하여지는 고용증진은 우리 헌법이 예정하고 있지 않다. 고용증진을 위하여 고용정책기본법, 직업안정법, 근로자직업능력개발법, 직업교육훈련촉진법 등이 시행되고 있다.

(2) 적정임금과 최저임금제의 보장

국가는 근로자의 적정임금과 최저임금을 보장할 의무가 있다. 적정임금이란 근로자가 받는 임금수준이 근로자와 그 가족에게 인간다운 생활을 가능하게 하는 정도의 임금을 말하며, 최저임금제란 임금의 최저한을 정함으로써 사용자의 횡포로부터 근로자를 보호하기 위한 제도이다. 헌법은 적정임금이 보장되도록 노력할 것을 국가에게 요구하고 있고, 적어도 최저임금을 보장하도록 강제하고 있다. 최저임금의 수준은 입법재량에 속하지만, 근로자의 최저생계비·노동생산성·유사근로자의 임금 등을 고려하여 결정한다. 최저임금법이 제정되어 있다.

(3) 근로의 의무(§32②)

헌법은 근로의 의무를 규정한다. 헌법이 예정하는 근로의무는 근로를 강제적 의무로 보는, 즉 모든 국민은 현실적으로 노동을 해야 한다는 사회주의 국가의 근로개념과 구별된다. 근로의 의무의 내용과 조건은 민주주의 원칙에 따라 법률로 정한다. 헌법의 근로의무의 법적 효과는 일자리가 주어졌음에도 근로를 거절하는 자에게 실업보험금의 지급을 불허할 수 있다는 데 있다.

(4) 근로조건 법정주의(§32③)

근로조건의 기준은 인간의 존엄성을 보장하도록 법률로 정한다. 근로조건 역시 임금과 마찬가지로 노사간에 자치적으로 규율되어야 한다(§33). 사용자의 우월한 지위로부터 근로자를 보호하며, 근로현장에서의 노동정의를 실현하고 근로자의 인간다운 근로환경을 보장하기 위해 헌법은 근로조건을 인간의 존엄성이 보장될 수 있도록 규율될 것을 입법자에게 명하고 있다(§32). 근로조건의 중요사항은 외국인에게도 보장되어야 한다.

(5) 여성 및 연소자 근로의 특별보호(§32④, ⑤)

여자와 연소자의 근로는 특별한 보호가 요구된다. 근로기준법은 15세 미만인 자를 근로자로 사용하지 못하도록 하며(근기법 §64①), 사용자는 임신 중이거나 산후 1년이 지나지 아니한 여성과 18세 미만자를 도덕상 또는 보건상 유해·위험한 사업에 사용하지 못하도록 하고 있다(근기법 §65①). 또 15세 이상 18세 미만인 자의 근로시간은 1일에 7시간, 1주일에 40시간을 초과하지 못하도록 근로시간을 제한하여 연소자의 근로를 보호하고 있다(근기법 §69).

(6) 국기유공자 등에 대한 우선적 근로기회보장(§32⑥)

헌법은 국가유공자·상이군경 및 전몰군경의 유가족에게 국가와 민족에 대한 헌신에 대한 보상으로 우선적 근로기회를 보장하고 있다. 우선적 근로기회의 대상자는 국가유공자, 상이군경, 그리고 전몰군경의 유가족이다. '국가유공자 등 예우 및 지원에 관한 법률(국가유공자법)'이 제정되어 있다.

4. 근로의 권리의 효력

근로의 권리는 대국가적 효력을 지닌다. 문제는 대사인 간 효력이 인정될 것인가이다. 근로의 권리는 국가의 급부를 요구하는 권리이므로 본질적으로 대사인 간 효력이 인정될 수 없다. 다만 여성·연소근로자 보호규정(§32④, ⑤)은 사인에 대하여 직접효력을 지닌다고 본다(다수설).

5. 근로의 권리에 대한 형성 및 제한과 그 한계

입법자는 근로의 권리를 보장하기 위해 법률로 그 내용을 형성할 수 있다. 입법자는 근로의 권리를 형성함에 있어 그 실현수준은 최소한의 보장 그 이상이어야 한다. 만일 이에 미치지 못한다면 입법자는 입법형성을 제대로 수행하지 못한 것으로 과소보호금지원칙에 위배된다.

이미 언급하였지만, 근로의 권리와 같은 생존권은 원칙적으로 법률에 의해 실현되는 권리이기에 헌법 제37조 제 2 항에 따른 제한과 한계가 적용될 수 없다. 다만 법률에 의해 형성된 권리라도 그 권리가 축소 또는 소멸되는 경우에는 이는 제한의 문제로 보아야 한다. 또 공공복리를 이유로, 국가안전보장이나 질서유지의 목적으로도, 특수한 상황에서 법률로 제한하는 것이 불가능하지 않다고 보아야 한다. 근로의 권리의 본질적 내용에 대한 침해는 금지된다.

Ⅳ. 근로 3 권

헌법 제33조는 제 1 항은 '근로자는 근로조건의 향상을 위하여 자주적인 단결권·단체교섭권 및 단체행동권을 가진다', 제 2 항은 '공무원인 근로자는 법률이 정하는 자에 한하여 단결권, 단체교섭권 및 단체행동권을 가진다', 제 3 항은 '법률이 정하는 주요방위산업체에 종사하는 근로자의 단체행동권은 법률이 정하는 바에 의하여 이를 제한하거나 인정하지 아니할 수 있다'고 규정하여 근로 3 권을 보장하고 있다.

1. 의 의

(1) 연 혁

Weimar 헌법은 근로 3 권을 헌법적 차원에서 규정한 최초의 헌법이며, 이후 1946년 프랑스 헌법, 일본 헌법 등에서 보장되었다. 건국헌법(§ 18)부터 근로 3 권이 인정되었는데, 제 4, 제 5 공화국 헌법과 같이 단체행동을 사실상 금지하면서 광범위하게 근로자의 단체행동을 제한한 때도 있었으나, 현행 헌법은 완전하게 근로 3 권을 보장하고 있다.

(2) 개 념

근로 3 권이란 근로조건의 향상을 위하여 근로자가 갖는 기본권, 즉 단결권, 단체교섭권, 단체행동권을 말한다. 근로조건의 보장과 향상을 위해서는 근로자가 조직화되고 조직화된 단체를 통해 사용자와 근로조건을 교섭할 수 있어야 한다. 또한 사용자의 부당한 횡포에 대하여 근로자의 뜻을 관철할 수 있는 행동이 보장되어야 한다.

(3) 법적 성격

(가) 자유권적 생존권(생존권적 자유권)

근로 3 권의 법적 성격에 관하여 여러 견해가 제시되어 있다. 근로 3 권을 국가로부터 근로 3 권이 부당하게 방해받지 않을 권리로 보는 자유권설, 국가에 대하여 근로 3 권의 보장을 적극적으로 요구할 수 있는 권리로 보는 생존권설, 근로 3 권은 자유권으로서의 성격과 생존권으로서의 성격을 모두 갖는다고 이해하는 혼합권설로 대별된다. 혼합권설이 통설 및 판례이다.

(나) 형성과 제한

근로 3 권이 자유권적 생존권이기에 근로 3 권과 관련된 법률은 형성과 제한의 의미를 동시에 지니게 된다. 이중적 구속을 받는다고도 할 수 있다. 근로 3 권을 실현하는 법률은 근로 3 권이 지니는 자유권적 성격을 존중하여야 한다.

(4) 주 체

근로 3 권의 향유주체는 근로자이다. 사용자가 근로 3 권의 주체가 될 수 없음은 당연하다.

(가) 근 로 자

근로자란 직업의 종류를 불문하고 사용자에게 근로를 제공하고 그 대가로서 임금·급료 기타 이에 준하는 수입에 의하여 생활하는 자를 말한다. 근로에는 육체노동과 정신노동이 모두 포함된다. 공무원도 근로자의 범주에 속하나 헌법(§ 33②)이 공무원을 별도로 규정하고 있어 근로자(§ 33①)의 범위에서 제외될 뿐이다. 외국인도 근로 3 권을 행유할 수 있는 근로자 개념에 포함된다(다수설). 한편 근로자로 인정되기 위해서는 노동력을 제공하는 사람과 그 대가를 지급하는 사람이 동일하지 않아야 한다. 따라서 자기계산으로 사업에 종사하는 사람이나 자영농민 또는 어민 등은 근로자가 될 수 없다. 초기업별 노조(직종별 노조, 산업별 노조, 지역별 노조)의 경우 실업근로자도 가입할 수 있다.

(나) 사 용 자

사용자가 헌법 제33조의 단결권, 단체교섭권, 단체행동권을 가질 수 없음은 당연하다. 그러나 사용자가 결사의 자유에 근거하여 사용자단체를 결성하는 것은 별개의 문제이다. 헌법 제33조에 의한 노동조합은 헌법 제21조에 의한 사용자단체보다 더 강한 보호가 요구된다. 근로 3 권은 생존권에 기반을 두고 있기 때문이다.

2. 근로 3 권의 내용

(1) 단 결 권

(가) 개 념

단결권이란 근로조건을 향상시킬 목적으로 근로자단체(노동조합)를 자주적으로 구성할 수 있는 권리를 말한다. 단결권은 근로조건의 향상이라는 목적에 제한된다. 따라서 단결권은 근로조건의 유지·개선 또는 근로자의 경제적·사회적 지위향상과 무관하게, 근로자의 정치적 지위의 향상을 목적으로 하거나, 근로조건과 무관한 국가의 경제정책에 관여하는 것을 그 목적으로 할 수 없다. 더 나아가 정치적 활동을 직접 목적으로 하는 것은 단결권에 의해 보호될 수 없다. 임시적 성격의 조직(쟁의단)을 만들 수 있다.

(나) 내 용

① 적극적 단결권　근로자는 단체(노조)를 자유롭게 설립할 수 있다. 복수노조는 당연히 허락된다. 단결권은 노조의 자유로운 설립 외에, 기존 노조를 선택하여 노조에 가입, 잔류, 활동할 수 있는 자유를 보장한다(적극적 단결). 단결권행사를 이유로 해고하거나, 단체의 불가입이나 탈퇴를 조건으로 하는 근로계약의 체결은 위법이다.

② 소극적 단결권　단결권에 단체에 가입하지 않을 소극적 단결권이 포함되는가가 문제된다. 단결권은 적극·소극단결권을 모두 포함한다는 견해, 소극적 단결권을 인정하되 적극적 단결권과 소극적 단결권을 동일 조항에서 보장하는 것은 모순이라고 보아 그 근거를 일반적 행동자유권에서 찾는 견해, 소극적 단결권을 인정하지 않으면서 노조에 가입하지 않을 수 있는(탈퇴) 권리를 소극적 결사의 자유에서 찾는 견해로 나누어진다.

생각건대 노동조합도 단체의 일종이므로 모든 결사에 소극적 결사의 자유가 인정되듯 소극적 단결권이 긍정되어야 하며, 그 법적 근거도 단결권 자체에서 구할 수밖에 없다. 다만 단결권을 보장하는 헌법과 조화를 이루기 위해서는 소극적 단결권에 대한 제한이 불가피하다.

③ 집단적 단결권 단결권은 근로자 개인에게 보장될 뿐만 아니라 단결권에 의하여 조직된 단체(근로자집단, 노동조합)에게도 보장된다. 조직된 단체에게 단결권을 인정하지 않게 되면 국가가 단체의 존속과 활동을 억압할 수 있어 개인의 단결권이 무의미해질 수 있기 때문이다.

㈐ 제 한

단결권은 법률에 의해 제한될 수 있다(§37②). 단결권을 제한하는 단결강제의 대표적 유형으로 Shop 조항을 들 수 있다. Shop 조항이란 조합자격의 취득(Closed Shop조항) 또는 유지(Union Shop조항)를 근로자의 고용조건으로 하는 단체협약상의 조항을 말한다. 기업별 노동조합을 단위로 하는 우리나라의 경우 Closed Shop 조항은 드뮤 일이어서 Union Shop이 주로 문제된다.

Union Shop 조항은 근로자가 노동조합의 조합원일 것을 고용조건으로 하는 단체협약상의 규정으로서, 노동조합이 조직의 유지 및 강화를 위해 근로자의 노조가입을 강제하는 조직강제의 대표적 수단이다. Union Shop 조항은 근로자의 소극적 단결권을 침해하는 것으로 원칙적으로 금지된다. 다만 '노동조합 및 노동관계조정법'(§81, 2호 단서)은 노동조합이 근로자의 3분의 2 이상을 대표하고 있을 때에는 노조원이 될 것을 조건으로 하는 단체협약의 체결을 부당노동행위로 보고 있지 않다.

(2) 단체교섭권

㈎ 개 념

단체교섭권이란 노동조합이 근로조건의 향상을 위하여 사용자와 협상할 수 있는 권리를 말한다. 단체교섭권에는 단체협약체결권이 포함된다(노정법 §29). 단체교섭권은 근로자 개인이 아니라 단결체가 주체가 된다.

㈏ 내 용

단체교섭은 근로조건의 유지·개선을 목적으로 하여야 한다. 근로조건개선과 무관한 사용자의 경영이나 인사 또는 이윤취득에 관한 사항은 단체교섭의 대상에서 제외된다. 다만 노사합의로 단체협약에서 그것을 내용으로 정한 경우에는 그 절차에 따라야 한다. 단체교섭의 대상은 근로자 전체와 관련된 근로조건 전반에 관한 사항이며, 근로자 개인의 개별적 문제는 그 대상이 되지 않는다. 사용자는 정당한 이유 없이 교섭을 거부할 수 없다(노정법 §30②). 거부할 때에는 부당노동행위가 되어 쟁의행위의 정당한 이유가 된다(노정법 §81).

(다) 제 한

'노정법(§29의2)'은 근로자가 설립하거나 가입한 노동조합이 2개 이상인 경우 노동조합은 교섭단체노동조합을 정하여 교섭을 요구함으로써 단체교섭을 제한하고 있다. 단체교섭권을 하나의 단결체에게만 허용하는 교섭창구단일화제도는 단체교섭권에 대한 부당한 침해로 보기 어렵다. 공법인의 인사나 보수를 정한 단체협약에 대해 이를 감독하는 행정각부의 장의 승인을 얻도록 한 것은 단체교섭권에 대한 침해가 아니다. 근로시간의 면제한도 범위 내에서 노조활동을 가능하게 하는, 소위 '타임오프제'는 단체교섭 및 단체행동에 대한 침해가 아니다.

(3) 단체행동권

(가) 개 념

단체행동권이란 노동쟁의가 발생한 경우 더 좋은 근로조건의 확보를 위해 실력행사를 할 수 있는 권리를 말한다. 단체행동권은 단체협약의 유리한 체결결과를 얻어내기 위해 근로자에게 주어진 최후의 강제수단의 성격을 지닌다. 단체행동권은 근로자 개인이 주체가 되나 일반적으로 근로자단체(노조)에 의해 이루어진다. 한편 모든 근로자는 단체행동권을 행사할 수 있으나, 주요방위산업체에 종사하는 근로자의 단체행동권은 제한될 수 있다(§33③).

(나) 내 용

단체행동이란 다수의 근로자에 의해 이루어지는 계획적인 쟁의행위를 말한다. 통상 쟁의행위는 근로자가 노무제공을 거부하거나 정지하는 형태로 이루어지나(소극적 쟁의), 자신의 주장을 관철하기 위해 업무의 정상적인 운영을 저해하는 형태로도 가능하다(적극적 쟁의). 다만 쟁의행위는 목적, 방법, 절차에 있어 법령을 준수하여야 한다. 근로자의 적법한 단체행동은 보호되지만 근로자가 기업을 점거·봉쇄하거나 기물파손 등으로 손해가 발생된 경우, 이는 근로 3 권의 보호영역에 포함될 수 없다.

단체행동은 파업·태업·보이콧·피케팅 등으로 유형화할 수 있다. 파업(Strike)이란 근로제공을 거부하는 것이며, 태업(slow－down Strike)은 작업능률을 고의로 저하시키는 것이다. 보이콧(Boycott)이란 사용자 및 그와 거래관계에 있는 자의 상품구입이나 시설이용을 거절할 것을 호소하는 것이며, 피케팅(Picketing)이란 파업에 동참하지 않고 조업을 계속하려는 자에게 구두나 문서에 의하여 동참을 설득하는 것을 말한다.

정당한 근로자의 단체행동에 대하여는 형사책임은 물론 민사상 손해배상책임도 지지 않는다(노정법 §3, §4). 그리고 사용자는 근로자가 정당한 단체행위에 참가한 것을 이유로 근로자를 해고하거나 불이익을 주는 행위를 할 수 없다(노정법 §81, 5호).

한편 사용자는 쟁의행위에 참가하여 근로를 제공하지 아니한 근로자에 대하여는 그 기간 중의 임금을 지급할 의무가 없다(노정법 §44, 무노동 무임금). 또한 쟁의기간 중 사용자는 쟁의행위로 중단된 업무의 수행을 위하여 당해 사업과 관계없는 자를 채용 또는 내체할 수 없다(노정법 §43①). 파견사업주는 쟁의행위 중인 사업장에 그 쟁의행위로 중단된 업무의 수행을 위하여 근로자를 파견하여서는 안 된다(파견근로자보호 등에 관한 법률 §16).

(다) 한 계

단체행동은 목적, 수단, 방법, 절차상의 한계를 존중하여야 한다. 일종의 개념내재적 한계를 지닌다.

① 목적상 한계　단체행동은 근로조건의 유지·개선 등을 목적으로 하여야 한다. 특정 정권의 타도 등과 같은 순수한 정치파업은 인정되지 않는다. 다만 최저임금법의 개정이나 노동관계법의 개폐 등을 쟁점으로 하는 정치적 파업(소위 산업적 정치파업)은 허용된다(동실).

② 수단과 방법상 한계　쟁의행위는 폭력이나 파괴행위 또는 생산 기타 주요업무에 관련되는 시설을 점거하는 형태로 행할 수 없다(노정법 §42①). 쟁의행위는 사용자의 소유권 기타 재산권과 조화를 이루어야 한다. 쟁의행위는 단체협약의 당사자가 될 수 있는 자에 의해서 이루어져야 한다. 쟁의행위 자체가 불법이 아닌 한 제 3 자에 의한 개입이 허락된다. 다만 제 3 자 개입이 불법쟁의를 조장할 경우 개입

행위는 처벌된다.

③ 절차상 한계 쟁의행위는 직접·비밀·무기명투표에 의한 조합원 과반수의 찬성이 있어야 한다(노정법 §41①). 쟁의행위는 조정이나 중재절차를 거치지 아니하면 이를 행할 수 없다(노정법 §45②). 이를 조정전치주의라 한다.

④ 생산관리 생산관리가 인정될 것인가가 문제된다. 재산권 및 경제질서에 관한 헌법규정과의 규범조화가 가능한 범위 내에서만 허용될 수 있다는 견해가 있으나, 생산관리란 노동조합이 사용자의 의사에 반하여 생산수단을 자기 지배하에 두고 경영까지 장악하는 것으로 허용되지 않는다고 보아야 한다(통설).

3. 근로 3 권의 효력

근로 3 권이 대국가적 효력을 지닌다는 데 이론의 여지가 없으나, 대사인적 효력의 인정 여부 및 그 성질에 대하여는 다툼이 있다. 근로 3 권은 그 본질이 사용자에 대한 기본권이며, 역사적으로도 근로자와 사용자에 대한 관계로 전개되어 왔다. 따라서 근로 3 권은 기본권의 성질상 대사인 간 효력이 직접 인정되는 기본권으로 보아야 한다(다수설).

4. 근로 3 권에 대한 형성 및 제한과 그 한계

헌법은 제33조에서 직접 근로 3 권을 제한하고 있다. 근로 3 권은 자유권적 생존권이므로 근로 3 권의 자유권적 성격은 일반적 법률유보에 따라 제한된다(§37②).

(1) 헌법 제33조에 의한 제한

헌법은 공무원과 주요 방위산업체 근로자에 대하여 근로 3 권을 제한하고 있다.

(가) 공무원에 대한 근로 3 권 제한

① 공무원인 근로자 헌법은 공무원의 특징을 감안하여 공무원의 근로 3 권에 대해 일정한 제약을 가하고 있다. 이는 공무원은 국민 전체에 대한 봉사자이며, 또 맡고 있는 직무의 공공적 성격 때문이다. 헌법 제33조 제 2 항은 공무원인 근로자도 근로 3 권의 주체가 될 수 있으나 법률로 정한 자로 한정한다는 의미이므로, 모든 공무원의 근로 3 권을 전부 부정하는 것은 허용될 수 없다.

② 공무원의 근로 3 권을 제한하는 법률구조 공무원의 근로 3 권은 헌법 제33조

제 2 항과 일반적 법률유보조항인 제37조 제 2 항에 의해 제한될 수 있다. 헌법 제33조 제 2 항은 공무원은 법률이 정하는 자에 한하여 근로 3 권을 누린다고 하였고, 근로 3 권에 관한 기본법인 '노동조합 및 노동관계조정법(§5 단서)'은 공무원과 교원에 관해서는 따로 법률로 정한다고 규정하고 있다.

③ 사실상 노무에 종사하는 공무원　　국가공무원법(§66)과 지방공무원법(§58)은 공무원의 노동운동을 금하면서 사실상 노무에 종사하는 공무원에 대해서는 노동운동을 허용하고 있다. 여기서 사실상 노무에 종사하는 공무원이란, 미래창조과학부 소속 현업기관의 작업 현장에서 노무에 종사하는 기능직공무원을 말한다. 사실상 노무에 종사하는 공무원은 근로 3 권을 모두 향유한다.

④ 공무원노동조합　　한편 공무원노조법은 노동조합의 가입범위를 6급 이하의 공무원으로 제한하고 있고, 단체교섭권은 인정하나 단체행동은 금지된다. 범죄수사, 교정, 출입국관리 등에 종사하는 공무원에게는 그 직무의 특수성 때문에 근로 3 권이 허용되지 않는다.

⑤ 교원노동조합　　교원의 경우 교원노조법이 제정되어 있다. 교원은 초·중등 교원에 한해, 시·도 단위 또는 전국단위에 한하여 노동조합을 설립할 수 있으며, 단체교섭은 허락되나 법령·조례·예산에 의하여 규정되는 내용은 단체협약으로서의 효력을 갖지 않으며, 쟁의행위를 금지하고 있다(교원노조법 §2, §4, §8). 헌법재판소는 초·중등교육법상의 교원들에게만 단결권과 단체교섭권을 인정하고 고등교육법상의 교원들에게는 이를 전면적으로 금지하는 것은 평등원칙에 위배되어 위헌이라고 하였다.

교원의 노동조합은 일체의 정치활동을 하여서는 안 된다(교원노조법 §3). 교원노조에게 정치활동을 금지하는 것은, 교원집단의 정치적 중립성 확보와 교원집단의 정치적 편향성 방지에 있다. 교원의 시국선언처럼 교육현장 이외에서의 정치적 표현행위라 하더라도 학생들의 인격형성에는 지대한 영향을 미칠 수 있고, 교원노조에게 일반적인 정치활동을 허용할 경우 교육을 통해 책임감 있고 건전한 인격체로 성장해가야 할 학생들의 교육을 받을 권리는 중대한 침해를 받을 수 있기에 교원노조의 정치활동금지는 정당하다.

(나) 주요 방위산업체의 근로자에 대한 단체행동권제한

헌법(§33③)은 법률이 정하는 주요방위산업체의 근로자들의 단체행동권을 제한하거나 인정하지 않을 수 있다고 규정하고 있다. '노동조합 및 노사관계조정법'(§41②)은, 방위사업법에 의하여 지정된 주요방위산업체에 종사하는 근로자중 전력, 용수 및 주로 방산물자를 생산하는 업무에 종사하는 자에게 쟁의행위를 금지하고 있다.

(2) 헌법 제37조 제2항에 의한 제한과 한계

근로자의 근로3권은 일반적 법률유보조항에 의하여 제한될 수 있다. 근로3권을 제한하는 경우에도 본질적 내용을 침해할 수 없다.

(가) 단결권과 단체교섭권

노동조합의 설립을 금하거나 복수노조의 설립을 불허하는 것 등은 단결권의 본질적 내용을 침해하는 것으로 허용될 수 없다. 단체교섭을 정당한 이유 없이 거부하거나 해태하는 것은 단체교섭권에 대한 침해가 된다. 단결과 단체교섭을 실현하거나 제한하는 법률로 근로기준법, 노동조합 및 노동관계조정법, 노동위원회법 등이 있다.

(나) 단체행동권

근로자가 정당한 단체행위에 참가한 것을 이유로 해고하거나 불이익을 주는 것은 허락되지 않는다. 또한 주요 방위산업체의 근로자에 대한 단체행동의 전면적 금지는 지극히 예외적인 특수상황이라야 정당화될 수 있다. 한편 국민경제에 결정적인 영향을 미치는 경우와 같이 노사의 사적자치에 맡기기 어려운 사항에 대해서는 노사자치에 대한 제한이 요구된다. 단체행동에 국가의 관여가 정당화되는 이유가 된다. 단체행동에 대한 국가의 관여로는 조정, 중재, 긴급조정 등이 있다.

Ⅴ. 환 경 권

헌법 제35조 제1항은 '모든 국민은 건강하고 쾌적한 환경에서 생활할 권리를 가지며, 국가와 국민은 환경보전을 위하여 노력하여야 한다'고, 제2항은 '환경권의 내용과 행사에 관하여는 법률로 정한다', 제3항은 '국가는 주택개발정책 등을 통하여 모든 국민이 쾌적한 주거생활을 할 수 있도록 노력하여야 한다'고 하여 환경권 및 국가의 주거생활 확보의무를 규정하고 있다.

1. 의 의

(1) 연 혁

개별 국가 차원에서의 환경권보호는 1970년대 미국, 독일, 일본 등에서 이루어졌다. 1980년 제 5 공화국 헌법은 처음으로 환경권을 신설하였고 현행 헌법에서 유지되고 있다.

(2) 개 념

환경권이란 쾌적한 환경에서 건강하게 살 권리를 말한다. 환경권의 대상인 환경을 어떻게 이해할 것인가에 관해 견해의 대립이 심하다. 자연환경만으로 보는 견해(협의설), 자연환경 외에 생활환경까지 포함한다는 견해(광의설), 사회환경까지 포함한다는 견해(최광의설)로 나누어진다. 생각건대, 환경권의 대상인 환경은 물, 대기, 공기와 같은 자연환경과 일조, 소음, 경관, 조망 등 생활이익으로서 가치를 지닌 생활환경으로 보아야 한다. 헌법재판소도 환경권의 보호대상이 되는 환경에는 자연환경뿐만 아니라 인공적 환경과 같은 생활환경을 포함한다고 한다.

(3) 법적 성격

환경권의 법적 성격에 관하여도 많은 견해가 제시되고 있다. 자유권과 생존권의 성격을 모두 지닌다는 견해, 종합적 기본권으로 보는 견해, 생존권으로 보는 견해 등이 그것이다. 생각건대, 환경권은 자유권과 생존권의 성격을 모두 지닌다고 보아야 한다. 다만 환경의 소중함이 날로 강조되고 있으며 더 강조되어야 할 중요한 과제임을 감안하고, 환경보전이나 조성은 국가(정책, 재정)에게 전적으로 의존할 수 밖에 없는 상황을 고려할 때, 또 환경권이 규정된 헌법편제에서의 위치까지를 감안해 보면 생존권에 더 큰 비중이 두어져야 한다.

(4) 주 체

환경권의 향유주체는 성질상 자연인에 한한다. 법인은 주체가 될 수 없다.

2. 환경권의 내용

환경권의 내용과 행사는 법률로 구체적으로 정해진다(§35②).

(1) 침해배제청구권

침해배제청구권은 침해가 우려되는 경우 이에 대한 예방을 구할 수 있는 침해예방청구와 환경침해가 이루어진 경우 침해의 회복을 청구할 수 있는 침해회복청구를 그 내용으로 한다. 먼저 침해예방청구란 일종의 환경보전청구인데 이는 국가나 사인의 각종 개발행위로부터 환경이 침해될 우려가 있는 경우 이에 대한 예방을 요구하거나 환경파괴행위의 중단을 요구할 수 있는 권리를 말한다. 대법원은 사인에 의한 환경침해가 이루어진 경우 민법(§217)에 근거하여 침해구제나 침해예방을 청구할 수 있다고 한다. 한편 침해회복청구란 국가나 사인의 행위로 환경오염이나 환경파괴가 발생한 경우 이에 대해 원상회복을 청구할 수 있는 권리를 말한다. 사인의 환경파괴행위를 국가가 묵인하거나 방관하는 경우, 이에 대해 중지시켜 줄 것을 국가에게 요구할 수 있다.

헌법재판소는 공직선거법이 선거운동 시 확성장치의 사용 목적, 사용 가능한 대수, 사용할 수 있는 장소 등은 규정하면서, 소음의 크기, 지속시간, 발생 시간대 및 발생 장소 등에 관한 규제를 하고 있지 않아, 사람들의 일상생활 또는 생업에 지장을 초래하여 환경권이 침해됐다고 하면서 2008년의 합헌결정 선례를 변경하여 헌법불합치결정을 내렸다(헌결 2018헌마730).

(2) 생활환경의 조성청구권

생활환경의 조성청구권이란 국가에게 좋은 환경을 조성하고 유지하며 보전해 줄 것을 요구할 수 있는 권리를 말한다.

(3) 쾌적한 주거생활권

헌법 제35조 제 3 항은 쾌적한 주거생활권을 보장하고 있다. 쾌적한 주거생활권의 보장은 먼저 주거생활을 보장하는 데 중점을 두어야 한다.

3. 환경권의 효력

환경권은 대국가적 효력과 직접적 대사인적 효력을 지닌다. 통설 및 판례는 환경권의 대사인적 효력을 간접 적용으로 이해하지만 환경권은 대사인 간에 직접 적용되는 것으로 보아야 한다. 이미 살펴보았지만, 기본권은 일반적으로 간접적으로 대사인간에 적용되는 것이지만 헌법이 명문으로 직접 적용을 인정하거나 또는 기본권의 성질로부터 직접 적용되어야 하는 경우에는 직접적용을 인정하여야 한다. 헌법 제35조 제 1 항은 환경보존의무를 국민에게 부과하고 있는데 이는 환경권의 수범자를 국가 이외에 국민에게까지 확대한 것으로, 환경권은 헌법이 명문으로 기본권의 대사인적 효력을 긍정한 것으로 보아야 한다.

4. 환경권에 대한 형성 및 제한과 그 한계

(1) 환경권에 대한 제한

환경권은 국가안전보장, 질서유지, 공공복리를 위하여 필요한 경우에 법률로 제한할 수 있다. 환경은 파괴되면 그 회복에 많은 시간과 경비가 소요되므로 제한에 신중을 기하여야 한다. 다만 환경권은 생존권의 성격을 강하게 지니므로 국가안전보장, 질서유지, 공공복리를 위해 환경권이 제한하는 상황보다는 법률을 통해 그 내용이 형성되고 실현되는 경우가 적지 않다.

(2) 환경권에 대한 제한의 한계

환경권의 본질적 내용을 침해할 수 없다. 국민의 생명이나 신체에 결정적인 위협을 주는 환경권제한은 환경권의 본질적 내용에 대한 침해로 보아야 한다.

5. 환경권의 침해와 구제

(1) 국가, 사인에 대한 청구권

환경침해는 국가 또는 사인에 의해 이루어지는데, 모든 환경침해에 대해 구제가 허용되는 것은 아니다. 환경권은 다른 기본권제한을 전제로 하는 특성을 지니므로, 특히 다른 기본권과의 조화가 이루어져야 한다. 따라서 환경에 대한 경미한 침해에 대해서는 이를 수인하고 감수해야 한다(수인한도론). 따라서 환경침해로 인한 피해는 통상 견딜 수 없는 한도를 넘는 경우에 한해 위법성이 인정되어야 한다.

한편 국가에 의한 환경권침해에 대해서는 행정소송이나 국가배상청구를 통해 구제받을 수 있다. 사인에 의한 침해는, 사전예방책으로 환경피해가 예견되는 경우 피해예방이나 피해배제를 구할 수 있으며(유지청구권), 사후구제책으로 손해배상을 청구할 수 있다. 유지청구는 환경권에 근거한 것으로 사인에 대해서는 물론 국가에 대해서도 행사할 수 있다. 만일 다수설과 판례의 입장에 의하게 되면, 국가에 대한 유지청구권은 환경권에 근거하여 행사되나 사인에 대하여는 민법의 소유권에 근거하여 행사된다.

(2) 환경소송의 특성

(가) 개연성이론

개연성이론이란 인과관계의 입증에 있어 과학적인 엄밀한 증명을 요하지 않고 침해행위와 손해발생 사이에 인과관계가 존재한다는 상당한 정도의 가능성이 있다는 입증으로 족하다는 이론이다. 개연성이론을 적용하게 되면 피해자의 입증의 범위가 완화 내지 경감되는 반면 가해자의 반증의 범위는 확대된다. 대법원은 가해기업이 어떠한 유해한 원인물질을 배출하고 그것이 피해물건에 도달하여 손해가 발생하였다면 가해자측에서 그것이 무해하다는 것을 입증하지 못하는 한 책임을 면할 수 없다고 하면서, 개연성이론을 수용하고 있다.

(나) 원고적격

환경소송은 원고적격과 관련하여 특별한 고려가 요구된다. 환경권구제의 실효성 증대를 위해, 원고적격을 오염된 환경에 의하여 직접 피해를 입은 자에 한정하자는 견해도 있으나, 오염된 환경과 관계있는 모든 자로 넓게 보아야 한다(다수설). 환경영향평가지역 안의 주민에게는 직접적이고 구체적인 환경상의 이익이 추정된다.

(3) 환경피해분쟁조정제도

환경분쟁을 신속·공정하고 효율적으로 해결하여 환경을 보전하고 국민의 건강 및 재산상의 피해를 구제하기 위하여 환경분쟁조정법이 제정되어 있다. 환경분쟁조정법은 환경분쟁조정위원회를 두어 분쟁조정을 위한 알선, 조정, 재정을 통해 환경권침해의 신속·공정한 구제를 처리하고 있다.

Ⅵ. 혼인 및 가족제도

헌법 제36조 제 1 항은 '혼인과 가족생활은 개인의 존엄과 양성의 평등을 기초로 성립되고 유지되어야 하며, 국가는 이를 보장한다'고 하여 혼인 및 가족제도를 보장하고 있다.

1. 의 의

(1) 개 념

헌법은 혼인과 가족생활이 존엄과 평등을 기초로 성립되고 유지되어야 한다는 대원칙을 규정하고 있다. 혼인이란 포괄적인 생활공동체를 구성하고 평생 지속하겠다는 남녀의 합의를 말하며, 가족은 부모와 자녀의 생활공동체이다.

(2) 법적 성격

혼인과 가족제도의 법적 성격에 관하여 다양한 견해가 제시되어 있다. 원칙규범으로만 보는 견해, 원칙규범과 제도보장의 성격을 지녔다고 보는 견해, 제도보장과 생존권으로 보는 견해, 원칙규범과 제도보장의 성격 외에 자유권과 생존권의 성격을 모두 지녔다고 보는 견해가 그것이다.

생각건대 헌법 제36조 제 1 항이 혼인과 가족에 관한 기본적 헌법원리 내지는 원칙규범의 성격을 지니고 있음은 분명하다. 동시에 혼인제도와 가족제도를 보장하며, 혼인과 가족생활을 스스로 결정하고 형성할 수 있는 자유(자유권)는 물론 적극적으로는 혼인과 가족을 지원하고 보호해 줄 것을 요구할 수 있는 권리의 성격(생존권)도 지닌다고 보아야 한다.

(3) 향유주체

혼인과 가족의 보호는 자유와 생존의 성격을 모두 지니므로 자유권석 측면은 인권으로서 외국인에게도 그 주체성이 인정되나 생존권적 측면은 국민으로 한정된다.

2. 혼인과 가족생활의 내용

(1) 혼인 및 가족제도의 보장

(가) 혼인제도의 보장

헌법이 보장하는 혼인제도는 개인의 존엄이 보장되고 양성평등을 기초로 성립되는 민주적 혼인제도를 말한다. 민주적 혼인제도는 일부일처제, 자유로운 의사에 기한 혼인 등을 그 내용으로 한다. 일부일처제의 혼인형태, 합의에 의한 혼인성립, 원칙적 평생의 혼인기간은 국가가 개입할 수 있는 대상이 될 수 없다. 따라서 정혼, 조혼, 강제혼은 부정된다. 또한 혼인을 했다는 또는 하지 않았다는 이유로 차별을 받지 않는다. 헌법재판소는 자산소득(이자소득, 배당소득, 부동산임대소득)의 부부간 합산과세는 위헌이며, 종합부동산세를 '인별 합산'이 아닌 '세대별 합산'방법을 적용하고 있는 것 역시 위헌이라고 하였다.

(나) 가족제도의 보장

헌법이 보장하는 민주적 가족제도는 개인의 존엄과 양성평등을 기초로 한 부부관계와 친자관계를 내용으로 한다. 가부장적이고 남존여비의 가족제도는 부정된다. 따라서 당사자의 의사와 자율적 선택권을 외면한 채 호주의 지위를 강요하거나 신분관계를 일률적으로 형성하는 것은 민주적 가족생활보장에 어긋난다. 헌법재판소는 민법시행 이전의 구 관습법 중 "여호주가 사망하거나 출가하여 호주상속인 없이 절가된 경우, 유산은 그 절가된 가(家)의 가족이 승계하고 가족이 없을 때는 출가녀(出家女)가 승계한다."는 부분은 합헌이라고 하였다. 이는 절가된 가의 유산 귀속순위를 정함에 있어 합리적 이유 없이 출가한 여성을 그 가적에 남아 있는 가족과 차별하고 있지 않기 때문이다.

(2) 혼인의 자유보장

혼인의 보호영역은 혼인행위, 혼인공동생활, 이혼을 포함한다. 혼인의 자유를 보장하므로 혼인의 여부, 상대방의 선택, 시기 모두 자유롭게 결정할 수 있다. 또한 혼인공동생활을 보장한다. 따라서 공동거주지를 결정하고 소득활동을 주로 누가 담당하며, 자녀 양육과 가사분담을 어떻게 할 것인가는 부부의 결정에 맡겨진다. 이혼은 혼인을 다시 할 자유이므로 혼인의 보호영역에 속한다. 축첩, 중혼 등은 금지된다. 혼인연령을 제한하는 것이나 근친혼을 금지하는 것은 혼인의 자유에 대한 침해가 아니다.

3. 혼인 및 가족의 형성 및 제한과 그 한계

혼인과 가족생활은 개인의 존엄과 양성의 평등을 기초로 성립 유지되어야 한다. 국가는 개개인의 존엄과 남녀평등이 실현되는 혼인제도를 형성하고 가족제도를 보장해야 한다.

(1) 혼 인

중혼의 취소를 청구할 수 있는 권리를 직계비속에게 인정하지 않는 것은 민주적 가족제도에 어긋난다. 헌법재판소는 이혼으로 인한 재산분할의 경우 상속세 인적공제액을 초과하는 재산에 대해서 증여세를 부과하는 것은, 재산분할은 쌍방의 협력으로 형성된 공동재산의 청산인데 이를 재산의 무상취득으로 보아 증여세를 부과하는 것이므로 혼인당사자에 대한 불합리한 차별이라고 하였다.

(2) 가 족

공동사업형태에 대한 공동합산과세가 문제된다. 공동합산과세란 공동사업형태에 대한 소득세 규율에 있어 '특수관계자'의 사업소득을 지분이나 손익분배의 비율이 큰 공동사업자의 소득금액으로 의제하는 것인데, 공동사업합산과세는 재산권침해로 보아야 한다. 성전환수술에 의하여 출생 시의 성과 다른 반대의 성으로 성전환이 이미 이루어졌고, 정신과 등 의학적 측면에서도 이미 전환된 성으로 인식되고 있다면, "전환된 성"으로서의 개인적 행동과 사회적 활동이 승인되어야 한다. 성전환자에 대한 호적상 성별 기재의 정정 및 개명이 허용되어야 하는 이유이다. 대법원은 성전환자가 혼인 중에 있거나 미성년자인 자녀가 있는 경우에는 성별정정은 허용되지 않는다고 하였다.

Ⅶ. 모성, 보건에 관한 권리

헌법 제36조 제 2 항은 '국가는 모성의 보호를 위해 노력하여야 한다', 제 3 항은 '모든 국민의 보건에 관하여 국가의 보호를 받는다'고 하여, 모성, 보건에 관한 권리를 보장하고 있다.

1. 모성을 보호받을 권리

(1) 의 의

(가) 개 념

임신, 출산, 수유, 양육은 여성의 특권이자 인류존립을 위한 필요조건이다. 자녀의 출산과 양육은 국가공동체의 생존 및 발전, 나아가 인류의 존속을 위해서도 결코 소홀히 할 수 없다. 모성을 보호해야 하는 당위성이다. 모성, 즉 자녀를 가진 여성은 국가에 대하여 모성의 건강 및 출산과 양육에 관한 제 여건을 조성해 줄 것을 국가에 요구할 수 있는 권리를 가진다.

(나) 법적 성격

모성을 보호받을 권리는 생존권이다.

(다) 주 체

모성을 보호받을 권리의 주체는 임신하고 있거나 자녀의 양육의무가 부여된 여성을 말한다.

(2) 모성을 보호받을 권리의 내용

모성의 보호란 모성의 건강에 대한 보호뿐 아니라 임신, 출산, 수유, 양육에 관한 모든 사회경제적 여건에 대한 국가보호를 말한다. 모성에 대한 양육지원이 중요한 이유는 모성이 양육부담을 감수할 수 있어야 임신과 출산을 결심할 수 있기 때문이다. 모성은 모성보호를 위한 각종의 시책과 제도의 시행을 국가에 청구할 수 있다. 모자보건법은 모성의 생명과 건강을 보호하고 있다. 모성이라는 이유로 불이익을 받지 않아야 한다. 모자가정의 복지, 자립, 생활보호를 위해 '한부모가족지원법'이 제정되어 있다.

2. 보건에 관한 권리

(1) 의　　의

물질, 명예, 권력을 추구해보지만 결국은 건강과 장수이다. 건강은 가족과 국가의 존립과 발전에 기본이 되는 요소이다. 보건권이란 자신과 가족의 건강을 유지하는데 필요한 급부를 요구할 수 있는 권리를 말한다(생존권). 보건권의 향유주체는 국민이며, 외국인은 제외된다. 보건권의 주체는 가족이 아니라 개개인이다.

(2) 보건에 관한 권리의 내용

보건권은 국민의 건강을 유지하는 데 필요한 시설이나 제도나 장치 등을 국가에 대하여 요구할 수 있다(생존권). 국가는 보건교육, 질병예방, 영양개선 및 건강생활의 실천 등에 힘써야 한다. 질병예방을 위해 예방접종, 건강진단, 소독실시 등을 실시한다. 국가나 자치단체는 국민에게 담배의 직접흡연 또는 간접흡연과 과다한 음주가 국민건강에 해롭다는 것을 교육·홍보하여야 한다(국민건강증진법 §8). 특히 금연의 실효성을 높이기 위해 경고문구의 삽입, 담배광고의 금지와 제한, 담배판매의 장소 및 흡연장소의 제한을 명하고 있다(국민건강증진법 §9). 국민의 보건에 관한 법률로는 보건의료기본법, 국민건강증진법, 국민건강보험법, 전염병예방법 등이 있다.

제 5 절 청구권적 기본권

Ⅰ. 청 원 권

헌법 제26조는 제 1 항에서, '모든 국민은 법률이 정하는 바에 의하여 국가기관에 문서로 청원할 권리를 가진다', 제 2 항에서 '국가는 청원에 대하여 심사할 의무를 진다'고 규정하여 청원권을 보장하고 있다. 헌법 제89조 제15호는 정부에 제출 또는 회부된 정부의 정책에 관계되는 청원의 심사는 국무회의를 거치도록 규정하고 있다.

1. 의 의

(1) 연 혁

1689년 영국의 권리장전에서 처음으로 문서화되었고, 그 후 1787년 미국 연방헌법과 1919년 Weimar 헌법 등이 청원권을 규정하였다. 우리나라는 건국헌법에서 청원권을 규정한 이래 지금까지 이어져 내려오고 있다.

(2) 개 념

청원권이란 국가기관에 대하여 자신의 희망이나 고통을 진술하고 그 시정을 요구하는 권리를 말한다. 청원권은 절차적 기본권이므로 실체적 권리의 내용을 보장하는 것은 아니다. 청원의 처리를 요구할 수 있는 권리일 뿐이다. 청원은 내용과 형식에 구애받지 않으나 적어도 무엇을 요청한다는 것이 포함되어야 한다. 요청의 의미가 없는 통지나 비난은 청원에 속하지 않는다.

(3) 법적 성격

청원권은 자유권, 참정권, 청구권의 성격을 지닌다. 먼저 청원권은 국가로부터 청원을 방해받지 않는 방어권의 성격을 지닌다. 국가의 방해를 받지 않고 자유로이 청원할 수 있다. 또한 청원권은 청구권의 성격을 지닌다. 국가기관에게 청원을 수리하고, 심사하며, 통지할 것을 요구할 수 있다. 청원권이 자유권과 청구권의 성격을 모두 지니지만 청구권의 성격에 더 큰 비중이 주어짐은 물론이다. 또 청원권은 참정권의 성격을 지닌다.

(4) 주 체

청원권의 향유주체는 자연인이다. 청원권은 인권의 성격을 지니므로 외국인이나 무국적자에게도 보장된다. 법인도 향유한다. 공법인은 기본권의 주체가 될 수 있는 범위 내에서 보장된다. 공무원, 군인, 수형자의 경우 직무상 청원을 할 수 없다고 보는 견해가 있으나 이를 금지할 이유가 없다. 군인, 수형자 등 특수신분관계에 있는 자에게 직무상 청원권을 허용한다고 하여 특수신분관계의 유지에 기능상 장애를 주는 것이 아니기 때문이다. 그러나 군인이나 수형자의 경우 집단적 청원은 허용되지 않는다.

2. 청원권의 내용

(1) 국가기관에 자유로이 접근할 수 있는 권리

모든 국민은 국가기관에게 자신의 희망이나 고통을 자유롭게 청원할 수 있다. 청원은 조건 없이 보장되어야 한다. 청원의 내용을 심사하거나 허가를 요건으로 또는 비용을 부담하게 하는 것은 청원권에 대한 침해가 된다. 또 국가에 청원하였다는 이유로, 특히 국가를 비난하고 불만을 표출하였다는 이유로 불이익이나 처벌을 받아서는 안 된다(청원법 §12). 군인이나 수형자와 같이 특수신분관계에 있는 자들에게 특별히 중요한 의미를 지닌다.

(2) 국가기관의 심사 및 통지를 받을 권리

청원은 청원의 내용이 국가기관에 의해 실질적으로 심사될 수 있어야 한다. 이를 보장하기 위해 헌법(§26②)은 청원을 수리하고 심사할 의무를 규정하고 있고, 청원법(§9)은 한 걸음 더 나아가 처리결과를 청원인에게 통지할 의무까지 규정하고 있다. 통지에는 법률에 특별한 규정이 없는 한 재결서에 준하는 처리이유를 명시할 필요는 없다.

3. 청원사항, 청원기관, 청원형식과 절차, 청원효과

(1) 청원사항

청원은 절차나 형식에 구애받지 않고 자신의 희망이나 고통을 국가에 진술하고 이에 대한 시정을 요구하는 권리이므로 청원사항에 대한 제한은 있을 수 없다. 청원법(§4)이 규정한 청원사항은 예시에 불과하다. 그러나 청원이 국민의 고충을 국가에 알리는 행위라 하더라도 무제한적일 수 없다. 따라서 동일한 사항에 대하여 정식의 법적 구제절차가 진행 중인 경우, 법적·사실적으로 이행이 불가능한 경우, 허위의 사항이거나 개인의 사생활을 침해할 우려가 있는 행위까지 청원대상으로 삼게 할 수는 없다. 또 동일한 사항을 반복해서 청원하는 것이나(청원법 §8), 타인을 모해할 목적으로 허위의 사실을 적시한 청원도 할 수 없다(청원법 §11).

(2) 청원기관

(가) 국가기관

청원서는 청원사항을 관장하는 기관(소관기관)에 제출하여야 한다(청원법 §7①). 소관기관은 처분관서를 원칙으로 한다. 청원서를 접수한 기관은 청원사항이 그 기관이 관장하는 사항이 아닌 때에는 청원사항을 관장하는 기관에 청원서를 이송하고 이를 청원인에게 통지하여야 한다(청원법 §7②). 동일인이 동일한 내용의 청원서를 동일한 기관에 2건 이상 제출하거나 2 이상의 기관에 제출한 때에는 나중에 접수된 청원서는 이를 반려할 수 있다(청원법 §8).

(나) 의회에 대한 청원

국회나 지방의회에 대한 청원은 의원의 소개를 얻어 청원을 제출한다(국회법 §123①; 지자법 §73). 의원의 소개를 필요적 요건으로 한 것은 청원의 남발을 규제하고 심사의 실효성제고에 있으며 단순한 진정과도 구별되기 때문이나.

(3) 청원형식과 절차

청원은 청원인의 성명·주소를 기재하고, 청원의 이유와 취지를 기재한 문서로써 한다(청원법 §6). 익명청원은 부직법하다. 문서로 하는 이유는 원활하고 순조로운 처리를 통해 절차의 효율성을 높이기 위함이다. 청원은 다양한 형태로 표현되니 명확해야 하며 구체적 요구사항을 담아야 한다. 따라서 구체적 요구사항이 없는 단순한 의견개진이나 국가에 대한 충고 등은 청원으로 볼 수 없다. 청원이 국회에 제출된 경우 소관 위원회에 회부되어 심사하게 하며(국회법 §125), 소관 위원회는 청원심사소위원회를 두어 청원을 심사하게 한다.

(4) 청원효과

청원을 했다는 이유로 불이익을 받지 않는다. 청원의 처리내용이 기대에 미치지 않는다 하여도 헌법소원의 심판대상이 되는 공권력의 행사가 될 수 없다. 청원권은 국가의 수리, 심사, 통지의무를 부과하는 것이므로 국가가 수리, 심사, 통지하였다면 청원권에 대한 침해는 발생하지 않기 때문이다. 다만 청원의 내용이 구체적인 권리행사로서의 성질을 갖는 경우에는 그에 대한 거부행위는 헌법소원의 대상이 되는 공권력의 행사가 된다.

4. 청원권의 효력

청원권은 대국가적 효력만 지닌다. 대사인 간 효력은 인정되지 않는다.

5. 청원권에 대한 제한과 한계

청원권은 일반적 법률유보(§37②)에 따라 제한할 수 있다. 다만 청원권의 본질적 내용을 침해할 수 없다. 청원권행사에 허가를 조건으로 하거나, 내용을 심사하여 선별적으로 수리하거나, 청원에 과도한 비용을 부담시킴으로써 청원을 사실상 불가능하게 하는 경우는 청원권의 본질적 내용에 대한 침해가 된다. 군인이나 수형자의 청원을 실질적으로 보장하기 위해 청원에 대한 검열은 금지되어야 한다. 헌법재판소도 수용자가 발송하는 서신이 국가기관에 대한 청원의 성격을 가지고 있는 경우에도 법무부장관이 아닌 다른 국가기관에 대한 청원의 경우 교도소장의 허가를 받도록 한 것은 청원권침해가 아니라 하였다.

Ⅱ. 재판청구권

헌법 제27조 제 1 항은 '모든 국민은 헌법과 법률이 정한 법관에 의하여 법률에 의한 재판을 받을 권리를 가진다'고 규정하여 재판청구권을 보장하고 있다. 또한 군사법원의 재판관할(제 2 항), 신속한 재판(제 3 항), 공개재판(제 4 항), 재판절차절차진술권(제 5 항)을 보장하고 있다.

1. 의 의

(1) 연 혁

근대헌법에서 재판청구권이 처음으로 성문화된 것은 1791년 프랑스 헌법이며, 그 후 세계 모든 나라 헌법은 재판청구권을 보장하고 있다. 우리나라의 경우 재판청구권은 건국헌법에서 처음으로 규정된 이후 관련 규정이 일부 변화되기는 하였으나, 지금까지 이어져 오고 있다. 형사피고인의 무죄추정권(제 4 항)은 제 5 공화국 헌법에서 처음으로 규정되었고, 형사피해자의 재판절차진술권(제 5 항)은 현행 헌법에서 신설된 내용이다.

(2) 개　념

재판청구권이란 국가에 대하여 재판을 청구할 권리를 말한다. 모든 국민은 법적 분쟁이 발생한 경우 독립된 법원에 의한 공정하고 신속한 재판을 받을 권리를 가진다. 재판청구권은 청구권으로서 다른 기본권을 보장해 주기 위한 절차적 기본권이다.

(3) 법적 성격

재판청구권의 법적 성격을 청구권으로 보는 데 이설이 없다. 다만 법관이 아닌 자에 의한 재판을 거부할 수 있는 재판청구권의 소극적 성격을 자유권으로 이해하는 견해가 있으나 자유권에 대한 오해에서 비롯된 것이다.

(4) 주　체

재판청구권은 침해된 기본권을 구제하는 절차적 성격을 지니므로 기본권을 향유할 수 있는 모든 자가 주체가 된다. 따라서 국민은 물론 외국인과 법인에게도 보장된다.

2. 재판청구권의 내용

(1) 재판을 받을 권리

(가) 개　념

재판이란 구체적 다툼을 해결하기 위한 법원의 분쟁해결과정을 말한다. 재판을 받을 권리란 구체적 분쟁사건에 대해 법원이 해결해 줄 것을 요구할 수 있는 권리를 말한다. 재판을 받을 권리는 법원 이외의 다른 기관에 의한 재판을 거부할 수 있는 권리를 보장한다. 이러한 재판청구권은 분쟁사건의 사실적 측면과 법률적 측면에 대해 적어도 한 차례 이상의 심리적 검토를 법관이 담당해 줄것을 요구할 수 있는 권리이다.

(나) 각종 재판을 받을 권리

각종 재판에는 민사재판·형사재판·행정재판·헌법재판이 있다. 모든 국민은 각종 재판을 청구할 권리를 가진다. 재판을 받을 권리에 대법원을 구성하는 법관에 의한 재판을 받을 권리가 포함되는가가 문제된다. 보호영역에 관한 일반론에 따라 재판청구권의 보호영역 역시 좁게 이해되어서는 안 된다. 재판을 받을 권리는 대법원의 재판을 받을 권리를 포함하나 상고불허나 제한의 문제는 재판청구권에 대한 제한으로 해결하여야 한다.

(다) 군사재판을 받지 않을 권리

헌법 제27조 제 2 항은 '군인 또는 군무원이 아닌 국민은 대한민국의 영역 안에서는 중대한 군사상 기밀·초병·초소·유독음식물공급·포로·군용물에 관한 죄 중 법률이 정한 경우와 비상계엄이 선포된 경우를 제외하고는 군사법원의 재판을 받지 아니한다'고 규정하고 있다. 따라서 민간인은 원칙적으로 군사재판을 받지 않으나 대한민국 영역 안에서 헌법 제27조 제 2 항에 열거된 범죄를 범하였거나, 중대한 군사상 기밀·초병·초소·유독음식물공급·포로·군용물에 관한 죄 중 법률이 정한 경우에 한하여 군사법원의 재판을 받는다. 헌법재판소는 '군사시설'에 항상 해당하는 '전투용에 공하는 시설(예, 대전차방벽)'을 손괴한 일반 국민을 군사법원에서 재판받도록 한 구 군사법원법(§2①, 1호)은 비상계엄이 선포된 경우를 제외하고는 '군사시설'에 관한 죄를 범한 일반 국민은 군사법원의 재판을 받지 아니하도록 규정한 헌법 제27조 제 2 항에 위반된다고 하였다.

(2) 헌법과 법률이 정한 법관에 의한 재판을 받을 권리

(가) 헌법과 법률이 정한 법관

헌법과 법률이 정한 법관이란 헌법과 법률이 정한 자격을 구비하고(§101③; 법조법 §42), 적법절차에 의하여 임명되며(§104; 법조법 §41), 물적독립(§103)과 인적독립(§105, §106)이 보장된 법관을 말한다. 동시에 법원 내에서 사건분배 및 재판부구성이 객관적인 규범에 의해 이루어진 법관을 말한다. 국민은 자격과 신분이 보장되지 않고 정당한 재판관할에 어긋나는 법관에 의한 재판을 거부할 수 있으며, 사실의 확정과 법률의 해석적용이 법관자격이 없는 자에 의하여 이루어지는 것을 거부할 수 있다.

(나) 군사재판

군사재판을 담당하는 군사법원의 군재판관(군사법원법 §22)이 헌법과 법률이 정한 법관인가가 문제된다. 헌법이 특별법원으로서 군사법원을 허용하고 있고(§110①), 대법원을 군사재판의 최종심으로 하고 있으며(§110②), 헌법(§27)이 군사법원에 의한 재판을 허락하고 있으므로, 군사법원의 군재판관에 의한 재판이 헌법과 법률이 정한 법관에 의한 재판을 받을 권리를 침해한 것이라고 볼 수 없다. 군재판관 중 군판사는 헌법과 법률이 정한 법관이 아니며 법률이 정한 법관에 불과하다.

(다) 배심재판

법관자격이 없는 배심원에 의한 재판이 허용될 수 있는가가 문제된다. 배심원이 사실인정에만 참여하고 법률판단에는 참여하지 않는 한 배심재판을 위헌이라 할 수 없다. 반면 사실심에 대한 판단뿐만 아니라 법률심까지 참여하는 참심제 재판은 헌법개정에 의하지 않는 한 현행 헌법하에서는 허용될 수 없다(다수설). 한편 '국민의 형사재판참여에 관한 법률'은 사법의 민주적 정당성과 신뢰를 높이기 위하여 국민에게 형사재판에 참여를 허락하고 있다.

(라) 통고처분

통고처분이란 행정관청이 법규위반자에 대하여 발하는 금전적 제재조치를 말한다. 통고처분은 법원의 (자유형 또는 재산형에 대한) 과벌제도에 갈음하여 행정청이 부과하는 금전적 제재로서 통고처분이행시 위반행위에 대해 소추를 면해 주며, 불이행시 소추가 이루어진다.

(마) 행정심판 기타 행정기관의 결정, 재결

행정심판기관의 재결이나 국가배상심의회의 결정 등은 비록 재결이나 결정의 법적성격이 준사법적 처분의 성격을 지니고 있다 하여도 행정공무원이 담당하고 있어 법관에 의한 재판청구권에 대한 침해가 아닌가하는 의문이 제기된다. 행정심판은 임의적 전치에 불과하고 재판의 전심절차로만 허용되며 사법절차가 준용되는 절차이기에(§107③) 법관에 의한 재판받을 권리에 위배되지 않는다. 그러나 행정심판이 법원의 소송절차에의 접근을 불가능하게 하거나 제소가능성을 막고 있다면 이는 재판청구권에 대한 침해가 된다. 그렇다고 필요적 전심절차로서의 행정심판이 모두 재판청구권에 대한 침해가 되는 것은 아니다. 합리적 공익이 존재하는 경우에는 허락된다. 다만 전문성이나 기술성을 살릴 수 없는 경우까지 전심절차를 무조건적으로 강요하는 것은 재판청구권에 대한 침해가 된다.

(바) 기　　타

즉결심판·가사심판·보호처분은 각각 시·군판사나 가정법원·법원소년부 판사에 의한 재판이므로 헌법과 법률이 정한 법관에 의한 재판에 위반되지 않는다. 또 청소년유해매체물의 결정권한을 청소년보호위원회에 부여하고 있다고 하여 법관에 의한 재판을 받을 권리를 침해한 것으로 볼 수 없다.

(3) 법률에 의한 재판을 받을 권리

법률에 의한 재판이란 절차법이 정한 절차에 따라 실체법이 정한 내용대로의 재판, 즉 법에 정한대로의 재판을 말한다.

(가) 실체법이 정한 내용

법관은 실체법이 정한 내용에 따라 재판하여야 한다. 입법자의 입법형성권과 법관의 판단재량권과의 관계가 문제된다. 법관은 법률에 따라 재판을 하므로(§103) 법관에게 부여된 판단재량은 법률이 정한 범위 내에서 행사되어야 한다. 그런데 헌법재판소는 법관의 판단재량권을 입법자의 입법형성권보다 우위에 두는 결정을 내리고 있다. 법률이 법관의 판단재량권을 배제 또는 제한하고 있다면 그 범위 내에서 법관의 판단재량이 이루어져야 하는데, 도리어 판단재량권의 배제나 제한을(특히 배제) 판단재량권에 대한 침해로 보는 것은 문제이다.

(나) 절차법이 정한 절차

법관은 절차법이 정한 절차에 따라 재판한다. 입법자는 재판의 방식, 절차, 시기, 비용 등 재판의 구체적 절차를 법률로 정한다. 절차를 형성함에 있어 특히 유념에야 할 사항은 법원에 접근을 용이하게 할 것과 효율적 권리구제가 이루어질 수 있도록 하여야 한다. 따라서 법원에 접근을 방해하거나, 단기의 청구기간이나 고액의 소송수수료(인지액) 등으로 법원에 접근을 어렵게 하는 것은 효율적 권리구제에 위배된다. 필요 이상의 변호사강제제도의 도입 역시 법원의 접근을 어렵게 하므로 재판청구권에 대한 침해가 된다. 또한 행정심판절차가 법원의 권리구제절차에의 접근을 불가능하게 하거나 어렵게 하여 법원의 제소가능성을 막고 있다면 재판청구권에 대한 침해가 된다. 그러나 변호사보수를 소송비용에 산입하여 패소자에게 부담하게 하거나, 소송에서 패소한 경우 소송구조를 받은 자에게도 소송비용을 부담하게 하는 것은 정당하며, 재판청구권에 대한 침해로 볼 수 없다.

(다) 재판에서의 법률

법률의 의미는 재판의 종류에 따라 서로 상이하다. 법률은 실체법에 관하여, 형사재판에서는 죄형법정주의원칙 때문에 형식적 의미의 법률이어야 하나, 민사재판과 행정재판에 있어서는 형식적 의미의 법률 이외의 모든 성문법과 관습법과 같은 불문법도 포함된다. 그러나 절차법에 관한 한 모두 형식적 의미의 법률이어야 한다.

헌법이 직접 소송에 관한 절차를 규율할 수 있도록 한 대법원규칙(§108)이나 헌법재판소규칙(§113②)은 예외이다.

(4) 공정하고 신속한 공개재판을 받을 권리

(가) 공정한 재판을 받을 권리

공정한 재판을 받을 권리는 헌법에 명시되어 있지 않으나 모든 국민이 당연히 갖는 권리이다. 공정한 재판이 되려면 당사자의 무기가 대등하고, 절차가 대등하며 공정하고 객관적인 재판절차가 마련되어야 한다. 변호인의 조력을 실질적으로 충분히 받을 수 있을 때 무기대등은 실현된다. 또 절차의 대등은 당사자주의와 구두변론주의로 구체화된다. 교원징계위원회의 재심결정에 대하여 교원에게는 불복을 허용하면서 학교법인에게는 불복소송을 제기할 수 없도록 한 것은 재판청구권에 대한 침해가 된다. 공정하고 객관적인 재판절차는 당사자에게 진술할 권리를 보장하고 소송관련기록에 대한 열람을 가능하게 하여야 한다. 헌법재판소는 형사재판의 피고인으로 출석하는 수형자에 대하여 사복착용을 금지한 것은 공정한 재판을 받을 권리에 대한 침해가 되나, 민사재판의 당사자로 출석하는 수형자에 대하여 사복착용을 불허한 것은 인격권 등에 대한 침해가 아니라 하였다.

(나) 신속한 재판을 받을 권리

모든 국민은 신속한 재판을 받을 권리를 가진다. 신속한 재판은 재판의 생명이다. 올바른 결정도 중요하지만 신속하지 않으면 진성한 권리보호가 되기 어렵기 때문이다. 신속한 재판은 피고인의 이익과 실체적 진실발견 및 소송경제의 공익과의 조화를 요구한다. 헌법재판소는 국가보안법의 일정 범죄의 구속기간을 다른 범죄에 비하여 20일이나 길게 한 것이나, 원심 소송기록을 검사를 거쳐 항소법원에 송부하도록 한 것은 신속한 재판을 받을 권리를 침해한 것이라고 하였다. 동시에 법관의 인원부족에 의한 재판의 지연이 있다고 이를 가지고 신속한 재판을 받을 권리의 침해로 보기 어렵다고 하였다.

(다) 공개재판을 받을 권리

형사피고인은 공개재판을 받을 권리를 가진다. 공개재판이란 재판의 심리와 판결이 공개된 법정에서 이루어지는 재판을 말한다. 이는 모든 사람에게 방청의 기회를 제공함으로써 국민으로 하여금 재판의 공정을 감시·담보하기 위함이다. 재판의 심리는 일정한 경우 비공개가 허용된다(§109 단서).

(5) 형사피해자의 재판절차진술권

헌법(§ 27⑤)은 형사피해자는 법률이 정하는 바에 의하여 당해사건의 재판절차에서 진술할 수 있다고 규정하여 형사피해자의 재판절차진술권을 재판청구권의 하나로서 인정하고 있다.

(가) 의 의

형사피해자 재판절차진술권이란 형사피해자가 법원에 대하여 증인신문절차에 의한 진술을 요구할 수 있는 권리를 말한다. 형사피해자는 당해사건의 재판절차에서 검사나 피고인으로부터 증인신청이 없어도 증인으로 출석하여 자신이 입은 범죄피해의 내용 등의 의견을 진술할 수 있다. 재판절차진술권은 법관의 적절한 형벌권 행사를 청구할 수 있는 사법절차적 기본권의 성격을 지닌다.

(나) 주 체

범죄행위로 인한 형사피해자는 모두 주체가 된다. 피해자가 사망한 때에는 배우자, 직계친족, 형제자매가 진술권을 행사할 수 있다.

(다) 내 용

법원은 범죄로 인한 피해자(또는 법정대리인)의 신청이 있는 때에는 피해자 등을 증인으로 신문하여야 한다. 다만, 당해 사건에 관하여 공판절차에서 충분히 진술하여 다시 진술할 필요가 없다고 인정되는 경우나 피해자 등의 진술로 인하여 공판절차가 현저하게 지연될 우려가 있는 경우에는 허락되지 않는다(형소법 § 294의2①, 2, 3호). 법원은 피해자 등을 신문하는 경우 피해의 정도 및 결과, 피고인의 처벌에 관한 의견, 그 밖에 당해 사건에 관한 의견을 진술할 기회를 주어야 한다(형소법 § 294의2②). 만일 신청인이 출석통지를 받고도 정당한 이유 없이 출석하지 아니한 때에는 그 신청을 철회한 것으로 본다(형소법 § 294의2③).

3. 재판청구권의 효력

재판청구권은 대국가적 효력을 지닌다. 대사인적 효력은 부정된다(다수설).

4. 재판청구권에 대한 제한과 한계

(1) 제 한

(가) 헌법에 의한 제한

헌법이 직접 재판청구권을 제한하는 경우가 있다. 군인·군무원에 대하여 군사법원의 재판을 받도록 하거나, 일정한 경우 민간인에게도 군사법원의 재판을 받도록 한 것(§27②), 단심재판이 가능하도록 한 것(§110④), 국회의원에 대한 자격심사·징계·제명처분에 대하여 법원의 제소를 금지한 것(§64④)이 이에 해당된다.

(나) 법률에 의한 제한

재판청구권은 일반적 법률유보(§37②)에 따라 법률로 제한할 수 있다. 법률에 의한 상고제한이나 제소기간의 제한 등이다. 양형부당이나 사실오인과 같은 사실판단에 대한 상고제한은 합리적인 이유가 있는 한 위헌으로 볼 수 없으나 법률판단에 대한 상고제한은 재판을 받을 권리의 침해가 된다. 소액사건에 대한 상고제한은 재판청구권의 침해로 볼 수 없다. 헌법재판소는 범죄인인도심사를 서울 고등법원의 전속관할로 그것도 단심으로 한 것은 재판청구권 침해가 아니라 하였다. 행정소송에 있어서 제소기간의 제한은 공법관계의 조기안정을 보장하기 위한 것이므로 재판을 받을 권리에 대한 침해가 아니다. "상고심절차에 관한 특례법"은 민사소송, 가사소송 및 행정소송에 적용되며, 판결에는 이유를 적지 아니할 수 있고, 판결은 선고가 필요하지 아니하며, 상고인에게 송달됨으로써 그 효력이 생기도록 하고 있다.

반면 재심제도는 법적 안정성보다 실질적 정의를 우위에 두는 것으로, 판결의 기판력이 사후에 제거될 수 있으므로 그 허용에는 엄격한 제한이 요구된다. 재심의 허용여부는 입법자가 형성할 문제이지만 재판받을 권리에 재심청구권이 당연히 포함되는 것은 아니다.

(2) 한 계

재판청구권의 본질적 내용을 침해할 수 없다. 법관에 의한 사실판단의 기회를 전혀 부여하지 않거나, 고액의 인지를 첩부하게 함으로써 또 필요 이상으로 변호사를 강제함으로써 법원의 접근기회를 사실상 불가능하게 하는 것, 또는 일체의 상소를 불허하는 것 등은 재판청구권의 본질적 침해로서 허락될 수 없다. 또한 합리적 이유 없는 절차법적 장애에 직면하도록 함으로써 권리구제의 실효성을 저하시키는 것도 허락될 수 없다. 교도소장이 출정비용납부거부를 이유로 행정소송변론기일에 출정을 제한한 행위는 재판청구권에 대한 침해이다. 헌법재판소는 군인이 수감 중인 상태에서 일반법원의 재판을 받기 위해서는 상당한 비용·인력 및 시간이 소요되므로 군의 특수성 및 전문성을 고려할 때 군인신분 취득 전에 범한 죄에 대하여 군사법원에서 재판을 받도록 하는 것은 재판청구권에 대한 침해가 아니라고 하였고, 범죄인인도심사를 서울 고등법원의 전속관할로 그것도 단심으로 한 것은 재판청구권 침해가 아니며, 법관에 대한 징계처분 취소청구소송을 대법원의 단심재판에 의하도록 한 법관징계법은 법관이라는 지위의 특수성을 감안할 때 합리성이 인정되어 재판청구권에 대한 침해가 아니라고 하였다.

Ⅲ. 형사보상청구권

헌법 제28조는 '형사피의자 또는 형사피고인으로서 구금되었던 자가 법률이 정하는 불기소처분을 받거나 무죄판결을 받은 때에는 법률이 정하는 바에 의하여 국가에 정당한 보상을 청구할 수 있다'고 하여 형사보상청구를 보장하고 있다.

1. 의 의

(1) 연 혁

형사보상청구권은 1849년 독일의 Frankfurt 헌법이 그 효시를 이룬다. 우리나라는 건국헌법에서 규정한 이래 지금까지 이어져 내려오고 있다. 건국헌법은 구금된 형사피고인이 무죄판결을 받은 경우에 한하여 인정되었는데, 현행 헌법은 형사피의자에게도 이를 인정하여 형사보상청구권을 확대보장하고 있다.

(2) 개 념

형사보상청구권이란 형사피의자 또는 형사피고인으로 구금되었던 자가 불기소처분이나 무죄판결을 받은 경우에 그가 입은 정신적·물질적 피해에 대한 정당한 보상을 청구할 수 있는 권리를 말한다. 형사보상은 적법한 형사사법권에 기한 피해를 정의의 관점에서 보상해 주는 것이어서 형사사법권의 자의적인 체포나 구금 등에 의해 피해가 발생한 경우 이를 전보해주는 국가배상과 구별된다.

(3) 법적 성격

형사보상청구권은 국가에 대하여 보상을 청구할 수 있는 청구권적 기본권이다.

보상청구의 구체적 내용은 법률로 정해지지만 청구권 자체는 헌법규정에 의하여 직접효력을 발생한다.

(4) 주 체

형사피의자와 형사피고인이 주체가 된다. 형사피의자란 범죄의 혐의가 있다고 인정되나 기소단계에 이르지 아니한 자를 말하며, 형사피고인이란 검사에 의하여 공소제기를 받은 자를 말한다. 외국인에게도 보장된다. 청구권자가 사망한 때에는 상속인이 청구할 수 있다(형보법 §2①).

2. 형사보상청구권의 내용

(1) 형사보상청구권의 일반적 성립요건

형사보상청구권은 구금된 형사피의자가 법률이 정하는 불기소처분을 받거나 (피의자보상), 구금된 형사피고인이 무죄재판을 받은 때(피고인보상)에 발생한다.

(가) 구금될 것

구금이란 형사소송법상의 구금으로, 미결구금이나 형의 집행을 포함한다(형보법 §2①, ②). 따라서 무죄재판을 받아 확정된 때에는 재판과정에서 미결구금을 당한 경우 또는 원판결에 의해 형의 집행을 받은 경우 이에 대한 보상을 청구할 수 있다. 구금되지 않은 상태에서 형사사법권행사의 대상이 된 경우에는 보상하지 않는다. 따라서 불구속으로 수사나 재판을 받다가 불기소처분이나 무죄재판을 받은 자는 형사보상을 청구할 수 없다.

(나) 무과실책임

국가기관의 고의나 과실을 요구하지 않는 무과실·결과책임이다. 과실책임인 국가배상책임과 구별된다.

(2) 피의자보상

피의자보상은 피의자가 법률이 정하는 불기소처분을 받은 경우에 허용된다. 그러나 구금된 이후 공소를 제기하지 아니하는 처분을 할 사유가 있는 경우, 공소를 제기하지 아니하는 처분이 종국적인 것이 아닌 경우(기소중지), 또는 형사소송법 제247조 제 1 항의 규정에 의한 것일 경우(기소유예)에는 형사보상을 청구할 수 없다(형보법 §27①). 또한 죄가 안 됨, 혐의 없음, 공소권 없음과 같은 협의의 불기소처분을 받은 경우에도, 본인이 수사 또는 재판을 그르칠 목적으로 허위의 자백을 하거나 다른 유죄의 증거를 만듦으로써 구금된 것으로 인정되는 경우, 구금기간 중에 다른 사실에 대하여 수사가 행하여지고 그 사실에 관하여 범죄가 성립한 경우, 보상을 하는 것이 선량한 풍속 기타 사회질서에 반한다고 인정할 특별한 사정이 있는 경우에는 피의자보상의 전부 또는 일부를 하지 않을 수 있다(형보법 §27②).

(3) 피고인보상

피고인보상은 피고인이 무죄재판을 받은 경우에 허용된다. 무죄재판은 형사소송법에 따른 일반절차 또는 상소권회복에 의한 상소, 재심이나 비상상고와 같은 절차에서 무죄재판을 받을 경우를 포함한다(형보법 §2), 또한 면소 또는 공소기각의 재판을 받은 자도 면소 또는 공소기각의 재판을 할 만한 사유가 없었더라면 무죄재판을 받을 만한 현저한 사유가 있었을 때에는 국가에 대하여 구금에 대한 보상을 청구할 수 있다(형보법 §26).

3. 형사보상청구의 절차

형사보상청구권은, 피의자보상의 경우 검사로부터 공소를 제기하지 아니하는 처분의 고지 또는 통지를 받은 날로부터 3년 이내에(형보법 §28③), 피고인보상은 무죄재판이 확정된 사실을 안 날부터 3년, 무죄재판이 확정된 때부터 5년 이내에 하여야 한다(형보법 §8). 피의자보상은 공소를 제기하지 아니하는 처분을 한 검사가 소속하는 지방검찰청의 심의회에 보상을 청구하여야 하며(형보법 §28①), 피고인보상은 무죄재판을 한 법원에 청구하여야 한다(형보법 §7).

4. 형사보상청구의 내용(정당한 보상)

형사보상액은 정당한 것이어야 하므로 형사보상청구권자가 입은 손실에 대한 완전한 보상이어야 한다. 재산적 손해, 정신적 고통 등과 같은 구금 중에 받은 적극적 손해는 물론 구금되지 않았다면 얻을 수 있는 이익의 상실과 같은 소극적 손해 모두 보상되어야 한다. 형사보상법(§5)은 보상액에 관해 보상청구의 원인이 발생한 연도의 최저임금법에 따른 일급 최저임금액 이상 대통령령으로 정하는 금액 이하의 비율에 의한 보상금을 지급하도록 하였고, 동법 시행령(§2)은 1일당 보상청구의 원인이 발생한 해의 최저임금법에 따른 일급 최저임금액의 5배로 한다고 규정하고 있다.

5. 형사보상청구에 대한 결정과 재판

형사보상청구가 있으면, 피의자보상은 지방검찰청의 심의회가 결정하며(형보법 §28①), 피고인보상은 법원의 합의부에서 재판한다(형보법 §14). 피의자보상에 있어 심의회의 결정에 대하여는 행정심판이나 행정소송을 제기할 수 있다(형보법 §28④). 피고인보상의 경우에는 법원의 보상결정에 대하여는 1주일 이내에 즉시항고를 할 수 있으며, 청구기각한 결정에 대하여는 즉시항고를 할 수 있다(형보법 §20).

한편 2011. 5. 시행된 '형사보상 및 명예회복에 관한 법률'은 무죄재판을 받은 자의 실질적 명예회복을 위해 무죄재판서 게재청구를 신설하였다. 무죄재판을 받아 확정된 사건의 피고인은 무죄재판이 확정된 때부터 3년 이내에 확정된 무죄재판서를 법무부 인터넷 홈페이지에 게재하도록 해당 사건을 기소한 검사가 소속된 지방검찰청에 청구할 수 있다(형보법 §30).

Ⅳ. 국가배상청구권

헌법은 제29조 제 1 항에서, '공무원의 직무상 불법행위로 손해를 받은 국민은 법률이 정하는 바에 의하여 국가 또는 공공단체에 정당한 배상을 청구할 수 있다. 이 경우 공무원 자신의 책임은 면제되지 아니한다'고 하여 국가배상청구권을 보장하면서, 제 2 항에서는 '군인·군무원·경찰공무원 기타 법률이 정하는 사가 전투·훈련 등 직무집행과 관련하여 받은 손해에 대하여는 법률이 정하는 보상 외에 국가 또는 공공단체에 공무원의 직무상불법행위로 인한 배상은 청구할 수 없다'고 하여 특수신분관계에 있는 일정 국민에 대해 국가배상청구를 제한하고 있다.

1. 의 의

(1) 연 혁

대륙법계 국가에서는 1919 Weimar 헌법(§131)이 제일 먼저 국가책임을 인정하였고, 독일 헌법(§34), 오스트리아 헌법(§23), 일본 헌법(§17) 등에서 규정하고 있다. 미국은 1946년 연방불법행위소추법(Federal Tort Claims Act)의 제정으로, 영국은 1947년 국왕소추법(Crown Proceedings Act)의 제정으로 각각 일정범위 내의 손해배상 책임을 지우고 있다. 우리 헌법은 건국헌법(§27)부터 국가배상책임을 규정하였고, 제 4 공화국 헌법에서 군인의 이중배상을 금지한 조항을 헌법에 추가하였으며, 이 내용은 그대로 유지되어 지금까지 이르고 있다.

(2) 개 념

국가배상청구권이란 공무원의 직무상 불법행위로 손해를 입은 국민이 국가나 공공단체에 손해배상을 청구할 수 있는 권리를 말한다. 국가배상청구는 국가무책임 원칙을 포기할 때 가능하게 되며, 위법한 국가작용으로 인한 피해를 국가가 책임짐으로써 법치국가실현에 기여한다. 국가배상청구는 적법한 공권력행사로 인한 피해를 국가가 보상해주는 손실보상과 구별된다(§ 23③).

(3) 법적 성격

국가배상청구권의 법적 성격에 대하여 다툼이 많지만, 국가배상청구권은 헌법에 의해 직접 효력이 주어지는 직접 효력규정이다(통설, 판례). 또한 국가배상청구는 국가에 대한 개인의 공권으로, 재산적 가치를 지닌 청구권이며, 이를 규율하는 국가배상법은 공법으로 이해되어야 한다. 다만 국가가 사경제작용의 주체로 활동하여 발생한 피해에 대해서는 민법의 손해배상책임이 적용된다.

(4) 주 체

국가배상청구권의 향유주체는 국민이다. 외국인은 상호보증이 있는 때에 한하여 그 주체가 된다(국배법 § 7). 법인도 향유한다. 대한민국에 주둔하는 미합중국군대의 구성원·고용원 또는 미합중국군대의 법률상 책임을 지는 자의 공무집행 중의 불법행위로 피해를 받은 자는 국가배상법이 정하는 바에 따라 대한민국에 배상을 청구할 수 있다. 헌법과 국가배상법은 군인, 군무원, 경찰공무원, 향토예비군대원에게 국가배상청구권을 부정하고 있다.

(5) 객 체

국가배상청구권은 국가와 공공단체를 대상으로 한다. 헌법은 국가배상청구의 대상을 국가 또는 공공단체로 규정하고 있는데 국가배상법이 그 대상을 축소하여 국가 또는 지방자치단체로 한 것은 명백한 위헌이다. 수많은 급부행정이 영조물법인에 의해 수행되고 있는 지금의 상황을 감안해볼 때, 국가배상책임을 자치단체로 제한함으로써 영조물법인, 공공조합, 공법재단 등의 활동으로 피해를 받은 국민에게 민법의 손해배상을 청구하게 한 것은 헌법정신에 위배되기 때문이다.

2. 국가배상청구권의 내용

(1) 배상책임의 요건

(가) 공무원의 직무상 불법행위로 인한 손해배상청구권

① 공 무 원 공무원이란 국가(지방)공무원법이 정한 공무원뿐만 아니라 널리 공무를 위탁받아 실질적으로 공무에 종사하는 자를 포함한다. 국회의원은 국가배상법상의 공무원에 해당하나, 법률이 위헌결정을 받았다 하여도 국회의원의 입법행위를 위법으로 볼 수 없으므로 국회의원이 위헌이 명백한 내용을 입법화한 것이 아닌 한 국회의원의 입법행위는 직무상 불법행위에 해당되지 않게 되어 국가배상책임이 부정된다. 한편 적의 포탄에 맞아 부상한 자는 공무원의 직무상 불법행위로 인한 피해자가 아니므로 국가배상을 청구할 수 없다.

② 직 무 직무의 범위를 권력작용에 국한하는 견해(협의설), 관리작용까지 포함한다는 견해(광의설), 사경제작용까지 포함한다는 견해(최광의설)로 나누어지는데, 광의설이 타당하며, 판례의 입장이기도 하다. 국가의 사경제 작용으로 인한 책임은 민사책임을 지면되기 때문이다. 직무행위는 행정, 입법, 사법작용을 포함한다.

③ 직무를 집행함에 당하여 '직무를 집행함에 당하여'란 공무원의 직무집행행위와 그와 밀접한 관련이 있는 행위를 집행함에 있어서를 말한다. 직무집행인가 여부는 외형주의로 판단한다(다수설, 판례). 행위 자체의 외관을 관찰하여 객관적으로 공무원의 직무행위로 보여 질 때에는 비록 그것이 실질적으로 직무행위가 아니거나 또는 행위자로서는 주관적으로 공무집행의 의사가 없다고 하더라도 공무원의 직무집행으로 보아야 하기 때문이다.

④ 불법행위 불법행위란 공무원의 고의나 과실로 인한 법령위반행위를 말한다. 여기서 법령위반이란 법령 위반은 물론 인권존중, 권력남용금지, 신의성실과 같이 공무원으로서 마땅히 지켜야 할 준칙이나 규범에 대한 위반을 포함하여, 널리 그 행위가 객관적 타당성을 결여하고 있는 것을 말한다. 불법행위는 작위뿐 아니라 부작위에 의해서도 발생될 수 있다.

불법행위가 되려면 공무원의 고의나 과실로 인한 행위이어야 하는데(과실책임의 원칙), 국가배상법에서의 과실책임원칙은 오래전부터 적지 않은 의문이 제기되어 왔다. 피해를 입은 개인이 공무원의 과실을 입증하기 어려울 뿐 아니라 사인 상호간의 법익조정에 기여하는 과실책임의 원칙이 국가와 개인 간에 그대로 적용되는 것이 적절치 않기 때문이다.

⑤ 손해의 발생 　손해란 피해자가 입은 모든 불이익을 말하는바 가해행위와 상당인과관계에 있는 모든 손해를 말한다. 재산적 손해는 물론 정신적 손해도 포함한다.

(나) 공공시설(영조물)의 하자로 인한 손해배상청구권

공공시설의 설치나 관리의 하자로 인하여 손해가 발생된 경우에 손해배상을 청구할 수 있다(국배법 §5). 이는 일종의 무과실책임으로 공무원의 직무상 불법행위로 인한 손해배상책임과 구별된다. 대법원은 도로, 하천, 건널목경보기, 가로수 등에 대한 설치 및 관리하자에 대한 손해배상책임을 긍정하고 있다.

(2) 배상책임의 성격

국가가 부담하는 배상책임의 성격에 관해 자기책임, 대위책임, 양자의 절충이라는 이론적 논쟁이 있다.

(가) 자기책임설

공무원의 직무수행은 형식적으로는 공무원의 행위이지만 실질적으로는 국가 자신의 행위이기에, 공무원의 직무수행으로 발생한 국가배상책임은 국가가 공무원의 책임을 대신 지는 것이 아니라 기관의 행위를 통하여 지는 자기책임이라고 한다(통설).

(나) 대위책임설

대위책임설은 공무원의 위법한 직무행위는 국가의 행위로 볼 수 없고 공무원 자신의 행위라는 것에서 출발한다. 따라서 공무원의 위법한 행위의 결과를 국가에 귀속시킬 수 없기 때문에 손해배상책임은 일단 공무원에게 발생하나 국가가 배상능력이 없는 공무원을 대신하여 책임을 진다는 것이다.

(다) 중 간 설

공무원의 위법행위가 고의나 중과실에 의한 경우에는 기관행위로 볼 수 없으므로 이에 대한 책임은 대위책임이 되나, 경과실에 의한 경우에는 자기책임이라고 한다.

(라) 결 론

대위책임은 국가무책임원칙과 직결되어 있는 책임구조에 해당되는 것으로 오늘날의 법치국가 헌법구조에 부합되지 않는다. 한편 절충설은 고의나 과실의 정도에 따라 배상책임의 구조가 바뀌게 되는데, 배상책임의 성질은 고의나 과실의 정도에 따라 좌우될 문제가 아니기에 설득력이 부족하다.

생각건대, 국가배상책임은 자기책임으로 보아야 하며 자기책임설이 법치국가에 상응하는 배상책임구조이다. 대위책임설이 그 정당화 논거로 들고 있는 구상권은 국가기관 내부의 책임추궁의 한 형식에 지나지 않는 것으로 보아야 한다. 구상권은 직무수행의무 위반에 대한 징계책임이나 배상책임의 근거에 불과하기에 이를 근거로 공무원이 국민에 대하여 배상책임을 진다고 보는 것은 매우 부적절하다.

(3) 배상청구의 상대방

국가배상청구는 국가에 대하여 청구할 것인지 아니면 가해공무원에 대해서도 배상을 청구할 수 있는지가 문제된다. 또 공무원에 대하여 선임감독관계에 있는 자와 비용을 부담하는 자가 다른 경우 누구에게 청구할 것인가가 문제된다.

(가) 국가에 대한 청구권

배상책임을 자기책임으로 본다면 선택적 청구가 부정되며 대위책임으로 본다면 선택적 청구가 긍정된다. 선택적 청구를 긍정하는 입장(주로 대위책임설)에 의하면, 이론적으로도 선택적 청구를 인정하여야 하지만 피해자의 권리를 두텁게 보호할 수 있고, 실정법적(§29② 단서)으로도 공무원에게 책임을 추궁할 수 있다는 것을 그 근거로 든다. 반면 선택적 청구를 부정하는 입장(주로 자기책임설)은 이론적으로 선택적 청구는 부정되며, 능력있는 국가에게 청구하도록 하면 피해에 대한 충분한 배상은 물론 관련 공무원에게 해를 주지 않게 되고, 실정법적으로 공무원의 경과실인 경우에는 구상권을 인정하지 않는 점 등을 근거로 든다.

결론부터 말하면 공무원에 대한 청구권은 부정되어야 한다. 배상책임의 법률구조는 국가와 국민 간의 법률관계이며 공무원과 국민 간의 법률관계는 성립되지 않는다. 그러므로 공무원의 불법행위의 효과는 적법·위법, 고의·과실을 불문하고 모두 국가에 귀속된다고 보아야 한다. 또한 단서조항은 직접 청구의 근거조항이 아니라 공무원은 구상책임만 지며 피해자에게 직접 책임을 지지 않음을 명확히 한 것이다.

(나) 선임감독자와 비용부담자에 대한 선택적 청구권

국가 또는 지방자치단체에 배상을 청구하는 경우 가해 공무원의 선임·감독자와 봉급·급여 기타 비용부담자가 다를 때에는, 비용을 부담하는 자도 손해를 배상하여야 한다. 따라서 피해자는 어느 쪽에 대하여도 선택적 청구를 할 수 있다(국배법 §6①). 손해를 배상한 자는 내부관계에서 그 손해를 최종적으로 배상할 책임이 있는 자에게 구상권을 가진다(국배법 §6②).

(4) 배상절차

피해국민은 배상심의회에 배상을 신청하거나 또는 배상심의회의 절차를 거치지 않고 바로 손해배상소송을 제기할 수 있다(국배법 §9)(임의적 결정전치주의). 배상심의회는 법무부에 본부심의회와 국방부에 특별심의회를 두고, 본부심의회와 특별심의회는 지구심의회를 둔다(국배법 §10).

(5) 배상책임의 내용

(가) 배 상 액

배상액은 가해행위와 상당인과관계에 있는 모든 손해액이다. 국가배상법은 민법과 별도의 배상기준을 두고 있는데 일정한 배상의 기준을 정하고 있다(국배법 §3). 배상의 기준은 배상심의회의 전심절차에 적용되는 하나의 기준일 뿐 한정액으로 볼 수 없다. 피해자가 손해를 입은 동시에 이익을 얻은 경우에는 손해배상액에서 그 이익에 상당하는 금액을 공제해야 하며, 유족배상과 장해배상 및 장래에 필요한 요양비 등을 한꺼번에 신청하는 경우에도 중간이자를 공제해야 한다(국배법 §3의2). 중간이자 공제방식은 단할인법인 Hoffmann식 계산방법을 따른다(국배법 시행령 §6③). 헌법재판소는 '민주화운동 관련자 명예회복 및 보상 심의 위원회'의 보상금 등 지급결정에 동의한 경우 재판상 화해가 성립된 것으로 간주하는 '민주화보상법'은, 위원회가 지급 결정한 보상금 등이 해당 손해에 대한 적절한 배상에 해당된다고 판단하여 이에 동의하고 보상금 등을 수령한 경우, 보상금 등의 성격과 중첩되는 적극적·소극적 손해에 대한 국가배상청구권의 추가적 행사를 금지하는 것은 손해배상청구권에 대한 침해로 보기 어렵지만, 정신적 손해에 대해 적절한 배상이 이루어지지 않은 상태에서, 적극적·소극적 손해의 배상에 상응하는 보상금 등 지급결정에 동의하였다는 사정만으로 정신적 손해에 대한 국가배상청구마저 금지하는 것은, 국가배상청구권에 대한 과도한 침해라고 하였다.

(나) 청구권의 불융통성

생명·신체의 침해에 대한 배상청구권은 이를 양도하거나 압류하지 못한다(국배법 §4). 이는 사회보장적 측면에서 피해자를 보호하기 위함이다.

3. 국가배상청구권의 효력

국가배상청구권은 대국가적 효력을 지닌다. 대사인적 효력은 부정된다.

4. 국가배상청구권에 대한 제한과 한계

(1) 헌법(§29②)에 의한 제한(이중배상금지)

① 의 의 헌법 제29조 제 2 항은 군인·군무원·경찰공무원 등이 전투·훈련 등 직무집행과 관련하여 받은 손해에 대하여는 법률이 인정한 보상 외에 동법 제 1 항의 국가배상청구를 금지하고 있다(소위 이중배상금지). 이중배상금지조항은 1967년 국가배상법개정을 통해 도입되었는데, 보상금이란 사회보장적 성격을 지니므로 배상금과 양립될 수 있으며 다른 공무원에 비해 형평에 어긋난다고 하여 1971년 대법원으로부터 위헌판결을 받았다. 제 4 공화국 헌법은 위헌판결을 받은 이중배상금지규정을 헌법에 편입시켰고, 현행 헌법도 이를 그대로 존치시키고 있다.

② 문 제 점 헌법 제29조 제 2 항의 이중배상금지는 위험성이 높은 직무에 종사하는 자에 대하여는 사회보장적 위험부담으로서의 보상제도를 별도로 마련함으로써 그것과 경합될 수 있는 배상청구를 배제하려는 취지에서 비롯된 것이다. 그러나 위험성이 높은 직무에 근무하는 자에게 지급되는 보상은 위험의 대가이며, 이들이 부담하는 특별희생을 공평차원에서 분담하여 지급하는 것이 보상이므로 불법행위에 대한 배상과는 구별되어야 한다. 따라서 보상을 했다는 이유로 배상을 금지하는 것은 적절치 않다. 더 나아가 일반 공무원에게 인정되지 않는 제한을 군인·군무원에게만 적용하는 것은 문제가 아닐 수 없다.

③ 해결방안 이러한 문제점에 대한 근본적 해결방법은 먼저 헌법개정을 통해 이중배상금지조항을 삭제하는 것이다. 다만 현행 헌법하에서는 법정보상의 금액을 배상금액보다 상향조정하거나, 국가배상법 제 2 조 단서의 이중배상의 금지요건을 엄격하게 제한 해석함으로써 국가배상을 청구할 수 있는 범위를 넓히는 방법으로 이중배상의 문제를 완화할 수 있을 것이다. 그나마 다행인 것은 2005년 국가배상

법을 개정하여 이중배상이 금지되는 경우를 '전투·훈련 등 직무 집행과 관련하여'로 개정하였다는 것이다. 이는 비록 헌법조문에 일치시킨 것에 불과한 당연한 개정이긴 하지만, 개정 전 국가배상법은 "전투·훈련·'기타 직무집행'과 관련하여"라고 규정하고 있어 전투·훈련에 준하는 직무행위 외에 일반적 직무수행(기타 직무집행)에서 받은 손해에 대하여도 국가배상을 청구할 수 없었기 때문이다.

④ 군인과 민간인의 공동불법행위 군인과 민간인이 공동으로 불법행위를 하여 다른 군인에게 손해를 입힌 경우, 민간인이 손해를 모두 배상한 경우 공동불법행위자인 군인의 부담부분에 관하여 국가에 구상권을 행사하는 것이 허용되는가가 문제된다. 구상권을 긍정하는 입장과 부정하는 입장으로 나누인다. 구상권을 부정하는 대법원견해에 따르게 되면 민간인이 자신의 책임이 아닌 가해자 군인의 책임을 떠맡게 되는 결과가 되어 부당하다. 안타까운 것은 대법원이 헌법재판소의 결정에 명백히 저촉되는 결정을 내리고 있다는 점이다. 이는 헌법제정자가 구상한 기본적 헌법설계도면에 어긋난다. 피해자 군인은 민간인에게 피해의 전부에 대한 배상을 청구할 수 있고, 가해자 군인의 부분에 대하여는 민간인이 국가에 대하여 구상권을 행사할 수 있다고 보아야 한다. 다만 대법원은 공동불법행위자의 한 사람인 민간인이 자신의 부담을 넘는 손해를 책임지는 것은 부당하므로 부진정연대채무의 예외를 인정하여 자신의 부담부분에 한해 손해배상의무를 부담한다고 하였다. 또 긍정설은 이중배상을 금지하는 문제점을 부분적이나마 보완하여 준다.

(2) 법률에 의한 제한

국가배상청구권은 헌법 제37조 제2항에 의하여 법률로써 제한될 수 있다. 우편법 제38조, 제39조, 전기통신사업법 제33조 등은 요건, 배상액, 청구기간을 정형화시키거나 제한하고 있다. 다만 국가배상책임을 전면적으로 부인하거나 배상기준을 지나치게 낮게 정함으로써 국가배상을 사실상 무의미하게 만드는 제한은 국가배상청구권의 본질적 내용에 대한 침해가 된다. 헌법재판소는 '진실·화해를 위한 과거사정리 기본법'의 '민간인 집단 희생사건'과 '사망·상해·실종사건 그밖에 중대한 인권침해사건과 조작의혹사건'의 특수성을 고려하지 아니한 채 민법 의 소멸시효제도를 적용하는 것은 국가배상청구권의 보장 필요성을 외면한 것으로서 입법형성의 한계를 일탈한 것으로 헌법에 위배된다고 하였다.

Ⅴ. 범죄피해자의 구조청구권

헌법 제30조는 '타인의 범죄행위로 인하여 생명·신체에 대한 피해를 받은 국민은 법률이 정하는 바에 의하여 국가로부터 구조를 받을 수 있다'고 하여 범죄피해자의 구조청구권을 보장하고 있다.

1. 의 의

(1) 연 혁

범죄피해자에 대한 구조와 보호에 관한 미국, 독일, 일본 등 각국의 태도는 일반적으로 법률적 차원에서 이루어지고 있다. 반면 우리나라는 범죄피해자의 구조청구를 헌법의 기본권으로 보장하고 있다. 피해자에 대한 국가의 관심은 현행 헌법에서 처음으로 등장하였다. 피해자에 대한 경제 및 정신·심리적 지원과 구조를 위해 범죄피해자보호법이 제정되어 있다.

(2) 개 념

범죄피해자의 구조청구권이란 타인의 범죄행위로 생명을 잃거나 신체에 대한 피해를 입은 국민이나 유가족이 가해자로부터 충분한 배상을 받지 못한 경우에 국가에 대하여 구조를 청구할 수 있는 권리를 말한다(피해자구조청구권). 범죄피해자에 대한 보호는 국가가 범죄를 사전에 예방하지 못한 것에 대하여 책임지는 것이며 범죄로 인한 피해를 사회구성원에게 분담시키는 사회보장의 성격을 지닌다.

(3) 법적 성격

피해자구조청구권의 법적 성격에 관하여 다양한 견해가 제시되어 있다. 피해자구조청구권은 국가책임과 사회보장에 바탕을 두는 것으로, 형식은 청구권이나 내용은 생존권의 성격을 지니고 있어, 생존권적 성격을 지닌 청구권으로 보아야 한다. 순수한 청구권으로 볼 수 없다. 또한 범죄자의 배상능력 결여를 조건으로 하는 보충적 기본권의 성격을 지닌다.

(4) 주 체

피해자구조청구는 사망한 경우에는 유족이, 장해 또는 중상해를 입은 경우에는 본인이 주체가 된다. 유족은 배우자(사실상의 혼인관계를 포함한다), 직계친족, 형제자매이다(범보법 §3①, 1호). 범죄피해 방지 및 범죄피해자 구조활동으로 피해를 당한 사람도 범죄피해자로 본다(동법 §3②). 외국인은 상호보증이 있는 때에 한하여 그 주체가 될 수 있다(동법 §23). 피해자구조청구는 대한민국 주권이 미치는 영역 내에서 발생한 범죄로 인한 피해자만이 주체가 될 수 있다(동법 §3①, 4호).

2. 피해자구조청구권의 성립요건

(1) 적극적 요건

피해자구조청구는 타인의 범죄행위로 피해가 발생하여야 한다. 범죄행위로 인한 것이어야 하므로 정당행위나 정당방위 또는 과실에 의한 행위는 제외된다(동법 §3①, 4호). 그러나 형사미성년자의 행위, 심신상실자의 행위, 강요된 행위, 긴급피난으로 피해를 받은 경우에는 구조피해청구가 허용된다. 또한 생명이나 신체에 대한 피해로서, 사망하거나 장해 또는 중상해를 입은 경우로 국한된다(동법 §3①, 4호).

(2) 소극적 요건

가해자와 피해자 사이가 부부(사실상의 혼인관계를 포함한다), 직계혈족, 4촌 이내의 친족, 동거친족인 경우 피해구조를 청구할 수 없다(동법 §19①). 또한 유족이 구조피해자를 고의로 사망하게 한 경우에도 청구할 수 없다(동법 §18④). 그리고 구조피해자가 일정한 행위를 한 경우 지급이 불허되거나 제한된다(동법 §19③, ④).

3. 피해자구조청구권의 종류와 행사(보충성)

구조피해자가 사망한 때에는 유족에게 유족구조금이, 장해 또는 중상해의 경우 해당 구조피해자에게 장해구조금 또는 중상해구조금이 지급된다(동법 §17). 범죄피해구조금은 구조피해자가 피해의 전부 또는 일부를 배상받지 못하거나 또는 자기 또는 타인의 형사사건의 수사 또는 재판에서 고소·고발 등 수사단서를 제공하거나 진술, 증언 또는 자료제출을 하다가 구조피해자가 된 경우에 지급된다(동법 §16). 구조피해자나 유족이 해당 구조대상 범죄피해를 원인으로 하여 국가배상법이나 그 밖의 법령에 따른 급여 등을 받을 수 있는 경우에는 구조금을 지급하지 않는다(동법 §20). 또한 국가는 구조피해자나 유족이 해당 구조대상 범죄피해를 원인으로 하여 손해배상을 받았으면 그 범위에서 구조금을 지급하지 않는다(동법 §21①). 국가는 지급한 구조금의 범위에서 해당 구조금을 받은 사람이 구조대상 범죄피해를 원인으로 하여 가지고 있는 손해배상청구권을 대위한다(동법 §21②).

4. 피해자구조청구권의 행사절차

사망자의 유족(유족구조금)이나 피해자(장해 및 중상해구조금)는 주소지나 범죄 발생지를 관할하는 지방검찰청 소속의 범죄피해구조심의회에 신청한다(동법 §25①). 구조금의 지급신청은 범죄피해의 발생을 안 날로부터 2년, 또는 당해 범죄피해가 발생한 날로부터 10년 이내에 하여야 한다(동법 §25②). 심의회는 피해자의 장해의 정도가 명확하지 아니하거나 기타 사유로 인하여 신속하게 결정을 할 수 없는 사정이 있는 때에는 직권 또는 신청에 의하여 대통령령이 정하는 금액의 범위 내에서 긴급구조금을 지급하는 결정을 할 수 있다(동법 §28). 구조금의 지급을 받을 권리(구조금수급권)는 양도·압류·담보로 제공할 수 없으며(동법 §32), 구조금 지급결정이 신청인에게 도달된 날로부터 2년간 행사하지 않으면 시효로 소멸한다(동법 §31).

제 6 절 참정권적 기본권

Ⅰ. 선 거 권

헌법은 제24조에서 모든 '국민은 법률이 정하는 바에 의하여 선거권을 가진다'고 규정하여 선거권을 보장하고 있다.

1. 의 의

(1) 연 혁

선거권은 1791년 프랑스 헌법에서 처음으로 규정되었으나 1848년 프랑스 제2공화국에서야 (남성에 대한) 보통선거가 완성되었다. 미국은 1920년 수정헌법 제19조에서 여성의 투표권을 헌법상 권리로 처음 인정하였다. 우리나라는 건국헌법에서부터 선거권을 규정한 이래 지금까지 이어져오고 있다.

(2) 개 념

선거권이란 선거인단의 구성원으로서 국민이 각종 공무원을 선출하는 권리를 말한다. 선거는 국가권력을 창설하고, 국가권력행사를 통제하며, 국가권력에 정당성을 부여하는 기능을 한다. 또한 국민의 의사를 체계적으로 결집하고 수렴하며 구체화시켜준다.

(3) 법적 성격

선거권의 법적 성격에 관하여 여러 논의가 가능하지만, 국가가 부여한 공적과제를 수행하는 성격과 개개인에게 부여된 주관적 공권의 성격을 모두 지닌다고 본다. 공무수행과 기본권행사로 이해하는 이원설이 타당하며 다수설이다.

(4) 주　　체

만 19세 이상의 국민은 선거권의 주체가 된다(공선법 §15). 국민의 정치참여의 기회를 확대하는 측면에서 18세 정도로 연령을 낮추는 것이 바람직하다. 외국인은 제외된다. 다만 출입국관리법상의 영주의 체류자격 취득일 후 3년이 경과한 19세 이상의 외국인은 당해 지방자치단체의 장 또는 지방의회의원선거의 선거권을 가진다(공선법 §15).

2. 선거권의 내용

선거권에는 대통령선거권(§67①), 국회의원선거권(§41①), 지방자치단체의 장 또는 지방의회의원선거권(§118)이 있다.

3. 선거권에 대한 제한과 한계

선거권은 일반적 법률유보(§37②)에 의해 법률로 제한된다. 법률이 정하는 바에 의하여는 구체화와 제한의 의미를 모두 가진다. 공직선거법(§18)은 선거권 결격사유를 규정하고 있다. 수형자나 전과자에게 선거권을 인정하지 않는 것은 위헌으로 보아야 한다. 형사범을 참정권박탈사유로 보기 어렵기 때문이다. 재외국민의 선거권 행사를 전면적으로 부인하고 있는 것은 선거권에 대한 침해이다. 또한 해상에 장기 기거하는 선원을 부재자투표 대상자로 규정하지 않음으로써 투표기회를 부여하지 않은 것은 선원의 선거권을 침해하는 것이다. 헌법(§13②)은 소급입법에 의하여 참정권을 제한받지 않는다고 규정하고 있다.

Ⅱ. 공무담임권

헌법 제25조는 '모든 국민은 법률이 정하는 바에 의하여 공무담임권을 가진다'고 규정하여 공무담임권을 보장하고 있다.

1. 의 의

공무담임권이란 공무를 담당할 수 있는 자격을 말한다. 공무는 선출된 공직자가 담당하는 공무와 기타 공직자의 공무로 나눌 수 있다. 공무담임권은 선거로 선출되는 공직에 입후보할 수 있는 자격(피선거권)과 기타 공직에 취임할 수 있는 공직취임권을 말한다.

2. 공무담임권의 내용

(1) 피선거권

피선거권은 선거에 입후보하여 당선을 기초로 공무원이 될 수 있는 권리를 말한다. 선거에 후보자로 출마할 수 있는 자격이다. 피선거권은 보통 연령이나 거주요건과 연결되어 있다. 대통령의 피선요건은 만 40세, 국회의원은 만 25세, 지방의회의원 및 지방자치단체의 장은 만 25세이다.

(2) 공직취임권

모든 국민은 선거직 이외의 공직에 취임할 수 있는 협의의 공무담임권, 즉 공직취임권을 가진다. 공직취임권은 법률이 정하는 바에 따라 시험에 합격하거나 기타 임명에 필요한 제 자격을 구비하여야 한다. 공직취임권의 보장은 모든 국민에게 평등하게 공직취임의 기회를 부여함에 있다. 공직취임권은 공직취임의 기회를 보장하고, 부당한 신분박탈을 금지하며 부당한 직무정지로부터 보호한다. 공무원의 승진가능성은 공직신분의 유지나 업무수행과 같은 법적 지위에 직접 영향을 미치는 것이 아니고 간접적, 사실적 또는 경제적 이해관계에 영향을 미치는 것에 불과하므로 공무담임권의 보호영역에 포함되지 않는다.

3. 공무담임권에 대한 제한과 한계

피선거권이나 공직취임권은 일반적 법률유보(§37②)에 의해 법률로 제한될 수 있다. 연령, 기탁금, 공직사퇴, 선거사범 등을 이유로 공무담임권을 제한하고 있다. 공무담임권은 피선거권과 공직취임의 균등한 기회만을 보장할 뿐, 당선 또는 임명된 공직에서 그 활동이나 수행의 자유를 보장하는 것은 아니다. '법률이 정하는 바에 의하여'는 구체화와 제한의 의미를 모두 가진다. 공무담임권에 대한 제한과 관련하여 가산점제도가 문제된다. 국가유공자 가산점제, 사범계출신 가산점제, 동일지역출신 가산점제, 복수전공 및 부전공 가산점제가 그것이다. 헌법재판소는 교육공무원법이 중등교사 임용시험에서 동일지역 사범대학을 졸업한 교원경력이 없는 자에게 가산점을 부여하고 있는 것이나(동일지역출신 가산점제), 복수전공 및 부전공 교원자격증소지자에게 가산점을 부여하고 있는 것(복수전공 및 부전공 가산점제)은, 공무담임권이나 평등권에 대한 침해가 아니라고 하였다. 반면 사범계출신에 대한 가산점제도의 위헌 여부에 관해서는 가산점 자체의 위헌 여부를 판단하지 않고, 가산점제도가 포괄적 위임금지에 위배된다고 하였다. 헌법재판소는 총장후보자에 지원하려는 사람에게 1,000만원의 기탁금을 납부하도록 하는 것은 공무담임권을 침해한다고 하였다.

Ⅲ. 국민표결권(국민투표권)

1. 의　　의

(1) 연　　혁

우리 헌법상 국민투표제를 처음 도입한 것은 제 2 차 헌법개정(1954년)이며, 헌법개정안에 대한 국민투표제를 처음으로 도입한 것은 제 3 공화국(1962년) 헌법이다.

(2) 개　　념

국민표결권이란 국민이 국가의사형성에 직접 참가할 수 있는 권리를 말한다. 국민표결권은 모든 형태의 국민의 직접적인 의사형성, 예를 들어 국민투표, 신임투표, 국민발안, 국민거부, 국민소환 등을 모두 포괄한다. 통상 국민표결권은 국민의 직접 입법인 국민발안, 대표자에 대한 해직인 국민소환, 중요정책(법안 포함)에 대한 국민투표로 대별된다.

(3) 유 형

(가) 국민발안

국민발안은 국민이 헌법안(법률안)을 제안하여 의결하는 것을 말한다. 즉, 국민이 제안한 헌법안이나 법률안을 국민이 가결하여 확정하는 것이다. 국민이 직접 법률내용을 판단하여 정하는 것은 의회를 부정하는 것이 되어 이론적으로 적절치 않고 실제적으로도 국민의 직접적인 의사결정이 되기보다는 특정 정치세력의 청구로 변질되거나 투쟁수단으로 전락되기 쉽다.

(나) 국민투표

국민투표는 중요정책에 대한 국민의 직접적 결정을 말한다.

① 인준적 국민투표 　인준적 국민투표란 국회의 의결을 사후에 인준하여 법안의 효력을 확정하는 성격을 지닌 국민투표를 말한다. 레퍼렌덤(Referendum)이 이에 해당된다. 레퍼렌덤(Referendum)은 입법의 성격을 지니므로 입법절차의 한 과정을 이루며 통상 의무적 성격을 지닌다. 헌법개정안에 대한 국민투표(§130)가 이에 해당된다.

② 조정적 국민투표 　조정적 국민투표란 국가기관 간의 충돌을 방지하는 성격의 국민투표이다. 의회의 법안에 대하여 대통령이 이의를 제기하는 경우이다. 국민투표를 통해 의회가 가결한 법안의 성립 여부를 판단하게 한다.

③ 상의적 국민투표 　상의적 국민투표란 중요정책이나 안건에 대해 국민의 의사를 묻는 국민투표이다. 플레비시트(Plebiszit)가 주로 여기에 해당된다.

④ 거부적 국민투표 　거부적 국민투표란 의회의 의결을 거친 의안이나 법률에 대하여 국민이 투표로 폐지하거나 시행을 연기하는 것이다.

(다) 국민소환

국민소환은 국가기관의 직위에 있는 자를 임기 전에 국민이 직접 해직하는 것을 말한다. 자유위임을 근간으로 하는 대의제하에서 국민소환제도는 적절치 않다. 국민투표는 대의제를 보완하는 장치가 되어야지 훼손하는 수단이 되어서는 안 되기 때문이다.

(4) 주 체

19세 이상의 국민은 국민투표권의 주체가 된다. 재외국민의 경우 관할 구역 안에 주민등록이 되어 있거나 국내거소신고가 되어 있어야 한다(국민투표법 §14). 헌법재판소는 국내에 주민등록이나 국내거소신고가 되어 있는 않은 재외국민에게 국민투표권을 행사할 수 없도록 한 것은 헌법에 위반되며, 법적 공백을 방지하기 위하여 잠정 적용의 헌법불합치결정을 하였다.

2. 국민표결권의 내용

(1) 국가안위에 관한 중요 정책에 대한 국민투표권

대통령은 필요하다고 인정할 때에는 외교·국방·통일 기타 국가안위에 관한 중요정책을 국민투표에 부칠 수 있다(§72). 헌법 제72조의 국민투표는 대통령의 재량적 판단에 따른 임의적 성격의 국민투표란 점에서 상의적 국민투표에 해당하며, 필수적 성격의 헌법개정안에 대한 국민투표와 구별된다. 대통령이 제안권자이며, 실시 여부 및 시기, 부의사항 모두 대통령의 재량이며, 결과에 법적 구속력이 부여된다.

(2) 헌법개정안에 대한 국민투표권

헌법개정안은 국회가 의결한 후 30일 이내에 국민투표에 부쳐 국회의원 선거권자 과반수의 투표와 투표자 과반수의 찬성을 얻어야 한다(§130②). 헌법개정안은 국민투표로 확정되는데 헌법개정안에 대한 국민투표는 국회를 통과한 헌법개정안에 대한 인준을 성격을 지닌다.

제7절 국민의 기본의무

Ⅰ. 국민의 기본의무의 의의

1. 연 혁

국민의 기본의무는 Virginia 권리장전(§15, §16)에서 처음으로 규정되었다. 국민의 기본의무에 관한 구체적 내용은 각국의 헌법이념과 역사적 발전단계에 따라 다양한 형태를 보이고 있다. 우리 헌법은 납세의 의무(§38), 국방의 의무(§39), 재산권 행사의 공공복리적합 의무(§23②), 교육을 받게 할 의무(§31②), 근로의 의무(§32②), 환경보전의 의무(§35①)를 규정하고 있다.

2. 개 념

국민의 기본의무란 국민이 국가구성원의 지위에서 부담하는 기본적 의무를 말한다. 기본의무는 국민이 국가의 구성원으로서 부담하는 여러 의무 중 헌법이 직접 국민에게 부여한 의무를 말한다. 개별 법률상의 의무는 기본의무가 아니다. 국민의 기본의무는 헌법에 근거가 필요하며 구체적 내용이 법률로 정해진다. 기본의무의 부과는 국민의 자유나 권리를 제한하기 때문이다. 무제한적이고 무조건적인 의무부담은 법치국가원리에 위배된다.

3. 기본의무의 법적 성격

(1) 기본의무와 기본권과의 관계

기본의무는 공동체의 존립과 유지를 위해 요구되는 것으로 개인의 자유나 권리를 위한 기본권과 구별된다. 기본권이 국가에 대해 무엇을 요구하는 것(권리)인 반면 기본의무는 국가에 대해 무엇을 부담(의무)하는 것이다. 기본권은 통상 국가에 대하여 직접적인 구속력을 지니나 기본의무는 법률로 구체화되어야 구속력을 지니게 된다. 또한 기본권 특히 자유권은 전국가적 성격을 지니나 기본의무는 전국가적 성격을 지니지 않는다. 법률에 의해 비로소 구체화된다.

(2) 기본의무와 기본권제한과의 관계

기본의무와 기본권제한(§37②)은 국민의 자유를 제한한다는 점에서 그리고 그 수단이 법률로 이루어진다는 점에 유사성이 있다. 기본권제한의 위헌 여부에 대해 과잉금지원칙이 적용되는데, 기본의무의 부과 그 자체가 과잉금지원칙에 위반된다고 다툴 수는 없으나 기본의무의 내용이나 형식의 위헌심사에는 과잉금지 원칙이 적용된다. 그러나 다음과 같은 점에서 구별된다. 첫째, 기본권제한은 개인의 기본권을 타인의 기본권과 조화를 이루기 위함인 데 반해 기본의무는 공동체의 특정한 목적을 강제적으로 실현하고자 하는 데 차이가 있다. 둘째, 기본권제한에 대하여는 방어할 수 있는 힘이 주어지나 기본의무에 대하여는 방어할 수 없다. 셋째, 기본권제한은 하나의 기본권을 그 대상으로 하나 기본의무는 여러 기본권보호영역과 관계된다.

(3) 기본의무의 수범자

기본의무의 수범자는 국민이다. 외국인이나 무국적자 또는 법인도 수범자가 될 수 있다. 기본의무의 성격에 따라 개별적으로 수범자를 판단하여야 한다.

4. 기본의무의 유형

(1) 고전적 의무

고전적 의무란 국가의 존립이나 유지를 목적으로 국민에게 부과된 의무로서 국방의 의무와 납세의 의무가 이에 해당된다.

(2) 현대적 의무

국가의 사명이 공동체의 안전이나 질서를 유지하는 일차적 기능을 넘어 구성원의 생존실현을 그 내용으로 하게 되면서 기본의무에도 변화가 나타난다. 새로운 의무의 강조이다(현대적 의무). 국가의 존립을 위한 것이 고전적 의무라면 인간다운 공동의 삶의 실현에 기여하는 것이 현대적 의무이다. 현대적 의무는 사회국가나 문화국가의 이념에 봉사하고 생존권을 실질화시키는 적극적 성격을 지니고 있다. 교육을 받게 할 의무, 근로의 의무, 환경보전의 의무, 재산권 행사의 공공복리적합의 의무, 기본권을 남용하지 않을 의무 등이 이에 속한다.

Ⅱ. 국민의 기본의무의 내용

기본의무는 법률로 구체화된다. 국가를 유지하기 위한 최소한의 조건을 정하는 것은 입법자가 해야 할 일이다.

1. 고전적 의무

(1) 국방의 의무

모든 국민은 법률이 정하는 바에 의하여 국방의 의무를 진다(§39①). 국방의 의무란 외국의 침략으로부터 국가의 독립을 유지하고 영토를 보전하기 위한 국토방위의 의무를 말한다. 국방의 의무의 주체는 국민이다. 외국인은 포함되지 않으나 상황에 따라서는 외국인도 부담한다. 국방의 의무는 직접적인 병력제공뿐 아니라 방공·방첩·전시근무 등 국방에 관한 모든 의무를 포함한다. 헌법재판소도 국방의 의무란 병역법에 의한 직접적인 병력형성의무뿐만 아니라, 향토예비군설치법, 민방위기본법, 비상대비자원관리법에 의한 간접적인 병력형성의무 및 병력형성 이후 군작전명령에 복종하고 협력하여야 할 의무도 포함하는 넓은 의미로 보고 있다. 병역법은 남자의 징병제와 여자의 지원병제를 두고 있다. 예비군제도는 국방의 의무를 이중으로 강제하고 있다고 볼 수 없다.

누구든지 병역의무의 이행으로 인하여 불이익한 처우를 받지 아니한다(§39②). 불이익한 처우금지조항은 병역의무를 이행한 사람에게 보상조치를 취할 의무를 국가에 지우는 것이 아니라 병역의무의 이행을 이유로 불이익한 처우를 금지하는 것이다. 불이익한 처우란 단순한 사실상·경제상의 불이익을 모두 포함하는 것이 아니라 법적인 불이익을 말한다. 대법원은 군복무로 인한 휴직기간을 법무사시험의 공무원 근무경력에 산입하지 않는 법무사법(§5의2)은 병역의무의 이행으로 인한 불이익처우금지(§39②)에 위배되지 않는다고 하였다.

(2) 납세의 의무

모든 국민은 법률이 정하는 바에 의하여 납세의 의무를 진다(§38). 납세의 의무란 국가의 존립과 국가의 과제를 수행하는 데 필요한 경비를 충당하기 위하여 조세를 납부할 의무를 말한다. 국민, 외국인, 법인 모두 납세의 의무를 부담한다. 조세란 국가나 지방자치단체가 아무런 보상 없이 일방적으로 그리고 강제적으로 부과하는 모든 경제적 부담을 말한다. 납세의무는 조세법률주의와 조세평등주의에 따라 부과된다.

2. 현대적 의무

(1) 교육을 받게 할 의무

모든 국민은 그 보호하는 자녀에게 적어도 초등교육과 법률이 정하는 교육을 받게 할 의무를 진다(§31②). 교육을 받게 할 의무는 일종의 자연적 의무에 속하나, 헌법은 개인의 인격발현을 위해, 능력에 맡는 직업을 가질 수 있도록, 또 민주시민으로 만들기 위해 부모에게 자녀교육을 시킬 의무를 부과하고 있다. 교육을 받게 할 의무의 주체는 취학할 어린이의 친권자나 후견인이다.

(2) 근로의 의무

모든 국민은 근로의 의무를 진다(§32②). 근로의 의무는 Weimar 헌법에서 처음으로 규정되었다. 근로의 의무란 국민이 노동을 함으로써 국부증식에 기여해야 할 의무를 말한다. 공동체의 유지발전을 위해 필요한 의무이다. 근로의무의 조건과 내용은 법률로 정해진다.

(3) 환경보전의 의무

국민은 환경보전을 위하여 노력하여야 한다(§35②). 환경보전의무를 강조하게 된 것은 환경파괴와 환경오염이 개인의 삶을 위협하고 파괴하는 것뿐만 아니라 공동체의 존속을 위협하기 때문이다. 환경보전의 의무는 국민뿐 아니라 외국인에게도 부과된다. 환경보전의무는 환경권을 사인 간에 직접 적용할 수 있는 중요한 헌법적 근거가 된다.

(4) 재산권 행사의 공공복리적합성 의무

재산권의 행사는 공공복리에 적합하도록 하여야 한다(§23②). 헌법 제23조 제 2 항의 공공복리적합성 의무를 국민의 기본의무로 이해하는 것이 지배적인 견해이다. 그러나 공공복리적합성 의무는 재산권 보유자에 대한 기본의무의 성격을 지니는 것이 아니라 입법자에게 재산권의 내용과 한계를 정함에 있어 지켜야 할 원리의 성격을 지닌다고 보아야 한다. 제23조 제 2 항은 지나치게 추상적이고 불확정적이어서 이 규정만 가지고는 재산권자가 지켜야 할 것이 무엇이며 국가가 재산권자에게 무엇을 요구할 수 있는가를 확정지울 수 없다. 재산권자가 부담해야 할 구체적 의무는 입법자가 구체적으로 규정할 때 비로소 알 수 있게 된다. 공공복리적합성의무는 입법자에 대한 명령이지 국민의 기본의무로 볼 수 없다.

CONSTITUTIONAL LAW

국가구조론 PART 3

Chapter CONSTITUTIONAL LAW

01 국가구조의 원리와 형태

국가구조란 정치적 공동체를 유지해야 하는 헌법적 과제를 수행하고 담당하는 국가조직일반을 말한다. 국가조직은 국가가 처해 있는 시대적 배경이나 역사적 환경에 따라 서로 다른 구조를 취하게 마련이다. 국가구조는 나라마다 시대에 따라 다른 형태를 취하게 되나 국가구조를 만들어냄에 있어 준수하고 유념해야 할 일반적 원칙이 존재한다. 즉 국가구조의 기본원리와 조직원리이다.

제 1 절 국가구조의 기본원리

Ⅰ. 국가구조의 존재이유

국가는 구성원의 다양한 이해관계의 대립과 갈등을 해결하여야 한다. 이러한 과제는 국가의 존립조건이 되며 동시에 국가의 책무가 된다. 국가구조가 존재해야 할 궁극적 목적은 국민의 '생명과 재산 그리고 안전'에 대한 국가의 보호이겠지만, 제 1 차적 이유는 정치적 공동체의 유지에 있다.

Ⅱ. 국가구조의 궁극적 목표

정치적 공동체가 유지되기 위해서는 국가구조가 필요하다. 국가구조는 구성원의 다양한 이해관계의 대립을 완화시키고 갈등을 해소함으로써 정치적 공동체를 유지 존속시켜 준다. 정치적 공동체의 유지 존속은 공동체 그 자체의 유지 존속에도 의미가 부여되지만 궁극적 목표는 국민의 생명이나 재산 및 안전을 보호하는 데 있다.

Ⅲ. 국가구조의 형성의 기본원리

1. 국가구조의 기본권기속 실현

국가권력은 자기목적적일 수 없다. 국가구조는 기본권실현의 수단에 지나지 않으므로 모든 국가구조는 기본권 실현에 봉사할 수 있도록 형성되어야 한다. 국가구조의 기본권기속은 국가구조형성에 가장 중요한 원리이며 과제가 된다. 국가구조의 민주적 정당성이나 절차적 정당성의 확보도 궁극적으로는 기본권기속을 실현하기 위한 하위개념이기 때문이다.

2. 국가구조의 민주적 정당성 확보

헌법은 국가구조가 민주적 정당성을 확보할 수 있도록 의사표현의 자유, 청원, 정당활동의 자유, 선거, 국민투표, 국가기관의 임기제 등 각종의 장치를 마련해 놓고 있다. 또한 국무총리나 감사원장, 대법원장, 헌법재판소장, 대법관 등 중요한 헌법기관구성에 국회의 동의를 얻게 함으로써 간접적이지만 민주적 정당성을 확보하고자 하였다. 헌법재판소나 중앙선거관리위원회 일부 구성원을 국회가 선출하도록 함으로써 헌법재판소나 중앙선거관리위원회의 민주적 정당성을 제고시키고 있다.

그러나 대통령선거의 상대다수대표제나 대통령직선제하에서의 국회의 결선투표제 등은 국가구조의 민주적 정당성 확보의 측면에서 볼 때 문제가 있다. 상대다수대표를 채택하고 있어 과반수에 미치지 못하는 소수의 지지로도 대통령에 당선될 수 있기 때문이다. 또한 대통령선거에서 최고득표자가 2인 이상일 때에는 국회에서 다수표를 얻은 자를 당선자로 하는데(§67②), 직선제의 취지를 관철하기 위해서는 이 경우 직선으로 다시 선출하는 것이 타당하다.

3. 국가구조의 절차적 정당성 확보

국가권력이 민주적 정당성을 확보하였다 하여도 국가권력은 그 자체가 힘의 행사를 본질로 하기에 권력의 폭력화를 방지할 수 있는 제도적 장치가 확보되어야 한다. 국가구조의 기본권기속의 실현은 민주적 정당성의 확보만으로는 부족하고 국가권력행사의 방법과 과정에 대한 정당성, 즉 절차적 정당성까지 확보되어야 한다. 이러한 절차적 정당성은 국가권력의 분리, 권력 간의 견제와 균형, 견제수단의 형평성 및 효율성 등으로 구체화된다.

헌법은 고전적 권력분립원리를 원칙으로 하며 현대의 포괄적·기능적 권력분립원리로 이를 보완하는 것을 국가구조의 큰 틀로 하고 있다. 수평적 권력분립과 수직적 권력분립을 통해 절차적 정당성을 확보하고 있다. 동시에 기관 간의 견제와 균형을 통해, 헌법기관의 임기 차등을 통해, 소수보호를 통해 절차적 정당성을 확보하고 있다. 또한 기관간 권력통제 외에도 기관 내부의 통제를 통해 절차적 정당성 확보에 노력하고 있다. 대통령의 국법상 행위를 문서로 하게 하거나, 부서(副署)를 요하게 한 것, 행정각부의 장관의 임명에 국무총리의 제청을 요구한 것은 비록 실효성에 의문이 있으나 기관내부의 절차적 정당성을 확보하기 위함이다.

제 2 절 국가구조의 조직원리

국가구조를 형성함에 있어, 국가구조의 목표이자 이념인 국가구조의 기본원리 외에 조직원리가 필요하게 된다. 대의제와 권력분립원리이다.

Ⅰ. 대의제(국민대표주의)

1. 대의제의 의의

(1) 국가의사의 결정구조

주권자인 국민이 자신의 의사를 실현하는 방법에는 국민이 직접 국가의사를 결정하는 직접민주제도와 선출된 대표자를 통해 국가의사를 결정하는 간접민주제도(대표민주제도)의 두 종류가 있다. 주권자인 국민이 국가의사를 직접 결정하는 것이 민주주의의 이상이겠으나, 수많은 인구와 광활한 영토 등을 감안할 때 이는 지상에서는 불가능하다. 대표민주제도가 직접민주제보다 비교우위를 점하게 되는 이유가 된다. 한편 대의제란 국민이 정치적 의사를 직접 결정하지 않고 그 대표를 통해 정치적 결정을 내리며 그 효과를 국민에게 귀속시키는 국가의사결정구조를 말한다.

(2) 대의제의 발전

영국에서는 이미 18세기에 의원은 자신의 선거구가 아닌 전체국민을 대표하고 전체국민의 이익을 위하여 활동한다는 대의제가 확립되었다. 군주에 대한 의회기능의 강화로부터 시작된 영국의 대의제는 Blackstone이나 Burke 등에 의해 근대적 대의제사상으로 발전되었고, 그 후 독일이나 프랑스 등 여러 나라 헌법에 적지않은 영향을 주었다. 1787년 미국 연방헌법 역시 대표민주제를 채택하였다.

2. 대의제의 본질 및 법적 성격

(1) 국가의사의 결정원리이자 국가구조의 조직원리이다

대의제는 대표와 국민을 구별하여 대표에게 국가의사를 결정하는 권한을 부여하고 국민에게는 국가기관을 구성하는 권한을 부여하는 국가구조의 조직원리로서, 대표의 의사와 행위를 국민의 의사와 행위로 간주하며, 국민의 의사와 행위로서의 효과를 가지게 한다. 따라서 대의제는 치자와 피치자의 구별, 피치자의 선출권과 치자의 의사결정권의 구별, 치자에 대한 피치자의 권력위임, 피치자를 위한 치자의 의사결정을 그 내용으로 한다.

(2) 자유위임에 기초한 원리이다

대의기관은 자신을 뽑아준 선거구민의 의사를 단순히 전달하는 존재가 아니라, 자신의 양심에 따라 '전체 국민'에게 가장 유익한 의사결정을 하여야 한다는 점에서, 신분제의회의 대표와 구별된다. 대의기관은 전체국민을 대표하는 성격을 지니므로 그래서 자유위임일 수밖에 없다. 만일 기속위임으로 본다면 여러 개의 소수파가 형성되어 국가의사를 결정할 수 있는 실효적인 다수의사를 형성할 수 없게 된다. 그러나 대의기관이 자유위임적 지위에 있다 하여도 국민의 의사를 무시해도 좋다는 것은 아니다.

(3) 정당성 원리이다

대의기관의 대표성은 국민의 합의에 기초했을 때 성립되며, 국민의 끊임없는 지지에 의해서만 유지될 수 있다. 이러한 의미에서 대의제는 정당성원리를 지닌다. 대의제도가 정당성에 기초를 두며 전체를 위한 독자적 의사결정을 의미한다는 점에서, 의사대리에 기초하여 부분을 위한 의사전달 내지 실현을 그 본질로 하는 대리와 구별된다.

3. 대의제에서의 대표

(1) 대　　표

대표란 '현재화하다'는 라틴어 *repraesentare* 에서 유래된 것으로, '보이지 않는 것을 보이게 한다'는 것을 말한다. 즉 추상적으로 존재하던 것이 대표자에 의해 현재화되고 구체화되는 것을 말한다. 국가가 영토와 국민으로 구성되어 있지만 국가라는 정치적 공동체를 육안으로 확인할 수 없다. 이 때 보이지 않는 정치적 공동체를, 볼 수 있는 그 무엇(군주 등)을 통해 보여주는 것이 곧 대표이다. 이렇듯 대표란 대표에 의해 대표되어지는 대상이 비로소 형태를 얻고 작용하게 하는 것이다.

(2) 대표의 내용

대의제의 대표는 자신의 이익과 전체의 이익을 구분할 줄 알고, 전체이익에 자신의 이익을 종속시킬 수 있는 교양인을 염두에 둔 이론이다. 19세기 의회는 이러한 전제에서 출발하였고 이러한 의미의 대표는 신분제의회의 대표와 구별된다.

(3) 대표의 성질

대표의 성질에 관해 민법의 대리, 위임, 대표와 유사하다는 법적 대리설, 법적 위임설, 법적 대표설과 헌법적 의미의 대표라는 헌법적 대표설, 정치적·이데올로기적 대표설, 대의적 대표설 등 다양한 견해가 대립되어 있으나, 정치적 대표설이 다수설이다.

4. 대의제도의 현대적 상황

(1) 대의제도에 대한 외부적 위협

(가) 정당국가화 현상

정당의 발달로 인해 19세기 대의제 의회민주주의는 정당국가적 대중민주주의로 변모되었다고 할 수 있다. 정당은 유권자의 의사실현자 및 매개자의 지위를 가지게 되었고 유권자들은 정당의 이념이나 강령을 선택하게 되어 선거는 정당에 대한 심판, 즉 국민투표적 성격을 지니게 되었다. 또 국가의 중요정책을 비롯하여 수많은 정치적 결정에 대한 실질적 권한이 정당에게 주어짐으로써, 정당은 의회를 형해화시켰으며 의원은 거수기로 전락되었다. 의원이 정당에 기속되는 현상이 강화되면서 정치의 중심이 의회에서 정당으로 옮겨가게 되었고 이로 인해 고전적 대의제의 본질이 심각하게 위협받게 되었다.

(나) 의회의 기능저하와 행정국가화 현상

20세기에 들어와 국가가 사회국가로 변모되면서 야기시킨 행정국가화 경향은 전 세계적으로 보편적 현상이 되었다. 행정이 광범위하게 국민생활에 관여하게 되고 중요한 정책결정도 행정부가 담당하다보니, 정치의 중심이 의회에서 정부로 옮겨지게 되었고, 의회는 통법부에 불과하다는 조롱도 감수해야 했다.

(다) 헌법재판제도의 활성화

입법권에 대한 불신과 남용으로부터 기본권을 보호하기 위한 헌법재판제도가 요구되었고 헌법재판제도가 활성화되면서 의회의 내의기능은 위축될 수밖에 없으며, 대의제가 성립될 수 있었던 당시의 조건이나 상황 등의 시대적 배경은 기억하기에 새로울 정도로 희미해져 있다. 더욱이 여야간의 극한대립으로 소수 야당이 법률내용의 위헌 및 절차상 하자를 형식적 이유로 내세워 국회에서 통과된 법률을 다시 헌법재판소에 제 2 라운드로 끌고 가는 작금의 상황은 대의제가 설 곳을 더욱더 축소시키고 있다.

(라) 국민의 직접 참정요구의 증대

현대의 정보화 사회에서 국민은 자신의 정치적 주장을 국정에 직접 투입할 수 있는 수단을 가지게 된다. 특히 인터넷 등을 통해 국민 개개인은 자신의 의견을 실시간으로 가상공간에 개진할 수 있으며 필요한 경우 수많은 사람들이 동시에 의견을 교환할 수 있다. 이는 고전적 대의제가 전혀 예상하지 못한 일이다. 이러한 매체의 발달은 국민으로 하여금 직접적인 국정참여를 가능하게 만들어 주고 있다. 대의제에 대한 중대한 인식변화가 요구된다.

(2) 대의제도 원리 그 자체에 대한 의문점

(가) 자유위임인가?

고전적 대의제는 자유위임을 기초로 성립되었고 자유위임은 포기될 수 없는 대의제의 본질적 요소로 간주되었다. 그러나 대의기관의 의견이 출신 선거구의 요청과 일치하지 않을 경우 과연 대의기관이 선거구의 요청을 전체 국민의 이익에 반한다고 뿌리칠 수 있을 것인지도 의문이지만, 낙선을 각오하면서까지 선거구민의 요구를 무시할 수 있을지, 또 이러한 대표기관의 행동을 선거구민이 얼마나 이해해 줄 수 있을지 역시 의문이다. 자유위임이 하나의 구호에 그치게 된다면 대의제의 근간은 유지되기 어렵다.

(나) 전체국민의 대표인가?

대의제는 대의기관이 출신선거구의 이익보다 전체국민을 위해 행동할 것을 요구한다. 그러나 출신선거구의 이해와 전체국민의 이해가 상충할 경우 전체국민을 위해 행동할 대의기관이 얼마나 될지 의문이 아닐 수 없다. 또한 대표자들이 정당에 강하게 기속되는 지금의 정치현실하에서 전체국민의 대표라는 것이 의미가 있는지조차 의문시된다.

(3) 위협에 대한 대처방법

(가) 정당의 민주화

무엇보다 대의제는 정당의 발달로 위협받고 있다. 그렇다면 정당 자체의 민주화를 통해 정당국가화로 나타난 대의제의 문제점을 완화할 수 있어야 한다.

(나) 참여민주주의의 확대

직접민주주의 이상을 완전히 실천하기는 불가능하지만 국민이 현실적으로 국정에 참여할 수 있는 소위 참여민주주의의 확대가 요구된다. 참여민주주의란 고전적 대의제에 좌절과 환멸을 느껴 국민의 적극적인 정치과정에의 참여를 강조하는 것으로, 참여와 자치를 추구한다. 이는 직접적으로 국가권력을 장악하려는 것이 아니기에 사회주의와 구별된다. 참여민주는 국민의 정치적 지위를 대표자선출로 한정하는 것이 아니라 정부와 의회를 견제하고 감시하며 정치과정에 적극 관여하여 정책결정에 영향을 미치는 지위로 그 역할을 확대할 것을 요구한다.

(다) 원칙적 대의제와 예외적 직접민주제의 결합(半代表)

현대의 대의제는 대의제를 근간으로 하나 직접민주제도에 의한 보완이 필요한, 즉 반대표일 것이 요구된다. 반대표를 비판하는 견해가 있다. 고전적 대의제가 그 본질적 내용으로 삼고 있는 자유위임과 전체국민 대표성이 근본적으로 위협받고 있으며 그 정도가 심각한 상황에 놓여 있다. 고전적 대의이론은 현대 상황에 맞지 않을 뿐만 아니라 자신의 문제점을 시정할 수 있는 자정능력마저 결여되어 있다. 상황이 이러함에도 고전적 대의이론에만 얽매이는 것은 문제가 아닐 수 없다. 고전적 대의이론은 지금의 헌법문제를 해결하지 못하며 또 그대로 적용되기도 어려운 도그마에 불과하다.

5. 대의제의 현대적 의의

현대적 대표는 대표의 의사가 유권자의 이해에 구속되거나 대표자의 의사와 유권자의 의사의 일치를 요구하는 준대의제를 요구하며, 또 半은 국민대표로서 일을 하지만 半은 국민의사를 국정에 반영시켜야 한다는 반대표제를 요구한다.

(1) 준대의제

현대에는 대표자의 행위와 피대표자의 의사간에 합치가 요구된다. 고전적 대표이론은 대표자가 국민을 대표한다는 이름하에 국민의사와 다른 자유로운 결정을 내릴 수 있다고 보았으나 현대적 대표이론에서는 이를 적극적으로 인정하기 어렵다. 그 이유는 선거가 대표자선출에서 정당선출로 변모되었고 선거가 정치의 방향을 결정하는 국민투표적 성향을 지니고 있기 때문이다. 국민의사에 부응하지 못한 정당은 차기선거에서 패배할 수밖에 없으므로, 대표자의 의사결정은 국민의 경험적 의사나 정당의 선거공약에 따른 제 약속에 불가피하게 놓이게 된다. 무기속위임의 고전적 대의제는 기속위임의 성격을 지닌 현대적 대의제로 그 성격의 변화가 이루어지고 있다.

(2) 반대표제(半 直接民主制)

고전적 대의제도의 자유위임에 의해 만들어진 국민의 대표가 국민의 의사를 국정에 제대로 반영하지 못하게 하자 이에 대한 보완이 요구되었다. 국민발안, 국민투표 등의 국민의 직접적인 의사결정제도는 고전적 대의제도를 보완 또는 개선하는 수단이 된다. 대의제는 직접민주제에 대한 승리를 의미하지만, 대의전제를 경험한 이후 직접민주적 요소의 도입필요성이 강조되었다. 따라서 현대의 대의는 대의의 원리와 직접민주적 요소를 공존시키고 상호 용납하는 원리로 보아야 한다. 다만 직접민주적 요소의 도입과 실행은 국민주권의 실효성 회복을 위하여 의회의 전제적 권력을 통제하는 정도로 그쳐야 한다.

6. 대한민국 헌법의 대의제와 반대표 및 준대의

(1) 대의제 원칙과 직접민주제의 보완

헌법은 국민주권의 원리와 함께 "모든 권력은 국민으로부터 나온다"고 규정하여 국민에 의하여 선출된 대표가 국가권력을 대신하여 행사하는 대의제를 채택하고 있음을 명백히 하고 있다. 대의제 민주주의는 민주주의 구현방법으로 헌법의 기본원리에 속한다. 또한 헌법은 입법권(§40), 대통령 및 국회의원선거(§61, §41), 국가이익우선의무(§46②)를 통해 대의제가 국가구조의 중요한 조직원리임을 나타내고 있다. 국민은 국민이 선출한 대통령과 국회의원을 통해 자신의 의사를 간접적으로 실현함을 원칙으로 한다.

한편 헌법은 부분적으로 직접민주제를 채택하고 있다. 국가중요정책에 대한 국민투표제(§72), 헌법개정에 대한 국민투표제(§130)가 그것이다. 국민발안이나 국민소환은 채택하고 있지 않다. 다만 지방자치 차원에서 다양한 직접민주제도가 도입되었는데, 주민발안, 주민투표, 주민소환제가 채택되었다.

(2) 반대표, 준대의

헌법은 대의제이념을 실현하기 위해 국가의 정책결정과 집행이 대의기관(대통령, 국회)의 독자적 판단과 책임 하에 이루어지도록 하였고, 자유위임적 의원활동의 보장과 공개정치 및 책임정치의 실현, 공정한 선거관리의 확립 등을 보장하고 있다. 이들은 대의의 이념을 구현하기 위한 제 장치라 할 수 있다. 동시에 헌법은 직접민주제적 요소도 함께 보장하고 있다. 헌법개정 및 국가중요정책에 대한 국민투표가 그것이다. 그렇다면 우리 헌법이 채택하고 있는 대의제는 고전적 대의제가 아니라 정당국가의 이념과 함께 직접민주제적인 여러 요소를 가미시킨 현대적 유형의 대의제, 즉 반대표로 보아야 한다. 반대표는 직접정체와 간접정체의 융합물이라기보다는 대의제의 발전형태로 이해되어야 한다.

Ⅱ. 권력분립원리

1. 권력분립원리의 의의

(1) 개 념

권력분립이란 국가기능을 행정·입법·사법으로 분리하고 각각을 독립된 기관에 분립시킴으로써 국가권력의 남용을 방지하고 국민의 기본권을 보장하기 위한 국가구조의 조직원리를 말한다. 권력분립원리는 절대권력은 절대적으로 부패한다는 진리에 가까운 공리에 그 이념적 기초를 두며, 국가권력이나 국가기능의 분리·분립을 직접적 내용으로 하지만, 궁극적 목적은 기본권보장에 있다.

(2) 법적 성격

(가) 자유보장원리

권력분립원리는 힘(권력)의 분리를 기초로, 권력에 의한 권력의 억제를 목적으로 하는 원리로서, 결국은 국민의 자유와 권리를 보장하는 원리이다.

(나) 중립적 원리

권력분립원리는 국가권력의 절대성을 부정한다는 의미의 중립의 원리로서, 국가권력의 타 권력에 대한 절대적 우위를 부정하는 것을 그 내용으로 한다. 중립적 원리로서 권력분립원리는 헌법기관이 다른 어떤 헌법기관에 대해 절대적 우위를 차지해서는 안 되며, 헌법이 부여한 다른 기관의 권한을 박탈하거나 기능의 핵심적 영역을 침해해서도 안 될 것을 요청한다.

(다) 국가조직 원리

권력분립원리가 국가를 조직하는 구성원리라는 점에 이의가 없으나 권력분립원리가 국가권력에 대한 소극적 방어인가 아니면 적극적 창설인가에 관해 견해가 대립된다. 전자는 소극적으로 국가권력의 남용을 방지하기 위한 원리로 이해하는 반면, 후자는 국가권력의 적극적인 창설원리로 이해한다. 권력분립원리는 국가권력에 대한 통제의 성격과 국가기관을 구성하는 성격을 모두 지닌다고 보아야 한다. 다만 국민주권이 확립된 현대의 권력분립은 후자에 그 중점이 더 주어져야 한다.

2. 권력분립이론의 발전

(1) J. Locke의 권력분립이론

(가) 입법권과 집행권

고전적 권력분립이론을 처음으로 체계화한 사람은 Locke이다. 로크는 자신의 저서인 '시민정부에 관한 두 개의 논문'에서, 국가권력을 입법권과 집행권으로 나누면서 (2권분립) 민주주의 원리에 기초한 입법권을 최고의 권력으로 보았고 그 밑에 집행권이 있다고 하였다.

(나) 특 징

Locke의 이론을 정리해보면, 국가권력을 입법권, 대내 집행권, 대외 집행권(외교권), 대권의 4개로 나누고, 이를 담당할 기관으로는 군주와 의회의 두 기관을 들고 있으며, 입법권을 집행권보다 우위에 두면서, 사법권에 관한 직접적 언급이 없다는 것이 특징이다. 비록 로크가 국가권력을 4개로 나누고 있으나 국가권력의 담당자를 군주와 의회로 이해하고 있어, 로크의 이론은 2권분립의 권력분립이론으로 보아야 한다(통설).

(다) 한 계

Locke는 국가권력을 입법과 집행으로 나누었기에 그의 이론은 2권분립으로 분류된다. 로크에 의하면, 국가에는 오직 하나의 최고 권력이 존재해야 하며 그 최고 권력은 입법권으로 집행권에 대한 입법권의 우위를 인정하고 있다. 그렇다면 Locke의 권력분립이론은 엄격한 의미의 2권분립으로 보기 어렵고, 권력 간의 분리는 인정하였지만 권력 간의 균형에는 미치지 못하였다고 보아야 한다. 또한 로크가 사법권에 대한 독립을 인식하지 못했다는 것이 한계로 지적된다.

(2) Montesquieu의 권력분립이론

(가) 배 경

Montesquieu는 그의 저서 '법의 정신'에서, 개인의 자유를 보장하기 위해서는 국가권력을 입법, 행정, 사법으로 분리하여, 이를 서로 다른 세력(군주, 귀족, 시민)에게 분립시킬 것을 주장하였다. Montesquieu의 3권분립이론은 영국의 헌정질서를 모델로 한 것인데, 3권의 분립을 주장하였고 사법권의 독립성을 강조하였다는 점에서 로크의 권력분립과 차이가 있다.

(나) 3권분립

몽테스큐는 국가는 3종의 권력을 지니는데, 입법권, 국제법에 관한 집행권, 시민법에 관한 집행권이며, 시민법에 관한 집행권은 사법권이라 부를 수 있다고 한다. 몽테스큐는 입법권은 귀족원과 서민원으로 구성되는 의회에 부여하며, 집행권은 군주가 담당하여야 하고, 사법권은 비상설 법정에서 국민이 선출한 자로 행사케 하는 것이 바람직하다고 하였다.

(다) 특 징

몽테스큐는 분업의 원리에 기초한 능률성 제고보다는 견제와 균형에 의한 국민의 자유보장에 보다 중점을 두었다. 또한 그는 Locke와 달리, 엄격한 3권분립론에 입각하여 기관의 분리와 기관간의 견제와 균형을 강조한 것이 특징이다.

3. 고전적 권력분립이론에 대한 도전과 대응

(1) 고전적 권력분립이론의 위기현상

(가) 국민주권국가의 성립

고전적 권력분립은 군주의 절대권력을 전제로 이를 분리하고 견제와 균형을 통해 절대권력을 완화하고자 하였다. 그런데 오늘날 국민주권국가가 처한 상황은 고전적 권력분립이론이 전제로 하는 그런 상황이 아니기에 고전적 권력분립이론이 그대로 적용되기에 어려움이 많다. 특히 권력과 자유를 서로 대립된 것으로 보는 권력분립이론과 권력과 자유를 동일시하려는 국민주권사상과의 갈등이 문제된다.

(나) 국가의 양적·질적 변화

① 국가구조의 양적 변화 　시민사회가 산업혁명을 경험하면서, 과거의 자유방임적 소극적 야경국가로는 민주주의 다원적 산업사회가 안고 있는 많은 문제를 해결할 수 없게 되었다. 새로운 문제를 해결하기 위해 등장한 사회국가는 국민의 생존배려를 실현해야 하며 계획하고 형성하고 분배하는 국가일 것이 요구되기에 필연적으로 행정국가(급부국가)로 이어진다. 또한 部가 府보다 커지면서 나타난 의회에 대한 행정의 우위현상은 20세기 후반의 보편적 현상이 되어 버렸다. 이런 상황하에서 고전적 권력분립은 집행권 우위의 권력분립이 될 수밖에 없으며, 의회의 집행권에 대한 견제는 그 실효성이 의문시되지 않을 수 없다.

② 국가기능의 질적 변화 권력분립이론은 국가권력이나 기능의 구별이 가능하다는 것을 전제로 하는데, 입법과 집행은 그 기능에 있어서나 권력담당자에 있어 실질적 구별이 희박해지고 있다. 처분적 법률과 집행적 법률이 만들어지면서, 또 수많은 행정입법 등의 제정은 입법과 집행의 구별을 어렵게 하고 있다.

(다) 정당국가화 현상

정당의 성립과 발전은 고전적 권력분립에 대한 중대한 변화를 가져왔다. 먼저 정당을 통한 국가권력 담당자의 통합경향이다. 국가권력을 입법과 행정으로 분리하더라도 정당을 통한 권력통합 현상 때문에 국가작용의 실질적 결정권이 집권당의 수뇌부에 귀속되게 된다. 이 같은 현상은 정부형태를 불문하고 동일한 결과를 나타낸다. 또 정당국가화 경향은 정당이 의회를 지배하는 데 그치는 것이 아니라 행정부까지 장악하게 되면서 국정 전반에 걸쳐 실질적인 영향력을 행사하는 상황을 낳았다.

(라) 司法國家화 경향

현대 국가는 헌법재판에 많은 관심을 보이고 있는데 이는 사법권의 강화로 이어지고 더 나아가 국가를 사법국가로 만든다. 또한 입법이나 행정이 스스로 책임져야 할 문제를 사법에 맡기는 '전시용 무책임'으로 본의 아니게 사법이 국가중대사에 개입하게 되어 사법국가화가 촉진되고 있다. 그런데 사법국가는 필연적으로 입법부나 행정부에 대한 강력한 통제권한을 갖게 되며 이와 같은 사법국가화 경향은 고전적 권력분립이론이 예상치 못한 것으로, 권력분립에 대한 위협이 될 수 있다.

(2) 권력분립이론의 현대적 대응

고전적 권력분립이론이 현대의 제 상황에 비추어 볼 때 상당한 위기를 맞고 있음을 부인할 수 없다. 그러나 권력분립은 현대의 국가질서에서도 반드시 존중되어야 할 원칙임에 틀림없다. 따라서 권력분립에 대한 헌법학의 과제는 권력의 집중과 통합이 불가피하다는 것을 인정하면서 이로 인해 나타나는 제 문제를 적극적으로 대처하는데 있다. 즉 권력분립의 폐지가 아니라 권력분립의 합리적 재구성이다. 많은 학자들에 의해 새로운 권력분립이론이 제시된 것도 결코 우연한 일이 아니다. Löwenstein의 동태적 권력분립이론이나 Kägi의 포괄적 권력분립이론은 모두 이러한 노력의 대표적인 예에 속한다.

4. 현대적 권력분립이론

고전적 권력분립의 문제점을 극복하고자 새로운 이론들이 제시되고 있는데, 가장 대표적인 것으로 Löwenstein의 동태적 권력분립이론과 Kägi의 포괄적 권력분립이론을 들 수 있다.

(1) Löwenstein의 동태적 권력분립이론

뢰벤슈타인은 다원적 대중민주주의에서는 '국가권력의 분립'이라는 고전적 개념은 '국가기능의 분리'로 대체되어야 한다고 하면서 동태적 권력분립이론을 주장한다. 그는 국가기능을 정책결정, 정책집행, 정책통제의 셋으로 나누고 이 세 가지 기능이 여러 권력주체에 의하여 협동적으로 행하여질 경우 효과적인 권력통제가 이루어진다고 한다. 또한 뢰벤슈타인은 권력통제를 기관내통제와 기관간통제로 대별하면서, 기관내통제란 통제장치가 권력담당자의 조직내부에서 발동되는 것을 말하며, 기관간통제란 통제장치가 국가운영에 협조하는 여러 권력보유자 간에서 이루어질 때의 통제를 말한다고 한다.

(2) Kägi의 포괄적 권력분립이론

Kägi는 권력분립이 달성하고자 하는 자유이념은 불변이지만 이를 실현시키는 권력분립의 형태는 시대에 따라 달라질 수 있다고 하면서 권력분립을 3권분립으로 이해하려는 기계적 이해를 비판하였다. 권력분립은 3권분립보다 더 포괄적이라고 한다. 그는 '권력의 분립과 통합'을 포괄적인 질서개념으로 이해하면서 이를 자유질서를 구축하는 원리로 파악하였다. Kägi는 고전적 권력분립의 기본요소인 입법, 행정, 사법의 구별을 긍정하면서도 다른 요소를 주장하고 있다. 그는 헌법제정·개정권과 입법권의 이원화, 입법부의 양원제, 국가기관의 임기제, 복수정당제도와 여·야의 권력통제, 집행부 내부의 권력분립(정치권력에 대한 관료조직의 이원화), 민간권력과 군사권력의 분리, 국가와 교회의 분리, 연방과 주의 수직적 권력분립 등을 다른 요소로 들고 있다.

5. 권력분립원리의 내용

권력분립의 본질을 어떻게 이해하던지 간에, 권력분립은 역사적 원리이며, 국가권력의 조직원리이고, 또한 국가권력의 남용을 방지하기 위한 원리이자 동시에 자유보장 원리임에 분명하다.

(1) 본 질

권력분립원리는 국가구조를 형성하는 조직원리의 성격을 지닌다. 그러므로 이미 존재하는 국가권력을 분리하고 제한한다는 소극적 성격에서 벗어나야 한다. 또 권력분립은 단순한 정치철학의 이상 속에 머무는 것이 아니라 국가가 처해 있는 구체적인 역사적 상황과 분리될 수 없는 역사적 원리의 성격을 지닌다. 권력분립이 역사적 원리로 이해되더라도 권력분립의 궁극적 목표인 자유보장은 역사적 조건이나 상황에 따라 변화될 수 없다.

(2) 목 적

권력분립은 국가기능을 나누고 제한하는 데 궁극적 목적이 있는 것이 아니다. 권력분립의 목적은 국민의 자유와 권리를 보장함에 있다.

(3) 내 용

공동체생활에 있어 행동원칙을 만든 자와 이 원칙을 집행하는 자는 분리되어야 하며, 행동원칙에 따른 집행이 옳은지 여부의 판단 또한 원칙을 만든 자와 집행자 외의 제3자에 의해 행해져야 한다. 따라서 법을 만들고, 이를 집행하며, 법이 무엇인가를 판단하는 기능은 분리되어 관장되어야 한다. 3권분립이 지금도 영향력을 지니게 되는 이유이기도 하다.

권력분립은 권력의 분리보다 기능의 분리이어야 한다. 고전적 권력분립에서는 이미 존재하는 국가권력을 제한하고 억제하여 자유를 보장하려고 하기 때문에, 국가권력을 나누고 상호 견제함으로써 국가권력의 남용을 방지하려고 한다. 그러나 지금의 민주주의 국가에서는 국가권력 자체가 국민에 의해 형성되는 것이기에 국가권력을 쪼개어 나누는 측면보다는 국가적 과제를 수행하기 위해서 국가기관이 담당해야 할 업무, 즉 기능에 따른 적절한 분배에 중점이 주어져야 한다. 기능분리가 강조되는 이유이기도 하다. 입법기능은 입법기관이, 집행기능은 집행부가 사법기능은 사법부가 담당하게 된다.

(4) 한 계

권력분립원리는 자유보장을 위한 조직원리의 성격을 지니지만 효율성 증대를 위한 분업의 원리가 도외시 되어서는 안 된다. 분리만 강조할 때 협동과 효율을 기대할 수 없기 때문이다. 국가기관이 상호 기능적으로 협력관계를 유지하면서도 서로의 기능을 통제함으로써 국가권력행사가 언제나 협동과 통제 아래 조화될 수 있어야 한다. 국가의 통일성을 해칠 정도의 분리는 권력분립의 한계가 된다.

6. 대한민국 헌법에 있어서의 권력분립제도

대한민국 헌법은 건국헌법 이래 권력분립원리를 국가의 조직원리로 채택하고 있다. 수평적으로는 국가기능을 입법, 행정, 사법으로 나누고 이를 서로 다른 국가기관에게 맡김으로써, 수직적으로는 국가와 자치단체 간, 자치단체 상호간의 권력통제를 통해 권력분립이 제도화되어 있다. 현행 헌법은 권력의 분리 및 견제와 균형의 고전적 권력분립과 현대의 기능적·포괄적 권력분립을 모두 반영하고 있다.

(1) 고전적 권력분립원리에 따른 권력분립제도

(가) 기능의 분리와 분립

헌법은 국가기능을 입법, 행정, 사법으로 나누고, 구별된 국가기능을 서로 다른 국가기관에게 부여하며, 해당 국가기관으로 하여금 주어진 과제를 담당할 수 있도록 권한을 주고 있다. 헌법은 입법기능은 국회에, 행정기능은 대통령을 수반으로 하는 정부에, 사법기능은 법관으로 구성된 법원에 부여하고 있다(§40, §66④, §101①).

(나) 권력 상호간의 견제와 균형

현행 헌법은 분립된 권력 사이에 견제와 균형을 도모하고 있다. 권력의 정서(권력의 整序, Zuordnung)란 국가적 과제를 기능적으로 구별하여 이를 관련 국가기관에게 맡기면서도, 기능수행을 단독으로 하지 못하고 타 기관과 협력하여 수행하도록 한 것을 말한다.

먼저 국가기관구성면에서 보면 대통령이 대법원장(§104①), 헌법재판소장(§111④), 국무총리(§86), 감사원장(§98②), 대법관(§104②)을 임명함에 있어 국회의 동의를 얻게 하고 있다. 또한 헌법재판소와 중앙선거관리위원회의 구성을 국회, 대통령, 대법원장의 합동행위에 의하게 하고 있다. 대법관 임명은 대법원장의 제청으로 국회의 동의를 얻어 대통령이 임명하도록 하여, 대통령, 국회, 대법원장이 협력하게 되어 있다.

국가기능면에서 보면 첫째, 대통령이 조약의 체결·비준(§60①)이나 선전포고, 국군의 해외파견 등 외교 등에 관한 권한을 가지나(§60②) 국회가 동의권을 지니도록 하였다. 또 대통령이 사면권을 행사함에 있어 국회의 동의를 얻도록 하며(§79②), 긴급권을 행사함에 있어 국회의 승인을 얻도록 하였다(§76③). 둘째, 법률의 제정은 국회의 권한이지만 정부도 법률안제출권을 가지도록 하였고(§52), 대통령의 법률공포권과 법률안거부권을 인정하고 있다. 국회가 예산을 심의 확정할 수 있으나 예산편성권은 정부에 부여하고 있다. 셋째, 탄핵은 국회의 소추와 헌법재판소의 결정에 의하며, 법률의 위헌심판은 법원의 제청과 헌법재판소의 결정에 의하고, 정당의 위헌심판은 정부의 제소와 헌법재판소의 결정에 의하도록 하였다.

(다) 권력의 통제

① 국회의 정부와 법원 및 헌법재판소에 대한 통제 국회는 탄핵소추권, 국정감사·조사권, 해임건의권, 긴급명령 등에 대한 승인권, 계엄해제요구권, 대법원장·헌법재판소장·대법관·국무총리·감사원장 임명에 대한 동의권, 헌법재판소재판관 일부 선출권 등으로 정부와 법원 및 헌법재판소를 통제한다.

② 정부의 국회와 법원 및 헌법재판소에 대한 통제 대통령은 법률안거부권, 예산안편성권, 국민투표부의권 등으로 국회를 통제한다. 또한 대법원장 및 대법관 임명권, 사면·감형·복권, 예산안편성권, 긴급권 등으로 법원을 통제한다. 그리고 헌법재판소장 및 재판관 임명권, 예산안편성권 등으로 헌법재판소를 통제한다.

③ 법원의 정부와 국회 및 헌법재판소에 대한 통제권 법원은 명령·규칙·처분의 위헌위법심사권, 행정재판을 통하여 정부를 통제한다. 또한 법원은 법률에 대한 위헌심판제청권, 선거재판을 통해 국회를 통제한다. 법원은 위헌법률심판의 제청으로 헌법재판소를 통제한다.

④ 헌법재판소의 타 국가기관에 대한 통제 헌법재판소는 위헌법률심판을 통하여 국회를, 권한쟁의심판과 헌법소원심판을 통하여 정부를, 탄핵심판을 통하여 정부와 법원을 각각 통제한다.

(2) 현대의 기능적·포괄적 권력분립원리에 따른 권력분립제도

(가) 포괄적 권력분립원리

Kägi의 포괄적 권력분립원리가 헌법에 반영되어 있다. 헌법개정권(제10장)과 일반 입법권(§40)을 구별하여 이원화시키고 있다. 또 공직자의 임기와 그 임기의 차등을 통한 권력분립을 채택하고 있다. 대통령 5년(§70), 국회의원 4년(§42), 감사원

장 및 감사위원 4년(§98②③), 대법관 6년(§105②), 헌법재판관 6년(§112①)으로 한 임기제를 두고, 임기를 차등하여 시간적 측면에서의 권력분립을 실현하고 있다. 또한 중앙정부와 지방 사이의 권한분배를 통하여 수직적 권력분립을 실현하고 있다.

(나) 기능적 권력분립원리

① 여·야간의 권력통제　　복수정당제를 보장함으로써 여·야간의 실질적 권력통제를 실현하고 있다. 현대의 권력분립은 여·야간의 권력통제라 하여도 과언이 아닐 정도로 여·야간의 권력통제가 중요한 비중을 차지하고 있다. 국무총리, 감사원장 등과 같은 고급공무원임명과 조약 등에 대한 동의와 관련하여 나타나는 여·야간의 권력통제는 물론 국가중요정책에 관한 의사결정이나 예산확정시 나타나는 여·야간의 견제와 균형은 다른 모든 권력분립원리의 존재가 무색할 정도로 국정전반에 결정적인 영향을 미치고 있다.

② 정치권력과 관료세력 간의 권력통제　　정치란 본질적으로 역동적이고 적극적인 성격을 지니고 있으며, 자신의 목적을 달성하기 위해 공격적이기까지 하다. 국민이나 주민에게 행한 약속을 이행하지 못하면 집권 또는 재집권이 불가능해지기 때문이다. 그런데 정치는 행정의 도움이 없이는 구체적이고 개별적인 실행이 어렵기 때문에 행정을 그 공격의 대상으로 삼게 된다. 이에 대해 행정은 정적이며 정치에 대하여 수비적 입장을 지닌다. 정치에 대하여 행정의 고유법칙성을 보장하고 여·야의 변동으로 정치의 내용이 바뀌어도 행정의 일관성을 유지할 수 있는 제도적 장치가 요구되는데, 바로 직업공무원제도이다. 직업공무원제도를 통한 공무원의 신분보장, 정치적 중립, 절차를 통한 의사결정의 보장, 직위분류제 등은 수시로 변화될 수 있는 정치권력을 견제할 수 있고, 행정조직 내부의 수직적 권력통제 및 절차적 통제를 가능하게 하여 준다.

③ 지방자치와 중앙권력과의 권력통제　　지방자치는 자신의 책임하에 자신의 업무를 자신의 대표에 의해 처리하도록 하는 장치이다. 이러한 지방자치제도는 중앙권력에 대한 수직적 권력분립에 기여한다. 지방자치단체가 권력분립에 기여하기 위해서는 의결기관과 집행기관 간의 적절한 권력통제가 확보되며, 중앙권력으로부터 상당한 자치권한이 보장되어야 한다.

제 3 절 국가구조의 형태

제 1 항 국가형태와 정부형태

국가형태와 정부형태는 헌법학에서 상호불가분의 관계에 있다. 국가형태란 한 국가의 헌정체제 전반을 의미하는 것으로 국가 그 자체에 대한 구조를 의미한다. 반면 정부형태는 국가형태보다 좁은 개념으로서 헌정체제하에서 국가기관 상호간, 특히 집행부와 입법부 간의 권력분립원리의 실천형태를 말한다. 따라서 양자는 개념적으로 구별된다.

제 2 항 정부형태의 유형

정부형태는 권력분립원리가 국가권력구성에 적용된 형태라 할 수 있는데, 권력분립원리가 어떻게 적용되고 실현되는가에 따라 정부구조의 조직적·기능적 측면에서 많은 차이를 보이게 된다. 정부형태로는 집행부 우위의 대통령제, 입법부 우위의 의원내각제, 행정부와 입법부의 공화적 균형을 취하는 이원정부제, 입법부 절대 우위의 회의제로 대별된다.

Ⅰ. 대통령제

1. 의 의

(1) 대통령제의 개념

대통령제란 엄격한 권력분립을 기초로 국가기관 상호간의 독립을 보장하며 대통령이 임기 중 독립하여 행정권을 행사하는 정부형태를 말한다. 대통령제는 의원내각제와 더불어 민주주의의 전형적인 정부형태의 하나로 자리매김하고 있다. 대통령제는 미국에서 처음 시작한 이래 200여 년의 역사를 지닌 가장 오래된 민주적 정부형태라 할 수 있다.

(2) 대통령제의 제도적 특징

대통령제의 제도적 특징을 무엇으로 볼 것인가에 관해서는 다양한 견해가 제시되어 있다. 대통령의 직선, 행정부의 일원적 구조, 입법권과 집행권의 엄격한 분리와 독립을 제도적 특징으로 보고자 한다. 대통령제는 소위 '분리(독립성)의 원리'에 의하여 구성·운영되며, 대통령과 의회가 국민에 의하여 각각 구성되는 이원적 민주적 정당성 구조(이중적 대표제)를 지니고 있다. 반면 의원내각제는 일원적 민주적 정당성 구조를 지니고 있는데, 국민에 의하여 구성되는 것은 의회뿐이며 내각은 의회에 의하여 조직되므로 내각이나 대통령은 의회의 대리자이지 국민의 대표자라 할 수 없기 때문이다.

2. 대통령제의 성립과 전파

(1) 대통령제의 성립

미국 헌법의 제정자들이 대통령제를 만들게 된 배경으로는 영국과의 전쟁 중 만들어진 유약한 국가연합(confederation)에서 벗어나 강력한 중앙정부를 만들고자 하였던 건국 초의 정치적 요청과 영국 국왕의 압정과 군주제에 대한 혐오와 반동 그리고 독립선언에도 나타난 자연법사상에 입각한 자유보장을 위한 제한정부를 추구한 결과를 들 수 있다.

(2) 대통령제의 전파

미국의 대통령제는 유럽과 라틴 아메리카 및 아시아·아프리카 여러 나라에 전파되었다. 이 과정에서 대통령제는 이를 수용하는 나라의 정치상황에 따라 변형과정을 밟게 되는데 대통제의 원형에 의원내각제의 요소(수상제, 부서, 법률안 발의, 각료와 의원의 겸직 등)가 가미된 형태로 변형 발전되어 수용되었다. 이런 정부형태를 '대통령주의제'라 하여 대통령제와 구별하기도 한다.

3. 유 형

(1) 고전적 대통령제

(가) 의 의

고전적 대통령제는 미국식 대통령제를 의미하는 것으로 완전한 삼권분립형 대통령제를 말한다. 미국의 대통령제는 대통령제도의 원형으로 대통령제의 제도적 징표를 충족하고 있는 정부형태라 할 수 있다.

(나) 내 용

미국의 대통령은 국민에 의하여 선출되는 집행부의 수반이며 미국을 대표하는 국가원수이다. 4년마다 선출되고, 각부 장관을 자유로이 임명하며, 각부 장관은 오로지 대통령에게만 책임을 진다. 미국의 내각은 대통령의 자문기관에 불과하며 부서제도는 존재하지 않는다. 부통령은 당연직 상원의장이나 투표권을 행사할 수 없다. 대통령과 각부장관은 의원직을 겸할 수 없고, 정부는 의회를 해산할 수 없으며, 의회도 정부를 불신임할 수 없다. 대통령은 입법에 관여할 수 없으나 법률안거부권을 갖는다. 대통령은 의회에 대하여 교서의 형식으로 입법을 요청할 수 있다.

(다) 특 징

대통령의 무해임성과 무책임성이 인정되며 연방의회의원 역시 임기 동안 그 직이 보장된다. 동시에 상호간의 정치적 면책성과 자율성이 보장되어 있다. 장관과 의원의 겸직을 금지함으로써 입법과 행정의 상호의존을 불가능하게 만들었다.

(2) 신대통령제

신대통령제는 '1인 독재', '장기집권'으로 상징되는 정부형태로 대통령주의제라 칭해진다. 형식적으로 권력분립의 형태를 취하고 있으나 실질적으로는 집행권 절대우위의 정부형태를 말한다. 대통령은 국민이 직접(또는 간선)선출하고, 의회에 대하여 책임을 지지 않으며, 국회를 해산할 수 있는 등 의회에 대하여 절대적 우위를 점하고 있다. 대통령이 존재하여 대통령제라 부르기는 하나 군주를 대통령으로 그 명칭만 변경한 정부형태에 불과하다. Nasser의 이집트 헌법, Marcos의 필리핀 헌법 그리고 1972년 한국헌법 등이 이에 속한다.

4. 내 용

대통령제는 대통령의 직선, 행정부의 일원적 구조, 입법권과 집행권의 엄격한 분리와 독립을 그 제도적 특징으로 한다.

(1) 대통령의 직선

대통령제는 국민이 대통령을 직접 선출한다. 대통령제를 표방하면서 대통령을 간선으로 선출한다면 고전적 대통령제로 보기 어렵다. 미국의 경우 대통령을 간선으로 선출하나 실질적으로 직선의 효과를 지니고 있으므로 대통령제의 특징과 모순되지 않는다. 대통령을 국민이 직접 선출하기에 대통령제는 이원적 민주적 정당성 또는 이중적 대표의 성격을 지니게 된다.

(2) 행정부의 일원적 구조

국민에 의해 선출된 대통령은 국가원수이자 행정부의 수반이 된다. 대통령은 내각의 결정에 구속되지 않으며, 국무총리 대신 직선의 부통령을 둔다. 대통령이 국가원수이자 행정부 수반이란 점에서 국왕(또는 간선의 대통령)과 수상의 이원적 구성을 그 내용으로 하는 의원내각제와 구별된다.

(3) 입법부와 행정부의 엄격한 분리와 독립

(가) 상호독립

입법부와 행정부는 구성면에서 독립되어 있으므로 장관은 의원을 겸할 수 없다. 또 입법부의 행정부에 대한 간섭이 금지되므로 의회가 정부를 불신임할 수 없다. 동시에 행정부의 입법부에 대한 간섭도 금지되므로 정부가 의회를 해산하거나 법률안을 제출하지 못하고, 의회에 출석하여 발언할 수 없다.

(나) 견제와 균형

의회와 정부가 병렬적으로 독립되어 있어 서로 견제함으로써 균형을 이루고 있다. 대통령은 법률안거부권과 법률공포권을 가지며, 의회는 정부의 고급공무원 임명 및 조약비준에 대한 동의권을 가진다.

5. 긍정적 측면과 부정적 측면

(1) 긍정적 측면

대통령은 의회의 신임 여부에 관계없이 재직할 수 있으므로 재임 중 행정부가 안정되며, 예측가능한 국정운영을 가능하게 하여 주고, 국가정책을 신속하고 강력히 추진할 수 있다. 대통령제의 이상은 강력한 정부에 있다. 또한 의회의 다수당의 횡포가 있거나, 의원의 질이 떨어져 졸속입법을 행하려 할 때 대통령은 법률안거부권을 행사하여 의회를 견제할 수 있다.

(2) 부정적 측면

대통령이 방대한 권력을 가지면서 임기 중 의회에 대하여 책임을 지지 않으므로 정부가 안정될 수는 있으나 대통령제의 경직성으로 인해 독재화로 흐를 위험이 크다. 엄격한 권력분립을 취하고 있는 결과, 의회와 정부의 共和와 협력이 잘 이루어지지 않을 경우 이를 조정하기가 어려워 오히려 정국의 불안정을 초래할 수 있다. 失政한 대통령에게 임기 중 책임을 추궁할 방법이나 기회가 없게 된다.

Ⅱ. 의원내각제

1. 의 의

(1) 의원내각제의 개념

의원내각제란 완화된 권력분립을 기초로 의회에서 선출되고 의회에 대하여 책임을 지는 내각을 중심으로 국정이 운영되는 정부형태를 말한다. 의원내각제는 대통령제와 더불어 입헌민주주의 정부형태로 많은 국가에서 받아들이고 있는 정부형태이다. 의원내각제에서 행정권은 내각에 속하며, 내각은 통상 의회의 다수당에 의해 구성된다. 이런 의미에서 의원내각제는 의회를 매개로 한 다수당에 의한 정부구성의 정치체제라 할 수 있다.

(2) 의원내각제의 제도적 특징

의원내각제의 통일적 개념을 정의하기가 쉽지 않다고 하여 의원내각제의 제도적 특징이 없는 것은 아니다. 의원내각제는 국가원수의 의회선출, 행정부의 이원적 구조, 의회에 대한 내각의 책임과 내각의 의회해산권 등을 제도적 징표로 한다. 의원내각제는 '통합(의존성)의 원리'에 의하여 구성·운영된다. 대통령제가 '권력고립의 원리'의 정부형태라면 의원내각제는 '권력의 공화와 균형의 원리'의 정부형태이다. 그렇기에 대통령제가 입법과 행정을 분리한 후 상호견제를 추구하는 형태라면 의원내각제는 양자를 통합한 후 상호견제를 추구하는 형태이다.

내각의 구성원은 보통 의회의 구성원이 된다. 장관과 의원의 겸직이 허용된다. 내각은 의회의 다수파 정당 또는 다수파를 형성하는 연합정당의 지도자들로 구성되며, 내각은 의회 다수파의 지지를 획득하는 한 유지될 수 있다. 의회는 내각을 불신임할 수 있고, 이 경우 내각교체로 끝날 것인가 아니면 의회해산과 新선거로 이어질 것인가는 그때그때 상황에 따라 결정된다.

2. 의원내각제의 성립과 전파

(1) 의원내각제의 성립

의원내각제는 영국에서 군주와 시민 간의 항쟁과정에서 만들어진 타협과 경험의 산물로서, 오늘날 세계 각국에 널리 보급된 지배적인 정부형태이다. 1688년의 명예혁명과 1689년의 권리장전으로 명실상부한 제한군주제가 완성되면서 국가권력이 군주와 의회에 분할되는 의원내각제(이원적 의원내각제)가 성립되게 된다. 이후 군주는 상징적 존재로, 내각이 실질적 권한을 행사하면서 의회에 책임을 지는 일원적 의원내각제로 발전되었고, 일원적 의원내각제는 다시 변화되는데 수상이 각료임명권을 행사하면서 '동렬자 중 1인자'의 지위에서 한 단계 상승하게 되자 수상우위의 '新의원내각제'로 그 모습이 바뀌게 된다.

(2) 의원내각제의 전파

유럽에서의 의원내각제의 선구는 프랑스이다. 프랑스는 나폴레옹 몰락 후 왕정복고 시기였던 소위 제1제정에 해당되는 1814년에서 1848년까지 의원내각제를 실시하였다. 영국과 프랑스의 의원내각제는 이후 유럽대륙에 영향을 주어 벨기에, 네덜란드 등이 이를 도입하게 된다.

3. 유 형

의원내각제는 군주의 존재 여부에 따라 군주적 의원내각제와 공화적 의원내각제로, 내각의 의회해산권의 존재 여부에 따라 의회해산권이 존재하는 진정한 의원내각제와 그렇지 않은 부진정한 의원내각제로, 내각의 책임이 의회에 대하여만 책임을 부담하는가(일원적 책임) 아니면 의회는 물론 군주에 대하여도 책임을 부담하는가(이원적 책임)에 따라 일원적 의원내각제와 이원적 의원내각제로 나눌 수 있다. 여기서는 집행부와 입법부 간의 권력균형에 따라 입법부 우위형과 집행부 우위형으로 나누고자 한다. 양자가 균형을 이루는 의원내각제가 이론적으로 가능하나 실제로 나타난 경우는 거의 없다고 보아 두 가지로 분류한다.

(1) 입법부 우위의 의원내각제

의회우위의 의원내각제는 고전적 의원내각제로 불려지는데, 프랑스 1875년 제3공화국 헌법과 세계 제2차 대전 후 1945년 제4공화국 헌법이 이에 해당된다. 공화국 대통령은 양원에서 간선으로 선출되었고, 정부는 행정권이 대통령과 내각에 분배되는, 즉 이원적으로 구성되었다. 정부의 의회해산권이 사실상 폐지되다 보니 정부는 불가항력적으로 의회에 복종하게 되는 의회우위의 의원내각제가 만들어졌다. 이로 인해 내각은 매우 불안정한 상태가 되었다. 제 1 차 세계대전 후 제국주의 전제정치에서 해방된 많은 신생국가가 프랑스형을 채택하였다.

(2) 집행부 우위의 의원내각제

집행부 우위의 의원내각제는 의회의 정부전복권을 매우 제한할 경우 나타나게 된다. 독일 Bonn 기본법의 의원내각제가 이에 해당된다. 독일의 경우 연방수상은 연방의회가 후임자를 선출한 때에만 해임된다. 다시 말하면 연방의회에서 새로운 차기수상을 선출하지 않고서는 현 수상에 대한 불신임결의를 할 수 없다. 이를 일반 불신임과 구별하여 건설적 또는 구성적 불신임이라 한다. 건설적 불신임제도하에서는 연방수상에 대한 불신임이 매우 제한될 수밖에 없으므로, 내각의 안정이 확보되어 집행부 우위의 의원내각제가 된다.

한편 영국의 경우 의회가 내각보다 우위를 점한 때가 있었으나 그것은 일시적 현상에 불과하였고, 내각이 하원에 대하여 결정적 우위를 점하고 있다. 영국이 내각 우위의 의원내각제로 발전하게 된 것은, 정권교체가 가능했던 전통적인 양당제도, 군소정당을 불허하는 다수대표제, 의원의 소속정당에 대한 엄격한 기속, 다수파 정당의 장이 수상이 되어 내각 구성원을 자신의 재량으로 임명하는 제도 등에 기인했다고 본다. 이러한 영국형은 영연방 국가에서 주로 채택되었고, 다당제 정당하에서도 영국형이 계수된 예로는 이스라엘을 들 수 있다.

4. 내 용

의원내각제는 국가원수의 의회선출, 행정부의 이원적 구조, 의회에 대한 내각의 책임과 내각의 의회해산권 등을 제도적 징표로 한다.

(1) 국가원수의 의회선출(행정부의 이원적 구조)

의원내각제는 행정부를 구성함에 있어 국가를 대표하는 명목적 존재로서의 국가원수와 행정에 대한 실질적 권한을 행사하는 내각으로 이원화시키고 있다. 이를 행정부의 이원적 구조라 한다. 국가원수이면서 동시에 행정부의 수반의 지위를 지니는 대통령제의 국가원수와 구별된다.

(2) 의회에 대한 내각의 책임(불신임)

의회에 대한 내각의 정치적 책임은 의원내각제의 본질적 요소이다. 내각이 지는 정치적 책임은 연대책임을 원칙으로 한다. 따라서 의회의 불신임이 있을 때 내각은 총사퇴하여야 한다. 내각의 수상과 각료의 상호관계가 어떠한가에 따라 의원내각제의 형태가 달라질 수 있다.

(3) 내각의 의회해산

내각의 의회해산권이 의원내각제의 본질적 요소인가가 다투어진다. 의원내각제의 본질을 입법부와 행정부 간의 권력의 균형으로 볼 것인가 아니면 의회에 대한 정부의 정치적 책임으로 볼 것인가에 따라 그 결론이 달라지게 된다. 전자로 이해한다면 의회해산제도는 필수불가결의 징표가 될 것이나 후자로 본다면 의회해산제도는 본질적 요소가 될 수 없다.

(4) 입법부와 행정부의 공화와 협력

내각은 의회의 다수당으로 구성되므로 장관과 의원의 겸직이 가능하다. 의원내각제의 장관은 보통 의회에서 나오나, 국방, 외무, 기타 기술 장관의 경우는 정당과 무관한 전문인사가 임명되기도 한다. 내각은 법률안제출권을 가지며, 장관은 의회에 출석하여 발언할 수 있다. 또한 의회는 내각을 불신임함으로써, 또 내각은 의회를 해산함으로써 상호 권력적 균형을 이루고 있다. 동시에 국가의 기본정책의 수립과 집행에 공동으로 참여한다.

5. 긍정적 측면과 부정적 측면

의원내각제의 긍정적 측면과 부정적 측면은 대통령제의 그것과 반대로 생각하면 된다.

(1) 긍정적 측면

정부의 존속을 국민의 대표기관인 의회에 의존케 함으로써 민주주의의 요구를 실현하며 책임정치가 이루어지게 된다. 임기 고정화로 인해 실패한 정부의 책임을 물을 수 없다는 대통령제의 문제점이 존재하지 않는다. 또한 정부와 의회는 공화·협력을 원칙으로 함으로써 신속한 국정처리와 능률적인 국정수행을 기할 수 있다. 대통령제에서 나타날 수 있는 분리된 정부현상은 존재할 수 없게 되기 때문이다. 정부와 의회가 대립될 때 의회해산과 불신임으로 이를 신속하게 해결할 수 있다.

(2) 부정적 측면

군소정당의 난립으로 인한 연립정권의 수립과 빈번한 불신임으로 인해 정국이 불안정해질 수 있으므로, 의회의 신임에 의존하지 않는 대통령제의 안정적 정국운영을 기대할 수 없다. 정부가 의회의 다수당과 결합하여 다수결에 의한 횡포를 자행할 수 있다. 다수당의 횡포를 대통령의 거부권 등으로 제어할 수 있는 장치가 존재하지 않기 때문이다. 또한 내각이 의회의 의사에 구애받지 않는 강력한 정치를 하기 어렵다. 대통령제에서 대통령이 임기 중 국가정책을 소신껏 강력하게 추진할 수 있는 것과 비교된다.

Ⅲ. 이원정부제

1. 의 의

(1) 이원정부제의 개념

이원정부제란 행정권이 국가원수와 내각에 분산되어 있는 정부형태를 말한다. 의원내각제 역시 행정부가 이원적 구조의 형태를 지니지만 의원내각제의 국가원수는 형식적 지위를 지니는 데 반해 이원정부제는 실질적 국가원수의 지위를 지니고 있다는 점에서 구별된다.

(2) 이원정부제의 특징

대통령의 국민직선, 행정부의 이원적 구조, 내각의 의회에 대한 책임, 대통령의 의회해산권 등이다. 이원정부제에서 대통령을 직선하는 이유는 행정권의 수장인 대통령이 의회에서 선출될 경우 대통령이 의회에 종속될 수밖에 없으므로 이를 극복하기 위함이다. 아울러 입법과 행정의 균형을 확보하기 위해서는 내각불신임과의 균형을 이룰 수 있는 의회해산제도가 인정되어야 하는데, 의회해산권은 간선의 대통령에게 부여할 수 없고 직선의 대통령이라야 인정될 수 있기 때문이다.

2. 이원정부제의 성립

이원정부제는 Weimar 헌법에서 시작되어 핀란드 헌법에 전파되었고, 1929년과 1945년 오스트리아 헌법에 계수되었다. 1958년의 프랑스 제 5 공화국 헌법도 여기에 해당된다.

3. 이원정부제의 내용

(1) 대통령의 국민 직선

대통령은 국민에 의하여 직접 선출된다. 대통령을 직접 선출하도록 한 것은 행정권이 의회로부터 영향을 받지 않도록 하기 위함이다. 대통령은 의회에 대하여 독립적 지위를 가지며 의회에 대하여 책임을 지지 아니한다. 이원정부제하의 대통령의 임기는 의회의 임기보다 좀 더 장기로 함을 원칙으로 한다. 대통령은 국가비상시에 긴급권을 가지며 수상임명권과 의회해산권과 같은 실질적 권한을 가진다.

(2) 행정부의 이원적 구조

행정부는 대통령과 내각으로 구성된 이원적 구조를 가지며, 대통령과 내각이 각각 실질적 권한을 갖는다. 대통령은 수상임명권, 외교에 관한 권한, 국가긴급권, 군통수권, 의회해산권을 가진다. 한편 내각의 수상은 일반 행정에 관한 권한과 법령집행권을 가지며, 의회에 대하여 책임을 진다.

(3) 대통령의 의회해산과 의회의 내각불신임

대통령은 의회해산권을 가진다. 반면 의회는 대통령에 대해서 책임을 물을 수 없고 내각에 대해서만 불신임결의를 할 수 있다.

4. 이원정부제의 운영실태

이원정부제는 대통령제와 의원내각제의 장점을 절충한 형태이어서 이론적으로만 운영된다면 이상적인 정부형태일 수 있으나 실패할 가능성이 높은 정부형태이다. 국가원수의 지위와 행정부수반의 지위를 겸하는 대통령제의 대통령 독재화를 방지하기 위한 장치로 행정부를 이원화시킨 것이지만 이상에 못 미치는 형태가 되기 쉽다. 대통령과 수상의 소속정당이 달라 그 대립이 심할 경우 정치적 파국으로 이어질 수 있으며, 만일 동일한 경우라면 대통령에게 권한이 집중되어 독재화로 흐를 위험이 충분히 예견된다.

Ⅳ. 회 의 제

1. 의 의

(1) 회의제의 개념

회의제란 모든 국가권력이 의회와 같은 회의체에 집중된 직접민주제적 정부형태를 말한다. 회의제는 집단에 의한 지배를 그 내용으로 하기에 민주주의, 특히 직접민주주의의 원시적 정부형태로 볼 수 있다. 회의제는 직접민주정치를 그 이념적 기초로 한다는 점에서 대의제를 기초로 하는 대통령제나 의원내각제와 다르다. 그리고 회의제는 권력혼합의 원리에 기초를 두었다는 점에서 권력분립을 기초로 하는 대통령제나 의원내각제와 구별된다.

(2) 회의제의 특징

회의제의 특징을 한마디로 정의하기 어렵다. 이는 회의제의 기원이나 유형 등에 관해 다양한 심지어는 상반된 견해가 존재하기 때문이다. 회의제의 특징은 입법권의 행정권에 대한 절대적 우위라 할 수 있다. 회의제는 국가의 모든 권력이 의회에 집중되는, 즉 권력혼합 원리에 기초한 정부형태이다. 이러한 회의제는 루소의 직접민주제 사상에 기초한 가장 민주적이고 가장 공화적인 정부형태라고 할 수 있다. 민선의회만이 유일한 권력의 보유자가 된다.

2. 회의제의 성립과 전파

회의제는 그 조국이 분명치 않은 정부형태이지만, 17세기 영국의 장기의회와 1793년의 프랑스 국민공회가 그 기원으로 알려져 있다. 영국의 장기의회나 프랑스의 국민공회는 혁명과정에서 나타난 것으로 예외적 정치체제이므로 이를 정부형태의 하나로 보기에는 어려운 점이 없지 않다. 회의제는 스위스 헌법과 구소련 헌법 및 사회주의 국가 헌법에서 실현되었다. 이렇듯 회의제는 민주주의와 전제(專制)주의 모두에게 정부형태의 조직수단으로 채용되고 있다.

3. 회의제의 유형

(1) 민주적 회의제

회의제는 프랑스의 국민공회에서 처음으로 등장하였고 국가변혁기에 나타나는 임시적 정부형태로 시작되었다. 프랑스의 회의제는 1848년 및 1874년 스위스 헌법에 계승되었다. 스위스 헌법(§71)은 연방의회가 연방의 최고권력을 행사한다고 규정하고 있다. 연방의회는 입법권 외에 행정권 및 사법권을 가진다. 연방의회는 집행기관으로 연방참사회를 조직한다.

(2) 전제적 회의제

(가) 구 소련

1936년 소련헌법, 소위 스탈린 헌법에서 회의제가 부활된다. 그 후 소련의 회의제형은 공산주의 헌법에서 주로 채택되었다. 사회주의 헌법이 회의제를 선호하게 된 것은 추측컨대 회의제가 지니는 표면적·극단적 민주주의 성격에 기인한다고 본다. 회의제의 극단적 민주주의 성격은 회의제를 실제정치에서는 전제정치로 필연적으로 귀결되게 한다.

(나) 중　　국

중화인민공화국(중국)은 노동자계급이 영도하는 인민민주주의 사회주의국가이다(2004년 중국 헌법 §1). 공화국의 모든 권력은 인민에게 속하며, 인민은 최고국가권력기관인 전국인민대표대회와 지방 각급인민대표대회를 통해 권력을 행사한다. 전국인민대표대회는 헌법을 개정하고, 입법권을 가지며, 중국의 주석과 부주석을 선출하고, 최고인민법원장 및 최고인민검찰장 등을 선출한다(§58, §62). 또한 주석과 부주석 등에 대한 파면권을 가진다(§63).

(다) 북　　한

북한 역시 모든 권력은 근로인민에게 속하며, 그 권력은 최고주권기관인 최고인민회의와 지방주권기관인 지방각급인민회의를 통하여 행사되고, 里인민회의로부터 최고인민회의에 이르기까지의 각급 주권기관은 인민의 일반·평등·직접·비밀선거로 선출되었다(1948년 북한헌법 §2, §3). 최고인민회의는 헌법의 수정·보충권, 국방위원회 위원장 선출권, 사법권·집행권의 장을 선출·소환할 수 있는 권한을 가진 헌법상 최고주권기관이다.

북한의 1948년 헌법은 최고인민회의에 모든 국가권력이 집중된 회의제의 집단지도체제를 가지고 있었으나, 1972년 사회주의 헌법으로 이행되면서 북한 헌법의 기본원리는 인민민주주의에서 사회주의가 되었고, 1인 지도제(국가주석제)를 채택하였다. 1948년 북한 헌법의 정부형태는 회의제의 전형으로 보여지나 1972년 북한 헌법은 사회주의에 입각한 국가주석체제이어서 순수한 회의제로 보기는 어렵다. 북한의 최고인민회의는 국방위원회의 존재로 최고인민회의에 부여된 권한들이 제한되거나 명목적인 것에 불과하게 되어 북한 헌법상 최고주권기관이지만 단순한 입법기관의 지위로 격하되어 있다.

4. 회의제의 내용

(1) 의회의 절대우위

회의제는 모든 국가권력이 민선의회에 집중된 정부형태를 말하므로 민선의회는 다른 국가기관의 상위에 서서 다른 국가기관의 지배자로서 기능한다. 다른 어떤 기관도 의회의 권력독점을 침범할 입장에 있지 않다. 따라서 의회제정법률에 대한 위헌심사제도가 성립될 수 없으며 양원제 의회는 원칙적으로 회의제와 양립하기 어렵다.

(2) 집행부의 절대예속

집행부(행정, 사법)는 의회에 완전히 예속되고, 행정부의 의회해산권은 존재할 여지가 없다. 행정부는 의회의 집행기관에 불과하고, 의회에 의해 일방적으로 소환되고 해임된다. 의회의 통제로부터 벗어나는 집행부의 행위란 존재할 수 없다. 사법부 역시 의회에 종속된다.

(3) 집단지도체제

회의제는 모든 국가권력이 의회에 집중되기에 국가원수의 존재에 대해서 회의적인 태도를 취하게 된다. 만일 국가원수를 둔다 하여도 국가원수는 순수한 의례적 직책을 수행하는 권한 외에는 다른 권한을 가질 수 없다. 행정권의 독자성이 부정되어 행정권을 대표하는 국가원수가 위치할 장소가 없기 때문이다. 따라서 행정부는 집단지도체제를 취하게 된다.

제 3 항 대한민국 헌법과 정부형태의 유형

Ⅰ. 역대 헌법상 정부형태의 변천

1. 제 1 공화국 헌법

(1) 구 조

건국헌법의 대통령제의 요소로는 대통령은 국가원수이면서 행정부수반의 지위를 겸하며(§51), 부통령을 두어 권한대행자로 삼았고(§52), 대통령에게 국무위원 임명권(§69)과 법률안거부권(§40)이 허용되었다는 것 등을 들 수 있다. 반면 의원내각제적 요소로는 대통령은 국무총리 임명에 국회의 승인을 얻어야 했고(§69), 대통령이 구성원이 되는 국무원을 두면서 합의체 기관으로 하였으며(§68), 국무위원의 국회의원 겸직이 허용되었고, 정부의 법률안제출권(§39)이 인정되었다는 것 등을 들 수 있다. 제 1 차 개헌에서 대통령을 직선으로 선출하면서 국회의 국무원불신임제도를 두었다. 제 2 차 개헌은 국무총리제를 폐지함으로써 집행부를 일원화하였고, 국무위원에 대한 연대적 불신임제도를 없애고 개별적 불신임으로 변경하였다.

(2) 평 가

건국헌법은 대통령제를 원칙으로 의원내각제가(국무원) 가미된 정부형태로 보아야 한다. 건국헌법은 대통령제와 의원내각제의 무리한 접목이었으며 부통령과 국무총리를 동시에 두는 정부형태는 그 예를 찾기 어렵다.

제 1 차 개정은 대통령을 직선으로 선출하면서 국무원 불신임제도를 도입하였다. 이는 대통령제의 본질을 도입하면서 동시에 의원내각제의 본질을 도입한 것이 된다. 이러한 정부형태는 이원정부제와 유사한 형태로 볼 여지가 있지만 이원정부제로 볼 수 없는 것은 대통령이 포함되어 있는 국무원에 대한 불신임이 가능하다는 것이다.

제 2 차 개정은 국무원에 대한 불신임을 개별적 불신임으로 변경하였는데 이는 의원내각제의 본질적 요소의 후퇴이다. 부수적 요소의 변경으로는 국무총리의 폐지를 들 수 있다. 그렇다면 대통령과 부통령을 직선으로 선출하고 있기에 대통령제 정부형태라 할 수 있다.

2. 제 2 공화국 헌법

(1) 구 조

행정부는 대통령과 실질적 국무총리로 구성되는 이원적 구조를 취하였고, 국무원은 민의원(하원)에 대한 연대책임을 지며, 민의원의 신임에 의하여 존속되었다(§68, §69, §71).

(2) 평 가

제 2 공화국 헌법은 순수한 의원내각제 형태를 취하고 있으며 정부에게 의회해산권이 인정된 진정한 의원내각제에 해당된다. 이상적인 정부형태를 도입하였지만 당시 우리의 능력으로 감당하기에는 너무 어려운 정부형태였다. 또한 이를 소화시킬 만한 주변여건이 준비되지 못한 상황이었기에 어쩌면 예견된 실패였다고 할 수 있다. 우리 몸에 어울리지 않았던 이상적인 의복이었다.

3. 제 3 공화국 헌법

(1) 구　　조

대통령이 국가원수이면서 행정부수반의 지위를 지니고 있었고(§63) 국민에 의해 직접 선출되었다(§64). 국무회의는 심의기관이었으며(§83), 국무위원은 국회에 대하여 책임을 지지 아니하였고, 법률안 거부권이 허용되었으며(§49), 각부장관의 의원겸직이 허용되지 않았다. 의원내각제의 요소로는 국무총리를 두었고(§83), 국무총리가 국무위원에 대한 임명제청 및 해임건의를 할 수 있었으며(§59, §84), 정부에게 법률안 제출권이 인정되었다(§48)는 것을 들 수 있다.

(2) 평　　가

제 3 공화국 헌법의 대통령제의 본질적 요소로는 대통령은 국가원수이면서 행정부 수반의 지위를 가졌고, 대통령을 직선으로 선출한 것을 들 수 있고 부수적 요소로는 각부장관의 의원직 겸직금지를 들 수 있다. 정부의 법률안제출권, 부서 등 의원내각제의 부수적 요소가 있었지만 본질적 요소인 국회해산과 내각불신임이 존재하지 않았다. 그렇기 때문에 순수 고전적 대통령제라 보기는 어렵지만 미국식 대통령제와 가장 가까운 대통령제라 할 수 있다. 대통령주의제 내지 신대통령제로 볼 수 없으며 변형된 대통령제라 할 것이다.

4. 제 4 공화국 헌법

(1) 구　　조

대통령은 국가원수이면서 행정부수반의 지위를 지녔고, 통일주체국민회의에서 간접으로 선출되었으며(§39), 국회해산권(§59), 국회의원 정수의 3분의 1에 대한 실질적 임명권(§40) 등이 인정되었고, 어떠한 정치적 책임도 지지 않았다.

(2) 평　　가

소위 유신헌법이라 불리는 제 4 공화국 헌법은 대통령제와 의원내각제 요소를 두루 가지고 있었고 대통령에게 모든 권력을 집중시키면서 대통령은 아무런 책임을 지지 않는 정부형태라 할 수 있다. 대통령에게 광범위한 권한(국회해산, 국민투표부의, 긴급조치)을 부여하였는데 이는 권력분립원리와 조화되기 어려운 강력한 권한을 대통령에게 부여한 것이었다. 또 대통령에게 국회의원정수 3분의 1의 추천권을 부여하였는데, 이는 행정부와 입법부의 권력고립이라는 대통령제의 본질적 요소를 침해한 것으로 보아야 한다. 동시에 대통령을 간선하면서 국회해산권을 인정한 것은 대통령제의 본질적 요소가 훼손된 경우에 해당된다.

5. 제 5 공화국 헌법

(1) 구　　조

대통령은 국가원수로서의 지위와 행정부수반으로서의 지위를 지니며(§38), 국회에 대하여 정치적 책임을 지지 않았다. 대통령은 비상조치, 국회해산, 국민투표부의 등의 강력한 권한을 소지하였다. 의원내각제의 요소로는 대통령을 선거인단에서 간선으로 선출하였고, 정부의 법률안 제출권이 인정되었으며, 국회는 국무위원에 대한 해임의결권을 지녔다(§99)는 것을 들 수 있다.

(2) 평　　가

제 5 공화국 헌법은 유신 헌법에 비해 대통령을 절대화시키는 독소조항이 많이 완화되었으나 군부에 의해 정권이 창출된, 유신헌법의 또 다른 연장이라 할 수 있다. 제 5 공화국 헌법은 대통령제에 의원내각제 요소가 가미된 형태임이 분명한데, 정부형태 유형을 평가함에 있어 많은 논란이 가능한 정부형태로 보인다. 프랑스형 대통령제, 벨로프의 반대통령제, 신대통령제, 프랑스 제 5 공화국의 이원정부제 등으로 분류된다.

제 5 공화국 헌법은 대통령제의 형태를 가지고 있지만, 대통령을 간선하면서 대통령에게 국회해산권을 부여하고 있다. 대통령을 간선한 것이나 국회해산권을 인정한 것은 대통령제의 본질적 요소의 뇌관을 배제한 것으로 보아야 한다. 대통령을 간선하고 있어 이원정부제와 차이가 있지만, 국회해산권이 인정되며 대통령이 국회에 대해 책임을 지지 않는 점에서 이원정부제와 유사한 정부형태 내지 신대통령제에 속한다.

Ⅱ. 현행 헌법의 정부형태

현행 헌법은 대통령을 직선으로 선출하며, 대통령의 국회해산권을 삭제하였고, 대통령은 국회에 대해 책임을 지지 않는다. 다만 역대 헌법에서와 마찬가지로 정부의 법률안제출권을 인정하며 의원의 각료겸임을 허용하고 있다. 축소되었던 국회의 권한이 원상으로 회복되었으며 사법권의 독립을 강화하고 헌법재판소를 통해 권력 간의 견제·균형을 확보할 수 있는 합리적 권력구조를 실현하고 있다. 대통령제를 원칙으로 하면서 의원내각제의 요소를 가미한 변형된 대통령제로 보고자 한다.

Chapter 02 CONSTITUTIONAL LAW

국가기관

제 1 절 입 법 부

제 1 항 의 회

Ⅰ. 의회제도

1. 의회(제도)

의회제도는 고대 그리스나 로마의 민회에서 시작하여 영국의 현인회의(Assembly of the Wise)를 거쳐 12, 13세기경부터 등족회의로 발전하였다. 등족회의가 지금의 의회제도의 전신이며 모태라 할 수 있지만 조직과 권한에 있어 많은 차이가 있다. 등족회의는 귀족, 승려, 도시의 대표로 구성된 신분계급의 대표자회의였으므로 등족회의로 또는 3개 계급의 모임이었으므로 삼부회(또는 기사를 포함하여 4부회)로 불려졌다.

등족회의는 영국을 포함한 유럽 전체에 걸쳐 존재하다가 전제군주의 등장과 함께 등족회의는 세력이 상실되거나 소멸되었는데 영국만이 유일하게 등족회의가 존속되어 오늘날의 의회제도로 발전하게 되었다.

2. 의회주의

(1) 의회주의의 의의

의회주의란 국민의 대표인 의회가 국가의사결정의 원동력이 되어야 하는 정치원리를 말한다. 군주의 절대권력으로부터 자유를 보장받기 위해서는 시민대표로 구성된 의회가 정치질서의 중심에 있어야 한다. 정의로운 사회질서는 국민을 대표하는 의회가 국가의사결정에 결정적인 역할을 담당할 때 가능하기 때문이다. 정치원리로서의 의회주의는 정부형태의 하나인 의원내각제와 구별되며, 정당민주주의의 대립개념으로서의 의회민주주의와도 구별된다.

(2) 의회주의의 내용

(가) 토론과 타협의 원리

정치적 의사가 정당성을 지니려면 합리적 토론과 진지한 타협에 의해 성립되어야 한다. 합리적 토론과정을 거친 국가의사만이 국민의 의사일 수 있기 때문이다. 의회는 다양한 정치적 의견을 공개적으로 토론하는 장소로서, 또 산재되어 있는 다수의 이성의 단편이 모여 공공의 지배를 가능하게 하는 장소로서, 공개적 토론을 통해 이성적 진리를 발견해 내고자 한다. 국가의사 역시 토론의 논리적 전개과정을 거쳐야 정당한 것으로 인정된다.

(나) 공개성 원리

의회주의는 공개성을 그 본질적 원리로 한다. 공개성은 국가의사결정의 간접성을 보충하는 기능을 담당한다. 공개성으로 인해 모든 국가권력을 국민의 감시하에 둘 수 있게 된다. 공개성은 비밀정치와 부패에 대한 방어적 기능을 수행함으로써 의회를 의회답게 만들어 준다.

(다) 대표의 원리

의회주의는 국가의사결정의 간접성을 의미하는 대표의 원리를 그 내용으로 한다. 이는 의회에서의 자유로운 토론과 타협은 의회와 의원이 대표의 원리에 기초를 두었을 때 가능하기 때문이다. 대표의 원리는 자유주의가 절대군주에 의한 정치적 통일체의 대표사상에 대항해서 창안해낸 정신적 무기이다.

(라) 다수결의 원리

의회주의는 서로 다른 의견을 통합하여 하나의 국가의사를 형성하기 위한 방법으로 다수결원리를 채택한다. 다수결원리는 다수의 결정에 따르는 것이 보다 합리적이라는 것에 기초하는 데 전제와 독단을 배제할 수 있다. 다수결은 국가의사에 민주적 정당성을 부여하기에 의회주의의 원리가 된다. 다수결원리에서는 다수결원리가 소수보호를 개념적 전제로 한다는 것이 소홀히 취급되어서는 안 된다.

(3) 의회주의의 위기

(가) 사회국가적 경향

국가의 역할이 계획, 분배, 조성의 사회국가로 이전됨에 따라 행정부가 비대화되어 의회의 효과적인 대정부통제를 기대할 수 없게 된다. 즉 의회의 기능적 정체현상이 나타났다. 또한 국가의 중심적 과제가 정치적 영역에서 경제·사회·환경 등의 영역으로 그 비중이 옮아감에 따라 의원의 전문성 결여로 행정에 대한 효율적인 통제가 어렵게 된다. 의회가 관료에게 의존하게 되는 현상은 의회기능의 한계로 이어지며, 이러한 현상은 결국 의회가 중심이 되어야 하는 의회주의에 대한 중대한 위협이 된다.

(나) 정당국가적 경향

정당국가적 경향은 의회주의에 대한 가장 중대한 위협으로 의회주의에 치명적 위기를 초래하였다. 먼저 모든 국가권력이 집권당의 수뇌부에 있게 됨으로써 의회는 정책의 추인기관으로 지위가 격하되었고 의회의 다수파는 더 이상 정부에 대한 반대자가 될 수 없게 되었다. 또한 대부분의 중요한 국가의사는 본회의가 아닌 정당이나 위원회 또는 교섭단체에서 결정되므로 의원의 의사결정 및 활동은 형식화되었다. 이는 의회주의의 기본원리인 공개적 토론과 타협의 원리에 대한 중대한 위협이 아닐 수 없다.

(다) 의회주의의 전제조건에 대한 위협

의회주의의 내용을 타당하게 할 수 있는 전제가 위협받고 있다. 먼저 다원적 사회로 변모됨에 따라 계층 간의 대립과 갈등이 심각한 정도에 이르게 되어 더 이상의 토론과 타협을 기대하기 어려운 상황에 처하게 되었다. 또한 대표의 원리가 국민을 소외시키고 있다는 것이다. 그리고 의회의 결정은 정당 간 폐쇄된 문의 배후에서 결정되고 있다. 비밀정치로부터 의회를 보호하기 위한 공개성은 그 목적부터 소외되었고 의회주의는 점차로 정신적 기초와 근거를 상실해 가고 있다.

(4) 의회주의의 위기 극복방안

(가) 정당의 민주화

정당내부질서를 민주주의 원리로 구축하여야 한다. 정당조직의 민주화는 물론이요, 정당의 의사결정방법이나 후보자의 추천에 이르기까지 민주적 정당성이 제고될 수 있도록 하여야 한다. 따라서 정당의 재정 및 후원금의 공개, 의사결정 및 후보자선출의 민주화 등이 필요하다. 무엇보다 정당의 모든 사실상 구속과 규율로부터 벗어나, 의원은 양심에 따라 행동해야 한다는 자유위임사상이 강조되어야 한다.

(나) 의회기능의 활성화

의회가 정부에 대한 효율적 통제능력을 갖추어야 한다. 사회국가화 경향으로 인해 행정부로 권력이동이 이루어지는 것은 불가피하더라도 그럴수록 의회에 의한 행정부통제기능이 부실화되지 않도록 노력하여야 한다. 의원의 전문성 결여는 비난에 그칠 것이 아니라 이를 보완할 수 있는 행·재정적 지원이 이루어져야 한다.

(다) 의회주의에 대한 재인식

의회주의가 의원의 대표성 약화, 정당을 통한 의회와 정부의 결합, 토론과 타협원리의 실패 등으로 그 설 곳이 없다고는 하지만 의회주의는 포기될 수 없으므로 의회주의 원리에 대한 재인식이 요구된다. 비록 자유위임이 위협되고 있지만, 자유위임은 당내민주주의를 보장해주고 정당의 힘의 한계를 획정하여 주는 기능을 담당하고 있다. 또 정치적 안건이 밀실에서 이루어진다고 해도 공개성 원칙이 의회의 의사결정에 결정적 영향을 미치고 있다. 이와 같이 자유를 보장하고 국가권력의 획일성에 대항하기 위한 방어무기로서의 공개성은 포기될 수 없다.

Ⅱ. 의회의 구성

1. 의회의 구성원리

의회를 구성함에 있어 하나의 합의체로 할 것인가 아니면 두 개의 합의체로 할 것인가에 따라 단원제와 양원제로 구별된다.

(1) 양 원 제

(가) 의　　의

양원제란 의회가 두 개의 합의체로 구성된 것으로, 권력분립원리에 의한 입법권의 분할의 성격을 지닌다. 자유주의를 그 정신적 기초로 하는 양원제는 근대적 의회의 필수적 조건이었다.

양원제의 기원은 영국이며, 이론적 작품이라기보다는 역사적 발전과정에서 필요에 의해 만들어진 결과이다. 양원제는 Montesquieu적 권력분립원리와 조화를 이루며, 19세기 유럽의회에 결정적인 영향을 주었다. 영국, 미국, 독일, 프랑스, 일본 등이 채용하고 있다.

(나) 유 형

양원제는 신분제 국가형, 연방국가형, 단일국가형으로 나뉜다.

(다) 상원과 하원의 관계

양원은 조직과 권한 그리고 활동에 있어 서로 독립적이다.

① 조 직 양원은 구성에 있어 자주성과 독자성을 지닌다. 상원은 그 구성에 있어, 민주주의 원리를 충족하면서도 하원의 구성방법과 달라야 한다는 것이 과제이다. 하원은 직선으로 선출되나 상원은 간선, 임명, 세습, 선거 등 다양한 방법으로 조직된다. 구성방법의 차이로 인해 조직의 성격은 달라질 수밖에 없는데, 하원은 국민의 대표를 의미하나 상원은 언제나 그렇지는 않다. 상원의 명칭이 다양한 이유이기도 하다.

② 권 한 양원간의 권한관계는 미국과 같은 예외적 경우를 제외하고는 언제나 불균형적일 수밖에 없다. 민주적 정당성의 차이가 있기 때문이다. 직선으로 선출된 하원이 일반적으로 우월한 지위에 있다. 상원도 입법과 정부통제에 참여한다. 양원의 합의로 입법이 이루어지는 것이 원칙이나 합의보다는 상원이 입법에 '참여'하는 형태가 일반적으로 채택되고 있다.

③ 활 동 조직이 독립되어 있으므로 양원의 의원직을 겸할 수 없다. 의사와 의결도 독자적으로 행하며, 타원에 출석·발언할 수 없다. 다만 동시에 개회하고 폐회한다.

(라) 제도의 긍정적 측면과 부정적 측면

① 긍정적 측면 긍정적인 면으로 의회의 독재를 막을 수 있고 입법의 신중을 기함으로써 다수자의 자의에 의한 경솔한 입법을 시정할 수 있다는 것을 들 수 있

다. 또한 하원이 해산되어도 정부에 대한 상원의 국민대표성은 존속된다는 점이다. 그리고 상원을 직능대표나 州대표로 함으로써 특수이익을 대변할 수 있고, 하원이 정부와 충돌할 때 상원이 그 충돌을 완화시킬 수 있다. 더 나아가 다원성을 보장하고, 권력의 이원성으로 인한 보수와 진보의 양립보장과 타협은 단원제가 따라올 수 없는 우월성이다.

② 부정적 측면 반면 중복된 절차로 입법이 지연되고, 양원의 구성으로 비용이 증대되며, 의회의 책임소재가 불분명해질 수 있다. 또한 정부에 대한 의회의 지위가 상대적으로 약화되며, 양원의 의견충돌이 있을 경우 두 마리의 말이 하나의 수레를 끌 때 나타날 수 있는 문제점을 피할 수 없게 된다.

(2) 단 원 제

(가) 의 의

단원제란 의회가 하나의 합의체로 구성되는 의회제도를 말한다. 이는 민주주의 원리에 충실한 것으로 군주제를 무너뜨리고 새로운 공화국을 출범시킨 1791년 프랑스 헌법에서 처음으로 채택되었다. 단원제는 Rousseau의 민주주의 이론에 충실한 것으로, 국민의 합의는 하나밖에 없으므로 '대표기관도 하나'이어야 한다는 데 이론적 근거를 두고 있다. 신생국가의 경우나 인구수가 적고 정치적 안정을 유지하고 있는 국가에서 채택된다. 덴마크, 스웨덴, 노르웨이, 핀란드, 뉴질랜드, 대한민국 등이 채용하고 있다.

(나) 제도의 긍정적 측면과 부정적 측면

단원제의 긍정적 측면과 부정적 측면은 양원제의 그것과 반대로 생각하면 된다.

2. 역대 헌법상 국회구성방법

건국헌법은 단원제를 채택하였다. 제 2 차 대전 후 독립된 신생국가의 경우 일반적으로 단원제를 채택하였는데 신속하고 능률적인 국회운영을 위해서, 또한 기득권을 지닌 정치세력이나 보호해야 할 신분계급이 존재하지 않았기 때문이다.

최초의 양원제는 제 1 차 개정에서 채택되었다. 그러나 양원제는 제 1 공화국이 붕괴될 때까지 한 번도 실시되지 못했다. 당시 집권자들의 헌법경시적 태도를 엿볼 수 있다. 상원이 구성되지는 못했지만, 제도상으로 보면 당시 양원제는 양원을 모두

직선으로 선출하였고 권한도 동등하였다. 선출과 권한에 있어 양원이 동등할 경우 일종의 쌍둥이 양원제에 해당된다. 당시 참의원은 민의원에 대한 차별성과 독자성이 없었다.

실질적인 양원제는 제 2 공화국 헌법에서부터 실시된다. 제 2 공화국 헌법은 민의원의 우월성을 전제로 한 양원제였다. 상원은 시·도 단위를 기준으로 선출되었고 (지역대표성 강조) 민의원의 4분의 1을 초과하지 못하게 하였다. 양원의 의견이 다를 경우 하원의 가중된 다수로 처리하게 하였다. 총리임명동의권은 하원에게만 허락하였고 정부에 대한 불신임도 하원의 권한으로 하였다. 다만 대통령은 양원합동회의에서 선출하였다.

군사혁명 후 제 3 공화국은 조국의 근대화를 위해 대통령제를, 효율적 국회를 위해 단원제를 채택하였다. 이후의 모든 헌법에서는 일률적으로 단원제를 채택하였다. 지금의 우리의 헌정 상황은 근대화보다 민주주의 정착 및 선진화단계에 있다. 신속보다 신중이 효율보다 소통을 우선시할 때이다. 물론 통일헌법에서는 이질적인 남북의 특수성고려로 인해 양원제가 채택되리라 본다.

제 2 항 국회의 지위, 구성, 조직, 운영

Ⅰ. 국회의 헌법상 지위

1. 국민의 대표기관

국회는 국민의 대표기관의 지위를 가진다. 우리 헌법은 국회의 국민대표성에 관한 명문규정을 별도로 두고 있지 않지만, 자명하다고 보거나 전제되어 있다고 본다. 국민이 직접 국가의사결정을 담당하는 것이 민주주의 정신에 가장 부합하지만, 대표를 선출하여 그들로 하여금 국민의사를 결정하게 하는 대의제를 채택하지 않을 수 없다.

2. 입법기관

(1) 국회중심입법과 단독입법

국회중심입법이란 입법은 국회가 중심이 되어 이루어져야 하는 것을 말한다.

이는 공동체의 기본적 행동원칙은 국민의 대표인 국회가 정해야 하기 때문이다. 국회가 만든 규범에 따라 국가는 물론 모든 국민도 행동하게 된다. 입법은 국회에게 주어진 가장 중요한 과제이다. 한편 단독입법이란 국회가 입법을 함에 있어 다른 기관의 간섭을 받지 않음을 말한다. 이러한 국회중심입법이나 단독입법 원칙에도 많은 변화가 나타나고 있다. 국가기능의 질적·양적 변화로 인한 입법대상의 증가, 국회입법의 시간적 제약성과 탄력성의 결여, 정당정치의 발달, 입법의 전문성 요구 등은 '국회중심과 국회단독'을 고집하기 어렵게 만들고 있다.

(2) 국회중심입법과 단독입법의 예외

국회중심입법은 국회가 모든 입법을 독점하라는 의미가 아니며, 단독입법 역시 국회의 입법과정에 타 국가기관의 참여나 간섭이 일절 배제된다는 것도 아니다. 헌법은 국회 이외의 다른 국가기관에게 입법권을 부여하고 있다. 대통령의 긴급명령과 긴급재경명령, 대통령과 각부 장관의 명령제정, 그리고 대법원, 헌법재판소, 중앙선거관리위원회에 허용된 규칙제정, 지방의회의 조례제정이 그것이다. 한편 국회의 입법과정에 다른 국가기관의 관여나 개입을 허용한 것으로는 대통령의 법률안거부, 법률공포, 정부의 법률안제출 등이 있다.

3. 국정의 통제기관

국회는 국민을 대신하여 국가기관의 모든 행동을 감시한다. 국회는 국가기관이 헌법과 법률이 명한 것을 이행하고 있는지, 금한 것을 행하고 있지는 않는지, 헌법과 법률이 정한 절차와 방법과 형식에 따라 국가기관에 맡겨진 과제를 바르게 수행하고 있는지 여부를 감시할 수 있으며 또 감시하여야 한다. 한편 현대 국가에서 국회의 대표기관성과 입법기관성은 그 기능과 중요성이 저하되고 있는 반면, 국정을 감시하고 비판하는 통제기관으로서의 지위는 중요시되고 있고, 강조되고 또 강화되어야 한다. 또 정부형태에 따라 통제의 정도에 차이가 있으나 어떤 정부형태를 취하건 국정을 감시하고 비판하는 통제기능은 가장 중요한 국회의 기능으로 인정된다. 국정통제기능은 행정부나 사법부의 국정수행을 견제함으로써 국가권력행사의 절차적 정당성을 확보하기 위한 것이며, 견제와 균형의 불가결한 수단으로서 국가질서를 유지하기 위해서도 중요한 의의를 지닌다.

Ⅱ. 국회의 구성

1. 구 성

헌법은 국회의 구성을 단원제로 하고 있다. 국회는 국민의 보통·평등·직접·비밀선거에 의하여 선출된 253명의 지역구의원들과 47명의 비례대표의원으로 구성된다. 헌법은 국회의원의 정수를 법률에 맡기고 있으면서 하한선(200명)을 정하고 있다(§41②). 국회의원의 정수의 하한만 규정하고 상한을 법률에 위임한 것은 바람직하지 않으며, 그 반대가 되어야 한다. 지역구의원은 253개 선거구에서 1인씩 다수대표제에 의하여 선출되고, 전국구의원은 연동형 비례대표제에 의하여 선출된다. 현재 국회의원의 정수는 300명이며, 임기는 4년이다.

2. 의원선출

(1) 의원선출

국회의원의 선거권자는 만 18세 이상의 국민이다. 유효투표의 다수를 얻은 자를 당선인으로 한다. 득표수가 동일한 때에는 연장자가 당선되며, 무투표당선이 인정된다. 임기만료로 인한 총선거는 만료일 전 50일 이후 첫째 수요일에 하고 보궐선거는 4월 중 첫 번째 수요일에 실시한다(공선법 §35②, 1호).

(2) 입 후 보

국회의원이 될 수 있는 피선거권은 만 25세 이상의 국민으로 선거 및 피선자격에 결격사유가 없어야 한다. 지역구후보자가 되려는 자는 선거공고일로부터 2일 이내에 소속정당의 추천장(정당원인 경우)이나, 선거권자 300~500인이 기명·날인한 추천장(무소속인 경우)을 첨부하여 후보자 등록을 하여야 한다. 전국구후보자의 등록은 정당이 추천한 전국구 후보자명부와 본인의 승낙서를 첨부하여 중앙선거관리위원회에 제출하여야 한다. 후보자 등록시 1,500만원을 기탁하여야 한다.

(3) 비례대표

의원의 선거구는 지역선거구와 전국선거구의 2종이 있다. 전국구의 의석은 지역구 선거에서 5석 이상의 의석을 얻거나 또는 비례대표국회의원선거에서 유효투표총수의 100분의 3 이상을 득표한 정당에 대하여 정당이 얻은 득표비율에 따라 배분한다. 헌법재판소는 비례대표의원(국회의원, 지방의회의원)이 선거범죄로 인하여 당선이 무효가 된 경우 비례대표의원의 의석승계를 제한한 것은 대의제 민주주의 원리에 위배된다고 하였다. 헌법재판소의 위헌결정 이후 개정된 공직선거법(공선법 §200②)은 비례대표의원(국회의원, 지방의회의원)에 궐원이 생긴 때에는 의석승계를 인정하나, 정당이 해산되거나 임기만료일 전 120일 이내에 궐원이 생긴 때에는 의석승계를 불허하고 있다.

(4) 선거에 대한 이의

선거소송은 선거인·정당·후보자가 관할지역구의 선거관리위원회위원장을 상대로, 당선소송은 정당 또는 후보자가 당선인을 상대로 대법원에 제소한다. 양자 모두 선거일이나 당선결정일부터 30일 이내에 제기되어야 하며, 대법원은 소제기된 날로부터 180일 이내에 처리하여야 한다.

Ⅲ. 국회의 조직

1. 국회의장과 부의장

(1) 의장과 부의장의 지위

국회에는 의장과 부의장(2인)을 두며(§48), 의장과 부의장의 임기는 2년으로 한다(국회법 §9①). 의장과 부의장은 국회에서 무기명투표로 선출하되, 재적의원 과반수의 득표로 당선된다. 최초의 임시회에서 의장과 부의장을 선출할 때 사회는 출석의원 중 최다선의원이 본다. 의장·부의장의 사임에는 국회의 동의가 필요하다(국회법 §19). 의장이나 부의장이 궐위되면 즉시 후임자를 선출하여야 하며, 그 임기는 잔여기간으로 한다. 국회의 동의는 토론하지 않고 무기명투표로 결정한다(국회법 §135③). 의장과 부의장의 임기는 언제나 동시에 종료하게 된다.

의장과 부의장은 법률로 정한 경우를 제외하고는 의원 외의 직을 겸할 수 없다(국회법 §20). 이는 직무수행에 전념할 수 있도록 하기 위한 것이다. 국무위원을 겸할 수 없음은 물론이다. 또 의장은 당적을 보유할 수 없다. 의원이 의장으로 당선된 때에는 당선된 다음 날부터 그 직에 있는 동안은 당적을 보유할 수 없다(국회법 §20의2). 다만 국회의원총선거에 출마하기 위하여 정당의 추천을 받고자 하는 경우에는 의원 임기만료일 전 90일부터 당적을 가질 수 있다. 비례대표의원이 의장으로 당선된 경우 당적을 이탈하게 되더라도 의원직은 유지된다(공선법 §192④).

(2) 직무대리

국회의장의 사고 시에는 의장이 지명하는 부의장이 그 직무를 대리한다(국회법 §12). 의장이 심신상실 등 부득이한 사유로 의사표시를 할 수 없게 되어 직무대리자를 지정할 수 없는 때에는 소속의원수가 많은 교섭단체소속인 부의장의 순으로 의장의 직무를 대행한다(국회법 §12②). 의장·부의장 모두 사고 시에는 임시의장을 선출하여 의장의 직무를 대행하게 한다. 임시의장은 무기명투표로 선거하되 재적의원 과반수의 출석과 출석의원 다수득표자를 당선자로 하며(국회법 §17), 임시의장선거에 있어서의 의장직무대행은 출석의원 중 최다선의원이 한다(국회법 §18). 국회사무총장이 의장의 직무를 대행하는 경우가 있다. 국회의원총선거 후 의장이나 부의장이 선출될 때까지의 임시회의 집회의 공고는 사무총장이 행한다. 또 최초로 선출된 의장과 부의장의 임기만료일까지 부득이한 사유로 의장이나 부의장을 선출하지 못한 때에도 사무총장이 행한다. 집회공고에 한하여 의장의 직무를 대행한다.

(3) 의장의 권한

(가) 단독으로 행사할 수 있는 권한

국회의장은 입법부의 수장으로서 국회를 대표하고, 의사를 정리하며, 질서를 유지하고 사무를 감독하는 권한을 가진다. 의장은 외부에 대하여 국회를 대표한다(국회대표권). 또 의장은 회의의 능률적이고 합리적인 운영을 위하여 회의의 개의·중지·산회 등을 행하는 의사정리권 또는 의사지휘권을 가진다. 또한 국회는 국회안의 질서를 유지하기 위하여 내부경찰권과 의원가택권을 가지는데, 이러한 국회의 권한은 의장의 경호권과 질서유지권으로 나타난다. 의장은 국회사무에 대한 감독권을 가진다.

(나) 국회의 구성원과 공동으로 행사할 수 있는 권한

국회는 타협과 조정을 통한 원만한 운영이 요구되는 합의제기관이므로, 의장은 중요한 국회 구성원과 상호 협의하여 그들의 의견이 존중되도록 관계자(교섭단체대표의원, 국회운영위원회)와 협의하여 운영하여야 한다.

(다) 위원회 출석과 발언

의장은 모든 위원회에 출석하여 발언할 수 있다. 의장의 발언내용에는 제한이 없다. 그러나 표결에는 참가할 수 없다(국회법 §11).

2. 위 원 회

(1) 의 의

(가) 개 념

위원회란 본회의의 의사심의를 원활하게 할 목적으로 전문적 지식을 가진 소수의원들로 하여금 의안을 예비적으로 심사케 하는 의회기구를 말한다.

(나) 필요성과 문제점

안건심의를 사전심사 없이 본회의에서만 한다면 산만한 토의, 시간의 낭비 등으로 국회운영이 매우 비효율적이게 되어 산적한 안건의 기간 내 처리는 불가능하다. 또한 입법의 내용이 갈수록 전문화되고 기술적 성격을 띠는 경향이 있으며, 양보와 타협이 요구되는 의안처리에 있어 소수로 구성된 전문위원회가 다수의 본회의보다 효율적 심사를 할 수 있다. 반면 위원회제도는 소관 행정관청과 밀착하게 되어 국가기관의 이익대표기관으로 전락할 우려가 있으며, 그 규모가 작아 압력단체의 영향을 받기 쉽다는 문제점을 지니고 있다.

(2) 위원회의 성격과 유형

(가) 성 격

위원회는 소수위원으로 구성된 국회의 내부기관으로 합의제 기관이다. 위원회는 예비적 심사기관으로서 회부된 안건을 심사하고 그 결과를 본회의에 보고한다. 위원회의 결정은 본회의를 구속하지 못한다. 그렇다고 위원회가 예비적 심사기능만 가지는 것은 아니다. 국정감사 및 조사(국감조법 §2~§4), 법률안제출(국회법 §51) 등의 실질적 권한을 가진다.

(나) 유 형

위원회는 영국과 같이 본회의 중심주의를 취하는 형태와 미국과 같이 상임위원회 중심주의를 취하는 두 가지 유형으로 나눌 수 있다. 영국도 상임위원회, 특별위원회 등의 위원회를 두고 있지만 의회운영의 기본은 모든 의원이 의사에 참여하는 본회의 중심의 형태를 취하고 있다. 반면 미국은 우리와 같이 상임위원회 중심으로 운영된다. 우리나라 국회는 제 5 대 국회까지는 위원회가 본회의의 예비심사기관으로서의 역할을 수행하였는데, 제 6 대 국회부터는 본회의중심의 기능을 수행하던 3독회제도가 폐지되면서 상임위원회 중심으로 전환되었다.

(3) 위원회의 종류

위원회는 상임위원회와 특별위원회의 두 종류가 있다. 특별위원회는 다시 상설특별위원회와 비상설특별위원회로 구분된다.

(가) 상임위원회

① 의 의 상임위원회란 상설로 설치된 분야별 위원회를 말한다. 안건심사를 위해 그때마다 설치되는 것이 아니라 상설되어 있는 위원회이다. 효율성과 전문성 을 제고하기 위해서 전문지식과 경력을 가진 의원들로 소관 분야별 상임위원회를 구성하여 안건을 심사하게 한다. 현재 16개의 상임위원회가 있다. 국회운영, 법제사법, 정무, 기획재정, 미래창조과학방송통신, 교육문화체육관광, 외교통일, 국방, 행정자치, 농림축산식품해양수산, 산업통상자원, 보건복지, 환경노동, 국토교통, 정보, 여성가족위원회가 그것이다(국회법 §37).

② 조 직 위원정수는 국회규칙으로 정하나 정보위원회의 위원정수는 12명으로 한다(국회법 §38). 상임위원은 각 교섭단체대표의원의 요청으로 의장이 선임하고, 임기는 2년이다. 어느 교섭단체에도 소속되어 있지 않은 국회의원의 상임위원 선임은 국회의장이 단독으로 행한다(국회법 §48②). 의원을 상임위원으로 선임함에 있어 다른 직을 겸하고 있는 의원의 경우 그 직과 직접 이해관계를 가지는 상임위원회 위원으로 선임해서는 안 된다(국회법 §48⑦). 상임위원장은 임시의장선거의 예(재적과반수, 출석 다수)에 준하여 본회의에서 선출한다(국회법 §41②). 위원장이 사고가 있을 경우 위원장이 지명하는 간사가 위원장의 직무를 대리한다.

의원은 2 이상의 상임위원회의 위원이 될 수 있다(국회법 §39①). 운영위원회, 정보위원회, 여성위원회는 복수(겸임)상임위원회로 운영되고 있다. 교섭단체의 대표의원은 국회운영위원회와 정보위원회의 위원이 된다(국회법 §39②, §48③). 의장은 상임위원이 될 수 없다. 국무총리, 국무위원 등을 겸한 의원은 상임위원을 사임할 수 있다. 상임위원은 소관 상임위원회의 직무와 관련한 영리행위를 하지 못한다(국회법 §40의2).

③ 권 한 상임위원회는 그 소관에 속하는 의안과 청원 등의 심사 기타 법률에서 정하는 직무를 행한다(국회법 §36).

㉠ 의안제출 위원회는 그 소관에 속하는 사항에 관하여 법률안 기타 의안을

제출할 수 있다(국회법 §51①). 이 경우 의안은 위원장이 제출자가 된다(국회법 §51②).

㉡ **공청회, 청문회** 공청회와 청문회를 개최하는 권한은 위원회에 부여된 권한으로, 소위원회도 가진다. 위원회는 위원회의 의결 또는 재적위원 3분의 1 이상의 요구로, 중요한 안건 또는 전문지식을 요하는 안건을 심사하기 위하여 공청회를 열 수 있고, 이해관계자 또는 학식·경험이 있는 자 등으로부터 의견을 들을 수 있다(국회법 §64). 또한 위원회는 중요한 안건의 심사와 국정감사 및 국정조사에 필요한 경우 증인·감정인·참고인으로부터 증언·진술의 청취와 증거의 채택을 위하여 그 의결로 청문회를 열 수 있다(국회법 §65). 법률안의 심사를 위한 청문회의 경우에는 재적위원 3분의 1 이상의 요구로 개최할 수 있다(국회법 §65②). 제정법률안 및 전문개정법률안에 대하여는 위원회 의결로 생략하지 아니하는 한 공청회 및 청문회를 개최하여야 한다(국회법 §64①, §65②). 공청회나 청문회를 열 때에는 안건·일시·장소 등을 기재한 문서로 의장에게 보고하여야 한다(국회법 §64②).

㉢ 인사청문회 일반 청문회와 구별되는 것으로 인사청문회가 있다(국회법 §65의2). 상임위원회는 국회법 제65조의2 제 2 항 각 호에 나열된 공무원 후보자에 대한 인사청문을 실시하기 위하여 인사청문회를 연다. 단 헌법재판소 재판관 후보자가 헌법재판소장 후보자를 겸하는 경우에는 인사청문특별위원회의 인사청문회를 연다(국회법 §65의2⑤). 소관 상임위원회는 인사청문회를 열어, 공직후보자를 출석하게 하여 질의를 행하고 답변과 의견을 청취할 수 있다(인사청문회법 §4). 국회는 임명동의안이 제출된 날부터 20일 이내에 인사청문을 마쳐야 하며(인사청문회법 §6②), 위원회는 임명동의안이 회부된 날부터 15일 이내에 인사청문회를 마치되, 인사청문회의 기간은 3일 이내로 한다.

(나) 특별위원회

① 의 의 특별위원회란 특정한 안건을 심사대상으로 하며 존속기간이 정해진 위원회를 말한다(국회법 §44). 특정한 안건이란 수개의 상임위원회 소관사항과 관련된 안건이거나 특히 필요하다고 인정한 안건을 말한다. 특별위원회에 회부된 안건이 상임위원회의 안건과 경합될 수 있는데 특별위원회가 우선하는 것으로 본다. 특별위원회를 구성할 때에는 활동기간을 정한다(국회법 §44②). 특별위원회는 본회의 의결로 설치되며(국회법 §44①), 정해진 활동기간의 종료시까지 존속하는 한시적 위원회이다. 단 심사보고서를 제출한 경우에는 본회의 의결이 있을 때까지 존

속한다(국회법 §44③).

특별위원회는 상설특별위원회와 비상설특별위원회로 구별되며, 전자에는 예산결산특별위원회(국회법 §45)와 윤리특별위원회(국회법 §46)가, 후자에는 일반특별위원회(국회법 §44), 인사청문특별위원회(국회법 §46의3), 국정조사특별위원회(국감법 §3③)가 있다. 일반특별위원회는 수개의 상임위원회소관에 관련되거나 특히 필요하다고 인정한 안건을 효율적으로 심사하기 위하여 본회의 의결로 설치된 위원회를 말한다(국회법 §44①).

② 조 직 위원은 상임위원 중에서 의장이 선임한다(국회법 §48④). 위원장은 위원회에서 호선한다(국회법 §47①). 다만 예산결산특별위원회와 윤리특별위원회의 위원장은 상임위원장의 예에 준하여 본회의에서 선출한다. 위원장이 선임될 때까지는 연장자가 위원장의 직무를 대행한다(국회법 §47②).

㉠ **예산결산특별위원회** 예산결산특별위원회는 임기 1년의 50인의 위원으로 구성된 상설위원회로 예산안, 결산, 기금운용계획안 및 기금결산에 대한 심사를 목적으로 한다(국회법 §45). 위원장은 예산결산특별위원회의 위원 중에서 임시의장선거의 예에 준하여 본회의에서 선거한다(국회법 §45④).

㉡ **윤리특별위원회** 윤리특별위원회는 의원의 자격심사와 징계에 관한 사항을 심사할 목적으로 만들어진 상설위원회로, 임기 2년의 15명으로 구성된 상설위원회이다(국회법 §46). 위원회는 의원의 징계에 관한 사항을 심사하기 전에 윤리심사자문위원회의 의견을 청취하여야 하며, 위원회는 윤리심사자문위원회의 의견을 존중하여야 한다(국회법 §46③). 위원장은 윤리특별위원회의 위원 중에서 임시의장선거의 예에 준하여 본회의에서 선거한다(국회법 §46⑤). 위원회의 구성과 운영에 필요한 사항은 국회규칙으로 정한다(국회법 §46⑥).

㉢ **인사청문특별위원회** 국회는 헌법에 의하여 그 임명에 국회의 동의를 요하는 대법원장·헌법재판소장·국무총리·감사원장 및 대법관과 국회에서 선출하는 헌법재판소 재판관 및 중앙선거관리위원회 위원에 대한 임명동의안을 심사하기 위하여, 또 대통령당선인이 국무총리후보자에 대한 인사청문의 실시를 요청하는 경우에 그 인사청문을 실시하기 위해 인사청문특별위원회를 두며, 위원회의 구성과 운영에 관하여 필요한 사항은 따로 법률로 정한다(국회법 §46의3). 인사청문특별위원회는 임명동의안이 국회에 제출된 때에 구성된 것으로 본다(인사청문회법 §3①). 위

원회의 위원정수는 13인으로 하며, 위원장은 호선한다(인사청문회법 §3②,⑤). 인사청문특별위원회는 임명동의안이 본회의에서 의결될 때 또는 인사청문경과가 본회의에 보고 될 때까지 존속한다(인사청문회법 §3⑥).

(다) 전원위원회

① 의 의　전원위원회는 의원 전원으로 구성되는 위원회로 본회의의 예비적 심사를 담당하는 회의체이다(국회법 §63의2). 특정의안을 심도 있게 심사할 수 있어 본회의 심의를 강화시켜주며, 모든 의원이 참여하므로 상임위원회보다는 보다 객관적으로 심사할 수 있고, 자유로운 탄력적 심사가 가능하다는데 그 의의가 주어진다.

② 구 성　전원위원회는 의장이 전원위원장을 지명한 때에 구성된 것으로 본다(전원위원회 규칙 §3). 전원위원회는 의원 전원으로 구성되며, 의장도 포함된다. 위원장은 의장이 지명하는 부의장으로 한다.

③ 운 영　위원회의 심사를 거치거나 위원회가 제안한 의안 중 정부조직에 관한 법률안, 조세 또는 국민에게 부담을 주는 법률안 등 주요의안이 심사대상의안이 된다(국회법 §63의2①). 의안의 본회의 상정 전이나 본회의 상정 후에, 재적의원 4분의 1 이상으로 개회를 요구할 수 있다. 다만, 의장은 주요의안의 심사 등 필요하다고 인정하는 경우 각 교섭단체대표의원의 동의를 얻어 전원위원회를 개회하지 아니할 수 있다. 재적위원 5분의 1 이상의 출석으로 개회하고, 재적위원 4분의 1 이상의 출석과 출석위원 과반수의 찬성으로 의결한다(국회법 §63의2④). 일반 의결정족수보다 완화된 정족수를 요하도록 한 것은 이미 위원회의 의결을 경유하였고 전원위원회는 의안을 확정짓는 것이 아니라 수정안제출(국회법 §63의2②) 여부를 결정할 뿐이기 때문이다.

(라) 소위원회

위원회는 특정한 안건의 심사를 위하여 소위원회를 둘 수 있다(국회법 §57①). 소위원회란 위원회의 심사능률을 향상시키기 위하여 둔 위원회의 내부적 기관이다. 상임위원회(정보위원회를 제외한다)는 그 소관사항을 분담·심사하기 위하여 상설소위원회를 둘 수 있다(국회법 §57②). 소위원회는 상설소위원회와 비상설 특정안건심사소위원회로, 필요적 소위원회와 임의적 소위원회로 나누어진다. 상설소위원회 위원장은 위원회에서 소위원회의 위원 중에서 선출한다(국회법 §57③). 소위원회는 폐회 중 활동할 수 있다. 소위원회 회의는 공개한다(국회법 §57⑤). 단 소위원회 의결로 공개하지 않을 수 있다.

(마) 안건조정위원회

위원회는 이견을 조정할 필요가 있는 안건(예산안, 기금운용계획안, 체계·자구심사를 위하여 법제사법위원회에 회부된 법률안은 제외한다)을 심사하기 위하여 재적위원 3분의 1 이상의 요구로 안건조정위원회를 구성하며(국회법 §57의2①), 안건조정위원회는 회부된 안건에 대한 조정안을 재적 조정위원 3분의 2 이상의 찬성으로 의결한다(국회법 §57의2⑥).

(바) 연석회의

연석회의란 둘 이상의 위원회(상임위원회와 특별위원회 간에도 가능)의 소관사항과 관련이 있는 경우 안건을 회부받은 소관위원회가 심사에 참고하기 위하여 관련 위원회와 연석하여 개최하는 회의를 말한다(국회법 §63). 이는 독립된 위원회가 아니므로, 즉 독립된 의결능력이 없기에 의견교환은 할 수 있으나 표결은 할 수 없다. 상임위원회 중심주의는 위원회의 소관범위를 명확히 해야 하는 단일위원회 전속주의를 요구하므로 연석회의에서의 표결은 금지된다.

(4) 위원회의 운영

(가) 개회 및 의결

위원회는 본회의의 의결이 있거나, 의장 또는 위원장이 필요하다고 인정할 때, 그리고 재적위원 4분의 1 이상의 요구가 있을 때에 개회한다(국회법 §52). 위원회 개회요건은 회기 중이거나 폐회중이거나 동일하다. 위원회는 재적위원 5분의 1이상의 출석으로 개회하고, 재적위원 과반수의 출석과 출석위원 과반수의 찬성으로 의결한다(국회법 §54). 본회의 중에는 위원회를 개회하지 않는 것이 원칙이다(국회법 §56).

상임위원회의 활동을 상시화하기 위해 폐회 중 최소한 월 2회 정례회의의 개회를 강제하고 있다(국회법 §53). 정례회의는 과거 폐회 중 위원회활동이 거의 이루어지지 못한 것에 대한 보완으로, 폐회 중 최소한의 회의를 열도록 하여 국회를 상시 운영하도록 하기 위함이다. 정보위원회는 월 1회 정례회의를 개회한다. 정례회의 중 1회는 정한 날에 자동 개회한다.

(나) 회의의 공개

위원회 회의는 공개하나, 정보위원회의 회의는 공개하지 아니한다(국회법

§54의2①).

(다) 위원의 발언

본회의의 엄격한 발언원칙과 달리, 위원은 동일의제에 대하여 횟수, 시간 등에 제한 없이 발언할 수 있다(국회법 §60①). 그러나 위원회에서의 제한 없는 발언의 허용은 발언시간, 발언기회의 불균형 그리고 중복발언 등으로 의사효율을 저해할 수 있어 일정한 제한을 두고 있다. 즉 동일의제에 관해 발언을 원하는 의원이 2인 이상일 경우 15분 범위 안에서 위원의 첫 번째 발언시간을 균등하게 정한다(국회법 §60①). 질의는 질의와 답변이 교대로 이루어지는 일문일답식을 원칙으로 하나, 위원회의 의결이 있는 경우 질의할 것을 전부 물은 다음 답변을 듣는 일괄질의방식으로 할 수 있다(국회법 §60②).

3. 교섭단체

(1) 의 의

교섭단체란 일정 수 이상의 의석을 가진 정당에 소속된 의원들이 국회의사를 능률적으로 수행하기 위해 구성된 원내정당 또는 정치단체를 말한다. 교섭단체는 정당에 소속된 조직이 아니며, 국회 안에 있는 정당으로 국회를 구성하는 조직의 일부이다. 교섭단체는 국회 내에서 정당의 대표자의 지위를 지니며, 정치적 의사형성에 중요한 기능을 담당한다.

(2) 구 성

20인 이상의 소속의원을 가진 정당은 하나의 교섭단체가 된다(국회법 §33①). 하나의 정당이 2개 이상의 교섭단체를 구성할 수 없다. 당적은 유지한 채 교섭단체만을 탈퇴하거나, 탈당하였음에도 교섭단체소속의원으로 남는 것은 불가능하다. 다른 교섭단체에 속하지 아니하는 20인 이상의 의원으로 교섭단체를 구성할 수 있다.

(3) 기 관

교섭단체에는 의원총회와 대표의원을 둔다. 의원총회에서 대표의원을 선출하고 선출된 원내대표가 교섭단체대표의원이 된다. 대표의원은 소속의원의 명부를 의장에게 제출하고, 의원의 변동이 있으면 이를 의장에게 보고한다(국회법 §33②). 또한 소속의원의 의견을 종합하여 국회의 의사진행과 의안에 관한 입장을 대변한다.

Ⅳ. 국회의 운영

1. 회 기

(1) 의 의

(가) 입법기와 회기

회기란 국회가 의사와 관련된 활동을 할 수 있는 기간으로 집회일부터 폐회일까지의 활동기간을 말하며, 국회는 의결로 회기를 정한다(국회법 §7①). 국회는 다른 기관과 달리 상설기관이 아니며 일정한 기간에만 활동한다. 회기는 입법기(의회기)와 구별된다. 입법기란 의원들의 임기개시일부터 임기만료일까지의 기간이다. 이 입법기 내에서 의회가 실제로 활동할 수 있는 기간이 회기에 해당된다. 회기에는 정기회와 임시회가 있다. 국회는 의결로 기간을 정하여 휴회할 수 있다(국회법 §8①). 휴회 중이라도 대통령의 요구가 있을 때, 의장이 긴급한 필요가 있다고 인정할 때 또는 재적의원 4분의 1 이상의 요구가 있을 때에는 회의를 재개한다(국회법 §8②).

(나) 年회기 제한

제3공화국 헌법까지는 국회의 연회기를 제한하는 규정이 없었으나. 제4·5공화국 헌법은 정기회는 90일, 임시회는 30일을 초과할 수 없고, 정기회와 임시회를 합쳐 연 150일을 초과할 수 없도록 규정하였다. 현행 헌법은 연회기제한규정을 삭제함으로써 국회의 상시운영체계를 가능하게 하였고 이로써 국회의 자율성회복과 국회기능의 활성화가 기대된다.

(2) 정 기 회

정기회란 해마다 정기적으로 모이는 회의를 말한다. 정기회는 매년 1회, 9월 1일에 집회한다(국회법 §4). 회기는 100일을 초과할 수 없다(§47②). 정기회 기간 동안 국정감사를 하며, 예산안을 심의 확정하고, 법률안 및 기타 안건을 처리한다. 국회는 정기회기간에 예산안 심의 및 국정감사를 수행하여야 하는데, 법률안 처리까지 정기회에 몰리게 되면 모두가 졸속이 될 수 있어 이에 대한 개선책으로, 정기회에서는 원칙적으로 예산부수법안만 처리하도록 하였다(국회법 §93의2). 그러나 2012. 5. 25 개정된 국회법은 "정기회 기간 중에 상정하는 법률안은 다음 연도의 예산안처리에 부수하는 법률안에 한한다"는 규정(국회법 §93의2②)을 삭제하였다.

(3) 임 시 회

임시회란 국회의 필요에 따라 수시로 모이는 회의를 말한다. 임시회는 대통령 또는 국회 재적의원 4분의 1 이상의 요구에 의하여 집회한다(§47①). 대통령이 요구한 때에는 기간과 집회요구의 이유를 명시하여야 한다(§47③). 집회요구가 있으면 의장은 공고하여야 하며 공고는 집회일 3일 전에 한다(국회법 §5①). 단 의장은 내우·외환, 재정·경제상의 위기, 교전상태 등 국가비상사태에 있어서는 1일 전에 공고할 수 있다(국회법 §5②). 국회의원총선 후 최초의 임시회(원구성을 위한 임시회)는 임기개시 후 7일에 집회한다(국회법 §5③). 회기는 30일을 초과할 수 없다(§47②). 임시회의 폐회 후 즉시임시회를 소집할 필요가 발생한 경우 회기 중이라도 다음 임시회의 집회요구와 공고가 가능하다. 2 이상의 집회요구가 있을 때에는 집회일이 빠른 것을 공고하되, 집회일이 같은 때에는 그 요구서가 먼저 제출된 것을 공고한다(국회법 §5①).

2. 정 족 수

(1) 의 의

(가) 개 념

정족수란 합의체기관에서 회의를 열거나 의결을 하는 데 필요한 출석자수를 말한다. 정족수는 일정 수 이상이 출석하여야 회의를 열 수 있고, 일정 수 이상의 찬성이 있을 때 회의체의 의사결정으로 인정될 수 있다는 데 의의가 있다. 국회의 정족수는 의사결정에 절차적 정당성을 부여한다. 정족수에는 의사정족수(개의정족수)와 의결정족수가 있다. 전자는 회의가 성립되기에 필요한 수이며, 후자는 유효한 의결에 요구되는 수이다.

(나) 의사정족수

본회의의 의사정족수는 재적의원 5분의 1 이상이다(국회법 §73①). 회의 중 이에 미달된 때에는 의장은 회의의 중지 또는 산회를 선포한다. 회의 도중 의사정족수에 미달될 때마다 회의중지를 선포하여야 한다면 효율적인 회의진행이 되기 어렵다. 의사정족수 충족에 관한 이러한 문제점을 해결하기 위해 본회의 개의 후에는 교섭단체대표의원이 의사정족수의 충족을 요청하지 않는 한 회의를 계속할 수 있도록 하였다(국회법 §73③).

(다) 의결정족수

① 일반 의결정족수 헌법은 의결에 관한 일반정족수만 규정하고 있다. 재적의원 과반수의 출석과 출석의원 과반수의 찬성으로 의결한다(§49). 위원회의 의결정족수와 동일하다. 가부동수인 때에는 부결된 것으로 본다. 건국헌법은 의장에게 표결권과 가부동수일 경우의 결정권을 주었다.

② 특별 의결정족수 헌법은 의결에 관한 특별정족수를 규정하고 있는데 다음과 같다. ㉠ 법률안의 재의결은 재적의원 과반수의 출석과 출석의원 3분의 2 이상의 찬성으로(§53④), ㉡ 헌법개정안의 의결(§130①), 국회의원의 제명(§64③), 국회의원에 대한 자격심사(§64②), 대통령에 대한 탄핵소추 의결(§65②단서)은 재적의원 3분의 2 이상의 찬성으로, ㉢ 국회의장과 부의장 선출(국회법 §15①), 계엄의 해제요구(§77⑤), 국무총리 등에 대한 해임건의(§63②), 헌법개정안의 발의(§128①), 대통령에 대한 탄핵소추 발의(§65②단서), 대통령 이외의 자에 대한 탄핵소추 의결(§65②)은 재적의원 과반수의 찬성으로, ㉣ 국무총리 등에 대한 해임건의 발의(§63②), 대통령 이외의 자에 대한 탄핵소추 발의(§65②)는 재적의원 3분의 1 이상의 찬성으로, ㉤ 임시회의 소집요구(§47①)나, 휴회 중 본회의 재개요구(국회법 §8②), 국정조사요구(국감법 §3①), 전원위원회 요구(국회법 §63의2①), 폐회 중 위원회 소집요구(국회법 §52)는 재적의원 4분의 1 이상의 찬성으로 한다.

3. 의사의 원칙

(1) 의사공개의 원칙

(가) 의 의

헌법(§50)은 국회의 회의를 공개하도록 하는 의사공개원칙을 규정하고 있다. 의사공개원칙이란 국회의 모든 회의과정, 즉 議事는 일반 국민에게 공개되어야 한다는 원칙이다. 의사를 공개해야 하는 것은 국회를 국민의 비판과 감시하에 두기 위함이다. 회의의 내용과 의원의 활동이 국민에게 공개될 때 민의의 전당이 될 수 있기 때문이다.

(나) 내 용

의사공개의 원칙은 방청의 자유, 보도의 자유, 국회의사록의 공표를 그 내용으로 한다. 방청의 자유란 의원 이외의 자가 회의상황을 직접 볼 수 있는 자유를 말한다. 방청의 자유가 무제한으로 허용될 수 없다. 의장은 방청을 허가하며, 방청인 수를 제한할 수 있다(국회법 §152). 의사공개원칙은 회의상황을 인쇄나 방송을 통해 국민에게 알리는 보도의 자유가 확보되어야 실효성을 지닐 수 있다. 회의장 안에서의 녹음·녹화·촬영·중계방송은 비공개회의가 아닌 한 국회규칙이 정한 바에 따라 허용된다(국회법 §149의2①). 의사공개원칙은 회의에서의 기록이 공표될 것을 요구한다. 회의록은 누구나 볼 수 있는 상태에 두어야 한다(국회법 §118①). 공표할 수 있는 회의록은 일반인에게 유상으로 반포할 수 있다(국회법 §118⑤).

(다) 예외(비공개회의)

본회의는 공개하나, 의장의 제의 또는 의원 10인 이상의 연서에 의한 동의로 본회의의 의결이 있거나 의장이 각 교섭단체대표의원과 협의하여 국가의 안전보장을 위하여 필요하다고 인정할 때에는 공개하지 아니할 수 있다(§50; 국회법 §75①). 의장의 제의나 의원 10인 이상의 동의에 대하여는 토론을 하지 아니하고 표결한다. 이는 토론을 하게 되면 비공개회의를 여는 의의가 상실되기 때문이다. 의사공개의 중요성에 비추어 비공개요건인 '국가의 안전보장에 필요'는 엄격하게 해석되어야 한다. 공개하지 아니한 회의내용의 공표에 관하여는 법률이 정하는 바에 따른다(§50). 의장은 발언내용이 비밀을 요하거나 국가안전보장을 위하여 필요하다고 인정할 때에는 발언자 또는 그 소속교섭단체대표의원과 협의하여 이를 회의록에 게재하지 않을 수 있다(국회법 §118①). 공개하지 아니한 회의의 내용은 공표되어서는 아니 된다(국회법 §118④). 위원회의 회의에 관해 명시적 규율은 없으나 의사공개원칙은 위원회에 적용되므로(국회법 §71) 위원회의 회의는 공개되며 의결로 비공개할 수 있다. 소위원회 회의는 공개하며 의결로 공개하지 않을 수 있다(국회법 §57⑤). 또 국회의원의 징계에 관한 회의는 비공개로 함이 원칙이다(국회법 §158).

(2) 회기계속의 원칙

(가) 의 의

회기계속의 원칙이란 회기 중에 의결되지 못한 의안도 폐기되지 아니하고 다음 회기에서 계속 심의할 수 있다는 원칙으로(§51), 회기불계속의 원칙에 반대된다. 회기계속의 원칙을 따를 것인가 아니면 불계속원칙을 취할 것인가는 선택의 문제에 속하는 것으로, 우리 헌법은 회기계속의 원칙을 취하고 있다. 따라서 모든 회기는 독립적 성격을 지니지만 의사에 관한 한 전회기와 후회기는 연속성을 지니며, 따라서 법률안·의안 모두 회기계속의 원칙이 적용된다. 한편 미국이나 영국은 회기불계속의 원칙을 취하고 있으며, 프랑스는 우리와 같이 회기계속의 원칙을 취하고 있다. 우리나라도 제 5 대 국회(제 2 공화국)까지는 회기불계속원칙을 취한 바 있다.

(나) 예 외

회기계속의 원칙도 하나의 입법기 내에서만 효력이 있으므로 국회의원의 임기가 만료된 경우에는 회기가 계속되지 않는다(입법기불계속원칙). 국회의원의 임기만료는 입법기 자체의 변경을 의미하는 것이기 때문이다. 입법기불계속원칙은 그 대상을 국회에 제출된 법률안이나 의안에 국한하므로, 소송제기 등 국회가 행한 법률행위에 대해서는 영향을 주지 않는다. 따라서 국회가 헌법재판소에 청구한 탄핵심판은 입법기의 만료로 그 효력이 상실되지 않는다.

(3) 일사부재의 원칙

(가) 의 의

일사부재의 원칙이란 국회에서 부결된 안건은 동일 회기 중에는 다시 발의하거나 제출하지 못하는 원칙을 말한다(국회법 §92). 만일 하나의 회기에 동일안건을 몇 번이고 회의에 부의할 수 있다면 특정사안에 대한 국회의사가 확정되지 못하게 되어 회의의 능률적 운영이 불가능하게 된다. 따라서 일사부재의 원칙은 안건 처리의 효율적 처리를 가능하게 하는 국회법에 규정된 의사진행원칙이다. 특히 원내소수파에 의해 이루어질 수 있는 의사진행방해행위, 소위 filibustering를 방지할 수 있는 장치가 요구된다.

(나) 내 용

의안이 부결된 경우 재의할 수 없다. 부결에는 폐기도 포함된다. 가결된 안건은 번안하여 재의할 수 있다. 번안이란 가결된 의안에 대하여 그 의결을 무효화하고 전과 다른 내용으로 번복하여 의결하는 것을 말한다. 번안은 가결된 의안을 대상으로 한다는 점에서 부결된 안건에 대해 발의나 제출을 금지하는 일사부재의원칙과 무관하다. 국회법(§91)은 번안동의의 가중된 요건, 번안에 대한 가중된 의결요건, 번안동의의 시간적 한계를 규정하고 있다. 일사부재의는 동일회기에 한하여 적용된다. 一事에 해당하더라도 회기를 달리하거나, 의결 전에 철회된 것을 다시 발의하거나, 위원회에서 처리된 것을 다시 본회의에서 심의하는 것은, 再議에 해당하지 않는다.

한편 무엇이 일사이며 동일안건인가의 판단이 쉽지는 않지만, 필요하고 중요하다. 일사인가의 여부는 안건의 종류나 안건명보다는 안건의 내용으로 판단되어야 한다. 일사를 좁게 보면 일사부재의 원칙의 정신이 훼손될 우려가 있는 반면, 넓게 보면 국회의사결정의 탄력성과 적응성이 떨어지게 된다. 안건의 내용, 목적, 이유를 기준으로 판단할 수밖에 없다. 일사에 해당되는 것으로는 동일의안이거나 명칭이 다르지만 취지와 목적이 거의 동일한 내용의 의안인 경우 또는 명칭·취지·목적이 다르더라도 규정사항이 먼저 부결된 것과 실질적으로 같을 때이다. 따라서 명칭이나 문구가 약간 변경되었다 하더라도 동일한 취지나 목적의 의안을 회기 내에 다시 발의하는 것은 일사부재의 원칙에 위배된다.

4. 회 의

(1) 본 회 의

(가) 개회와 개의

개회란 국회가 집회되어 정기회 또는 임시회를 여는 것을 말하며, 개의는 회기 중 당일의 본회를 시작하는 것을 말하는 것으로 양자는 개념상 구별된다. 개회와 개의에 대한 일반적 개념과 달리, 국회법은 위원회의 회의를 여는 것을 개회로, 본회의를 여는 것을 개의로 규정하고 있다. 본회의는 오후 2시에 개의하나 토요일은 오전 10시에, 의장은 교섭단체대표의원과 협의하여 개의시를 변경할 수 있다(국회법 §72).

(나) 의사일정

의사일정이란 개의일시와 부의안건 및 그 순서를 기재한 것으로서 의사를 진행하기 위한 예정서라 할 수 있다. 의장은 의사일정을 작성하여 지체 없이 의원에게 통지하고 전산망을 통해 공표한다(국회법 §76④). 의사일정의 작성은 국회운영위원회와 협의하되 협의가 이루어지지 않을 경우 의장이 결정한다(국회법 §76③). 의장은 긴급한 경우 회의의 일시만을 의원에게 통지하고 개의할 수 있다(국회법 §76⑤). 의사일정도 의원 20인 이상의 연서로 국회의 의결이 있거나 의장이 교섭단체의 대표와 협의하여 일정을 변경할 수 있다(국회법 §77).

(다) 개 의

본회의는 재적의원 5분의 1 이상의 출석이 있어야 개의할 수 있다(국회법 §73①). 개의시로부터 1시간이 경과할 때까지 재적의원 5분의 1 이상의 출석이 없으면 유회를 선포하며, 회의 중 재적의원 5분의 1 이상의 재석이 없으면 의장은 회의의 중지 또는 산회를 선포한다(국회법 §73②③).

(2) 위 원 회

(가) 개 회

위원회는 국회의 의결이 있거나, 의장 또는 위원장이 필요하다고 인정한 때 또는 재적위원 4분의 1 이상의 요구가 있을 때에 개회한다(국회법 §52). 회기 중이라도 본회의 중에는 개회할 수 없다. 단 운영위원회는 개회할 수 있다(국회법 §56).

(나) 의사 및 의결정족수

위원회는 재적위원 5분의 1 이상의 출석으로 개의하고, 재적위원 과반수의 출석과 출석위원 과반수의 찬성으로 의결한다(국회법 §54).

(다) 심 사

위원회는 의장이 회부한 안건을 심사한다. 위원회는 회부된 안건심의에 있어 제인자의 취지설명, 전문위원의 검토보고, 대체토론, 축조심사, 찬반토론을 거쳐 표결한다(국회법 §58①). 대체토론이란 안건에 대한 전반적인 문제점과 당부에 관한 일반적 의견을 제시하는 것을 말한다(국회법 §58①). 안건에 대해 찬성 반대를 표시하는 찬반토론과 구별된다. 또한 축조심사란 의안을 한 조항씩 낭독하면서 심사하는 것을 말한다. 제정법률안이나 전부개정법률안에 대하여는 반드시 축조심사를 하여야 하나, 그 외의 경우는 위원회의 의결로 생략할 수 있다(국회법 §58⑤). 예산상 조치가 수반되는 경우 정부의 의견을 들어야 한다(국회법 §58⑦).

(라) 공청회, 청문회

공청회와 청문회를 개최하는 권한은 본회의에 있지 않고 위원회에 부여된 권한이다. 상임위원회, 특별위원회, 소위원회 모두 가진다. 위원회는 위원회의 의결 또는 재적위원 3분의 1 이상의 요구로, 학식·경험이 있는 자 등으로부터 의견을 듣기 위하여 공청회를 열 수 있고(국회법 §64), 증인·감정인·참고인으로부터 증언·감정·진술 등을 듣기 위하여 동일한 정족수로 청문회를 열 수 있다(국회법 §65). 제정법률안 및 전문개정법률안을 심사할 경우 위원회 의결로 생략하지 아니하는 한 공청회 또는 청문회를 개최하여야 한다(국회법 §58⑥).

제3항 국회의 권한

국회의 권한은 권한의 내용에 따라서 입법에 관한 권한, 재정에 관한 권한, 헌법기관구성에 관한 권한, 국정통제에 관한 권한, 국회내부에 관한 권한으로 분류할 수 있다.

Ⅰ. 입법에 관한 권한

입법에 관한 권한은 국회가 법(규범)을 제정하는 권한을 말한다. 헌법개정안을 발의·의결함으로써, 법률을 제정함으로써, 조약에 대한 동의를 통해, 국회규칙의 제정을 통해 국회는 법을 만든다.

1. 헌법개정에 관한 권한

국회는 헌법개정에 관하여 발의권과 의결권을 가진다. 헌법개정안의 발의는 국회의원 재적 과반수 또는 대통령이 할 수 있다(§128①). 헌법개정안은 공고된 날로부터 60일 이내에 국회의 의결을 얻어야 하며, 국회의 의결에는 재적의원 3분의 2 이상의 찬성을 얻어야 한다(§130①). 국회의 의결을 거친 헌법개정안은 국민투표에 부쳐 확정한다.

2. 법률의 제정 등에 관한 권한

(1) 입법권의 의의와 범위 및 한계

(가) 입법권의 의의

헌법 제40조는 '입법권은 국회에 속한다'고 규정하고 있는바, 입법권에 있어 입법 및 입법권의 의미와, 입법권이 국회에 속한다는 것을 어떻게 이해할 것인가가 문제된다.

① 입법과 입법권　　입법이란 글자 그대로 법(규범)을 정립하는, 즉 법을 만드는 행위이다. 정치적 공동체는 구성원 모두가 준수해야 할 행동원칙을 요구하며 행동원칙은 국민의 대표인 의회가 만들어야 한다. 의회가 만드는 법규범은 일반적이

어야 한다. 법의 내용을 불문하고(법규이건 아니건), 동시에 형식을 불문하여(헌법, 법률, 규칙이건 간에) 일반적 법규범을 만드는 것은 모두 입법에 해당된다. 입법권은 법규범을 만드는 권한이다.

② 헌법 제40조의 입법권 헌법 제40조는 '입법권은 국회에 속한다'고 규정하고 있다. 헌법 제40조의 입법권의 의미를 놓고 다양한 해석이 제시되어 있다.

㉠ 형 식 설 형식설은 입법이란 형식적 의미의 법률을 정립하는 작용이라고 한다. 형식설에 따르면 입법이란 내용을 불문하고 법률이란 title로 제정되는 모든 것을 의미하게 된다.

㉡ 실 질 설 실질설은 입법을 법규범 정립작용으로 본다. 법규범의 의미를 어떻게 볼 것인가에 따라, 다시 국민의 권리·의무에 관한 사항으로 보는 법규설(권리의무설)과 법규에 국한하지 않고 넓게 법규범으로 이해하는 법규범설(법률사항설)로 구별된다.

㉢ 결 론 생각건대, 입법권은 다음과 같은 이유로 법규범 정립권한으로 이해되어야 한다. 먼저 개념정의는 가능한 적극적으로 하는 것이 바람직하며, 행정과 사법의 개념정의와도 조화를 이룰 수 있다. 또한 형식설에 따르면 법률제정만을 입법으로 보기 때문에 헌법이나 명령·규칙과 같은 '비법률'의 제정은 입법에 포함시킬 수 없게 된다.

㈏ 입법권의 범위

헌법 제40조는 법규범정립에 관한 권한은 국회에 속한다는 것을 말한다. 이는 국회입법권의 의의와 한계를 정한 원칙규정으로, 법규범정립의 심의·의결과정에서 국회가 중심기관이어야 한다는 국회중심입법과 법률이라는 법규범은 국회만이 제정할 수 있다는 국회단독입법을 말한다.

그러나 국회가 입법권을 가진다 하여 모든 입법권을 독점하라는 것은 아니다. 국회가 제정해야 할 행동원칙의 대상은 공동체유지를 위해 필요한 모든 사항이 아니라 공동체의 기본문제이다. 의회가 기본사항을 실천해 옮길 세세한 문제까지 떠안을 필요는 없다. 이는 행정이나 사법의 전문성과 기술성에 맡겨야 하며, 이렇게 할 때 의회의 부담이 대폭 감면되고 의회는 기본문제에 더 집중할 수 있기 때문이다. 또한 다양한 법규범의 제정주체가 허용되어야 자신의 과제를 좀 더 전문적으로 실현시키며, 각 영역의 고유성과 독자성을 확보할 수 있고, 입법의 분업을 통해 다양한 국가와 사회의 수요를 충족할 수 있다.

한편 헌법은 입법권 중 일정부분을 헌법정책적 이유로 다른 국가기관에 맡기고 있다. 행정입법은 대통령·국무총리·행정각부의 장에게(§75, §95), 자치입법은 지방자치단체에게(§117①), 긴급명령(§73②)과 긴급재정·경제명령(§76①), 조약체결은 대통령에게(§73), 사법입법은 대법원에(§108), 헌법재판에 관한 입법은 헌법재판소에(§113②), 선거·정당사무에 관한 입법은 중앙선거관리위원회에(§114⑥) 각각 맡기고 있다. 그렇다면 국회의 입법권은 헌법개정의 의결권(§130①), 법률제정권(§53), 조약의 체결·비준의 동의권(§60), 국회규칙제정권(§64)에 국한된다.

(다) 입법권의 한계

① 헌법적 한계 입법은 인간의 존엄과 가치로서의 헌법의 근본이념과 민주주의, 법치주의, 사회국가원리, 국제평화주의와 같은 헌법의 기본원리에 위배될 수 없다. 또한 입법은 과잉금지, 신뢰보호, 적법절차 등의 기본원칙을 위반할 수 없으며 명문규정에 반하는 내용을 담을 수 없다. 동시에 입법은 헌법이 예정한 절차와 방법을 준수하면서 국가의사형성을 실현하여야 한다.

② 권력분립적 한계 입법에 권력분립적 차원의 한계가 주어진다. 입법으로 행정이나 사법의 영역에 대한 통제는 가능하나 입법이 통제를 넘어 행정이나 사법의 본질적 부분에 대한 침해가 되어서는 안 된다. 헌법이 행정부나 사법부에 맡긴 행정권이나 사법권의 내용을 입법의 형태로 변경·왜곡하는 것은 허락될 수 없다.

③ 체계정당적 한계 체계정당성은 규범의 구조나 내용 또는 규범의 근거가 되는 원칙이 서로 모순되지 않아야 한다는 원칙으로, 체계적합성으로도 불리운다. 체계정당성은 특히 입법자에게 요구되는 헌법원리로 입법기준이 된다. 체계정당성은 입법자의 자의를 금지하여 규범의 명확성, 예측가능성 및 규범에 대한 신뢰와 법적 안정성의 확보를 요구한다. 체계정당성원리에 대한 위반이 바로 위헌이 되는 것은 아니다. 비례의 원칙이나 평등원칙 등에 위배될 때 비로소 위헌이 된다. 체계정당성원리는 특히 '형벌체계상의 정당성이나 균형성'을 판단함에 있어 중요한 기능을 담당한다. 범죄와 형벌 간의 비례관계를 유지하지 못하거나, 형벌체계상 균형을 잃은 것이 명백한 때에는 형벌체계의 정당성이나 균형성을 상실한 것으로, 위헌으로 보아야 한다.

헌법재판소는 과실로 사람을 치상하게 한 자가 구호행위를 하지 아니하고 도주하거나 고의로 유기함으로써 치사의 결과에 이르게 한 경우를 살인죄의 법정형보다 무겁게 한 것이나, 야간에 흉기 기타 위험한 물건을 휴대하여 협박죄를 범한 자의 법정형을 야간에 흉기 기타 위험한 물건을 휴대하여 상해치사를 범한 자보다 더 높게 한 것, 그리고 '마약류 관리에 관한 법률'의 마약사범 또는 형법의 통화위조죄의 구성요건 이외에 별도의 가중적 표지 없이 '특정범죄가중처벌 등에 관한 법률'과 같은 특별법으로 법정형만 가중한 것은 형벌체계의 정당성이나 균형성을 상실한 것으로, 존엄과 가치보장의 객관적 헌법원리에 위배되고, 평등원칙에도 반하는 것으로 보았다.

(2) 법률의 제정절차

법률의 제정은 국회의 가장 본질적인 권한이다. 법률은 일반적으로 제안, 심의, 의결, 정부에의 이송, 공포의 절차를 밟아 제정된다.

㈎ 일반적 입법절차

① 법률안의 제안　　법률안은 의원 10인 이상의 찬성으로 발의할 수 있다(국회법 §79), 위원회 또는 정부 역시 의안을 제안 또는 제출할 수 있다. 의원이나 위원회가 예산 또는 기금상의 조치를 수반하는 의안을 발의(제안)할 경우 예상되는 비용추계서를 제출하여야 하며, 정부가 제출하는 경우에는 비용추계서 외에 재원조달방안에 관한 자료를 첨부하여야 한다(국회법 §79의2). 의원 또는 위원회가 조세특례를 신규로 도입하는 법률안을 발의 또는 제안하는 경우 연간 조세특례금액이 일정 금액 이상인 때에는 국회예산정책처 등 전문 조사·연구기관에서 조세특례의 필요성 및 적시성, 기대효과, 예상되는 문제점 등에 대하여 평가한 자료를 아울러 제출하여야 한다(국회법 §79의3). 의원이 법률안을 발의하는 때에는 발의의원과 찬성의원을 구분하되, 당해법률안에 題名의 副題로 발의의원의 성명을 기재한다(법률실명제). 회기 중 또는 폐회 중에 상관없이 제안할 수 있다.

② 법률안의 심의와 의결

㉠ 위원회의 회부　　위원회의 회부란 의장이 의안을 심사권한이 있는 소관위원회에 송부하는 행위를 말한다. 의장은 발의된 법률안을 의원에게 배부하고 본회의에 보고하며, 소관 상임위원회에 회부하여 심사하게 한다(국회법 §81①). 다만 폐회나 휴회 등으로 본회의에 보고할 수 없을 경우에는 이를 생략하고 회부할 수 있

다. 어느 상임위원회의 소관에 속하는지 명백하지 아니할 때에는 국회운영위와 협의하여 정하되, 협의가 이루어지지 않을 때에는 의장이 소관 상임위원회를 결정한다(국회법 §81②).

㉡ **심사기간 및 직권상정** 국회의장의 직권상정이란 의장은 심사기간을 정하여 안건을 위원회에 회부할 수 있고(국회법 §85①), 해당 위원회가 기간 내에 심사를 마치지 못한 경우 다른 위원회에 회부하거나 본회의에 부의할 수 있는 의장의 권한을 말한다(국회법 §85②). 국회의장의 직권상정은 '법안 날치기'로 또는 시급히 처리할 안건심사가 지연되는 것을 방지하기 위한 필요한 조치로 볼 수 있는데, '국회선진화법'은 의장의 직권상정을 제한하고 있다.

㉢ **의안의 숙려기간, 의안의 자동상정** 위원회에 회부된 의안이 바로 안건으로 상정되면 심도 있는 심사는 불가능하게 되며, 또 일정 숙려기간이 지났음에도 의안이 상정되지 않는다면 장기 미제의안이 많아지게 된다. 이에 대한 개선책으로 '국회선진화법'은 '숙려기간제'와 의안의 '상정간주제'(자동상정)를 도입하였다.

㉣ **위원회의 신속처리안건지정** '국회선진화법'은 의안의 신속처리장치로서 신속처리안건지정제도를 도입하고 있다(국회법 §85의2①). 위원회에 회부된 안건에 대해 재적의원(또는 소관 위원회 위원) 과반수가 서명한 "신속처리안건지정동의"를 의장(또는 소관 위원회 위원장)에게 제출하여 재적의원(또는 재적위원) 5분의 3 이상이 찬성한 때에는 신속처리안건으로 지정된다(국회법 §85의2①). 신속처리안건으로 지정되면 해당 안건에 대한 심사를 지정일부터 180일 이내에 마쳐야 하며(국회법 §85의2③), 위원회가 기간 내에 심사를 마치지 아니한 때에는 그 기간이 종료된 다음 날에 법제사법위원회로 회부된 것으로 본다(국회법 §85의2④).

㉤ **위원회의 안건조정** 위원회는 이견을 조정할 필요가 있는 안건(예산안, 기금운용계획안, 체계·자구심사를 위하여 법제사법위원회에 회부된 법률안은 제외)을 심사하기 위하여 재적위원 3분의 1 이상의 요구로 안건조정위원회를 구성하며(국회법 §57의2①), 안건조정위원회는 회부된 안건에 대한 조정안을 재적 조정위원 3분의 2 이상의 찬성으로 의결한다(국회법 §57의2⑥).

㉥ **예산결산특별위원회와의 협의** 재정부담이 수반되는 법률안을 심의함에 있어서는 재정조달과 재정의 효율적 운영을 위해 국가재정의 전체적 측면에서 '법률안과 재정'이 함께 논의될 필요가 있다. 기획재정부 소관 법률안과 상당한 규모의 예산을 수반하는 법률안의 경우 소관 위원회는 미리 예산결산특별위원회와의 협의

를 거치도록 한 것이 그것이다. 협의가 이루어지지 않을 경우 소관 위원회는 바로 심사보고를 할 수 있다.

③ 의　　사

㉠ **의안의 수정·철회**　　의원은 의안을 철회할 수 있다. 회의의 의제가 된 후에는 심의결정권한이 본회의나 위원회에 있기 때문에 본회의나 위원회의 동의를 얻어야 한다(국회법 §90①). 정부는 정부제출의안을 수정 또는 철회하고자 할 때, 의제가 된 후에는 본회의 또는 위원회의 동의를 얻어야 한다(국회법 §90②).

㉡ **수정안과 대안**　　의안에 대한 수정동의(수정안제출)는 30인(예산안의 경우 50인) 이상의 찬성으로 한다(국회법 §95①). 수정동의란 소관위원회의 심사를 마친 의안에 대하여 본회의 심의과정에서 이를 수정하고자 하는 경우 의장에게 제출하는 것을 말한다. 위원회의 심사를 마친 의안이라 하더라도 이에 대한 수정·보완이 가능하여야 하는데 그 정도 및 형식에 따라 수정안과 대안으로 구별된다. 수정안이란 원안에 대하여 다른 의사를 가하는 것으로 원안을 고치는 것인 반면, 대안은 원안과 일반적으로 취지는 같으나 내용을 전면적으로 수정하는, 즉 원안을 폐기하고 새로운 안을 제출한다는 점에서 수정안과 구별된다(국회법 §95④).

④ 체계심사와 자구심사　　소관 상임위원회에서 심사를 마치거나 입안한 법률안은 법제사법위원회에 회부하여 체계와 자구에 대한 심사를 거쳐야 한다(국회법 §86①). 체계심사란 법률안 내용의 위헌 여부, 관련법률과의 저촉 여부, 자체조항 간의 충돌 여부를 심사하고 법률형식을 정비하는 것을 말한다. 한편 자구심사란 법규의 정확성, 용어의 적합성과 통일성 등의 법률용어의 통일을 통해 법률용어를 정비하는 것을 말한다. 체계·자구심사는 체계, 형식, 자구에 대한 심사이므로 법률안의 실질적 내용까지 심사할 수 없다.

⑤ 위원회의 폐기(보류함)와 위원회의 해임　　위원회의 의안심사결과 본회의에 부의할 필요가 없다고 판단된 경우, 즉 본회의에 부의하지 아니하기로 결정된 때에는 이를 본회의에 보고하여 본회의에 부의하지 아니 한다(국회법 §87①). 이를 위원회의 폐기 또는 보류함(pigeon hole)이라 한다. 이러한 경우 위원회의 의안폐기권한의 남용을 막을 장치가 필요하게 되는데, 위원회의 폐기결정이 본회의에 보고된 날로부터 7일 이내에 의원 30인 이상의 요구가 있을 때에는 본회의에 부의하도록 하

였다. 이를 위원회의 해임(discharge of committee)이라고 한다. 일반의안 발의요건보다 엄격하게 30인의 찬성을 요하도록 한 것은 상임위원회의 의사를 존중하기 위해서이다.

⑥ 법률안 의결 본회의에서 법률안의 의결은 재적의원 과반수의 출석과 출석의원 과반수의 찬성을 요한다.

⑦ 정부에의 이송 및 대통령의 공포 국회에서 의결된 법률안은 의장이 이를 정부에 이송한다(국회법 §98①). 정부는 이송된 법률안에 대하여 공포할 것인가 거부할 것인가를 결정한다. 정부에 이송된 법률안에 대한 이의가 없는 때에는 대통령이 서명하고 국무총리와 관계 국무위원이 부서하며, 대통령은 법률안이 정부에 이송된 날로부터 15일 이내에 공포하여야 한다(§53①).

⑧ 효력발생 법률은 특별한 규정이 없는 한 공포된 날로부터 20일이 경과함으로써 효력을 발생한다(§53⑦). 국민의 권리를 제한하거나 의무를 부과하는 경우에는 30일이 경과되어야 효력을 발생한다(법령등 공포에 관한 법률 §13의2).

㈏ 이례적 입법절차

① 거부권 행사 정부에 이송된 법률안에 대하여 이의가 있을 때에는 대통령은 거부권을 행사할 수 있다. 즉 대통령은 법률안이 정부로 이송된 날로부터 15일 이내에 이의서를 붙여 국회에 환부하고 재의를 요구할 수 있으며, 국회가 폐회 중인 때에도 같다(§53②). 이 기간 중에 대통령이 공포하지 않거나 재의를 요구하지 아니한 때에는 법률안은 법률로 확정된다(§53⑤). 대통령이 거부권을 행사한 때에는 국회에서 재의되며, 재적의원 과반수의 출석과 출석의원 3분의 2 이상의 찬성으로 전과 같은 의결을 하면 그 법률안은 법률로 확정된다(§53④).

② 국회의장의 공포 정부에 이송된 법률안이 15일 이내에 공포나 재의를 요구하지 않음으로써 법률로 확정된 후 대통령이 '지체없이' 공포하지 않거나 또는 국회에서 재의결되어 정부에 이송된 후 5일 이내에 대통령이 공포하지 아니할 때에는 국회의장이 이를 공포한다(§53⑥). 국회의장의 법률공포권은 제5차 개헌 때 처음으로 규정되었다. 대통령이 15일 이내에 공포나 재의요구를 하지 않음으로써 법률로 확정되는 경우에는 거부권행사에 의한 재의결의 경우와 달리 5일을 기다릴 필요 없이 의장의 법률공포권이 지체 없이 발생한다고 보는 견해가 있으나, 통일적 법해

석상 '지체 없이'를 5일 이내로 보는 것이 타당하다. 또 '지체 없이'가 주는 모호함 때문에 예상되는 불필요한 다툼을 방지할 수 있다.

3. 조약의 체결·비준에 대한 동의권

(1) 의 의

(가) 국회동의의 기능

헌법 제60조 제1항은 대통령이 일정한 조약을 체결·비준하려면 국회의 동의를 얻도록 요구하고 있다. 조약체결권은 대통령의 권한이나(§73), 헌법은 대통령의 자의적인 조약체결을 방지하고, 민주적 정당성을 확보하기 위해서 국회의 동의를 얻도록 명하고 있다. 헌법에 의해 조약이 체결·공포되면 국내법과 동일한 효력을 지니므로(§6①) 국민의 대표기관인 국회의 통제하에 두는 것이 바람직하기 때문이다.

(나) 국회동의를 요하는 조약

① 동의를 요하는 조약 　헌법은 국회의 동의를 요하는 조약을 크게 두 그룹으로 나누고 있다. 동의를 요하는 첫 번째 그룹은, 상호원조 또는 안전보장에 관한 조약, 중요한 국제조직에 관한 조약, 우호통상항해조약, 주권의 제약에 관한 조약, 강화조약이다. 이들 조약은 대한민국의 존립, 독립, 안보, 주권, 국제통상에 관련된 사항으로 정치적 공동체의 존립기반을 이루고 있는 것이기에 헌법은 조약체결에 국회의 동의를 얻게 하고 있다. 두 번째 그룹은 국가나 국민에게 중대한 재정적 부담을 지우는 조약과 입법사항에 관한 조약이다. 국가나 국민에게 재정적 부담을 주거나 입법사항에 관한 조약은 국민의 자유를 제한하거나 권리에 중대한 영향을 주는 것이므로 국회의 동의를 얻도록 한 것이다.

② 열거적 조항 　국회의 동의를 요하는 조약의 범위와 관련하여 이를 예시적 조항으로 보는 견해가 있다. 그러나 우리 헌법은 미국이나 일본과 같이 모든 조약에 대하여 의회의 동의를 얻도록 규정하고 있지 않으며, 비록 특정조약이 동의를 요하는 조약에 해당될 것인가에 관해 다툼의 여지가 많을 수 있다고 하여도 국회의 동의를 요하는 조약의 범위는 열거적으로 보아야 한다.

(2) 국회동의의 시기

조약의 체결비준에 대한 동의는 사전 동의를 말한다. 확정된 조약안에 대한 구속적 동의의 표시가 이루어지기 전에 행해져야 한다. 따라서 서명 또는 비준 전에 동의가 이루어져야 한다.

(3) 수정동의

국회의 동의권 중에 조약의 수정권이 포함되는가가 문제된다. 조약을 수정하는 것은 대통령의 조약체결권을 침해하는 것이며, 수정을 가하는 것은 조약의 불승인으로 보아야 하므로 수정동의가 불가하다는 견해와 국회는 조약을 전면적으로 불승인할 수 있으므로 부분적 승인이라고 볼 수 있는 부분수정이 가능하다는 견해, 조약상대국과의 수정을 조건으로 하는 조건부 동의가 가능하다는 견해로 대립된다. 생각건대 대통령이 상대국과 협의에 의해 확정한 조약안에 대하여 국회가 수정할 수 있다면 이는 대통령의 조약체결권에 대한 침해가 되며 더 나아가 조약상대국과의 신뢰성을 크게 훼손할 수 있으므로 불가능하다고 본다. 수정동의는 동의에 대한 거부로 보아야 한다.

(4) 조약종료에 대한 동의

조약의 체결권은 조약의 종료에 관한 권한을 포함하며, 조약의 체결 및 종료는 모두 대통령의 권한에 속한다. 헌법은 조약의 종료에 관해서는 아무런 언급이 없으나 대통령은 단독으로 조약을 종료시킬 수 있다고 본다. 조약의 종료는 조약의 체결만큼이나 국회의 관여 및 통제가 크게 요구되지 않기 때문이다. 미국을 위시하여 대다수의 국가들도 조약의 종료는 대통령에 전속되는 재량적 행위로 보고 있다. 다만 조약이 지니는 국내법적 효력과 관련시켜 볼 때 조약의 종료사실을 즉시 국회에 통보하도록 의무화할 필요가 있다.

(5) 동의를 요하는 조약에 동의를 얻지 않은 경우

국회의 동의를 얻어야 하는 조약인가의 여부는 일차적으로 대통령이 판단한다. 대통령이 동의를 요하는 조약임에도 동의를 요하는 조약이 아니라고 판단하여 단독으로 조약을 체결·비준하였다면 국회는 이를 권한쟁의심판으로 다툴 수 있다. 국회의 동의권을 실질화시키고 대통령의 조약체결권에 대한 민주적 통제를 강화하기 위해 동의를 구체화시킬 수 있는 '조약체결절차법'이 제정되어야 한다.

4. 국회규칙의 제정권

국회는 법률에 저촉되지 않는 범위 내에서 의사와 내부규율에 관한 규칙을 제정할 수 있다.

Ⅱ. 재정에 관한 권한

국회의 재정에 관한 권한은 재원을 조달하는 재정권력작용, 조달된 재원을 관리·운영하는 재정관리작용, 집행된 재정(세출, 세입)을 심사·감독하는 재정심사·감독작용으로 분류할 수 있다. 대표적 재정권력작용으로는 조세가 있고, 재정관리작용으로는 예산이 있으며, 재정심사·감독작용으로는 결산이 있다.

1. 조세법률주의

(1) 조세법률주의의 개념 및 연혁

조세법률주의란 조세는 국민의 대표인 의회가 만든 법률에 의해서만 부과되고 징수될 수 있음을 말한다. 이는 절대군주의 자의적인 과세에 대항하여 납세자인 국민의 조세부담에 관한 자기결정권을 획득하는 과정에서 생성된 원칙이다.

조세법률주의는 1215년 대헌장에서 그 기원을 찾을 수 있다. 조세부과에 있어 귀족들의 승인을 얻도록 함으로써 국왕의 과세권을 제한한 것이 대헌장의 중요한 내용이었다. 그 후 국왕과 의회 사이에 조세문제로 갈등이 심화되다가, 1628년 국왕은 귀족들의 요구사항인 권리청원을 수락하게 되는데, 권리청원은 의회의 동의 없이 누구도 납세의무를 지지 않는다는 것을 명시적으로 규정하였다.

(2) 조세법률주의와 조세

(가) 조세의 개념

조세란 국가나 지방자치단체가 자신의 재정수요를 충족시키기 위해 특별한 반대급부 없이 강제적으로 부과하는 과징금을 말한다. 국가의 일반적 과제는 일반재정으로 충당되어야 하며 조세 외의 다른 공과금으로 충당될 수 없다. 국가재정의 조달은 조세로 해야 하는데, 조세는 재정조달의 목적 외에도 조세의 부담과 감면을 통해 각종의 국가정책을 수행하는 수단으로 사용될 수 있다.

(나) 구별개념

조세는 아니지만 조세에 준하여 법률로 엄격하게 규율되는 것이 있다.

① 부담금(분담금), 수수료, 사용료　　특정한 공익사업에 이해관계를 가진 자에게 그 경비의 일부를 부담케 하는 부담금(수익자, 원인자 부담금), 공적역무의 이용대가로 지급하는 수수료(소송비용, 운전면허나 여권발급비용), 공공시설의 이용이나 공

공재산의 사용에 대한 사용료는 그 성질이 조세와 구별되나 부과와 징수는 법률로 한다. 지방자치단체는 공공시설의 이용대가인 사용료, 수수료, 공공시설의 설치로 이익을 얻는 주민에게 분담금을 부과·징수할 수 있는데, 징수는 조례로 정한다(지방자치법 §136~§139).

② 특별부담금

㉠ 의 의　　특별부담금이란 특별한 과제수행에 필요한 재정충당의 의무가 특정집단에게 부과된 반대급부의 성질을 지니지 않는 공법상 금전급부의무를 말한다. 특별부담금은 반대급부의 성격을 지니지 않는 점에서 조세와 유사하나, 특별한 과제수행을 위해 특별과제와의 근접성을 지닌 인적집단에 부과된다는 점에서 일반적 재정수요의 충당을 위해서 담세능력에 따라 징수되는 조세와 구별된다. 환경개선부담금, 교통유발부담금, 수질개선부담금 등이 이에 해당된다.

㉡ 헌법적 근거　　특별부담금의 필요성은 긍정되나 헌법의 명확한 근거가 없어, 법적 근거가 문제된다. 특별부담금의 헌법적 근거로 헌법 제37조 제 2 항은 미흡하다. 특별부담금의 존재의의는 특정한 공적과제의 수행에 있는 것이며, 그 과정에 기본권제한이 수반되기 때문이다. 헌법 제37조 제 2 항을 포함하여, 헌법 제40조의 국회의 입법권, 헌법 제35조의 환경권(환경관련부담금의 경우), 헌법 제119조 이하의 경제조항 모두에서 근거를 구할 수밖에 없으며, 연구과제이다. 특별부담금은 국민의 재산권과 평등권을 제한하고 있으므로 법률유보원칙에 따라 그 부과와 징수는 법률로 하며, 과잉금지원칙이 적용됨은 물론이다.

㉢ 종 류　　특별부담금은 재정조달의 목적을 지니는 '재정조달(충당)목적부담금'과 재정조달의 목적뿐 아니라 특정한 사회·경제정책실현의 목적을 지니는 정책실현목적 부담금으로 양분된다. 재정충당 및 정책실현의 목적을 겸한 특별부담금도 존재한다. 재정충당목적부담금은 특정과제의 수행을 위해 조세 외적 부담을 지울 만큼 특별하고 긴밀한 관계가 있는 특정집단에 대해 부과되는데, 공영방송사업의 재정충당을 위해, 학교시설확보를 위해, 관광진흥기금 확보 등을 위한 부담금이 이에 해당된다. 정책실현목적부담금은 국가적 목적 달성을 유도하기 위한 것으로, 수입 먹는 샘물을 억제하고 수돗물의 수질개선을 위해, 폐기물을 억제하고 자원낭비를 막기 위해 부과되는 부담금 등이 이에 해당된다.

정책실현목적부담금은 다시 유도적 부담금과 조정적 부담금으로 구별되는데,

전자가 국민의 행위를 일정한 정책적 방향으로 유도하는 수단이 되는 부담금이라면, 후자는 공공의 출연으로부터 이익을 얻은 사람과 그렇지 못한 사람 사이에 발생하는 형평문제를 조정하는 수단이 되는 부담금이다. 유도적 부담금과 조정적 부담금은 개념상 구별될 뿐, 양자 모두 정책실현목적 부담금으로서 정당화 여부를 판단함에 있어 동일한 기준이 적용된다.

㉣ **재정충당부담금과 정책실현 부담금** 양자는 목적, 정당화 요건, 의무자의 범위, 공과금의 기준, 실현시기에 있어 차이가 있다.

㉤ **정당화 요건** 특별부담금은 그 납부의무자가 비록 일부 국민에 한정된다 하여도, 조세 이외의 추가적인 재정부담이므로, 이를 정당화할 수 있는 엄격한 요건이 요구된다. 헌법재판소는 독일 연방헌법재판소가 발전시켜온 특별부담금의 4가지 정당화요건을 수용하고 있다. 특별부담금이 정당화되기 위해서는 부담금 납부의무자가 그 부과를 통해 추구하는 공적 과제에 대하여 '특별히 밀접한 관련성'이 있어야 한다. 첫째, 일반인과 구별되는 동질성을 지녀 특정집단이라고 이해할 수 있는 사람들이어야 하고(집단적 동질성), 둘째, 부담금의 부과를 통하여 수행하고자 하는 특정한 경제적·사회적 과제와 특별히 객관적으로 밀접한 관련성이 있어야 하며(객관적 근접성), 셋째, 그러한 과제의 수행에 관하여 조세외적 부담을 져야 할 책임이 인정될 만한 집단이어야 하고(집단적 책임성), 넷째, 만약 부담금의 수입이 부담금 납부의무자의 집단적 이익을 위하여 사용될 경우에는 그 부과의 정당성이 더욱 제고된다(집단적 효용성).

㉥ **한 계** 특별부담금 특히 재정충당부담금은 첫째, 조세에 대해 예외적이며 보충적이어야 한다. 둘째, 조세저항을 피하기 위해 부담금형식이 남용되어서는 안 된다. 셋째, 특별부담금은 납부의무자의 '특별하고 밀접한 관련성'이 요구되므로, 재정책임이 없거나 또는 부담금이 납부의무집단에게 전혀 사용되지 않는다면 특별부담금은 정당화될 수 없다. 한편 유도적 부담금은 첫째, 정책목적을 실현하는 데 적절한 수단이 되어야 한다. 둘째, 부과금 부과에 형평성을 유지하여야 한다. 셋째, 부담금이 다른 사람에게 전가되어서는 안 된다.

(3) 조세법률주의의 내용

(가) 과세요건 법정주의

헌법(§59)은 '조세의 종목과 세율은 법률로 정한다'고 하여 과세요건 법정주의를 규정하고 있다. 과세요건 법정주의란 과세의 모든 요건은 법률로 정해져야 한다는 것을 말한다. 법정주의는 과세의 내용과 함께 과세의 부과와 징수도 법률로 정해질 것을 요구한다. 또 조세를 감면하는 것도 법률로 정해져야 한다. 헌법 제59조는 조세의 종목과 세율에 대해 법정주의를 요구하지만 조세의 종목과 세율 외에도 납세의무자, 과세물건, 과세표준, 과세절차까지 법률로 정해져야 한다는 데 학설과 판례가 일치되어 있다. 법정주의는 법률의 집행에 있어서 행정편의적인 확장해석이나 유추해석을 허용하지 않는다.

(나) 과세요건 명확주의

과세요건 명확주의란 과세요건, 절차, 효과를 법률로 정함에 있어 명확하게 일의적으로 규정함을 말한다. 과세요건의 내용이 불명확하여 자의적 해석과 집행을 초래할 위험성이 있다면 조세를 법률로 정하고자 하는 의의가 없어지기 때문이다. 명확주의는 국가의 부당한 과세권으로부터 재산권침해를 예방하고 국민생활의 법적 안정성을 보호하며 국민에게 장래에 대한 예측과 행동방향의 선택을 보장하는 데 기여한다.

과세요건 명확주의는 '법률의 명확성원칙'의 조세영역에 대한 표현이다. 조세법률도 언제나 명확하게 규정할 수는 없다. 경우에 따라서는 추상적이고 불명확한 개념의 사용이 불가피할 수 있다.

(다) 과세요건 형평(평등)주의

① 응능과세원칙 　과세요건 형평주의란 조세부담이 대상자에 따라 상대적으로 공평해야 함을 말한다. 평등원칙의 조세영역에 대한 표현으로 합형평성의 원칙이라고도 한다. 납세자의 조세부담은 납세자의 담세능력에 따라 정해져야 한다(응능(應能)과세원칙). 담세능력을 무시한 획일적인 세율은 형평주의의 한계를 일탈한 것이다. 형평주의는 동일한 소득은 원칙적으로 동일하게 과세되고(수평적 조세정의), 소득이 다른 사람들 간에는 공평한 조세부담의 부과(수직적 조세정의)를 요청한다. 수평적 조세정의는 동일한 소득에 대한 동일한 과세를 요구하므로 자녀 또는 부모에 대한 필요적 부양경비는 담세능력판단에 고려되어야 한다. 이렇게 될 때 부양가족 없는 납세의무자와 동일한 조세부담을 지는 것이 되기 때문이다. 그러나 부양에 요구되는 일체의 비용에 대한 필요적 소득공제를 요구할 수 없다. 적절한 범위는 입법자의 형성에 맡겨져 있다. 수직적 조세정의에 있어서는 최저생계를 위한 필요한

경비가 과세대상에서 제외될 것이 요구된다. 그렇다고 소득이 많은 자에게 반드시 누진적으로 과세할 것을 요청할 수 있는 것은 아니다. 입법자는 조세법 영역에서, 모든 과세대상을 동일하게 취급할 것인가의 여부, 중과세할 경우 그 대상을 어떻게 정하며 세율은 어느 정도로 할 것인가 등에 관하여 광범위한 입법형성의 자유를 가진다.

② 실질과세원칙 실질과세원칙이란 조세는 그 실질에 맞게 부과되어야 한다는 것으로, 법률적 형식과 경제적 실질이 서로 부합하지 않을 경우 경제적 실질에 과세함으로써 조세정의를 실현하려는 원칙을 말한다. 그러나 실질에 과세하는 것이 노리어 조세정의에 반할 때에는 그 예외가 인정되어야 한다. 형식에 중점을 두어 이에 과세하는 것이 오히려 과세정의에 부합할 때에는 실질과세원칙에 대한 예외가 인정되어야 하기 때문이다. 한편 실질과세원칙과 조세평등원칙과의 관계가 문제된다. 실질과세원칙에 위배되어도 바로 위헌이 되는 것이 아니며 조세정의나 조세평등에 위배될 때 비로소 위헌으로 결정된다. 조세평등주의 위반 여부에는 주로 자의심사원칙이 적용된다.

(라) 과세요건 소급금지(소급과세금지)

과세요건은 소급하여 적용되지 않는다. 새로운 입법으로 과거에 소급하여 과세하거나 이미 납세의무가 존재하는 경우에도 소급하여 중과세하는 것은 헌법(§ 13②)에 위반된다. 법령의 효력발생 전에 완성된 과세요건사실에 대하여 법령을 소급하여 적용할 수 없다. 다만 계속된 사실에 대하여는 적용이 가능하다. 헌법재판소는 개정 전 법인세법은 중소기업이 부당환급을 받은 경우 부당환급세액을 징수할 수 있는 근거규정을 두지 않았는데, 환급징수규정을 새로이 두면서 이를 개정 전 사실관계에 적용하도록 한 개정 법인세법 부칙은 진정소급입법에 해당하며, 진정소급입법을 예외적으로 허용할 수 있는 특단의 사정이 없으므로 소급입법 과세금지원칙에 위반된다고 판단하였다.

(4) 조세법률주의의 한계(위임입법)

(가) 위임입법의 불가피성

조세의 요건과 절차를 모두 법률로 규율하는 것은 불가능하므로 명령에 위임하는 것은 불가피하다. 따라서 과세대상을 정확하게 포착하고 과세표준을 적정하게 산출하며 담세력에 상응하는 공평과세의 목적을 달성하기 위해서는 납세의무의 중요한 사항 내지 본질적인 내용에 관련된 것이라 하더라도 그중 경제현실의 변화나 전문적 기술의 발달 등에 즉응해야 하는 세부적인 사항에 관하여는 법률보다 더 탄력성이 있는 행정입법에 이를 위임할 수밖에 없다.

㈏ 위임입법의 한계

① 본질적 한계　위임입법의 불가피성을 긍정하더라도 어떤 범위 안에서 어느 정도로 과세요건을 행정입법에 위임할 수 있는가가 문제된다. 과세요건 중 납세자에게 실질적인 부담을 결정하는 내용, 예컨대 납세의무의 중요한 사항 내지 본질적 사항은 법률로 정해져야 한다.

② 방법적 한계(예측가능성)　명령으로 규정될 내용 및 범위의 기본사항은 수권법률에서 예측이 가능하여야 한다. 예측가능성 유무의 판단기준은 첫째, 특정 조항 하나만 가지고 판단할 것이 아니라 법조항 전체를 유기적이며 체계적으로 판단하여야 한다. 둘째 처벌법규와 조세법규의 경우 구체성과 명확성의 요구가 강화되어야 하고, 급부행정보다 더 엄격하게 제한적으로 규정되어야 한다. 셋째, 규율대상이 지극히 다양하거나 수시로 변화되는 성질을 지니는 경우에는 위임의 구체성과 명확성의 요건이 완화되어야 한다.

(5) 조세법률주의의 예외

조세법률주의는 조세의 요건, 부과와 징수 모두 법률로 정할 것을 요구하나 법률이 아닌 다른 법형식으로 조세를 규율하는 경우가 있다. 지방세기본법(§5)은 지방세의 과세·징수에 관하여 필요한 사항은 조례로써 정할 수 있도록 하고 있다. 이는 조세법률주의의 예외에 해당하지만 조세법률주의의 위반은 아니다(통설). 헌법재판소는 지방자치단체가 과세면제를 하고자 할 경우, 지금의 행정자치부장관 허가를 얻어 조례로써 정하도록 규정한 지방세법 규정이 헌법에 위반되지 않는다고 하였다. 대통령의 긴급재정경제명령 역시 조세법률주의의 예외가 된다.

2. 예산의결권

헌법 제54조는 '국회는 예산안을 심의 확정한다'고 규정하고 있다. 국회는 예산을 심의하고 확정할 수 있는 권한, 즉 예산의결권을 가진다.

(1) 예산의 의의

(가) 개　　념

예산이란 1회계연도에 있어서 국가의 세입·세출의 예산준칙을 정한 것으로 국회의 의결로 성립되는 법규범의 일종을 말한다. 예산은 정치적 공동체의 가장 중요한 문제를 결정하고 좌우하며 국가의 방향과 모든 정책을 결정한다. 또한 예산은 국가의 세입과 세출을 계획함으로써 국가를 합리적으로 경영하게 하는 기초가 된다.

(나) 형　　식

예산을 법률의 형식(예산법률주의)으로 규율하는 입법례가 많다. 미국, 영국, 프랑스, 독일 등이 예산을 법률로 정하고 있다. 반면 우리나라는 일본이나 스위스와 같이 예산을 법률과 다른 특별한 형식으로 다루고 있다. 이를 특수의결주의 또는 예산비법률주의라고 한다. 현행 헌법은 국회의 입법권(§ 53)과는 별도로 국회의 예산의결권(§ 54)을 규정함으로써 법률과 예산의 형식을 구별하고 있다. 예산에 관하여는 1년 예산주의, 총계예산주의, 단일예산주의를 채택하고 있다. 총계예산주의원칙이란 '모든' 수입과 지출이 예산안에 계상되어야 함을 말하며(예산회계법 § 18②), 단일예산주의원칙이란 국가의 모든 수입과 지출이 '하나의' 예산안에 편성되어야 한다는 원칙을 말한다.

(2) 예산의 법적 성질

승인설과 법규범설의 견해가 있으나, 예산은 한 회계연도에 있어서 국가의 재정행위의 준칙으로서 국회의 의결에 의해 만들어지는 국법의 한 형식으로 보아야 하므로 통설인 법규범설이 타당하다.

(3) 예산과 법률과의 관계

(가) 양자의 차이점

① 형식의 차이　　예산은 예산의 형식으로, 법률은 법률의 형식으로 성립된다.

② 절차의 차이　　예산은 정부만이 제출할 수 있으나 법률은 정부·국회 모두가 제출할 수 있다(제출권). 또한 심의과정에 있어서 예산은 폐지나 삭감할 수 있어도 정부의 동의 없이 증액이나 항목신설을 할 수 없다. 즉 소극적 수정은 가능하나 적극적 수정은 할 수 없다. 그러나 법률에 대하여는 아무런 제한이 없다(심의절차). 예산은 단지 관보에 공고하면 되나 법률은 공포하여야 한다(공포). 예산에 대하여는

대통령이 거부권을 행사할 수 없으나 법률에 대하여는 가능하다(거부권).

③ 효력의 차이

㉠ 효 력 예산은 1회계연도 내에서만 효력이 있으나 법률은 개폐될 때까지 유효하다. 또한 예산은 강제력을 지니고 있지 않다는 점에서 법률과 다르다.

㉡ 구속력의 대상 예산은 국가기관 내부관계에서 법률에 근거한 국가작용에 소요되는 지출에 대해 권능을 부여하는 성격, 즉 내부규범의 성격을 지니고 있다. 따라서 예산은 국가기관만 구속한다. 반면 법률은 국가기관은 물론 국민도 구속한다.

(나) 양자의 관계

① 예산·법률 상호간의 비구속관계 예산과 법률은 국법형식이 다르고 성립절차 및 규율대상이 다르므로 예산으로써 법률을 변경하거나, 법률로써 예산을 변경할 수 없다. 상호변경이 불가능하며 상호 독립적이다.

② 예산·법률 상호간의 구속관계 예산에는 지출이 계상되어 있어도 지출의 근거가 되는 법률이 없으면 지출행위를 할 수 없다. 반면 법률에 의하여 경비의 지출이 인정되더라도 예산에 계상되어 있지 않다면 지출행위를 할 수 없다. 한편 세입예산이 계상되어 있더라도 세입의 근거가 되는 법률이 없으면 징수할 수 없고, 예산에 계상되어 있지 않더라도 법률이 있으면 징수할 수 있다.

③ 예산·법률이 불일치한 경우 예산법률주의를 채택하고 있지 않는 우리나라에서는 예산과 법률이 일치하지 않는 경우가 발생할 수 있다. 만일 예산은 성립되었는데 이를 뒷받침하는 법률이 마련되지 않은 경우에는 정부는 법률의 신속한 의결을 국회에 요구하여 대응책을 강구하여야 한다. 반대로 지출예산의 근거가 되는 법률이 예산조치의 범위를 넘어서는 경우에는 예비비를 사용하거나 추가경정예산을 편성하여 양자의 조화를 모색해야 할 것이다.

(4) 예산의 성립절차

(가) 예산안의 편성 및 제출

① 예산안의 편성

㉠ 편 성 권 정부는 예산안을 편성하여 국무회의 심의를 거쳐 국회에 제출한다. 정부는 예산을 편성함에 있어, 재정의 건전성을 확보하고, 국민의 부담을 최

소화하며, 예산과정을 투명하게 하고, 예산이 여성과 남성에게 미치는 효과를 평가하고, 그 결과를 정부의 예산편성에 반영하기 위하여 노력하여야 한다(국가재정법 §16). 예산안은 기획재정부장관이 통보한 예산안편성지침에 따라(국가재정법 §29, 이하 재정법) 작성된 중앙관서의 장의 예산요구서를 기초로 기획예산처장관이 작성한다. 예산조정이 필요한 때에는 당해 독립기관의 장과 미리 협의하여야 한다(재정법 §40①). 정부가 독립기관의 세출예산요구액을 감액하고자 할 때에는 국무회의에서 당해 독립기관의 장의 의견을 구하여야 하며, 정부가 독립기관의 세출예산요구액을 감액한 때에는 그 규모 및 이유, 감액에 대한 독립기관의 장의 의견을 국회에 제출하여야 한다(재정법 §40②).

② 예산안의 제출　　정부는 예산안을 편성하여 회계연도 개시 90일 전까지 국회에 제출하여야 한다(§54②). 국가재정법(§33)은 예산안 제출을 회개연도 개시 120일전까지 국회에 제출하도록 그 시기를 앞당기고 있다.

(나) 예산안의 심의 및 확정

① 예산안의 심의　　국회의 예산안 심의에 대하여 몇 가지 제약이 있다(§57). 첫째, 국회는 예산안에 대하여 폐지나 삭감과 같은 소극적 수정은 가능하나, 증액 또는 새 비목을 설치하는 적극적 수정은 할 수 없다. 적극적 수정이 필요할 경우 정부의 동의가 요구된다. 둘째, 예산이 수반되는 법률이 존재하는 경우 국회의 예산심의권은 이미 성립된 법률의 구속을 받는다. 셋째, 조약이나 법률로써 확정된 금액(법률비)과 채무부담행위(의무비)로서 전년도에 이미 의결을 얻은 금액은 삭감할 수 없다. 국회는 예산안심의를 전부 거부할 수 없다.

② 예산안의 확정　　국회는 정부가 제출한 예산안을 회계연도개시 30일 전까지 의결하여야 한다(§54②). 예산안의 심의절차는 정부의 시정연설, 소관 상임위원회의 예비심사, 예산결산특별위원회의 종합심사, 국회본회의의 의결·확정의 4단계를 거치게 된다. 예산안 및 기금운용계획안은 정부가 수행하는 사업간 우선순위와 사업내용의 계수적 표현으로 국민생활에 직접적인 영향을 주는 중요한 사안이기 때문에, 법은 이에 대한 심사 시 공청회의 개최를 의무지우고 있다(국회법 §84의3). 단 추가경정예산안 또는 기금운영계획변경안의 경우에는 위원회의 의결로 생략할 수 있다.

③ 예산안의 본회의 자동상정　　위원회는 "예산안, 기금운용계획안", "세입예산

안 부수 법률안"의 심사를 매년 11월 30일까지 마쳐야 하며(국회법 §85의3①), 심사를 마치지 못한 때에는 그 다음 날에 위원회에서 심사를 마치고 바로 본회의에 부의된 것으로 본다(국회법 §85의3②).

㈐ 예산의 공고

예산안은 국회의 의결로써 예산으로 성립되며, 국회가 의결한 예산은 정부에 이송되어 대통령이 서명하고, 국무총리 및 관계 국무위원의 부서와 함께 공고한다. 예산의 공고는 전문을 붙여 관보에 게재함으로써 한다. 예산의 공고는 효력발생요건이 아니다. 이는 예산은 국민이 수신인이 아니기 때문이다.

(5) 예산의 내용

예산은 총칙, 세입·세출예산, 계속비, 명시이월비, 국고채무부담행위로 구성되어 있다(재정법 §19). 헌법은 예산 중 계속비와 예비비만 규율하고 있다.

㈎ 계 속 비

계속비란 수년도에 걸치는 대규모 사업에 대한 경비총액 및 연부액(年賦額)을 미리 일괄하여 국회의 의결을 얻고 그 범위 안에서 수년도에 걸쳐 지출할 수 있는 경비를 말한다. 계속비는 '예산일년주의원칙에 대한 예외'로서 사업목적, 경비총액, 각 연도에 지출할 금액을 미리 정하여 국회의 의결을 얻어야 한다(§55①). 지출연한은 5년 이내로 하며 필요한 경우 국회의 의결을 거쳐 그 연한을 연장할 수 있다(재정법 §23②).

㈏ 예 비 비

예비비란 예측하기 어려운 예산 외의 지출이나 예산초과의 지출에 충당하기 위하여 예산에 계상되는 경비를 말한다. 예비비는 일반회계 예산총액의 100분의 1 이내의 금액으로 한다. 예비비는 총액으로 국회의 의결을 얻어야 하며 예비비의 구체적 지출에 대하여는 차기 국회의 승인을 얻어야 한다(§55②). 예비비는 공무원의 보수 인상을 위한 인건비 충당을 위해서는 사용될 수 없다(국가재정법 §22). 국회의 승인을 얻지 못한 경우 지출행위의 효력에는 영향이 없으나 정부는 정치적 책임을 지게 된다.

(6) 예산의 종류

예산은 본예산과 보정예산(추가경정예산), 확정예산과 임시예산(준예산, 잠정예산), 일반회계예산과 특별회계예산 등으로 구별된다.

(가) 추가경정예산

추가경정예산이란 대규모 자연재해가 발생하거나 또는 경기침체 등 대내·외 여건에 중대한 변화가 발생하였거나 발생할 우려가 있어 본예산의 예비비로 해결할 수 없는 때에 이를 해결하기 위해 만들어진 예산을 말한다. 정부는 예산을 변경할 필요가 있는 때에는 추가경정예산안을 편성하여 제출할 수 있다(§56). 추가경정예산안의 제출시기와 심의기간에 관하여 헌법상 제한은 없으며, 심의방법도 본예산과 동일하다. 국가재정의 건전성 제고를 위해 추가경정예산의 편성을 통제하고 있다(재정법 §89).

(나) 임시예산(준예산)

임시예산이란 예산이 법정기일 내에 의결되지 못한 때 전년도 예산에 준하여 집행되는 예산을 말한다. 회계연도가 개시될 때까지 예산안이 의결되지 못한 경우 예산안이 국회에서 의결될 때까지 헌법이나 법률에 의하여 설치된 기관 또는 시설의 유지·운영, 법률상 지출의무의 이행, 이미 예산으로 승인된 사업의 계속을 위한 경비는 전년도 예산에 준하여 집행할 수 있다(§54③).

(7) 예산의 효력

(가) 형식적 효력

예산은 시간적으로 1회계연도 내에서만 효력을 가진다. 또 예산은 대인적 효력에 있어 법률과 달리 국가기관만 구속한다. 예산은 외국의 공관에서 행해지는 수입·지출에 대하여도 효력이 미친다. 예산은 법률과 조약보다는 하위의 효력을 지닌다.

(나) 실질적 효력

세출예산은 지출목적·금액·시기의 면에서 국가의 재정행위를 구속한다. 반면 세입예산의 경우 법적 효력에 의문이 있음은 사실이나, 세입예산의 경우 예산에 계상되지 않은 수입을 법률에 근거하여 징수하였다 하더라도 그 수입이 예산에 계상되어 있지 않다면 당해 연도의 세출에 충당할 수 없다는 법적 효력을 지닌다. 매 회계연도의 세출예산은 다음 연도에 이월하여 사용할 수 없음이 원칙이다(재정법 §48).

3. 정부의 재정행위에 대한 권한

(1) 예비비 지출에 대한 승인권

예비비의 지출에 대하여는 차기 국회의 승인을 얻어야 한다(§55②). 예비비는 총액으로 국회의 의결을 얻기 때문에 이에 관한 구체적 지출에 대해서 국회의 통제를 받게 하고 있다.

(2) 기채동의권

국채란 정부가 재정적자를 보전 또는 일시적인 국고부족자금의 조달을 위하여 발행하는 유가증권을 말한다. 재정은 조세로 충당되어야 하나 세입만으로 충당할 수 없는 재정적자가 발생한 경우 국채발행에 의해 보전될 수밖에 없다. 그런데 국채발행은 국민에게 또 다른 부담을 주는 것이기에 헌법은 정부가 국채를 모집하고자 할 때 국회의 의결을 얻도록 하고 있다(§58).

(3) 예산 외에 국가의 부담이 될 계약체결에 대한 동의권

정부가 예산 외에 국가의 부담이 될 계약을 체결하고자 할 때에는 국회의 의결을 얻어야 한다(§58).

(4) 재정적 부담을 지우는 조약의 체결·비준에 대한 동의권

대통령이 국가나 국민에게 중대한 재정적 부담을 지우는 조약을 체결·비준하고자 할 때에는 국회의 동의를 얻어야 한다(§60①). 국회는 국가나 국민에게 중대한 재정적 부담을 지우는 남북합의서 또는 입법사항에 관한 남북합의서의 체결·비준에 대한 동의권을 가진다(남북관계발전에 관한 법률 §21③).

(5) 긴급재경처분 및 명령에 대한 승인권

대통령은 중대한 재정경제상 위기에 있어서 재정경제상의 처분을 발하고, 이에 관하여 법률의 효력을 가지는 명령을 발했을 때에는, 지체 없이 국회에 보고하여 그 승인을 얻어야 한다(§76).

4. 결산심사권

(1) 의 의

(가) 결산의 개념

결산이란 예산의 집행실적을 표시한 확정된 계수를 말한다. 결산은 예산의 집행실적을 확인하고 예산집행의 적법·적정 여부를 평가함으로써, 예산집행자인 정부의 책임을 분명히 하고, 사업성과를 평가하여 차기 재정계획과 예산편성에 도움을 주기 위함이다. 예산이 재정에 대한 국회의 사전통제수단이라면 결산은 재정에 대한 사후통제수단이다. 결산은 투명하고 공정하게 이루어져야 한다. 결산은 예산과 달리 법규범성을 지니지 않는다.

(나) 결산심사

결산심사란 국회가 예산집행내용의 당부를 검토하는 것을 말한다. 국가기관이 예산을 적법·적정하게 사용하였는가의 여부는 반드시 조사되어야 할 중요한 사항이며, 그것도 국민의 대표에 의해 심사되어져야 한다. 따라서 국회의 결산심사권은 재정입헌주의의 소산이라 할 수 있다. 한편 재정에 관한 국회의 감독은 예산심의 외에 결산심사에 의해 완전한 것이 된다. 이는 정부의 예산편성에 예산집행에 대한 결산심사결과가 반영되어야 국가재정운용의 완벽을 기할 수 있기 때문이다. 헌법은 국회의 결산심사권을 실효성 있게 보장하기 위해 감사원으로 하여금 먼저 결산을 검사하게 하고 그 결과를 대통령과 차년도 국회에 보고하도록 하였다(§99).

(2) 결산심사의 절차

(가) 정부의 결산보고서 제출

중앙관서의 장(국회, 대법원, 헌법재판소, 중앙선관위 포함)은 '국가회계법'에 따라 '중앙관서결산보고서'를 작성하여 다음 연도 2월 말일까지 기획재정부장관에게 제출하여야 한다(재정법 §58). 기획재정부장관은 대통령의 승인을 받은 국가결산보고서를 다음 연도 4월 10일까지 감사원에 제출하여야 한다(재정법 §59). 감사원은 이를 검사한 후 그 보고서를 다음 연도 5월 20일까지 기획재정부장관에게 송부하여야 한다(재정법 §60). 정부는 감사원의 검사를 거친 국가결산보고서를 다음 연도 5월 31일까지 국회에 제출하여야 한다(재정법 §61).

(나) 조기결산제도

국회는 감사원의 검사를 거친 결산을 다음 회계연도 5월 31일까지 제출하도록 정부에 요구하여야 하며, 결산에 대한 심의·의결을 정기회 개회 전까지 완료하여야 한다(국회법 §128의2). 이러한 조기결산제도의 도입취지는 정기회 개회 전까지 결산심사를 마치고 정기회에서는 예산안심의에 집중하기 위함이다.

(다) 국회의 결산심사

결산이 국회에 제출되면 의장은 소관 상임위원회에 회부하고, 결산에 대한 위원회의 예비심사보고서를 첨부하여 예산결산특별위원회에 회부하며 그 심사가 끝난 후 본회의에 부의하여 의결한다(국회법 §84).

(3) 결산심사결과에 대한 시정요구권

국회의 결산심사결과가 다른 국가기관에 대해 구속력을 지닐 때 국회의 결산심사는 실질적인 성격을 지니게 된다. 국회가 결산을 승인하면서 시정사항, 촉구사항 등 여러 형태의 부대의견을 첨부하여 의결하여 왔는데 부대의견의 법적 구속력에 의문이 있었고 이행 여부도 정부의 재량에 맡겨진 경우가 많았다. 이에 대한 제도개선책으로 시정요구권이 신설되었다. 결산심사결과 위법 또는 부당한 사항이 있는 때에는 국회는 정부 또는 해당기관에 변상 및 징계조치 등 시정을 요구하고, 정부 또는 해당기관은 시정요구를 받은 사항을 지체 없이 처리하여 그 결과를 국회에 보고하여야 한다(국회법 §84②).

Ⅲ. 헌법기관구성에 관한 권한

1. 대통령 선출권

헌법은 대통령을 직선으로 선출하도록 하면서(§67①), 선거결과 최고득표자가 2인 이상인 때에는 국회에서 간선으로 선출하도록 규정하고 있다. 국회의 재적의원 과반수가 출석한 공개회의에서 다수표를 얻은 자를 당선자로 한다(§67②). 그러나 이론적으로 또 입법론적으로 보아도 국민에 의한 결선투표가 타당하고 바람직하다.

2. 헌법기관 선출권

국회는 3인의 헌법재판소재판관(§111③)과 3인의 중앙선거관리위원회 위원(§114②)을 선출한다.

3. 헌법기관구성에 대한 동의권

국회는 국무총리, 대법원장과 대법관, 헌법재판소장, 감사원장 임명에 대한 동의권을 가진다.

Ⅳ. 국정통제에 관한 권한

1. 국무총리와 국무위원 등의 출석요구 및 질문권

(1) 의 의

국회나 그 위원회는 국무총리와 국무위원 및 정부위원에 대하여 국정전반에 걸쳐 질문할 수 있고, 현안이 되고 있는 중요한 사항에 대하여 질문할 수 있다. 국회는 국민의 대표로서 국가기관에 대하여 국정전반에 관한 처리상황과 장래의 방침에 대하여 설명을 요구하거나 소견을 물을 수 있기 때문이다. 동시에 대법원과 헌법재판소 등 다른 헌법기관의 장에 대한 질문과 출석요구를 통해, 헌법기관에 대한 감시와 견제의 기능을 한다. 국무총리 등에 대하여 국회가 갖는 질문권은 대통령제 국가형태에서는 이례적이다.

(2) 출석요구

질문을 하거나 안건심의를 위하여 필요한 때에는 국무총리나 국무위원 및 정부위원의 출석을 요구할 수 있다(국회법 §121①). 출석요구는 20인 이상의 의원이 발의하여 본회의의 의결을 얻거나 위원회의 의결로 한다. 국무총리 또는 국무위원이 출석요구를 받은 때에는 국회에 출석·답변하여야 하나, 의장이나 위원장의 승인을 얻어 국무위원 또는 정부위원으로 하여금 출석·답변하게 할 수 있다(국회법 §121③). 또한 본회의나 위원회는 대법원장, 헌법재판소장, 중앙선거관리위원회위원장, 감사원장 또는 그 대리인의 출석을 요구하고 질문할 수 있다(국회법 §121④). 출석요구를 받은 국무총리나 국무위원은 출석·답변할 법적 의무가 있다. 정당한 이유 없이 이에 응하지 아니한 때에는 탄핵소추나 해임건의의 사유가 될 수 있다.

(3) 질 문

(가) 대정부 질문(국회법 §122의2)

대정부질문이란 본회의에서 회기 중 국정전반 또는 국정의 특정분야를 대상으로 정부에 질문하는 것을 말한다. 대정부질문은 정부의 법률이나 예산집행에 관한 감시 및 통제기능, 국회의사를 국정에 반영하도록 하는 정책보완기능, 국민에게 국가정보를 알게 하는 정보기능을 수행한다. 대정부질문의 실시시기와 의제가 결정되면 의원 20인 이상의 찬성으로 발의하여 본회의 의결로 국무총리 및 국무위원의 출석을 요구한다. 질문을 하고자 하는 의원은 질문요지 및 질문대상 국무위원을 기재한 질문요지서를 의장에게 제출하며, 의장은 질문시간 48시간 전까지 정부에 도달되도록 송부하여야 한다. 대정부질문은 일문일답의 방식으로 하되, 의원의 질문시간은 20분을 초과할 수 없다. 질문시간에는 답변시간이 포함되지 아니한다. 토론식이 아닌 연설식의 모두(冒頭)질문방식은 폐지되었다.

(나) 대정부 서면질문(국회법 §122)

서면질문이란 의원이 정부에 대하여 서면으로 행하는 질문을 말한다. 서면질문은 구두로 하는 대정부질문과 구별된다. 서면질문은 질문의 명확성 및 기록성을 제고할 수 있어 대정부 감시기능에 내실화를 기할 수 있는 장점이 있다. 서면질문의 대상인 정부는 협의의 행정부를 포함한 모든 국가기관을 의미한다고 보아야 한다. 의원은 질문서를 의장에게 제출하며 의장은 지체 없이 이를 정부에 이송하여야 한다. 서면질문은 폐회 중에도 할 수 있다. 정부는 질문서를 받은 날로부터 10일 이내에 서면으로 답변하여야 한다. 이 기간 내에 답변하지 못한 때에는 그 이유와 답변할 수 있는 기한을 국회에 통지하여야 한다. 정부는 서면질문에 대한 법적 답변의무가 있다.

(다) 긴급현안질문(국회법 §122의3)

긴급현안질문이란 회기 중 현안이 되고 있는 중요한 사항을 대상으로 정부에 대하여 행하는 질문을 말한다. 긴급현안질문을 요구하는 의원은 의원 20인 이상 찬성으로 현안이 되고 있는 중요한 사항을 대상으로 질문요구서를 본회의개의 24시간 전까지 의장에게 제출하여야 한다. 긴급현안질문에 대해 의장은 운영위원회와 협의를 거쳐 실시 여부와 의사일정을 정한다. 긴급현안질문은 회기 중에만 적용된다. 국무총리 등에 대한 별도의 출석요구 의결은 필요 없다. 질문시간은 총 120분으로 하며, 의원의 질문은 10분을, 보충질문은 5분을 초과할 수 없다.

(라) 대헌법기관 질문(국회법 §121④)

본회의나 위원회는 특정한 사안에 질문하기 위하여 대법원장, 헌법재판소장, 중앙선거관리위원회위원장, 감사원장 또는 그 대리인의 출석을 요구할 수 있다. 이는 정부 이외의 헌법기관에 대한 견제기능을 수행하기 위하여 인정된 제도이나, 대법원장 등이 자발적으로 국회에 출석하는 것은 별론으로, 국무위원과 달리 국회에 출석하여 답변할 의무는 없다고 본다. 법원행정처장, 헌법재판소 사무처장, 중앙선관위 사무총장은 의장이나 위원장의 허가를 받아 발언할 수 있다(국회법 §120②).

2. 국무총리와 국무위원에 대한 해임건의권

헌법 제63조는 '국회는 국무총리 또는 국무위원의 해임을 대통령에게 건의할 수 있다'고 규정하여 국회의 국무총리와 국무위원에 대한 해임건의권을 보장하고 있다.

(1) 의 의

(가) 의 의

해임건의란 국무총리나 국무위원의 직무능력 등에 문제가 있는 경우 국회가 대통령에게 해임을 건의하는 제도를 말하는데, 대통령제 정부형태를 취하고 있는 헌법에서는 이례적인 것이다. 해임건의제도는 의원내각제의 내각불신임에 그 뿌리를 두고 있지만 대통령제 정부에서도 나름대로의 기능을 지니고 있다.

(나) 연 혁

해임건의제도는 많은 변화를 거쳐 현재에 이르고 있다. 현행제도와 가장 유사한 형태는 제 3 공화국 헌법(§59)의 해임건의제도인데, 현행과 다른 점은 대통령은 특별한 사유가 없는 한 이에 응하여야 한다는 규정을 두었다는 것이다. 제 4 공화국 헌법(§97)이나 제 5 공화국 헌법(§99)은 국무총리나 국무위원에 대하여 개별적으로 해임을 의결할 수 있었고, 국무총리에 대한 해임의결이 있게 되면 대통령은 국무총리와 국무위원 전원을 해임하도록 하였다. 다만 제 5 공화국 헌법은 국무총리에 대한 해임의결을 임명 후 1년 이내에는 할 수 없도록 하였다.

(2) 해임건의의 요건

(가) 해임건의의 사유

해임건의의 사유에 관해 헌법은 아무런 규정을 두고 있지 않다. 해임건의의 사유로는 직무집행이 위헌 또는 위법인 경우, 정책의 과오나 무능력 기타 사생활 문란 등으로 해당 직책을 수행할 능력이 없다고 판단된 경우, 또는 부하공무원의 과오나 범법행위에 대한 감독책임을 져야 될 경우 등이다. 해임건의의 사유는 직무집행이 헌법과 법률에 위배된 때에 이루어지는 탄핵소추의 사유보다 광범위하고 포괄적이다.

(나) 해임건의의 대상

해임건의는 국무총리와 국무위원을 개별 또는 묶어서 해임건의의 대상으로 삼을 수 있다. 그러나 국무위원 전체를 그 대상으로 하는 일괄적 해임을 건의할 수 없다. 정부에 대한 불신임결의와 같은 내각총사퇴는 허용될 수 없기 때문이다.

(3) 해임건의의 절차

해임건의는 재적의원 3분의 1 이상의 발의와 재적의원 과반수의 찬성으로써 한다(§63②). 해임건의가 발의된 경우에는 본회의에 보고하고 그 때부터 24시간 이후 72시간 이내에 표결한다. 이 기간 내에 표결되지 않으면 건의안이 폐기된 것으로 본다(국회법 §112⑦).

(4) 해임건의의 법적 구속력

해임건의가 있을 때 대통령은 반드시 해임을 하여야 하는가가 문제된다. 현행 헌법은 대통령제를 정부형태로 하고 있고, 제3공화국 헌법이 규정하고 있는 '특별한 사유가 없는 한 이에 응하여야 한다'는 규정을 두고 있지 않으며, 헌법이 해임의결이나 해임요구가 아닌 해임건의라고 규정한 점을 고려해 볼 때, 대통령을 법적으로 구속할 수 없다고 본다(다수설).

3. 탄핵소추

헌법 제65조는 '대통령·국무총리·국무위원·행정각부의 장·헌법재판소 재판관·법관·중앙선거관리위원회 위원·감사원장·감사위원 기타 법률이 정한 공무원이 그 직무집행에 있어서 헌법이나 법률을 위배한 때에는 국회는 탄핵의 소추를 의결할 수 있다'고 규정하여 국회의 탄핵소추권을 보장하고 있다.

(1) 의 의

(가) 개 념

탄핵이란 일반적인 사법절차에 의해서는 책임을 추궁하기 어려운 고위공무원의 직무상 위헌·위법행위를 의회가 소추하는 제도를 말한다. 고위 공직자가 직무수행 중 헌법을 위반한 경우 이에 대한 법적 책임을 추궁할 수 있도록 함으로써, 헌법의 규범력을 확보하고자 하는 것이 탄핵심판의 존재의의라 할 수 있다. 탄핵은 국회가 지니는 국정통제수단이며 동시에 고위공직자의 헌법위반행위에 대한 헌법보호수단의 성격을 지닌다. 근대적 의미의 탄핵제도는 영국에서 시작되었다는 데 이의가 없다. 영국에서 시작된 탄핵제도는 1787년 미국 연방헌법에서 처음으로 성문화되었다.

(나) 기　능

탄핵제도의 기능은 나라마다 헌정의 실제와 전통, 정부형태, 정당체제 등에 따라 다를 수밖에 없으나 탄핵제도가 일반적으로 권력통제적 기능과 헌법보호적 기능을 지닌다는 데에는 이의가 없다. 다만 정부형태에 따라 탄핵이 지니는 권력통제적 기능의 의의나 대상에 관해서는 많은 차이가 있다. 또한 탄핵제도는 헌법보호기능을 수행한다.

(2) 법적 성격

헌법(§65④)은 탄핵결정은 공직으로부터 파면에 그친다고 규정하고 있다. 이는 우리의 탄핵제도가 형사벌의 성질이 아닌 징계벌의 성질을 지니고 있음을 알 수 있다. 탄핵은 위헌위법의 직무행위에 대하여 국회와 헌법재판소가 공동으로 행하는 징계행위로서, 헌법질서를 수호하는 기능을 지닌다. 미국, 독일, 일본과 동일한 형태를 취하고 있다. 반면 영국이나 프랑스는 파면 외에 징역·금고 등의 형벌까지 선고할 수 있다. 미국은 파면과 동시에 향후 공직에 취임하거나 재직 모두가 금지된다.

(3) 탄핵소추

(가) 소추기관

탄핵소추기관은 국회가 된다. 양원제 의회에서는 일반적으로 하원이 소추기관이 된다. 헌법은 탄핵을 소추와 심판으로 나누어, 소추는 국회의 권한으로 심판은 헌법재판소의 권한으로 하였다.

(나) 소추대상자

소추대상자는 대통령·국무총리·국무위원·행정각부의 장·헌법재판소재판관·법관·중앙선거관리위원회위원·감사원장·감사위원 기타 법률이 정한 공무원이다(§65①). 기타 법률이 정한 공무원의 범위는 입법에 의하여 정해지겠지만 법률로 구체화되어 있지 않다. 국가정보원장, 처장, 정부위원, 각군 참모총장, 검사, 고위 외교관 등은 탄핵대상이 된다고 본다. 국회의원은 탄핵대상이 되지 않는다. 개별법이 탄핵소추의 대상을 규정하고 있는 예로는, 검사, 경찰청장, 각급 선거관리위원회 위원, 방송통신위원회 위원장 등이다.

(다) 소추사유

탄핵사유는 직무집행이 위헌 또는 위법이어야 한다.

① 직무집행과 관련될 것　직무란 법제상 소관 직무에 속하는 고유업무와 사회통념상 이와 관련된 업무를 말하므로, 직무상의 행위란 법령·조례·행정관행 및 관례에 의하여 그 지위의 성질상 필요하거나 이에 수반되는 모든 행위나 활동을 말한다. 탄핵소추는 직무집행과 관련되어야 하므로 직무집행과 무관한 사생활이나 취임 전 또는 퇴직 후의 행위는 탄핵사유가 될 수 없다.

② 헌법과 법률에 위배될 것　탄핵은 직무수행이 헌법과 법률에 위배되어야 한다. 정치적 무능력, 정책결정의 과오, 단순한 부도덕 등은 해임건의사유는 되어도 탄핵소추사유는 될 수 없다. 여기서 헌법과 법률이란 성문과 불문의 모든 법을 포함하며, 형식적 법률은 물론 법률과 동등한 효력을 지니는 국제조약, 국제법규 및 긴급명령도 포함된다.

③ 고의·과실이 있을 것　헌법이나 법률에 위배됨이란 고의나 과실에 기한 경우이어야 하며, 법의 무지로 인한 경우도 포함한다. 헌법 제65조의 위배를 고의로 국한하여 해석할 근거나 이유를 발견할 수 없다.

④ 위헌·위법이 중대한 것일 것　헌법과 법률에 위배되는 모든 행위를 탄핵사유로 보는 것은 적절치 않다. 더욱이 대통령에 대한 탄핵의 경우 문제가 심각할 수 있다. 따라서 탄핵은 법위반의 모든 경우가 아니라, 단지 공직자의 파면을 정당화할 정도의 '중대한' 법위반의 경우로 보아야 한다. 또한 중대성은 고의 과실의 주관적 요소로 판단할 것이 아니라 헌법질서에 끼친 해악의 정도를 기준하여 객관적으로 판단하여야 한다. 여기서 중대한 법위반이란 파면을 정당화할 정도의 법위반을 말하는 것이 아니라 단순한 법위반으로는 소추할 수 없다는 소극적 의미이다. 대통령의 경우, 대통령에게 부과된 헌법수호책무를 위반하여 자유민주적 기본질서에 위배되는 적극적 위반행위를 하거나, 전체국민이 선거를 통해 대통령에게 부여한 신임을 배반한 경우라면, 중대한 법위반으로 볼 수 있다.

㈑ 소추의 발의와 의결

① 소추의 발의　소추의 발의가 있으면 의장은 즉시 본회의에 보고하고, 본회의의 의결로 법제사법위원회에 회부하여 조사하게 할 수 있다. 법제사법위원회는 소추와 소추유지에 필요한 자료를 수집한다. 조사는 '국정감사 및 조사에 관한 법률'에 따르며, 절차는 '국회에서의 증언감정에 관한 법률'에 따른다(국회법 §131). 만일

법제사법위원회에 회부하기로 의결하지 않은 때에는 본회의에 보고된 때로부터 24시간 이후 72시간 이내에 탄핵소추의 여부를 무기명투표로 표결한다. 이 기간 내에 표결하지 아니한 때에는 탄핵소추안은 폐기된 것으로 본다(국회법 §130). 대통령 이외의 탄핵대상자에 대한 탄핵소추의 발의는 재적의원 3분의 1 이상, 대통령에 대한 탄핵소추의 발의는 재적의원 과반수의 찬성이 있어야 한다(§65②).

② 소추의 의결 탄핵소추의 의결은 국회에 전속한다. 대통령 이외의 탄핵대상자에 대한 탄핵소추의 의결은 재적의원 과반수의 찬성이, 대통령에 대하여는 재적의원 3분의 2 이상의 찬성이 있어야 한다(§65②). 탄핵소추의 의결이 있게 되면 의장은 소추의결서 정본을 소추위원인 법제사법위원장에게 송달한다(국회법 §134). 소추위원이 헌법재판소에 소추의결서를 제출하면, 별도의 탄핵심판청구서를 제출할 필요가 없다. 탄핵소추나 탄핵심판절차는 소추를 한 국회의 임기만료, 또는 당사자의 해임이나 사임으로 영향을 받지 않는다. 단 사망은 절차가 종료되는 것으로 본다.

(마) 소추의 효과

탄핵소추의 의결을 받은 자는 탄핵심판이 있을 때까지 그 권한행사가 정지된다(§65③). 권한행사의 정지는 피소추자에게 소추의결서가 송달된 때부터 탄핵심판이 있을 때까지이다. 소추의결서가 송달되면 임명권자는 피소추자의 사직원을 접수하거나 해임할 수 없다(국회법 §134②). 이는 탄핵을 면탈하지 못하게 함으로써 탄핵의 실효성을 보장하기 위함이다. 또한 탄핵소추가 의결된 자가 파면된 경우에는 헌법재판소는 탄핵청구를 기각하여야 한다(헌재법 §53②). 이는 탄핵의 목적을 달성했기 때문이다.

(4) 탄핵심판

(가) 탄핵기관

탄핵심판을 담당하는 기관은 나라마다 다양한 형태를 지니고 있다. 상원이 담당하는 경우(미국, 영국), 헌법재판소와 같은 사법기관이 담당하는 경우(독일), 독립된 탄핵법원이 담당하는 경우(일본, 프랑스) 등 다양하다. 우리나라는 헌법재판소가 탄핵심판을 담당한다.

(나) 심판절차

헌법재판소는 필요한 증거조사를 하며 변론주의에 따라 심리한다. 동일한 사유에 관하여 형사소송이 계속되는 동안에는 심판절차를 정지할 수 있다(헌재법 §51). 헌법재판소는 탄핵소추의결서에 기재되지 아니한 소추사유를 판단의 대상으로 삼을 수 없다.

(다) 탄핵의 결정

헌법재판소는 탄핵심판청구가 이유 있는 때에는 공직에서 파면하는 결정을 선고한다. 탄핵심판청구가 이유 있는 때란 모든 법위반의 경우가 아니라, 공직자의 파면을 정당화할 정도로 중대한 법위반의 경우를 말한다. 파면 여부의 결정은 해당 공직자의 법위반이 어느 정도로 헌법질서에 부정적 영향이나 해악을 미치는지의 관점과 공직자를 파면하는 경우 초래되는 효과를 서로 형량하여야 한다. 대통령에 대한 탄핵심판은 대통령을 파면할 정도로 중대한 법위반이 존재해야 하는데, 어느 정도의 법위반이 파면하지 않으면 안 될 중대한 법위반에 해당하는가를 판단하는 것은 매우 어려운 일이 아닐 수 없다. 대통령의 직을 유지하는 것이 더 이상 헌법수호의 관점에서 용납될 수 없거나 대통령이 국민의 신임을 배신하여 국정을 담당할 자격을 상실한 경우에 한하여, 대통령에 대한 파면결정은 정당화될 수 있다. 헌법재판소에서 탄핵을 결정함에는 재판관 6인 이상의 찬성이 있어야 한다(§111②).

(라) 탄핵의 효과

탄핵결정은 공직으로부터 파면됨에 그친다. 탄핵의 결정으로 민·형사상의 책임이 면제되지 않는다. 탄핵결정을 받은 자는 일정기간(5년) 공직의 취임이 금지된다(헌재법 §54②). 탄핵결정에 대해서도 대통령의 사면이 가능한가가 문제되나, 인정되지 않는다(통설).

4. 국정감사 및 조사권

헌법 제61조는 '국회는 국정을 감사하거나 특정한 국정사안에 대하여 조사할 수 있으며, 이에 필요한 서류의 제출 또는 증인의 출석과 증언이나 의견의 진술을 요구할 수 있다'고 규정하여 국정감사 및 조사권을 보장하고 있다. 국정감사와 조사를 위해, '국정감사 및 조사에 관한 법률(이하, 국감법)'과 '국회에서의 증언·감정 등에 관한 법률(이하, 증감법)'이 제정되어 있다.

(1) 의　　의

(가) 개　　념

국정조사권이란 국회가 입법, 재정, 국정통제 등 자신에게 부과된 국가적 과제를 수행하기 위해 특정의 국정사안을 조사할 수 있는 권한을 말한다. 반면 국정감사권이란 국회가 정기적으로 국정전반에 걸쳐 조사하는 권한을 말한다. 국정감사제도는 외국에서 유사한 입법례를 찾아보기 힘든 제도이다. 국정조사권은 의회민주주의의 실현을 위한 불가결의 수단으로서 헌법의 명문규정 여하를 불문하고 의회의 권한의 하나로 모든 국가에서 인정되고 있다.

(나) 연　　혁

영국 의회가 1689년 아일랜드 전쟁의 실패원인을 규명하고 책임을 추궁하기 위하여 특별위원회를 조직한 것이 국정조사권의 기원이라고 한다. 헌법에 명문화된 것은 Weimar 헌법이 처음이다. 독일이나 일본 등 많은 나라에서 의회의 권한행사에 필요한 보조적 권한으로 인정되어 있다. 우리나라는 건국헌법부터 국정감사에 관한 규정을 두었다. 국정감사 및 조사는 1972년 유신헌법에 의해 폐지되었다. 1980년 헌법은 국회법에서 허용되었던 국정조사권을 헌법에 명문화하였다. 그 후 현행 헌법은 국정조사 외에 유신헌법에 의해 폐지된 국정감사를 다시 부활시켰다.

(다) 국정조사권과 국정감사권의 관계

우리 헌법은 국정감사와 국정조사를 구별하고 있어 양자의 관계가 문제된다. 국정조사는 특정한 사안을 대상으로 하며, 불특정 기간에 부정기적으로 이루어지고, 상임위원회 또는 특별위원회가 실시하는 반면, 국정감사는 국정전반을 대상으로, 특정한 시기에 기간을 정해, 상임위원회가 실시한다는 점에 차이가 있다. 국정조사와 국정감사는 시기와 기간, 범위와 대상에 있어서만 차이가 있을 뿐, 본질·주체·방법과 절차·권한·효과 면에서는 동일하다.

(2) 국정감사 및 조사권의 법적 성격

(가) 본　　질

국정감사 및 조사권이 국회의 독립적 권한인가 아니면 보조적 권한인가에 관한 대립이 있다. 독립적 권한설에 의하면, 국정감사 및 조사권은 의회의 최고기관성에서 유래하는 권한으로, 입법권·국정통제권·예산심의권과 함께 국회의 4대권한의 하나라고 한다. 반면 보조적 권한설에 의하면, 국정감사 및 조사권은 국회의 독자적인 기능을 수행하기 위한 권한이 아닌 국회의 고유한 권한을 유효하게 수행하는 데 필요한 보조적 권한으로 이해한다. 국정감사 및 조사권은 국회의 헌법상 권한을 실효성 있게 행사할 수 있도록 도와주는 보조적 권한으로 보는 것이 타당하다.

(나) 기 능

국정감사 및 조사권은 행정이나 사법의 책임성을 보장하여 주고, 국정의 많은 정보나 자료가 공개되므로 국민의 알 권리를 충족시켜 주며, 국정의 전 영역에 대한 통제기능을 나타낸다. 특히 국정조사는 의회에서의 소수가 국정을 통제하는 기능을 지니고 있으므로, 국정조사의 요건과 행사를 법률로 형성함에 있어 이와 같은 기능이 실현될 수 있도록 하여야 한다.

(3) 국정감사 및 조사권의 내용

(가) 시기와 기간

국정감사는 9월 10일부터 20일간 시행하도록 하였는데, 국정감사가 정기회 기간 중에 실시되어 예산안과 법률안 등 중요안건에 대한 심사기간을 충분히 확보하기 어려운 점이 있으므로, 2012년 법개정으로 정기회 집회일 이전에 감사시작일부터 30일 이내의 기간을 정하여 감사를 실시하도록 하였다(국감법 §2①). 본회의 의결로 정기회 기간 중에 감사를 실시할 수 있다. 반면 국정조사는 시기와 기간을 미리 정할 수 없다.

(나) 방법과 절차

국정감사는 상임위원회가 작성하고 국회운영위원회와의 협의를 거쳐 확정된 감사계획서에 따라 상임위원회별로 실시한다(국감법 §2). 감사계획서 작성에 운영위원회와의 협의를 요하도록 한 것은 감사대상기관이나 감사일정 중복 등 특별한 사정이 있는 경우 이를 조정하기 위함이다. 한편 국정조사는 재적의원 4분의 1 이상의 요구가 있는 경우 특별위원회 또는 상임위원회로 하여금 국정의 특정사안에 관하여 조사하게 할 수 있다(국감법 §3).

국정감사 및 국정조사는 공개로 한다(국감법 §12). 국정감사 및 조사를 하기 위해 상임(특별)위원회는 필요한 서류의 제출을 요구하고, 증인·감정인·참고인의 출석을 요구하며, 검증을 할 수 있다(증감법 §4, §5, §10). 또 증거의 채택이나 증거조사를 위해 청문회를 열 수 있다. 국정감사나 국정조사를 위한 증인과 감정인의 증언과 감정, 감정인에 관한 출석의무(증감법 §2), 증언의 거부사유(증감법 §3), 서류의 제출(증감법 §4), 불출석증인에 대한 동행명령(증감법 §6) 및 이에 대한 처벌(증감법 §12, §13, §14) 등에 관해서는 '증감법'에 자세히 규정되어 있다.

(4) 국정감사 및 조사권의 대상

(가) 국정감사의 대상기관

국정감사의 대상기관은 상임위원회가 선정한 위원회선정기관과 본회의의 의결이 필요한 본회의 승인기관으로 나누어진다.

① 위원회 선정대상기관　　위원회가 국정감사의 대상으로 선정하면 국정감사를 받아야 하는 기관으로는, ㉠ 정부조직법 기다 법률에 의해 설치된 국가기관, ㉡ 지방자치단체 중 특별시·광역시·도, ㉢ '공공기관의 운영에 관한 법률' 제4조에 따른 공공기관, 한국은행, 농업협동조합중앙회, 수산업협동조합중앙회가 있다(국감법 §7).

② 본회의 승인대상기관　　본회의 의결이 있어야 국정감사가 가능한 기관으로는 지방행정기관, 지방자치단체, 감사원법에 의한 감사원의 감사대상기관이 있다(국감법 §7, 4호). 여기서 지방자치단체란 특별시, 광역시, 도를 제외한 시, 군, 자치구의 기초자치단체를 말한다(국감법 §7, 2호). 감사원의 감사대상기관으로는 행정기관, 자치단체, 군기관, 교육기관, 정부나 자치단체의 투자기관 등이 있다(감사원법 §24).

(나) 국정조사의 대상기관

국정조사의 대상기관은 본회의 의결로 승인된 조사계획서에 기재된 기관이다.

(5) 국정감사 및 조사권의 범위

(가) 입법에 관한 사항(입법감사 및 조사)

국회는 입법과 관련된 모든 사항에 대하여 감사 및 조사를 할 수 있다. 입법에 필요한 자료수집, 정보확보, 법령의 운용상태 등을 감사 및 조사할 수 있다. 따라서 법률의 제정·개정·폐지에 관하여 필요한 감사 및 조사는 물론 헌법개정과 관련된 사항에 대하여, 또 행정입법·자치입법·대법원이나 헌법재판소 규칙 등의 타당성 여부 및 운영실태와 위헌·위법 여부 등에 관해서 필요한 경우 감사 및 조사를 할 수 있다.

(나) 재정에 관한 사항(재무감사 및 조사)

국회는 국가의 모든 재정작용에 관해 감사 및 조사를 할 수 있다. 예산과 결산, 조세, 국유재산의 변동 등 국가재정 전반에 대해 필요한 사항을 감사 및 조사할 수 있다.

(다) 행정에 관한 사항(행정감사 및 조사)

국회는 모든 행정작용의 적법성 여부 및 그 타당성까지 감사 및 조사할 수 있다. 선거의혹에 관한 감사 및 조사, 국민적 의혹을 불러일으킨 사건에 대한 감사 및 조사, 해임건의 및 탄핵소추를 위한 감사 및 조사, 예산집행의 적법성에 대한 감사 및 조사 등을 할 수 있다.

(라) 사법에 관한 사항(사법감사 및 조사)

국회는 법원과 헌법재판소의 예산운용, 재판의 신속한 처리 여부, 법관의 적절한 충원과 배치 여부, 탄핵소추를 위한 조사, 기타 사법행정에 관한 감사 및 조사를 할 수 있다. 다만 재판작용 그 자체에 대한 간섭은 허용되지 않는다. 특히 사실확인과 양형판단에 대한 감사 및 조사는 허용되지 않는다.

(마) 국회내부에 관한 사항(국회내부감사 및 조사)

국회는 규칙제정, 의원의 징계, 기타 청원사항을 처리하기 위해 필요한 감사 및 조사를 할 수 있다.

(6) 국정감사 및 조사권의 한계

(가) 권력분립적 한계

① 행정작용과의 관계 　　국회가 행정부의 모든 소관업무에 대해 감사 및 조사를 할 수 있다고 하여 행정부에 갈음하여 필요한 행정처분을 직접 행하거나 취소하거나 변경하는 조치를 취할 수 없다.

② 사법권의 독립과의 관계 　　재판에 계속(係屬) 중인 사건에 대한 국정감사 및 조사를 할 수 없다. 법원에 계속 중인 사건에 대한 감사 및 조사는 법원에 대한 부당한 정치적 간섭으로 이어질 수 있기 때문이다. 또한 재판의 내용, 법관의 소송지휘, 재판절차에 관한 감사 및 조사는 허용되지 않는다. 특히 재판내용의 당부나 유죄 여부에 대해서는 사전조사는 물론 사후조사도 할 수 없다(통설). 이는 사법권 독립에 중대한 위협이 되기 때문이다. 관련 법률(국감법 §8)도 계속 중인 재판에 관

여할 목적으로 하는 감사 및 조사를 금하고 있다.

③ 준사법적 업무와의 관계 검찰사무나 감사원업무 중 준사법적 성격이 강한 수사나 공소의 제기 등과 같은 검찰사무나 변상책임의 판정이나 징계처분의 요구 등과 같은 감사원의 업무에 대하여도 감사 및 조사가 행해질 수 없다.

(나) 기본권 보장적 한계

국정감사 및 조사도 국민의 기본권을 침해할 수 없다. 국정감사 및 조사를 수단으로 사생활을 조사할 수 없으며(국감법 §8), 감사 및 조사절차에서 증인이나 참고인에게 불리한 진술을 강요할 수 없다. 개인의 순수한 사생활은 조사할 수 없으나 사생활이라 하여도 국가작용과 관련된 경우 비례원칙을 준수하는 조건으로 감사 및 조사의 대상이 될 수 있다.

(다) 기능적 한계

국정감사 및 조사는 국회의 입법, 재정, 국정통세를 위한 보조적 수단의 성격을 지니므로 관련 목적 범위 내에서 국정감사 및 조사가 이루어져야 한다. 국회의 기능과 무관한 내용을 그 대상으로 삼을 수 없다.

(라) 국익상 한계

국정감사 및 조사는 헌법적 가치를 균형 있게 조화시킬 수 있는 방향으로 행사되어야 한다. 국가의 중대한 이익에 영향을 미칠 수 있는 경우에는 국정감사 및 조사가 제한될 수밖에 없다. 일정한 경우 공무원의 증언이나 서류제출이 제한되는 것도 이러한 이유에서이다. 공무원이 증언요구나 서류제출요구를 받은 경우 직무상 비밀에 해당한다고 하여 거부할 수 없으나, 군사·외교·대북관계의 국가기밀에 관한 사항으로 그 공개로 인하여 국가안위에 중대한 영향을 미친다고 판단된 때 그 범위 안에서 감사 및 조사가 제한된다(증감법 §4①).

(7) 국정감사 및 조사결과의 처리

(가) 보고서 작성과 본회의 보고 및 의결

국정감사 및 조사를 마친 때에는 위원회는 감사 또는 조사보고서를 작성하여 의장에게 제출하고 의장은 이를 지체 없이 본회의에 보고하여야 한다(국감법 §15). 보고서에는 결과, 처리의견을 기재하고 중요 근거서류를 첨부한다. 위원회가 작성한 보고서는 본회의 의결을 거쳐 채택 여부가 결정되며 수정하여 채택하는 것은 불가능하다.

(나) 시정 및 처리요구

국회는 국정감사 및 조사의 결과 정부나 해당기관의 시정을 필요로 하는 사유가 있을 때에는 그 시정을 요구하고, 정부나 해당기관에서 처리함이 타당하다고 인정되는 사항은 정부 또는 해당기관에 이송한다(국감법 §16). 이 경우 정부나 해당기관은 지체 없이 처리하고 그 결과를 국회에 보고하여야 한다. 국회는 처리결과보고에 대하여 적절한 조치를 취할 수 있다고만 규정하고 있고(증감법 §16④).

5. 기타 국회의 국정통제에 관한 권한

국회는 긴급명령, 긴급재정경제처분 및 명령에 대한 승인권(§76), 계엄의 해제요구권(§77③), 일반사면에 대한 동의권(§79②), 국방 및 외교정책에 대한 동의권(§60②)을 가진다. 또한 국회는 행정입법에 대한 통제권을 가진다(국회법 §98의2). 중앙행정기관의 장은 대통령령, 총리령, 부령, 훈령, 예규, 고시 등이 제정, 개정, 폐지 된 때에는 10일 이내에 이를 국회 상임위원회에 제출하여야 한다. 상임위원회는 위원회나 상설소위원회를 정기적으로 개회하여 대통령령, 총리령, 부령에 대하여 법률위반 여부를 검토하고 법률에 합치되지 않는다고 판단되는 경우에는 소관 중앙행정기관의 장에게 그 내용을 통보할 수 있다(국회법 §98의2). 또한 국회는 감사원에 대하여 감사원법에 의한 감사원의 직무범위에 속하는 사항 중 사안을 특정하여 감사를 요구할 수 있다(국회법 §127의2).

Ⅴ. 국회내부에 관한 권한(국회의 자율권)

1. 자율권의 의의

국회의 자율권이란 타 헌법기관의 간섭을 받음이 없이 국회가 의사와 내부문제에 관하여 자율적으로 결정할 수 있는 권한을 말한다. 국회의 자율권은 권력분립원리에 기초한 것으로 국회의 기능독립을 가능하게 하며 국회의 자치를 확보하여 준다. 국회는 조직, 운영, 질서, 의원신분, 규칙 등의 사항에 대하여 스스로 결정할 수 있는 권한을 가진다. 국회의 자율권이 보장될 때 입법, 재정, 통제에 관한 국회의 기능이 실효성을 지니게 된다.

2. 자율권의 내용

(1) 집회 및 의사에 관한 권한

국회는 헌법과 국회법이 정하는 바에 따라 집회·휴회·폐회·회기 등을 자주적으로 결정할 수 있다. 또한 국회는 의사일정의 작성, 의안의 발의 등의 의사를 자율적으로 정하며, 의사절차의 적법성 여부도 스스로 판단할 수 있다.

(2) 내부조직권

국회는 헌법과 국회법이 정하는 바에 따라 의장과 부의장을 선출하며 각종 위원회를 구성하고 사무총상 및 필요한 직원을 임면한다.

(3) 내부경찰권 및 의원(議院)가택권

국회는 국회의 질서를 유지할 수 있는 권한을 가진다. 국회의 질서는 외부로부터 보호되어야 하지만 내부질서 또한 유지되어야 한다. 외부로부터의 보호는 의원가택권으로 보장된다. 의원가택권이란 국회의 의사에 반하여 제3자가 국회 내로 침입하는 것을 금할 수 있는 국회의 권한을 말한다. 또한 국회는 내부질서를 유지할 수 있어야 한다. 이는 내부경찰권으로 보장된다. 내부경찰권이란 국회 내부의 질서를 유지하기 위해서 의원을 포함하여 원내에 있는 모든 자에 대하여 명령하거나 강제할 수 있는 권한을 말한다. 내부경찰권과 의원가택권은 국회법상 의장의 경호권과 질서유지권 등의 형식으로 행사되고 있다(국회법 §143, §144).

(4) 의원신분에 관한 권한

(가) 사직허가

의원의 사직은 의원신분에 관한 중요한 사항이어서 관련 의원의 사직의사의 표현이나 제출만으로 부족하다. 국회는 의결로 의원의 사직을 허가한다(국회법 §135). 의원사직의 건은 본회의에서 토론 없이 표결한다. 폐회 중에는 의장이 이를 허가할 수 있다.

(나) 자격심사

① 의 의 자격심사란 의원의 자격유무에 대한 국회의 심사절차를 말한다. 헌법은 국회의 자율성을 보장하고자 의원의 자격유무에 관해 다른 헌법기관의 관여를 배제하고 있다(§64②). 자격이란 의원의 피선자격의 유무, 겸직으로 인한 자격상

실의 사유 기타 의원으로서의 자격보유요건을 말한다. 징계의 대상이 되는 의원의 품위와 구별된다.

② 절 차 의원이 다른 의원의 자격에 대하여 이의가 있을 때에는 30인 이상의 연서로 자격심사를 의장에게 청구할 수 있다(국회법 §138). 의장은 청구서를 윤리특별위원회에 회부하고 심사케 한다(국회법 §139). 위원회는 의원의 자격유무를 심사하여 보고서를 의장에게 제출하여야 하며 본회의에서 자격유무를 결정한다. 의원의 자격이 없음을 의결함에는 재적의원 3분의 2 이상의 찬성이 있어야 한다.

③ 심사청구 및 자격상실 피심의원이 사망하거나 사직하게 되어 의원의 신분을 상실하게 되면 자격심사청구는 실효되며, 의원의 임기종료로 자격심사청구는 폐기된다. 그러나 청구의원이 사망 또는 사직한다고 하여도 자격심사청구는 폐기되지 않는다. 자격상실결정은 본회의의 의결이 있은 때부터 효력을 발생하며, 의결된 때 그때부터 의원의 신분은 상실된다. 자격상실결정에 대해서는 법원에 제소할 수 없다(§64④).

(다) 징 계

① 의 의 국회의원에게는 국회의 명예와 권위를 유지하기 위한 고도의 윤리의식이 요구된다. 이를 위해 '국회의원윤리강령'과 구체적 실천사항인 '국회의원윤리실천규범'이 제정되었다. 국회의원이 헌법(§46①③)이 요구하는 청렴의 의무나 이권개입금지의무를 위반하거나, 국회법상의 각종 의무(§54의2②, §102, §118)를 위반한 경우, 회의장의 질서를 문란하게 하거나 다른 사람을 모욕하거나 사생활에 대한 발언을 한 때, 또는 다른 법률이 정하는 징계사유에 해당된 때, 그리고 '국회의원윤리강령'이나 '국회의원윤리실천규범'을 위반한 때에는 국회는 윤리특별위원회의 심사를 거쳐 그 의결로써 이를 징계할 수 있다(국회법 §155).

② 요 구 의장은 의원 중 징계대상자가 있을 때에는 윤리특별위원회에 회부하고 본회의에 보고한다(국회법 §156①). 윤리특별위원회에 징계요구는, 의장 및 위원장이 행하는 것 외에도, 모욕을 당한 의원이나(국회법 §156④) 의원 20인 이상의 찬성으로(국회법 §156③) 이루어진다. 또 윤리특위위원장 또는 윤리특위위원 5인 이상의 요구가 있을 때에도 윤리특별위원회는 의장에게 보고하고 심사할 수 있다(국회법 §156⑥).

③ 절 차 징계에 관한 회의는 비공개를 원칙으로 하며(국회법 §158), 윤리특별위원회는 징계대상자 및 관계의원을 출석시켜 심문할 수 있다(국회법 §159). 의원은 자신의 징계안에 관한 본회의 또는 위원회에 출석하여 변명하거나 다른 의원으로 하여금 변명하게 할 수 있다(국회법 §160). 변명이 끝난 후에는 회의장에서 퇴장하여야 한다.

④ 기 간 의장은 징계사유가 발생한 날 또는 징계대상자가 있는 것을 알게 된 날부터(국회법 §156①), 위원장의 보고를 받은 날부터(국회법 §156②), 징계요구서를 제출받은 날부터(국회법 §156⑤) 폐회 또는 휴회기간을 제외한 3일 이내에 윤리특별위원회에 징계를 회부하여야 한다(국회법 §157). 의장은 윤리특별위원회로부터 징계에 대한 심사보고서를 접수한 때에는 이를 지체 없이 본회의에 부의하여 의결하여야 한다(국회법 §162).

⑤ 징계의 종류 국회법이 인정하고 있는 징계로는 공개회의에서의 경고, 공개회의에서의 사과, 30일 또는 90일 이내의 출석정지, 제명 등 네 가지가 있다(국회법 §163①). 제명이 의결되지 아니할 때에는 본회의는 다른 징계의 종류를 의결할 수 있다(국회법 §163④). 징계를 의결한 때에는 의장은 공개회의에서 이를 선포한다(국회법 §163⑤). 국회의원의 자격심사나 징계에 대하여 법원에 제소할 수 없다(§64④). 징계처분에 대하여 헌법소원을 제기할 수 있다는 견해가 있으나, 찬성할 수 없다.

'국회선진화법'은 국회 내에서 행해진 몸싸움에 대한 징계범위, 절차, 수위를 강화하였다. 의원이 의장석 또는 위원장석을 점거하거나(국회법 §148의2), 회의장 출입을 방해한 경우(국회법 §148의3)를 징계사유로 하였고, 이에 대한 징계수위를 강화하였다(국회법 §155, 7의2호, 7의3호). 또 의원이 의장석 또는 위원장석을 점거하고 점거해제를 위한 의장 또는 위원장의 조치에 불응한 때(국회법 §155, 7의2호)에는 윤리특별위원회의 심사를 거치지 아니하고 본회의 의결로써 징계할 수 있도록 그 절차를 간소화하였다(국회법 §155).

(5) 국회규칙의 제정권

(가) 국회규칙의 의의

헌법 제64조는 '국회는 헌법과 법률에 저촉되지 아니하는 범위 안에서 의사와 내부규율에 관한 규칙을 제정할 수 있다'고 하여 국회의 규칙제정권을 보장하고 있다. 국회규칙이란 국회의 의사와 내부규율에 관한 사항을 정한 것으로, 법률보다 하위에 있는 규범을 말한다. 국회의 규칙제정권은 국회의 자주성을 보장하기 위해 인정된 것으로 자율권의 한 내용이 된다.

(나) 국회규칙의 법적 성격

국회규칙의 법적 성질에 관하여 국회법시행령으로 보는 견해와 자주법으로 보는 견해가 대립하나, 헌법에서 직접 근거 지워진 국회 고유의 자주법으로 보아야 한다.

(다) 국회규칙의 내용과 범위

국회규칙은 의사와 내부규율을 그 내용으로 한다. 미국이나 독일의 경우 국회 내부조직과 운영은 헌법에서 정한 것 외에는 국회규칙에 위임되어 있어 국회규칙의 내용과 범위가 상당히 광범위하다. 반면 우리나라는 국회법이 의사절차와 내부규율을 자세히 언급하고 있으므로 규칙으로 정할 사항이 매우 협소하며, 주로 기술적이고 절차적인 사항을 담고 있다.

(라) 국회규칙의 제정

국회규칙은 본회의 의결을 요하는 규칙과 국회운영위원회의 동의를 얻어 의장이 정하는 규칙으로 구별된다. 전자는 국회법이나 다른 법률에서 국회규칙으로 정하도록 한 사항으로, 그 내용이 비교적 중요한 사항을 담고 있다. 후자는 국회사무처법(§14)이나 국회도서관법(§12) 등에서 규칙으로 위임한 사항을 정한 규칙이다.

(마) 국회규칙의 효력과 통제

국회규칙은 국회 안에서 효력을 지니며 국회의원을 포함하여 원내에 있는 모든 사람에게 효력을 미치고 개폐될 때까지 계속하여 효력을 지닌다. 국회규칙은 법률에 저촉되지 않는 범위 내에서 제정되므로 법률의 저촉 여부에 관한 통제가 가능하다. 법원이나 헌법재판소가 위헌 및 위법 여부에 대한 심사권을 가진다.

3. 자율권의 한계

(1) 자격심사와 징계

의원에 대한 자격심사나 징계처분에 대해서는 법원에 사법심사를 구할 수 없다(§64). 문제는 헌법재판소에 헌법소원을 제기할 수 있는가이다. 헌법에 명시적 금지조항이 없고, 헌법재판소의 제소가능성마저 부정된다면 부당한 징계에 대한 구제방법이 없다는 논거로 헌법소원을 긍정하는 주장이 예상되나, 국회 내부의 의사운영에 사법권이 깊이 개입하는 것은 권력분립원리에 위배되기에 부정되어야 한다. 다만 제명의 경우에는 헌법재판소에 제소가 가능하다고 본다.

(2) 법률제정 등의 의사절차

국회는 의사와 내부규율 등 국회운영에 관해 폭넓은 자율권을 가지므로 국회의 의사절차나 입법절차는 존중되어야 한다. 국회의 자율권의 범위 내에 속하는 사항에 대하여 국회 이외의 타 국가기관이 개입하여 적법·적정 여부를 판단하는 것은 바람직하지 않다. 따라서 정족수의 충족 여부, 투표의 유효 여부, 투표의 계산착오 등의 의사절차의 적부는 국회 스스로 판단하고 책임질 문제이며 사법부가 개입하는 것은 타당하지 않다.

그러나 국회의 자율권도 헌법과 법률을 위반하지 않는 범위 내에서 허용되므로 국회의 의사절차나 입법절차가 헌법이나 법률의 규정을 명백히 위반한 경우에는 존중될 수 없다. 따라서 국회의 의사절차가 명백하고 현저한 잘못이 있고 그것이 국회의사결정에 직접적인 영향을 미쳤다고 인정할 충분한 근거가 있는 경우에는 헌법재판에 의한 심사가 가능하다(다수설). 판례도 동일한 입장을 취하고 있다.

(3) 원내에서의 의원의 범죄행위

의원이 원내에서 행한 폭행이나 공무집행방해 등의 범죄행위는 직무행위와 관련이 없으므로 면책특권이 허용되지 않는다.

제 4 항 국회의원의 지위와 특권

Ⅰ. 국회의원의 지위

1. 헌법상 지위

(1) 국민의 대표로서의 지위

국회의원은 국민의 대표로서의 지위를 지닌다. 국회의원은 국회가 국민의 대표기관으로서의 지위를 지니는 것과 별개로 헌법기관으로서 국민의 대표로서의 지위를 지닌다. 국회의원은 국민의 대표이기에 국민과 자유위임관계를 유지하며, 어느 누구의 지시나 명령에 구속되지 않고 스스로 판단하고 활동한다.

(2) 정당의 대표로서의 지위

정당소속 국회의원은 정당의 구성원으로서, 정당의 통일적인 의견과 일치된 행동을 통해 자신의 의견을 실현하는 정당의 대표로서의 지위를 지닌다. 국회의원의 정당대표성은 현대의 정당제 민주주의제도하에서는 당연한 결과로 받아들이지 않을 수 없다.

(3) 국민대표와 정당대표와의 관계

(가) 이중적 지위

국회의원은 국민대표의 지위와 정당대표의 지위를 모두 지닌다고 보아야 하는데(이중적 지위) 이들 간에 어느 지위를 우선할 것인가가 문제된다. 양자의 지위가 충돌할 경우 국민대표로서의 지위가 우선되어야 한다.

(나) 비례대표 국회의원의 탈당

비례대표로 당선된 국회의원이 소속 정당을 탈당할 경우 의원직을 유지할 수 있는가가 문제된다. 비례대표의원은 정당의 당원이기 때문에 의원자격의 취득이 가능했고, 지역구의원에 비해 정당기속이 강하므로 당적변경이나 탈당은 의원직 상실로 이어진다는 견해가 있다. 반면 의원은 자유위임에 기초를 둔 국민의 대표이며, 의원의 자격취득이 어떻게 이루어졌는가는 국민의 대표성에 영향을 줄 수 없다고 보아 당적변경이나 탈당은 의원직 상실로 이어지지 않는다고 한다.

생각건대, 비례대표의원은 지역구의원에 비해 상대적으로 정당의 기속을 많이 받으며, 특히 정당명부식의 경우 정당의 영향력이 절대적이라 할 수 있어 의원직 상실을 주장하는 견해도 설득력이 있다. 그러나 대표의 자유위임적 성격은 의원의 선출과정이나 방법에 좌우되는 것이 아니라 선출된 이후의 활동과 관련된다는 점, 비례대표의원도 국민의 대표자로서의 지위를 가지고 있다는 점, 그리고 의원직 상실은 정당기속성을 국민대표성보다 우위에 두는 것으로 대의제 원리에 위배된다는 점을 감안해보면, 비례대표의원의 탈당이 바로 의원직 상실로 이어진다고 볼 수 없다.

공직선거법(§ 192④)은 비례대표국회의원이 소속정당의 합당, 해산, 제명 외의 사유로 당적을 이탈·변경하는 경우 의원신분을 상실하도록 규정하고 있는데, 탈당과 당적변경을 모두 의원직 상실로 보는 것은 문제이다. 비례대표의원의 탈당과 당적변경을 동일하게 다루는 것이 학계의 일반적 경향이나 탈당과 당적변경은 구별되어야 한다. 탈당은 소속정당의 옷을 벗는 데 그치지만 당적변경은 다른 정당의 옷으로 갈아입는 것이어서 정당에 대한 배신과 유권자의사에 대한 왜곡이 용인의 정도를 넘기 때문이다. 따라서 탈당은 의원직 상실로 이어질 필요가 없으나, 당적변경의 경우에는 의원직이 상실되어야 한다. 그렇다면 공직선거법(§192)이 탈당과 당적변경을 구별하지 않고 일률적으로 의원직을 상실하도록 한 것은 문제이며, 동시에 양자를 구별하지 않고 어떤 경우에도 의원직을 박탈해야 한다거나 반대로 의원직을 유지한다는 주장도 쉽게 이해하기 어렵다.

(다) 정당강제

대의제 민주주의는 의원에게 어느 누구의 지시나 구속을 받지 않고 자신의 판단에 따라 독자적으로 행동할 수 있도록 한다. 반면에 정당제 민주주의는 의원의 정당에의 구속을 강조하지 않을 수 없다. 양자의 조화를 어떻게 실현할 것인가가 과제이다. 정당의 헌법적 기능과 과제를 감안할 때 정당의 자유는 물론 정당의 단체자치 역시 최대한 보장되어야 하나 자유위임의 본질을 훼손할 수 없다(정당강제의 한계). 당론과 다른 견해를 가진 의원을 다른 상임위원회로 전임하는 조치가 가능한가가 문제된 사건에서, 헌법재판소는 정당강제의 범위 내의 행위로 가능하다고 하였다.

2. 국회의원의 자격발생과 소멸

(1) 자격의 발생

국회의원의 자격발생시기와 관련하여, 당선결정으로 의원자격이 발생한다는 당선결정설, 당선인의 결정과 당선인의 취임승낙에 의하여 발생한다는 취임승낙설, 선거에 당선된 자라도 헌법과 법률이 정한 임기개시와 동시에 발생한다는 임기개시설이 있다. 총선거의 경우 국회의원의 자격발생은 전임의원의 임기만료일의 다음날부터 개시하며, 보궐선거 및 재선거의 경우 당선결정이 있은 때부터 개시된다(공선법 §14). 총선거에 의한 의원은 임기개시설을, 보궐선거 및 재선거에 의한 의원은 당선결정설을 따르고 있다.

(2) 자격의 소멸

(가) 임기만료

국회의원은 법정의 임기가 만료하면(4년 또는 전임자의 잔임기간) 당연히 그 자격이 소멸된다.

(나) 사 직

국회의원은 자신의 의사에 따라 사직할 수 있다. 국회의원의 회기 중 사직은 국회의 의결을 얻어야 하며, 폐회 중에는 국회의장의 허가가 있어야 한다. 사직의 허가 여부는 본회의에서 토론 없이 무기명으로 표결한다.

(다) 당선무효로 인한 의원직 상실

피선거권상실로 인한 당선무효(공선법 §192③), 선거비용의 초과지출을 이유로 한 선거사무장 또는 선거사무소의 회계책임자 등의 처벌로 인한 당선무효(공선법 §263①), 당선인의 선거법위반으로 인한 당선무효(공선법 §264), 선거사무장 등의 선거범죄로 인한 당선무효(공선법 §265)가 있을 경우, 의원자격은 상실된다.

(라) 퇴 직

퇴직이란 퇴직사유가 발생하면 법률의 규정에 따라 당연히 의원으로서의 지위와 신분이 상실되는 것을 말한다. 사직이나 자격심사의 경우 별도의 절차가 요구되는 데 반해 퇴직은 법이 정한 요건을 충족하면 바로 효과가 발생한다는 점에 차이가 있다. 국회의원이 공직선거법 제53조의 규정에 의하여 사직원을 제출하여 공직선거 후보자에 등록한 때 또는 법률에 규정된 피선거권이 상실된 때에는 퇴직된다(국회법 §136). 또 비례대표의원이 소속정당으로부터 당적을 이탈·변경하거나 2 이상의 당적을 가지고 있는 때에는 퇴직된다(공선법 §192④).

(마) 제 명

제명이란 의원이 자신의 의사에 반해 자격이 박탈되는 것으로, 재적의원 3분의 2 이상의 찬성이 필요하다. 국회는 국회의원이 청렴의무조항에 위반되는 행위를 하거나(§46) 국회법의 징계사유에 해당되는 행위를 한 때에는 국회의원을 제명할 수 있다. 제명된 의원은 그로 인하여 결원된 보궐선거에 입후보할 수 없다. 제명이 의결되지 아니한 때에는 다른 종류의 징계를 의결할 수 있다(국회법 §163③). 국회의 제명에 대하여 법원에 제소할 수 없다(§64④).

(바) 자격심사

국회는 의원의 자격(피선자격)을 심사할 수 있다(국회법 §138). 재적의원 3분의 2 이상의 찬성을 얻어(국회법 §142③) 무자격으로 결정되면 의원직을 상실한다. 여기서 결정이란 제명의 경우와 달리 피선거자격의 유무만을 판단하는 확인행위에 불과하다. 결정은 장래에 대하여 효력을 발생한다. 의원에 대한 무자격결정에 대하여 법원에 제소할 수 없다(§64④).

(사) 당적변경

비례대표의원은 소속정당의 합당·해산 또는 제명 외의 사유로 당적을 이탈·변경하거나 2 이상의 당적을 가지고 있을 때에는 퇴직된다(공선법 §192④). 다만 비례대표의원이 국회의장으로 당선되어 당적을 이탈한 경우에는 그러하지 아니하다(공선법 §192④단서).

Ⅱ. 국회의원의 특권

1. 면책특권

헌법 제45조는 '국회의원은 국회에서 직무상 행한 발언과 표결에 관하여 국회 외에서 책임을 지지 아니한다'고 규정하여 국회의원의 면책특권을 보장하고 있다.

(1) 의 의

(가) 개 념

면책특권이란 국회의원이 국회에서 행한 발언과 표결에 관하여 국회 외에서 책임을 지지 않는 것을 말한다. 만일 국회의원이 국회 내에서 자유롭게 발언하고 표결할 수 없다면 국회의원은 헌법에 의해 부여된 권한을 적절하게 행사할 수 없어, 국회의원의 효과적인 국정통제기능을 기대할 수 없다. 면책특권은 국회의원에게 부과된 과제를 충실히 수행할 수 있도록 보장한다.

(나) 기 능

면책특권은 의원의 국민대표성을 실현하고 직무의 원활한 수행을 보장해 준다. 면책특권에는 대의민주주의 사상이 그 근저에 깔려있는데 면책특권 없이는 민의를 대변하는 역할을 충실히 수행할 수 없기 때문이다. 또한 면책특권은 권력분립의 원리와 무관하지 않다. 면책특권은 행정부나 사법부로부터 입법부의 원활한 활동을 보장하여 주며, 이로써 입법권의 독립과 자율을 보장해주는 방어벽의 역할을 수행하고 있다.

(다) 연혁과 입법례

면책특권의 기원은 1689년 영국의 권리장전(Bill of Rights)에서 찾을 수 있다. 1787년 미국 연방헌법(§1⑥)은 식민지시절 영국의 정치사를 교훈삼아 면책특권을 처음으로 헌법에 규정하게 된다. 오늘날에는 국회의원의 면책특권이 대부분의 헌법에서 일반적으로 인정되고 있다.

(2) 법적 성격

(가) 책임면제의 특권

면책특권이란 국회의원의 발언이나 표결이 범죄의 성립요건이나 민사불법행위의 요건을 충족한다 하더라도 처벌이나 손해배상 책임이 면제되는 책임면제의 특권, 즉 인적처벌조각사유나 인적배상책임면제사유를 말한다(다수설). 면책특권은 책임이 면제되는 특권이지 행위 자체가 적법행위로 되는 것이 아니므로 의원의 행위를 교사 또는 방조한 자는 법적 책임이 면제되지 않는다.

(나) 불체포특권과의 차이

면책특권은 회기가 지난 후는 물론 임기만료 후에도 그 책임을 물을 수 없다는 점에서 회기 중에만 인정되는 불체포특권과 구별된다. 또 면책특권은 국회의 의결로도 그 효력을 제한할 수 없다는 점에서 불체포특권과 구별된다.

(다) 국회 자체의 특권

면책특권이 국회의 특권임과 동시에 의원개인의 특권이라고 이해하는 것이 지배적이나, 국회의 특권으로 보아야 한다. 면책특권은 의원이 자유롭게 발언하고 표결하게 함으로써 국회의 기능이 원활하게 수행되도록 하기 위함이기 때문이다.

(라) 면책특권에 해당되는 행위에 대한 법원의 판단

의원의 발언에 대해 공소가 제기가 된 경우 면책특권에 해당될 때 법원은 어떠한 판단을 할 것인가가 문제된다. 대법원은 면책특권에 해당되는 행위에 대해서는 공소제기가 허용되지 않음에도 공소가 제기된 것으로서 형소법(§327) 소정의 무효에 해당되므로 공소기각결정을 해야 한다고 한다.

(3) 내　　용

(가) 면책의 주체

면책특권의 주체는 국회의원이다. 면책특권은 일신전속적 성질을 지니므로 국무총리나 각부장관이 의원직을 겸하고 있어도 의원이 아닌 국무총리나 각부장관의 지위에서 행한 발언과 표결에 대해서는 면책특권이 인정되지 않는다(다수설). 면책특권은 그 본질이 책임면제이기에 이를 교사·방조한 자는 민·형사책임을 부담한다. 한편 국회의원의 발언이 보조자에 의존하는 것을 감안할 때 면책특권은 의원의 보조자에게 인정되어야 한다. 미 연방대법원은 의원의 보조인에게 면책특권을 긍정하고 있다. 지방의회의원에게는 면책특권이 인정되지 않는다.

(나) 면책의 대상

① 국회에서의 행위 　국회에서의 행위는 국회 본회의에서 이루어진 행위 이외에도 위원회나 연석회의에서 이루어진 행위를 포함한다. 면책특권의 허용 여부는 물리적 공간을 기준으로 할 것이 아니라 국회의 실질적 기능을 중심으로 파악해야 하므로, 비록 국회의원의 발언이나 표결이 의사당 건물 이외의 공청회나 원내교섭단체에서 이루어진 경우에도 그것이 국회의 활동으로 볼 수 있는 한 국회에서의 행위에 해당한다고 보아야 한다.

② 직무행위 　면책특권은 국회의원의 직무행위에 대하여 적용된다. 직무행위는 직무집행 그 자체는 물론 통상적으로 직무집행에 필수적으로 부수되는 행위를 포함한다. 직무집행에 필수적으로 부수되는 행위인지 여부는 구체적인 행위의 목적, 장소, 태양 등을 종합적으로 고려하여 개별적으로 판단한다. 반면 직무와 무관한 개인적 행위나 사담, 야유, 모욕, 폭력 등은 직무행위라 볼 수 없다. 명예훼손적 언동은 면책되지 않으며, 명예훼손죄나 모욕죄가 성립된다.

③ 발언 또는 표결 　발언이란 의제와 관련된 일체의 의사표시를 말하며 표결이란 의제에 관한 찬·반의 의사표시를 말한다. 발언이나 표결은 구두에 의해 이루어지건 또는 서면에 의한 것이든 관계없으며, 의사표시로 추론되는 행동까지도 발언이나 표결의 범주에 포함된다. 따라서 찬반의 의사표시로 볼 수 있는 퇴장행위나 의사진행 방해행위는 표결에 포함되어 면책된다. 그러나 물리적 힘의 행사에 불과한 폭력·난투 등의 행위는 표결로 볼 수 없다. 의정활동은 물리적 투쟁이 아닌 정신적 토론을 통해서 이루어져야 하기 때문이다.

(다) 면책의 효과

국회의원의 직무상 발언과 표결은 '국회 외에서 책임을 지지 않는다'. 이는 발언과 표결에 대해 민·형사책임을 지지 않는다는 것을 말한다. 법적 책임의 면책이므로 국회 또는 소속정당으로부터의 징계책임이나 선거구민에 의한 정치적 책임까지 면책되는 것은 아니다. 면책은 재임 중, 임기만료 후 모두 적용된다.

(라) 면책의 한계

국회의원의 직무상 발언과 표결에 부여되는 면책특권에도 일정한 한계가 주어진다. 만일 의원의 발언이 직무와 무관하며, 명백한 허위임을 알면서도 최소한의 사실확인과정도 거치지 않은 채 허위의 사실을 적시하여 타인을 중상 비방하여 명예를 훼손한 경우에는 면책특권을 이유로 보호될 수 없다. 또한 국회 내에서 행한 직무상 발언이나 표결도 그것을 그대로 외부에서 되풀이하는 경우에는 면책특권이 미치지 않는다. 다만 공개회의의 회의록을 그대로 공개한 경우에는 면책된다.

2. 불체포특권

헌법 제44조 제 1 항은 '국회의원은 현행범인인 경우를 제외하고는 회기 중 국회의 동의 없이 체포 또는 구금되지 아니한다'고, 제 2 항은 '국회의원은 회기 전에 체포 또는 구금된 때에는 현행범인이 아닌 한 국회의 요구가 있으면 회기 중 석방된다'고 규정하여 국회의원의 불체포특권을 보장하고 있다.

(1) 개 념

불체포특권이란 회기 중 체포를 일시적으로 유예받는 국회의원의 특권을 말한다. 불체포특권은 행정부나 사법부의 부당한 탄압으로부터 의원의 신체를 보호함으로써 대의민주주의를 실현하고자 하는 데 그 의의가 있다. 국회의원에게 직무를 충실히 수행할 수 있도록 하여 의회의 기능을 유지하고자 한다.

(2) 연혁과 입법례

미 연방헌법(§1⑥)은 불체포특권을 규정하고 있다. 불체포특권은 영국 왕과 의회 간의 장기간 투쟁 속에서 성립유래된 것으로 영국의 권리장전에 규정되었던 것이 미 연방헌법에 처음으로 성문화되었다.

(3) 법적 성질

(가) 불체포특권

불체포특권이란 의원은 현행범인이 아닌 한 회기 중에는 체포되지 않는 특권을 말한다. 불체포특권은 위법행위에 대한 형사책임의 면제를 의미하는 것이 아니라, 회기 중에 한하여 일시적으로 체포를 유예받는 특권에 불과하다. 불체포특권은 대통령의 형사불소추특권과 달리 소추장애사유가 아니므로 수사기관이 수사하거나 법원이 재판하는 데 아무런 장애를 주지 않는다.

(나) 면책특권과의 차이

불체포특권은 회기 중 체포를 유예받는 특권이란 점에서 형사책임이 면제되는 면책특권과 구별된다.

(다) 국회의 특권

불체포특권 역시 국회의 특권인지 아니면 국회의원 개인의 특권이기도 한 것인지가 다투어진다. 국회의 특권으로 보는 것이 다수설이며 타당하다. 어느 견해를 취하건 국회의원 개인은 이 특권을 포기할 수 없다.

(4) 내　　용

국회의원은 회기 중 국회의 동의 없이 체포·구금되지 않으며, 회기 전에 체포·구금되더라도 국회의 요구가 있으면 회기 중 석방되어야 한다. 단 현행범인은 국회의 동의 없이 체포·구금할 수 있다.

(가) 회기 중 의원에 대한 체포·구금의 금지

국회의원은 회기 중 국회의 동의 없이 체포·구금되지 않는다. 여기서 체포 또는 구금이란 형사절차상의 체포·구금으로 국한되지 않으며, 강제구인, 임시수용, 보호조치 등 의원의 신체에 대한 모든 제한조치를 말한다. 또한 회기 중이란 집회일로부터 폐회일까지의 기간으로, 휴회기간을 당연히 포함한다. 의원 체포시 동의를 얻었다면 구속시 다시 국회의 동의를 얻을 필요는 없다.

(나) 회기 전 체포·구금된 의원에 대한 국회의 석방요구

회기 전에 체포·구금된 경우에도 국회의 요구가 있으면 석방하여야 한다. 회기 전이란 회기가 시작되기 전을 말하므로 폐회기간은 물론 '전(前) 회기의 기간'도 포함된다. 전 회기에 체포·구금에 대한 국회의 동의가 있었다 하여도 현 회기에서 석방을 요구할 수 있다. 한편 석방요구에 따라 석방이 이루어졌다 하여도 회기 중에 한하며 회기가 끝난 후에는 다시 구금할 수 있다. 석방하더라도 수사나 형사소추, 재판에 영향을 주지 않는다. 국회의 석방요구는 재적의원 4분의 1 이상 의원의 연서

로 발의되며, 재적의원 과반수의 출석과 출석의원 과반수의 찬성으로 의결된다. 국회의 석방요구를 받은 기관은 지체 없이 석방하여야 한다.

(5) 예 외

불체포특권은 특권을 허용하고 있는 취지나 목적에 부합되어야 한다.

(가) 현행범 제외

현행범이란 범죄의 실행 중에 있거나 실행 직후인 자를 말하는데, 현행범에게는 불체포특권이 인정되지 않는다. 준현행범인에게도 불체포특권을 인정할 것인가에 관하여 찬반이 나누인다. 허용되지 않는다는 견해와 의원의 국민대표성과 헌법상 기능에 비추어 준현행범인에게도 불체포특권이 인정된다는 견해가 대립되는데, 의원의 대표성을 강조하여 준현행범인에게까지 불체포특권을 확대하는 견해는 적절하지 못하다. 한편 의사당 내의 현행범의 경우에는 국회의장의 명령 없이 의원을 체포할 수 없다(국회법 §150). 이는 국회의 자율성을 존중하기 위함이다.

(나) 국회의 동의

불체포특권은 신체의 체포·구금에 대한 국회의 동의가 있는 경우에는 인정되지 않는다. 판사는 영장발부에 앞서 체포동의요구서를 정부에 제출하며, 정부는 지체 없이 국회에 체포동의를 요청하여야 한다(국회법 §26). 국회의 동의는 재적의원 과반수의 출석과 출석의원 과반수의 찬성으로 한다.

Ⅲ. 국회의원의 권리와 의무

1. 국회의원의 권리

(1) 국회의 활동에 관한 권리

의원은 본회의와 위원회에 참석하여 안건을 심의·의결하기 위한 발언권과 표결권을 가진다.

(가) 발 언 권

① 의 의 발언이란 회의에서 구두로 의견을 진술하는 것을 말한다. 발언의 유형은 의사진행발언(국회법 §104①), 신상발언(국회법 §142②), 보충발언(국회법 §104①), 반론발언(국회법 §104①), 5분 자유발언(국회법 §105), 질의, 토론(국회법 §106), 대정부질문, 긴급현안질문 등이 있다.

② 발언의 일반원칙 발언은 의원의 의정활동에 가장 중요한 기초를 이루는 것으로, 발언의 자유가 인정된다. 특히 의원의 직무상 행한 발언에 대해서는 강력한 보호가 요구되는데, 헌법은 면책특권을 인정하고 있다. 또한 발언기회가 보장되어야 한다. 발언 중 다른 의원에 의해 발언이 중단되어져서는 안 된다(발언계속의 원칙, 국회법 §100). 한편 모든 발언이 허용되는 것은 아니다. 의제 외 발언은 금지되며(국회법 §102), 타인을 모욕하거나 사생활에 관한 발언은 금지된다(국회법 §146). 내용적인 제한 외에도 발언횟수를 제한하고(국회법 §103), 발언시간 및 발언자수에 대한 제한이 인정된다(국회법 §104). 이는 국회의 효율적 운영을 위해서 불가피하다. 국회법은 무제한 토론제도를 도입하였다(2012. 5. 25). 의원이 본회의에 부의된 안건에 대하여 시간의 제한을 받지 아니하는 토론, 소위 무제한 토론을 하려는 경우 재적의원 3분의 1 이상이 서명한 요구서를 의장에게 제출하여야 하며(국회법 §106의2), 이 경우 의장은 무제한 토론을 실시하여야 한다.

③ 질 의 질의란 의제가 된 안건에 관하여 제안자나 보고자에게 의문나는 점에 관해 묻는 것을 말한다. 질의도 안건의 범위 내에서 하여야 한다. 찬반의 의견을 진술하는 토론과 구별된다. 질의는 주로 제안자에게 하나, 심사보고를 한 위원장이나 안건과 관련 있는 국무위원에게도 할 수 있다. 질의는 성질상 구두로만 가능하다. 질의방식은 일문일답방식인 질문방식을 준용하여 일문일답식으로 하는 것이 바람직하다.

④ 토 론 토론이란 심의중인 안건에 대하여 찬반의 의견을 표명하는 발언을 말한다. 토론에 참가하고자 하는 의원은 미리 찬반의 의사를 의장에게 통지하여야 한다(국회법 §106①).

⑤ 무제한 토론

㉠ 의 의 '국회선진화법'은 합법적 의사진행방해수단으로 미국 상원이 채택하고 있는 필리버스터(filibuster)에 해당하는 무제한 토론을 신설하였다. 무제한 토론은 원내소수에게 반대의견을 개진할 수 있는 기회부여를 넘어 상정된 안건을 부결시킬 수 있는 것으로서, 그 간 우리 정치문화에 자주 등장했던 주먹싸움을 말로 싸우도록 전환하였다는 데 나름의 존재의의가 주어진다.

㉡ 내 용 시간의 제한을 받지 않는 무제한 토론은 재적의원 3분의 1 이상의 요구로 가능하며, 요구서를 의장에게 본회의 개의 전까지 제출하여야 하고,

이 경우 의장은 해당 안건에 대하여 무제한 토론을 실시하여야 한다(국회법 §106의2①). 무제한 토론은 재적의원 5분의 1 이상이 출석하지 아니한 때에도 유지된다(국회법 §106의2④).

㉢ **토론종료** 무제한토론은 재적의원 3분의 1 이상의 요구와 재적의원 5분의 3 이상의 찬성으로 종료되며(국회법 §106의2⑥), 무제한 토론 중 회기가 종료되는 때에는 무제한 토론은 종료된 것으로 본다. 무제한 토론이 종료되었거나 종료된 것으로 보는 안건에 대하여는 무제한 토론을 요구할 수 없다(국회법 §106의2⑨).

㈏ 표 결 권

표결이란 안건에 대한 찬반의 의사표시를 표명하여 회의체의 의사를 결정하는 방법을 말한다. 표결할 때에는 의장이나 위원장은 표결할 안건의 제목을 선포하여야 하며, 의장이나 위원장의 표결선포 및 표결결과의 선포는 의장석이나 위원장석에서 하여야 한다(국회법 §110, §71).

① **표결권자** 회의장에 있지 아니한 의원은 표결에 참가할 수 없다. 서면이나 위임에 의한 대리표결은 허용되지 않는다. 표결권의 불행사가 가능하며, 이는 기권에 포함된다.

② 표결방법

㉠ **기록표결** 기록표결이란 투표자와 찬반결과가 회의록에 기록되는 표결을 말한다(국회법 §115① 14호). 기록표결에는 기명, 전자, 호명투표가 있다. 국회에서의 표결은 전자투표에 의한 기록표결을 원칙으로 한다. 다만, 투표기기의 고장 등 특별한 사정이 있을 때에는 기립표결로 가부를 결정할 수 있다(국회법 §112①). 헌법개정안은 기명투표로 한다. 중요한 안건으로 의장의 제의가 있거나, 본회의 의결이 있거나, 재적의원 1/5 이상의 요구가 있을 때에는 기명·호명 또는 무기명 투표를 할 수 있다(국회법 §112②).

㉡ **비기록표결** 회의록에 표결결과만 기록되고 찬반의원의 성명은 기록되지 않는 표결방법이다. 무기명, 기립, 거수, 이의유무표결이 이에 해당된다. 환부된 법률안, 인사에 관한 안건, 국회에서 실시하는 각종 선거, 국무총리나 국무위원에 대한 해임건의안에 대한 의결은 무기명투표로 한다. 거수는 위원회에서만 허용된다(국회법 §71).

(2) 교섭단체를 구성할 권리

국회의원은 다른 의원과 함께 교섭단체를 구성할 권리를 가진다. 헌법은 교섭단체에 관해 명시적 규정을 두고 있지 않지만 국회의원의 지위를 포괄적으로 규율하고 있는 헌법 제46조 제2항을 교섭단체의 헌법적 근거로 볼 수 있다.

(3) 수당과 편익을 받을 권리

국회의원은 법률이 정하는 바에 의하여 수당과 여비를 받는다(국회법 §30). 국회의원은 국유의 철도·선박·항공기를 무료로 이용할 수 있다(국회법 §31). 단 폐회 중에는 공무인 경우에 한한다.

2. 국회의원의 의무

(1) 헌법상 의무

국회의원은 청렴의 의무(§46①), 국가이익우선의 의무(§46②), 이권개입금지의 의무(§46③), 겸직금지의 의무(§43)를 부담한다.

(2) 국회법상 의무

국회법이 정하고 있는 의무로는, 품위유지 의무(국회법 §25), 회의의 질서유지 의무(국회법 §145), 모욕 등 발언금지 의무(국회법 §146), 발언방해금지 의무(국회법 §147), 의장석 점거금지의무(국회법 §148의2), 회의장출입방해금지의무(국회법 §148의3) 등이 있다.

제2절 대 통 령

제1항 대통령의 지위

Ⅰ. 대통령의 헌법상 지위

1. 정부형태에 따른 대통령의 지위

대통령의 지위는 정부형태에 따라 달라질 수밖에 없다. 정부형태가 권력고립의

원리에 기초를 두고 있는지 아니면 권력융화나 권력통합의 원리에 두고 있는지에 따라 대통령의 지위가 다르다. 또 국민에 의해 직접 선출된 대통령과 국회에서 간선으로 선출된 대통령의 지위가 동일할 수 없다.

2. 역대 헌법상 대통령의 헌법상 지위

(1) 제 1 공화국 헌법

먼저 건국헌법의 대통령은 국가원수이면서 행정부수반의 지위를 지니고 있었고 부통령을 두어 권한대행자로 삼았다. 다만 대통령을 국회에서 간선으로 선출하였기에 대통령의 헌법적 지위를 설명하기 어렵게 만들고 있다. 건국헌법은 대통령제와 의원내각제의 무리한 접목이어서 대통령의 헌법적 지위를 한마디로 정리하기가 쉽지 않다. 대통령간선을 불가피한 것으로 이해하더라도 건국헌법의 대통령은 의원내각제적 요소가 '상당히' 가미된 변형된 대통령의 지위를 지녔다고 본다.

제 1 차 개정헌법은 대통령을 직선으로 선출하면서 국무원 불신임제도를 도입하였다. 대통령제의 본질과 의원내각제의 본질을 동시에 도입하였는데, 직선 대통령과 대통령이 포함된 국무원불신임을 양립시킨 것은 이론적으로 설명하는 것이 불가능할 정도의 결합이기에 대통령의 지위를 설명하기가 매우 어렵다.

제 2 차 개정헌법은 대통령과 부통령을 직선으로 선출하면서 국무총리를 폐지하여 집행부를 일원화하였고, 국무원에 대한 불신임을 개별적 불신임으로 변경하였다. 의원내각제 요소가 가미되었지만 대통령제를 변경할 정도의 본질적 요소가 가미된 것은 아니었다. 그렇다면 변형된 대통령제의 대통령의 지위를 지녔다고 본다.

(2) 제 2 공화국 헌법

제 2 공화국 헌법은 순수한 의원내각제 형태를 취하고 있었으므로 대통령의 지위는 의례적이고 명목적인 지위를 지녔다. 대통령은 국가원수로서 국가를 대표하며, 양원합동회의에서 간선으로 선출되었다. 한편 대통령은 국군통수권과 공무원의 임면을 확인하며 계엄선포거부권과 같은 실질적 권한을 지녔다. 의례적 대통령에게 부여된 예외적인 실질적 권한이다. 실질적 권한이 대통령에게 부여되었다 하여도 대통령의 상징적·의례적 지위에 근본적인 영향을 줄 수 없다.

(3) 제 3 공화국 헌법

대통령이 국가원수이면서 행정부수반의 지위를 지니고 있었고, 국민에 의해 직접 선출되었다. 국무회의는 심의기관이었으며 국무위원은 국회에 대하여 책임을 지지 아니하였고, 장관이 의원직을 겸할 수 없었다. 반면 국무총리를 두었고, 국무총리가 국무위원에 대한 임명제청 및 해임건의를 할 수 있었으며, 정부에게 법률안 제출권이 인정되었다. 국회해산과 내각불신임은 존재하지 않았다. 제3공화국 헌법의 정부형태는 법률안제출권, 국무총리 등 의원내각제적 요소가 일부 가미되었다 하여도 직선의 대통령, 심의기관인 국무회의, 내각불신임 및 국회해산제도의 부존재 등을 감안할 때 대통령제로 보기에 충분하다. 대통령제의 대통령으로서의 헌법적 지위를 지녔다.

(4) 제4공화국 헌법

제4공화국 헌법은 대통령에게 국가의 모든 권력을 집중시킨 정부형태였다. 대통령은 국가원수이면서 행정부수반의 지위를 지녔고 통일주체국민회의에서 간선되었는데, 대통령에게 국회해산·국민투표부의·긴급조치·국회의원 정수의 3분의 1의 추천권 등 권력분립원리를 근본적으로 훼손할 정도의 강력한 권한이 부여되었다. 그러면서도 대통령에게 법적·정치적 책임을 물을 수 있는 방법이 전무하였다. 유신헌법에는 대통령만 존재할 뿐, 대통령제의 내용이나 요소를 찾아보기 힘들 정도였다. 동시에 대통령의 권한행사를 통제할 수 있는 방법이 존재하지 않았던 절대적 대통령제였다. 대통령은 세습 없는 절대군주의 지위를 지녔다.

(5) 제5공화국 헌법

제5공화국 헌법은 유신헌법에 비해 권력분립원리를 훼손하는 독소조항이 많이 완화되었으나 군부에 의해 정권이 창출된 유신헌법의 또 다른 연장이었다. 대통령은 국가원수로서의 지위와 행정부수반으로서의 지위를 지녔고 선거인단에서 간선되었는데, 비상조치·국회해산·국민투표부의 등의 강력한 권한을 소지하였다. 대통령을 간선하면서 대통령에게 국회해산권을 부여하고 있다면 대통령제의 본질적 요소의 뇌관을 배제한 것으로 보아야 한다. 신대통령제의 대통령의 지위를 지녔다.

Ⅱ. 현행 헌법에서의 대통령의 헌법상 지위

1. 국가원수(元首)로서의 지위

(1) 국가원수의 개념

모든 국가는 대외적 관계는 물론 대내적 관계에 있어서도 국가를 상징하고 전체 국민을 대표할 국가기관을 필요로 한다. 이것이 곧 국가원수이다. 입헌군주제하에서 군주가 담당한 이러한 기능은 민주공화국에서도 이를 수행할 국가기관, 즉 국가원수를 요구하게 된다. 국가원수란 국가를 상징하고 대표하는 국가기관으로, 대외적으로 국가를 대표하며 대내적으로 전체 국민의 통일성과 전체성을 상징하는 국가기관을 말한다.

(2) **대외적 대표**(국가의 대표자로서의 지위)

대통령은 대외적으로 국가를 대표한다. 헌법 제66조 제1항은 '대통령은 국가의 원수이며, 외국에 대하여 국가를 대표한다'고 규정함으로써 대통령이 국가의 원수이며, 동시에 국가의 대표자로서의 지위를 지니고 있음을 분명히 하고 있다. 대통령은 국가의 대표자로서 외국과 조약을 체결·비준하고, 외교사절을 신임·접수 또는 파견하며, 외국에 대하여 선전포고와 강화를 한다(§73).

(3) **대내적 대표**

(가) 국민의 대표기관으로서의 지위

대통령은 전체 국민에 의해 직접 선출된 국민의 대표로서, 국민의 대표기관으로서의 지위를 지닌다. 대외적 국가대표는 대통령만이 될 수 있으나, 대내적 국민대표는 국회와 더불어 대통령도 대표기관이 된다. 국민의 대표기관으로서의 지위에 있어 대통령과 국회는 그 성격을 달리한다. 대통령이 전체적 국가이익과 국가적 통일을 대표한다면, 국회는 국민의 다원적 집단이익과 개별적 이해를 대표한다.

(나) 국가와 헌법의 수호자로서의 지위

대통령은 국가의 독립·영토의 보전·국가의 계속성과 헌법을 수호할 책임을 진다(§66②). 대통령의 헌법수호의무는 대통령의 취임선서시, 헌법을 준수하고 국가를 보위할 책임으로 나타난다. 대통령에게 부여된 계엄선포권(§77), 긴급명령권(§76②), 긴급재정처분 및 명령권(§76①), 국군통수권(§74) 등은 헌법수호자로서의 지위에 기초하여 대통령에게 부여된 권한이자 책무이다.

(다) 국정의 통합·조정자로서의 지위

헌법은 대통령에게 국가의 계속성과 안정성을 확보하도록 국가 전체의 대립되는 이해와 이익을 조정하고 통합할 지위를 부여하고 있다. 국가권력 간에 심각한 대결과 대립이 나타날 경우 이에 대한 합리적인 해결책이 필요하다. 대통령의 헌법개정제안권(§128①)이나 국민투표부의권(§72), 국회출석발언권(§81), 임시회의 소집요구권(§47①), 사면권(§79) 등이 이에 해당된다.

(라) 헌법기관 구성자로서의 지위

헌법은 대통령에게 헌법기관을 구성할 수 있는 권한을 부여하고 있다. 대통령은 국회의 동의를 얻어 대법원장을 임명하고, 대법원장의 제청과 국회의 동의를 얻어 대법관을 임명한다. 또 국회의 동의를 얻어 헌법재판소장과 감사원장을 임명한다. 그 밖에 3인의 헌법재판소재판관과 3인의 중앙선거관리위원회위원 임명권을 가진다.

2. 행정부의 수반으로서의 지위

(1) 행정부 수반의 개념

국가기능은 정치적 공동체의 일반원칙을 정립하는 입법과 제정된 원칙을 집행하는 집행작용으로 나눌 수 있다. 집행작용은 다시 행정과 법을 판단하고 선언하는 사법으로 구별된다. 헌법(§66④)은 행정권은 대통령을 수반으로 하는 정부에 속한다고 규정하고 있는데, 이는 대통령이 행정부의 수반으로서의 지위를 가진다는 것으로, 대통령이 행정부를 조직하고 편성하며, 집행에 있어 최고책임자임을 나타낸다. 행정부의 수반으로서의 지위는 입법부나 사법부의 수반과 동등한 병렬적 지위이다.

(2) 행정부 수반으로서의 지위

(가) 정부의 조직권자로서의 지위

대통령은 행정부의 수반으로서 행정부를 조직할 수 있는 권한을 가진다. 대통령은 국회의 동의를 얻어 국무총리를 임명하고(§86①), 국무총리의 제청으로 국무위원을 임명한다(§87①). 또한 대통령은 헌법과 법률이 정하는 바에 의하여 공무원을 임면한다(§78). 대통령의 정부조직권은 대통령의 권한이자 책무이다.

(나) 정부의 최고책임자로서의 지위

대통령은 행정부의 수반으로서 행정작용에 대한 최고책임자로의 지위를 가진다. 따라서 대통령은 행정에 관한 최종 결정권과 집행권을 가지며, 행정부의 모든 구성원을 지휘하고 감독할 수 있다. 대통령이 행정의 최고책임자라 하더라도 그 권한행사는 헌법과 법률이 정한 절차에 따라 이루어져야 한다.

Ⅲ. 대통령의 선출

1. 대통령의 선출기관 및 선출방법

(1) 선출방법

대통령의 선출방법은 일반적으로 정부형태, 즉 의원내각제인가 대통령제인가에 따라 달라진다. 대통령제 국가에서는 대통령에게 민주적 정당성을 부여하기 위하여 직선이 요구되나, 의원내각제 국가에서는 대통령이 상징적이고 의례적인 지위를 가지므로 반드시 직선일 필요가 없다. 의원내각제를 채택하고 있는 독일이나 이탈리아의 경우 양원 합동회의에서 간선된다. 프랑스나 우리나라는 국민에 의해 직접 선출된다. 미국은 간선으로 대통령을 선출하는데 사실상 직선제의 효과를 나타내고 있다.

(2) 선출기관

의원내각제를 채택하고 있는 국가는 국회에서 대통령을 선출하는 것이 일반적이다. 독일이나 이탈리아는 상하양원으로 구성되는 연방회의나 양원합동회의에서 대통령을 선출한다. 미국이나 핀란드는 대통령선거인단을 구성하여 선거인단에서 대통령을 선출한다. 한편 프랑스나 우리나라는 국민이 직접 선출한다.

우리나라 역대 대통령의 선출기관과 방법을 보면, 건국헌법은 국회에서 간선으로, 제 1 차 및 제 2 차 개정헌법은 직선으로 선출하였다. 제 2 공화국 헌법은 의원내각제 정부형태를 지니고 있었기에 국회에서 간선으로 선출하였다. 제 3 공화국 헌법은 국민이 직접 선출하였다. 그 후 제 4 공화국 헌법과 제 5 공화국 헌법은 간선으로 대통령을 선출하였는데, 제 4 공화국 헌법은 통일주체국민회의에서 선출하였고, 제 5 공화국 헌법은 대통령선거인단에서 선출하였다.

2. 현행 헌법상 대통령의 선출

(1) 대통령 선출방법

㈎ 국민에 의한 직접선출

현행 헌법(§ 67)은 '대통령은 국민의 보통, 평등, 직접, 비밀선거에 의하여 선출한다'고 하여 대통령을 국민이 직접 선출하도록 하였다. 대통령제 정부형태하에서 대통령은 국민에 의해 직접 선출되어야 하는데 이는 민주적 정당성을 확보하기 위함이다. 1972년 유신헌법부터 1987년 제 5 공화국 헌법이 종료될 때까지 오랜 기간 동안 대통령이 간선됨에 따라 국민의 의사가 왜곡되었고 정당성 시비가 끊이지 않았다. 대통령을 직접 선출하는 것이 온 국민의 염원이었고, 6월 항쟁으로 이어졌으며 그 결과 만들어진 현행 헌법은 대통령을 직접 선출하도록 함으로써 국민의 오랜 염원을 해결하였고 민주의 갈증을 풀어주었다.

(나) 민주적 정당성

대통령제 정부형태는 국민이 대통령을 직접 선출할 것을 요구하고 있는데 이는 민주적 정당성을 확보하기 위함이다. 민주적 정당성은 적어도 구성원 과반수의 찬성이 있을 때 충족된다고 본다. 그런데 현행 헌법은 과반수 득표를 하지 못하여도 대통령에 당선될 수 있게 되어 있어 민주적 정당성의 측면에서 문제가 있다. 단순 다수로도 대통령에 당선될 수 있도록 한 것은 대통령선출방법으로 적절치 못하다는 비판을 면하기 어렵다.

(다) 국회에서의 간선

대통령선거에서 최고득표자가 2인 이상인 때에는 국회의원 재적의원 과반수가 출석한 공개회의에서 다수표를 얻은 자를 당선자로 한다(§67③). 이 역시 대통령 직선제를 채택하고 있는 근본취지에 부합되지 않는다. 이와 같은 일이 발생할 가능성은 사실상 매우 희박하지만 이 경우에도 직선으로 선출하여야 한다.

(2) 대통령선거

(가) 대통령의 피선거권

대통령으로 선거될 수 있는 자는 국회의원의 피선거권이 있고 선거일 현재 40세에 달하여야 한다(§67④). 5년 이상 국내에 거주하여야 한다(공선법 §16①). 미국 대통령의 피선연령은 35세이다.

(나) 대통령후보자

대통령후보자는 정당의 추천을 받아 또는 무소속으로 입후보할 수 있다. 입후보자는 중앙선거관리위원회에 3억원을 기탁하여야 하며, 무소속후보자는 5개 이상 시·도에서 각 500인 이상이 기명 날인한 추천장을 첨부하여 후보자등록을 신청하여야 한다. 공무원이 대통령후보자가 되고자 할 때에는 선거일 전 60일까지 그 직을 그만두어야 한다. 단 국회의원은 그 직을 가진 채 후보가 될 수 있다.

(다) 선 거 일

임기만료에 의한 대통령선거는 대통령의 임기만료일 70일 내지 40일 전에 실시하여야 하며(§68①), 70일 이후 첫 번째 수요일에 실시한다(공선법 §34①). 대통령이 궐위된 때에는 궐위된 날로부터 60일 이내에 실시한다(§68②).

(라) 당선인의 결정

중앙선거관리위원회는 유효투표의 다수를 얻은 자를 당선인으로 결정하고 이를 국회의장에게 통지하여야 한다(공선법 §187①). 후보자가 1인인 때에는 그 득표수가 선거권자총수의 3분의 1 이상에 달하여야 당선인으로 결정한다. 최고득표자가 2인 이상인 때에는 중앙선거관리위원회의 통지에 의하여 국회는 재적의원 과반수가 출석한 공개회의에서 다수표를 얻은 자를 당선인으로 결정한다. 당선인이 결정된 때에는 중앙선거관리위원회위원장이 지체 없이 당선인에게 당선증을 교부하여야 한다. 국회에서 당선인이 결정된 때에는 국회의장이 당선증을 교부한다. 천재·지변 기타 부득이한 사유로 인하여 개표를 모두 마치지 못하였다 하더라도 개표를 마치지 못한 지역의 투표가 선거의 결과에 영향을 미칠 염려가 없다고 인정되는 때에는 중앙선거관리위원회는 우선 당선인을 결정할 수 있다(공선법 §187④).

(마) 대통령선거에 관한 소송

① 선거소송　　대통령선거의 효력에 관하여 이의가 있는 선거인, 정당 또는 후보자는 선거일로부터 30일 이내에 중앙선거관리위원회위원장을 피고로 하여 대법원에 선거소송을 제기할 수 있다(공선법 §222①).

② 당선소송　　당선의 효력에 관하여 이의가 있는 정당 또는 후보자는 당선결정일로부터 30일 이내에 당선인을 피고로 하여 대법원에 당선소송을 제기할 수 있다. 대통령 당선소송에서 중앙선거관리위원회위원장, 국회의장, 법무부장관이 피고로 되는 경우가 있다. 국회에서 결선투표를 통하여 대통령을 선출하는 경우에 있어 당선에 이의가 있는 때에는 중앙선거관리위원회위원장 또는 국회의장을 피고로 하며(공선법 §223①), 당선소송 중 당선인이 사망한 경우에는 법무부장관을 피고로 한다(공선법 §223④).

(3) 대통령당선자

대통령당선자는 대통령직에 당선된 사람으로, 대통령직을 수행할 사람이므로 당선인에 대한 신변보호는 물론 대통령당선인으로서의 지위와 권한이 명확히 규율되어야 한다. 특히 대통령당선인에게 대통령직을 원활하게 인수할 수 있도록 필요한 인적·물적 시설이 지원되어야 한다. 이러할 때 국정운영의 계속성과 안정성이 유지될 수 있기 때문이다. 이를 위해 '대통령직 인수에 관한 법률(이하, 인수법)'이 제정되어 있다.

(가) 대통령당선자의 지위와 권한

대통령당선인은 대통령당선인으로 결정된 때부터 대통령임기개시일 전일까지 그 지위를 가지며, 대통령당선인은 '인수법'이 정하는 바에 따라 대통령직 인수를 위하여 필요한 권한을 갖는다(인수법 §3). 대통령당선인은 대통령임기개시 전에 국회의 인사청문의 절차를 거치게 하기 위하여 국무총리후보자 및 국무위원후보자를 지명할 수 있다(인수법 §5). 이 경우 국무위원후보자에 대하여는 국무총리후보자의 추천이 있어야 한다. 대통령당선인이 국무총리후보자 및 국무위원후보자를 지명한 경우에는 국회의장에게 인사청문회의 실시를 요청하여야 한다(인수법 §5). 대통령당선인과 배우자에 대하여는 교통·통신 및 사무실 제공, 진료 기타 필요한 예우를 할 수 있다(인수법 §4).

(나) 대통령직인수위원회

대통령당선인을 보좌하여 대통령직의 인수와 관련된 업무를 담당하기 위하여 대통령직인수위원회를 설치한다(인수법 §6). 위원회는 정부의 조직·기능 및 예산현황의 파악, 새 정부의 정책기조를 설정하기 위한 준비, 대통령의 취임행사 등 관련업무의 준비, 그 밖에 대통령직의 인수에 필요한 사항의 업무를 수행한다(인수법 §7). 위원회는 위원장 1인, 부위원장 1인 및 24인 이내의 위원으로 구성한다. 위원장·부위원장 및 위원은 명예직으로 하고, 대통령당선인이 임명한다(인수법 §8).

Ⅳ. 대통령의 신분상 지위

1. 대통령직의 취임

대통령당선자는 대통령직에 취임함으로써 대통령의 신분을 취득하게 되고 대통령직을 수행할 수 있다. 대통령은 취임에 즈음하여 '나는 헌법을 준수하고 국가를 보위하며 조국의 평화적 통일과 국민의 자유와 복리의 증진 및 민족문화의 창달에 노력하여 대통령으로서의 직책을 성실히 수행할 것을 국민 앞에 엄숙히 선서합니다'라는 선서를 하여야 한다(§69).

2. 대통령의 임기

대통령의 임기는 5년이며 중임할 수 없다(§70). 대통령이 궐위되어 실시한 선거의 당선자의 임기 역시 5년이다.

(1) 임 기

대통령의 임기는 5년이다. 역대 헌법상 대통령의 임기는 건국헌법은 4년, 제2공화국 헌법은 5년, 제3공화국 헌법은 4년, 제4공화국 헌법은 6년, 제5공화국 헌법은 7년이었다.

(2) 중임금지

대통령직은 중임할 수 없다. 중임금지란 한 번만 할 수 있다는 의미로써, 이어서 할 수 없다는 연임금지와 구별된다. 중임을 금하고 단임제로 한 것은 헌정사에서 경험한 장기집권의 폐해를 방지하기 위함이다. 대통령의 임기연장 또는 중임변경을 위한 헌법개정은 그 헌법개정제안 당시의 대통령에 대하여는 효력이 없도록 하여(§126②), 1인의 장기집권의 병폐를 사전에 방지하고 있다.

3. 대통령의 형사상 특권

헌법(§84)은 '대통령은 내란 또는 외환의 죄를 범한 경우를 제외하고는 재직 중 형사상의 소추를 받지 아니한다'고 규정하여 대통령의 형사상 특권을 보장하고 있다.

(1) 형사상 특권의 의의

대통령의 형사상 특권이란 대통령은 내란 또는 외환의 죄를 범한 경우를 제외하고는 재직 중 형사상의 소추를 받지 않는 특권을 말한다. 이는 대통령이라는 특수한 직책의 원활한 수행을 보장할 필요가 있고 국가원수로서의 지위에 대한 훼손을 방지하여 국가의 체면과 권위를 유지해야 하기 때문이다.

(2) 형사상 특권의 범위

내란 또는 외환의 죄를 제외한 모든 형사범죄에 대하여 형사상 특권이 인정된다. 대통령이 내란 또는 외환의 죄를 범한 경우에는 특권이 인정되지 않는다. 한편 '헌정질서파괴범의 공소시효 등에 관한 특례법(§3)'은 형법상 내란죄나 외환죄 등의 헌정질서파괴범에게 공소시효를 적용하지 않는다고 규정하고 있다. 이는 대통령이 내란죄나 외환죄를 범한 경우 이론적으로는 이에 대해 책임을 물을 수 있지만, 현직 대통령에게 법적 책임을 묻는 것이 쉬운 일이 아니며 만일 책임을 묻지 못한 경우 임기만료로 공소시효가 완성될 수 있어 대통령이라도 국헌문란행위(내란, 외환)를 한 때에는 이를 처벌하도록 한 헌법의 명령을 실천하기 위함이다. 전두환·노태우 두 전직대통령의 경우 내란이나 외환의 죄의 공소시효가 진행되어 재직 후 기소가 불가능하게 되자, 1995년 12월 헌정질서파괴범에 대한 공소시효적용을 배제하는 '헌정질서파괴범죄의 공소시효 등에 관한 특례법'과 1979년 12월 12일 및 1980년 5월 18일을 전후하여 발생한 헌정질서파괴범에 대하여는 공소시효를 정지하는 '5·18 민주화운동 등에 관한 특별법'이 제정되었다. '5·18특별법'은 특정사건에 한정하여 소급적용을 허용한 것으로 이에 대한 위헌 여부가 다투어졌는데, 헌법재판소는 '5·18 특별법'이 사후적 소급입법이라 하여도 헌법에 위반되지 않는다고 하였다.

(3) 형사상 특권의 내용

형사소추를 받지 않는다. 형사소추란 본래 공소의 제기를 의미하나 대통령의 형사상 특권의 의의와 목적을 감안할 때 헌법 제84조의 소추란 체포·구속·압수·수색·검증까지도 포함하는 것으로 보아야 한다. 형사상 특권은 형사책임을 묻지 않는 것이므로, 탄핵소추나 심판 그리고 민사·행정책임까지 면제되는 것은 아니다.

재직 중에 한하여 형사소추가 면제되므로 퇴직 후에는 형사소추가 가능하다. 재직 중 형사소추를 할 수 없는 범죄의 공소시효는 진행이 정지된다고 보아야 한다. 만일 공소시효의 진행이 정지되지 않는다면 대통령은 재직 전이나 재직 중에 범한 대부분의 죄에 관하여 공소시효가 완성되는 혜택을 받게 되어 부당하며, 특권의 목적에도 부합되지 않는다.

(4) 형사상 특권의 효과

대통령의 범죄행위에 대하여 기소가 이루어진 경우 그 행위가 대통령의 형사상 특권의 범위에 해당될 때에는 법원은 재판권 부존재를 이유로 형사소송법 제327조 제 1 호를 적용하여 공소기각결정을 한다.

4. 대통령의 의무

대통령은 직무상, 신분상 일정한 헌법적 의무를 부담한다. 대통령의 헌법상 의무로는 직무상 의무로 헌법수호의무와 직무수행의무를, 신분상 의무로 겸직금지의무를 들 수 있다. 헌법수호의무란 대통령이 헌법을 준수하고 수호할 의무를 말한다(§66②). 또한 직무수행의무란 대통령이 헌법을 준수하고, 국가를 보위하며, 조국의 평화적 통일과 국민의 자유와 복리의 증진 및 민족문화의 창달을 위하여 대통령의 직책을 성실히 수행할 의무를 말한다(§69). 대통령은 국무총리·국무위원·행정각부의장 기타 법률이 정하는 공·사의 직을 겸할 수 없는 겸직금지의무를 진다(§83).

5. 대통령의 권한대행

헌법(§71)은 '대통령이 궐위되거나 사고로 인하여 직무를 수행할 수 없을 때에는 국무총리, 법률이 정한 국무위원의 순서로 그 권한을 대행한다'고 규정하여 대통령의 권한대행을 규율하고 있다.

(1) 권한대행의 의의

(가) 권한대행

권한대행이란 국가기관 담당자가 사고를 당하여 직무수행이 불가능하게 된 때 다른 국가기관 담당자가 대신 직무를 수행하는 것을 말한다.

(나) 권한대행자

대통령의 권한대행자를 누구로 할 것인가, 권한대행자가 대통령직을 계승하느냐 아니면 대행만 할 것인가에 관해서 일정한 원칙이 존재하는 것은 아니다. 대통령제 국가에서 대통령의 권한대행은 직선의 부통령이 맡는 것이 헌법적 원리에 비추어 볼 때 타당하다. 다만 우리의 경우 대통령제와 부합되기 어려운 국무총리를 두면서, 대통령에 의해 임명된 국무총리로 하여금 국민에 의해 직접 선출된 대통령의 권한을 대행하게 한 것은 민주적 정당성 측면에서 볼 때 적절하다고 볼 수 없다.

(2) 권한대행의 사유

권한대행은 대통령이 궐위나 사고로 직무수행이 불가능한 때에 이루어진다. 궐위란 대통령이 재위하지 않는 경우로, 대통령의 사망, 탄핵결정에 의한 파면, 피선자격의 상실, 사임 등이 이에 해당한다. 반면 사고란 대통령이 대통령직에 있지만 일정한 사유로 직무수행이 불가능하게 된 경우로, 질병, 탄핵소추가 의결되어 권한 행사가 정지된 경우 등이 이에 해당된다.

(3) 권한대행사유의 판단

(가) 궐위된 경우

대통령이 궐위되면 헌법의 규정에 따라 대행자가 정해진다. 궐위로 확인되면 헌법 제71조에 따라 권한대행자에게 대통령의 권한을 대행할 수 있는 권한이 부여된다.

(나) 사고인 경우

대통령이 궐위된 때에는 궐위 여부를 객관적으로 판단할 수 있으나, 사고인 경우에는 대통령이 직무를 수행할 수 없어 권한대행이 요구되는 사고에 해당되는가의 여부를 누가 어떻게 결정할 것인가가 문제된다.

① 대통령이 결정하는 경우 사고로 인한 권한내행의 경우 대통령이 권한대행의 필요 여부와 기간을 스스로 결정하며 결정해야 한다는 데 이론의 여지가 없다.

② 제3자가 판단해야 하는 경우 문제는 대통령이 정신장애나 의식불명 등으로 권한대행의 필요 여부 및 그 기간을 스스로 결정할 수 없을 때이다. 현재 어떤 방법과 절차를 거쳐 누가 결정할 것인가에 관한 법적 장치가 마련되어 있지 않다. 헌법개정을 통해 궁극적 대비책을 강구해야 하겠지만, 그 전이라도 관련 법률의 신속한 제정이 요구되며, 헌법재판소가 판단하도록 하는 것이 바람직하다. 현행 헌법의 해석론으로는 국무회의에서 정할 수밖에 없다고 본다.

(4) 권한대행의 기간

궐위된 경우 헌법은 60일 이내에 후임자를 선출하도록 규정하고 있을 뿐 달리 대행기간에 관한 언급이 없다. 궐위된 경우 권한대행의 기간은 궐위된 때로부터 후임자의 당선결정시 직전까지이다. 사고인 경우 문제가 있지만 법제도가 흠결된 지금의 상황에서는 국무회의에서 대행기간을 정할 수밖에 없다. 입법론적으로는 이 경우 역시 헌법재판소로 하여금 대행기간을 결정하게 하는 것이 바람직하다.

(5) 권한대행의 직무범위

권한대행자는 권한대행이 요구되는 최단기간 내에 대통령의 직무 중 그 수행이 중단되어서는 안될 필요 최소한의 직무를 담당해야 한다. 이는 권한대행제도의 당연한 요청이다. 권한대행의 경우 특히 그 직무범위가 문제된다.

(가) 궐위의 경우

대통령이 궐위된 경우 권한대행자는 현상변경적 권한(국가기본정책의 변경, 고위직 인사)도 행사할 수 있다고 보는 적극적인 견해가 있으나 현상유지적인 권한행사로 국한되어야 한다(다수설). 권한대행은 임시대리의 성격을 지니며, 잠정적인 관리자에 불과하고, 권한대행기간은 60일을 초과할 수 없기 때문이다.

(나) 사고인 경우

대통령의 사고로 인한 권한대행자는 현상유지적 권한행사에 그쳐야 한다는 것이 헌법학계의 일반적인 견해이다. 문제는 사고가 장기간 계속되는 경우에도 현상유지에 그쳐야 하는가이다. 법률안거부권은 현상유지적 권한에 포함된다. 헌법재판소는 대통령이 해외 순방 중인 경우는 일시적으로 직무를 수행할 수 없는 경우로서 '사고'에 해당되므로, 위 기간 중에 정당해산심판을 청구하기로 한 국무총리 주재의 국무회의 의결을 위법하다고 볼 수 없다고 하였다. 사고인 경우 그 대행기간이 헌법에 규정된 바 없고, 사고가 장기간 계속되는 경우에는 잠정적 현상유지만으로 해결할 수 없는 사태가 발생할 수 있으므로 국무회의의 심의를 거쳐 대행기간을 정하여야 하며, 직무범위도 현상유지에 그쳐야 한다고 보기 어렵다.

(6) 권한대행자의 형사상 특권, 겸직금지의무

권한대행자에게 대통령의 형사상 특권이 적용되는가에 관해, 이를 소극적으로 보는 견해가 있으나 권한대행자가 직무를 수행하는 한 형사소추를 받지 않는다고 보아야 한다. 대통령에게 부과된 겸직금지의무는 권한대행자에게도 적용되어야 한다. 국무총리가 권한대행자가 될 경우 권한대행자가 국무총리를 겸하는 것은 매우 부당하므로, 대통령 권한대행이 이루어지면 총리의 권한대행자로 하여금 총리권한을 대행하게 하는 것이 타당하다. 권한대행자는 대통령 취임선서를 할 수도 할 필요도 없다.

6. 전직대통령에 대한 예우

헌법(§85)은 전직대통령의 신분과 예우를 법률로 정하도록 함으로써, 전직대통령에 대하여 일정한 신분보장과 예우를 보장하고 있다. 전직대통령 중 '직전' 대통령은 국가원로자문회의의 의장이 되나 국가원로자문회의는 구성되어 있지 않다. 전직

대통령에게는 연금이 지급되고, 기념사업지원·경호·교통·통신·가료 등의 편의가 제공된다(전직대통령예우에 관한 법률 §4, §5). 그러나 전직대통령이 재직 중 탄핵결정을 받아 퇴임한 경우, 금고 이상의 형이 확정된 경우, 형사처분을 회피할 목적으로 외국정부에 대하여 도피처 또는 보호를 요청한 경우, 대한민국의 국적을 상실한 경우에는 예우하지 않는다(예우법 §7②). 또한 전직대통령이 공무원에 취임한 경우에는 그 기간 동안 연금을 지급하지 않는다(예우법 §7①). 전직대통령에게 증언 등의 진술을 요구하는 것은 국민의 알 권리 충족을 위한 것으로 예우에 어긋난다고 볼 수 없다.

제2항 대통령의 권한

대통령의 권한은 대통령의 지위에 대응하여 분류하거나 권한의 실질적 성질에 따라 분류할 수 있는데, 대통령의 지위에 대응하여 권한을 분류하기로 한다. 대통령의 헌법적 지위를 국가원수의 지위와 행정부 수반의 지위로 나누었으므로, 권한 역시 이에 대응시켜 국가원수로서의 권한과 행정부수반으로서의 권한으로 분류한다.

Ⅰ. 국가원수로서의 권한

1. 국가를 대표할 권한

대통령은 국가원수로서 외국에 대하여 국가를 대표한다(§66). 대통령이 국가를 대표하기에 대통령은 조약을 체결·비준하고, 외교사절을 신임·접수·파견하며, 선전포고와 강화를 한다(§73). 신임이란 우리나라 외교사절에게 신임장을 수여하는 것이고, 접수란 외국의 외교사절을 우리나라가 수락하는 것이며, 파견이란 외교사절을 외국에 보내는 것을 말한다. 선전포고란 외국에 대한 전쟁개시의 선언이며, 강화란 전쟁종결을 위한 적국과의 합의를 말한다. 또한 대통령은 국군을 해외에 파견하거나 외국군대의 주류를 허락할 수 있다(§60②). 동시에 대통령은 국가승인, 정부승인, 교전단체승인을 할 수 있다. 외교적 권한행사에 국무회의의 심의와 부서가 요구된다(§89).

2. 국가와 헌법을 수호하기 위한 권한

대통령은 국가원수의 지위에서 국가의 독립과 안전 및 계속성을 지키기 위해 긴급명령권, 긴급재정경제명령 및 처분권, 계엄선포권, 국군통수권을 행사할 수 있으며, 이러한 권한행사를 통해 헌법을 수호할 책무가 있다.

(1) 긴급명령권

헌법 제76조 제 2 항은 '대통령은 국가의 안위에 관계되는 중대한 교전상태에 있어서 국가를 보위하기 위하여 긴급한 조치가 필요하고 국회의 집회가 불가능한 때에 한하여 법률의 효력을 가지는 명령을 발할 수 있다'고 하여 긴급명령을 규정하고 있다.

(개) 긴급명령권의 의의

긴급명령이란 국가의 안위에 관계되는 중대한 교전상태가 발생한 경우 국가를 보위하기 위하여 대통령이 발하는 긴급·비상의 입법조치를 말한다. 대통령의 긴급명령권은 국가위기시 대통령에게 법률의 효력을 지니는 명령을 제정할 수 있는 것으로, 국가의 존립을 유지하고 헌법질서를 보전하기 위하여 행사되는 비상·예외적 권한이다.

(나) 긴급명령권의 요건

① 국가안위에 관한 중대한 교전상태　　긴급명령은 국가의 안위에 관계되는 중대한 교전상태가 발생한 때 발동된다. 중대한 교전상태는 사변 또는 내란을 포함한다. 긴급명령은 국가를 보위할 목적, 즉 국가를 보존하고 방위할 목적으로 발동된다. 따라서 긴급명령을 발동하지 않고서는 국가를 보존하기 어렵거나 방위가 불가능한 경우에 한해 긴급명령의 발동이 정당화된다.

② 소극적 목적　　긴급명령은 비상사태를 해결하기 위한 사후적이고 소극적이며 또 방어적인 목적으로 발동될 수 있다. 따라서 비상사태가 발생된 후, 이를 수습할 목적으로 동시에 국가의 보전을 지키기 위한 목적으로 발동되어야 한다. 공공복리실현과 같은 적극적 목적이나 집권연장 또는 야당탄압 등과 같은 정치적 목적으로 발동될 수 없다.

③ 국회의 집회불능　　국회의 집회가 불가능하여야 한다. 이 점에서 국회의

집회를 기다릴 여유가 없는 때에 발동되는 긴급재정경제명령과 구별된다. 집회가 불가능하다는 것은 국회의 집회가 법률상 불가능한 경우는 물론 사실상 국회의 집회를 기대할 수 없는 경우를 포함한다. 또한 국회가 폐회 중일 때 비상사태로 국회의 집회가 불가능한 경우 이외에 회기 중이라 하더라도 비상사태로 집회가 불가능한 때에는 발동될 수 있다. 다만 인위적으로 국회를 폐쇄하는 등 집회불능의 원인을 만든 경우에는 발동될 수 없다.

④ 판 단 　긴급명령의 발동요건인 중대한 교전상태인가, 긴급한 조치가 필요한가, 집회가 불가능한가 등에 관한 판단은 대통령의 독자적 결정에 맡겨져 있다. 이와 같이 긴급명령의 발령요건의 충족여부를 대통령의 독자적 판단에 맡길 수밖에 없다 하여도 대통령의 판단에 객관성이 요구됨은 물론이다. 긴급명령의 위헌여부를 판단함에 있어 헌법재판소가 대통령의 판단을 존중할 필요는 있어도 이에 기속당하지 않는다.

㈐ 긴급명령의 발동절차

① 국무회의의 심의 　긴급명령은 국무회의의 심의를 거쳐야 하며, 국무총리 및 관계 국무위원의 부서가 있어야 한다. 긴급명령을 발한 때에는 지체 없이 국회에 보고하여 그 승인을 얻어야 한다. 국회가 폐회 중이거나 휴회 중일 때에는 대통령은 임시국회의 집회를 요구하거나 국회의 회의재개를 요구하여 국회의 승인을 얻어야 한다.

② 국회의 승인 　긴급명령은 국회의 승인을 얻어야 하는데(§76③), 헌법은 승인에 필요한 정족수에 관하여 아무런 규정을 두고 있지 않다. 이에 관해 헌법 제49조에 따라 출석과반수의 찬성으로 족하다는 견해와 헌법 제77조 제5항을 유추하여 재적과반수의 찬성이 필요하다는 견해로 대립한다. 생각건대 계엄의 해제요구는 존재하는 계엄을 소멸시키려는 부정적 성격의 통제수단이지만, 긴급명령의 승인은 불안정적인 존재를 안정적인 것으로 만들어주는 긍정적 성격의 통제수단이란 점에서 차이가 있고, 헌법과 법률에 특별한 규정이 없는 경우에는 재적의원 과반수의 출석과 출석의원 과반수의 찬성으로 의결되는 점(§49)에 비추어 볼 때 승인에 필요한 정족수는 출석과반수로 보는 것이 타당하다.

(라) 긴급명령의 내용

긴급명령은 내정·외교·국방·사법 등 국정전반에 걸쳐 필요한 조치를 할 수 있다. 이 점에서 재정·경제상의 필요한 조치로 한정되는 긴급재정·경제명령과 구별된다. 한편 긴급명령은 법률의 효력을 지니므로 국민의 자유와 권리를 제한하거나 새로운 의무를 부과할 수 있으며, 필요한 경우 법률을 개폐할 수 있다. 또한 긴급명령은 기본권을 제한할 수 있으나 이에 더 나아가 기본권을 일시 정지하거나 기본권에 대해 특별한 조치를 할 수는 없다. 이 점에서 기본권을 정지할 수 있었던 제5공화국 헌법의 비상조치와 구별되며 기본권에 특별한 조치를 할 수 있는 계엄(§77③)과 구별된다. 동시에 법률적 효력을 지니는 긴급명령으로 헌법을 개정하거나 국회를 해산할 수 없으며 군정을 실시할 수도 없다.

(마) 긴급명령의 효력

① 국회승인을 얻지 못한 경우 긴급명령이 국회의 승인을 얻지 못하면 그 때부터 긴급명령은 효력을 상실한다(§76④). 승인을 얻지 못한 때까지의 긴급명령의 효력에는 영향을 주지 않는다. 대통령이 해제하는 경우에도 동일하다. 국회의 승인을 얻지 못해 긴급명령의 효력이 상실된 경우 긴급명령에 의하여 이미 개정 또는 폐지된 법률은 다시 그 지위가 회복되어야 한다. 헌법은 긴급명령이 국회의 승인을 얻지 못한 때부터 당연히 그 효력을 회복하도록 하여 제정 또는 재개정의 불필요한 절차를 생략시키고 있다(§76④).

② 국회승인을 얻은 경우 긴급명령이 국회의 승인을 얻게 되면 긴급명령은 확정적으로 유효하게 된다. 대통령은 긴급명령이 더 이상 필요 없다고 판단된 경우에는 긴급명령을 해제할 수 있다. 긴급명령에 대하여 국회가 해제를 요구하거나 건의할 수 있을 것인가에 관해 적극적으로 이해하는 견해가 있으나, 소극적으로 보아야 한다. 국회의 해제요구나 해제건의는 대통령의 긴급권이 헌법적 효력을 지닌 경우의 기관간 통제형식이므로, 법률적 효력에 불과한 긴급명령에 대해서는 이를 인정할 이유가 없다. 국회는 승인된 긴급명령에 대하여 필요한 경우 법률로써 긴급명령을 개폐할 수 있다.

(바) 긴급명령의 공포

대통령은 긴급명령을 발한 후 국회에 보고하여 승인을 요청했다는 사실과 승인 여부를 지체 없이 공포하여야 한다(§76⑤). 이 공포는 법령의 존재를 완성하는 것이 아니라 단순히 사실을 알리는 것이다.

(사) 긴급명령에 대한 통제

① 국회에 의한 통제 긴급명령은 국회의 승인에 의하여 사후통제를 받는다. 국회의 승인에는 긴급명령의 내용을 수정·삭제할 수 있는 수정승인이 포함된다. 국회는 탄핵소추, 법률개정 등으로 긴급명령을 통제할 수 있다.

② 법원 및 헌법재판소에 의한 통제 대통령의 긴급명령은 법률적 효력을 지니고 있고 국회의 승인을 조건으로 하며, 승인을 얻지 못한 때의 법적 효과를 감안해 볼 때 사법심사의 대상이 되며, 판례도 동일한 입장을 취하고 있다. 긴급명령 자체의 위헌 여부는 헌법재판소가, 긴급명령에 기한 처분의 위헌·위법 여부는 법원이 관장한다.

(2) 긴급재정·경제처분 및 명령권

헌법 제76조 제1항은 '대통령은 내우·외환·천재·지변 또는 중대한 재정·경제상의 위기에 있어서 국가의 안전보장 또는 공공의 안녕질서를 유지하기 위하여 긴급한 조치가 필요하고 국회의 집회를 기다릴 여유가 없을 때에 한하여 최소한으로 필요한 재정·경제상의 처분을 하거나 이에 관하여 법률의 효력을 가지는 명령을 발할 수 있다'고 하여 긴급재정·경제처분 및 명령을 규정하고 있다.

(가) 긴급재정·경제처분의 의의

긴급재정·경제처분(이하, 긴급재경처분)이란 내우·외환·천재·지변 또는 중대한 재정·경제상의 위기에 있어서 국가의 안전보장이나 공공의 안녕질서를 유지하기 위한 긴급 비상의 재정·경제상의 처분을 말한다. 대통령의 긴급재경처분은 국회의 동의나 승인이 요구되는 재정·경제행위를 필요한 절차를 생략한 채 대통령이 단독으로 발하는 긴급·비상의 행정처분으로, 이는 법치행정에 대한 중대한 제한이 되며 동시에 재정의회주의에 대한 중대한 예외가 된다.

(나) 긴급재정·경제처분의 요건

① 중대한 재정·경제상의 위기발생 긴급재경처분은 내우·외환·천재·지변 또는 중대한 재정·경제상의 위기가 발생하여야 한다.

② 소극적 목적 긴급재경처분은 국가안전보장이나 공공의 안녕질서의 유지와 같은 소극적 목적을 위해서만 가능하고 공공복리의 증진과 같은 적극적 목적을 위해서는 발할 수 없다.

③ 국회의 집회를 기다릴 여유가 없을 것 국회의 집회를 기다릴 여유가 없는 때에 한한다. 이 점에서 국회의 집회가 불가능한 경우에 발동되는 긴급명령과 구별된다. 국회의 집회를 기다릴 여유가 없어야 하므로 긴급재경처분은 폐회 중에 한하며 휴회 중에는 발동될 수 없다. 휴회 중에는 언제든지 회의재개가 가능하기 때문이다.

(다) 긴급재정·경제처분의 발동절차

긴급재경처분은 국무회의의 심의를 거쳐야 하며 국무총리 및 관계 국무위원의 부서가 있어야 한다. 긴급재경처분을 한 때에는 지체 없이 국회에 보고하여 그 승인을 얻어야 한다. 국회가 폐회 중이면 대통령은 임시회의 소집을 요구하여 그 승인을 얻어야 한다.

(라) 긴급재정·경제처분의 내용

긴급재경처분은 재정·경제에 관한 사항을 규율한다. 이 점에서 내정·외교·국방·사법 등 모든 사항을 그 대상으로 할 수 있는 긴급명령과 구별된다.

(마) 긴급재정·경제처분의 효력

긴급재경처분은 사후에 국회의 승인을 얻어야 한다. 국회의 승인이 있으면 처분의 효력이 확정적으로 유효하게 되며, 만일 승인을 얻지 못하면 그 때부터 효력을 상실한다. 승인에 필요한 의결정족수는 긴급명령과 같이 출석의원과반수의 찬성으로 족하다.

(바) 긴급재정·경제처분의 공포

대통령은 긴급재경처분이 국회의 승인을 얻거나 얻지 못할 경우 지체 없이 그 사유를 공포하여야 한다.

(사) 긴급재정·경제처분에 대한 통제

긴급재경처분에 대해서는 국회의 승인에 의한 통제가 가능하다. 또 그 본질이 행정처분이므로 법원에 의한 심사도 가능하다. 긴급재경처분으로 기본권이 침해된 경우 헌법소원의 대상이 될 수 있다.

(3) 긴급재정·경제명령권

대통령은 긴급재경처분을 할 때와 동일한 요건하에서, 필요한 경우 법률의 효력을 지닌 명령을 발할 수 있다(§76①). 긴급재경처분을 발하게 되면 기존의 법령에 저촉되는 처분이 될 것인데, 헌법에 근거한 긴급재경처분이 법령에 반하여 위법한 처분이 되는 모순을 제거하기 위하여 법률의 효력을 지니는 긴급재경명령을 발할 수 있게 한 것이다. 대통령은 긴급재경명령의 원인이 소멸된 때에는 긴급재경명령을 지체 없이 해제하여야 한다.

(4) 계엄선포권

헌법 제77조 제 1 항은, '대통령은 전시·사변 또는 이에 준하는 국가비상사태에 있어서 병력으로써 군사상의 필요에 응하거나 공공의 안녕질서를 유지할 필요가 있을 때에는 법률이 정하는 바에 의하여 계엄을 선포할 수 있다'고 규정하여 대통령의 계엄선포권을 보장하고 있다.

(가) 계엄의 의의

① 계엄의 개념　　계엄이란 전시 등 국가비상사태가 발생한 경우 이를 극복하기 위하여 병력을 사용하는 긴급의 비상조치를 말한다. 민간정부를 대체하는 군정의 실시가 핵심이다. 계엄은 입법을 제외한 행정과 사법영역에서 한시적인 군정을 가능하게 하고 헌법의 일부조항을 배제할 수 있다는 점에서 가장 강력한 국가긴급권이다.

② 계엄의 종류　　계엄에는 비상계엄과 경비계엄의 두 종류가 있다(§77②).

㉠ 비상계엄　　비상계엄은 전시·사변 또는 이에 준하는 국가비상사태에 있어서 적과 교전상태에 있거나 사회질서가 극도로 교란되어 행정 및 사법기능의 수행이 현저히 곤란한 경우에 군사상의 필요에 따르거나 공공의 안녕질서를 유지하기 위하여 선포된다(계엄법 §2②).

㉡ 경비계엄　　경비계엄은 전시·사변 또는 이에 준하는 국가비상사태에 있어서 사회질서가 교란되어 일반 행정기관만으로는 치안을 확보할 수 없는 경우에 공공의 안녕질서를 유지하기 위하여 선포된다(계엄법 §2③).

③ 긴급명령과 계엄의 차이　　긴급명령과 계엄은 국가비상사태를 전제로, 헌법을 수호하고 유지할 목적으로, 임시적이며, 민주주의와 법치주의 원리에 대한 중대

한 위협이 된다는 점에서 유사한 성격을 지니지만 다음과 같은 차이가 존재한다. 첫째, 전자는 헌법에 따라 발동되나 후자는 법률에 따라 발동되며(법적 근거), 둘째, 전자는 국가안위에 관계되는 중대한 교전상태에서 가능하나 후자는 전시·사변 이에 준하는 국가비상사태에서 가능하고(상황), 셋째, 전자는 경찰력으로 후자는 병력으로(수단), 넷째, 전자는 국회의 집회가 불가능하여야 하나 후자는 국회의 집회 여부와 관계없으며(국회집회가능성), 다섯째, 전자는 긴급입법의 성격을 지니나 후자는 일시적 군사통치의 성격을 지니며(내용), 여섯째, 전자는 국회의 승인을 요하나 후자는 통고로 족하며(통제방법), 일곱째, 전자는 기본권 제한의 한정조항이 없으나 후자는 기본권 제한의 대상을 특정하고 있으며(제한대상), 여덟째, 전자는 기본권 제한에 그치나 후자는 특별한 조치를 할 수 있다는 점에서(제한 정도) 구별된다.

(나) 계엄의 요건

계엄은 전시·사변 또는 이에 준하는 국가비상사태가 발생한 때, 병력으로써 공공의 안녕질서를 유지할 목적으로 선포된다. 전시란 전쟁이 개시된 때부터 종료에 이르기까지의 기간을 말하며, 사변이란 전시는 아니지만 무력행사로 인한 전시에 준하는 비상사태를 말한다. 이에 준하는 국가비상사태란 무장집단에 의하거나 또는 자연적 재난으로 인한 사회질서교란상태를 말한다.

(다) 계엄의 선포권자

계엄의 선포권자는 대통령이다. 국방부장관이나 행정자치부장관은 계엄선포사유가 발생한 경우 국무총리를 거쳐 대통령에게 계엄선포를 건의할 수 있고, 계엄사유가 소멸되었다고 판단된 경우 계엄의 해제를 건의할 수 있다(계엄법 §2⑥). 계엄사령관은 현역 장관급장교 중에서 국방부장관이 추천한 자를 국무회의의 심의를 거쳐 대통령이 임명한다(계엄법 §3, §5). 계엄이 선포되면 계엄사령관은 국방부장관의 지휘·감독을 받으나, 전국을 계엄지역으로 하는 경우에는 대통령의 지휘·감독을 받는다(계엄법 §6).

(라) 계엄의 선포절차

계엄을 선포하려면 국무회의의 심의를 거쳐야 하며(§89), 계엄선포의 이유·종류·시행일·지역 그리고 계엄사령관을 공고하여야 한다(계엄법 §3). 계엄을 선포한 후에는 지체 없이 국회에 통고하여야 한다(§77④). 국회가 폐회 중이면 지체 없이 임시회를 요구하여야 한다. 국회에 단순히 통고만 하면 된다는 점에서 승인을 얻어야 하는 긴급명령 등과 구별된다. 국회에 통고하는 것으로 그치는 것은 헌법적 의의가 없다. 사후 승인을 얻도록 하여야 한다.

(마) 계엄의 효력

① 비상계엄의 경우

㉠ 행정사무와 사법사무에 관한 특별조치 계엄사령관은 계엄지역 내의 모든 행정사무와 사법사무를 관장하며 행정기관과 사법기관을 지휘·감독한다. 다만 사법사무는 엄격한 의미의 민·형사재판을 제외한 사법행정사무만이 계엄당국의 지휘·감독을 받는다고 본다. 비상계엄하에서는 일정한 범죄사건에 한하여 군사법원의 재판을 받으며(§27②), 군사법원의 재판을 받는 경우 일정한 범죄에 한하여 단심으로 할 수 있다(§110④). 헌법(§27②)은 비상계엄하에서는 모든 범죄에 대하여 군사법원의 재판을 예정하고 있지만, 계엄법 제10조는 비상계엄지역에서 계엄법이 정한 범죄를 범한 경우에 한해 군사법원의 재판을 받으며, 이때에도 계엄사령관은 필요한 경우 해당 관할법원이 재판하게 할 수 있다고 규정하고 있다. 계엄법 제10조는 비상계엄하에서도 국민의 기본권을 최대한 보장하려는 취지로 당연하며 바람직하다. 또한 비상계엄하의 군사법원은 계엄선포 이후에 발생된 범죄행위에 대해서만 재판권이 있는가 아니면 계엄선포 이전에 발생된 범죄행위에 대해서도 재판권이 있는가가 문제되나, 계엄선포 전후를 불문하고 모두 군사법원의 재판권이 인정된다고 보아야 한다. 대법원도 동일한 입장이다. 계엄선포 중 국회의원은 현행범을 제외하고는 체포·구금되지 않는다(계엄법 §13).

㉡ 기본권에 관한 특별조치 비상계엄이 선포된 때 영장, 언론·출판·집회·결사의 자유에 대하여 특별한 조치를 할 수 있다(§77③). 특별한 조치란 헌법 제37조 제 2 항에 의한 기본권제한의 정도를 넘는 것으로, 관련 헌법규정을 일시 정지할 수 있는 것으로 본다. 계엄지역 안에서는 작전상 부득이한 경우에 국민의 재산을 파괴·소훼할 수 있고(계엄법 §9③), 동원·징발을 할 수 있다(계엄법 §9②). 계엄사령관이 국민의 재산을 파괴 또는 소훼한 경우 손실에 대한 정당한 보상을 지급하여야 한다(계엄법 §9의2).

② 경비계엄의 경우 계엄사령관은 계엄지역 내의 군사에 관한 행정사무와 사법사무를 관장하며, 군사에 관한 행정사무와 사법사무를 담당하는 기관을 지휘·감독한다. 경비계엄하에서는 국민의 자유와 권리를 제한할 수 없다.

(바) 계엄의 해제

① 절 차 비상사태가 평상상태로 회복되거나 국회의원 재적과반수의 찬성으로 해제를 요구할 때에는 대통령은 지체 없이 계엄을 해제하여야 한다(§77⑤). 계엄의 해제는 국무회의의 심의를 거쳐야 한다(§89, 5호).

② 효 과 계엄이 해제되면 해제된 날로부터 모든 행정사무와 사법사무가 평상상태로 복귀하므로 군사법원의 관할사건은 일반법원에 이관된다. 다만 대통령이 필요하다고 인정한 경우에는 군사법원의 재판권을 1개월 이내에 한하여 연기할 수 있다(계엄법 §12). 재판권의 1개월 연기조항의 위헌 여부가 문제되고 있다. 대법원은 합헌으로 보나, 1개월 연기조항은 정당한 재판을 받을 권리와 민간인의 군사재판의 예외규정에 위반된다고 보아야 한다(다수설). 계엄기간 중의 포고령위반범죄는 계엄이 해제된 후에도 계엄실시 중의 계엄포고령에 따라 처벌되며, 계엄해제는 형이 범죄 후 법령이 개폐로 폐지된 것에 해당한다고 볼 수 없다.

(사) 계엄에 대한 통제

① 국회에 의한 통제 국회는 입법과 정부통제권에 의하여 계엄을 통제할 수 있다. 국회의 계엄해제요구에 의한 계엄에 대한 통제는 중요한 역할을 한다. 국회의 해제요구가 있음에도 대통령이 이를 해제하지 아니하면 대통령에 대한 탄핵소추의 사유가 된다.

② 법원(헌법재판소)에 의한 통제 대통령의 계엄선포행위에 대한 사법통제가 가능할 것인가가 문제된다. 헌법재판소가 도입된 이상은 계엄의 선포행위 그 자체도 사법적 통제가 가능해야 한다는 지적이 있으나, 계엄선포행위 그 자체에 대한 사법심사는 어렵다고 보아야 한다. 사안 자체가 매우 중요하고 심각하며 정치적으로도 매우 민감한 사항이므로 사법부가 혼자 담당하고 책임지기에 너무 무거운 짐이기 때문이다. 그러나 계엄사령관의 포고령이나 구체적 처분은 사법심사의 대상이 된다. 계엄선포나 계엄에 의한 특별조치로 기본권이 침해된 경우에는 헌법소원을 제기할 수 있다.

(5) 국군통수권

헌법 제74조 제 1 항은 '대통령은 헌법과 법률이 정하는 바에 의하여 국군을 통수한다', 제 2 항은 '국군의 조직과 편성은 법률로 정한다'고 하여 대통령의 국군통수권과 국군의 조직·편성 법정주의를 규정하고 있다.

㈎ 국군통수권의 의의

군통수권이란 군대의 최고지휘자로서 군대를 지휘하고 통솔하는 권한을 말한다. 헌법(§74①)은 대통령에게 국군통수권을 부여함으로써, 대통령이 대한민국 군대인 국군의 최고사령관임을 분명히 하고 있다. 군통수권에 관한 각국의 입법례는 다양한 형태를 지니고 있다.

㈏ 국군통수권자로서의 대통령

대통령의 국군통수권이 국가원수의 지위로서 보유하는 권한인지 아니면 행정부수반의 지위로서의 권한인지가 다투어진다. 군대의 조직과 편성과 같은 군정작용은 행정작용에 속하는 것이지만 국군이 지니는 영토보전, 국가의 독립 등의 국가수호사명(§66②)은 단순한 행정작용으로 볼 수 없다. 그렇다면 국군통수권을 국가원수의 지위와 행정부수반의 지위 중 어느 하나로 보는 것은 적절치 않다. 국군통수권은 국가원수 및 행정부 수반으로서의 대통령의 지위에서 갖는 권한으로 보아야 하나, 국군통수권이 지니는 국가수호사명의 성격을 감안할 때 국가원수로서의 지위에서 보유하는 권한의 성격이 더 강하다고 본다.

㈐ 국군통수권의 내용

① 군정과 군령 　　통수권은 군정과 군령으로 구성된다. 군정이란 국군을 조직·편성·취득·유지·관리하는 양병작용을 말하며, 군령이란 작전계통에 따라 현실적으로 군을 사용·지휘·명령·통솔하는 용병작용을 의미한다. 군정과 군령의 통합여부에 따라 군정군령 이원주의(兵政분리주의)와 일원주의(兵政통합주의)로 구별된다. 전자는 군정과 군령을 분리하여 군정은 행정기관의 통제하에 두나 군령은 대통령 직속의 독립된 군령기관이 관장하는 방법을 말한다. 2차 세계대전 당시의 군국주의 독일과 일본은 일원주의를 취하였다. 반면 후자는 군령과 군정 모두를 정부의 일반 행정기관으로 하여금 관장케 하면서, 행정부의 책임과 의회의 통제하에 두는 방법이다. 우리 헌법은 군령군정 일원주의(병정통합주의)를 취하고 있다. 국방부장관은 대통령의 명을 받아 군사에 관한 사항을 관장하고 합동참모의장과 각군 참모총장을 지휘·감독한다(국군조직법 §8). 합동참모의장은 군령에 관하여 국방부장관을 보좌하며 전투를 주 임무로 하는 각군의 작전부대를 작전지휘·감독한다. 각군 참모총장은 국방부장관의 명을 받아 해당 군을 지휘·감독한다(국군조직법 §9, §10).

② 국군통수권행사의 방법과 절차　대통령의 군통수권행사에는 국무회의의 심의(§89, 6호), 부서(§82), 국가안전보장회의의 자문(§91)을 거쳐야 한다. 군통수권은 법률이 정하는 바에 따라 행사하며(§74), 자위전쟁을 목적으로 행사되어야 하고(§5①), 선전포고·강화 등 일정한 군통수권행사에는 국회의 동의를 얻어야 한다(§60).

③ 국군통수권의 한계　국군통수권은 내용과 행사면에서 일정한 한계가 있다. 군통수권을 군정·군령으로 이원화하거나, 또는 군사에 관한 문민통제를 배제하는 것은 국군통수권의 본질적 내용을 벗어난 것으로 허용될 수 없다. 또한 국군의 조직과 편성을 명령으로 정하거나 군령권의 포괄적인 위임 역시 허용될 수 없다. 국군통수권은 침략적 전쟁을 목적으로 행사될 수 없다.

㈑ 국군의 기본구조

국군의 조직과 편성은 법률로 정한다(§74②). 국군은 정치적 중립(§5②), 군정 군령일원주의, 각군 분리주의, 군에 대한 문민통제 등 국군조직의 기본원칙에 따라 법률로 조직·편성된다.

3. 국가를 통합·조정할 권한

(1) 헌법개정에 관한 권한

대통령에게는 정치적 공동체 구성원간의 서로 대립되는 이해를 해소하고 갈등을 완화하여 공동체의 안정을 유지해야 하는 책무가 부여되어 있다. 헌법이 대통령에게 헌법개정발의권(§128)을 인정한 것은 대통령에게는 정치적 공동체를 통합·유지하여 국가의 계속성을 유지해야 할 책무가 있기 때문이다. 대통령은 헌법개정안에 대한 공고권을 가지며 헌법개정이 확정되면 즉시 공포하여야 한다(§130③). 대통령은 확정된 헌법개정안에 대하여 거부권을 행사할 수 없다.

(2) 국민투표부의권

헌법 제72조는 '대통령은 필요하다고 인정할 때에는 외교·국방·통일 기타 국가안위에 관한 중요정책을 국민투표에 부의할 수 있다'고 하여 대통령의 국민투표부의권을 인정하고 있다.

㈎ 국민투표부의권의 의의

국민투표부의권이란 대통령이 국가의 통합 조정자로서 중요한 국가정책에 대해 국민의 의사를 물을 수 있는 제도를 말한다. 국가중요정책에 대한 국민투표제는 제 2 차 개정헌법에서 처음으로 도입되었다. 부의된 국민투표는 국가기관 간의 충돌을 조정하는 중재적 국민투표의 성격을 지닌다.

(나) 국민투표부의권의 기능

대통령의 국민투표부의권은 국가중요정책에 대해 민주적 정당성을 확보하여 주며, 대의제의 한계를 보완하여 주고, 국가기관 상호간의 충돌을 해결해 주는 긍정적인 측면을 지닌다. 반면 투표의 결과가 선동이나 선전에 좌우되기 쉽다는 점을 감안하면 집권자의 권한만 강화시켜 주며 대의제의 기능을 발휘하지 못하게 억제하고, 의회의 지위를 격하시키고 견제한다는 부정적 측면을 지닌다.

(다) 국민투표부의권의 법적 성격

헌법 제72조의 국민투표는 임의적 성격의 국민투표이다. 대통령이 필요하다고 인정할 때 국민투표를 부의할 수 있다. 국민투표의 실시 여부, 시기, 부의사항 등은 대통령의 재량에 맡겨져 있다. 그러나 국민투표의 결과는 법적 구속력을 지닌다고 보아야 한다(다수설).

(라) 국민투표부의권의 대상

① 국가안위에 관한 중요정책　　국민투표의 대상은 외교·국방·통일 기타 국가안위에 관한 중요정책이다. '국가안위'는 매우 추상적이고 포괄적인 표현인데 국가의 안전함과 위태함을 말한다. 헌법은 국가안위에 관련될 수 있는 적용영역으로 외교, 국방, 통일을 예시하고 있다. 무엇이 국가안위에 관한 중요정책인가의 판단과 그것을 국민투표에 부칠 것인가의 결정은 대통령의 재량에 속한다.

② 대통령에 대한 신임투표　　국가안위에 관한 중요정책에 대통령에 대한 신임투표가 포함될 수 있는가가 문제된다. 헌법 제72조는 정책에 대한 국민투표이기에 사람의 신임을 묻는 국민투표는 허용될 수 없다. 특정정책과 연계하여 신임을 묻는 것도 권한을 넘는 것으로 허용될 수 없다. 헌법이 허용하는 것은 미래지향적 성격을 지닌 정책에 대한 국민투표를 말하는 것이므로 과거지향적 성격을 지닌 사람에 대한 불신임은 이에 해당되지 않는다.

③ 헌법개정 및 법률제정　　국민투표의 대상에 헌법개정안이 포함될 수 없다. 이는 헌법개정을 위한 특별한 절차가 헌법에 별도로 규정되어 있기 때문이다.

국민투표로 입법이 가능할 것인가가 다투어진다. 헌법 제72조의 국민투표는 국가안위에 관한 중요정책에 대한 단순한 찬반투표이며, 헌법이 정한 입법절차 이외의 방법, 즉 국민투표로 법률을 제정하는 것은 허용될 수 없다.

(마) 국민투표부의권의 효과와 문제점

국민투표에 의하여 확정된 정책은 국민주권의 직접적 표현으로서 모든 국가기관을 구속한다. 그러나 헌법은 국민투표의 의결정족수에 대해 침묵하고 있다. 국민투표의 의결정족수는 헌법적 차원에서 규정되어야 하며 법률에 위임될 수 없는 것이기에, 결국 헌법 제130조를 유추적용할 수밖에 없다.

(3) 영전수여권

대통령은 법률이 정한 바에 의하여 훈장 기타의 영전을 수여한다(§80). 영전수여는 국무회의의 심의를 거쳐야 하며(§89, 8호), 영전수여에 관한 법으로 상훈법이 있다. 대통령은 영전을 수여함에 있어 영전일대의 원칙과 영전에 따른 특권불인정원칙(§11③)을 지켜야 한다. 대통령은 서훈대상자를 국무회의의 심의를 거쳐 결정하나, 훈장을 치탈하거나 패용을 금지하고자 할 경우 국무회의의 심의를 거쳐야 한다(상훈법 §8②). 영전은 훈장과 포장으로 구성되며, 동일한 공적에 대하여 훈장을 거듭 수여할 수 없다(상훈법 §4).

(4) 임시회의 소집요구권

대통령은 임시회의 소집을 요구할 수 있다(§47①). 임시회의 소집요구는 국무회의의 심의를 거쳐야 하며(§87), 기간과 집회요구의 이유를 명시하여야 한다(§47③). 특히 대통령이 긴급명령, 긴급재정·경제처분 및 명령을 하거나 계엄을 선포한 경우에 국회가 휴회·폐회중이면 국회의 승인이나 통고를 위하여 임시회의 소집을 요구하여야 한다. 대통령이 요구한 임시회에서는 '정부가 제출한 의안만' 심의할 수 있다.

(5) 국회출석·발언권

대통령은 국회에 출석하여 발언하거나 서한으로 의견을 표시할 수 있다(§81). 정부가 국회에 예산안을 제출하거나 국회개원식 등 기타 필요한 때에는 대통령이 직접 국회에 출석하여 연설을 한다. 이는 연설과 교서를 통해 국회의 협조를 구하는 대통령의 권한이다. 의무는 아니므로 국회는 국무총리 등과 달리 대통령의 출석이나 서한에 의한 의사표시를 요구할 수 없다.

⑹ 사면·감형·복권에 관한 권한

헌법 제79조 제1항은 '대통령은 법률이 정하는 바에 의하여 사면·감형 또는 복권을 명할 수 있다'고 하여 대통령의 사면권을 규정하고 있다.

㈎ 사면권의 의의

① 사면의 의의　　사면은 죄를 용서하고 벌을 면하게 하는 것으로, 국가적 경사가 있거나 국경일 또는 경축일을 기념할 때 이루어지며, 국가원수에 의해 행해진다. 사면은 사법권에 대한 제약으로 권력분립원칙에 대한 중대한 제한에 해당되나 세계 대다수 헌법에서 인정되고 있다. 사면은 협의로는 형의 선고나 공소권을 소멸시키는 것을 말하지만, 광의로는 복권과 감형을 포함한다. 대통령은 법률이 정하는 바에 따라 사면권을 행사할 수 있다.

② 사면의 기능　　사면은 시회구성원 모두에게 새로운 출발을 가능하게 함으로써 정치적 공동체의 화합을 증진하고 통합을 달성하는 데 기여한다. 또한 사면은 법과 정의 간에 있을 수 있는 갈등을 제거함으로써 실정법의 엄격성을 완화시켜 주며, 정당한 법을 회복시켜 준다.

③ 사면의 긍정적 측면과 부정적 측면　　역사적으로 사면은 공동체구성원의 연대를 강화하거나 민심을 수습할 목적으로 행하여졌으며, 불합리하고 잔인한 형벌을 보완하고 완화시키는 목적으로 행사되어 왔다. 다양한 이유를 근거로 사면의 존재의의가 인정되면서 존속되어 왔지만, 사면에 대한 비판 역시 만만치 않다. 사면은 법규범의 정당한 집행을 부정하거나 약화시키기 때문에 입법권과 사법권에 대한 중대한 침해가 될 수 있고, 권력자의 권한남용으로 이어질 수 있으며, 법규범위반자를 처벌해야 하는 국가의 의무를 실현하지 못하게 함으로써 형사사법권에 대한 신뢰를 훼손할 수 있기 때문이다.

㈏ 사면권의 내용

① 사　면　　사면에는 일반사면과 특별사면이 있다.

㉠ 일반사면　　일반사면이란 범죄를 지정하여 죄를 범한 모든 사람에 대하여, 형의 선고를 받지 않은 경우에는 공소권을 상실시키며, 형의 선고를 받은 경우에는 형의 선고효력을 상실시키는 것을 말한다(사면법 §5). 일반사면은 국무회의의 심의

를 거쳐 국회의 동의를 얻어 대통령령으로 한다. 일반사면은 국회의 동의를 얻어야 하므로 현행의 대통령령의 형식보다는 법률의 형태로 이루어지는 것이 타당하다. 일반사면의 '형의 선고상실'은 형의 선고의 효력이 없어진다는 것이지 형의 선고가 있었다는 사실 그 자체와 관련된 효과까지 소멸되는 것은 아니므로, 일반사면이 있다 하여 일사부재리원칙에 영향을 주거나 또는 형법상 경합범관계에 있었다는 효과에 영향을 주는 것도 아니다. 형의 선고로 인한 旣成의 효과는 사면, 감형 및 복권으로 인하여 변경되지 않는다(사면법 §5②). 사면은 소급효를 인정하지 않는다. 장래에 대해서만 효력을 발생한다.

㉡ **특별사면** 특별사면이란 형을 선고받은 자에게 형의 집행을 면제해 주는 것을 말한다. 형의 집행을 면제시키는 것이지만 특별한 사정이 있는 경우에는 형선고의 효력을 상실시킬 수도 있다(사면법 §5①, 2호). 특별사면의 대상을 정함에 있어 형을 기준할 것인지 아니면 사람으로 할 것인지는 입법재량에 속한다. 또한 선고된 형의 전부를 사면할 것인지 일부만을 할 것인지, 또는 중한 형에 대하여 할 것인지 가벼운 형에 대하여 할 것인지는 사면권자의 재량사항이다. 법무부장관은 사면심사위원회의 심사를 거쳐 대통령에게 특별사면, 특정한 자에 대한 감형 및 복권을 상신(上申)할 수 있다(사면법 §10).

② 감 형 감형은 형을 선고받은 자에게 형을 변경(일반감형)하거나 형의 집행을 경감(특별감형)하는 것을 말한다. 감형도 일반감형과 특별감형이 있다. 일반감형은 형을 변경하며, 특별감형은 형의 집행을 경감시키거나 특별한 사정이 있는 경우 형을 변경한다(사면법 §5, 4호). 일반감형은 대통령령으로 하나 국회의 동의를 요하지 않는다.

③ 복 권 복권이란 형의 선고로 인하여 법령에 따른 자격이 상실·정지된 경우, 그 상실·정지된 자격을 회복시켜 주는 것을 말한다. 복권도 일반복권과 특별복권이 있다. 일반복권은 대통령령으로 한다. 복권은 형집행이 종료되거나 또는 집행을 면제받은 자에 대하여만 가능하다(사면법 §6). 자격회복에 목적이 주어진 복권은 그 본래의 취지를 달성하기 위해서는 복수의 자격제한을 일시에 일괄하여 회복시켜 주어야 하며, 복권의 법리에도 부합된다. 그렇다고 특정 수형사실만을 복권대상으로 삼았다 하여 이를 위법으로 볼 수 없다. 복권의 효력은 복권의 대상으로 삼지 않은 수형사실에 대해서는 미치지 않는다.

(다) 사면권의 한계

사면은 사법부의 재판결과를 변경하는 것이므로 사법권에 대한 중대한 제약이 되며, 법치주의원리와도 충돌되므로 엄격한 한계가 주어진다. 먼저 사면은 국가화합의 차원에서 이루어져야 한다. 사면은 당리당략적 차원에서 또는 보은적 성격으로 이루어져서는 안 된다(목적상 한계). 둘째, 사면은 법적 정의와 법 외적 가치의 긴장관계를 조정하기 위한 것이지만 법적 정의를 근본적으로 훼손하는 사면은 허락될 수 없다(내용상 한계). 셋째, 탄핵 등과 같이 고도의 법적 책임을 질 사항에 대하여는 행사할 수 없고, 대통령이 제안하지 않은 죄의 종류를 국회가 추가할 수 없다(대상의 한계). 넷째, 형사법체세의 올바른 작동에도 불구하고 정의에 반한다고 인정될 때 보충적으로 사면이 행사되어야 한다(절차상 한계). 다섯째, 사법권의 판결을 무력화시키는, 예를 들어 판결 직후에 이루어지는 사면은 정당화될 수 없다(시기상 한계).

4. 헌법기관구성에 관한 권한

(1) 대법원구성

대통령은 국회의 동의를 얻어 대법원장을 임명하고 대법원장의 제청으로 국회의 동의를 얻어 대법관을 임명한다(§104).

(2) 헌법재판소구성

대통령은 헌법재판소 재판관(9인)을 임명하며, 국회의 동의를 얻어 헌법재판소장을 재판관 중에서 임명한다(§111②③④). 재판관 중 3인은 국회에서 선출한 자를, 3인은 대법원장이 지명하는 자를 임명한다.

(3) 감사원구성

대통령은 국회의 동의를 얻어 감사원장을 임명하며 감사원장의 제청으로 감사위원을 임명한다(§98②③).

Ⅱ. 행정부수반으로서의 권한

1. 행정에 관한 권한

(1) 행정의 최고결정권 및 최고집행권

대통령은 행정부의 수반으로서 행정에 관한 최고의 결정권과 집행권을 가진다. 행정권은 대통령의 권한과 책임하에 이루어지며 대통령은 행정부 구성원을 지휘하고 감독한다.

(2) 공무원임면권

대통령은 헌법과 법률이 정하는 바에 의하여 공무원을 임면한다(§78). 임면은 임명과 면직을 말하는데, 임명에는 보직·전직·휴직·징계처분 등이 포함된다. 공무원에 대한 대통령의 임면권도 일정한 제한이 있다. 임명에 제청이 필요하거나, 자격이 요구되거나, 청문회 등의 절차가 요구되는 경우가 있으며, 또한 면직의 경우 공무원은 헌법과 법률이 정한 면직사유가 없는 한 임의로 면직시킬 수 없다.

(3) 재정에 관한 권한

대통령은 예산안을 편성하여 회계연도 개시 90일 전까지 국회에 제출하여야 한다. 예산에 변경을 가할 필요가 있을 때에는 추가경정예산안을 편성하여 국회에 제출할 수 있다. 대통령이 국채를 모집하거나 예산외 국가의 부담을 주는 계약을 체결하고자 할 때에는 국회의 동의를 얻어 집행할 수 있다.

(4) 행정입법권

헌법 제75조는 '대통령은 법률에서 구체적으로 범위를 정하여 위임받은 사항과 법률을 집행하기 위하여 필요한 사항에 관하여 대통령령을 발할 수 있다'고 규정하여 대통령의 행정입법권을 보장하고 있다.

(가) 행정입법의 의의

행정입법이란 행정부가 법률의 위임 또는 법률의 집행을 위하여 법(명령)을 만드는 것을 말한다. 공동체유지에 필요한 사항은 의회가 법률로 정해야 하는 것이 법치국가의 기본원리이다(§40). 그러나 국가의 성격이 사회국가화되면서 모든 사항을 의회입법으로 처리하는 것은 불가능하고 부적절하게 되었다. 전문적이고 기술적인 입법이 증대되었으며 법률만으로는 상황변화에 신속하게 대처하기가 어렵기 때문이다. 세계 각국의 모든 헌법은 행정입법을 승인하고 있다. 행정입법의 허용 여부는 해결되었기에 허용범위와 정도만이 문제된다.

(나) 행정입법의 유형

① 대통령령, 총리령, 부령 행정입법은 제정자에 따라 대통령령, 총리령, 부령으로 나눌 수 있다. 대통령령은 시행령으로, 총리령과 부령은 시행세칙으로 불려진다.

② 법규명령과 행정명령 행정입법은 성질에 따라 법규명령과 행정명령(규칙)으로 나뉘며, 법규명령은 다시 위임명령과 집행명령으로 구별된다.

㉠ **법규명령** 법규명령이란 행정기관이 헌법에 근거하여 국민의 자유와 권리에 관한 사항(법규사항)을 규율하는 대외적 구속력을 지닌 명령을 말한다. 법규명령은 그 내용을 기준으로 위임명령과 집행명령으로, 발령기관을 기준으로 대통령령·총리령·부령으로 나누어진다.

㉡ **행정명령**(행정규칙) 행정규칙이란 비법규사항을 내용으로 하는 행정기관 내부에서만 효력을 지니는 명령을 말한다. 훈령, 예규, 고시, 통첩 등이다. 행정규칙은 헌법의 근거가 필요하지 않고, 국민의 자유와 권리에 관한 사항을 내용으로 하지 않으며, 또 행정기관 내부에서만 효력을 지닌다는 점에서 법규명령과 구별된다. 행정규칙이라도 언제나 법규로서의 성격이 배제되는 것은 아니다. 어떤 경우에 법규성이 허용될 것인가가 논의되고 있다. 법령의 직접 위임에 따라 행정기관이 행정규칙의 형식으로 법령의 내용을 보충하였다면 비록 그 제정형식이 행정규칙이라 하여도 행정규칙은 법령의 내용과 결합하여 법규로서의 효력을 지닌다고 본다. 헌법재판소, 대법원 모두 동일한 입장을 보이고 있다.

③ 위임명령과 집행명령

㉠ **위임명령** 위임명령이란 법률에서 구체적으로 범위를 정하여 위임한 사항에 관해 발하는 명령을 말한다. 위임명령은 위임의 범위 내에서 위임의 목적을 고려하여 법률의 내용을 보충하는 것이므로 보충명령이라고도 한다. 위임명령은 법률의 위임에 의한 것이기 때문에 위임명령의 내용이 모법에 위반되어서는 안 되며, 모법의 위임 없는 사항을 규율할 수 없고, 모법이 개정·폐지된 때에는 위임명령도 따라 개정·폐지된다. 위임명령은 법률의 내용을 보충하는 것이므로 위임의 범위 내에

서는 국민의 권리·의무에 관한 사항, 즉 새로운 입법사항을 규율할 수 있다. 이 점에서 새로운 입법사항을 규율할 수 없는 집행명령과 구별된다.

㉡ **집행명령** 집행명령이란 법률을 집행하는 데 필요한 세칙(절차, 방법)을 정하는 명령을 말한다. 집행명령은 위임명령과 달리 독자적으로 법률을 보충할 여지가 없고 다만 법률을 집행할 뿐이다. 행정부의 통일적인 법집행을 위해서는 집행에 관한 일반적 준칙이 정해져야 한다. 이것이 집행명령이다. 집행명령 역시 모법에 종속되나, 집행에 필요한 준칙을 정하는 것이므로 모법을 변경하거나 보충할 수 없다. 집행명령은 모법에 규정이 없는 새로운 입법사항을 창설할 수 없다.

㈐ 행정입법의 한계

① **본질적 한계** 행정입법은 국회의 입법권을 침해하지 않는 범위 내에서 허용된다. 국적취득이나 조세의 종목과 세율 등과 같이 헌법이 국회의 전속적 입법사항으로 정한 것은 명령에 위임될 수 없다. 또한 헌법에 명시적 규정을 두지 않은 경우라도, 국가공동체와 구성원에게 기본적이고 중요한 의미를 갖는 본질적 사항에 대하여는 국민의 대표자인 입법자가 스스로 결정해야 하므로(의회유보) 공동체의 본질적 사항에 대해서는 행정입법이 허용되지 않는다. 의회유보는 행정입법의 한계가 된다.

② **방법적 한계**

㉠ **포괄적 위임의 금지** 포괄적 위임의 금지란 위임의 대상과 기준이 분명하지 않은 위임을 금지하는 것을 말한다. 헌법은 구체적으로 범위를 정하여 위임하도록 규정함으로써 포괄적 위임금지를 확인하고 있다(§75). 포괄적 위임입법의 금지는 법률유보원칙(특히 의회유보)과 밀접한 관련이 있다. 국가작용 중 본질적이거나 중요한 사항은 의회가 직접 법률로 정해야 하는 의회유보는 행정부에게 입법권을 양도하여도 수권법률에서 구체적으로 그리고 명확하게 수권의 목적, 범위, 내용의 한정을 요구하기 때문이다. '구체적'이란 행정입법으로 정할 대상을 특정하라는 '대상의 한정성'을 말하며, '범위를 정하여'란 행정입법이 준수해야 할 목표, 원칙, 정도 등의 기준을 명확하게 제시하라는 '기준의 명확성'을 말한다. 따라서 수권법률에서 명령으로 규정될 내용 및 범위가 가능한 한 구체적이고 명확하게 규정되어 있어서 누구라도 법률 그 자체로부터 명령에 규정될 내용의 대강을 예측할 수 있도록 하여야 한다.

헌법재판소는 영화진흥법이 등급분류의 기준에 관하여 아무런 언급 없이 영상

물등급위원회가 규정으로 정하도록 한 것은 포괄위임금지원칙에 위반되며, 산업안전보건법(사업주는 이 법 또는 이 법에 의한 명령의 시행을 위하여 필요한 사항으로서 노동부령이 정하는 사항을 노동부장관에게 보고하여야 한다)이 처벌법규의 구성요건에 관한 기본사항인 "보고내용"에 관하여 그 대강이 확정되지 않은 상태에서 그 규범의 실질을 모두 하위법령인 노동부령에 위임한 것은 포괄위임입법금지원칙에 위반되고, 선거운동을 금지하는 언론인범위를 '대통령령으로 정하는 언론인'이라고만 하여 방송, 신문, 뉴스통신 등과 같이 다양한 언론매체 중에서 어느 범위로 한정될지, 어떤 업무에 어느 정도 관여하는 자까지 언론인에 포함될 것인지 등을 예측하기 어렵기에 포괄적위임금지에 어긋난다고 하였다. 또한 "식품접객영업자 등 대통령령으로 정하는 영업자와 그 종업원은 영업의 위생관리와 질서유지, 국민의 보건위생 증진을 위하여 총리령으로 정하는 사항을 지켜야 한다"는 식품위생법(§44)은 수범자와 준수사항을 모두 하위법령에 위임하면서도 어느 한 부분에서조차 위임될 내용에 대해 구체화하고 있지 아니하여 그 내용들을 전혀 예측할 수 없게 하고 있으므로, 포괄위임금지원칙에 위반된다고 하였다. 반면 군인사법 제47조의2(군인의 복무에 관하여는 이 법에 규정한 것을 제외하고는 따로 대통령령이 정하는 바에 의한다)가 복무규율 권한을 대통령령에 위임하면서 다소 개괄적으로 위임하였다고 하여 포괄위임금지원칙에 어긋난다고 보기 어렵다고 하였다.

ⓛ 재위임의 금지 법률에서 위임받은 사항을 전혀 규정하지 않고 그대로 재위임하는 것은 복위임금지의 법리에 반하며 수권법의 내용변경을 초래하는 것이므로 허락될 수 없다. 다만 위임받은 사항에 관하여 대강을 정하고 그중의 특정사항을 범위를 정하여 하위법령에 다시 위임하는 것은 가능하다. 헌법 제95조는 행정각부의 장은 소관사무에 관하여 대통령령의 위임으로 부령을 발할 수 있다고 규정함으로써 재위임의 법적 근거를 밝히고 있다.

③ 대상적 한계 행정입법은 입법과 행정 간의 권한규율의 분배문제이므로, 행정입법의 한계는 '입법과 행정' 이외의 관계에는 적용되지 않는다. 행정입법의 한계가 '법률과 조례', '법률과 자치규약' 사이에 적용되지 않는 것도 이에 연유한다. 판례 역시 이를 분명히 하고 있다. 헌법재판소는 조례에 대한 법률의 위임은 포괄적인 것으로 족하다고 하였고, 법률이 농업기반공사의 정관에 특정 사항을 정하도록 위임한 경우 포괄위임입법금지의 원칙이 적용되지 않는다고 하였다. 다만 공법적

단체의 정관에게 위임한 경우 의회유보원칙까지 면제되는 것은 아니다. 대법원 역시 지방자치단체는 그 내용이 주민의 권리의 제한 또는 의무의 부과에 관한 사항이거나 벌칙에 관한 사항이 아닌 한 법률의 위임이 없더라도 조례를 제정할 수 있다고 하였고, 정보공개조례안의 경우 그 제정에 법률의 개별적 위임이 필요하지 않다고 하였다.

㈑ 행정입법에 대한 통제

행정입법에 대한 통제로는 첫째, 행정부 내부의 자율적 통제가 있다. 대통령령의 경우 국무회의의 심의, 부서를 통한 통제가 가능하며, 총리령과 부령은 대통령의 지휘·감독권에 의해 적법성과 타당성이 보장된다. 둘째, 국회에 의한 통제이다. 법률을 통해 행정입법의 효력을 직접 제한할 수도 있고, 국정통제수단 등을 통해 간접적으로 행정입법의 개정을 유도할 수 있다. 셋째, 법원 및 헌법재판소에 의한 통제가 가능하다. 대법원은 법규명령에 대한 위헌·위법심사를 통해, 헌법재판소는 헌법소원심판절차를 통해 각각 행정입법을 통제한다.

2. 입법에 대한 권한

(1) 법률안제출권

대통령은 정부의 수반으로서 법률안을 제출할 권한을 가진다(§52). 대통령제 정부형태를 취하는 국가에 있어 대통령에게 법률안제출권을 허용하는 것은 이례적인 경우에 속한다. 우리 헌법은 건국헌법부터 대통령의 법률안제출권을 허용하여 왔다. 정부의 법률안제출권은 입법부의 기능축소를 초래하며 정부와 여당이 하나의 정치세력일 경우 이에 대한 통제장치가 없어 권력분립원리에 대한 중대한 위협이 될 수 있다.

(2) 법률안거부권

㈎ 의 의

법률안거부권이란 대통령이 국회가 의결하여 정부에 이송한 법률안에 대하여 이의가 있을 때 국회에 재의를 요구할 수 있는 권한을 말한다(§53②). 법률안거부권은 미국헌법에서 유래된 것으로 국회의 경솔하고 부당한 입법을 방지하고 권력상호간의 억제와 균형을 실현하는 장치로서 기능한다. 또한 대통령의 법률안거부권은 대통령이 법률내용에 대해 위헌 여부를 심사하는 것이 되어 실질적 규범통제의 성격을 지니게 되므로 헌법수호의 기능을 담당한다.

(나) 법률안거부권의 법적 성질

법률안거부권의 법적 성질에 관하여 정지조건설, 해제조건설, 취소권설, 공법에 특유한 제도설 등이 대립한다. 법률완성에 대한 조건부의 소극적 정지권으로 보는 것이 타당하며, 다수설이다. 국회에서 재의결될 때까지 법률로서의 확정을 정지시키는 것이므로 대통령은 국회의 재의결 전에는 언제나 이를 철회할 수 있다.

(다) 법률안거부권의 종류

① 환부거부 환부거부란 대통령이 정부에 이송된 법률안을 국회에 보내 재의를 요구하는 것을 말한다. 대통령은 법률안에 이의가 있는 경우 15일 이내에 이의서를 붙여 국회로 환부하고 재의를 요구할 수 있다(§53②). 국회가 폐회 중인 때에도 환부하여야 하며, 공포도 거부도 하지 않은 때에는 15일이 경과함으로써 법률안은 법률로 확정된다(§53⑤). 법률안을 거부할 때 일부거부나 수정거부는 인정되지 않는다(§53③).

② 보류거부 보류거부란 대통령이 환부거부가 허용되는 기간 내에 국회가 폐회되는 경우 법률안을 보유함으로써 법률안을 폐기시키는 것을 말한다. 현행 헌법에서 보류거부가 인정될 수 있는가에 관하여 견해가 대립되나, 우리 헌법은 회기계속의 원칙을 취하고 있고 국회의 폐회 중에도 환부가 인정되며 공포나 재의의 요구가 없으면 법률안은 그대로 확정되므로 보류거부를 인정할 수 없다고 하는 부정설이 다수설이며 타당하다.

(라) 거부권행사의 절차와 통제

① 거부권 행사의 한계 법률안거부권은 대통령에게 부여된 권한이지만 그 행사에 일정한 제한이 주어진다. 대통령의 거부권행사에 정당한 이유와 필요성이 요구된다. 법률안의 집행이 불가능하거나, 국가이익에 명백히 반하거나, 헌법에 위반된다고 생각하는 경우, 예산상의 뒷받침이 없는 경우 등에만 행사될 수 있다.

② 거부권 행사의 절차 대통령은 국회에서 의결된 법률안이 정부에 이송된 날부터 15일 이내에, 국무회의의 심의를 거쳐 이의서를 붙여 법률안을 국회에 환부하여 재의를 요구할 수 있다(§53②).

③ 거부권 행사에 대한 통제　대통령의 부당한 거부권행사는 국회에 의해 거부될 수 있다. 법률안에 대한 재의요구에 대해 국회가 재적의원 과반수 출석과 출석의원 3분의 2 이상의 찬성으로 전과 같이 의결하면 법률로 확정된다(§53④).

(3) 법률공포권

대통령은 국회에서 의결되어 정부에 이송되어 온 법률안을 15일 이내에 공포한다(§53①). 또한 대통령은 15일 이내에 공포나 재의의 요구를 하지 않아 확정된 법률(§53⑤)과 재의요구한 후 국회에서 전과 같이 의결되어 정부로 이송된 법률을 공포한다(§53⑥). 만일 대통령이 확정된 법률을 5일 이내에 공포하지 아니하면 국회의장이 이를 공포한다(§53⑥). 법률은 특별한 규정이 없으면 공포한 날로부터 20일 경과함으로써 효력을 발생한다(§53⑦). 국민의 권리제한 또는 의무부과와 직접 관련된 법률은 공포일부터 적어도 30일이 경과한 날부터 시행되도록 하여야 한다(법률등 공포에 관한 법률 §13의2).

3. 사법에 대한 권한

(1) 위헌정당해산제소권

대통령은 정당의 목적이나 활동이 민주적 기본질서에 위배될 때에는 헌법재판소에 그 해산을 제소할 수 있다(§8④).

(2) 헌법기관 구성권

대통령은 행정부의 수반의 지위에서 국회와 대법원장과 함께 헌법재판소와 중앙선거관리위원회를 구성한다. 대통령은 3인의 헌법재판소재판관(§112②)과 3인의 중앙선거관리위원회위원(§114②)을 임명한다.

Ⅲ. 대통령의 권한행사의 방법과 통제

1. 대통령의 권한행사의 방법

(1) 권한행사방법의 형식

(가) 문서주의

문서주의란 대통령의 국법상 행위는 문서로써 하여야 함을 말한다(§82). 대통령의 국법상 행위를 문서로 하게 한 것은 권한행사의 증거를 남기고 법적 안정성을 보장함에 그 목적이 있다. 국법상 행위란 헌법과 법률이 대통령의 권한과 의무로 하고 있는 모든 행위를 말한다. 문서에 의하지 않은 대통령의 국법상 행위는 원칙적으로 무효이다.

(나) 부서제도

부서란 대통령의 서명에 이어 국무총리와 관계 국무위원이 서명하는 것을 말한다(§ 82). 부서는 대통령의 모든 국법상 행위에 대하여 행해진다. 관계 국무위원이란 그 사무를 주관하는 행정각부의 장인 국무위원을 말한다. 부서의 기능은 대통령의 전횡을 방지하고 책임소재를 분명히 하는 데 있다.

부서 없는 대통령의 국법상 행위의 효력에 관하여 견해가 대립된다. 유효설에 따르면 부서는 대통령의 국법상 행위의 유효요건이 아니라 적법요건이므로 부서 없이 행한 행위는 위법일 뿐 무효가 되는 것은 아니라고 한다. 그러나 부서의 기능이 책임소재를 확인하는 성격 이외에도 보좌기관으로서 대통령의 전횡을 방지하는 기능을 지니고 있고, 대통령의 국법상 문서행위는 완전하여야 되는데 부서 없는 문서는 완선하다고 볼 수 없어 부서 없이 이루어지는 국법상 행위는 무효로 보아야 한다(다수설).

(2) 권한행사방법의 절차

(가) 국무회의의 심의

국무회의는 정부의 권한에 속하는 중요한 정책을 심의하며(§ 88①), 헌법 제89조가 정한 사항은 반드시 국무회의의 심의를 거쳐야 한다(§ 89). 대통령은 헌법에서 규정된 사항에 관해서는 반드시 국무회의의 심의를 거쳐야 한다. 국무회의의 심의 없이 이루어진 대통령의 국법상 행위의 효력에 관해 국무회의의 심의절차는 적법요건이어서 절차를 생략한 대통령의 행위는 위법행위는 되어도 무효로 볼 수 없다는 견해가 있다. 그러나 국무회의의 심의결과에 대통령이 구속되지 않는다 하여도 헌법이 정한 사항은 반드시 국무회의의 심의를 거쳐야 하며 필요적 절차의 경유는 유효요건으로 보아야 한다. 따라서 국무회의의 심의절차를 생략한 국법상 행위는 무효로 보아야 한다.

대통령은 국무회의의 심의결과에 구속되는가가 문제될 수 있다. 국무회의는 중요정책을 의결하는 것이 아니라 심의하는 기관이므로 대통령은 심의결과에 법적으로 구속되지 않는다.

(나) 국회의 동의나 승인

대통령이 외국과 조약을 체결·비준하거나, 선전포고·국군해외파견·외국군대의 국내주류 등 중요한 외교정책을 행할 때, 대법원장 등 헌법기관을 구성할 때, 일반사면 등을 행할 때에는 국회의 사전 동의를 얻어야 한다. 긴급명령이나 긴급재경처분 및 명령 등을 발한 때에는 사후 승인을 얻어야 한다.

(다) 자문기관의 자문

대통령의 자문에 응하기 위해 국가안전보장에 관련되는 대외정책·군사정책·국내정책의 수립에 관하여는 국가안전보장회의를 둔다(§91). 국가안전보장회의는 필수적 대통령 자문기관이다. 대통령은 필수적 자문기관의 자문을 거쳐야 하지만 의무적이지는 않다. 한편 국정의 중요한 사항에 관하여는 국가원로자문회의를(§90), 평화통일정책의 수립에 관하여는 민주평화통일자문회의를(§92), 국민경제정책의 수립에 관하여는 국민경제자문회의를(§93) 둘 수 있도록 임의적 자문기구를 예정하고 있다. 임의적 자문기구의 자문 여부는 대통령의 재량사항에 속한다.

2. 대통령의 권한행사의 통제

(1) 내부적 통제

기관내부적 통제로는 국무회의의 심의나 국무총리나 국무위원의 부서가 있다. 국무위원임명제청권(§87①)이나 행정각부장관임명제청권(§94) 그리고 국무위원해임건의권(§87③)도 이에 속한다.

(2) 외부적 통제

(가) 국회에 의한 통제

국회는 대통령을 탄핵소추하거나 국무총리나 국무위원에 대한 해임건의권을 통하여 대통령의 권한행사를 통제한다. 동시에 대통령의 국법상 행위에 대한 동의나 승인을 통해 대통령의 권한행사가 남용되지 않도록 통제한다.

(나) 법원에 의한 통제

법원은 대통령이 행한 명령과 처분에 대한 위헌·위법 여부를 판단하며 무효선언을 하거나 취소할 수 있다(§107②). 또 법률과 동일한 효력을 지니는 긴급명령 등에 대한 위헌심판의 제청을 통해 대통령의 권한행사를 통제한다.

(다) 헌법재판소에 의한 통제

헌법재판소는 대통령에 대한 탄핵심판을 인용함으로써 또는 대통령이 발한 긴급명령 등에 대한 위헌심판을 통해서 대통령의 권한행사를 통제할 수 있다.

(라) 국민에 의한 통제

국민은 대통령이 제안한 헌법개정안이나 국가안위에 관한 중요정책에 대한 국민투표를 통하여 대통령을 통제한다. 최종적 통제는 저항권으로 이루어진다.

제3절 행 정 부

Ⅰ. 국무총리

헌법 제86조는 '국무총리는 국회의 동의를 얻어 대통령이 임명하며, 국무총리는 대통령을 보좌하며, 행정에 관하여 대통령의 명을 받아 행정각부를 통할한다. 군인은 현역을 면한 후가 아니면 국무총리에 임명될 수 없다'고 하여 국무총리를 규정하고 있다.

1. 국무총리의 지위

(1) 국무총리제도

(가) 현행 헌법상 국무총리제도의 의의

현행 헌법은 국무총리를 두고 있는데 국무총리는 대통령이 궐위되거나 사고에 대비하여 그 권한대행자로서의 역할을 담당하며, 대통령의 권한을 일부라도 견제하면서 행정을 통할하는 역할을 수행한다. 헌법의 국무총리는 행정부를 이원적으로 구성하여 헌법상 권한을 일정부분 할당받고 있는 이원정부제의 국무총리와 구별되며, 대통령주의제의 국무총리(수상)의 지위와 유사하다고 하겠다.

(나) 역대 헌법상 국무총리제도

건국헌법은 부통령을 두면서 국무총리를 별도로 두었는데, 국무총리임명에 관해 국회승인제를 채택하면서, 국무총리는 대통령 및 국무위원과 함께 조직되는 의결기관인 국무원의 구성원으로서 지위를 가졌다. 제 2 차 개정헌법은 국무총리를 폐지하였다. 이는 우리 헌정사에서 국무총리를 두지 않은 유일한 예이다. 제 2 공화국 헌법은 의원내각제 정부형태를 취하였기에 국무총리는 행정에 대한 실질적 권한을 지닌 행정부수반으로서의 지위를 지녔다. 제 3 공화국 헌법 이후 현행 헌법에 이르기까지 역대 헌법은 국무총리를 두었는데 그 임명방법에 일부 차이를 제외하고는 대통령을 보좌하고, 권한을 대행하며, 행정부의 제 2 인자의 지위를 지녀왔다는 데 큰 차이가 없다.

(2) 국무총리의 헌법상 지위

(가) 대통령의 권한대행자로서의 지위

국무총리는 대통령이 궐위되거나 사고로 인하여 직무를 수행할 수 없을 때 제 1 순위 권한대행권을 가진다(§71). 민선이 아닌 국무총리에게 대통령의 권한대행을 맡도록 한 것은 이론적으로 부적합하며 그 기간이 최장 60일이나 되는 것도 문제가 아닐 수 없다.

(나) 대통령의 보좌기관으로서의 지위

대통령제도의 능률을 제고하기 위해서는 대통령을 보좌하고 행정각부를 통할하고 조정할 존재가 필요하게 된다. 국무총리는 대통령을 보좌하는 역할을 담당한다. 국무총리는 독자적인 결정권을 갖지 못하며 행정에 관하여 대통령의 명을 받아 대통령을 보좌한다.

(다) 행정부의 제 2 인자로서의 지위

국무총리는 대통령 다음인 행정부의 제 2 인자로서의 지위를 가진다. 국무총리는 비록 대통령의 명을 받아 행하는 것이지만 행정각부를 통할하며, 국무위원과 각부장관의 임명을 제청하거나 국무위원의 해임을 건의할 수 있다. 또한 국무회의의 부의장이 된다.

국무총리의 통할을 받지 않는 중앙행정기관이 허용될 수 있는가가 문제된다. 국가안전기획부(지금의 국가정보원)를 대통령 직속기관으로 두어 국무총리의 지휘감독을 받지 않도록 한 정부조직법(§16①)의 위헌 여부가 다투어진 바 있다. 정부의 구성단위로서 그 권한에 속하는 사항을 집행하는 모든 중앙정부기관을 헌법 제86조 제 2 항 소정의 행정각부로 볼 수 없으므로 국무총리의 통할범위 밖에 있는 중앙행정기관의 설치는 입법정책이며, 설치할 수 있다고 본다. 헌법재판소도 동일한 입장을 취하고 있다.

㈑ 독립된 중앙행정관청으로서의 지위

국무총리는 자신의 소관사무의 업무를 결정하고 집행할 수 있는 행정관청이다. 소관사무를 수행하는 중앙행정관청으로서의 지위는 행정각부와 동등하다. 국무총리는 행정각부의 업무를 기획·조정하는 업무와 성질상 어느 한 부서에 관장시키는 것이 불합리한 업무를 소관사무로 한다. 국무총리는 소관사무에 관하여 총리령을 발할 수 있다(§95). 국무총리의 직무를 보좌하고 국무총리의 직무를 보좌하고 각 중앙행정기관의 행정의 지휘·감독, 사회위험·갈등의 관리, 심사평가 및 규제개혁에 관하여 국무총리를 보좌하기 위하여 국무총리 밑에 국무조정실을 둔다(정조법 §20). 국무총리 소속기관으로 법제처, 국가보훈처, 식품의약품안전처, 국민안전처, 인사혁신처를 둔다(정조법 §23, §24, §25, §22의2, §22의3).

2014년 11월 개정 정부조직법은 국가적 재난관리를 위한 재난안전 총괄부처로서 '국민안전처'를 신설하고, 해양경찰청과 소방방재청을 국민안전처의 본부로 두었고, 공직개혁 추진 및 공무원 전문역량 강화를 위하여 공무원 인사 전담조직인 '인사혁신처'를 설치하였다.

(3) 국무총리의 신분상 지위

㈎ 국무총리의 임명

① 국회의 동의 국무총리는 국회의 동의를 얻어 대통령이 임명한다(§86①). 군인은 현역을 면한 후가 아니면 국무총리로 임명될 수 없다(§86③). 문민주의는 현역군인의 정치참여로 인한 군벌정치를 방지하고자 함이다. 국무총리임명에 국회의 동의를 얻도록 한 것은 국민의 대표인 국회의 동의를 얻도록 함으로써 국무총리직에 민주적 정당성을 부여함에 있다. 동시에 입법부와 행정부의 융화를 도모하고 국회의 신임을 배경으로 강력한 행정을 추진할 수 있도록 뒷받침하기 위함이다. 국회 인사청문절차를 거쳐야 한다.

② 국무총리서리 대통령이 국무총리를 임명함에 있어 국회의 동의를 얻기 전에 또는 얻지 못한 경우 국무총리서리를 임명할 수 있는가가 문제된다. 국무총리서리제도란 특정인을 사후에 승인될 것을 조건으로 잠정적 국무총리(국무총리서리)로 임명하고 사후에 국회의 승인을 얻어 임명행위를 완성시키는 것을 말한다. 국무총리서리제도는 국회의 사전 동의를 얻어 국무총리를 임명하도록 한 헌법 第86조

제 1 항에 위배되므로 허용될 수 없다. 다만 대통령이 사전에 동의를 요구하였으나 국회가 정상적으로 기능하지 못하여 표결할 수 없는 특수한 상황이 발생한 경우에도 소극적으로 볼 것인가가 문제된다.

(나) 국무총리와 국회의원의 겸직

국무총리는 국회의원직을 겸할 수 있는데, 양자의 겸직은 금지되어야 한다. 헌법 제43조(국회의원은 법률이 정하는 직을 겸할 수 없다)로는 국무총리의 의원겸직 여부를 알 수 없으나, 국회법 제29조 제 1 항(의원은 국무총리 또는 국무위원의 직 이외의 다른 직을 겸할 수 없다)이 이를 허용하고 있다.

대통령을 보좌하고 행정각부를 통할하는 국무총리가 입법부 구성원의 지위를 갖는 것은 권력분립원리에 대한 중대한 위협으로, 국무총리는 물론 모든 국무위원의 의원겸직을 금지해야 한다. 국회의원이 국무총리나 국무위원으로 간 후 쉽게 돌아올 수 있게 한 그들만의 대비책에 불과하다.

(다) 국무총리의 직무대행

국무총리가 사고로 인하여 직무를 수행할 수 없을 때에는 기획재정부장관이 겸임하는 부총리, 교육부장관이 겸임하는 부총리의 순으로 직무를 대행하고, 국무총리와 부총리가 모두 사고로 직무를 수행할 수 없는 경우에는 대통령의 지명이 있으면 그 지명을 받은 국무위원이, 지명이 없는 경우에는 제26조 제 1 항에 규정된 순서에 따른 국무위원이 그 직무를 대행한다(정조법 § 22).

(라) 국무총리의 해임

국무총리의 해임권은 당연히 임명권자인 대통령이 가진다. 대통령은 자유롭게 국무총리를 해임할 수 있다. 제 5 공화국 헌법에서는 국회가 국무총리를 해임시킬 수 있었으나 현행 헌법은 국무총리에 대한 해임의결권을 해임건의권으로 변경하였다.

(마) 부총리의 지위

정부조직법 제19조는 국무총리가 특별히 위임하는 사무를 수행하기 위하여 부총리 1명을 두며, 국무위원으로 보하고, 기획재정부장관과 교육부장관이 각각 겸임한다고 규정하고 있다. 부총리는 헌법이 예정하지 않은 기관으로, 행정각부의 장보다 상위기관의 성격을 지닌 부총리를 법률로 설치한 것은 헌법을 존중하는 자세로 보기 어렵다. 부총리는 국무총리의 소속기관은 아니나 자체사무가 없으므로 행정관청의 지위를 지니고 있지 않다. 기획재정부장관은 경제정책에 관하여, 교육부장관은 교육·사회 및 문화 정책에 관하여 국무총리의 명을 받아 관계 중앙행정기관을 총괄·조정한다.

2. 국무총리의 권한

(1) 행정각부의 통할권

국무총리는 대통령의 명을 받아 행정각부를 통할(統轄)한다. 통할이란 다스린다는 의미인데, 국무총리가 행정각부를 통할하고자 할 때 독자적 지위에서 행하는 것이 아니라 대통령의 명을 받아, 즉 대통령을 보좌하는 지위에서 행하게 된다. 이 점에서 자기책임으로 행정각부를 통할하는 의원내각제의 수상과 구별된다. 모든 중앙행정기관이 국무총리의 통할하에 있는 행정각부에 속하는 것이 아니라는 것은 이미 살펴보았다.

(2) 총리령을 발할 권한

(가) 의 의

국무총리는 소관사무에 관하여 법률이나 대통령령의 위임 또는 직권으로 총리령을 발할 수 있다(§95).

(나) 종 류

① 위임명령 국무총리는 법률 또는 대통령령의 위임에 따라 위임명령을 발할 수 있다.

② 직권명령 국무총리는 직권으로 명령을 발할 수 있는데 직권명령의 성격이 문제된다. 먼저 행정명령설에 의하면 직권명령은 직무권한에 의해 발해지는 명령으로 행정규칙을 말한다고 한다. 반면 직권명령은 행정명령과 집행명령을 포함한다고 보는 견해가 있다. 직권명령이란 행정규칙과 법규명령으로서의 집행명령을 포함하는 명령이라고 한다. 그러나 다수설은 직권명령을 집행명령으로 본다. 생각건대, 직권명령을 행정규칙으로 이해한다면 헌법 제95조는 불필요한 조항이 되므로 행정명령설과 행정명령과 집행명령을 포함한다고 보는 견해는 부당하다. 직권명령을 집행명령으로 보지 않으면 국무총리는 위임명령과 행정명령만 발할 수 있을 뿐 법규명령인 집행명령을 발할 수 없게 되므로, 제95조의 직권명령은 집행명령으로

보아야 한다.

③ 행정명령(행정규칙) 국무총리는 비법규명령인 행정명령을 발할 수 있다.

(다) 총리령과 부령과의 우열관계

총리령과 부령은 그 형식적 효력에 있어서 차이가 없으나 국무총리는 각부를 통할할 권한이 있으므로 총리령이 부령보다 실질적으로는 우위에 선다는 총리령우위설이 주장되고 있다. 그러나 총리령과 부령은 모두 법률이나 대통령령의 위임에 의하여 또는 그 집행을 위하여 발하는 것이며, 소관사무에 관하여 국무총리는 행정각부와 별개의 동등한 행정관청이므로 형식적 효력에 차이가 없다고 보는 동위설이 타당하다(다수설).

(3) 대통령의 권한대행권

대통령이 궐위되거나 사고로 인하여 직무를 수행할 수 없을 때에는 국무총리가 제 1 차적으로 권한을 대행한다.

(4) 국무위원과 행정각부장관의 임명제청권과 국무위원의 해임건의권

국무총리는 국무위원이나 행정각부장관에 대한 임명제청권을 가지며(§87, §94), 국무위원에 대한 해임건의권을 가진다(§87③). 국무총리는 국무위원 전체를 일괄하여 해임을 건의할 수 없다. 국무총리의 제청이나 건의가 갖는 법적 성질과 관련하여 다툼이 많다.

국무총리의 제청 없이 대통령이 단독으로 한 임명행위의 효력에 관하여, 위헌이지만 유효하다는 유효설과 무효설이 대립한다. 대통령의 자의적 권한행사를 방지하기 위해서는 국무총리의 제청권을 효력요건으로 이해하는 견해도 설득력이 있으나 대통령제 정부형태하에서 제청은 적법요건으로 보는 것이 순리적이라고 생각한다. 한편 국무총리의 제청이나 건의가 대통령을 구속하는가에 관하여 비구속설이 다수설이며 타당하다. 대통령제하에서 국무총리의 제청이나 건의가 대통령에게 구속적일 수 없는 것은 당연한 이치이다.

(5) 기타 국무총리의 권한

그 밖에 국무총리는 부서권(§82), 국무회의에서의 심의·의결권(§88③), 국회에의 출석 및 발언권(§62①, 국회법 §120) 등을 갖는다.

3. 국무총리의 책임

국무총리는 대통령을 보좌할 책임을 지며, 행정각부를 통할할 책임과 부서할 책임을 진다. 동시에 국회나 위원회의 출석·답변의 요구가 있으면 국무총리는 국회에 출석하고 답변하여야 한다.

Ⅱ. 국무위원

헌법 제87조는 '국무위원은 국무총리의 제청으로 대통령이 임명한다. 국무위원은 국정에 관하여 대통령을 보좌하며 국무회의 구성원으로서 국정을 심의한다. 국무총리는 국무위원의 해임을 대통령에게 건의할 수 있다. 군인은 현역을 면한 후가 아니면 국무위원으로 임명될 수 없다'고 하여 국무위원을 규정하고 있다.

1. 국무위원의 지위

국무위원은 국무회의의 구성원의 지위를 지니므로, 국무위원의 지위 및 권한 등은 국무회의의 법적 성격에 따라 달라질 수밖에 없다.

(1) 국무위원의 헌법상 지위

(가) 국무회의 구성원으로서의 지위

국무위원은 국무회의의 구성원의 지위를 가진다. 미국식 대통령제의 경우 국무회의도 국무위원도 존재하지 않으며, 오직 장관만이 존재한다. 국무회의를 전제로 한 국무위원은 대통령제 정부형태에서는 독특한 제도가 아닐 수 없다. 의원내각제의 내각과 내각구성원과도 단순 비교가 쉽지 않은 우리만의 독특한 제도가 아닐 수 없다.

(나) 대통령 보좌기관으로서의 지위

국무위원은 대통령을 보좌하는 지위에 있다(§87②). 국무위원의 부서권도 이러한 보좌기능으로서의 측면을 부정하기 어렵다. 대통령에 대한 보좌는 대통령의 권한행사가 정당하고 적법하게 이루어지도록 협력하고 보완하는 것을 말한다. 헌법이 명시적으로 규정하고 있는 국무위원의 보좌기능과 부서권은 행정각부의 장의 지위에서 하도록 하는 것이 입법론적으로 바람직하다. 국무위원의 보좌조항과 부서조항은 국무위원이 국무회의에서의 활동을 제약함과 동시에 법적 지위를 약화시켜 주는 것이기 때문이다.

(2) 신분상 지위

(가) 임 명

국무위원은 국무총리의 제청으로 대통령이 임명한다(§87①). 군인은 현역을 면하여야 한다. 국무위원의 수는 15인 이상 30인 이하이다(§88②). 국회의원과의 겸직은 국무총리에서 본 바와 같이 허용된다고 보나, 대통령제하에서 양자의 겸직허용은 득보다 실이 많다.

(나) 해 임

대통령은 국무위원을 자유로이 해임할 수 있다. 국무위원의 임명에는 국무총리의 제청이 요구되나 해임은 대통령의 재량에 속한다. 국무총리나 국회는 대통령에 대하여 국무위원의 해임을 건의할 수 있다(§87③, §63). 국무총리의 해임건의는 자신이 제청하지 않은 국무위원에 대하여도 가능하다.

2. 국무위원의 권한

(1) 국무회의 구성원으로서의 권한

국무위원은 국무회의의 소집을 요구하고 국무회의에 의안을 제출할 수 있다(정조법 §12③). 국무회의에 출석하여 발언할 수 있다. 이는 국무회의 구성원으로 당연히 허용되는 권한이다.

(2) 대통령의 보좌기관으로서의 권한

(가) 대통령 및 국무총리의 권한대행권

국무위원은 대통령의 권한을 대행할 수 있다(§71). 국무회의의 의장과 부의장이 모두 사고로 직무를 수행할 수 없는 경우에는 기획재정부장관이 겸임하는 부총리, 교육부장관이 겸임하는 부총리 순으로 그 직무를 대행하며, 부총리가 직무를 수행할 수 없는 경우에는 정부조직법 제26조 제 1 항에 규정된 순서에 따라 국무위원이 그 직무를 대행한다(정조법 §12).

(나) 부 서 권

국무위원은 대통령의 국법상 행위에 부서할 권한을 가진다. 국무위원은 관계사항에 대해서만 부서한다. 헌법(§82)은 관계 국무위원이 부서한다고 하지만, 입법론적으로는 관계 행정각부의 장관이 부서하도록 하는 것이 타당하고 논리적이다. 부서는 국무위원의 의무이기도 하다.

(다) 국회의 출석발언권

국무위원은 국회나 그 위원회에 출석하여 국정처리상황을 보고하거나 의견을 진술하고 질문에 응답할 수 있다(§62①). 또 국회나 그 위원회의 요구가 있을 때에는 국무위원은 출석·답변하여야 하며, 국무위원이 출석요구를 받은 때에는 정부위원으로 하여금 출석·답변하게 할 수 있다(§62②). 국무위원의 국회에서의 출석·답변은 국무위원의 권한이자 의무이다.

3. 국무위원의 책임

국무위원은 대통령을 보좌할 책임과 부서할 책임을 진다. 또한 국무위원은 국회나 위원회의 출석·답변의 요구가 있으면 국회에 출석하고 답변하여야 하며, 국회의 탄핵소추에 대하여 책인을 진다. 또한 국회의 해임건의에 대하어 책임을 피하기 어렵다.

Ⅲ. 국무회의

헌법 제88조는 '국무회의는 정부의 권한에 속하는 중요한 정책을 심의한다. 국무회의는 대통령·국무총리와 15인 이상 30인 이하의 국무위원으로 구성한다. 대통령은 국무회의 의장이 되고 국무총리는 부의장이 된다'고 하여 국무회의를 규정하고 있다.

1. 정부형태와 국무회의

헌법(§88)은 정부의 권한에 속하는 중요정책을 심의하는 기관으로 국무회의를 두면서 이를 헌법기관으로 하고 있다. 정부의 정책을 심의하여 결정하는 기능을 담당하는 기관은 내각(內閣), 각의(閣議), 각료회의(閣僚會議), 내각회의(cabinet meeting), 국무회의 등으로 일컬어지고 있는데, 정부형태의 유형에 따라 그 성격도 달라진다.

(1) 정부형태에 따른 유형

(가) 대통령제의 내각회의(각료회의)

미국의 내각회의는 헌법을 근거로 만들어진 제도가 아니라 관례적으로 만들어진 대통령의 자문기관이다. 내각회의는 대통령의 국정운영을 보좌하는 지위에 있고 오로지 대통령에게만 책임을 진다. 내각회의에서 대통령은 장관의 일부나 전부를 소집하고 필요한 사항에 대해 자문을 구한다. 장관들의 의견에 따를 것인가는 전적으로 대통령의 재량에 달려 있다.

(나) 의원내각제의 내각

의원내각제의 내각은 국정운영에 중추적 기능을 담당하는 국가기관으로, 수상에 의해 실질적으로 구성되지만 수상도 내각의 의결을 따라야 하는 의결기관의 성격을 지닌다. 각의에서 결정된 사항에 대하여 내각은 의회에 연대책임을 진다. 수상은 내각을 구성하고 각의를 소집하고 주재하지만, 각의의 결정에 구속된다는 점에서 대통령제의 내각회의와 구별된다.

(2) 역대 헌법상 국무회의제도

(가) 의결기관으로서의 국무원

건국헌법은 의결기관으로 국무원을 두었다. 국무원은 대통령을 의장으로 국무총리를 부의장으로 하며, 모든 국무위원을 구성원으로 하는 합의제기관이었다. 이후 두 번의 헌법개정이 있었지만 국무원제도는 그대로 유지되었다. 제 2 공화국 헌법은 의원내각제를 채택하고 있었으므로 내각은 당연히 의결기관이었다. 행정권은 국무원에 있었고 국무총리가 이를 주재하였으며 국회에 대하여 연대책임을 부담하였다.

(나) 심의기관으로서의 국무회의

제 3 공화국 헌법은 대통령제로 복귀하면서 의결기관인 국무원 대신에 대통령제에서는 이질적인 존재라 할 수 있는 국무회의를 도입하여 정부의 중요정책에 대한 심의기능을 담당하도록 하였다. 국무회의는 대통령이 주재하고 국무총리와 국무위원으로 구성되며 국무회의 심의결과에 대통령이 구속되지 않는다. 이러한 국무회의는 제 4·5 공화국 헌법에서도 유지되어 현행 헌법에 이르고 있다.

2. 국무회의의 헌법상 지위

국무회의는 정부의 중요한 정책을 심의하는 헌법상 심의기관이다.

(1) 헌법상 필수적 심의기관

국무회의는 헌법에 직접 설치근거가 규정되어 있는 심의기관이다. 대통령제하에서 내각회의는 반드시 요구되는 기구는 아니다. 헌법은 국무회의를 심의기관으로 규정하고 있고(§88), 필수적 심의사항을 명시하고 있으며(§89), 국무회의의 심의에 앞서 자문에 응하기 위한 자문기관을 별도로 규정하고 있는(§91) 점을 감안할 때 국무회의를 자문기관으로 볼 수 없다. 또한 국무회의는 의결기관인 국무원과 구별되며, 미국식 내각회의와도 구별된다. 국무회의는 헌법이 규정한 사항은 반드시 심의하여야 하며, 또 그 설치가 필수적이란 점에서, 심의 여부 및 심의내용을 대통령에게 전적으로 의존하며, 존재가 필수적이지 않은 미국의 내각회의와 구별된다. 국무회의는 자문기관과 의결기관의 제3의 중간적 성격의 기관, 즉 심의기관의 성격을 지닌다.

(2) 정부의 중요정책에 대한 최고 심의기관

국무회의는 정부의 권한에 속하는 중요정책을 최종적으로 심의하는 기관으로서 국무회의보다 상위의 정책심의기관은 존재하지 않는다. 국무회의는 국정의 기본계획, 일반적 정부정책의 수립과 조정, 국정처리상황의 평가와 분석 등 중요 정부정책에 관한 사항에 대하여 검토하고 조정하는 최고 회의체이다. 국무회의는 심의기관이므로 정부정책의 최종적 결정기관이 될 수 없다. 국무회의의 심의를 거친 중요정책에 대해 대통령이 최종적으로 결정하기 때문이다.

(3) 합의제기관

국무회의는 중요정책에 대해 심의하는 기관이어서 대외적으로 자신의 독립된 의사를 표시할 수 있는 관청의 지위를 지니고 있지 않다. 국무회의는 대통령에 소속된 하급 국가기관이 아니다. 대통령을 포함한, 대통령과 독립된 국가기관이다.

3. 국무회의의 조직과 운영

(1) 국무회의의 조직

국무회의는 대통령과 국무총리 그리고 15인 이상 30인 이하의 국무위원으로 구성된다(§88①). 대통령이 의장이 되고 국무총리가 부의장이 된다(§88③). 국무조정실장 · 법제처장 · 국가보훈처장 · 식품의약품안전처장 그 밖에 법률로 정하는 공무원은 필요한 경우 국무회의에 출석하여 발언할 수 있다(정조법 §13①).

(2) 국무회의의 운영

대통령은 국무회의 의장으로서 회의를 소집하고 이를 주재한다(정조법 §12). 국무회의는 정례국무회의와 임시국무회의로 구분되며, 정례국무회의는 매주 1회 소집되고 임시국무회의는 필요에 따라 그때그때 소집된다(규정 §2②). 국무회의는 합의제 기관이므로 의결의 절차를 취하는데, 구성원 과반수의 출석으로 개의하고, 출석구성원 3분의 2 이상의 찬성으로 의결한다(규정 §6). 의장이 사고로 직무를 수행할 수 없는 경우에는 부의장인 국무총리가 그 직무를 대행하고, 의장과 부의장이 모두 사고로 직무를 수행할 수 없는 경우에는 기획재정부장관이 겸임하는 부총리, 교육부장관이 겸임하는 부총리 순으로 그 직무를 대행하며, 부총리가 직무를 수행할 수 없는 경우에는 제26조 제 1 항에 규정된 순서에 따라 국무위원이 그 직무를 대행한다. 국무회의의 운영에 관하여 필요한 사항은 대통령령으로 정한다.

4. 국무회의의 심의

(1) 심의 내용

다음 사항은 반드시 국무회의의 심의를 거쳐야 한다(§89). ① 국정의 기본계획과 정부의 일반정책, ② 선전 · 강화 기타 중요한 대외정책, ③ 헌법개정안 · 국민투표안 · 조약안 · 법률안 및 대통령령안, ④ 예산안 · 결산 · 국유재산처분의 기본계획 · 국가의 부담이 될 계약 기타 재정에 관한 중요 사항, ⑤ 대통령의 긴급명령 · 긴급재정경제처분 및 명령 또는 계엄과 그 해제, ⑥ 군사에 관한 중요사항, ⑦ 국회의 임시회 집회의 요구, ⑧ 영전수여, ⑨ 사면 · 감형과 복권, ⑩ 행정각부 간의 권한의 획정, ⑪ 정부안의 권한의 위임 또는 배정에 관한 기본 계획, ⑫ 국정처리 상황의 평가 · 분석, ⑬ 행정각부의 중요한 정책의 수립과 조정, ⑭ 정당해산의 제소, ⑮ 정부에 제출 또는 회부된 정부의 정책에 관계되는 청원의 심사, ⑯ 검찰총장 · 합동참모의장 · 각군참모총장 · 국립대학교총장 · 대사 기타 법률에 정한 공무원과 국영기업체 관리자의 임명, ⑰ 기타 대통령 · 국무총리 또는 국무위원이 제출한 사항이다.

(2) 심의의 효력

국무회의의 심의와 관련하여, 대통령의 권한행사가 심의를 거치지 않은 경우의 효력유무와 대통령이 심의결과에 구속되는가가 문제된다.

(가) 대통령이 심의를 거치지 않은 경우

대통령이 국무회의의 심의절차를 거치지 않고 자신의 권한을 행사한 경우 그와 같은 권한행사가 효력을 가지는가가 문제된다. 국무회의가 심의기관의 성격을 지니며, 심의절차는 효력요건이 아니라 적법요건에 지나지 않으므로 국무회의 절차를 생략한 대통령의 권한행사는 위헌으로 탄핵사유가 되는 것은 별론으로 유효하다는 견해가 있다. 그러나 국무회의의 절차는 필수적 절차의 성격을 지니며, 필수적 절차는 유효요건으로 보아야 하고, 절차를 생략한 대통령의 권한행사는 절차적 정당성에 위배된 것이어서 무효로 보아야 한다(다수설).

(나) 심의결과의 구속력

대통령은 국무회의의 심의결과의 내용에 구속되는가에 관하여는 구속되지 않는다고 본다(통설). 국무회의가 심의기관의 성격을 지니는 이상 대통령은 심의결과와 다른 내용의 결정을 내릴 수 있다고 보아야 하기 때문이다.

Ⅳ. 대통령의 자문기관

대통령의 자문기관으로서 국가원로자문회의, 국가안전보장회의, 민주평화통일자문회의, 국민경제자문회의가 있다. 대통령의 자문기관은 국가원로 및 각계각층의 전문가들의 식견과 경험을 국정에 반영시키고자 함이다. 대통령의 자문기관은 임의적 기관인데 국가안전보장회의만 필수적 기관이다. 과학기술자문기구를 둘 수 있는데 이는 헌법기관이 아니다(§127③).

1. 국가원로자문회의

국가원로자문회의는 국정에 중요한 사항에 관한 대통령의 자문에 응하기 위하여 국가원로로 구성된 기관으로 임의적 자문기관이다(§90). 의장은 직전대통령이 되며, 조직 및 직무범위는 법률로 정한다. 국가원로자문회의법은 위헌이라는 비판이 많아 1989년 폐지되었다.

2. 국가안전보장회의

국가안전보장회의는 국가안전보장에 관련되는 대외정책·군사정책과 국내정책의 수립에 관하여 대통령의 자문에 응하기 위한 기관으로 헌법상 필수적 자문기관이다(§91). 또한 국무회의의 전심기관으로서의 성격을 지닌다. 의장은 대통령이 되며, 위원은 대통령·국무총리·외교부장관·통일부장관·국방부장관 및 국가정보원장과 대통령령이 정하는 약간의 위원으로 구성한다. 의장은 관계부처의 장, 합동참모회의의장 기타의 관계자를 회의에 출석하여 발언하게 할 수 있다. 조직 및 직무범위는 법률(국가안전보장회의법)로 정한다.

3. 민주평화통일자문회의

민주평화통일자문회의는 통일에 관한 국내외 여론 수렴과 통일에 관한 국민적 합의 도출 및 통일에 관한 범민족적 의지와 역량의 결집을 담당함으로써 평화통일 정책의 수립에 관한 대통령의 자문에 응하기 위한 기관으로 헌법상 임의적 자문기관이다(§92). 의장은 대통령이 되며, 대통령이 위촉하는 7천 명 이상의 자문위원으로 구성된다. 조직 및 직무범위는 법률(민주평화통일자문회의법)로 정한다.

4. 국민경제자문회의

국민경제자문회의는 국민경제발전에 관한 중요정책의 수립에 관하여 대통령의 자문에 응하기 위한 기관으로, 현행 헌법에서 신설된 헌법상 임의적 자문기관이다(§93). 의장은 대통령이 되며, 당연직위원 5인 이내, 위촉위원 30인 이내 및 지명위원으로 구성된다. 조직 및 직무범위는 법률(국민경제자문회의법)로 정한다.

5. 국가과학기술자문회의

국가과학기술자문회의는 과학기술의 혁신 등에 관한 대통령의 자문에 응하기 위한 기관으로, 헌법(§127)에 근거하여 만들어진 법률(국가과학기술자문회의법)상 임의적 자문기관이다. 30명 이내의 위원으로 구성된다.

V. 행정각부

1. 행정각부의 의의

(1) 행정각부의 개념

행정각부란 행정부의 구성단위로서, 법률이 정한 사항을 집행하는 중앙행정기관을 말한다. 행정각부는 대통령의 지배하에 있지만 대통령의 단순한 보좌기관이 아니라 대통령 하위에 있는 중앙행정관청이다.

(2) 행정각부와 중앙행정관청

행정에 관한 모든 업무는 행정각부에 속하게 하는 것이 원칙이다. 행정에 관한 업무 중 행정각부에 소속시키지 않고 대통령의 직접적 소관으로 할 수 있는가가 문제된다.

(3) 행정각부의 설치·조직

행정각부의 설치·조직 및 직무범위는 법률로 정한다(§96). 정부조직법은 행정각부를 18부로 구성하고 있는데, 행정각부로는 기획재정부·과학기술정보통신부·교육부·외교부·통일부·법무부·국방부·행정안전부·문화체육관광부·농림축산식품부·산업통상자원부·보건복지부·환경부·고용노동부·여성가족부·국토교통부·해양수산부·중소벤처기업부가 있다(정조법 §26). 행정각부에 장관 1명과 차관 1명을 두되, 장관은 국무위원으로 보하고, 차관은 정무직으로 한다. 대통령의 통할을 받지만 행정각부에 속하지 않는 대통령소속기구로는 국가정보원이 있다(정조법 §17).

2. 행정각부의 장

(1) 행정각부의 장의 임면

행정각부의 장은 국무위원 중에서 국무총리의 제청으로 대통령이 임명한다(§94). 행정각부의 장을 국무위원 중에서 선출하도록 한 것은 기획과 집행의 유기적 통일을 기하기 위함이다. 국무위원 가운데 행정각부의 장이 아닌 국무위원이 존재할 수 있는데, 정부조직법 제22조의2의 국민안전처장과 구 정부조직법상의 정무장관(1981~1998)이나 특임장관(2008~2013)이 이에 해당된다. 대통령은 행정각부의 장을 자유로이 해임할 수 있다. 행정각부의 장의 해임에는 국무총리의 제청이 필요하지 않다.

(2) 행정각부의 장의 지위

행정각부의 장은 행정각부를 지휘·감독하는 지위를 가진다. 행정각부의 장으로서의 지위는 국무위원으로서의 지위와 구별된다. 우선 행정각부의 장은 독자적으로 자신의 소관 행정업무를 추진할 수 있다는 점에서 단순한 정책심의의 보좌기관에 불과한 국무위원과 구별된다. 또한 행정각부의 장은 집행기관이므로 소관사무가 분명하나, 정책심의를 주된 사무로 하는 국무위원의 경우 사무의 한계가 없다. 그리고 행정각부의 장은 대통령의 지휘·감독을 받게 되나 국무위원은 국무회의의 구성원적 지위에서 대통령이나 국무총리의 지휘·감독을 받지 않는다는 점에 차이가 있다.

(3) 행정각부의 장의 권한

(가) 행정관청

행정각부의 장은 중앙행정관청으로서 소관사무를 결정하고 집행한다. 행정각부의 장은 소관사무에 관한 정책을 수립하며 이에 필요한 권한을 가진다. 소관사무의 일부를 하부기관에 위임할 수 있다.

(나) 부령발포권

행정각부의 장은 소관사무에 관하여 법률이나 대통령령의 위임 또는 직권으로 부령을 발할 수 있다(§95). 부령에는 위임명령과 집행명령의 두 가지가 있으며, 직권으로 발하는 부령의 법적 성질에 관하여는 총리령에서 살펴본 바와 같이 집행명령으로 보아야 한다.

(다) 기타의 권한

행정각부의 장은 소속공무원을 지휘·감독하며, 소관사무에 관하여 지방행정의 장을 지휘·감독하는 권한을 가진다(정조법 §7①, §26③).

Ⅵ. 공무원과 직업공무원제도

헌법 제7조 제1항은 '공무원은 국민전체에 대한 봉사자이며, 국민에 대하여 책임을 진다', 제2항은 '공무원의 신분과 정치적 중립성은 법률이 정하는 바에 의하여 보장된다'고 하여 공무원의 지위, 책임, 신분, 정치적 중립성을 규정하고 있다.

1. 헌법과 공무원

국가구조는 국가기관을 포함한 국가조직 및 국가조직 상호간의 유기적 관계를 총칭하는 것으로, 국가구조의 궁극적 목표는 국민의 기본권보장에 있다. 이 목표를 달성하기 위해서는 모든 국가권력이 기본권에 기속되고 국가권력의 민주적 정당성 및 절차적 정당성이 확보되어야 한다. 그런데 국가권력의 정당성이 확보되었다고 하여 국가구조의 궁극적 목표달성이 완성되었다고 볼 수 없다. 국가구조의 목적달성을 위해서는 국가권력을 행사하는 사람의 공평무사(無私)한 법집행이 확보되어야 한다. 제도의 마련이 우선적 과제이지만 완성은 제도를 집행하는 사람에게 달려 있기 때문이다.

2. 공무원과 직업공무원제도

Weimar 헌법은 제128조에서 제131조에 걸쳐 공무원제도와 직업공무원제도를 상세하게 규정하였다. 헌법 제7조 제2항의 공무원제도의 보장은 헌법이론적으로 제도보장에 속한다. 이는 공직구조에 관한 규정으로서, 입법권자가 공무원제도를 구체적으로 형성하는 것은 가능하지만 제도 자체를 폐지하는 것은 허용될 수 없다. 입법, 사법, 행정의 국가기능은 공무원에 의해 행해져야 하므로 이를 담당하는 공무원의 신분을 보장해 주고, 효율적인 공무수행을 뒷받침해 줄 수 있는 합리적인 공무원제도를 마련하는 것은 현대 국가의 국가구조에서 중요한 의미를 갖게 된다. 즉 헌법 제7조 제2항의 존재의의는 직업공무원제도를 제도로 보장하는 데 있다.

3. 공 무 원

(1) 공무원의 개념

공무원이란 직접 국민에 의하여 선출되거나 국가에 의해 임용되어 국가나 자치단체와 공법상 근무관계를 맺고 공적 업무를 담당하고 있는 자를 말한다. 선거로 취임하거나, 계약으로 공무를 담당하는 임시직까지도 공무원에 포함된다.

(2) 공무원의 종류

공무원은 먼저 귀속주체에 따라 국가공무원과 지방공무원으로 대별된다. 전자는 국가공무원법이 후자는 지방공무원법이 적용된다. 국가공무원은 실적과 자격에 따라 임용되고 그 신분이 보장되며 정년까지 공무원으로 근무할 것이 다시 예정되는 경력직공무원과 그 외의 공무원인 특수경력직공무원으로 나누어진다(국공법 §2). 경력직공무원은 다시 기술·연구 또는 행정 일반에 대한 업무를 담당하는 일반직공무원, 특수분야의 업무를 담당하는 특정직공무원으로 분류된다. 한편 특수경력직공무원은 선거로 취임하거나 임명할 때 국회의 동의를 필요로 하거나 고도의 정책결정 업무를 담당하는 정무직공무원, 특정한 업무를 담당하기 위하여 별도의 자격 기준에 따라 임용되는 별정직공무원으로 분류된다.

국가공무원법은 공직사회의 합리적이고 효율적인 인사행정 체계를 구축하기 위하여 기능직 공무원과 계약직공무원을 폐지하고 기능직 공무원은 일반직 공무원에, 계약직 공무원은 일반직 공무원 또는 별정직 공무원에 통합하였다. 이는 인사관리 방식과 직무분야가 유사한 일반직과 기능직을 통합하여 인사관리의 효율성을 제고하고, 계약직은 업무성격에 따라 일반직 또는 별정직에 통합함으로써 직종 체계의 구분과 인사행정의 합리성을 도모한 것이다. 특수경력직공무원은 임용과 근무조건에 있어 경력직공무원과 차이가 많다(국공법 §3).

(3) 공무원의 헌법적 지위

(가) 국민전체의 봉사자

공무원은 국민전체에 대한 봉사자이다(§7①). 공무원은 국민의 일부나 특정 정당 또는 계급·종교·지역 등의 부분이익을 위한 봉사자일 수 없다. 특히 집권당의 사병으로서 정파적 이익을 위해 봉사해서는 안 된다. 또한 공무원은 공직을 자신의 이익을 위해서 사용할 수 없다.

국민 전체의 봉사자로서의 공무원은 모든 공무원을 말한다(국공법 §1). 공무원은 경력직 공무원, 특수경력직 공무원을 말하며, 군공무원 그리고 공무원의 신분은 가지지 않지만 일시적으로 공무를 위탁받아 종사하는 자도 포함한다. 또한 공무원은 성실의 의무, 친절공정의 의무, 품위유지의 의무 등의 의무를 부담한다. 이러한 공무원의 각종의 의무는 헌법 제 7 조 제 1 항에 근거한다.

(나) 공무원의 책임

공무원은 국민에 대하여 책임을 진다(§7① 후단). 공무원이 책임을 진다는 것은 공무원의 봉사자로서의 지위를 나타낸 것이며, 구체적인 법적 책임을 지는 것으로 볼 수 없다(정치적 책임). 공무원은 정치적 책임을 지는데, 정치적 책임으로는 선거를 통한 책임추궁, 해임건의나 청원에 의한 책임추궁이 이에 해당된다. 한편 공무원의 책임이 정치적이라 하여도 법적 책임이 모두 면제되는 것은 아니다. 법적 책임으로는 탄핵소추에 의한 책임추궁, 국가배상청구에서의 공무원에 대한 구상권행사, 공무원에 대한 각종의 징계책임 등이 이에 해당된다. 다만 공무원의 법적 책임은 구체적 입법에 의할 때 가능하며 헌법 제 7 조 제 1 항에 의해 직접 공무원의 법적 책임을 물을 수 없다.

(4) 공무원의 기본권제한

(가) 정치운동의 금지

공무원은 정당이나 그 밖의 정치단체의 결성에 관여하거나 이에 가입할 수 없다(국공법 §65①). 또 공무원은 선거에서 특정 정당 또는 특정인을 지지 또는 반대하기 위해, 투표를 하거나 하지 아니하도록 권유하거나, 서명 운동을 기도·주재하거나 권유하거나, 타인에게 정당이나 그 밖의 정치단체에 가입하게 하거나 가입하지 아니하도록 권유하는 것은 금지된다(국공법 §65②).

(나) 집단행위의 금지

국가공무원법(§66①)은 공무원(사실상 노무에 종사하는 공무원 제외)에게 노동운동이나 그 밖에 공무 외의 일을 위한 집단행위를 금지하고 있다. '공무 외의 일을 위한 집단행위'를 금지하는 것이 너무 막연하고 불명확한 것은 아닌지, 이와 같은 제한이 공무원의 정치적 의사표현을 지나치게 제한하는 것은 아닌지가 문제된다.

헌법재판소는 공무원에게 불허되는 '공무 외의 일을 위한 집단행위'는 명확성원칙에 위배되지 않는다고 하였고, '공무 외의 일을 위한 집단행위'를 금지하는 것이 공무원의 정치적 의사표현의 자유에 대한 침해가 아니라고 하였다.

(다) 정치적 중립성

국가공무원 복무규정(§3②, §8의2②)은 공무원에게 국가 또는 지방자치단체의 정책에 대한 반대·방해 행위를 금지하며, 공무원의 직무 수행 중 정치적 주장을 표시·상징하는 복장 등 착용행위를 금지하고 있다.

(라) 근로3권의 제한

공무원의 근로 3 권은 제한된다. 헌법 제33조 제 2 항은 공무원은 법률이 정한 자에 한하여 근로 3 권을 갖도록 하였고, 이에 따라 관련 법률에서 근로 3 권을 향유하는 공무원의 범위와 단결·단체교섭의 절차와 방법을 규율하고 있다.

(5) 공무원의 권리·의무

공무원은 헌법이 보장하는 기본권 이외에 개별법상의 권리를 가지며 의무를 부담한다.

(가) 공무원의 권리

공무원의 권리는 직종이나 직무의 성격에 따라 상당한 차이가 있으나, 일반적으로 신분상 권리와 재산상 권리로 나눌 수 있다. 신분상 권리로는 형의 선고 등 법에 정한 사유에 의하지 아니하고는 그 의사에 반해 면직 등 불이익한 처분을 받지 않는 신분보유권, 법에 정한 사유에 의하지 않고서는 직위를 해제당하지 않을 직위보유권, 자기의 직무를 방해받지 않고 수행할 수 있는 직무수행권 등이 있다. 재산상 권리로는 보수청구권, 연금청구권, 실비변상청구권 등이 있다.

(나) 공무원의 의무

모든 공무원은 성실의 의무(국공법 §56)를 진다. 또한 공무원은 직무상 의무와 신분상 의무를 진다. 직무상 의무로는 직무전념의 의무, 직장이탈금지의무(국공법 §58), 영리업무 및 겸직금지 의무(국공법 §64), 법령준수의무, 복종의 의무(국공법 §57), 비밀엄수의 의무(국공법 §60) 종교중립의 의무(국공법 §59의2) 등이 있다. 그리고 신분상 의무로는 친절·공정의 의무(국공법 §59), 품위유지의무(국공법 §63)와 청렴의 의무(국공법 §61)가 있다. 한편 헌법(§46)은 국회의원에게 특별한 헌법적 의무를 부과하고 있으며, 국군에게 정치적 중립을 요구하고 있다(§5②).

4. 직업공무원제도

(1) 직업공무원제도의 의의

직업공무원제도란 공무원에게 법집행기능을 맡김으로써 안정적이고 일관된 공무수행을 보장하는 공직구조제도를 말한다. 직업공무원제도는 정권교체에 따른 국가작용의 중단과 혼란을 방지하기 위하여 공무원의 신분보장을 그 중요한 내용으로 한다.

직업공무원제도가 헌법상 제도로 정착된 것은 Weimar 헌법부터이다. 우리 헌법(§7)은 직업공무원제도를 규정함으로써 이를 제도적으로 보장하고 있다. 직업공무원제도가 적용되는 공무원은 신분이 보장되고 정치적 중립이 요구되는 일반직·특정직·기능직 공무원과 같은 경력직 공무원에 국한되며 특수경력직 공무원은 이에 해당되지 않는다.

(2) 직업공무원제도의 내용

(가) 기능유보

기능유보란 국가의 법집행은 원칙적으로 공무원에게 맡겨져야 함을 말한다. 법집행이 공무원 이외의 사인에게 맡겨지는 것을 금지함을 그 내용으로 한다. 국가의 법집행은 신분이 보장되는 공무원에게 맡겨질 때 중단 없는 일관된 법집행이 보장될 수 있다. 공무원에게 쟁의행위를 금지하는 것도 중단 없는 일관된 법집행에 장애가 되기 때문이다.

(나) 신분보장(§7②)

직업공무원제도는 공무원의 신분보장을 가장 중요한 내용으로 한다. 공무원의 신분은 정권교체에 의해서 영향을 받지 않아야 하며, 동일한 정권하에서도 그의 의사에 반하여 불이익한 처분을 받지 않아야 한다. 또한 직업공무원제도는 공무원의 신분을 보장하면서 공무원관계는 원칙적으로 평생 직업일 것을 요청하는데, 공무원은 정당한 이유와 적법절차에 의하지 아니하고는 불이익처분을 받지 않는다. 따라서 직제개폐 이외의 사유로 인한 불이익한 조치는 직업공무원제에 대한 침해가 된다. 헌법재판소는 직제가 폐지된 경우 직권면직이 가능하여도 면직규모나 그 대상자 선정에 합리성과 적정성이 담보되지 않으면 직업공무원제에 대한 침해가 된다고 하였고, 지방공무원의 전출과 전입은 자치단체의 장이 다른 자치단체의 장과 합의하는 것으로 부족하고 해당 공무원의 동의가 있어야 가능하다고 하였다. 공무원의 신분보장은 종신주의나 능력주의를 요구하게 된다. 다만 이러한 요구가 공무원의 개인적 이익추구에만 초점을 맞추는 자기 목적적인 것으로 이해되어서는 안될 것이다.

(다) 정치적 중립성(§7②)

공무원의 정치적 중립성은 직업공무원제도의 필수적 내용에 해당된다. 공무원에게 정치적 중립성이 요구되는 이유는 공무원은 국민전체에 대한 봉사자이므로 중립적으로 공익을 추구하여야 하기 때문이다. 만일 공무원이 정치에 관여하게 되면, 공무원이 직무수행을 방해하는 불필요한 정치적 논쟁에 개입 관여되어 경우에 따라서는 공무원이 객관적이고 중립적으로 직무를 수행할 수 없게 된다. 따라서 정치에 대한 관여를 사전에 금지하여 공무원의 중용적 직무수행을 가능하게 하고 아울러 정치적 중립성에 대한 손상을 방지하여 공무원제도의 원활한 기능을 유지하기 위함이다. 또한 공무원의 임용 및 승진 등에 있어 공무원의 능력보다 정치적 성향이 우선시된다면 직업공무원제도는 그 기초가 상실되기 때문이다.

(라) 실적주의(성적주의)

실적주의란 인사행정에서 정치적 또는 정실적 요인을 배제하고 자격이나 능력을 기준하여 공무원을 임용(승진)하는 원칙을 말한다. 국가공무원법 제26조는 '공무원의 임용은 시험성적·근무성적, 그 밖의 능력의 실증에 따라 행한다'고 하여 실적주의를 명시하고 있다.

직업공무원제도의 확립에는 직위분류제가 전제된다. 즉 모든 직위를 직무의 종류, 곤란성, 책임도에 따라 직급별로 분류하고, 동일직급의 직위에 대하여는 동일한 자격요건을 요구하며, 동일한 보수가 지급되어야 한다. 직위분류제를 기초로 공무원의 임용과 승진이 공무원의 자격이나 능력에 따라 이루어질 때 직업공무원제도가 완성된다. 공직자 선발에 능력주의에 따르지 않는 것은 공직취임권에 대한 침해가 된다.

Ⅶ. 감 사 원

헌법 제97조는 '국가의 세입·세출의 결산, 국가 및 법률이 정한 단체의 회계검사와 행정기관 및 공무원의 직무에 관한 감찰을 하기 위하여 대통령 소속하에 감사원을 둔다'고 하여 감사원을 설치하고 있다.

1. 감사원의 헌법상 지위

(1) 국가와 회계검사 및 직무감찰

(가) 회계검사 및 직무감찰의 의의

회계검사와 직무감찰은 국가재정의 낭비를 막고 국가권력의 남용을 통제하여 국가권력의 적법·적정을 확보함으로써 궁극적으로 국민의 기본권을 실현하고 공공복리를 증대하여 주는 중요한 국가기능이다.

(나) 회계검사 및 직무감찰에 관한 입법례

국가의 회계검사는 일반적으로 독립된 또는 독립형 국가기관이 담당하고 있다. 대만의 감찰원은 회계검사권과 직무감찰권을 동시에 가지고 있는데 이는 대만의 다소 독특한 권력분립형태의 산물로 드문 입법례에 해당된다. 우리 헌법은 감사원에게 회계검사권 이외에 직무감찰권까지 부여하고 있다. 감사원은 그 소속에 따라 행정부소속형, 의회소속형, 독립기관형으로 분류되는데 우리나라는 행정부소속형의 형태를 지니고 있다. 미국, 프랑스, 일본, 독일은 독립기관형의 형태를 취하고 있는 반면 영국은 의회소속형의 형태를 띠고 있다.

(2) 감사원의 성립과 연혁

감사원은 건국헌법의 심계원과 감찰위원회가 통합되어 제3공화국 헌법에서 처음으로 설치되었다. 회계검사기능과 직무감찰기능을 하나의 통합기관으로 관장하게 된 것은 제3공화국 헌법부터이며, 헌법기관으로 설치된 이후 현재까지 이르고 있다.

(3) 감사원의 헌법적 지위

(가) 대통령 소속기관으로서의 지위

감사원은 대통령 소속하의 헌법상 필수기관이다(§97). '대통령 소속'에서 대통령이란 국가원수의 지위로서의 대통령을 말하며, 소속이란 감사원이 조직과 편제상 대통령에게 소속되었다는 의미이지 직무상으로도 소속되어 있다는 것은 아니다. 직무상으로는 독립된 기관이다. 이 점에서 감사원은 대통령에 소속된 중앙행정기관으로서 조직과 직무 모두 대통령의 지휘·감독을 받는 국가정보원과 구별된다.

(나) 독립기관으로서의 지위

감사원은 독자적으로 자신의 업무를 수행할 수 있는 독립기관이다. 감사원은 대통령에 대해서도 직무에 관해 독립적이며, 감사원의 조직 및 예산편성시 독립성이 확보될 수 있도록 하여야 한다(감사법 §2). 감사원의 독립성은 구성원에 대한 신분보장과 겸직금지를 통해, 동시에 정당가입을 금지하고 정치운동을 금지함으로써도 확보된다(감사법 §8, §9, §10).

(다) 합의제기관으로서의 지위

감사원은 감사원장과 감사위원 전원으로 구성된 '감사위원회의'에서 업무를 처리하는 합의제기관이다. 감사원장은 감사위원회의의 의장이 되며, 감사원장과 감사위원은 법적으로 대등한 지위를 가진다. 다만 감사위원은 감사원장의 제청으로 임명되며, 감사원장이 감사위원의 지위를 가진다 하더라도 양자는 임명절차와 정년을 달리하며, 대우에 차이가 있는 것을 감안할 때 순수한 합의제라기보다는 수장우위적 합의제의 성격이 강하다고 보아야 한다.

2. 감사원의 조직과 구성

헌법은 '감사원의 조직, 직무범위, 감사위원의 자격, 감사대상공무원의 범위 기타 필요한 사항은 법률로 정한다(§100)'고 하여 감사원조직의 법정주의(감사원법, 이하 감사법)를 규정하고 있다.

(1) 감사원의 조직

감사원은 감사원장을 포함한 5인 이상 11인 이하의 감사위원으로 구성된다(§98①). 감사원에는 감사위원회의를 두며 감사원의 기능은 감사위원회의를 통해 구현된다. 감사위원회의는 감사원장을 포함하여 감사위원 전원으로 구성되며, 감사원장이 의장이 되고, 재적 감사위원 과반수의 찬성으로 의결한다(감사법 §11).

(2) 감사원의 구성

감사원장은 국회의 동의를 얻어 대통령이 임명한다(§98②). 직무상 독립기관인 감사원장에 대하여 의회주의 원칙에 따라 국회가 임명동의권을 갖는 것은 당연하다. 감사위원은 감사원장의 제청으로 대통령이 임명한다(§98③). 감사원장서리가 허용될 것인가가 문제된다. 감사원장은 반드시 국회의 사전 동의를 얻어 임명되어야 하므로 서리는 일절 허용될 수 없다.

(3) 감사원장과 감사위원의 자격과 임기

감사원장과 감사위원의 임기는 4년이며 1차에 한하여 중임할 수 있다(§98). 4년의 감사위원의 임기는 그 기간이 너무 짧다는 것이 문제이다. 임명권자의 임기보다 길어야 독립성의 취지를 살릴 수 있을 것이다. 영국은 종신, 미국은 15년, 독일은 12년으로 하고 있는데 법치선진국가들이 감사원장의 임기를 장기로 그것도 임명권자보다 길게 보장한 것은 결코 우연한 일이 아니다.

(4) 감사원장과 감사위원의 신분보장

감사위원의 정년은 65세이며 감사원장인 감사위원의 정년은 70세이다(감사법 §6). 감사위원은 탄핵이나 금고 이상의 형의 선고를 제외하고는 그 의사에 반하여 면직되지 아니한다(감사법 §8①). 감사위원이 탄핵결정이나 금고 이상의 형의 선고를 받았을 때는 당연 퇴직되지만, 장기의 심신쇠약으로 직무를 수행할 수 없을 때에는 감사위원회의 의결을 거쳐 원장의 제청으로 대통령이 퇴직을 명한 때에 퇴직된다(감사법 §8②).

(5) 감사원장과 감사위원의 지위

감사원장과 감사위원은 감사업무의 합의에 있어 법적으로 동일한 지위에 있다. 감사위원의 임명은 감사원장의 제청이 있어야 하는데 대통령은 감사원장의 제청을 거부할 수 있다. 감사원장이 사임할 경우 제청된 감사위원이 거취를 함께할 필요는 없다. 감사원장이 사고로 직무를 수행할 수 없을 때에는 최장기간 재직한 감사위원이 그 직무를 대행한다(감사법 §4③). 감사원장은 국무총리의 보수와 국무위원의 보수의 범위 안에서 대통령령으로 정한다(감사법 §5②).

3. 감사원의 권한

(1) 국가의 세입세출의 결산

감사원은 국가의 세입·세출에 관한 결산을 조사하며, 그 결과를 대통령과 차년도 정기국회에 보고하여야 한다. 결산은 국가의 1년 수입과 지출에 대한 적정성을 확인하는 것이다. 결산은 정부(기획재정부장관)가 국가결산보고서를 작성하여 감사원에 제출하며(재정법 §59), 감사원이 그 적정성을 확인한 후(감사법 §21), 차년도 국회와 대통령에게 보고하고(§99), 차년도 국회가 결산의 확인을 승인(국회법 §84)하는 일련의 과정을 말한다.

(2) 회계검사권

회계검사권이란 예산집행의 합법성과 적정성 여부를 판단하는 권한을 말한다. 예산집행에 대한 회계검사가 이루어지지 않는다면 국회의 예산확정도 의미가 없게 될 수 있다. 감사원은 국가 및 법률이 정한 단체에 대한 회계검사를 할 수 있다(§97). 감사원의 회계검사의 대상은 필요적 검사대상과 선택적 검사대상으로 구분된다. 필요적 검사대상으로는 국가, 지방자치단체, 한국은행, 국가 또는 지방자치단체가 자본금의 2분의 1 이상을 출자한 법인의 회계가 이에 해당된다(감사법 §22). 반면 선택적 검사대상으로는 감사원이 필요하다고 인정하거나 국무총리의 요구가 있는 경우로, 감사원법 제23조에서 정한 사항을 검사할 수 있다.

(3) 직무감찰권

직무감찰권이란 공직기강을 확립하고 행정운영을 개선하기 위해 공무원의 직무수행에 대한 합법성과 타당성을 조사할 수 있는 권한을 말한다. 감사원은 행정기관과 공무원의 직무에 관한 감찰을 할 수 있다(§97). 직무감찰은 공무원의 비위사실을 적발하는 비위감찰(대인감찰)과 행정관리의 개선을 도모하기 위한 행정사무감찰을 모두 포함한다(직무감찰규칙 §2). 행정사무감찰은 구체적인 집행부분에 관하여만 개선요구를 할 수 있을 뿐 행정정책면에는 관여할 수 없다. 한편 직무감찰의 대상은 정부조직법 및 그 밖의 법률에 따라 설치된 행정기관의 사무와 그에 소속한 공무원의 직무, 지방자치단체의 사무와 그에 소속한 지방공무원의 직무 등이다(감사법 §24). 국회·법원 및 헌법재판소공무원은 감찰대상에서 제외되어 있다(감사법 §24③).

(4) 감사결과와 관련된 권한

감사원은 감사결과와 관련하여 변상책임의 판정권(감사법 §31), 징계·시정 및 개선 요구권(감사법 §32, §33, §34), 수사기관에의 고발권(감사법 §35) 등을 가진다.

(5) 규칙제정권

감사원은 감사에 관한 절차, 감사원의 내부규율과 감사사무 처리에 관한 규칙을 제정할 수 있다(감사법 §52). 감사원규칙은 국회, 대법원, 헌법재판소, 중앙선거관리위원회규칙과 달리 헌법이 아니라 법률에 근거하고 있다. 헌법에 근거 없이 새로운 법규명령의 형식을 창설할 수 없으므로 감사원규칙은 행정규칙으로 보아야 한다(다수설).

제 4 절 선거관리위원회

헌법은 제 7 장에서 선거관리를 규정하고 있다. 헌법 제114조는 '선거와 국민투표의 공정한 관리 및 정당에 관한 사무를 처리하기 위하여 선거관리위원회를 둔다'고 하여 선거관리위원회를 두고 있다. 또 제116조는 선거공영을 규정하고 있다.

1. 민주주의와 선거관리

민주주의는 공동체 내의 모든 세력들 간의 정치권력을 향한 공개적이고 공정한 경쟁을 보장한다. 국가권력의 정당성은 공정한 경쟁이 확보된 선거에 의해서만 획득되며 이러한 선거만이 민주적 국가권력을 형성할 수 있기 때문이다. 선거제도를 유지하는 한 선거의 공정을 확보하기 위한 선거관리기구는 필수적으로 요구된다. 우리 헌법은 행정부와 독립된 별개의 독립기관을 두어 선거관리를 담당하게 하고 있다.

(1) 선거관리기구에 관한 입법례

(가) 행정부소속형과 독립기관형

선거관리기구를 어떻게 구성할 것인가는 국가의 정치적 상황에 따라 그 형태가 다양하게 나타난다. 영국이나 프랑스같이 선거관리기구를 행정부소속으로 두는 형태가 있으나, 일반적으로 독립위원회 형태가 더 타당한 것으로 받아들여지고 있다. 선거관리는 행정영역에 속하는 것이지만 독립적인 선거관리의 중요성이 인식되면서 행정부 관리에서 독립된 기관의 관리로 이관되는 경향이 늘어나고 있다. 미국, 독일, 일본은 독립위원회 형태를 취하고 있는데 우리와 다른 점은 헌법기관이 아닌 법률기관이란 점이다.

(나) 현행제도의 의의

우리 헌법은 선거관리위원회를 독립기관으로 두되 헌법기관화한 것이 특징이다. 선거관리를 행정부와 독립하여 선거관리위원회로 전담하게 한 것은 3·15 부정선거의 교훈으로 생각된다.

(2) 선거관리위원회의 성립과 연혁

선거관리를 담당하는 국가기관으로, 제 1 공화국 헌법에서는 1950년 국회의원선거법에 의하여 행정부내 법률기관으로 선거위원회가 설치되었고, 9인으로 구성된 중앙선거위원회가 처음으로 만들어졌다. 제 2 공화국 헌법은 3·15 부정선거의 교훈으로 선거관리의 중요성을 인식하여 헌법에 중앙선거위원회를 두었다(§75의2). 중앙선거위원회는 3인의 대법관과 정당추천 6인의 위원으로 구성하였고 위원장은 대법관 중에서 호선하였다. 그 후 제 3 공화국 헌법은 대통령이 임명하는 2인, 국회에서 선출하는 2인, 대법원판사회의에서 선출하는 5인의 위원으로 구성하였고, 제 4 공화국 헌법은 대통령이 9인을 모두 임명하되 3인은 국회에서 선출하는 자를 3인은 대법원장이 지명하는 자를 임명하고 위원장은 대통령이 임명하였다. 제 5 공화국 헌법은 위원들에 대한 대통령의 임명권을 삭제하고 위원장은 호선하는 것으로 변경하였다.

2. 선거관리위원회의 헌법적 지위

(1) 헌법상 필수적 선거관리기관

선거관리위원회는 선거사무와 국민투표사무 및 정당사무를 관할하는 필수적 헌법기관이다.

(2) 독립된 기관

선거관리위원회는 대통령, 국회, 법원으로부터 독립된 헌법상 독립기관이다. 헌법은 선거관리위원회의 독립성을 보장하기 위해 위원의 신분을 강하게 보장하며 위원으로 하여금 정당가입이나 정치관여를 금하고 있다.

(3) 합의제 기관

선거관리위원회는 합의제 기관으로서 구성원 간의 합의로 직무를 처리한다. 합의에 있어 위원장과 위원은 법적으로 동등한 지위를 지닌다.

3. 선거관리위원회의 종류와 구성

(1) 선거관리위원회의 종류

선거관리위원회에는 중앙선거관리위원회와 각급선거관리위원회가 있다(§114). 각급선거관리위원회의 조직·직무범위 기타 필요한 사항은 법률로 정한다(§114⑦). 각급선거관리원회에는 특별시·광역시·도 선거관리위원회, 구·시·군 선거관리위원회, 읍·면·동 선거관리위원회가 있다(선관위법 §2).

(2) 선거관리위원회의 구성

중앙선거관리위원회는 대통령이 임명하는 3인, 국회에서 선출하는 3인과 대법원장이 지명하는 3인의 위원으로 구성한다(§114②). 위원장은 위원 중에서 호선한다. 선거관리의 중립성과 독립성 측면에서 볼 때, 대통령·국회·대법원장이 관여하는 것은 바람직하지 않다. 각급선거관리위원회에 위원장 1인을 둔다. 각급선거관리위원회의 위원장은 당해 선거관리위원회위원 중에서 호선한다(선관위법 §5). 각급선거관리위원회는 각 9인으로 구성되는데 읍·면·동 선거관리위원회는 7인으로 구성된다.

선거관리위원회 위원의 임기는 6년이며 연임에 대한 제한이 없다(§114③). 위원은 탄핵이나 금고 이상의 형의 선고에 의하지 아니하고는 파면되지 아니한다(§114⑤). 위원은 정당에 가입할 수 없고 정치에 관여할 수 없다(§114④).

4. 선거관리위원회의 운영

선거관리위원회의 회의는 당해 위원장이 소집한다. 위원 3분의 1 이상의 요구가 있을 때에는 위원장은 회의를 소집하여야 하며 위원장이 회의소집을 거부할 때에는 회의소집을 요구한 3분의 1 이상의 위원이 직접 회의를 소집할 수 있다(선관위법 §11). 선거관리위원회는 위원 과반수의 출석으로 개의하고 출석위원 과반수의 찬성으로 의결한다. 위원장은 표결권을 가지며, 가부동수인 때에는 결정권을 가진다(선관위법 §10). 중앙선거관리위원회와 시·도 선거관리위원회에 위원장을 보좌하고 그 명을 받아 소속 사무처의 사무를 감독하게 하기 위하여 각 1인의 상임위원을 둔다. 중앙선거관리위원회의 상임위원은 위원 중에서 호선한다(선관위법 §6). 위원장이 사고가 있을 때에는 상임위원 또는 부위원장이 그 직무를 대행하며 위원장·상임위원·부위원장이 모두 사고가 있을 때에는 위원 중에서 임시위원장을 호선하여 위원장의 직무를 대행하게 한다(선관위법 §5⑤).

5. 선거관리위원회의 권한

(1) 선거 및 국민투표의 관리

선거관리위원회는 선거운동을 관리하고, 투표와 개표, 당선자의 확정 등 일련의 선거과정을 관리한다. 동시에 국민투표사무를 관장한다. 선거관리위원회는 선거사무와 국민투표사무에 관하여 관계 행정기관에게 필요한 지시를 할 수 있으며 지시를 받은 행정기관은 이에 응하여야 한다(§115). 선거관리위원회의 위원이나 직원은 직무수행 중에 선거법위반행위를 발견한 때에는 중지·경고 또는 시정명령을 하여야 하며, 그 위반행위가 선거의 공정을 현저하게 해치는 것으로 인정되거나 중지·경고 또는 시정명령을 불이행하는 때에는 관할수사기관에 수사의뢰 또는 고발할 수 있다(선관위법 §14의2).

(2) 정당사무의 관리

선거관리위원회는 정당법(§8, §11)이 정하는 바에 따라 정당의 설립과 활동, 등록 및 해산에 관한 사무를 처리한다. 또한 정치자금법(§11, §15)이 정하는 바에 따라 정치자금의 기탁과 배분 및 국고보조금을 배분하는 사무를 처리할 권한을 가진다.

(3) 규칙제정권

(가) 두 종류의 규칙

중앙선거관리위원회는 법령의 범위 안에서 선거관리·국민투표관리 또는 정당사무에 관한 규칙을 제정할 수 있다. 또한 법률에 저촉되지 않는 범위 안에서 내부규율에 관한 규칙을 제정할 수 있다(§114⑥).

(나) 문 제 점

중앙선거관리위원회 규칙에 대해, '법령의 범위 안에서' 제정되는 규칙은 '법률에 저촉되지 아니하는 범위 내'로 개정되고, 법률에 저촉되지 않는 범위 내에서 제정되는 내부규율에 관한 규칙은 폐지되어야 한다는 지적이 있다. 헌법은 대법원규칙이나 헌법재판소규칙과 달리 중앙선거관리위원회규칙은 법령의 범위 안에서 제정할 수 있도록 하고 있는데, 대통령이 중앙선거관리위원회의 업무에 관여나 간섭이 가능할 수 있어 선거관리의 공정성확보에 문제가 되기 때문에 법령을 법률로 개정하자는 의견으로 보인다. 그러나 선거사무나 국민투표사무는 행정부의 인력과 장비를 사용하지 않을 수 없기에 부득이 법령의 범위 안으로 규정한 것이다. 따라서 선거나 국민투표사무의 공정한 관리에 중앙선거관리위원회의 자율성이 근본적으로 위협되지 않는 한 법령의 범위 안에서 규칙은 제정되어야 한다. 내부규칙에 관한 규칙은 불필요하다기보다는 헌법기관에게 허용된 독자적 입법형식을 인정한 것으로 보아야 한다.

제5절 사 법 부

제1항 사법제도

Ⅰ. 국가와 사법

1. 공동체의 기본 틀로서의 사법

정치적 공동체의 안정적 유지를 위해서는 공동체 운영의 기본적 틀이 필요하다. 공동체 전체를 지배하는 행동원칙이 준수될 때 공동체의 안정적 법질서가 확보될 것이다. 원칙은 준수되어야 하나 원칙에 대한 위반은 불가피하며 또한 원칙을 해석·적용할 때 나타날 수 있는 다툼과 분쟁 역시 피할 수 없다. 원칙의 준수를 확보할 수 있는 장치와 체계가 요구된다.

2. 법치주의 원리의 실현원리로서의 사법

법치주의 원리는 국민의 자유와 평등을 실현하기 위해 국가권력의 모든 행위를 법에 기속시키는 헌법원리이다. 법치주의 원리는 입법, 사법, 행정을 담당할 국가기관을 조직함에 있어 국민의 자유와 평등이 실현될 수 있게 만들어질 것을 요구할 수 있다. 법치주의 원리에 따라 조직되고 법치주의 원리를 실현하는 사법은 법적 분쟁을 공정하게 해결함으로써 구체적 정의실현에 기여하고 이를 통해 법적 평화와 법적 안정을 확보하여 준다.

3. 사법제도의 구조

무엇이 법인가를 판단해 주는 사법은 국가마다 그 실현구조를 달리한다. 사법의 모든 기능을 법원에 전속시키는 사법구조를 가진 국가와 사법을 둘로 나누어 좁은 의미의 사법은 법원에게 전속시키나 광의의 사법인 헌법재판은 별도의 법원이나 국가기관에 맡기는 국가가 있다. 전자의 예로는 미국, 영국, 일본 등을, 후자의 예로는 독일, 프랑스, 오스트리아 등을 들 수 있다. 우리나라는 제 3 공화국 헌법과 같이 전자의 형태를 취한 경우도 있었지만 주로 후자의 형태를 취하여 왔고, 현행 헌법도 후자의 예를 취하고 있다.

Ⅱ. 사법과 사법권

1. 사 법 권

헌법 제101조는 '사법권은 법관으로 구성된 법원에 속한다'고 하여 사법권의 법원전속을 규정하고 있다. 이는 입법권은 국회에 속하며(§ 40) 행정권은 대통령을 수반으로 하는 정부에 속한다는 규정(§ 66④)과 함께 권력분립을 확인하는 규정이면서 동시에 사법권의 독립을 보장하는 규정이라 할 수 있다.

(1) 사법권의 의의와 범위

(가) 사법의 개념

사법이란 법적 분쟁이 있는 경우, 독립된 제 3 자가, 무엇이 법인가를 판단하고 선언하는 국가작용을 말한다.

(나) 사법의 특징

사법은 법집행작용인 점에서 법정립작용인 입법과 구별되며, 동일한 법집행작용인 행정과는 다음과 같은 점에서 구별된다. 사법은 분쟁이 전제되어야 하고, 관계자로부터 소제기가 있어야 하며, 독립된 제 3 자가, 무엇이 법인가를 선언하는 작용이라는 점에서 행정과 차이가 있다. 또한 질서의 형성을 위한 적극적 작용인 행정과 달리 법질서를 유지하려는 현상유지적인 소극적 작용이란 점에서도 근본적으로 구별된다. 또한 사법은 입법과 달리 민주적 정당성이 강하게 요구되지 않으며, 합목적성 보다는 합법성이 강하게 요구된다는 점에서 행정과 차이가 있다.

(다) 사법권의 범위

① 민사재판에 관한 권한　　민사재판에 관한 권한은 법원이 사인 간의 생활관계에 관한 분쟁을 강제적으로 해결하기 위한 권한을 말한다.

② 형사재판에 관한 권한　　형사재판에 관한 권한은 법원이 범죄를 인정하고 범인에게 형벌을 과하는 권한을 말한다. 형사재판에 관한 권한은 주로 공판절차에서의 권한을 말하나 넓은 의미의 형사재판에 관한 권한은 수사절차, 공판절차, 집행절차에서의 권한을 포함한다.

③ 행정재판에 관한 권한　　행정재판에 관한 권한이란 법원이 국가와 국민 사이의 행정작용에 관한 분쟁을 해결하기 위한 소송절차에서의 권한을 말한다. 영미법계 국가에서는 행정재판에 관한 권한을 민사재판과 마찬가지로 일반법원이 행사하나, 대륙법계 국가에서는 일반 법원과 구별되는 별도의 행정법원에서 담당한다. 우리나라는 행정법원을 별도로 두어 행정재판을 관할하게 한다.

④ 헌법재판(일부)에 관한 권한　　법원은 법률의 위헌 여부가 재판의 전제가 된 때에는 법률의 위헌 여부를 헌법재판소에 제청할 수 있다(§ 107①). 또한 법원은 명령·규칙의 위헌·위법 여부에 관하여는 독자적으로 위헌위법 여부를 판단할 수 있다. 선거소송은 헌법재판소의 관할로 함이 일반적인데 우리나라는 대법원과 고등법원에 이를 맡기고 있다.

(2) 사법권의 한계

사법에 관한 권한은 모두 법원의 관할로 되는 것이 원칙이다. 그러나 법원의 사법에 관한 권한은 실정법적 이유로, 국제법상의 이유로, 권력분립을 이유로 그리고 사법의 본질을 이유로 법원의 관할에서 제외되는 경우가 있다.

(가) 실정법적 한계

헌법이 다른 헌법기관에게 사법권을 부여하거나 또는 헌법이 법원의 사법심사 대상에서 제외시킨 경우에는 법원의 사법권은 이에 관여할 수 없다.

① 헌법재판소의 권한에 속하는 사항 헌법 제111조 제 1 항은 위헌법률심판, 탄핵심판, 정당의 해산심판, 권한쟁의심판, 헌법소원심판을 헌법재판소의 권한으로 하고 있다. 위 사항에 관해서는 법원이 재판권을 행사할 수 없다.

② 국회의원의 자격심사·징계·제명 국회는 국회의원의 자격을 심사하며 징계할 수 있다. 또 국회는 국회의원을 제명시킬 수 있다. 이러한 국회의 처분에 대해서는 법원에 제소할 수 없다(§64④).

③ 비상계엄의 군사재판 헌법(§27②)은 비상계엄하의 군인·군무원의 범죄, 군사에 관한 간첩죄·초병·초소·유독음식물공급·포로에 관한 죄 중 법률이 정한 경우에 한하여 단심으로 할 수 있도록 규정하고 있다. 이때에는 상급법원에 상소가 허용되지 않는다. 다만 사형을 선고한 경우에는 상소가 허용된다.

(나) 국제법적 한계

국제법상의 이유로 법원의 사법권이 미치지 못하는 경우가 있다.

① 치외법권자 치외법권이란 외국인이 체류국의 법적용을 받지 아니하고 본국법에 따를 수 있는 국제법상의 특권을 말한다. 외국의 원수, 외교사절과 그 가족 등은 치외법권자이므로 이들에게는 대한민국의 재판권이 면제된다.

② 조 약 헌법에 의해 체결·공포된 조약은 법률의 효력을 지니게 된다. 법률의 효력을 지니는 조약에 대한 위헌 여부는 헌법재판소가 판단하게 되어 법원의 관할에서 배제된다. 반면 명령의 효력을 지니는 조약의 위헌 여부에 대해서는 법원이 판단할 수 있다.

(다) 권력분립적 한계

헌법이 채택하고 있는 권력분립의 원칙 때문에 법원의 사법권이 미치지 못하는 경우가 있다.

① 통치행위

㉠ 의 의 통치행위란 대통령의 고도의 정치적 결단에 의한 국가행위로서 사법적 심사의 대상으로 삼기에 부적절한 행위를 말한다. 국가원수의 외교행위, 선전포고, 사면, 강화, 국군의 해외파견, 계엄선포 등 고도의 정치적 성격을 지닌 행위가 이에 해당된다. 통치행위의 개념을 인정할 것인가에 관해 다툼이 있으나 통치행위를 긍정하는 것이 지배적이며, 헌법재판소 역시 통치행위를 긍정하고 있다.

㉡ 허용(사견) 이론적으로 볼 때, 법원은 처분에 대한 위법 여부를 판단할 수 있고(§107②), 공권력행사로 기본권이 침해된 경우 헌법소원을 청구할 수 있으며(헌재법 §68①), 또 행정소송의 대상으로 개괄주의방법을 취하고 있고(행소법 §1), 모든 국민에게 재판청구권을 보장하고 있으므로(§27①), 사법심사의 대상에서 제외되는 국가작용은 존재할 수 없다고 보아야 한다. 소위 통치행위이론은 절대권력의 자의적인 권한행사를 정당화시켜 주는 전근대적 이론으로, 사법심사의 대상에서 제외되는 통치행위를 인정하는 것은 타당하지 않다. 그러나 국가작용 중에는 고도의 정치적 성격을 지니고 있어 사법기관이 판단하기에 부적절하거나 감당하기 어려운 국가작용이 존재한다. 대통령의 국가승인이나 정부승인과 같은 외교적 행위나 계엄선포 내지 긴급명령의 상황판단은 이에 속한다. 고도의 정치적 성격을 지닌 국가작용에 대해 사법부가 개입하는 것은 득보다 실이 클 수 있다. 사법심사의 대상에서 제외되는 통치행위는 그것이 국민의 기본권을 침해하지 않는 한 긍정될 수밖에 없다.

㉢ 한 계 사법심사의 대상에서 제외되는 통치행위를 긍정하더라도 통치행위는 지극히 제한적으로만 허용되어야 한다. 통치행위라 해서 헌법의 기본원리나 기본가치로부터 자유로울 수 없기 때문이다. 통치행위에 해당되면 사법심사가 면제되지만 어떤 행위가 통치행위에 해당하는지 여부는 사법심사의 대상이 되며, 또 통치행위에 해당된다 하여도 그것이 국민의 기본권을 침해하는 경우에는 사법심사의 대상에서 제외될 수 없다. 통치행위에 해당되는 경우에도 통치행위의 결과가 면책되는 것은 아니며, 통치행위를 한 자의 책임만 면제될 뿐이다.

② 국회의 자율권 국회의 자율에 속하는 사항은 국회의 자율성과 독자성을 보장하는 권력분립적 측면에서 법원의 심사대상에서 제외되는 것이 바람직하다. 의사의 유효 여부, 의결정족수의 충족 여부, 의원에 대한 자격심사나 징계의 정당성 등은 국회가 자율적으로 그리고 최종적으로 판단할 문제이므로 사법권이 개입하는 것은 적절하지 않다. 헌법은 의원의 자격심사와 징계처분 및 제명처분에 대해서는

법원에 제소할 수 없도록 하고 있다(§64④). 특히 입법과정의 하자 여부가 사법심사의 대상이 될 수 있는가가 문제된다. 사법심사의 대상이 되지 않는다는 부정설과 입법과정의 하자는 국회의 자율권 범위 내에 속하는 것으로 국회가 판단할 사항이지만, 입법과정에 명백하고 현저한 의사절차적 잘못이 있고 국회의 의사결정에 직접적인 영향을 준 경우에는 헌법재판에 의한 심사가 가능하다는 제한긍정설로 나누인다. 제한긍정설이 타당하지만, 가능한 한 사법심사의 대상에서 제외시키는 것이 바람직하다.

㈑ 사법본질적 한계

법원의 판단을 받기 위해서는 구체적 법률분쟁을 전제로(구체적 사건성), 분쟁에 관한 법적 이해관계자의 소제기를 통해(당사자적격성), 분쟁해결을 통해 얻을 수 있는 이익이 존재하고(소의 이익), 법원의 판단을 받을 만큼 무르익은 경우(사건의 성숙성)이어야 한다. 이는 사법의 본질에서 나오는 한계이다.

Ⅲ. 사법권의 독립

1. 의 의

(1) 사법권독립의 개념

사법권의 독립이란 사법부가 입법부나 행정부로부터 간섭받지 않고 독자적으로 재판하며 자율적으로 법원을 운영할 수 있는 헌법원리를 말한다.

(2) 사법권독립의 연혁과 발전

사법권이 국가권력으로부터 분리되어 고찰된 것은 Montesquieu의 법의 정신에서 처음으로 나타났고, 사법권독립의 정신이 중립적 권력인 법원의 독립으로 처음으로 제도화된 것은 1789년 프랑스 인권선언이며, 이후 다수의 헌법들이 근대 입헌주의 헌법의 기본원리로 채택하였다.

2. 법원의 독립

(1) 의회로부터의 독립

㈎ 상호독립

법원의 독립은 먼저 의회로부터의 독립을 말한다. 법원이 의회로부터 독립을 확보하기 위해서는 법원과 의회는 조직과 구성 및 운영에 있어 상호 독립적이어야 한다. 따라서 양자의 구성원간 겸직은 허용되지 않는다. 한편 의회는 법률에 의해서만 법원의 조직과 구성에 관여할 수 있다. 의회가 법률로써 사법부의 조직과 구성 그리고 운영에 관여하는 것은 민주적 통제로서 법치주의의 당연한 결과이며, 사법의 입법에의 종속을 의미하는 것은 아니다. 의회는 사법의 본질적 부분에 대하여 간섭할 수 없다. 법률로 재판과정에 개입할 수 없고 재판의 내용을 담은 법률을 제정할 수 없다. 한편 헌법(§108)은 대법원에 규칙제정권을 부여하고 있다. 이는 독자적인 입법을 통해 법원의 독립을 확보하여 주며, 의회의 법률에 의한 부당한 관여로부터 법원을 보호하기 위함이다.

(나) 상호견제

입법부는 국정감사 및 조사(§61), 대법원장 및 대법관 임명에 대한 동의(§104), 법원예산에 대한 심의(§54), 법관에 대한 탄핵소추(§65)를 통해 사법부를 견제한다. 이는 헌법기관 간의 견제와 균형을 이루기 위한 권력분립의 당연한 요청으로 사법권독립에 대한 침해가 될 수 없다. 반면 사법부는 위헌법률심판제청(§107①), 규칙에 대한 위헌·위법심사권(§107②)을 통해 입법부를 견제하고 있다.

(2) 정부로부터의 독립

(가) 상호독립

법원은 정부로부터 독립되어야 하며, 법원의 정부로부터의 독립은 사법권 독립의 가장 중요한 내용을 이룬다. 법원과 정부는 조직과 구성 및 운영에 있어서 상호 독립적이어야 한다. 법관과 정부구성원 간의 겸직이 금지된다. 한편 법원의 조직과 구성은 법률로 하는데 이는 법원의 조직과 구성에 정부가 간섭하지 못하게 하기 위함이다. 정부는 재판권행사 및 법관의 인사에 관하여 어떠한 지시나 명령을 할 수 없으며, 법원 또한 정부의 행정에 관여할 수 없다.

(나) 상호견제

정부는 법원의 예산편성권(§54)을 가지며 대법원장이나 대법관 임명권(§104), 사면권(§79)을 행사함으로써 사법부를 견제한다. 이는 헌법기관 간의 견제와 균형을 이루기 위한 권력분립의 당연한 요청으로 사법권독립에 대한 침해가 될 수 없다. 반면 사법부는 명령이나 규칙에 대한 위헌·위법심사권과 처분에 대한 행정재판을 통해(§107②) 정부를 견제하고 있다.

(3) 사회로부터의 독립

법원은 정당, 언론, 압력단체, 시민단체 등 사회 제 세력에 대해서도 독립적이어야 한다. 수많은 단체들은 자기와 이해관계 있는 재판을 유리하게 이끌기 위해 다양한 방법으로 사법권독립을 직접·간접으로 위협하고 있으며 이러한 사례는 점차 늘어나는 추세에 있다. 더 나아가 사법권의 독립은 여론, 데모 등 힘의 행사에 의해서도 훼손되고 있다. 재판자체에 간섭하거나 재판에 영향을 미칠 목적으로 특정 법관에 대한 직접적인 위협은 어떠한 사유로도 허락될 수 없다.

3. 법관의 독립

(1) 법관의 직무상 독립(물적 독립)

(가) 직무상 독립의 의의

법관의 직무상 독립이란 법관이 재판함에 있어 누구의 지시나 명령에도 구속받지 않는 판결의 자유를 말하며(§ 103), 물적 독립이라고도 한다. 법관의 직무상 독립이야말로 사법권 독립의 가장 본질적 내용에 해당된다.

(나) 헌법과 법률 그리고 양심에의 구속

① 헌법과 법률에의 구속 　법관은 재판에 있어 헌법과 법률에 구속된다. 이는 법에 따른 사법을 요구하는 법치주의원리의 당연한 요청의 결과이다. 여기서 헌법이란 성문헌법은 물론 불문의 관습헌법을 포함한다. 또 법률은 민사나 행정재판을 제외한 형사재판의 경우 형식적 의미의 법률을 말하며, 절차법에 관한 한 모든 재판에서 형식적 의미의 법률을 말한다. 법률의 효력을 지닌 긴급명령이나 조약 그리고 소송절차에 관한 대법원규칙은 이에 대한 예외로써 법관은 이에 구속된다.

② 양심에의 구속 　법관은 양심에 따라 재판하여야 한다. 양심이란 개인적이고 주관적인 윤리적 확신을 말하나(§ 19), 재판에서 따라야 할 양심은 법관 개인의 인간적인 양심이 아니라 법관이라는 직업에 요구되는 직업수행상의 양심을 말한다. 즉 공정성과 합리성이 요구되는 양심을 말한다.

(다) 타 국가기관 특히 상급법원으로부터의 독립

법관은 재판함에 있어 정부나 국회의 지시나 감독 그리고 기타의 간섭을 받지 않는다. 상급법원이나 소속 법원장도 구체적 사건에 대해서 법관에게 지시 또는 명령할 수 없다. 또한 합의재판의 경우 법관은 재판의 결론을 형성함에 있어 재판장이나 다른 법관의 지시에 따르지 않는다. 다만 합의결과 자신의 의견과 다른 결론이 도출되어도 이를 간섭으로 볼 수 없다. 법원조직법 제 8 조(상급법원의 재판에 있어서의 판단은 당해사건에 관하여 하급심을 기속한다)가 문제된다. 이 규정은 하급법원이 상급법원의 지시에 따라 재판을 해야 한다는 것이 아니라, 파기환송의 경우 하급법원이 상급법원의 법적 판단에 기속된다는 것을 의미할 뿐이다. 이는 계층적 상소제도를 인정하고 있는 이상 불가피한 일이다.

(2) **법관의 신분상 독립**(인적 독립)

(가) 신분상 독립의 의의

법관의 신분상 독립이란 재판을 담당하는 법관의 자격, 임기, 신분을 보장하는 것을 말하며, 인적 독립이라고도 한다. 이러한 보장은 법관의 직무상 독립을 실현하기 위함이다. 재판상 독립과 판결의 자유가 확보되기 위해서는 법관에 대한 강력한 신분보장이 선행되어야 한다. 헌법은 공정한 재판을 실현하고 국민의 재판청구권을 보장하기 위해 법관의 신분을 일반 공무원과 별도로 특별히 가중하여 보장하고 있다.

(나) 법관인사의 독립

법관의 독립성을 확보하기 위해서는 법관의 임용, 임기, 보직 등 법관인사가 객관적이고 공정하게 이루어져야 한다. 법관인사가 객관성과 공정성을 지니려면, 법관인사가 법원의 자율적 결정으로 또 객관적 기준에 의해 이루어져야 한다. 대법원장은 법관에 대한 공정한 평정기준을 마련하며, 법관에 대해 평정을 실시하고 그 결과를 연임, 보직 및 전보 등의 인사관리에 반영한다(법조법 §44의2). 헌법(§104③)은 법관의 공정한 인사를 위해 대법원장은 법관인사위원회의 심의를 거쳐(법조법 §41③) 대법관회의의 동의를 얻어 법관을 임명하도록 하고 있다. 반면 법관에 대한 보직은 대법원장이 단독으로 행한다(법조법 §44①).

(다) 법관의 자격

법관의 신분상 독립을 확보하기 위해 법관의 자격은 법률로 정한다(§101②). 이는 법관의 자격을 의회가 정하도록 함으로써 행정부로부터 법관의 신분을 보장하고 법관의 독립을 유지하기 위함이다. 대법원장, 대법관, 법관의 자격에 일정기간의 법조경력이 요구된다. 대법원장과 대법관은 20년 이상, 판사·검사·변호사직에 있던 자, 또는 변호사의 자격이 있는 자로서 공인된 대학의 법률학 조교수이상의 직에 있던 자로서 45세 이상의 자중에서 임용한다. 판사는 판사는 10년 이상, 판사·검사·변호사직에 있던 자 또는 변호사자격이 자격이 있는 자로서 법률학 조교수 이상의 직에 있던 자 중에서 임용한다(법조법 §42②).

(라) 법관의 임기제와 정년제

법관의 임기제는 법관의 인적독립의 중요한 내용이 된다. 임기제는 임기 동안 신분이 보장되나 임기종료로 신분이 박탈되므로 운영 여하에 따라서는 법관의 신분보장에 부정적으로 나타날 수 있다. 한편 법관의 정년제란 법관이 일정 연령에 달하면 당연히 퇴직하는 제도를 말한다. 정년제는 법원의 노화를 방지하고 신진대사를 촉진하며, 법관의 보수화와 관료화를 방지할 수 있다는 데 그 의의가 있다 반면 미국의 종신제는 임기제 및 정년제의 장단점을 반대로 생각하면 된다.

대법원장과 대법관은 임기가 6년이다(§105). 대법원장은 중임할 수 없으나 대법관은 법률이 정하는 바에 의하여 연임할 수 있다. 일반 법관의 임기는 10년으로 법률이 정하는 바에 의하여 연임할 수 있다(§105③). 대법원장 및 대법관의 정년은 70세, 판사의 정년은 65세로 한다(법조법 §45).

(마) 법관의 연임제

법관의 연임제란 법관의 임기가 만료되어 당연퇴직하는 법관이 계속하여 법관으로 임명되는 것을 말한다. 연임제는 임기제와 연결되어 있다. 법관임기제와 종신제는 일종의 선택사항에 해당되지만 임기제를 채택하는 경우 연임은 법관에게 특별한 결격사유가 없는 한 반드시 보장되어야 한다. 법관의 연임은 법관의 전문성과 숙련성을 확보하기 위한 제도인데, 연임제도는 법권의 신분을 보장하는 방향으로 운영되어야 하며 신분을 위협하는 수단이 되어서는 안 된다. 법관은 법률이 정하는 바에 따라 연임된다(§105③).

(바) 법관의 신분보장

① 파면과 징계로부터의 보장 법관은 탄핵 또는 금고 이상의 형의 선고에 의하지 아니하고는 파면되지 아니한다(§106). 판사가 직무상의 의무를 소홀히 하였다 하여 징계처분에 의해 파면될 수 없다. 또한 법관은 법관징계위원회의 징계처분에 의하지 아니하고는 정직·감봉 또는 불리한 처분을 받지 아니한다(§106①). 법관의 징계에는 견책·감봉·정직이 있는데, 법관의 징계에 관한 사항은 법률(법관징계법)로 정한다. 법관에 대한 징계는 대법원장이 법관징계위원회의 결정에 따라 징계처

분을 하고 이를 집행한다(징계법 § 4, § 26). 징계처분에 대하여 불복하고자 하는 경우에는 대법원에 징계처분의 취소를 청구하여야 하며, 대법원은 징계처분취소청구사건을 단심으로 재판한다(징계법 § 27).

② 부당한 퇴직으로부터의 보장 법관이 중대한 심신상의 장해로 직무를 수행할 수 없을 때에는 법률이 정하는 바에 의하여 퇴직하게 할 수 있다(§ 106②). 중대한 심신상의 장해가 있고 또 그로 인해 직무를 수행할 수 없는 경우라야 한다. 대법관의 경우에는 대법원장의 제청으로 대통령이, 판사인 경우에는 대법원장이 퇴직을 명할 수 있다(법조법 § 47).

(사) 법관의 겸직금지와 정치적 중립성

법관은 국회의원이나 지방의회의원직을 겸할 수 없으며 행정부의 공무원직도 겸할 수 없다. 이는 법원의 정치적 중립성을 유지하고 재판의 독립을 확보하기 위함이다. 또한 법관은 정치운동에 관여할 수 없고, 대법원장의 허가 없이 보수있는 직무에 종사할 수 없으며, 금전상의 이익을 목적으로 하는 업무에 종사할 수 없다(법조법 § 49).

제 2 항 법원의 지위와 권한

Ⅰ. 대법원의 헌법상 지위

1. 최고 사법기관으로서의 지위

사법에 관한 권한은 법원에 속하며(§ 101①), 법원은 최고법원인 대법원과 각급법원으로 구성된다(§ 101②). 최고법원인 대법원은 사법권을 최종적으로 행사한다. 최고법원으로서의 대법원의 지위는 군사법원과 같은 특별법원에 대하여도 인정된다(§ 110②). 대법원은 헌법재판을 제외한 나머지 모든 재판에 대한 최고 사법기관의 지위를 가진다.

2. 중립적 기관으로서의 지위

사법부는 제 3 의 권력으로서 정당국가적 경향으로부터 초월하여야 한다. 따라서 사법은 정치에 개입할 수 없으며, 정치로부터 독립적이어야 한다. 헌법은 법원의 중립적 기관의 지위를 보장하기 위해 사법권의 독립과(§ 101) 법관의 직무상 독립을 규정하고 있다(§ 103).

3. 헌법수호기관으로서의 지위

대법원은 의회의 자의적인 입법으로부터, 또 행정부의 불편부당한 권한행사로부터 헌법을 수호하는 기능을 담당한다. 미 연방대법원이나 일본의 최고재판소는 법률의 위헌심사를 통해 자의적인 입법으로부터 헌법을 수호하는 기능을 담당하나, 우리 헌법은 법률의 위헌 여부의 판단권을 헌법재판소에 부여하고 있어 대법원의 헌법수호기관으로서의 지위는 미국이나 일본의 그것과 차이가 있다.

4. 최고 사법행정기관으로서의 지위

대법원은 최고 사법행정기관으로서의 지위를 가진다. 대법원장은 대법원의 일반사무를 관장하며(법조법 § 13), 대법원의 사법행정을 담당하기 위해 법원행정처를 두고(법조법 § 19), 각급 법원에는 사무국을 둔다. 사법행정사무를 처리하기 위해 대법관회의를 두는데, 판사의 임명 동의, 대법원규칙의 제정·개정 등 법원조직법 제17조에 규정한 사법행정사무를 의결한다.

Ⅱ. 법원의 조직과 구성

1. 대 법 원

(1) 대법원의 지위의 변천

건국 헌법은 법원과 별도로 헌법위원회를 두어 법률의 위헌심사를 담당하게 함으로써 이원적 사법구조를 취하였고, 제 2 공화국 헌법 역시 헌법재판소를 둠으로써 이원적 사법구조형태를 취하였다. 반면 제 3 공화국 헌법은 법률의 위헌 여부를 법원이 담당하게 함으로써 미국식 일원적 사법구조를 취하였다. 당시 대법원은 우리 헌정사상 가장 강력한 지위와 권한을 지녔다. 1972년 유신헌법은 제 3 공화국 헌법말기 대법원이 국가배상법을 위헌으로 결정한 사건을 계기로 위헌법률심판권을 대법원에서 헌법위원회로 이관하였고, 이후 제 5 공화국 헌법이 종료될 때까지 약 15

년간 헌법위원회는 단 한건의 위헌결정을 행한 바 없는, 좀 더 정확하게는 대법원이 단 한 건의 위헌제청도 하지 않았던, 헌법재판의 암흑시대를 거쳐야 했다. 제 4 공화국 헌법 이래 지금까지 이원적 사법구조형태를 취하여 왔다.

(2) 대법원의 조직과 관할

(가) 대법원의 구성

대법원은 대법원장과 대법관으로 구성되며, 법률이 정하는 바에 따라 대법관이 아닌 법관을 둘 수 있다(§102②). 대법관의 수는 대법원장을 포함하여 14인이다(법조법 §4). 사법부독립을 위하여 대법관의 수는 헌법에 규정됨이 바람직하다. 한편 대법원을 구성함에는 민주성의 충족이 강하게 요구된다. 이 점에서 법원구성에 독립성 확보가 강조되는 일반법원과 차이가 있다. 헌법은 대법원장과 대법관 임명에 국회의 동의를 얻도록 하여 최고법원구성에 민주적 정당성을 확보하고 있다. 대법원은 서울특별시에 둔다(법조법 §12). 대법원에는 재판업무를 담당하기 위해 대법관 전원의 3분의 2 이상으로 구성되고 대법원장이 재판장이 되는 대법원전원합의체를 두며(법조법 §7①), 3인 이상의 대법관으로 구성된 부를 둘 수 있다(§102①).

부에는 일반부와 특정부가 있다. 일반부에는 민사·형사부가, 특정부에는 행정·조세·노동·군사·특허 등을 담당하는 부가 있다(법조법 §7②). 일반부는 재판의 효율성을 제고하기 위한 것이며, 특정부는 재판의 전문성을 제고하기 위함이다. 한편 사법행정사무를 관장하기 위하여 대법원에 법원행정처를 둔다(법조법 §19).

(나) 대법원장

① 대법원장의 지위　　대법원장은 대법원의 장으로서 법원을 대표하며, 대법관회의의 의장이 되고(법조법 §16①), 대법원전원합의체의 재판장의 지위를 가진다(법조법 §7①). 대법원장 유고시에는 선임대법관이 그 권한을 대행한다(법조법 §13③). 대법원장은 20년 이상의 법조경력을 가진 자로서 만 45세 이상이어야 한다(법조법 §42). 대법원장은 국회의 동의를 얻어 대통령이 임명하며(§104), 임기는 6년으로 중임할 수 없다(§105①). 대법원장의 정년은 70세이다(법조법 §45④).

② 대법원장의 권한　　대법원장은 ㉠ 법원을 대표하며, ㉡ 대법관임명에 제청권을 가지며(§104②), ㉢ 각급 판사에 대한 임명권(§104③)과 보직권(법조법 §44①)을 가지며, ㉣ 헌법재판소의 3인의 재판관(§111③)과 중앙선거관리위원회의 3인의 위원의 지명권을 가지며(§114②), ㉤ 법원공무원의 임명권(법조법 §53)과 사법행정

사무를 총괄할 권한을 가지며(법조법 §13②), ⓑ 법원의 조직, 인사 등 법원업무에 관한 법률의 제정 및 개정에 대한 서면의견제출권(법조법 §9③)을 가진다. 또한 대법원장은 다른 국가기관으로부터 법관의 파견근무요청이 있을 경우 업무의 성질상 법관을 파견하는 것이 타당하다고 인정될 경우에는 당해 법관의 동의를 얻어 파견을 허가할 수 있다(법조법 §50). 대법원장은 대법관 중에서 법원행정처장을 임명한다(법조법 §68①).

(다) 대 법 관

① 대법관의 지위　대법관은 대법원의 구성원이며, 대법관회의의 구성원으로서 소관사항에 관한 의결권을 가진다. 대법원을 구성하는 법관을, 제 1·2 공화국 헌법은 대법관으로, 제 3 공화국 헌법은 대법원판사로, 제 4 공화국 헌법은 대법원의 법관으로, 제 5 공화국 헌법은 대법원판사로 불렀다. 대법관은 20년 이상의 법조경력을 가진 자로서 45세 이상이어야 한다. 대법원장의 제청으로 국회의 동의를 얻어 대통령이 임명한다(§104②). 임기는 6년으로 연임할 수 있다(§105②). 대법관의 정년은 70세이다(법조법 §45④).

② 대법관의 권한　대법관은 대법원의 재판부의 부장이나 또는 배석으로서 심판권을 가진다(법조법 §7). 대법원재판서에는 합의에 관여한 모든 대법관의 의견을 표시하여야 한다(법조법 §15). 대법관은 대법관회의의 구성원으로서 대법관회의의 권한사항에 대한 의결권을 갖는다(법조법 §17).

(라) 대법관회의

대법원에는 대법관 전원으로 구성되는 대법관회의를 두는데, 대법원장이 의장이 된다(법조법 §16①). 대법관회의는 대법관 3분의 2 이상의 출석과 출석 대법관 과반수의 찬성으로 의결한다(법조법 §16②). 가부동수일 때에는 의장이 결정권을 갖는다(법조법 §16③). 대법관회의는 ㉠ 판사의 임명에 대한 동의, ㉡ 대법원규칙의 제정과 개정, ㉢ 판례의 수집·간행, ㉣ 예산의 요구, 예비금지출 및 결산, ㉤ 대법원장이 부의하는 사항에 대하여 의결한다(법조법 §17).

(마) 부속기관

대법원에는 각종 부속기관이 있다. 부속기관으로는 판사와 사법연수생의 수습에 관한 사무를 관장하기 위하여 사법연수원(법조법 §20), 법원직원 등의 연수와 양성에 관한 사무를 관장하는 법원공무원교육원(법조법 §22), 대법원장의 자문기관인 사법정책자문위원회(법조법 §25), 양형정책을 연구·심의하는 양형위원회(법조법 §81의2) 등이 있다.

2. 고등법원

(1) 고등법원의 구성

고등법원은 판사인 고등법원장과 판사로 구성된다(법조법 §26). 고등법원장과 고등법원의 부장판사는 15년 이상의 법조경력이 요구된다(법조법 §44②). 고등법원에는 부를 두며, 부에 부장을 둔다(법조법 §27). 고등법원장이 궐위 또는 사고로 직무를 수행할 수 없을 때에는 수석부장판사, 선임부장판사의 순으로 그 권한을 대행한다(법조법 §26④). 재판은 판사 3인으로 구성되는 합의부에서 행한다(법조법 §7③). 부장판사는 해당 합의부의 재판장이 된다. 재판업무의 수행상 필요한 경우 대법원규칙으로 정하는 바에 따라 고등법원의 부로 하여금 그 관할구역 안의 지방법원 소재지에서 사무를 처리하게 할 수 있다(법조법 §27④).

(2) 고등법원의 관할

고등법원은 ㉠ 지방법원합의부·가정법원합의부 또는 행정법원의 제1심 판결·심판·결정·명령에 대한 항소 또는 항고사건, ㉡ 지방법원단독판사·가정법원단독판사의 제1심 판결·심판·결정·명령에 대한 항소 또는 항고사건으로서 형사사건을 제외한 사건 중 대법원규칙으로 정하는 사건, ㉢ 다른 법률에 의하여 고등법원의 권한에 속하는 사건을 심판한다(법조법 §28).

3. 특허법원

(1) 특허법원의 구성

특허법원은 판사인 특허법원장과 판사로 구성된다(법조법 §28의2). 특허법원에는 부를 두며, 부장을 두되 판사로 보한다(법조법 §28의3). 특허법원의 원장과 특허법원의 부장판사는 15년 이상의 법조경력이 요구된다. 특허법원장의 유고시에는 수석부장판사, 선임부장판사의 순으로 그 권한을 대행한다. 재판은 판사 3인으로 구성되는 합의부에서 행한다(법조법 §7③). 부장판사는 해당 합의부의 재판장이 된다. 특허법원에 기술심리관을 둔다(법조법 §54의2).

(2) 특허법원의 관할

특허법원은 ㉠ 특허법 제186조 제1항, 실용신안법 제33조, 디자인보호법 제75조 및 상표법 제86조 제2항이 정하는 제1심사건, ㉡ 다른 법률에 의하여 특허법원의 권한에 속하는 사건을 심판한다(법조법 §28의4). 특허심판절차는 특허심판원, 특허법원, 대법원으로 진행된다.

4. 지방법원

(1) 지방법원의 구성

지방법원은 판사인 지방법원장과 판사로 구성된다(법조법 §29). 지방법원에 지원을 둘 수 있다. 지방법원에 부를 두며(법조법 §30), 지방법원 지원에 부를 둘 수 있다(법조법 §31⑤). 지방법원장은 15년 이상의 법조경력이 요구된다. 지방법원장은 그 법원과 소속 지원, 시·군법원 및 등기소의 사법행정사무를 관장하며, 소속 공무원을 지휘·감독한다(법조법 §29③). 지방법원장의 유고시에는 수석부장판사, 선임부장판사의 순으로 그 권한을 대행한다.

(2) 지방법원의 관할

지방법원의 합의부는 ㉠ 합의부에서 심판할 것으로 합의부가 결정한 사건, ㉡ 민사사건에 관하여는 대법원규칙으로 정하는 사건, ㉢ 형사사건에 관하여는 사형·무기·단기 1년 이상의 징역 또는 금고에 해당하는 사건과 이와 동시에 심판할 공범사건, ㉣ 판사에 대한 제척·기피사건 등을 심판한다. 또한 지방법원본원합의부 및 춘천지방법원 강릉지원합의부는 지방법원단독판사의 판결·결정·명령에 대한 항소 또는 항고사건 중 법원조직법 제28조 제2호에 해당하지 아니하는 사건을 제2심으로 심판한다(법조법 §32②).

(3) 시·군 법원

대법원장은 지방법원 또는 그 지원 소속판사 중에서 그 관할구역 안에 위치한 시·군법원의 판사를 지명하여 시·군법원의 관할사건을 심판하게 한다(법조법 §33). 시·군법원의 판사는 소속 지방법원장 또는 지원장의 지휘를 받아 시·군법원의 사법행정사무를 관장하며, 그 소속직원을 지휘·감독한다. 다만, 가사사건에 관하여는 그 지역을 관할하는 가정법원장 또는 그 지원장의 지휘를 받는다. 시·군법원은 ㉠ 소액사건심판법의 적용을 받는 민사사건, ㉡ 화해·독촉 및 조정에 관한 사건, ㉢ 20

만원 이하의 벌금 또는 구류나 과료에 처할 범죄사건, ㉣ '가족관계의 등록 등에 관한 법률' 제75조에 의한 협의상 이혼의 확인 등을 심판한다(법조법 §34).

5. 가정법원

(1) 가정법원의 구성

가정법원은 판사인 가정법원장과 판사로 구성된다(법조법 §37). 가정법원에 지원을 둘 수 있다(법조법 §39). 가정법원에 부를 두며(법조법 §38), 가정법원 지원에 부를 둘 수 있다(법조법 §39③). 가정법원장은 15년 이상의 법조경력이 요구된다. 가정법원장은 그 법원과 소속 지원, 시·군법원 및 등기소의 사법행정사무를 관장하며, 소속 공무원을 지휘·감독한다(법조법 §29③). 가정지원은 가정법원이 설치되지 아니한 지역에서 가정법원의 권한에 속하는 사항을 관할한다(법조법 §31의2). 다만, 가정법원단독판사의 판결·심판·결정·명령에 대한 항소 또는 항고사건에 관한 심판에 해당하는 사항은 제외한다.

(2) 가정법원의 관할

가정법원 및 가정법원지원의 합의부는 ㉠ 가사소송법에서 정한 가사소송과 마류 가사비송사건 중 대법원규칙으로 정하는 사건, ㉡ 가정법원판사에 대한 제척·기피사건, ㉢ 다른 법률에 의하여 가정법원합의부의 권한에 속하는 사건 등을 제 1 심으로 심판한다(법조법 §40①). 또한 가정법원본원합의부 및 춘천가정법원 강릉지원의 가정법원지원합의부는 가정법원단독판사의 판결·심판·결정·명령에 대한 항소 또는 항고사건 중 법원조직법 제28조 제 2 호에 해당하지 아니하는 사건을 제 2 심으로 심판한다(법조법 §40②).

6. 행정법원

(1) 행정법원의 구성

행정법원은 판사인 행정법원장과 판사로 구성된다(법조법 §40의2). 행정법원에 부를 두며(법조법 §40의3), 부에 부장판사를 둔다. 행정법원의 심판권은 판사 3인으로 구성된 합의부에서 이를 행한다. 다만, 행정법원에 있어서 단독판사가 심판할 것으로 행정법원 합의부가 결정한 사건의 심판권은 단독판사가 이를 행한다(법조법 §7③). 행정법원장은 15년 이상의 법조경력이 요구된다. 행정법원장은 그 법원의 사법행정사무를 관장하며, 소속 공무원을 지휘·감독한다(법조법 §40의2③). 행정법원장의 유고시에는 수석부장판사, 선임부장판사의 순으로 그 권한을 대행한다.

(2) 행정법원의 관할

행정법원은 행정소송법에서 정한 행정사건과 다른 법률에 의하여 행정법원의 권한에 속하는 사건을 제1심으로 심판한다(법조법 §40의4). 행정소송은 행정법원, 고등법원, 대법원으로 절차가 진행된다. 전심절차로서 행정심판은 임의적 절차이다.

7. 회생법원

(1) 회생법원의 구성

2016. 12. 도산사건을 전문적으로 처리하는 도산전문법원인 회생법원이 만들어졌다. 회생법원은 판사인 회생법원장과 판사로 구성된다(법조법 §40의5). 회생법원에 부를 두며, 부에 부장판사를 둔다(법조법 §40의6). 회생법원장은 그 법원의 사법행정사무를 관장하며, 소속 공무원을 지휘·감독한다(법조법 §40의5). 회생법원장이 궐위되거나 부득이한 사유로 직무를 수행할 수 없을 때에는 수석부장판사, 선임부장판사의 순서로 그 권한을 대행한다(법조법 §40의5).

(2) 회생법원의 관할

회생법원의 합의부는 '채무자 회생 및 파산에 관한 법률'에 따라 회생법원 합의부의 권한에 속하는 사건 등을 제1심으로 심판한다(법조법 §40의7). 회생법원 합의부는 회생법원단독판사의 판결·결정·명령에 대한 항소 또는 항고사건을 제2심으로 심판한다.

8. 군사법원

헌법 제110조는 '군사재판을 관할하기 위하여 특별법원으로서 군사법원을 둘 수 있다'고 하여 특별법원으로서 군사법원을 규정하고 있다.

(1) 특별법원으로서 군사법원

(가) 일반법원

사법권은 법관으로 구성된 법원에 속하며(§101①), 법원은 최고법원인 대법원과 각급법원으로 조직되므로(§101②), 법원의 재판은 법관에 의해 이루어지고 대법원을 최종심으로 할 것이 요구된다. 법관에 의한 재판과 대법원에 대한 상고의 두

가지 조건은 모든 법원(일반법원)에 요구된다.

(나) 특별법원

일반법원에 요구되는 두 가지 조건 중 하나라도 충족하지 못한 법원(예외법원)은 헌법이 그 예외를 인정할 때에만 허용될 수 있다. 이 예외법원이 특별법원이다. 군사법원은 헌법이 허용하고 있는 특별법원에 해당된다. 반면 특별법원과 구별되어야 할 것으로 특수법원이 있다. 특수법원이란 일반법원의 두 가지 요건 모두를 충족하고 있지만 한정된 대상만을 심판의 대상으로 담당하는 법원을 말한다. 가정법원, 특허법원, 행정법원이 그것이다. 아직 우리나라에는 그 예가 없지만 조세법원, 교통법원, 노동법원들이 대표적 특수법원의 예가 된다. 특수법원은 법률로써 창설할 수 있고 다양한 특수법원의 도입이 요망된다.

(2) 군사법원의 조직

군사법원은 보통군사법원과 고등군사법원으로 구성된다. 군사법원의 조직·권한 및 재판관의 자격은 법률로 정한다(§110③). 대법원은 군법무관회의의 의결을 거쳐 군사법원의 내부규율과 사무처리에 관한 군사법원규칙을 정한다(군사법원법 §4). 군사법원의 조직에 관하여 필요한 사항은 대통령령으로 정한다(군사법원법 §6).

(가) 보통군사법원

보통군사법원은 재판관 1명 또는 3명으로 구성한다(군사법원법 §22①). 보통군사법원에서는 군판사 2명과 심판관 1명을 재판관으로 한다. 다만, 약식절차에서는 군판사 1명을 재판관으로 한다(군사법원법 §26). 관할관은 군판사인 재판관 중 1명을 주심군판사로 지정한다(군사법원법 §26②).

(나) 고등군사법원

고등군사법원은 재판관 3명 또는 5명으로 구성한다(군사법원법 §22②). 고등군사법원에서는 군판사 3명을 재판관으로 한다. 다만, 관할관이 지정한 사건의 경우 군판사 3명과 심판관 2명을 재판관으로 한다(군사법원법 §27). 관할관은 군판사인 재판관 중 1명을 주심군판사로 지정한다(군사법원법 §27②).

(3) 군사법원의 구성

(가) 군판사와 심판관

군사법원의 재판관은 군판사와 심판관으로 구성되며, 재판장은 선임재판관이 된다(군사법원법 § 22③). 군판사는 각군 참모총장이 소속 군법무관 중에서 임명함을 원칙으로 한다(군사법원법 § 23). 심판관은 법 소정의 요건을 충족한 장교 중에서 관할관이 임명한다(군사법원법 § 24). 재판관은 관할관이 지정한다(군사법원법 § 25). 군사법원의 재판관은 헌법과 법률에 의하여 그 양심에 따라 독립하여 심판한다(군사법원법 § 21).

(나) 관 할 관

군사법원에 관할관을 둔다(군사법원법 § 7). 보통군사법원의 관할관은 그 설치되는 부대와 지역의 사령관, 장 또는 책임지휘관으로 한다. 고등군사법원의 관할관은 국방부장관으로 한다(군사법원법 § 7②). 보통(고등)군사법원의 관할관은 그 군사법원의 행정사무를 관장한다(군사법원법 § 8①, ②).

(4) 군사법원의 관할

(가) 보통군사법원

보통군사법원은 ㉠ 군사법원이 설치되는 부대의 장의 직속부하와 직접 감독을 받는 사람이 피고인인 사건, ㉡ 군사법원이 설치되는 부대의 작전지역·관할지역 또는 경비지역에 있는 자군(自軍)부대에 속하는 사람과 그 부대의 장의 감독을 받는 사람이 피고인인 사건, ㉢ 군사법원이 설치되는 부대의 작전지역·관할지역 또는 경비지역에 현존하는 사람과 그 지역에서 죄를 범한 군형법 제 1 조에 해당하는 사람이 피고인인 사건을 심판한다(군사법원법 § 11①). 또한 국방부 또는 각군 본부의 보통군사법원은 군사법원법 제11조 제 1 항에도 불구하고 장관급 장교가 피고인인 사건과 그 밖의 중요 사건을 심판할 수 있다(군사법원법 § 11②).

(나) 고등군사법원

고등군사법원은 보통군사법원의 재판에 대한 항소사건, 항고사건 및 그 밖에 법률에 따라 고등군사법원의 권한에 속하는 사건에 대하여 심판한다(군사법원법 § 10).

Ⅲ. 법원의 권한

1. 재 판 권

법원은 구체적 법률분쟁에 대해 재판권을 가진다. 재판권은 법원의 고유권한이다.

(1) 민사재판

법원은 민사사건에 관한 재판권을 가지며, 사인간의 재산 및 신분상의 법적 분쟁을 해결하여 준다.

(2) 형사재판

법원은 형사사건에 대한 재판권을 가지며, 범죄를 인정하고 형벌을 과한다.

(3) 행정재판

법원은 행정사건에 대한 재판권을 가지며, 국가와 사인간의 법적 분쟁을 해결하여 준다. 행정법원이 1심으로 재판하고, 2심은 고등법원이 재판한다.

(4) 특허재판

법원은 특허사건에 대한 재판권을 가진다. 특허법원이 1심으로 재판하고 2심은 대법원이 재판한다.

(5) 선거재판

법원은 선거소송과 당선소송에 대한 재판권을 가진다.

(6) 회생재판

법원은 회생사건에 대한 재판권을 가진다.

2. 명령·규칙에 대한 심사권

(1) 명령·규칙 심사제도의 의의

명령·규칙 또는 처분이 헌법이나 법률에 위반되는 여부가 재판의 전제가 된 경우에는 대법원은 이를 최종적으로 심사할 권한을 가진다(§107②). 명령·규칙심사제도란 법원이 구체적 분쟁을 해결함에 있어 적용할 명령이나 규칙의 헌법이나 법률에 위반되는 여부를 심사하며, 위헌·위법으로 인정된 경우 명령이나 규칙의 적용을 배제하는 것을 말한다. 헌법은 법률의 위헌 여부에 대한 판단을 헌법재판소의 전속관할로 하면서(§107①), 명령·규칙의 위헌·위법 여부에 대한 심사는 법원의 관할로, 최종적으로 대법원의 관할로 하고 있다(§107②).

(2) 명령·규칙 심사권의 주체

심사권의 주체는 각급 법원 및 군사법원이다. 대법원은 최종적인 심사권을 가진다.

(3) 명령·규칙 심사권의 내용

(가) 명령·규칙 심사권의 요건

법원이 명령·규칙을 심사하기 위해서는 명령·규칙의 위헌·위법 여부가 재판의 전제가 되어야 한다. 재판의 전제란 명령·규칙의 위헌·위법 여부에 따라 당해사건을 담당한 법원이 다른 내용의 재판을 하게 됨을 말한다.

(나) 명령·규칙 심사의 기준

심사기준은 헌법과 법률이다.

(다) 명령·규칙 심사의 대상

명령이란 모든 법규명령을 의미한다. 또 규칙이란 국회규칙, 대법원규칙, 중앙선거관리위원회규칙, 헌법재판소규칙을 말하며, 지방자치단체의 자치규정(§117①)도 포함된다. 다만 행정규칙은 헌법 제107조 제 2 항의 규칙에 포함되지 않는다. 대법원 역시 명령 또는 규칙을 일반적 구속력을 지니는 법규명령 또는 규칙으로 보고 있다.

(4) 명령·규칙 심사의 절차

명령·규칙심사는 모든 법원이 할 수 있으나 최종적으로 대법원이 담당한다. 명령·규칙의 위헌·위법 여부의 심사는 대법원 전원합의체에서 하며, 명령·규칙에 대한 위헌·위법의 결정은 대법관 3분의 2 이상이 출석하고 출석 대법관 과반수 찬성으로(법조법 §7①) 한다.

(5) 위헌·위법한 명령·규칙의 효력

명령·규칙이 위헌·위법으로 인정된 경우 법원은 명령·규칙의 무효를 선언할 수 없으며, 당해사건에 적용을 거부할 수 있을 뿐이다. 이는 법원의 임무는 규범자체를 심사하는 것이 아니고 분쟁의 해결이 주된 목적이기 때문이다. 다만 대법원은 무효선언을 하고 있다.

3. 위헌법률심판의 제청권

(1) 제청권의 의의

헌법은 이원적 규범통제구조를 취하고 있다. 명령·규칙의 위헌·위법 여부에 관해서는 최종적 판단권을 대법원에게 부여하고 있는 반면, 법률의 위헌 여부에 관해서는 헌법재판소에 맡기고 있다. 법률의 위헌심사 여부에 관해서 법원은 심사권과 제청권을, 헌법재판소는 결정권을 가진다. 따라서 법원은 구체적 분쟁을 해결함에 있어 적용할 법률에 위헌의 의문이 있는 경우 헌법재판소에 제청하여 그 결정에 따라 재판하여야 한다.

(2) 제청권의 주체

모든 법원은 법률의 위헌 여부를 헌법재판소에 제청할 수 있다. 법원이란 사법행정상의 관청으로서의 법원이 아니라 재판기관을 의미하는 소송상의 의미의 법원을 말한다. 군사법원도 제청권을 가지며, 대법원도 법률의 위헌 여부에 의문이 제기된 경우 헌법재판소에 제청하여야 한다.

(3) 제청권의 법적 성격

(가) 문 제 점

법원은 법률에 대한 위헌여부심사권과 제청권을 가지고 있으나 위헌결정권을 갖고 있지 않다. 법원이 법률에 대한 위헌심사를 한 결과 위헌으로 여겨지면 헌법재판소에 위헌심판을 제청해야 하나, 만일 합헌으로 판단되면 위헌심판을 제청할 필요가 없고 당사자의 위헌심판의 제청신청을 기각하게 된다. 현행 헌법은 제 5 공화국 헌법(§108①)의 '법원이 법률이 헌법에 위반되는 것으로 인정할 때'의 규정이 없는데, 법원에게 합헌결정권을 인정할 수 있는가가 문제된다.

(나) 법원의 위헌심사권과 제청권

법원의 합헌결정을 긍정하는 입장은 법률의 효력에 관한 심사권은 법관의 고유권한이며, 헌법재판소법(§43, 4호)은 위헌제청서에 위헌이라고 해석되는 이유를 기재하도록 하고 있다는 것을 논거로 제시하고 있다. 반면 부정하는 입장은 현행 헌법이 구 헌법(§108①)의 '법률이 헌법에 위반되는 것으로 인정할 때'의 내용을 삭제하였고, 구 헌법 당시 대법원에게 위헌제청에 관한 실질심사권을 부여하였던 법률조항(헌법위원회법 §15②, 법원조직법 §7①, 4호)들이 폐지되었다는 점을 반대의 논거로 들고 있다.

생각건대, 법률의 최종적 위헌결정권이 헌법재판소에 주어져 있다 하더라도 법원은 구체적 사건에 적용할 법률의 위헌 여부를 판단할 수 있다고 보아야 한다. 법관의 재판은 헌법과 합헌적 법률에 따라 행해져야 하기 때문이다. 헌법재판소는 단순한 의심을 넘어 합리적인 위헌의 의심이 있으면 위헌여부심판을 제청하라는 취지로 판시하였는데, 정당하다.

(4) 위헌법률심판의 제청권의 요건과 대상

법률의 위헌 여부가 재판의 전제가 되어야 하며, 적용법률에 대한 위헌의 의문이 있어야 한다. 제청의 대상은 형식적 의미의 법률이다. 법률의 효력을 지니는 조약과 긴급명령 등도 대상이 된다.

(5) 위헌법률심판의 제청절차와 효과

제청은 당사자의 신청에 의한 결정 또는 법원이 직권으로 한다(헌재법 §41①). 위헌법률심판의 제청신청에 관한 법원의 결정에 대하여 항고할 수 없다(헌재법 §41④). 다만 기각된 경우에는 헌법재판소에 헌법소원을 제기할 수 있다(헌재법 §68②). 제청은 대법원을 경유하여야 하나 형식적 절차에 불과하다(헌재법 §41⑤). 대법원을 경유토록 한 것은 특정법률의 위헌제청이 있다는 사실을 알리는 것에 불과하며, 대법원은 불송부결정을 할 수 없다. 제청이 있을 때에는 당해사건은 법률에 대한 위헌 여부의 결정이 있을 때까지 정지된다(헌재법 §42①). 당사자 및 법무부장관은 법률의 위헌 여부에 대한 의견서를 제출할 수 있다(헌재법 §44).

4. 대법원의 규칙제정권

헌법 제108조는 '대법원은 법률에 저촉되지 않는 범위 안에서 소송에 관한 절차, 법원의 내부규율과 사무처리에 관한 규칙을 제정할 수 있다'고 하여 대법원에 규칙제정권을 보장하고 있다.

(1) 대법원규칙의 의의

대법원규칙이란 사법부 내부의 문제를 스스로 규율할 수 있도록 대법원에 의해 만들어진 법규범형식을 말한다. 사법의 독립성과 자주성을 확보하기 위해서는 법원 스스로가 자신의 업무영역내의 문제를 처리할 수 있어야 한다. 또한 재판업무뿐만 아니라 사법행정업무 역시 전문성을 지닌 법원으로 하여금 스스로 처리토록 하는 것이 바람직하다.

(2) 대법원규칙의 대상 및 범위

대법원규칙으로 규율할 대상은 소송에 관한 절차, 법원의 내부규율과 사무처리에 관한 사항이다. 먼저 소송에 관한 절차는 민사소송, 형사소송, 행정소송에서의 절차뿐만 아니라 조정, 비송사건, 강제집행 등에 관한 절차를 포함한다. 국민의 자유와 권리에 관한 사항은 법률로 정해져야 하므로 대법원규칙으로 정할 수 있는 사항은 법률에 저촉되지 않는 범위 안에서의 기술적이고 세부적 사항으로 한정된다.

(3) 대법원규칙의 제정절차와 효력

대법원규칙은 대법관회의의 의결사항이다(법조법 §17, 2호). '대법원규칙의 공포에 관한 규칙'(§6)에 따르면 대법원규칙은 특별한 규정이 없는 한 공포한 날로부터 20일을 경과함으로써 효력을 발생한다.

(4) 대법원규칙에 대한 통제

명령·규칙의 위헌·위법 여부가 재판의 전제가 된 경우 대법원이 최종적으로 판단하게 되나, 대법원규칙의 경우 이를 대법원이 심사하는 것은 일종의 자기재판이 되므로 대법원규칙에 대하여 대법원은 심판할 수 없다고 보아야 한다. 대법원규칙이 직접 기본권을 침해한 경우에는 헌법소원으로 다툴 수 있고, 이때에는 헌법재판소가 위헌 여부를 판단할 수 있다.

Ⅳ. 재판의 절차와 운영

1. 재판의 심급제도

(1) 심급제도의 의의

심급제도란 하나의 법적 분쟁에 대해 다른 단계의 법원으로 반복하여 판단케 할 경우 그 종류가 다른 법원 사이의 심판순서 체계나 제도를 말한다. 심급제도를 두는 것은 소송절차를 신중히 함으로써 공정한 재판을 확보하려는 데 그 목적이 있다. 심급제도는 재판의 적정과 재판의 신속이라는 상반된 목표를 조화시키는 것으로 한정된 사법자원(資源)의 적절한 분배의 문제로서, 입법자의 입법형성에 맡겨질 수밖에 없다.

(2) 원칙적 삼심제

헌법(§101②)은 '법원은 대법원과 각급법원으로 조직된다'고 하여 심급제도를 규정하고 있지만 반드시 3심제를 요구하고 있지 않다. 삼심제는 법원조직법이 법률적 차원에서 규정한 것에 불과하다. 따라서 법률로 심급제도를 폐지하는 것은 허락될 수 없으나 모든 재판이 3심제이어야 하는 것은 아니다. 민사, 형사, 행정, 군사재판은 3심제로 한다. 민형사사건 중 1심 합의부 사건은 지방법원 합의부→ 고등법원 →대법원 순으로 진행된다. 1심 단독사건의 경우 지방법원 단독부→지방법원본원 합의부→대법원 순으로 진행된다. 행정사건은 행정법원→고등법원→대법원 순으로, 군사사건은 보통군사법원→고등군사법원→대법원 순으로 진행된다.

(3) 이심제 및 단심제

특허재판은 이심제이다. 특허법원을 1심으로 대법원을 2심으로 한다. 또한 지방의회의원 및 기초단체장의 선거소송 역시 이심제이다. 고등법원을 1심으로 대법원을 2심으로 한다. 한편, 비상계엄하의 군사재판은 단심제이며(§110④), 대통령·국회의원·시도지사의 선거소송 및 낭선소송도 단심제(대법원관할)이다.

2. 재판의 공개제도

(1) 재판공개제도의 의의

재판공개제도란 재판의 심리와 판결을 일반국민에게 공개함을 말한다. 재판을 공개하는 것은 재판을 여론의 감시하에 두어 재판의 공정성을 확보하기 위함이다. 또한 소송당사자의 공개재판을 받을 권리를 실현하여 주며 이를 통해 재판에 대한 국민의 신뢰를 확보하는 데 그 의의가 주어져 있다. 재판공개제도는 건국헌법부터 시행되어 지금까지 헌법에 규정되었다.

(2) 재판공개제도의 내용

재판의 공개제도에 관해 헌법(§109)은 '재판의 심리와 판결은 공개한다'고 규정하고 있는데 그 의미를 살펴보면 다음과 같다.

(가) 심리와 판결

심리란 원고와 피고가 법관 앞에서 심문을 받으며 변론을 제기하는 것을 말한다. 공개되는 것은 심리이므로 심리결과 이루어지는 심판의 합의과정은 공개할 필요가 없다. 또한 공개대상이 되는 판결이란 대립당사자구조를 전제로 하여 법원이 내린 판단을 말한다. 따라서 대립당사자구조를 취하고 있지 않은 법원의 결정이나 재판장의 명령은 공개할 필요가 없다.

(나) 재 판

공개대상은 재판에 한하므로 재판이 아닌 비송사건은 공개되지 않는다. 따라서 민사, 형사, 행정, 특허, 선거소송절차에서는 재판공개제도가 적용되나 가사비송절차나 일반 비송절차에서는 공개원칙이 적용되지 않는다.

(다) 공판준비절차

공개대상이 되는 재판의 심리와 판결은 공판절차를 말하므로 공판준비절차는 공개의 대상이 되지 않는다. 형사소송에서 수명법관이 진행하는 공판준비기일은 공개한다(형소법 §266의7).

(라) 공 개

공개란 소송당사자와 이해관계인 및 기타 일반국민에게 재판과정에 대한 방청을 허용하는 것을 말한다. 일반인에게 방청을 허용한다고 하여 누구에게나 언제나 방청을 허용해야 하는 것은 아니다. 법원이 형사재판에 관하여 방청권을 발행하여 방청인의 수를 제한하는 것은 공개재판주의에 대한 위반으로 볼 수 없다.

(3) 재판공개제도의 예외

(가) 심리에 대한 비공개

재판공개제도가 재판을 공개하여 여론의 감시 하에 둠으로써 재판의 공정성과 국민의 신뢰를 확보함에 있지만 재판의 심리내용이 국가안보상 비밀로 부쳐져야 할 사항이거나 선량한 미풍양속에 해를 주는 경우까지 일반 국민에게 공개할 필요는 없다. 헌법은 재판공개를 원칙으로 하면서도, 심리의 경우 국가의 안전보장 또는 안녕질서를 방해하거나 선량한 풍속을 해할 염려가 있을 때에는 법원의 결정으로 공개하지 않을 수 있도록 하였다(§109 단서). 법원의 비공개결정은 비공개할 객관적 사유가 있는 경우에 한하여 허용된다. 심리에 대하여만 비공개가 허용되므로 판결은 반드시 공개하여야 한다.

(나) 소송당사자를 위한 비공개

헌법은 공익목적을 위한 비공개만을 규정하고 있으나 소송당사자의 이익을 위하여도 비공개할 수 있다고 보아야 한다. 먼저, 법원은 범죄로 인한 피해자를 증인으로 신문하는 경우 당해 피해자·법정대리인 또는 검사의 신청에 따라 피해자의 사생활의 비밀이나 신변보호를 위하여 필요하다고 인정하는 때에는 결정으로 심리를 공개하지 아니할 수 있다(형소법 §294의3). 그리고, 민사소송절차에서 영업비밀이 보호될 필요가 있는 경우에는 재판은 비공개로 진행되어야 한다.

(다) 비공개결정에 대한 불복

법원의 결정이 공개규정을 위반한 재판에 대해서는 이는 헌법위반으로 절대적 상고이유가 된다(민소법 §424①5호). 법원이 공개규정을 위반한 재판에 대해서는 헌법소원으로 다툴 수 있어야 한다.

3. 법정질서의 유지

(1) 법정질서유지권의 의의

법정질서유지권이란 법정질서를 유지하기 위해 법원이 심리와 재판을 방해하거나 훼손하는 행위에 대해 이를 금지·제재하는 권한을 말한다. 법원이 행사하는 경찰권이라 할 수 있다.

(2) 법정질서유지권의 내용

(가) 입정금지 및 퇴정명령

법정의 질서유지는 재판장이 이를 행하며, 재판장은 법정의 존임과 질시를 해할 우려가 있는 자의 입정금지 또는 퇴정을 명하거나 기타 법정의 질서유지에 필요한 명령을 발할 수 있다(법조법 §58).

(나) 녹화금지

누구든지 법정안에서는 재판장의 허가 없이 녹화·촬영·중계방송 등의 행위를 하지 못한다(법조법 §59).

(다) 경찰관의 파견요청

재판장은 법정에 있어서의 질서유지를 위하여 필요하다고 인정할 때에는 개정전후를 불문하고 관할경찰서장에게 국가경찰공무원의 파견을 요구할 수 있다. 파견된 국가경찰공무원은 법정내외의 질서유지에 관하여 재판장의 지휘를 받는다(법조법 §60).

(라) 감치 및 과태료부과

법원은 직권으로 법정내외에서 재판장의 입정금지나 퇴정명령 또는 녹화금지에 위배하는 행위를 하거나 폭언·소란 등의 행위로 법원의 심리를 방해하거나 재판의 위신을 현저하게 훼손한 자에 대하여 결정으로 20일 이내의 감치 또는 100만원 이하의 과태료에 처하거나 이를 병과할 수 있다(법조법 §61①). 법원은 감치를 위하여 법원직원·교도관 또는 국가경찰공무원으로 하여금 즉시 행위자를 구속하게 할 수 있으며, 구속한 때로부터 24시간 이내에 감치에 처하는 재판을 하여야 하고 이를 하지 아니하면 즉시 석방을 명하여야 한다(법조법 §61②). 감치나 과태료는 사법행정상의 질서벌의 일종으로 형벌은 아니므로 검사의 기소 없이 이루어진다. 법원의 감치결정에 대하여는 항고나 특별항고를 할 수 있다(법조법 §61⑤).

Ⅴ. 국민의 사법참여

1. 국민의 사법참여의 의의

국민의 사법참여란 국민의 사법권의 구성과 활동에 대한 통제를 말한다. 이러한 국민의 사법참여는 모든 국가권력이 정도의 차이는 있어도 민주적 정당성을 충족해야 하는 민주주의 원리를 실현하여주며, 동시에 사법에 대한 국민의 불신을 해소하여 준다. 국민의 사법참여가 가능하도록 2007년 '국민의 형사참여에 관한 법률(이하, 법)'이 제정되었다.

2. 국민의 사법참여 형태

국민의 사법참여는 각 나라의 역사적 배경이나 처한 여건 그리고 환경에 따라 매우 다양한 형태를 지니지 않을 수 없다. 사법참여의 형태는 구체적인 재판에 관여하는 경우와 법원구성에 참여하는 경우로 분류할 수 있다.

(1) 법원의 재판에 참여하는 경우

㈎ 배 심 제

배심제란 비법률전문가인 배심원(jury)이 법관과 별도로 사실인정을 담당하는 제도를 말한다. 배심제는 사법의 민주화를 확보하고 법관의 관료화를 방지할 수 있는 순기능을 지니고 있다. 또한 배심제도는 국민주권의 실질화에 기여할 수 있고, 동시에 사법절차에 대한 국민의 참여를 유도함으로써 사법불신을 해소하며, 법을 지키고 존중하도록 국민을 계도할 수 있다. 배심제도는 영국에서 시작되었지만 미국에서 충실하게 시행되고 있다.

새로 도입된 국민참여재판제도는 형사재판(법 §1)에서, 선택적 배심제도형태(법 §8)를 지니며, 참여배심원은 법관과 별도로 평의와 평결을 한 후, 사실인정·법령의 적용 · 형의 양정에 관해 법관에게 의견을 제시하는 형태(법 §12)로 되어 있다. 배심원의 평결과 의견은 법원을 기속하지 아니한다(법 §46⑤). 국민의 형사재판참여제도는 사실인정 및 형의 양정에 모두 참여할 수 있다는 점에서 독일의 참심제와 유사하나 구속력 없이 권고적 효력만 지닌다는 점에서 구별된다.

(나) 참 심 제

참심제란 비법률전문가인 참심원이 법관과 함께 재판부를 구성하여 사실판단 및 법률판단을 함께하는 제도를 말한다. 참심제는 배심제와 달리 참심원이 일정한 임기 동안 법관과 함께 합의체의 재판부를 구성하여 동일한 지위에서 동일한 권한으로 재판을 하는 제도이다.

(2) 법원의 구성에 참여하는 경우

(가) 법관선거제

법관선거제란 국민이 법관을 선거로 직접 선출하는 것으로, 국민이 법원구성에 직접 참여하는 제도를 말한다. 미국의 상당수 주에서 주법원 구성방법으로 채택되고 있다. 법관선거제는 민주적 정당성을 실현시켜 준다는 점에서는 의의가 크지만 반면에 사법권의 독립에 중대한 위협이 될 수 있다. 우리나라 제 2 공화국 헌법은 대법원장과 대법관을 법관의 자격이 있는 자로서 조직된 선거인단이 선거로 선출한 바 있다.

(나) 국민심사제

국민심사제란 법관으로 임명된 법관에게 일정기간 지난 후 법관직의 계속 유지 여부를 국민의 심판에 맡기는 제도를 말한다.

3. 국민의 사법참여의 한계

사법권에 국민의 참여가 허용되어야 하지만 일정한 한계가 있다. 사법의 민주적 정당성 확보도 사법의 본질에서 나오는 한계와 조화를 이루어야 하며, 사법권의 독립이 침해되지 않는 범위 내에서 이루어져야 한다. 이는 국민의 사법참여가 민주적 정당성확보에 기여한다고 하여 사법의 전문성과 합리성을 침해해서는 안 되기 때문이다. 국민에 의한 사법참여는 사법이 제 기능을 발휘할 수 있는 범위 내로 한정되어야 한다.

제 6 절 헌법재판소

제 1 항 헌법재판제도

Ⅰ. 헌법재판

1. 헌법재판의 의의

헌법재판이란 헌법적 분쟁이 있을 때 이를 유권적으로 해결함으로써 헌법의 규범적 효력을 지키는 국가작용을 말한다. 헌법재판은 국가권력으로부터 국민의 기본권을 보호하고, 정치권력을 헌법의 테두리 안에서 작동하게 함으로써 헌법을 실현하고 수호하는 중요한 역할을 담당한다. 헌법재판은 협의로는 위헌법률심판을 지칭하나, 광의로는 위헌법률심판 외에 탄핵심판, 권한쟁의심판, 헌법소원심판, 위헌정당해산심판, 선거소송심판 등을 포괄한다. 헌법재판은 헌법이 지니는 정치적 성격 때문에 일반 민·형사재판과 달리 불가피하게 정치형성적 재판의 성격을 지니게 되며, 국가가 헌법재판의 결과를 실효적으로 보장해 주지 못하는 한계를 지닌다. 이는 다른 재판에서 볼 수 없는 헌법재판만의 특성이자 한계이다.

2. 헌법재판의 기능

헌법재판은 다양한 형태의 심판으로 구성되어 있어 헌법재판의 일반적 기능을 한마디로 말하기가 쉽지 않지만, 헌법의 유지·수호 기능, 기본권보장 기능, 권력통제 기능, 정치적 평화유지 기능을 수행한다.

3. 헌법재판의 본질

헌법재판의 본질과 관련하여 사법작용설, 정치작용설, 입법작용설, 제 4 의 국가작용설 등의 견해가 제시되어 있지만, 헌법재판은 사법작용으로 이해되어야 한다.

4. 헌법재판의 담당기관

헌법재판을 담당하는 기관을 그 유형별로 보면, 일반법원과 별도의 독립한 헌법재판소에 맡기는 헌법재판소형, 일반법원으로 하여금 담당하게 하는 일반법원형, 정치적 기관으로 하여금 담당하게 하는 정치기관형으로 나누인다.

5. 헌법재판의 한계

(1) 규범적 한계

헌법재판은 헌법이 헌법재판소의 관할사항으로 규정한 것을 그 대상으로 해야 하는 규범적 한계가 있다. 헌법 제111조 제 1 항에서 규정한 5가지로 한정된다. 선거소송은 대법원의 관할이다. 한편 헌법 제64조 제 4 항은 국회의원에 대한 국회의 자격심사, 징계, 제명에 대하여는 법원에 제소를 금하고 있으며, 헌법재판소에 대한 제소 역시 제명을 제외하고는 허락되지 않는다.

(2) 본질적 한계

헌법재판 역시 사법작용으로서, 구체적 사건·당사자 적격·소의 이익·사건의 성숙성 등의 소송의 기본적 요건을 갖추어야 한다.

(3) 기능적 한계

헌법은 헌법재판이 타 헌법기관의 권한을 통제함에 있어 헌법기관에게 부여된 권한이 침해되지 않을 것을 요구한다(헌법재판의 기능적 한계). 헌법재판은 다른 헌법기관의 헌법실현기능 내지 헌법구체화기능을 존중해야 한다. 특히 헌법재판과 입법형성의 경계설정이 문제된다. 헌법재판을 통해 헌법의 우위를 유지하려는 헌법재판소는 입법형성을 통해 헌법을 구체화하고 실현하려는 국회의 기능과 권한을 존중해야 한다. 따라서 헌법재판소는 입법부의 결정이 가장 합목적적인지 또는 최적의 해결책인지를 판단해서는 안 되며, 입법형성의 헌법적 한계의 준수 여부에 만족해야 한다.

헌법재판소도 국군의 해외파병결정의 당부판단은 대통령이나 국회의 몫이라고 하여 헌법재판의 기능적 한계를 긍정하고 있다. 헌법재판소는 국군의 외국에의 파견결정은 고도의 정치적 결단이 요구되는 사안으로, 파견결정이 헌법에 위반되는지의 여부에 대한 판단은 대의기관인 대통령과 국회의 몫이고, 이러한 파견결정은 그 성격상 국방 및 외교에 관련된 고도의 정치적 결단을 요하는 문제로서, 헌법과 법률이 정한 절차를 지켜 이루어진 것임이 명백하므로, 대통령과 국회의 판단은 존중되어야 하고 우리 재판소가 사법적 기준만으로 이를 심판하는 것은 자제되어야 한다고 하였다.

Ⅱ. 역대 헌법상의 헌법재판

1. 제1공화국 헌법

(1) 조직과 구성

건국헌법은 헌법재판을 담당하는 기관으로 헌법위원회와 탄핵재판소를 두었다. 헌법위원회가 위헌법률심판을 담당하였으며 헌법 제5장 법원 편에 규정되었고, 탄핵심판은 탄핵재판소가 담당하였는데 헌법 제3장 국회 편에 규정되었다. 헌법위원회는 부통령을 위원장으로 하고, 5인의 대법관과 5인의 국회의원으로 구성되었다(§81). 헌법위원회가 법률의 위헌심사권을 가졌으며, 명령·규칙의 위헌·위법 심사권은 대법원이 가졌다(§81). 법률의 위헌 여부의 제청은 법원이 하였다(§81). 한편 탄핵재판소는 부통령을 재판장으로 하고, 대법관 5인과 국회의원 5인이 심판관이 되었다(§47). 단 대통령과 부통령을 심판할 때에는 대법원장이 재판장의 직무를 행하였다.

(2) 활 동

헌법위원회는 10여 년간 운영되었는데 그 활동은 미미하여 6건을 심사하는데 그쳤다. 그러나 당시의 정치상황이나 민주주의 성숙도를 감안해 볼 때 결코 저조했다고만 볼 것은 아니다. 헌법위원회는 두 건의 사건에서 위헌결정을 내렸다. 헌법위원회는 고등법원을 최종심으로 한 농지개혁법조항이나, 대법원에 상고를 제한하고 있는 비상사태하의 '범죄처벌에 관한 특별조치령'(긴급명령이므로 법률의 효력을 지녔음) 역시 대법원에 재판받을 권리를 침해한 것이라 하여 위헌결정을 하였다.

2. 제2공화국 헌법

(1) 조직과 구성

제2공화국 헌법은 헌법재판소를 법원과 독립하여 제8장에 규정하였다. 헌법재판소는 법률의 위헌여부심사, 헌법에 관한 최종적 해석, 국가기관 간의 권한쟁의, 정당의 해산, 탄핵재판, 대통령·대법원장과 대법관의 선거에 관한 소송을 담당하였다(§83의3). 헌법재판소는 9인의 심판관으로 구성하되, 심판관은 대통령·대법원·참의원이 각 3인씩 선임하도록 하였다(§83의4). 심판관의 임기는 6년으로 2년마다 3인씩 개임하였다. 헌법재판소 권한 속에는 헌법소원이 없었고, 권한쟁의는 있었으나 국가와 자치단체 간 또는 자치단체상호 간의 권한쟁의는 없었다. 선거소송의 일부를 관할하였고, 추상적 규범통제를 인정하였다는 점에서 현행 헌법재판제도와 구별된다.

(2) 활 동

1961년 제정된 헌법재판소법은 1961년 5·16 군사쿠데타로 인해 시행되지 못하고 1964년 폐지되었다. 당시 위헌법률심사의 제청을 당사자에게 부여한 것이나 더 나아가 누구든지 헌법에 관한 최종적 해석을 헌법재판소에 제청할 수 있도록 한 것은 비록 동제도가 시행되지는 못했다 하더라도 제도자체는 매우 인상적이라 할 수 있다.

3. 제 3 공화국 헌법

(1) 조직과 구성

제 3 공화국 헌법은 헌법재판을 대법원과 탄핵심판위원회에 분리하여 담당케 하였다. 위헌법률심판(§102)과 위헌정당해산심판(§103)은 대법원이, 탄핵심판은 탄핵심판위원회가 담당하였다(§62). 권한쟁의심판은 두지 않았다. 법률·명령·규칙이 헌법에 위반되는 여부가 재판의 전제가 된 때에는 각급 법원은 위헌심사를 할 수 있었고, 대법원은 최종적으로 심사할 권한을 가졌다. 또한 대법원은 위헌정당해산심판을 담당하였는데, 정당해산을 명하는 판결은 대법원 법관 정수의 5분의 3 이상의 찬성을 얻어야 했다(§103). 한편 탄핵심판은 탄핵심판위원회가 담당하였는데, 대법원장을 위원장으로 대법원판사 3인과 국회의원 5인으로 구성되었다. 단 대법원장을 심판할 경우에는 국회의장이 위원장이 되었다.

(2) 활 동

대법원은 강간죄의 객체를 여자로 한정하고 있는 규정과 사형제도에 대하여 합헌결정을 내린 바 있다. 또한 1971년 대법원은 국가배상법 제 2 조 제 1 항 단서와 법원조직법 제59조 제 1 항을 위헌이라고 판단하였다. 1972년 유신헌법은 1971년 대법원이 위헌으로 선언한 국가배상법조항을 헌법에 편입시켰고, 헌법재판을 헌법위원회가 담당하도록 하였다.

4. 제 4 공화국 헌법

(1) 조직과 구성

1972년의 제 4 공화국 헌법은 일반법원과 별도의 정치기관형인 헌법위원회를 설치하여 헌법재판을 담당하게 하였다. 헌법위원회는 위헌법률심판, 탄핵심판, 정당해산심판의 헌법재판을 관장하였다(§ 109). 헌법위원회는 9인의 위원으로 구성하며, 대통령이 임명하였다. 위원 중 3인은 국회에서 선출하는 자를, 3인은 대법원장이 지명하는 자를 임명하였다. 위원의 임기는 6년이었다.

(2) 활　　동

당시 헌법위원회법(§ 15③)은 하급법원의 위헌제청에 대하여 대법원장을 재판장으로 하는 전원합의부에서 제청이 불필요하다고 인정할 때에는 제청서를 헌법위원회에 송부하지 않을 수 있는, 소위 '불송부결정권'을 인정하였고, 대법원의 소극적 태도로 위헌법률심판이 한 건도 헌법위원회에 제청되지 않았다. 헌법위원회는 휴면기관에 불과했다.

5. 제 5 공화국 헌법

1980년 제 5 공화국 헌법은 헌법재판이란 측면에서는 제 4 공화국 헌법과 거의 동일한 태도를 취했고, 대법원의 불송부결정권이 유지되었으며, 대법원의 소극적 태도로 한 건도 헌법위원회에 제청되지 않았다. 위헌법률심판의 제청요건과 관련하여 제 4 공화국 헌법과 제 5 공화국 헌법은 중요한 차이가 존재하였다. 제 4 공화국 헌법은 제청요건으로 '법률이 헌법에 위반되는 여부가 재판의 전제가 된 때'로 규정하였으나, 제 5 공화국 헌법은 '법률이 헌법에 위반되는 여부가 재판의 전제가 된 경우에 법원은 법률이 헌법에 위반되는 것으로 인정할 때'로 규정하였다는 점이다. 그렇다면, 대법원의 불송부결정권은 제 4 공화국 헌법규정에는 저촉되는 반면, 제 5 공화국 헌법과 같을 때에만 적법하게 된다.

제2항 헌법재판소의 지위와 조직

Ⅰ. 헌법재판소의 헌법적 지위

1. 헌법보장기관

헌법재판소는 헌법을 보장하고 수호하는 기관이다. 헌법재판소는 입법부의 위헌입법으로부터, 행정부의 위헌적 처분과 사법부의 위헌적 재판으로부터 헌법을 지키는 역할을 담당한다. 또 정당의 위헌적 활동으로부터 헌법의 민주적 기본질서의 기본적 가치를 지키는 일을 담당한다.

2. 정치적 사법기관

헌법재판소는 과거 제4, 제5공화국 헌법의 정치적 헌법보장기관으로서의 헌법위원회와 달리 사법적 헌법보장기관의 성격을 지닌다. 헌법은 헌법재판소의 권한을 확대하였고, 재판관을 법관의 자격이 있는 자로 함으로써 사법기관의 성격을 강화하고 있으며, 헌법재판소를 상설기관화하는 등, 법적 절차와 방법에 따라 심판하도록 하여 사법기관의 성격을 강조하고 강화시켰다.

3. 기본권 보장기관

헌법재판소는 직접 또는 간접으로 국민의 기본권을 보장하는 기관이다. 공권력 행사로 기본권이 침해된 경우 헌법소원을 통해 침해된 기본권을 구제하여 준다. 또 위헌적인 법률에 대한 통제를 통해 기본권을 보장한다.

Ⅱ. 헌법재판소의 조직

1. 헌법재판소의 구성

(1) 재판관 선출

헌법재판소는 9인의 재판관으로 구성되며 재판관은 대통령이 임명한다(§111②). 대통령은 재판관 중 3인은 국회에서 선출하는 자를 3인은 대법원장이 지명하는 자를 임명한다(§111③). 헌법재판소의 장은 재판관 중에서 국회의 동의를 얻어 대통령이 임명한다(§111④). 헌법재판소장을 재판관 중에서 임명한다는 것은 재판관 중에서 임명하든지 아니면 처음부터 헌법재판소장을 재판관으로 선임해서 국회의 동의를 얻을 수도 있다. 재판관 중에서 임명하는 경우에 헌법재판소장의 임기는 재판관의 남은 임기로 보아야 한다.

(2) 재판관의 선출절차

헌법재판소 재판관은 국회의 인사청문을 거쳐 임명·선출 또는 지명되는데, 대통령과 대법원장은 3인의 재판관을 임명 또는 지명하기 전에 각각 인사청문을 요청하여야 한다(헌재법 §6②). 다만 국회에서 선출하는 재판관과 대통령이 임명 또는 대법원장이 지명하는 재판관의 경우, 거쳐야 하는 국회 인사청문절차에 차이가 있다. 전자는 인사청문특별위원회의 인사청문을 거치는 반면 후자는 소관 상임위원회의 인사청문을 거친다(국회법 §46의3, §65의2). 절차의 2원화에 대한 제도개선이 요구된다.

2. 헌법재판소의 조직

(1) 헌법재판소의 장

헌법재판소에는 소장 1인을 두며 국회의 동의를 얻어 재판관 중에서 대통령이 임명한다. 소장은 헌법재판소를 대표하고, 헌법재판소 사무를 총괄하며, 소속공무원을 지휘·감독한다(헌재법 §12③). 보수와 대우는 대법원장에 준한다(헌재법 §15). 소장이 궐위되거나 사고로 직무를 수행할 수 없을 때에는 다른 재판관이 헌법재판소규칙이 정하는 순서에 따라 그 권한을 대행한다(헌재법 §12④). 헌법재판소장이 일시적 사고로 직무를 수행할 수 없는 경우에는 재판관 중 임명일자 순으로 권한을 대행하며, 임명일자가 같을 때에는 연장자 순으로 권한을 대행한다(권한대행규칙 §2). 다만, 궐위되거나 1개월 이상 사고로 직무수행을 할 수 없을 경우에는 재판관회의에서 출석인원 과반수의 찬성으로 선출된 자가 권한을 대행한다(권한대행규칙 §3). 헌법재판소장이 행한 처분에 대하여는 헌법재판소 사무처장을 피고로 행정소송을 제기한다(헌재법 §17⑤).

(2) 헌법재판소 재판관

(가) 자 격

헌법재판소에는 소장 이외에 재판관을 둔다. 재판관은 법관의 자격을 가진 자로서, 15년 이상 판사·검사·변호사·교수 등에 있었던 자 중, 만 40세 이상이어야 한다(헌재법 §5).

(나) 임　　기

임기는 6년이며, 연임할 수 있다(§112①). 재판관의 임기가 만료되거나 정년이 도래하는 경우에는 임기만료일 또는 정년도래일까지 후임자를 임명하여야 하며, 임기 중 재판관이 결원된 경우에는 결원된 날부터 30일 이내에 후임자를 임명하여야 한다(헌재법 §6③④). 다만, 국회에서 선출한 재판관이 국회의 폐회 또는 휴회 중에 그 임기가 만료되거나 정년이 도래하거나 또는 결원이 된 때에는 국회는 다음 집회가 개시된 후 30일 이내에 후임자를 선출하여야 한다(헌재법 §6⑤). 재판관의 정년은 65세이다(재판소장은 70세).

(다) 신분보장

재판관은 탄핵, 금고 이상의 형의 선고에 의하지 아니하고는 파면되지 아니한다(§112③). 재판관은 고도의 신분보장과 정치적 중립성이 요구된다. 재판관은 정당에 가입하거나 정치에 관여할 수 없다(§112②). 재판관의 보수와 대우는 대법관에 준한다(헌재법 §15).

(3) 재판관회의

재판관회의는 재판관 전원으로 구성되는 합의제기관으로 재판관회의의 의장은 소장이 되며, 헌법재판소규칙의 제정 및 개정, 예산요구, 예비금지출과 결산에 관한 사항, 사무처장 및 사무차장, 헌법재판연구원장, 헌법연구관 등의 임면에 관한 사항, 기타 중대한 사항 등을 의결한다(헌재법 §16④). 재판관회의는 재판관 7인 이상의 출석과 출석인원 과반수의 찬성으로 의결한다(헌재법 §16②). 의장은 표결권을 가지며, 가부동수일 경우 결정권은 없다. 재판관회의의 운영에 관하여 필요한 사항은 헌법재판소규칙으로 정한다.

(4) 보조기관

헌법재판소에는 행정사무를 처리하기 위하여 보조기관으로서 사무처를 둔다(헌재법 §17). 사무처에 사무처장과 사무차장을 둔다. 사무처장은 헌법재판소장의 지휘를 받아 사무처의 사무를 관장하며, 소속공무원을 지휘·감독한다. 사무처장은 국회 또는 국무회의에 출석하여 헌법재판소의 행정에 관하여 발언할 수 있다. 헌법재판소에는 헌법재판 업무를 지원하기 위하여, 헌법연구관, 헌법연구관보, 헌법연구위원을 둔다.

3. 헌법재판소 규칙제정

(1) 규칙제정권

헌법(§ 113②)은 '헌법재판소는 법률에 저촉되지 아니하는 범위 안에서 심판에 관한 절차, 내부규율과 사무처리에 관한 규칙을 제정할 수 있다'고 규정함으로써 헌법재판소에 규칙제정권을 부여하고 있다. 이는 헌법재판소의 자주성과 독립성을 확보하기 위함이며, 기술적인 사항은 헌법재판소 자신이 제정하는 것이 보다 합리적이기 때문이다.

(2) 제정절차

규칙은 재판관회의의 의결을 거쳐 제정, 개정, 폐지된다(헌재법 § 16④). 규칙은 관보에 게재하고 이를 공포하여야 한다(헌재법 § 10②). 규칙에는 전문을 붙여야 하며, 헌법재판소장이 서명·날인하고 일자를 명기한다(헌법재판소규칙의 공포에 관한 규칙 § 2).

(3) 규율대상

법률에 저촉되지 않은 범위 안에서 제정되는 심판절차에 관한 규칙(§ 113②)으로, 헌법재판소 재판관회의 규칙, 지정재판부의 구성과 운영에 관한 규칙, 국선대리인의 선임 및 보수에 관한 규칙, 헌법재판소장의 권한대행에 관한 규칙, 헌법재판소 심판규칙 등이 제정되어 있다. 그리고 내부규율과 사무처리에 관한 규칙(즉 내규)으로 헌법재판소 사건의 배당에 관한 내규, 변론 등 속기와 녹취에 관한 내규, 사무처리규칙시행 내규, 공무국외여행 내규 등이 제정되어 있다.

제 3 항 헌법재판소의 심판절차

Ⅰ. 일반심판절차

헌법은 헌법재판의 심판절차와 관련하여 위헌결정 또는 인용결정의 정족수(§ 113①)만 언급하고 있을 뿐 일체의 심판절차에 대해서 침묵하고 있다. 헌법재판소법은 헌법재판에 대한 모든 소송절차에 관해 규율하고 있다. 헌법재판소법은 심판절차를 일반적으로 적용되는 일반심판절차와 개별사건에 적용되는 특별심판절차로 나누고 있다. 헌법재판소의 심판절차에 관하여는 헌법재판소법에 특별한 규정이 있는 경우를 제외하고는 헌법재판의 성질에 반하지 않는 한도 내에서 민사소송에 관한 법령을 준용한다. 또한 탄핵심판의 경우에는 형사소송에 관한 법령을, 권한쟁의심판 및 헌법소원심판의 경우에는 행정소송법을 함께 준용한다(헌재법 §40). 이 때, 형사소송에 관한 법령 또는 행정소송법이 민사소송에 관한 법령과 저촉될 때에는 민사소송에 관한 법령은 준용하지 아니한다.

1. 재 판 부

(1) 전원재판부

헌법재판소의 심판은 재판관 전원으로 구성되는 재판부에서 관장한다(헌재법 §22). 재핀부의 재판장은 헌법재판소장이 된다. 전원재판부는 헌법재판을 담당하는 기관이란 점에서 헌법재판소의 사법행정업무를 처리하는 재판관회의와 구별된다. 전원재판부는 재판관 7인 이상의 출석으로 사건을 심리하며, 법률의 위헌결정, 탄핵의 결정, 정당해산의 결정 또는 헌법소원에 관한 인용결정을 하는 경우와 종전에 헌법재판소가 판시한 헌법 또는 법률의 해석적용에 관한 의견을 변경하는 경우에는 재판관 6인 이상의 찬성을 얻어야 한다(헌재법 §23).

(2) 지정재판부

전원재판부의 과도한 부담을 줄이기 위해 재판관 3인으로 구성된 지정재판부를 두어 사전심사를 담당하게 하고 있다(헌재법 §72). 지정재판부는 대법원의 부와 그 지위와 권한 면에서 차이가 있다. 대법원의 부는 대법원전원합의체와 동등한 지위를 지니며 그 관할에서 차이가 있을 뿐이다. 다만 헌법재판소의 지정재판부는 헌법소원심판을 그 대상으로 하며, 그것도 전원일치의 각하결정만 할 수 있다. 위헌소원의 경우에도 지정재판부의 심사를 받는다. 현재 제1, 제2, 제3 지정재판부를 두고 있다.

2. 재판관에 대한 제척, 기피, 회피

(1) 제 척

제척이란 재판관이 구체적 사건에서 법률이 정하는 특수한 관계에 있을 때 해당사건으로부터 당연히 배제되는 제도를 말한다. 제척의 원인이 있는 경우 헌법재판소는 직권 또는 당사자의 신청에 의하여 제척의 결정을 한다(헌재법 §24②). 보조참가인은 제척신청을 할 수 없다. 한 사건에서 3인 이상의 제척사유가 있는 경우 헌법재판소가 기능할 수 없게 되므로, 이에 대한 대비책이 입법으로 보완되어야 한다.

(2) 기 피

기피란 제척사유 이외에 심판의 공정을 기하기 어려운 사정이 있는 재판관에 대하여 재판관여를 배제하는 제도를 말한다. 심판의 공정을 기대하기 어려운 사정이란 객관적인 사정을 말하며 주관적 의혹은 이에 해당되지 않는다. 다만 변론기일에 출석하여 본안에 관한 진술을 한 때에는 기피신청을 할 수 없고, 당사자는 동일한 사건에 대하여 2인 이상의 재판관을 기피할 수 없다(헌재법 §24④). 헌법재판소는, 재판관들이 검사로 재직한 경력이 있다는 사실만으로 검찰의 불기소처분을 다투는 사건에 관하여 심판의 공정을 기대하기 어려운 객관적 사정이 있다고 할 수는 없다고 하였으며, 관련사건들에 관하여 재판장으로서 수차례 각하 또는 기각의 결정을 하였다는 사실만으로는 재판관에게 심판의 공정을 기대하기 어려운 객관적 사정이 있다고 할 수 없다고 하였다.

(3) 회 피

회피란 재판관 스스로가 제척이나 기피사유가 된다고 판단하여 특정사건의 직무집행을 피하는 제도를 말한다. 재판관은 제척이나 기피사유가 있는 때에는 재판장의 허가를 얻어 회피할 수 있다(헌재법 §24⑤).

3. 헌법재판의 당사자

(1) 당 사 자

헌법재판절차에서 자기 이름으로 심판을 청구하는 자를 청구인이라 하고 그 상대방을 피청구인이라 하는데, 청구인과 피청구인이 당사자가 된다. 구체적으로 누가 당사자가 되는가에 관하여는 헌법재판의 유형별로 다르다.

(가) 위헌법률심판

위헌법률심판은 법원이 직권으로 제청하거나 또는 당해사건의 당사자의 제청신청을 법원이 받아들여 법원이 제청할 때 개시된다. 법원은 위헌제청결정서를 제출하는 것 외에 당사자로서 심판에 관여하는 것이 아니며, 당해사건의 당사자 역시 제청신청권만 지니고 있고 직접 사건을 청구한 주체가 아니어서 당사자로 볼 수 없다. 그렇다면 위헌법률심판의 경우에는 청구인과 피청구인 모두 존재하지 않는다고 보아야 한다. 한편 헌법재판소법 제68조 제 2 항의 헌법소원(위헌소원)의 경우에는 신청인이 청구인이 되며, 위헌소원의 본질이 규범통제이므로 피청구인은 존재하지 않는다.

(나) 탄핵심판, 정당해산심판, 권한쟁의심판

탄핵심판이나 정당해산심판 그리고 권한쟁의심판은 '대심(對審)소송절차의 구조'를 취하고 있으므로 당사자 개념이 분명하다. 탄핵의 경우 소추인과 피소추인, 정당해산의 경우 정부와 정당, 권한쟁의의 경우 침해기관과 피침해기관이 당사자가 된다.

(다) 헌법소원심판

헌법재판소법 제68조 제 1 항의 헌법소원의 경우 청구인은 분명하나 피청구인에 관하여는 문제가 있다. 기본권을 침해한 공권력의 행사자가 피청구인이 된다. 법령소원의 경우 위헌법률심판과 마찬가지로 피청구인이 존재하지 않게 된다.

(2) 당사자의 권리

당사자는 헌법재판을 청구하고 심판절차에 참여할 수 있는 권리를 가진다. 변론이 열릴 경우 변론의 주체로 절차에 참여할 수 있고, 청구서 및 답변서를 제출하며, 증기조사를 신청하는 등 각종의 소송법상 권리를 행사할 수 있다.

(3) 당사자의 변경

헌법재판에서 당사자변경이 허용될 것인가가 문제된다. 당사자변경을 자유롭게 허용한다면 심판절차의 안정성을 해하게 되므로 헌법소원의 경우 당사자의 동일성을 해하는 임의적 당사자변경(특히 청구인 변경)은 원칙적으로 허용되지 않는다.

4. 대표자 및 대리인

(1) 정부가 당사자인 경우

헌법재판에서 정부가 당사자인 경우 법무부장관이 이를 대표한다(헌재법 §25①).

(2) 국가기관 및 지방자치단체가 당사자인 경우

헌법재판에서 당사자인 국가기관 또는 지방자치단체는 변호사 또는 변호사의 자격이 있는 소속직원을 대리인으로 선임하여 심판을 수행하게 할 수 있다(헌재법 §25②).

(3) 사인이 당사자인 경우

(가) 변호사 강제주의

헌법재판에서 당사자인 사인은 자신이 변호사의 자격이 있는 경우를 제외하고 변호사를 대리인으로 선임하지 아니하면 심판청구를 하거나 심판수행을 하지 못한다(헌재법 §25③). 이른바 변호사강제주의를 채택하고 있다. 헌법재판소는 변호사강제주의가 재판을 받을 권리에 대한 본질적 침해가 아니라 하면서, 변호사강제주의가 적용되는 것은 사인이 당사자로 되는 탄핵심판과 헌법소원심판이라고 하였다. 위헌소원심판의 경우에도 변호사 강제주의가 적용된다.

(나) 국선대리인

헌법소원을 청구하고자 하는 자가 변호사를 대리인으로 선임할 자력이 없는 경우에는 헌법재판소에 국선대리인의 선임을 신청할 수 있다(헌재법 §70①). 헌법재판소는 공익상 필요하다고 인정할 때에는 국선대리인을 선임할 수 있다(헌재법 §70②). 헌법재판소는 변호사 중에서 국선대리인을 선정하나, 심판청구가 명백히 부적법하거나 이유 없는 경우 또는 권리의 남용이라고 인정되는 경우에는 국선대리인을 선정하지 아니할 수 있다(헌재법 §70③).

(다) 청구인의 심판수행행위와 국선대리인과의 관계

변호인 없이 헌법소원을 청구한 경우 헌법소원은 각하되어야 하나, 헌법재판소는 바로 각하하지 않고 대리인을 선임하도록 보정명령을 발하며, 자력이 없는 경우에는 국선대리인의 선임을 신청하도록 안내한다. 변호사 자격이 없는 사인이 청구한 헌법소원이나 심판절차에서 진술한 주장 등의 심판수행은 변호사인 대리인이 추인한 경우에 한하여 적법한 청구나 심판수행의 효력이 있다.

5. 심판의 청구

심판청구는 심판사항별로 정하여진 청구서를 헌법재판소에 제출함으로써 한다. 다만 위헌법률심판에 있어서는 법원의 제청서, 탄핵심판에 있어서는 국회의 소추의결서의 정본으로 이에 갈음한다(헌재법 §26①). 심판서류를 접수한 공무원은 바로 접수증을 교부하여야 한다. 헌법재판소가 청구서를 접수한 때에는 지체 없이 그 등본을 피청구기관 또는 피청구인에게 송달하여야 한다(헌재법 §27①). 위헌법률심판의 제청이 있은 때에는 법무부장관 및 당해 소송사건의 당사자에게 그 제청서의 등본을 송달한다(헌재법 §27②). 청구서의 송달을 받은 피청구인은 헌법재판소에 답변서를 제출할 수 있다(헌재법 §29).

6. 심 리

(1) 심리의 방식

(가) 구두변론과 서면심리

탄핵심판, 정당해산심판 및 권한쟁의심판은 구두변론에 의한다. 위헌법률심판과 헌법소원심판은 서면심리에 의하되, 재판부는 필요하다고 인정하는 경우에는 변론을 열어 당사자·이해관계인 기타 참고인의 진술을 들을 수 있다(헌재법 §30).

(나) 의견서 제출

위헌법률심판이 제청되거나 위헌소원심판이 제기된 경우, 당해 소송사건의 당사자 및 법무부장관은 헌법재판소에 법률의 위헌 여부에 대한 의견서를 제출할 수 있다(헌재법 §44, §74②). 헌법소원의 심판에 이해관계가 있는 국가기관 또는 공공단체와 법무부장관은 헌법재판소에 그 심판에 관한 의견서를 제출할 수 있다(헌재법 §74①).

(다) 증거조사와 자료제출요구

재판부는 사건의 심리를 위하여 필요하다고 인정하는 경우에는 당사자의 신청 또는 직권에 의하여 증거조사를 할 수 있다(헌재법 §31①). 재판장은 필요하다고 인정할 경우에는 재판관 중 1인을 지정하여 증거조사를 하게 할 수 있다(헌재법 §31②). 지정된 재판관을 법원의 수명법관과 같이 수명재판관이라 한다. 지정재판부도 증거조사를 할 수 있고 수명재판관으로 하여금 증거조사를 하게 할 수 있다. 또한 재판부는 결정으로 다른 국가기관 또는 공공단체의 기관에 대하여 심판에 필요한 사실을 조회하거나, 기록의 송부나 자료의 제출을 요구할 수 있다(헌재법 §32).

(2) 심리 정족수

재판부는 재판관 7인 이상의 출석으로 사건을 심리한다(헌재법 §23①).

(3) 심판의 장소와 공개

심판의 변론과 종국결정의 선고는 심판정에서 행한다(헌재법 §33). 다만 헌법재판소장이 필요하다고 인정하는 경우에는 심판정외의 장소에서 이를 할 수 있다. 심판의 변론과 결정의 선고는 공개한다. 다만 서면심리와 평의는 공개하지 아니한다(헌재법 §34①). 평의에서의 최종적 표결을 의미하는 평결 역시 공개하지 않는다.

(4) 심판비용과 공탁금

심판비용은 국가가 부담한다(헌재법 §37①). 따라서 헌법재판을 청구할 경우 인지는 첩부하지 않는다. 이는 헌법재판이 객관적 헌법질서의 유지·수호기능을 담당하기 때문이다. 다만 당사자의 신청에 의한 증거조사의 비용에 대하여는 그 신청인에게 부담시킬 수 있다. 청구서 등의 소송서류 작성료는 당사자가 소송수행을 위해 자신이 지출하는 비용으로 본인이 부담한다. 헌법소송비용은 국가부담이므로 심판비용을 확정하기 위한 재판절차는 불필요하다.

헌법재판소는 헌법소원의 남소를 방지하기 위하여 헌법재판소규칙이 정하는 바에 따라 공탁금의 납부를 명할 수 있다(헌재법 §37②). 위헌법률심판의 경우에는 공탁금의 납부를 명할 수 없다. 헌법소원의 심판청구를 각하하거나 또는 기각할 경우 그 청구가 남용이라고 인정되는 경우 헌법재판소규칙이 정하는 바에 따라 공탁금의 전부 또는 일부의 국고귀속을 명할 수 있다(헌재법 §37③).

(5) 심판기간

헌법재판소는 심판사건을 접수한 날부터 180일 이내에 종국결정의 선고를 하여야 한다(헌재법 §38). 심판기간에 관한 헌법재판소법 제38조의 법적 성격에 관해, 논란의 여지가 있지만, 훈시규정으로 볼 수밖에 없다. 다만 재판관의 궐위로 7인의 출석이 불가능한 때에는 그 궐위된 기간은 심판기간에 산입하지 않는다. 또한 재판장의 보정명령이 있을 경우 보정기간 역시 심판기간에 이를 산입하지 아니한다.

7. 평　　의

재판부는 심리를 마치면 결정을 내리기 위해 평의를 갖게 된다. 평의란 재판관들이 사건에 관해 자신의 의견을 개진하고 반대의견을 청취하면서 결정의 결론을 만들어내는 과정을 말한다.

(1) 평의 절차

주심재판관은 평의에 회부하려고 하는 관련사건에 관한 평의요청서를 재판관에게 배포하며, 재판장은 평의일정을 정해 재판관에게 통지한다. 평의에서는 주심재판관이 사건에 대한 검토내용을 발표하고 평의를 진행한 후 최종적으로 評決을 하게 된다.

(2) 평의 방법

(가) 쟁점별 평결방식과 주문별 평결방식

재판의 평의에 관한 평결방식에는 쟁점별 평결방식과 주문별 평결방식이 있다. 쟁점별 평결방식이란 적법요건과 본안문제를 구별하여 쟁점별로 결론을 도출하는 방법을 말하며, 주문별 평결방식은 쟁점별로 판단하는 대신 결론을 중심으로 전체적으로 평결하는 방법을 말한다. 헌법재판소는 주문별 평결방식을 취하고 있다.

(3) 주문 결정방법

(가) 원　　칙

평의에 관여한 재판관의 최종의견이 다양한 형태로 제시되었을 때 어떤 형태의 주문을 낼 것인가가 문제된다. 이에 관해 헌법재판소법은 직접적인 규정을 두고 있지 않지만, 헌법재판에 관해 법에 다른 규정이 없는 경우 민사소송에 관한 법령을 준용한다는 헌법재판소법 제40조에 따라, 법원조직법 제66조를 준용한다. 따라서 청구인에게 가장 유리한 견해를 가진 수에 순차로 그 다음으로 유리한 견해를 가진 수를 더하여 필요한 정족수(과반수 또는 6인)에 이르게 된 때의 견해를 재판부의 견해로 하게 된다. 예를 들어 평의결과 위헌 2인, 헌법불합치 2인, 한정합헌 2인, 합헌 3인인 경우, 6인에 이르게 된 때의 견해인 한정합헌결정을 하게 된다.

(나) 위헌법률심판, 권한쟁의심판, 헌법소원심판과 주문결정

헌법재판소는 위헌법률심판사건의 경우, 전부위헌 1인, 한정합헌 5인, 합헌 3인인 경우 한정합헌결정을 하였으며, 위헌 5인, 헌법불합치 2인, 합헌 2인인 경우 헌법불합치결정을 하였고, 헌법불합치 1인, 한정위헌 5인, 합헌 3인인 경우 한정위헌을 선고하였다.

헌법소원심판(헌재법 §68①)에서는 인용 5인, 각하 4인으로 대립된 경우, 헌법소원의 인용결정에 필요한 정족수 6인에 미달되어 심판청구가 기각되었다. 또한 위헌소원심판에서, 위헌 1인, 헌법불합치 4인, 각하 4인으로 대립된 경우, 법률의 위헌결정에 필요한 정족수 6인에 미달하여 합헌결정을 하였다.

8. 가 처 분

(1) 의 의

가처분이란 종국결정의 실효성을 확보하기 위해 임시적 지위를 정하는 잠정적 조치를 말한다. 종국결정이 이루어지기까지는 상당한 시간이 소요되고, 쟁점이 되는 법률관계나 사실관계가 기정사실로 확정되어 돌이킬 수 없는 단계에 이르게 되면, 종국결정에서 승소가 된다고 하여도 회복하기 어려운 손해가 발생하게 되어 결국은 실익이 없는 재판이 될 수 있어 이러한 위험을 방지할 응급 잠정적 조치가 필요하게 된다.

(2) 허용 여부

헌법재판소법(§57, §65)은 정당해산심판과 권한쟁의심판에 대해서만 가처분규정을 두고 있어 정당해산심판과 권한쟁의심판 외에 헌법소원심판 등 다른 심판절차에서 가처분이 허용되는가가 문제된다. 비록 헌법재판소법에 가처분을 허용하는 명문의 규정이 없다 하여도, 위헌법률심판이나 헌법소원심판에서 가처분의 필요성이 있으며, 또 이를 허용하지 않을 이유가 없으므로 공권력행사는 물론 법령의 효력까지도 정지시키는 가처분이 허용되어야 한다. 헌법재판소 역시 헌법소원심판절차에서 법률의 효력을 정지하거나 또는 명령의 효력을 정지하는 가처분을 허용하고 있다.

(3) 요 건

(가) 본안소송과의 관계

가처분은 본안소송이 헌법재판소에 계속(係屬)된 경우라야 청구할 수 있다. 가처분은 본안소송이 계속되어 있지 않아도 이를 허용하는 것이 바람직하지만 적어도 본안소송에 대한 청구가 확실히 전제되는 상황하에서만 허락되어야 한다. 또한 본안소송은 적법하여야 한다. 만일 본안소송이 명백히 부적법하거나 명백하게 이유 없는 경우에는 가처분은 허락되지 않는다.

(나) 중대한 불이익의 방지(필요성)

가처분은 공권력 행사가 그 집행 등 절차의 속행으로 회복하기 어려운 손해를 방지할 필요가 있거나 또는 회복 가능하지만 중대한 손해를 예방할 필요가 있을 때 허락된다. 즉 본안판단에서 위헌이 되거나 인용되더라도 청구인에게 돌이킬 수 없는 손해가 발생하거나 또는 회복할 수 있어도 심각한 손해가 예상되는 경우, 이를 방지할 필요가 있어야 한다.

(다) 긴 급 성

가처분은 회복하기 어려운 중대한 손해를 방지하기 위하여는 집행작용의 효력을 정지시켜야 할 긴급한 필요가 있을 때 허락된다. 즉 가처분은 회복하기 어려운 중대한 피해의 방지가 본안소송을 통해서는 도저히 달성될 수 없다고 판단될 정도의 긴급성이 있어야 한다. 따라서 본안심판이 종결되었거나 본안심판절차가 충분하게 진행되어 종국결정이 임박한 시점에서는 가처분은 허락되지 않는다.

(라) 공공복리에 대한 중대한 영향을 미칠 우려가 없을 것

법령의 효력을 정지시키는 가처분은 사인 간의 법률관계나 행정청의 구체적 처분에 대한 정지와 달리 정지로 인한 파급적 효과가 크므로 행정소송법 제23조 제2항에 따라 공공복리에 중대한 영향을 미칠 우려가 있을 때에는 허용되지 않는다. 따라서 법령에 대한 가처분은 필요성과 긴급성 이외에 "공공복리에 중대한 영향을 미치지 않을 때" 허용된다.

(4) 절 차

가처분은 본안소송이 계속 중인 경우, 신청 또는 직권으로 명할 수 있다. 변호사 강제주의는 가처분절차에도 적용된다. 본안의 피청구인과 가처분의 피신청인은 반드시 동일할 필요가 없다. 재판관 과반수의 찬성으로 의결한다. 가처분결정은 구두변론 없이도 가능하다.

(5) 결 정

(가) 결정의 내용

가처분은 현재의 법적 상태를 유지하는 소극적 가처분 외에도 새로운 법적 상태를 형성하는 적극적 가처분을 포함한다. 가처분은 본안소송의 결정이 이루어질 때까지 현상을 유지하거나 잠정적인 지위를 정하는 것이므로 종국결정이 선고될 때까지만 그 효력을 갖는다. 따라서 본안재판에 대한 결정이 있으면 가처분결정은 당연히 실효된다. 한편 가처분결정에도 이유를 기재하며, 주문에는 가처분결정의 본질적 성격 때문에 '종국결정 선고시까지'라는 문구가 들어갈 수밖에 없다.

(나) 인용결정(이익형량)

가처분결정에는 필연적으로 이익형량이 수반된다. 가처분이 인용된 뒤 종국결정에서 청구가 기각되었을 때의 불이익과 가처분이 기각된 뒤 청구가 인용되었을 때의 불이익을 비교형량하여 후자의 불이익이 전자의 불이익보다 클 경우 가처분은 정당화되며 허락될 수 있다.

㈐ 가처분결정의 효력

가처분결정이 내려지면 피청구인의 행위 없이도 본안결정이 있을 때까지 가처분 결정의 내용대로 법률관계가 형성된다. 가처분은 일종의 형성력을 지니며, 가처분결정은 당사자는 물론 국가기관을 기속한다.

9. 결　　정

(1) 종국결정

재판부가 심리를 마친 때에는 종국결정을 한다(헌재법 §36①). 종국결정을 할 때에는 결정서를 작성하고 심판에 관여한 재판관 전원이 이에 서명·날인하여야 한다. 심판에 관여한 재판관은 결정서에 의견을 표시하여야 한다(헌재법 §36③). 헌법재판소는 헌법재판소법이 위헌법률심판, 권한쟁의심판, 헌법소원심판에서만 재판관의 개별의견을 표시할 수 있도록 규정되어 있다는 것을 이유로 대통령 탄핵심판사건에서 결정문에 재판관들의 개별의견이 표시되지 않도록 하였다. 지나치게 법문에 얽매인 소극적 자세라 생각된다. 2005년 헌법재판소법의 개정으로 모든 심판사건에서 개별의견을 표시할 수 있게 되었다. 종국결정은 관보에 게재함으로써 이를 공시한다.

(2) 결정의 정족수

재판부는 종국심리에 관여한 재판관 과반수의 찬성으로 사건에 관한 결정을 한다. 다만 법률의 위헌결정, 탄핵의 결정, 정당해산의 결정 또는 헌법소원에 관한 인용결정을 하는 경우, 종전에 헌법재판소가 판시한 헌법 또는 법률의 해석적용에 관한 의견을 변경하는 경우에는 재판관 6인 이상의 찬성이 있어야 한다(헌재법 §23②).

(3) 결정의 유형

심판청구가 부적법한 경우에는 각하결정을, 심판청구가 적법하고 이유 있을 때에는 인용결정을, 심판청구가 적법하지만 이유가 없을 때에는 기각결정을 한다. 또 법률의 위헌 여부에 대한 결정은 합헌, 위헌, 변형결정을 한다.

(4) 결정의 효력

종국결정이 선고되면 헌법재판소결정에 일정한 효력이 주어진다. 헌법재판소결정이 선고되면, 헌법재판소에 대한 관계에서 발생하는 불가변력, 당사자에 대한 관계에서 발생하는 형식적 확정력, 헌법재판소 및 당사자에 대한 관계에서 발생하는 실질적 확정력(기판력)이 부여된다. 또한 헌법재판의 특수성으로 인한 기속력과 법규적 효력이 인정된다.

(가) 확 정 력

① 불가변력　　불가변력이란 헌법재판소의 결정이 선고되면 헌법재판소도 이에 구속되며 스스로 결정을 취소하거나 변경할 수 없는 효력을 말한다. 헌법재판소는 헌법재판소가 이미 행한 결정에 대해서는 자기 기속력 때문에 이를 취소·변경할 수 없으며 이는 법적 안정성을 위하여 불가피하다. 다만 결정서에 명백한 표현상 오류가 있거나 잘못된 계산이나 기재가 있는 경우, 직권 또는 신청에 의해 경정결정을 할 수 있다(헌재법 §40, 민소법 §211①).

② 형식적 확정력(불가쟁력)　　형식적 확정력이란 종국판결에 대하여 일정기간 내에 불복하지 않음으로써 판결의 취소·변경의 가능성이 없어진 상태를 말하는 것으로, 판결이 형식적으로 확정되었다고 하여 이를 형식적 확정력이라 한다. 헌법재판소 결정에 대하여는 상급심이 존재하지 않기 때문에 헌법재판소의 결정은 선고됨으로써 더 이상 다툴 수 없는 불가쟁력(형식적 확정력)이 즉시 발생한다. 헌법재판소 결정에 대하여는 불복신청이 허용될 수 없다.

③ 실질적 확정력(기판력)

㉠ 의　　의　　실질적 확정력이란 판결이 형식적으로 확정되면 당사자와 법원을 구속하여, 당사자는 이에 반하는 소송을 할 수 없고 법원도 이에 저촉되는 판단을 할 수 없다는 구속력을 말한다. 헌법재판소 결정이 확정되면 실질적 확정력이 발생한다. 실질적 확정력은 기판력으로서 소송물에 관한 판단에 대하여 부여된 효력이므로, 당해소송보다는 後訴에서 소송당사자 및 헌법재판소가 이에 반하는 행위를 할 수 없다는 구속력의 성격을 지닌다.

기판력은 원칙적으로 결정주문에 포함된 것에 한하여 발생된다. 기판력은 소송에 참가한 당사자 및 당사자의 지위를 승계한 자에게 미친다.

㉡ 일사부재리원칙　헌법재판에 대하여도 일사부재리원칙이 적용되기에, 심판을 거친 동일한 사건에 대하여는 다시 심판할 수 없다(헌재법 §39). 기판력의 본질을 반복금지로 이해할 때 일사부재리원칙은 기판력의 내용을 이루게 된다. '심판을 거친 동일한 사건'의 의미를 살펴본다. 먼저 심판에는 각하결정도 포함된다. 따라서 각하결정이 있은 후 이에 대한 보정 없이 다시 제기된 심판청구는 허용되지 않는다. 어떠한 경우 동일한 사건으로 볼 것인가가 문제된다. 종전 사건의 심판대상 법률과 당사자가 동일하여야 동일한 사건이 되므로 심판대상 법률은 동일한데 당사자가 다른 경우 동일한 사건으로 볼 수 없다.

(나) 기 속 력

① 의　의　기속력이란 헌법재판소의 결정은 모든 국가기관을 기속하는 효력을 말한다. 기속력은 헌법재판에 허용되는 특별한 효력으로, 헌법재판소 결정은 법원, 국가기관, 지방자치단체를 구속한다는 점에서 당사자 간에만 효력을 나타내는 기판력과 구별된다.

② 범　위　기속력의 객관적 범위는 결정주문이며, 결정이유 중에서 부수적 의견이나 간접사실에 대한 판단은 기속력이 미치지 않지만 '핵심적인 결정이유'에 대하여는 기속력이 미친다고 보아야 한다. '기각 또는 취소한다'는 주문만으로는 결정의 내용을 정확하게 알 수 없기 때문이다. 결정에 이르게 된 논리적이고 핵심적인 이유를 알지 못한 상태라면 기속력은 내용 없는 것이 될 것이며, 만일 결정의 정확한 내용을 알 수 없다면 국가기관에게 부여된 결정준수의무나 반복금지의무가 확보될 수 없게 될 것이다.

③ 내　용　기속력은 결정준수의무와 반복금지의무를 그 내용으로 한다. 즉 헌법재판소의 결정이 있게 되면 모든 국가기관은 이를 준수해야 하며 동시에 결정에 위반되는 행위를 할 수 없다.

④ 효　력　기속력은 법원, 국가기관, 지방자치단체에 대하여 미친다. 기속력은 기판력의 주관적 범위를 확장하는 기능을 가진다. 기속력은 일반국민에게 미치는 대세적 효력이 없으며 공권력주체에 대하여만 효력을 갖는다. 기속력의 결정준수의무와 반복금지의무의 효력은 국가기관에 따라 동일하지 않다. 특히 국회에 대해서는 상대적 기속성에 그쳐야 한다. 입법자 역시 위헌으로 선언된 법률과 동일

한 내용의 법률을 제정할 수 없다고 보지만 입법자를 절대적으로 구속할 수 없다. 입법자는 법에 대한 인식이 바뀌게 되거나 법의 기초를 이루는 사회현상이 변경된 때에는 이에 걸 맞는 법을 제정할 수 있어야 하기 때문이다.

⑤ 법률에 대한 합헌결정, 한정합헌결정, 한정위헌결정의 기속력 헌법재판소법(§47)은 법률에 대한 결정이 아니라 법률에 대한 위헌결정에 기속력이 인정된다고 규정하고 있어 위헌결정 외의 다른 결정(합헌, 한정합헌, 한정위헌)에 기속력이 인정되는가가 문제된다. 기속력이 인정될 경우 한정합헌이나 한정위헌된 법률에 대하여 재차 위헌 여부가 문의된 경우 어떤 주문을 내야 할 것인가가 정리되어야 한다.

㉠ **합헌결정** 법률에 대한 합헌결정은 기속력이 없다고 보아야 한다. 다만 헌법재판소가 합헌결정을 내린 이상 국가기관이나 지방자치단체는 그 결정에 따라 법령을 집행하고 처분을 행할 의무가 있다는 것을 '확인한 정도'의 기속력은 인정된다. 그러나 합헌으로 결정된 법률에 대해 일사부재리원칙에 위반되지 않는 범위 내에서 다시 다투고자 할 경우 이를 금할 정도의 기속력은 허락되지 않는다. 헌법재판소는 합헌으로 선언된 법률에 대하여 다시 위헌 여부가 문의된 경우 합헌결정을 하여 왔다. 이러한 헌법재판소의 태도에 대하여 비판하는 지적이 있으나, 적절치 않다. 합헌결정에 기속력을 부정하는 것이 타당하며, 부정한다면 합헌결정을 하는 것이 당연한 귀결이기 때문이다.

㉡ **한정합헌결정** 한정합헌결정은 위헌결정의 실질을 지닌 변형결정이라고 하는데 판례와 학설이 일치되어 있다. 법률의 위헌결정에 기속력이 인정된다면 위헌의 실질을 지닌 한정합헌결정에 기속력이 허용되어야 함은 당연하다. 한정합헌결정이 실질적 위헌결정의 성격을 지니고 있다면 한정합헌결정이 내려진 동일한 법률에 대하여 뒤에 이루어진 위헌 여부 판단에서는 이미 위헌결정을 내린 법률에 대한 위헌 여부의 문의에 해당되기에 각하결정을 하는 것이 타당하다.

㉢ **한정위헌결정** 헌법재판소의 입장을 정리해보면, 한정위헌결정은 위헌부분 외에는 합헌이며 합헌부분에 대해서는 기속력이 없으므로 이 부분에 대해 다시 제기된 위헌법률심판이나 헌법소원은 적법하며, 위헌법률심판이나 위헌소원으로 제기된 경우 합헌으로 인정되면 합헌결정 또는 한정위헌결정을, 법률소원(헌재법 §68①)으로 제기된 경우 합헌으로 여겨지면 합헌취지의 기각결정을 하게 된다는 것이다. 생각건대 한정위헌결정은 단순한 법률해석에 그치는 것이 아니라 위

헌결정이며 위헌결정으로서 기속력을 지니므로, 한정위헌으로 결정된 부분에 대해 다시 위헌 여부가 문의된 때에는 각하결정을 하여야 한다.

㉣ **위헌결정, 헌법불합치결정, 적용위헌결정** 위헌으로 결정된 법률은 즉시 효력을 상실하므로 위헌으로 결정된 법률에 대한 위헌심판제청은 부적법하다. 헌법불합치결정의 경우 법률은 즉시 또는 일정 기간이 도과한 후에 법률의 효력이 상실되므로 헌법불합치결정이 내려진 법률에 대한 위헌심판제청 역시 부적법하다. 또한 적용위헌결정은 구체적 사안에 대하여 특정법률조항의 적용이 위헌이라는 것이므로, 심판대상이 된 구체적 사안과 관련되어 다시 문의되었다면 부적법 각하되어야 한다.

(다) 법률적 효력(일반적 구속력)

법률에 대한 위헌결정은 위헌으로 선언된 법률을 소급적으로 또는 향후적으로 효력을 상실시킨다(헌재법 §47②). 헌법재판소법은 독일과 달리 법률의 위헌결정에 법률적 효력을 인정하는 규정을 두고 있지 않지만 법률에 대한 위헌결정에 법률적 효력을 인정할 수 있으며, 그 근거로는 헌법재판소법 제47조 제 2 항을 들 수 있다. 법률에 대한 위헌결정은 법률적 효력을 지니며, 이 법률적 효력에 의해 위헌결정의 효력이 공권력주체에게 미치는 기속력을 넘어, 일반사인에게도 효력을 나타내게 된다(대세효, 일반적 효력).

(5) 재 심

헌법재판소결정에 대하여 재심이 허용되는가가 문제된다. 재심의 허용 여부와 정도는 심판절차의 종류에 따라 개별적으로 판단될 수밖에 없다.

(가) 위헌법률심판, 위헌소원, 법령소원

법령의 위헌 여부에 대한 헌법재판소 결정에 대해서는 재심이 허용될 수 없다. 재심을 허용할 경우 엄청난 법적 혼란을 초래할 수 있기 때문이다. 만일 법률에 대한 위헌결정으로 효력이 상실된 법률이 재심절차에 의해 합헌결정이 선고되거나 그 반대의 경우 모두, 문제된 법률 또는 법률조항과 관련되는 국민의 모든 법률관계에 이루 말할 수 없는 커다란 혼란을 초래하며, 법적 생활에 불안을 가져온다. 또한 재심이 허용되는 법원의 확정판결과 헌법재판소의 법령에 대한 위헌결정은 본질, 효력, 범위 등에 있어 현저한 차이가 있으므로 이를 동일하게 취급할 수 없다. 법령의 위헌결정에 대해서는 재심을 불허함으로써 얻을 수 있는 이익(법적 안정성)이 재심을 허용함으로써 얻을 수 있는 이익(구체적 타당성)보다 크기 때문에 재심이 허락될 수 없다.

(나) 권리구제형 헌법소원

행정작용에 대한 권리구제형 헌법소원은 공권력작용, 특히 그 결정의 효력이 원칙적으로 소송당사자 사이에서만 미치기 때문에 일반재판과 같이 재심을 허용함이 상당하다. 다만 법령의 적용을 주된 임무로 하는 일반 재판과 달리 헌법해석을 주된 임무로 하는 헌법재판의 경우 재심을 허용하지 아니함으로써 얻을 수 있는 법적 안정성의 이익이 재심을 허용할 수 있는 구체적 타당성의 이익보다 상대적으로 높다고 할 수 있다. 따라서 권리구제형 헌법소원의 경우, 재판부 구성이 위법한 경우 등 절차상 중대하고도 명백한 위법이 있어 재심을 허용하지 아니하면 현저히 정의에 반하는 경우에 한하여 제한적으로 재심이 허용된다. 행정작용을 대상으로 하는 권리구제형 헌법소원을 재심대상사건으로 하는 경우 민사소송법 제422조 제1항 제9호의 판단유탈은 재심사유가 된다.

Ⅱ. 특별심판절차

헌법재판소법은 심판절차를 모든 심판절차에 일반적으로 적용되는 일반심판절차와 개별 심판절차에 적용되는 특별심판절차로 나누어 규정하고 있다. 특별심판절차는 개별 심판절차(위헌법률심판, 탄핵심판, 정당해산심판, 권한쟁의심판, 헌법소원심판)의 내용이므로 해당부분에서 다루어져야 한다.

제4항 헌법재판소의 권한

Ⅰ. 위헌법률심판권

헌법 제107조 제1항은 '법률이 헌법에 위반되는 여부가 재판에 전제가 되는 경우에는 법원은 헌법재판소에 제청하여 그 심판에 의하여 재판한다'고 하여 위헌법률심판제도를 규정하고 있다.

1. 위헌법률심판의 의의와 연혁

위헌법률심판이란 법률이 헌법에 위반되는가의 여부를 심사하고 법률이 위헌으로 판단된 때에는 그 효력을 상실시키는 제도를 말한다. 위헌법률심판은 미국 연방대법원의 1803년 Marbury v. Madison 사건에서 그 기원을 찾는다. 위헌법률심판은 국민의 대표가 만든 법률이라도 최고법인 헌법에 저촉되서는 안 된다는 것인데, 헌법의 최고규범성을 지키며, 헌법질서를 수호하고, 국민의 자유와 권리를 보장하는 동시에 다수의 횡포에 대하여 소수를 보호하는 등의 중요한 기능을 담당하고 있다.

2. 위헌법률심판의 유형

위헌법률심판은 여러 가지 측면에서 유형화된다. 먼저 심판기관의 성격에 따라 일반법원형, 헌법재판소형, 정치기관형으로, 심판시기를 기준으로 사전예방형(프랑스)과 사후교정형으로 나눌 수 있다. 사후교정형은 다시 구체적 사건의 전제 여부에 따라 이를 기초로 법률의 위헌 여부를 심사하는 구체적 규범통제와 그렇지 않은 추상적 규범통제로 구별된다. 또 집중형과 비집중형, 대세효와 대인효로 나눌 수 있다. 집중형이란 법원과 별도의 헌법기관을 두어 위헌법률심판을 한 곳에 집중시켜 심리하는 형태로서, 독일이나 오스트리아가 채택하고 있는 헌법재판소제도이다. 반면 비집중형이란 각급 법원이 모두 법률의 위헌 여부를 심사할 수 있도록 한 제도로, 미국이나 일본이 채택하고 있다. 한편 대세효란 위헌결정의 효력이 당사자 이외에 제 3 자 및 모든 국가기관에 미치는 형태인 반면(일반적 효력), 대인효란 위헌결정의 효력이 당사자에게만 미치는 형태이다. 우리나라는 헌법재판소형, 사후교정형(구체적 규범통제), 집중형, 대세효 형태를 취하고 있다.

3. 위헌법률심판의 요건

(1) 재판의 전제성

법률의 위헌 여부가 재판의 전제가 되어야 한다.

(가) 재　판

재판이란 형식과 심급을 불문하여 구체적 분쟁에 대한 법원의 모든 판단을 말한다. 법원의 사법행정은 이에 포함되지 않는다. 또한 재판내용에 있어 본안에 관한 것이건 소송절차에 관한 것이건 불문하며, 재판형식에 있어 판결, 결정, 명령을 모두 포함한다. 그리고 재판단계에 있어 수사단계와 공판단계 및 집행단계를 포함하며, 재판시점에 있어 종국재판과 중간재판을 포함한다.

㈏ 전 제 성

재판의 전제성이 충족되기 위해서는 첫째, 구체적 사건이 법원에 계속 중이어야 하고, 둘째, 위헌 여부가 문제되는 법률이 당해 소송사건의 재판과 관련하여 적용되는 것이어야 하며, 셋째, 법률이 헌법에 위반되는 여부에 따라 다른 내용의 재판을 하게 되는 경우를 말한다. 다른 내용의 재판을 하는 경우란, ㉠ 당해 사건의 재판의 결론이나 주문에 영향을 주거나, ㉡ 재판의 결론을 이끌어내는 이유를 달리하는데 관련이 있거나, ㉢ 재판의 내용과 효력에 관한 법률적 의미가 전혀 달라지는 경우를 말한다. 각 요건의 내용을 살펴보면 다음과 같다.

① 법원에 係屬(계속) 당해사건이 적법하게 법원에 계속되어야 한다. 법원의 계속은 제청 시는 물론 심판 시까지 계속되어야 한다. 따라서 위헌제청 이후 헌법재판소의 심리기간 중에 당해 사건에 대한 소취하 또는 상소취하가 이루어진 때에는 원칙적으로 재판의 전제성이 부정된다. 또 당해사건이 부적법한 것이어서 위헌 여부를 따져 볼 필요 없이 각하를 면할 수 없는 때에는 전제성이 부정된다. 다만 위헌소원의 경우 당해사건이 종료되어 판결이 확정되었더라도 헌법소원이 인용되는 경우에는 재심을 청구할 수 있으므로 재판의 전제성이 소멸되었다고 볼 수 없다.

② 재판에 적용

㉠ 재판에 적용 위헌 여부가 문제되는 법률이 당해사건의 재판에 적용되어야 한다. 법률의 위헌 여부에 관해 의심이 있다 하더라도 당해사건에 적용되는 것이 아니라면 재판의 전제가 될 수 없다. 공소가 제기되지 아니한 법률조항의 위헌 여부는 당해 형사사건의 재판의 전제가 될 수 없으며, 반면 공소장에 적시된 법률조항이 아니라 하더라도 법원이 공소장 변경 없이 실제 적용한 법률조항은 재판의 전제성이 인정된다. 불합치결정이 있은 후 개선입법이 적용되는 경우 불합치결정된 법률은 적용될 여지가 없으므로 이에 대한 법원의 제청은 재판의 전제성이 없다.

㉡ 간접 적용되는 경우 법률이 당해사건에 직접 적용되지 않더라도 재판의 전제성이 인정되는 경우가 있다. 당해사건에 직접 적용되지 않는다 하여도 양 규범(갑조항, 을조항) 사이에 내적 관련이 있고 그 법률조항(을)의 위헌 여부에

따라 직접 적용되는 법률(갑)의 위헌 여부가 결정되는 경우, 즉 간접 적용되는 경우 을조항에도 전제성이 긍정된다.

③ 다른 내용의 재판 다른 내용의 재판을 하는 경우란 당해사건의 재판의 결론이나 주문에 영향을 주거나, 재판의 결론을 이끌어내는 이유를 달리하는데 관련이 있거나, 또는 재판의 내용과 효력에 관한 법률적 의미가 달라지는 경우를 말한다.

㉠ 재판의 결론이나 주문

법률의 위헌 여부에 따라 판결의 주문이 달라지는 경우를 말한다. 이는 재판의 전제성의 핵심적 내용에 해당된다.

㉡ 재판의 결론을 이끌어내는 이유 재판의 결론을 이끌어내는 이유가 달라질 때 전제성이 인정된다. 이유란 당해사건에서의 주요 이유, 즉 재판의 결론과 직접 관련되어 있는 이유를 말한다. 이유를 달리하는 것과 관련되어 재판의 전제성을 긍정한 판례는 아직 없다.

㉢ 재판의 내용과 효력에 관한 법률적 의미 재판의 내용과 효력에 관한 법률적 의미가 달라지는 경우이다. 재판의 내용과 효력 모두에 대한 법률적 의미가 달라지는 경우는 물론 내용이나 효력 중 어느 하나라도 그 의미가 달라지는 경우 전제성이 인정된다. 첫째, 법률의 위헌 여부가 재판의 주문에 직접적 영향을 주지 않는다 하여도 법원이 앞으로 진행할 소송절차와 관련한 중요한 문제점을 선행 결정하는 데 영향을 주는 경우, 전제성이 긍정된다. 둘째, 구속영장의 효력이 법원의 결정에 좌우되는지 아니면 검사의 구형에 의존되는지와 같이 구속영장의 효력상실에 관한 법률의 의미가 달라지는 경우, 전제성이 긍정된다.

④ 기 타 헌법재판소는 재판의 전제성에 관한 상기 원칙적인 내용 외에도 다양한 형태로 전제성을 긍정하고 있는데, 심판대상이 확장되는 경우와 평등원칙에 대한 위헌을 다투는 경우가 대표적이다.

㉠ 심판대상이 확장되는 경우 헌법재판소는 헌법재판소법 제45조 단서에 의한 경우, 동일한 심사척도가 적용되는 경우, 전제성 있는 부분과 체계적으로 분리할 수 없는 경우 등에는 심사대상을 확대하고 있다. 이 범위 내에서 재판의 전제성이 긍정된다. 제청된 법률 중 당해사건의 재판에 적용되지 않는 내용이 들어 있는 경우에도 제청법원이 단일 조문전체를 위헌제청하였고 조문전체가 동일한 심사척도가 적용될 위헌심사대상인 경우에는 조문전체가 심판대상이 될 수 있다.

㉡ **평등원칙과 재판의 전제성** 재판의 전제성을 판단함에 있어 평등원칙과 관련하여 특수한 문제가 제기된다. 수혜대상에서 제외된 자가 '수혜대상 배제법령'을 평등원칙위반으로 다투는 경우와 수혜가 특정한 범위에 한정된 법령을 평등원칙 위반으로 법원이 직권으로 다투는 경우로 나누어 볼 수 있다.

(a) 수혜대상에 제외된 자(비수혜대상자)가 수혜대상으로부터의 제외가 평등에 반한다고 하여 관련 법령의 위헌성을 다툴 경우, 위헌으로 선언되어 법령의 효력이 상실되어도 비수혜대상자가 혜택을 받게 되는 것이 아니므로 재판의 전제성은 부정된다고 생각할 수 있다. 그런데 이런 경우, 재판의 전제성이 없어 언제나 각하되어야 한다면 법령의 평등위반은 일체 다툴 수 없게 되어 부당하게 된다. 그렇다면 법령이 위헌으로 선언되어 법령이 개정될 때 비수혜대상자를 수혜대상자에 포함시킬 수도 있으므로 재판의 전제성이 긍정되어야 한다. 평등원칙 위반의 의심을 받고 있는 법령에 대하여 헌법재판소는 재판의 전제성을 긍정하는 적극적인 방향으로 견해를 형성하고 있다.

(b) 수혜대상자가 자신의 수혜가 평등원칙에 반한다고 다투는 경우는 없겠지만, 법원이 직권으로 수혜대상자의 수혜가 평등에 위반된다고 보아 이를 다툴 수 있다. 불평등제거가 수혜대상법률의 폐지에 있다면 전제성이 긍정될 수 있다. 국가가 제기한 소송에서 국가에 대하여 인지첩부를 면제하는 것이 평등에 반한다고 하여 법원이 직권으로 위헌 여부를 제청한 경우가 이에 해당된다.

(다) 판　단

재판의 전제성 유무에 관한 판단은 헌법재판소가 독자적인 심사를 하기보다는 법원의 법률적 견해를 존중해야 한다. 다만 제청법원의 법률적 견해가 명백히 유지될 수 없는 경우에는 헌법재판소가 직권으로 재판의 전제성을 판단한다. 재판의 전제성은 제청 시만이 아니라 심판 시점에도 충족되어야 한다. 제청 후 당사자가 소취하 등 소송을 종료하는 행위를 하거나, 관련 법률이 개폐되어 신법을 적용하게 되는 경우에는 제청법원은 제청을 철회하여야 한다. 재판의 전제성유무에 관한 판단은 재판관 과반수의 찬성으로 족하다.

(2) 법원의 제청

(가) 법　원

위헌법률심판의 제청은 법원이 한다. 수소법원, 집행법원, 비송사건 담당법원도 재판사건과 동일하게 제청권이 있다. 군사법원 역시 제청권을 가진다. 다만 행정심판을 담당하는 행정심판기관은 법원으로 볼 수 없다. 소송당사자는 위헌제청의 신청을 할 수 있을 뿐이다. 보조참가인은 자기 명의로 독립하여 소송행위를 하는 자이므로 제청신청을 할 수 있다.

(나) 제 청

법원의 위헌법률심판의 제청은 직권이나 당사자의 신청에 의한 결정으로 한다(헌재법 §41①). 하급법원의 제청은 대법원을 경유하여야 한다(헌재법 §41⑤). 당해 소송사건의 재판은 헌법재판소의 결정이 있을 때까지 정지된다(헌재법 §42①). 다만 법원이 긴급하다고 인정한 경우에는 종국재판 외의 소송절차를 진행할 수 있다. 재판정지기간은 형사소송절차에서의 구속기간에 산입하지 않는다.

(3) 합리적 의심

헌법 제107조 제 1 항은 제 5 공화국 헌법 제108조 제 1 항의 '법원은 법률이 헌법에 위반되는 것으로 인정할 때에는'을 삭제하고 있어, 어느 정도의 의문이 있을 때 제청이 가능한가가 문제된다. 헌법 제107조 제 1 항의 취지는 문제된 법률조항이 단순한 의심을 넘어선 합리적인 위헌의 의심이 있으면 위헌여부심판을 제청하라는 취지로 보아야 한다. 단순히 의문이 있다는 것으론 부족하고, 그렇다고 독일과 같이 확신까지 요구하는 것으로 볼 수 없다. 법원은 위헌제청을 하기 전에 헌법합치적 법률해석을 통해 법률의 위헌성을 제거할 수 있는 방법이 존재하는지 여부를 판단하여야 한다. 헌법합치적 법률해석의 가능성이 존재할 때에는 위헌제청을 할 수 없다고 보아야 하기 때문이다.

4. 위헌법률심판의 대상

(1) 법 률

(가) 유효한 법률

위헌법률심판의 제청대상이 되는 법률은 위헌제청시는 물론 위헌판단시에도 유효한 법률이어야 한다. 이미 위헌결정이 선고되어 효력을 상실한 법률조항에 대한 위헌심판제청은 부적법하며, 공포는 되었으나 시행되지 않은 법률 역시 위헌법률심판의 대상이 될 수 없다.

(나) 폐지되거나 개정된 법률

폐지된 법률이거나 이미 위헌결정이 선고되어 효력을 상실한 법률에 대한 위헌법률심판의 제청은 부적법하다. 그러나 폐지된 법률 또는 개정된 법률이라도 당해 소송사건에 적용될 수 있어 재판의 전제성이 인정된 경우에는 위헌심판의 제청대상이 될 수 있다.

(다) 입법부작위

위헌법률심판은 법률의 존재를 전제로 법률의 위헌 여부를 판단하는 것이므로 입법부작위는 위헌제청의 대상이 될 수 없다. 다만 부진정 입법부작위와 같이 법률이 제정되었으나 불완전 불충분하게 만들어진 경우 불완전한 법률 그 자체의 위헌 여부를 다투는 것은 가능하다.

(2) 긴급명령

대통령의 긴급명령이나 긴급재정경제명령은 법률의 효력을 지니므로(§76, §77) 위헌제청의 대상이 된다.

(3) 조 약

조약의 국내법적 효력에 관하여 견해의 대립이 있으나 법률의 효력을 지니는 것으로 보는 것이 통설이다. 법률과 동일한 효력을 지니는 조약은 위헌심판의 대상이 된다.

(4) 헌 법

헌법조항을 헌법소원심판과 위헌법률심판의 대상으로 삼을 수 있다는 주장이 가능하나, 헌법조문 간의 가치의 차이는 인정할 수 있지만 헌법조문은 하나의 통일성을 구성하고 있기에 조문 상호간 충돌이 발생할 경우 배제가 아니라 조화를 추구해야 하며, 국민투표로 제·개정되는 헌법조항에 대해서 헌법소원을 청구하거나 위헌법률심판의 제청대상으로 하는 것은 불가능하다. 헌법재판소 역시 헌법의 개별조항 그 자체는 제청대상이 아니라고 한다.

(5) 관 습 법

관습법이 위헌법률심사의 대상이 될 수 있는가에 관해 헌법재판소와 대법원이 견해를 달리하고 있다. 위헌법률심사의 대상이 되는 법률은 형식적 법률이외에도 법률적 효력을 지니는 모든 법규범을 포함하므로, 논리적으로는 법률적 효력을 지니는 관습법의 경우 위헌법률심사의 대상으로 삼을 수 있다고 보아야 한다. 그러나 관습법은 문서화되어 있지 않고, 법률에 대해 보충적 法源의 성격을 지니며 성문법과 달리 재판작용에 의해 법의 성립과 효력이 인정되므로, 이러한 관습법에 대해서까지 헌법재판소가 관습법의 법률적 효력의 측면에만 주목하여 이를 위헌법률심사의 대상으로 삼는 것은 신중할 필요가 있다. 헌법재판소는 비록 위헌소원의 형태지만 관습법을 위헌법률심판의 대상으로 인정하였다.

⑹ 긴급조치

대법원은 긴급조치는 위헌법률심판대상이 되는 법률에 해당한다고 볼 수 없으므로 이에 대한 위헌판단은 대법원의 관할이라고 하나, 긴급조치는 실질적으로 법률의 효력을 지니고 있으므로 헌법재판소가 위헌여부에 대한 판단권을 지닌다고 보아야 한다(헌결).

5. 위헌법률심판대상의 확정

헌법재판소는 제청된 법률조항이나 위헌소원의 대상이 된 법률조항의 위헌 여부를 심판대상으로 삼는다. 일정한 경우 심판대상범위를 제한하거나 확대하고 있다.

⑴ 심판대상의 제한

제청법원은 심판대상을 제한하지 않고 법률조항의 전부에 대해서 심판을 청구하는 경우가 많은데, 헌법재판소는 결정의 이유에서 심판대상을 제한하고 제한된 대상에 대해서 판단한다.

⑵ 심판대상의 확장

㈎ 헌법재판소법 제45조 단서에 의한 경우

헌법재판소는 제청된 법률조항의 위헌 여부를 결정한다. 다만 법률조항의 위헌결정으로 당해 법률전부를 시행할 수 없다고 인정할 경우에는 그 법률전부에 대하여 위헌결정을 할 수 있다. 이 범위 내에서 심판범위가 확장된다. 또한 법률조항의 위헌결정이 이루어지게 되면 독자적 존재의미가 상실되는 동일 법률의 다른 법률조항에 대해서까지 심판범위를 확장할 수 있다. 특히 형벌규정의 경우 구성요건에 대한 위헌결정이 있게 되면 형벌부분은 독자적 존재의의가 없게 되므로 '구성요건과 형벌'의 두 규정 모두를 심판대상으로 삼고 있다.

(나) 동일한 심사척도가 적용되는 경우

제청법원이 제청한 법률조항 속에 당해사건에 적용되지 않은 내용이 있는 경우 제청법원이 단일 조문 전체를 위헌제청하였고, 조문전체가 동일한 심사척도가 적용될 대상인 경우 당해사건에 적용되는 조항만을 분리 심사하는 것은 바람직하지 않으므로 조문 전체를 심판대상으로 삼을 수 있다.

(3) 심판대상의 변경

헌법재판소가 직권으로 심판대상을 변경할 수 있는가가 문제된다. 심판청구이유, 당해사건 재판과의 관련정도, 이해관계인의 의견 등을 종합하여 헌법재판소는 직권으로 심판대상을 변경할 수 있다.

6. 위헌법률심판의 심사기준

위헌법률심판의 심사기준은 형식적 의미의 헌법이다. 헌법의 기본원리는 물론 관습헌법도 위헌심판의 기준이 된다. 국제법규는 법률의 효력을 지니므로(기껏해야 헌법과 법률 중간의 효력을 지니므로) 국제법규, 조약 모두 위헌심사의 기준이 될 수 없다.

7. 위헌법률심판에서의 판단범위

헌법재판소는 제청법원이나 신청인이 주장하는 법적 관점 이외의 모든 헌법적 관점에서 위헌 여부를 심사할 수 있다. 주의할 것은 모든 헌법적 관점에서 심사할 수 있다는 것이지 심사해야 하는 것은 아니다. 가능한 모든 헌법적 관점에서 판단할 것이 요구되나 모든 관점에서 심사하지 않았다고 하여 판단유탈이 되는 것은 아니다. 한편 법원의 위헌제청에 의해 제한되는 것은 심판대상인 법률조항이지 위헌심사의 기준이 아니다. 헌법재판소는 청구인이 아닌 제3자의 기본권침해 여부까지 직권으로 판단한 바 있다.

8. 위헌법률심판에서의 종국결정

(1) 종국결정의 유형 및 의결정족수

위헌법률심판에 대한 종국결정은 형식적 요건의 흠결로 본안판단에 들어갈 수 없는 각하결정과 본안에 대한 합헌결정 및 위헌결정이 있다. 위헌결정은 단순 위헌결정, 헌법불합치결정, 한정합헌결정(…로 해석되어야만 합헌) 및 적용위헌결정이 있다. 각하결정은 재판관 과반수로 결정하나, 법률에 대한 위헌결정을 하려면 재판관 6인 이상의 찬성이 있어야 한다.

(2) 합헌결정

(가) 단순 합헌결정

합헌결정은 위헌의견이 재판관 6인에 달하지 못한 경우에 내려진다. 합헌결정에 기속력을 인정할 것인가가 다투어진다. 긍정설에 따르면, 합헌결정은 제청법원에 대하여는 위헌의 의심이 해소되는 효력을 지니며 다른 법원에 대하여는 기속력이 있다고 한다. 반면 부정설은 합헌결정에는 기속력을 인정할 수 없고 합헌으로 결정된 법률에 대해서 법원은 다시 제청할 수 있으며 헌법재판소는 위헌 여부를 새로이 판단할 수 있다고 한다. 부정설이 타당하다.

(나) 한정합헌결정

한정합헌결정이란 법률의 다의적 개념을 전제로 헌법합치적 법률해석의 결과, 구체적 사건과 관련해서 합헌해석을 선택한 결정으로, '… 로 해석되어야만 합헌(위헌 한정합헌)' 또는 '… 해석하는 한 합헌(합헌 한정합헌)'의 주문형식으로 나타난다. 통설 및 판례는 한정합헌결정을 내용은 위헌이나 형식은 합헌이라고 이해하고 있으나, 이는 적절치 않다, 한정합헌결정은 합헌 한정합헌결정과 위헌 한정합헌결정으로 구별되어야 한다. 이에 대한 자세한 설명은 후술하는 변형결정의 한정합헌결정에서 다루기로 한다. 합헌 한정합헌결정은 3가지 이상의 합헌(또는 위헌)해석 가능성이 있을 때 합헌해석을 선택한 경우로, 관련사건 이외의 사건에 대해서는 위헌 여부에 대한 판단이 유보된 것이며, 그러한 관계에 있을 때 선언되므로, '… 해석하는 한 합헌'으로 표시되어야 한다.

(다) 위헌불선언 결정

위헌불선언 결정이란 위헌의견이 5인, 즉 과반수에 달해도 위헌결정에 필요한 6인 정족수에 미치지 못하여 위헌을 선언할 수 없는 경우, 이를 단순 합헌결정과 구별하기 위한 결정형식을 말한다. 헌법재판소는 수차례에 걸쳐 위헌불선언결정을 하였으나 지금은 합헌결정을 선고하고 있다.

(라) 아직은 합헌결정

아직은 합헌결정이란 헌법재판소가 결정을 선고할 시점에는 헌법에 위반되지 않지만 일정시간이 결과하면 위헌으로 될 가능성이 크다고 판단될 경우 행해지는 결정유형을 말한다(입법촉구결정). 헌법재판소가 이런 유형의 결정을 내린 바 없다. 입법촉구를 수반하게 되는 헌법불합치결정도 넓은 의미의 입법촉구결정으로 볼 수 있으나 입법촉구결정과 헌법불합치결정의 차이점은, 전자는 국회가 추상적 입법개선의무를 부담하는 반면 후자는 구체적 입법개선의무를 부담한다는 데 있다.

(3) 위헌결정

(가) 의 의

법률이 헌법에 위배된다고 판단된 경우 위헌결정을 하는데 9인의 재판관 중 6인 이상의 찬성을 얻어야 한다. 위헌결정은 법원 기타 국가기관 및 지방자치단체를 구속한다.

(나) 위헌결정의 종류

① 단순 위헌결정　　문제된 법률이나 법률조항에 대하여 위헌을 선언한다.

② 일부위헌결정(양적 일부위헌결정)　　일부위헌결정이란 법률의 일부분만을 위헌으로 선언하는 것을 말한다. 법률의 일부만이 위헌성을 지니고 있고 위헌부분이 가분적 성격을 지니고 있으며 그 부분만 위헌 무효화시킨다 하더라도 법률전체의 존속에 영향을 주지 않을 경우에는 굳이 전부를 무효화시킬 필요가 없다. 양적 일부위헌결정은 그 본질이 위헌결정과 동일하므로 단순 위헌결정의 한 유형에 불과하나, 질적 일부위헌결정과의 구별을 위해 편의상 별도로 다룬다.

③ 일부위헌결정(질적 일부위헌결정)　　법률이 위헌되는 경우는 법률에 나타나 있는 외형적 문구를 위헌으로 하거나 법률에 드러나 있지 않은 내용을 위헌으로 하는 경우로 나눌 수 있다. 전자가 양적 일부위헌이라면 후자는 질적 일부위헌이 된다. 질적 일부위헌이란 법률의 외형적 문구는 훼손되지 않지만 법규범의 내용이 효력을 상실함으로써 규범의 질적 축소가 이루어지는 것을 말한다. 질적 일부위헌결정으로는 위헌의 실질을 지니는 한정합헌결정과 한정위헌결정을 들 수 있다.

(다) 위헌결정의 효력

법률에 대한 헌법재판소의 위헌결정은 법원 기타 국가기관 및 지방자치단체를 기속하며(헌재법 §47①), 법률의 효력을 상실시킨다(헌재법 §47②).

① 기 속 력 법률의 위헌결정은 법원 기타 국가기관 및 지방자치단체를 구속하는 기속력을 지닌다. 법원을 포함한 모든 국가기관 및 지방자치단체는 위헌으로 결정된 법률을 적용하거나 공권력행사의 기초로 삼아서는 안 된다. 이와 같은 기속력은 위헌결정의 실질을 지니는 헌법불합치결정, 한정합헌결정, 적용위헌결정에 대해서도 인정된다.

② 상 실 효 법률의 위헌결정은 위헌으로 선언된 법률의 효력을 상실시킨다. 법률의 효력상실시기를 어떻게 정할 것인가는 입법례마다 다르다. 독일은 소급효를 원칙으로 하며 오스트리아는 장래효를 채택하고 있다. 한편 미국은 구체적 사건마다 결정하고 있다.

㉠ 원칙(원칙적 장래효, 예외적 소급효) 위헌으로 결정된 법률 또는 법률조항은 결정이 있은 날부터 효력을 상실한다. 다만 형벌에 관한 조항은 소급하여 그 효력을 상실한다(헌재법 §47②). 소급효의 허용 여부는 입법정책에 속하는 것으로, 법적 안정성 및 신뢰보호의 원칙과 정의와 형평의 원칙을 어떻게 조화시키는가에 달려 있다. 헌법재판소법은 형벌법규를 제외하고는 법적 안정성 내지 신뢰보호에 중점을 두고 있다. 2014년 개정 헌법재판소법(§47③)은 형벌조항에 대한 위헌결정은 소급하여 효력을 상실하나 형벌조항에 대해 헌법재판소의 합헌결정이 있는 경우에는 위헌결정은 그 합헌결정일 그 다음날로 소급하여 효력을 상실하도록 하여, 소급시점 문제를 입법적으로 해결하였다.

㉡ 예 외 위헌결정은 비형벌법규에 대해서는 장래효, 형벌법규에 대해서는 소급효를 취하고 있으나, 소급효가 인정되는 형벌법규에 대해서도 소급효를 제한해야 되는 경우가 있는 반면 반대로 장래효를 나타내는 경우에도 소급효를 허용해야 하는 경우가 존재한다.

ⓐ 형벌법규이나 소급효가 제한되어야 하는 경우 먼저 형벌에 관한 규정이라도 그것이 위헌선언될 경우 형사처벌을 받지 않았던 자들에게 형사상 불이익이 미치게 되는 경우에는 죄형법정주의 원리(형벌불소급)에 따라 소급효가 인정될 수 없다. 또한 소급효가 적용되는 '형벌에 관한 법률 또는 법률의 조항'이란 범죄구성요건에 관한 실체법규로 제한되어야 한다. 형사소송법이나 법원조직법의 절차규정과 같은 절차법조항에 대한 위헌결정에는 소급효가 인정되지 않으며, 따라서 재심도 허용되지 않는다. 위헌결정은 이미 선언된 유죄판결 그 자체를 무효로 만들거나, 유죄

판결의 집행을 정지시키거나, 진행 중인 형의 집행을 금지하는 것이 아니라, 재심청구를 통해 확정판결을 다툴 수 있게 할 뿐이다. 형벌에 관한 조항이 위헌선언된 경우 형의 집행이 이미 종료된 이후에는 재심을 청구할 수 있다.

(b) **장래효이지만 소급효가 허용되어야 하는 경우** 형벌 이외의 법률조항에 대해 위헌이 선언되면 그 효과는 장래에 대해서 나타나므로(결정이 선고된 날부터 효력을 상실하므로, 그 전까지는 유효한 법률로 취급되기에), 위헌결정을 얻어낸 사건이나(당해사건), 위헌결정이 선고된 때 법원에 계속 중인 사건(병행사건)의 경우마저도 위헌으로 선언된 법률의 효력상실의 혜택을 받지 못하게 된다. 당해사건에 대해서는 헌법 제107조 제 1 항에 의거해 소급효를 인정할 수 있으며, 정의의 관점에서 볼 때 병행(유사)사건에 대해서도 소급효를 인정하는 것이 요구되나, 문제는 일반사건이다. 일반사건에까지 소급효를 일률적으로 인정하게 되면 헌법재판소법 제47조를 무력화시키는 것이 되며, 소급효를 일절 부정하면 정의 관념에 반하는 경우가 발생할 수 있다.

헌법재판소는, ㉠ 법률의 위헌결정을 위한 계기를 부여한 당해사건, 위헌결정이 있기 전에 동종의 위헌 여부에 관하여 헌법재판소에 위헌제청을 하였거나 법원에 위헌제청신청을 한 경우의 당해사건, 위헌제청신청을 하지 않았지만 법률이 재판의 전제가 되어 법원에 계속 중인 사건(병행사건)에 대하여는 소급효를 허용하여야 할 것이며, ㉡ 일반사건(법률의 위헌결정이 있은 후 법원에 제소된 사건)의 경우, 당사자의 권리구제를 위한 구체적 타당성의 요청이 현저한 반면에, 소급효를 인정하여도 법적 안정성을 침해할 우려가 없고, 구법에 의하여 형성된 기득권자의 이득이 해쳐질 사안이 아닌 경우로서, 소급효의 부인이 오히려 정의와 형평 등 헌법적 이념에 심히 배치되는 때에는 소급효를 허용하여야 할 것이라 하였다. 이러한 헌법재판소의 입장은 당해사건과 병행사건에는 소급효를 허용하되, 일반사건의 경우에는 일률적으로 소급, 비소급을 정하지 않고 구체적 사건마다 개별적으로 법원이 결정하도록 맡긴 것으로 정리된다.

(c) **확정력이 발생한 행정처분** 취소소송의 제기기간을 경과하여 확정력이 발생한 행정처분에는 위헌결정의 소급효가 미치지 않는다. 대법원은 위헌인 법률에 근거한 행정처분이 당연무효인지의 여부는 위헌결정의 소급효와는 별개의 문제로서, 위헌결정의 소급효가 인정된다고 하여 위헌인 법률에 근거한 행정처분이 당연무효가 된다고는 할 수 없고, 오히려 이미 취소소송의 제기기간을 경과하여 확정력

이 발생한 행정처분에는 위헌결정의 소급효가 미치지 않는다고 하였다. 따라서 행정처분에 대하여 행정처분의 근거가 된 법률이 위헌이라는 이유로 무효확인청구의 소가 제기된 경우에는 다른 특별한 사정이 없는 한 법원으로서는 법률이 위헌인지 여부에 대하여는 판단할 필요 없이 무효확인청구를 기각하여야 한다.

(4) 변형결정

(가) 허용 여부

헌법재판소법은 위헌과 합헌의 두 가지 유형을 예정하고 있으나 두 가지 유형의 결정주문만으로 규범통제에서 나타나고 있는 모든 문제를 포용할 수 없으므로 변형결정은 헌법재판에 있어 불가피하다. 재판주문의 방식과 형태를 어떻게 할 것인가는 재판관의 재량에 속한다. 변형결정의 유형은 학자마다 분류방법이 다양한데, 헌법재판소법이 예정한 정형결정 이외의 모든 결정을 변형결정으로 분류하는 것이 타당하다. 통상 헌법불합치결정, 한정합헌결정, 한정위헌결정, 적용위헌결정 등이 이에 해당한다.

(나) 헌법불합치결정

① 의 의 　헌법불합치결정이란 문제된 법률이 헌법에 위반되는 경우 헌법에 위배된다는 사실만 확정하고 위헌제거를 위한 구체적 입법개선을 요구하는 결정주문을 말한다. 이는 법치국가적으로 용인되기 어려운 법적 공백이나 혼란을 초래할 우려가 크거나 또는 법률의 위헌성제거에 입법형성의 자유가 존중될 필요가 있는 경우에 내려지는 변형 위헌결정이다.

② 연 혁 　헌법불합치결정은 독일 연방헌법재판소가 고안해낸 작품으로 처음에는 판례로 형성되었지만 이후 그 법적 근거가 연방 헌법재판소법에 마련되었다. 우리 경우에도 헌법재판소는 판례로 헌법불합치결정을 인정하였고 지금에 이르고 있다.

③ 정당화사유

㉠ **수혜적 법률의 평등위반** 　불합치결정은 수혜적 법률이 자유권을 침해하지 않고 불평등한 상태에 놓이게 될 때 정당화된다. 예를 들어, 어느 법률이 동일한 조건의 갑, 을 중 어느 일방(을)에게만 이익을 주는 경우 법률은 평등위반이 되는데, 단순위헌을 선언하게 되면(법률은 장래적으로 무효가 되므로) 을에게 주어진 이익만

제거될 뿐 이를 다툰 갑에게는 아무런 법적 효과가 나타나지 않는다. 만일 을에게 이익을 주는 그 자체가 위헌이라면 위헌결정을 내려야겠지만, 그렇지 않다면 단순 위헌결정으로는 규범의 폐지만 나타날 뿐 합헌상태를 회복하지 못하게 된다. 이런 경우, 위헌결정보다는 적용을 중단하고 입법자의 법개선을 기다리는 불합치결정이 정당화된다.

㉡ **법적 공백** 단순 위헌결정으로 인한 법적 공백을 메울 수 있을 때 불합치결정은 정당화된다. 비록 법률이 위헌이라 하더라도 이를 존속시키고 잠정적으로 적용하였을 때의 법적 상태와 법률의 효력을 즉시 상실시켰을 경우에 초래되는 법적 공백상태를 비교할 때, 법적 공백상태가 헌법질서의 안정과 신뢰에 더 큰 혼란을 주는 경우라면 위헌법률의 잠정적용의 불합치결정은 정당화될 수 있다.

㉢ **입법형성의 존중** 입법자에게 위헌상태를 제거하도록 맡기는 것이 요구될 때 입법자의 형성의 자유를 존중하는 불합치결정이 정당화된다.

④ 효 력

㉠ **원칙적 적용중단, 예외적 잠정적용** 헌법불합치결정이 선고되면 불합치 선언된 법률조항은 위헌인 법률임에도 형식적 존속을 유지한다(형식적 존속). 헌법불합치결정이 선고되면 법원을 포함하여 모든 국가기관은 불합치 선언된 법률조항의 적용을 중단하여야 한다(적용중단). 위헌인 법률의 적용금지는 법치국가의 당연한 요청이기 때문이다. 법원도 절차를 중단해야 한다. 불합치결정의 본질은 '위헌법률의 적용금지'로 인한 '절차의 정지'에 있다. 입법자가 합헌적인 법률을 만들 때까지 법원의 결정은 보류되어야 한다. 법원은 입법개선이 이루어질 때까지 사건진행을 보류하고 위헌이 제거된 새로운 법률을 소급해서 적용한다(소급적용). 불합치상태를 제거하는 여러 가지 방법 중 어느 것을 선택할 것인가는 입법자의 재량에 속한다. 한편 헌법재판소는 불합치 선언된 법률의 잠정적용을 예외적으로 허용하고 있다. 위헌인 법률의 적용은 허락될 수 없지만, 적용금지 때문에 법적 공백이 발생하고 이러한 법적 공백이 (위헌법률을 적용하는 것보다) 헌법과 더욱 합치되지 않는 상황을 초래하는 경우에는 예외적으로 잠정적용을 허용할 수밖에 없다.

㉡ **위헌결정과의 구별** 헌법불합치결정은 불합치 선언된 법률을 더 이상 적용할 수 없다는 점에서 위헌결정과 동일한 결과를 나타내지만 위헌결정과 중요한 차이가 있다. 위헌결정은 법률의 효력이 상실되어 이를 근거로 법원은 최종적 판단

을 할 수 있으나, 헌법불합치결정은 위헌상태의 제거에 관한 최종적 판단을 입법자에게 미루고 있어 법원은 이를 기다려 재판을 하게 된다는 점이다.

㉢ 기 속 력 헌법불합치결정은 변형된 결정유형이지만 위헌결정이므로 법원 기타 국가기관 및 지방자치단체를 기속한다(헌재법 §47①).

㉣ 소 급 효 헌법불합치결정은 위헌결정이므로 당해사건과 병행사건에 대해서는 불합치결정의 소급효가 미치므로 불합치선언된 법률의 적용은 (원칙적으로) 배제되며, 개선된 법률이 소급 적용된다. 헌법불합치결정의 소급효는 위헌결정의 소급효와 달리 개선입법의 소급효를 의미한다. 이는 헌법불합치결정은 위헌결정과 달리 위헌제거를 입법자에게 맡겨 입법자가 헌법재판소를 대신하여 합헌상태를 소급하여 회복시키는 것이기 때문이다. 대법원도 헌법불합치결정을 하게 된 당해사건 및 병행사건에 대하여 개선입법의 부칙에 소급적용에 대한 경과조치를 두고 있지 않더라도 개선입법이 소급하여 적용된다고 하였다.

㉤ 기한설정 헌법불합치결정은 입법자에게 기한을 설정하여 개선의무를 부과하고 있다. 헌법재판소는 통상 주문이나 이유에서 기한을 설정하고 있는데, 이 기한까지 입법이 이루어지지 않을 경우 불합치 선언된 법률의 효력이 상실되는가가 문제된다. 헌법재판소와 다수의견은 불합치결정에서 설정된 기한은 개선입법시한으로 그 기한까지 입법이 이루어지지 않은 경우에는 불합치법률의 효력이 상실되는 것으로 본다.

(다) 한정합헌결정

① 헌법합치적 법률해석과 헌법재판 헌법합치적 법률해석이란 법률이 다의적이어서 그 어의의 테두리 안에서 여러 가지 해석이 가능할 때 헌법에 합치되는 해석을 선택해야 하는 헌법원리를 말한다. 이러한 해석원리는 법률의 위헌적인 내용이나 해석을 배제하여 법률이 합헌으로 유지될 것을 요구하게 된다. 특히 규범을 통제하는 헌법재판에서 실현이 강하게 요구되는데 그 부산물이 한정합헌결정과 한정위헌결정이다.

② 개 념 한정합헌결정이란 법률의 내용이 다의적이어서 다의적 해석이 가능할 때 위헌의 해석가능성을 배제하여 법률의 내용을 헌법에 조화될 수 있도록 축소 해석함으로써 법률의 효력을 유지하는 결정형식으로, '… 이므로 이러한 해석하에 헌법에 위반되지 아니한다'는 형태를 취하고 있다. 한정합헌결정은 위헌적 법

률해석을 배제하는 일부위헌의 의미를 지니고 있다. 한정합헌결정의 본질이 특히 문제된다.

먼저 한정합헌결정은 위헌결정의 실질을 지닌 위헌 한정합헌결정과 합헌결정인 합헌 한정합헌으로 구분되어야 한다. 전자는 위헌결정의 일종으로(6인 정족수 요구됨), 합헌으로 판단된 이외의 부분은 위헌이며, 그러한 관계에 있을 때에만 선언되어야 한다. 후자는 합헌결정으로, 관련사건 이외의 사건에 대해서는 그 위헌 여부에 대한 판단이 유보된 것이며, 그러한 관계에 있을 때 선언된다. 전자는 위헌해석과 합헌해석의 두 가지 가능성 중 합헌해석을 선택하는 경우이며, 후자는 3가지 이상의 합헌(또는 위헌)해석 가능성이 있을 때 합헌해석을 선택한 경우이다. 전자는 '… 로 해석되어야만 합헌'으로, 후자는 '… 해석하는 한 합헌'으로 표시되어야 한다. 통설과 판례가 말하는 한정합헌결정은 전자를 말한다.

③ 주문형태 위헌 한정합헌결정은 합헌으로 해석되는 부분이외의 부분은 위헌이므로, 주문은 '… 로 해석되어야만 합헌', 또는 '일정한 조건이라야 합헌'이라는 형태가 되어야 한다. 헌법재판소의 '… 해석하는 한 합헌'이라는 주문은 타당하지 않다. 그렇다면 위헌의 실질을 지니는 한정합헌결정의 주문은 재고되어야 한다. 한편 합헌의 한정합헌결정은 '… 해석하는 한 합헌'의 주문으로 표시된다.

④ 한정합헌결정의 기속력 유무 기속력유무에 관해 학설상 다툼이 있다. 긍정설은 한정합헌결정도 위헌결정의 유형에 속하므로 당연히 기속력이 인정되며, 헌법재판소가 합헌으로 밝힌 내용만이 유효한 법률내용으로 구속력을 갖게 된다고 한다. 반면 부정설은 한정합헌결정은 위헌법률심판의 결정으로 적합하지 않다고 하면서, 여기에 기속력을 인정하는 것은 무리라고 한다. 생각건대 위헌 한정합헌결정은 그 실질이 위헌결정의 성격을 지니므로 기속력이 인정되나(기속력긍정), 합헌 한정합헌결정은 합헌결정이므로 기속력이 인정되지 않는다.

⑤ 효 력 (위헌) 한정합헌결정은 위헌결정의 실질을 지니므로 재판관 6인 이상의 찬성을 요하며, 기속력을 지닌다. (합헌) 한정합헌결정은 합헌결정이므로 재판관 6인 이상의 찬성이 필요하지 않고, 기속력은 부정된다.

(라) 한정위헌결정

① 개 념 한정위헌결정이란 법문의 외형(외형상 문구)은 그대로 둔 채

법문의 위헌해석이나 또는 법문의 위헌적 내용을 제거하는 주문형식을 말한다. 법문의 외형문구는 그대로 둔 채 그 법문의 내용이나 해석의 일부를 제거하는 것이므로 질적 일부위헌결정에 해당된다.

② 주문의 형태　한정위헌결정은, '… 해석하는 한 위헌이다', '… 해석하는 한도 내에서 위헌이다', '… 를 포함시키는 것은 헌법에 위반된다'는 형태로 나타나고 있다. 한정위헌결정 중에서 '… 를 포함(적용)하는 것은 위헌'이라고 하는 것, 특히 소위 사죄광고결정이 과연 한정위헌결정에 해당되는가가 문제되나, 이는 뒤에서 다루기로 한다.

③ 위헌으로 해석되는 부분 이외의 부분은 모두 합헌인가 여부

㉠ 합헌으로 보는 견해　헌법재판소는 한정위헌결정과 한정합헌결정을 실질적으로 동일한 것으로 보면서, 비록 주문의 형식은 구별되나, 주문선택에 있어 어떤 형식을 취할 것인가는 구체적 사안에 따라 결정할 문제로 이해하고 있다. 즉 양자는 표리관계에 있는 것이어서 실질적인 차이가 없다고 한다.

㉡ 판단이 유보되었다는 견해　한정합헌결정과 한정위헌결정은 구조적으로 다르며 서로 바꿀 수 없는 유형이어서 이를 실질적으로 동일하다고 보는 헌법재판소 판례는 큰 잘못이라 한다. 이 견해는 한정위헌결정은 당해사건에서 해당 법률의 적용과 관련하여 위헌으로 해석되기 때문에 적용에서 배제되어야 하는 내용을 밝힌 것이므로, 나머지 부분에 관한 판단은 당해사건과 무관하기 때문에 유보되어 있다고 한다.

㉢ 정리 및 사견　판단이 유보된 것으로 보아야 한다. 당해사건과 관련하여 문제된 법률의 위헌가능성과 합헌가능성 모두를 판단하는 것은 어려운 일이며, 불가능하기까지 하다. 이런 경우 법률조항을 관련 사건과 관련하여 위헌으로 해석되는 부분만 부각시켜 위헌해석 또는 법률의 위헌적 내용을 제거하는 방법이 필요하다. 한정위헌결정은 당해사건과 관련하여 법률의 해석·적용과 관련된 범위 내에서 법률의 위헌 여부를 판단한 것이기 때문에 위헌부분 이외에는 판단을 하지 않은 것으로 보아야 한다.

④ 한정위헌결정의 효력과 기속력　헌법재판소가 한정위헌결정을 한 경우 위헌의 법률해석 또는 법률의 위헌적 내용이 제거된다. 한정위헌결정은 단순한 법률

해석에 그치는 것이 아니라 헌법해석까지 함께 이루어진 법률해석이므로 단순한 법률해석과 구별된다. 위헌으로 판단된 법률해석 또는 법률내용은 그 효력을 상실하므로 한정위헌결정은 위헌결정의 일종으로 당연히 기속력을 지닌다. 한정위헌결정이 기속력을 지닌다는 데 대법원을 제외하고는 이의가 없다. 대법원은 일관되게 한정위헌결정의 기속력을 부인하고 있어 법질서에 적지 않은 혼란을 주고 있다. 대법원은 헌법재판소가 내린 한정위헌결정의 효력을 부인하는 바람에 위헌결정을 받아내고도 권리구제가 이루어지고 있지 않기 때문이다. 조속한 시정이 긴절하다.

⑤ 한정합헌결정과의 관계　　한정합헌결정과 한정위헌결정이 본질적으로 같은 것인지 아니면 구조적으로 다른 것인지 문제된다. 헌법재판소는 한정합헌결정과 한정위헌결정은 본질적으로 동일하며, 양자를 표리의 관계로 이해하지만(동일설), 이에 대해 한정합헌결정과 한정위헌결정은 구조적으로 다르고 서로 바꿀 수 없는 유형으로 보아 양자를 구별하는 견해가 있다(비동일설).

(마) 석용위헌결정

① 적용위헌결정의 개념　　적용위헌결정이란 법률의 문언 자체는 그대로 둔 채 법률을 특정한 사안이나 사례에 적용하는 것이 위헌이라는 취지의 결정형식을 말한다. 넓은 의미의 질적 일부위헌이라고 할 수 있다. 적용위헌결정은 법률의 문언 자체에 대한 제한 없이 '적용상의 한정조항'만을 두는 것이 특징이다.

② 주문형태　　적용위헌결정의 주문은 '… 에 적용하는 한 위헌'으로 표시되어야 한다. 헌법재판소는 적용위헌에 해당하는 결정의 경우 '… 로 해석하는 한 위헌'이라는 공식적 주문 대신에, '… 를 포함시키는 것'이라는 주문을 내고 있는데, 이는 양자의 차이가 있음을 의식한 것으로 보인다. '… 에 적용하는 한 위헌'이라는 주문으로 통일되어야 한다.

③ 적용위헌결정과 기속력　　적용위헌결정은 위헌결정의 모든 효력을 지닌다. 적용위헌결정은 법원을 포함한 모든 국가기관 등을 구속하는 기속력을 지니며, 위헌결정의 장래효 및 소급효 역시 위헌결정과 동일하다. 적용위헌결정은 통상의 위헌결정과 달리 법문에 대해 위헌선언을 한 것이 아니라 구체적 사례에 대한 법문의 적용이 위헌이라는 것이므로, 법문의 형식적 효력은 존속되나, 위헌의 의미를 지니는 사례만이 위헌이 될 뿐이다. 따라서 위헌심판의 대상이 된 법률 그 자체의 양적

축소가 이루어지는 것은 아니며, 넓은 의미의 질적 축소만 이루어진다.

Ⅱ. 탄핵심판권

1. 의 의

(1) 개 념

탄핵이란 일반적인 사법절차에 의해서는 책임을 추궁하기 어려운 고위공무원의 직무상 위헌·위법행위를 의회가 소추하는 제도를 말한다. 고위 공직자가 직무수행 중 헌법을 위반한 경우 이에 대한 법적 책임을 추궁할 수 있도록 함으로써, 헌법의 규범력을 확보하고자 하는 것이 탄핵심판의 존재의의라 할 수 있다. 탄핵은 국회에 의해 이루어지는 법적 책임추궁제도라는 점에서 법원이 행하는 형사재판이나 정부가 행하는 공무원징계제도와 구별된다. 근대적 의미의 탄핵제도가 영국에서 시작되었다는 데 이의가 없다. 영국에서 시작된 탄핵제도는 1787년 미국 연방헌법에서 처음으로 성문화되었다. 사건부호는 헌나로 표기한다.

(2) 기 능

탄핵제도의 기능은 나라마다 헌정의 실제와 전통, 정부형태, 정당체제 등에 따라 다를 수밖에 없으나 탄핵은 일반적으로 권력통제적 기능과 헌법보호적 기능을 지닌다.

2. 탄핵소추와 탄핵심판

탄핵은 소추와 심판절차로 나누어지는데, 헌법은 소추는 국회의 권한으로(§65) 심판은 헌법재판소의 권한(§111)으로 하고 있다. 탄핵소추기관은 국회이다. 양원제 의회에서는 일반적으로 하원이 소추기관이 된다. 탄핵제도는 의회를 중심으로 발전하였고, 대의책임의 추궁은 의회가 맡는 것이 타당하다는 정책적 고려에 의해 대부분의 국가가 탄핵소추를 의회의 권한으로 하고 있다. 탄핵심판을 담당하는 기관은 나라마다 다양한 형태를 지니고 있다. 상원이 담당하는 경우(미국, 영국), 헌법재판소와 같은 사법기관이 담당하는 경우(독일), 독립된 탄핵법원이 담당하는 경우(일본, 프랑스) 등 다양하다. 우리나라는 헌법재판소가 탄핵심판을 담당한다.

3. 탄핵심판절차

(1) 탄핵심판의 개시

탄핵심판은 국회법제사법위원회의 위원장이 소추위원이 되며 소추위원이 소추의결서의 정본을 헌법재판소에 제출함으로써 개시된다(헌재법 §49). 탄핵심판의 취하에 관한 별도의 규정이 없지만 소추위원은 국회의 의결이 있을 때에 한해 취하할 수 있다고 본다.

(2) 탄핵심판의 절차

헌법재판소는 필요한 증거조사를 하며 변론주의에 따라 심리한다(헌재법 §30①). 재판부가 변론을 열 때에는 기일을 정하고 당사자와 관계인을 소환하여야 한다(헌재법 §30③). 당사자가 변론기일에 출석하지 아니한 때에는 다시 기일을 정하여야 하며, 다시 정한 기일에도 당사자가 출석하지 아니한 때에는 그 출석 없이 심리할 수 있다(헌재법 §52). 피청구인에 대한 탄핵심판청구와 동일한 사유로 형사소송이 진행되고 있는 때에는 재판부는 심판절차를 정지할 수 있다(헌재법 §51). 헌법재판소는 탄핵소추의결서에 기재되지 아니한 소추사유를 판단의 대상으로 삼을 수 없다. 또 탄핵심판절차에서 소추의결서에 기재되지 아니한 새로운 사실을 소추위원이 임의로 추가할 수 없다.

(3) 탄핵심판의 결정

(가) 종국결정

헌법재판소는 탄핵소추가 부적법한 경우 각하결정을, 탄핵소추가 이유 없을 때에는 기각결정을 한다. 탄핵심판청구가 이유 있는 때에는, 즉 인용할 때에는 재판관 6인 이상의 찬성으로(§111②). 당해 공직에서 파면하는 결정을 선고한다.

(나) 인용결정

탄핵심판청구가 이유 있는 때에는 파면결정을 하게 되는데, 이유 있는 때를 어떻게 볼 것인가가 문제된다. 탄핵심판청구가 이유 있는 때란 모든 법위반의 경우가 아니라 공직자의 파면을 정당화할 정도로 중대한 법위반의 경우를 말한다.

① 중대한 법위반 고위공직자가 직무집행과 관련하여 헌법과 법률을 위반한 경우 모든 위반에 대해 탄핵으로 책임을 추궁하는 것은 탄핵심판제도의 존재의의를 넘어, 남용될 우려가 크다. 헌법을 보호하는 것이 아니라 타 헌법기관을 위협하고

더 나아가 헌법이 구상하는 권력의 균형체계를 파괴할 수 있기 때문이다. 따라서 헌법과 법률을 위반한 행위가 아니라 중대한 법위반으로 국한되어야 한다. 문제는 중대한 법위반을 어떻게 판단할 것인가이다.

② 파면을 정당화할 중대한 법위반(인용) 대통령에 대한 탄핵심판절차에서 인용결정을 하기 위해서는 중대한 법위반의 존재만으로 부족하고, 파면의 부정적 효과(국론분열, 정치적 혼란)를 상쇄할 정도의 중요한 법위반에 이르러야 한다. '법위반으로 인해 헌법질서에 미치는 부정적 영향이나 해악'과 '대통령을 파면하는 경우 초래되는 효과'를 서로 형량 하여야 하는바, 파면을 정당화할 중대한 법위반이란 국론분열, 정치적 혼란 등과 같은 파면결정의 부정적 효과를 고려함에도 파면이 정당화될 수 있는 정도의 중대한 법위반을 말한다. 결국 대통령에 대한 파면은 대통령이 자유민주적 기본질서에 위배되는 적극적 위반행위를 하거나, 대통령에게 부여한 신임을 배반한 경우, 그러면서 파면으로 초래될 수 있는 공동체 유지에 치명적인 악영향을 상쇄할 정도일 때 정당화된다.

헌재결정

'대통령을 파면할 정도로 중대한 법위반이 어떠한 것인지'에 관하여 일반적으로 규정하는 것은 매우 어려운 일이나, 한편으로는 탄핵심판절차가 공직자의 권력남용으로부터 헌법을 수호하기 위한 제도라는 관점과 다른 한편으로는 파면결정이 대통령에게 부여된 국민의 신임을 박탈한다는 관점이 함께 중요한 기준으로 제시될 것이다. … 대통령의 파면을 요청할 정도로 '헌법수호의 관점에서 중대한 법위반'이란, 자유민주적 기본질서를 위협하는 행위로서 법치국가원리와 민주국가원리를 구성하는 기본원칙에 대한 적극적인 위반행위를 뜻하는 것이고, '국민의 신임을 배반한 행위'란 '헌법수호의 관점에서 중대한 법위반'에 해당하지 않는 그 외의 행위유형까지도 모두 포괄하는 것으로서, 자유민주적 기본질서를 위협하는 행위 외에도, 예컨대, 뇌물수수, 부정부패, 국가의 이익을 명백히 해하는 행위가 그의 전형적인 예라 할 것이다. … 대통령의 직을 유지하는 것이 더 이상 헌법수호의 관점에서 용납될 수 없거나 대통령이 국민의 신임을 배신하여 국정을 담당할 자격을 상실한 경우에 한하여, 대통령에 대한 파면결정은 정당화되는 것이다(헌결 2004헌나1).

(다) 탄핵의 효과

탄핵결정은 공직으로부터 파면됨에 그친다. 탄핵결정이 있게 되면 피청구인은 결정 선고시부터 공직에서 파면된다. 탄핵의 결정으로 민·형사상의 책임이 면제되지 않는다(헌재법 §54①). 탄핵결정을 받은 자는 일정기간(5년) 공직의 취임이 금지된다(헌재법 §54②). 탄핵결정에 대해서도 대통령의 사면이 가능한가가 문제되나, 인정되지 않는다(통설).

Ⅲ. 정당해산심판권

1. 의 의

정당의 목적이나 활동이 민주적 기본질서에 반할 경우 정부는 국무회의의 심의를 거쳐(§89), 헌법재판소에 그 해산을 제소할 수 있고(§8④), 헌법재판소는 정당해산의 심판권을 지닌다(§111).

2. 정당해산심판절차

(1) 제소권자

정당해산심판의 제소권자는 정부이다. 여기서 정부란 입법부, 사법부와 대등한 지위를 지닌 정부를 말하며, 법무부장관이 정부를 대표해서 정당해산심판청구서를 헌법재판소에 제출한다(헌재법 §25①). 청구서에는 해산을 요구하는 정당을 표시하고 청구의 이유를 기재하여야 한다(헌재법 §56).

(2) 정당해산심판의 심리

심리는 구두변론에 의하며 변론은 공개한다(헌재법 §30, §34). 절차는 민사소송에 관한 법령을 준용한다(헌재법 §40). 헌법재판소는 정당해산심판의 청구를 받은 때에는 청구인의 신청 또는 직권으로 종국결정의 선고 시까지 피청구인의 활동을 정지하는 결정을 할 수 있다(헌재법 §57). 헌법재판소가 가처분결정을 한 때에는 헌법재판소장은 그 사실을 국회와 중앙선거관리위원회에 통지하여야 한다(헌재법 §58).

(3) 정당해산심판의 결정과 집행

헌법재판소가 정당해산의 결정을 할 때에는 재판관 6인 이상의 찬성이 있어야 한다(§113①). 헌법재판소가 정당해산을 명하는 결정을 한 때에는 피청구인 외에 국회·정부 및 중앙선거관리위원회에도 이를 송달하여야 한다(헌재법 §58②). 정당의 해산을 명하는 결정이 선고된 때에는 그 정당은 해산된다(헌재법 §59). 헌법재판소의 해산결정의 통지가 있는 때에는 중앙선거관리위원회는 그 정당의 등록을 말소하고 지체 없이 그 뜻을 공고하여야 한다(정당법 §47). 정당의 해산을 명하는 헌법재판소의 결정은 중앙선거관리위원회가 정당법의 규정에 의하여 이를 집행한다(헌재법 §60).

(4) 정당해산결정의 효과

헌법재판소의 정당해산결정이 있게 되면 다음과 같은 효과가 발생한다. 첫째, 헌법재판소의 해산결정이 선고된 때에 그 정당은 해산된다. 정당해산결정은 창설적 효력을 지닌다. 둘째, 해산된 정당의 강령 또는 기본정책과 동일하거나 유사한 소위 대체정당을 창당하지 못한다(정당법 §40). 셋째, 해산된 정당의 잔여재산은 국고에 귀속된다(정당법 §48②). 넷째, 해산된 정당에 속한 국회의원의 지위가 상실되는가에 관해 헌법재판소는 위헌정당의 해산을 명하는 비상상황에서는 국회의원의 국민대표성은 희생될 수밖에 없으므로 해산된 정당 소속 국회의원의 의원직 상실은 위헌정당해산 제도의 본질로부터 인정되는 기본적 효력이라고 하였다. 정당제도에서 이미 언급하였지만 정당해산은 가치 상대주의를 그 내용으로 하는 민주주의 헌법원리에 대한 중대한 예외로서 남용될 경우 민주주의에 대한 중대한 위협이 되므로, 결정에 신중은 물론 그 효과마저도 엄격해야 한다. 비례대표 의원직의 자격박탈은 정당하지만 지역구 출신 국회의원의 자격도 함께 박탈하는 것은 정당해산의 효과에만 주목한 것으로 대의제를 뛰어넘는 것이 되어 적절치 않다. 다만 해당 의원의 행위가 실정법위반이 되어 의원직이 박탈되는 것은 별개의 문제이다.

Ⅳ. 권한쟁의심판권

헌법 제111조 제1항 제4호는 국가기관 상호간, 국가기관과 지방자치단체간 및 지방자치단체 상호간의 권한쟁의에 관한 심판을 헌법재판소가 관장한다고 규정하고 있다.

1. 권한쟁의심판의 의의

(1) 연 혁

우리나라는 제2공화국 헌법에서 권한쟁의심판을 처음으로 도입하였는데, 국가기관 상호간의 권한쟁의만 허용하였다. 현행 헌법(§111① 4호)은 국가기관 상호간의 분쟁 이외에도 국가기관과 자치단체간 및 자치단체 상호간의 권한다툼을 그 대상으로 하고 있다.

(2) 개 념

(가) 권한쟁의와 기관소송

기관소송이란 동일한 법인격 주체 내의 기관간 권한다툼을 말하며, 법원이 해결하는 절차로서, 권한의 존부 및 행사에 관한 다툼으로, 법률이 정한 경우 법률이 정한 자에 한하여 제기할 수 있고(행소법 §45), 행정작용의 적법성을 보장하는 기능을 지닌다. 반면 권한쟁의는 동일한 주체 내의 기관간 권한다툼과 서로 다른 법 주체 간의 권한다툼까지 그 대상으로 하며(헌재법 §61①), 헌법재판소의 관할로서, 권한의 존부와 범위에 대한 다툼으로, 객관적 소송의 성격을 지니지만 법률이 정한 경우에 한정되지 않고 포괄적으로 헌법과 법률이 부여한 권한이 침해되지 않도록 함으로써 객관적 헌법질서를 유지하고 수호하는 기능을 지닌다. 권한쟁의가 동일한 법주체 내의 기관간 권한다툼과 서로 다른 법주체 간의 권한다툼을 해결하는 것이라면 기관소송은 동일한 법주체 내의 기관간 권한다툼을 해결하는 것으로 양자는 개념상 구별된다. 또한 권한쟁의심판은 자치단체 상호간 또는 자치단체의 장 상호간의 분쟁을 전제로 당사자의 신청에 의해 시·군·구간 분쟁은 시·도지사가, 시·도간 분쟁은 행정자치부장관이 조정하는 행정적 권한분쟁조정과도 구별된다(지자법 §148, §149).

(나) 개 념

헌법과 헌법재판소법이 말하는 권한쟁의심판이란 기관소송이라고 할 수 있는 국가기관 상호간의 다툼과 국가기관과 자치단체간 및 자치단체 상호간의 다툼을 유권적으로 해결하여 정치적 평화와 안정을 확보하는 헌법재판작용을 말한다.

(3) 권한쟁의심판의 기능

권한쟁의심판은 헌법과 법률이 국가기관과 자치단체에 부여한 권한에 대한 다툼이 발생한 경우 이를 유권적으로 해결하여 헌법이 예정한 권한분배의 기본적 틀이 무너지지 않게 함으로써 정치적 평화와 안정을 확보하여 준다. 동시에 권한쟁의를 통하여 국가와 자치단체 간의 수직적 권력통제와 국가기관 상호간 및 자치단체 상호간의 수평적 권력통제를 실현하여 국가질서의 안정된 유지와 형성에 기여하게 된다.

(4) 권한쟁의심판의 특징

(가) 객관적 소송

권한쟁의심판은 기관이나 단체의 권한을 다투는 객관적 소송으로서 개인의 주관적 권리침해를 다투는 주관적 소송과 구별된다. 국가기관의 권한은 헌법과 법률이 정하는 바에 따라 행사되어야 하는 권능을 말하는 것으로 권리주체가 마음대로 처분할 수 있는 권리와 구별된다.

(나) 당사자 및 대상

권한쟁의심판은 그 대상을 국가기관 상호간의 권한쟁의 외에 국가기관과 자치단체간 및 자치단체 상호간의 권한쟁의를 포함하고 있다. 동일한 법주체 내의 기관간의 다툼 외에도 상이한 법주체 간의 권한쟁의를 인정함으로써 권한쟁의심판의 당사자를 확대하고 있음이 특징이다. 또한 권한쟁의의 대상을 헌법적 분쟁 이외에 법률적 분쟁까지로 확대하고 있어 법원의 행정소송과 관할중복의 가능성을 피하기 어렵다는 문제가 있다.

2. 권한쟁의심판의 종류

헌법(§111)과 헌법재판소법(§62①)은 첫째, 국가기관 상호간의 권한쟁의심판으로 국회, 정부, 법원 및 중앙선거관리위원회 상호간의 권한쟁의심판을, 둘째, 국가기관과 지방자치단체 간의 권한쟁의심판으로 ㉠ 정부와 특별시·광역시 또는 도간의 권한쟁의심판, ㉡ 정부와 시·군 또는 지방자치단체인 구(자치구)간의 권한쟁의심판을, 셋째, ㉠ 지방자치단체 상호간의 권한쟁의심판으로 특별시·광역시 또는 도 상호간의 권한쟁의심판, ㉡ 시·군 또는 자치구 상호간의 권한쟁의심판, ㉢ 특별시·광역시 또는 도와 시·군 또는 자치구 간의 권한쟁의심판을 인정하고 있다.

(1) 국가기관 상호간의 권한쟁의

(가) 예시적 규정

헌법재판소법(§62① 1호)은 권한쟁의심판의 당사자가 될 수 있는 국가기관으로 국회, 정부, 법원, 중앙선거관리위원회를 규정하고 있다. 헌법재판소법이 규정한 4개의 국가기관의 성격에 관해 열거적인가 아니면 예시적인가가 다투어진 바 있다. 헌법재판소는 '96헌라2 결정'에서 헌법재판소법이 국가기관 상호간의 권한쟁의 당사자로 4개의 국가기관만을 규정하였다 하여도, 이 법률조항의 문언에 얽매여 곧바로 이들 기관 외에는 권한쟁의심판의 당사자가 될 수 없다고 단정할 수 없다고 하여 종전의 결정(90헌라1)을 변경하였다. 이로 인해 당사자의 범위가 크게 확대되었다.

(나) 국가기관

헌법 제111조 제 1 항 제 4 호의 권한쟁의심판의 당사자로서의 국가기관이 될 수 있는 판단기준이 문제된다. 헌법재판소는 헌법에 의해 설치되고, 헌법과 법률에 의하여 독자적 권한이 부여되며, 헌법에 의해 설치된 국가기관 상호간의 권한쟁의를 해결할 수 있는 적당한 기관이나 방법이 없을 것을 그 기준으로 제시하고 있다. 이런 기준에서 본다면, 정부나 국회의 부분기관이라도 헌법에 의해 설치되고 헌법에 의해 권한이 부여되어 있어 독자적 지위를 인정해줄 필요가 있는 경우에는 당사자능력이 허용된다.

(다) 헌법재판소 결정

① 국회의장과 국회의원 간의 권한쟁의 헌법재판소는 국회의장과 국회의원 간의 권한쟁의를 인정하고 있다. 국회의장이 그 의사에 반하여 국회의원의 소속 위원회를 변경한 경우 국회의원은 국회의장을 상대로 권한쟁의심판을 청구할 수 있으며, 수정안인지 별도의 의안인지 여부가 다투어지고 있는 상황에서 국회의장이 수정안으로 처리한 경우 국회의원은 국회의장을 상대로 권한쟁의심판을 청구할 수 있다. 헌법재판소는 국회의장이 적법한 반대토론 신청이 있었음에도 반대토론을 허가하지 않고 토론절차를 생략하기 위한 의결을 거치지도 않은 채 법률안들에 대한 표결절차를 진행한 것은 국회의원의 법률안 심의·표결권을 침해하였다고 하였다.

② 대통령(정부)과 국회와의 권한쟁의 대통령의 국회의 동의 없는 조약의 체결 비준이 국회의원의 심의 표결권을 침해했다고 볼 수 있는지, 이 경우 국회의원이 국회의 권한(조약에 대한 체결·비준 동의권) 침해를 주장할 수 있는지가 문제된다. 헌법재판소는 대통령의 국회의 동의 없는 조약의 체결 비준이 국회의원의 심의 표결권을 침해했다는 것을 다투는 권한쟁의는 허용되지 않는다고 하였고, 이 경우 국회의원이 국회의 권한침해를 주장하는 권한쟁의심판 역시 허용되지 않는다고 하였다.

이는 국회의원의 심의·표결권은 국회의 대내적인 관계에서 침해될 수 있을 뿐 다른 국가기관과의 대외적인 관계에서는 침해될 수 없는 것이기에, 대통령의 국회의 동의 없는 조약의 체결 비준은 국회의원의 심의 표결권을 침해할 가능성이 없기 때문이라고 한다.

③ 국회 상임위원회위원장과 국회의원간의 권한쟁의 헌법재판소는 국회 상임위원회 위원장이 회의장 출입문을 폐쇄하여 회의의 주체인 소수당 소속 상임위원회 위원들의 출입을 봉쇄한 상태에서 상임위원회 전체회의를 개의하여 안건을 상정한 행위 및 소위원회로 안건심사를 회부한 행위는 회의에 참석하지 못한 소수당 소속 상임위원회 위원들의 조약비준동의안에 대한 심의권을 침해한 것이라고 하였다.

④ 국회의원과 법원 간의 권한쟁의 권한쟁의심판에서 다툼의 대상이 되는 권한이란 헌법 또는 법률이 특정한 국가기관에 대하여 부여한 독자적인 권능을 의미한다. 국가기관의 행위라 할지라도 헌법과 법률에 의해 그 국가기관에게 부여된 독자적인 권능을 행사하는 경우가 아닌 때에는 비록 그 행위가 제한을 받더라도 권한쟁의심판에서 말하는 권한이 침해될 가능성은 없다.

헌법재판소는 국회의원이 교원들의 교원단체 가입현황을 자신의 인터넷 홈페이지에 게시하여 공개하려 하였으나, 법원이 그 공개로 인한 기본권침해를 주장하는 교원들의 신청을 받아들여 그 공개의 금지를 명하는 가처분 등의 결정을 한 것에 대해 국회의원이 법원을 상대로 제기한 권한쟁의심판청구는 부적법하다고 하였다. 법원의 처분이 국회의원의 권한을 침해할 가능성이 없기 때문이다.

⑵ 국가기관과 지방자치단체 간의 권한쟁의

㈎ 의 의 국가기관이 법률에 근거 없이 또는 법률에 근거하더라도 부당하게 자치단체에게 명령하거나 자치단체의 처분을 취소하는 경우, 그리고 직접적으로 강제하지 않아도 협조요청이나 업무연락 등 비권력적 방법으로 자치단체를 통제할 경우 이에 대한 적절한 방어책이 요구되는데, 국가에 대한 자치단체의 권한쟁의 심판이다. 국가기관과 자치단체 간의 권한쟁의는 수직적 권력분립을 실현하고 자치단체의 자치권 확보에 기여하게 된다.

㈏ 당 사 자 헌법(§ 111)은 권한쟁의의 당사자를 국가기관과 자치단체로 규정하였는데 헌법재판소법(§ 62)은 정부와 시·도 광역자치단체 및 시·군·구 기초자

치단체 간의 권한쟁의로 규정하고 있어, 정부의 의미와 그 범위에 대하여 정리가 요구된다. 여기서 말하는 정부는 예시적으로 보아야 한다. 따라서 전체로서의 정부와 정부의 부분기관, 국회 및 법원 등 국가기관도 당사자가 될 수 있다.

(다) 국가와 자치단체 간의 권한쟁의심판은 자치단체의 사무, 즉 자치사무나 단체위임사무에 대한 권한이 침해되었거나 침해될 우려가 있을 때 한하여 청구할 수 있다. 기관위임사무와 같이 자치단체의 사무가 아닌 때에는 이에 대한 침해를 이유로 권한쟁의심판을 청구할 수 없다.

헌법재판소는 '도시계획사업실시계획 인가사무'와 같이 건설교통부장관으로부터 시·도지사에게 위임되고, 다시 시장·군수에게 재위임된 기관위임사무에 대해서는 권한쟁의를 청구할 수 없다고 하였다. 또 헌법재판소는 교육장에 대한 징계사무는 국가가 지방자치단체의 장(교육감)에게 위임한 '기관위임사무'로서, 교육감은 기관위임사무를 집행할 국가기관의 지위에 서게 될 뿐이므로, 교육부장관의 교육감에 대한 직무이행명령에 대해 교육감이 신청한 권한쟁의심판은 부적법하다고 하였다.

(3) 지방자치단체 상호간의 권한쟁의

자치단체간의 권한쟁의는 시·도 상호간의 권한쟁의, 시·군·구 상호간의 권한쟁의, 시·도와 시·군·구 간의 권한쟁의가 있다. 자치단체 간의 다툼이 예상되므로 이에 대한 분쟁해결책을 마련한 것은 의미가 있지만, 자치단체 간에 나타날 수 있는 분쟁은 대부분이 법령적 차원에 그치고 있고, 수직적 권력분립과도 무관하기에 제 3 호의 경우 헌법적 권한을 다투는 것이 아닌 한 법원의 관할로 하는 것이 바람직하다. 두 개의 사법기관을 가지고 있는 우리의 경우 헌법적 분쟁이 아닌 것은 일반 법원의 관할로 하는 것이 균형있는 접근이라고 생각하기 때문이다. 자치단체 상호간의 권한쟁의심판의 당사자는 지방자치단체이므로 지방자치단체의 장은 당사자가 될 수 없다. 다만 소송수행은 자치단체를 대표하는 자치단체의 장에 의해 이루어진다(지자법 §92).

3. 다른 소송과의 관계

(1) 행정소송법의 기관소송과의 관계

행정소송은 다투어지는 법률관계가 행정주체와 객체 간의 외부관계에 속하는 문제인가 아니면 행정주체 상호간의 내부관계에 속하는 것인가에 따라 전자는 항고

소송(당사자소송 포함)으로, 후자는 기관소송으로 구별된다. 기관소송은 행정의 적법성 보장에 중점을 두는 객관적 소송이므로 법률이 특별히 인정한 경우에만 허용된다. 행정소송법(§③4호)은 국가 또는 공공단체의 기관 상호간의 권한의 존부 또는 그 행사에 관한 다툼이 있는 경우에 법원에 기관소송을 제기할 수 있도록 규정하고 있는데, 이 중 국가기관 상호간의 다툼은 헌법과 헌법재판소법(§62①)의 권한쟁의와 경합되지만, 행정소송법 제 3 조 제 4 호 단서는 헌법재판소에 관할 우선권을 주고 있어, 법원과의 관할충돌은 발생하지 않는다. 따라서 법원의 기관소송은 공공단체의 기관상호간의 분쟁을 그 대상으로 한다. 지방자치단체 내에서 자치단체의 장과 지방의회와의 권한다툼이 있는 경우 자치단체의 장이 지방의회를 상대로 대법원에 제소할 수 있도록 한 것(지자법 §107③, §172)과 지방교육자치에 관한 법률(§28③)에 따라 교육감이 시도의회를 상대로 대법원에 제소할 수 있도록 한 것이 이에 해당된다.

(2) 행정소송법상의 항고소송 및 당사자소송과의 관계

(가) 항고소송

국가 또는 상급 자치단체와 자치단체 간에 권한다툼이 있을 경우 어떤 소송절차에 따라 다툴 것인가가 문제된다. 예를 들어 자치단체가 국가(상급 자치단체)의 처분이 법령에 위반된다고 여길 경우, 자치단체는 항고소송의 원고가 될 수 있으므로 국가(상급 자치단체)의 처분이 법령에 위반됨을 이유로 항고소송을 제기하거나 또는 국가(상급 자치단체)의 처분이 자치단체의 권한을 침해한 것으로 보아 권한쟁의심판을 청구할 수 있기 때문이다. 이 경우, 권한쟁의심판과 행정소송이 중복되나, 헌법 제111조 제 1 항 제 4 호에 따라 헌법재판소의 관할로 보아야 한다.

(나) 당사자소송

당사자소송이란 공법적 법률관계를 다투는 소송으로서(행소법 §39), 국가나 자치단체를 상대로 손해배상, 손실보상 또는 부당이득반환을 청구하는 소송이 이에 해당된다. 당사자소송은 특히 소극적 권한쟁의와 그 관할이 경합될 수 있다. 자치단체가 공물이나 공공시설에서 발생된 위해를 제거한 후 소요경비를 상환받기 위해 관리권한이 국가에게 있음을 주장하면서 법원에 경비상환을 청구할 경우(당사자소송), 만일 소극적 권한쟁의를 인정하게 되면 자치단체는 관리권한이 (자신에게 있지 않고) 국가에 있다는 소극적 권한쟁의를 헌법재판소에 청구할 수 있으므로, 양자 사이에 관할중복이 발생할 수 있다. 소극적 권한쟁의는 권한의 존부만 확인하지만 당사자소송에 의하면 존부 및 경비상환까지 행정소송으로 해결할 수 있으므로, 소극적 권한쟁의를 긍정하여 관할경합으로 보는 것보다 소극적 권한쟁의를 부정하고 법원관할로만 보는 것이 타당하다.

4. 심판청구의 적법요건

(1) 당 사 자

당사자능력이란 소송에서 당사자가 될 수 있는 일반적 능력(또는 자격)으로, 특정의 소송사건에서 정당한 당사자로서 소송을 수행하고 본안판결을 받기에 적합한 자격인 당사자적격과 구별된다. 헌법(§111)과 헌법재판소법(§62)에 규정된 자는 당사자능력이 인정되며, 당사자능력이 있어도 헌법과 법률에 의하여 부여받은 권한을 침해받아 이를 다툴 경우에 정당한 당사자가 될 수 있다(당사자적격).

(가) 제 3 자 소송담당

권한쟁의심판의 당사자능력과 관련하여 제 3 자 소송담당이 허용될 것인가가 문제된다. 헌법재판소는 권리는 원칙적으로 권리주체가 주장하여 소송수행을 하도록 하는 것이 자기책임의 원칙에 부합하므로, '제 3 자 소송담당'은 예외적으로 법률의 규정이 있는 경우에만 인정된다고 하여 소극적 입장을 취하고 있다.

(2) 피청구인의 처분 또는 부작위

국가기관 또는 지방자치단체는 권한의 유무 또는 범위에 관하여 다툼이 있을 때에는 헌법재판소에 권한쟁의심판을 청구할 수 있다(헌재법 §61). 심판청구는 피청구인의 처분 또는 부작위가 헌법 또는 법률에 의하여 부여받은 청구인의 권한을 침해하였거나 침해할 현저한 위험이 있어야 한다.

(가) 권한의 유무 및 범위

권한의 유무란 법상 특정한 권한이 특정의 기관에 부여되어 있는가의 여부(권한의 존부)를 말하며, 권한의 범위란 법상 특정한 권한이 특정의 기관에 부여된 결과 그 기관의 권한이 미치는 효력의 범위를 말한다. 따라서 어떠한 권한이 그 근거되는 법률이 존재하는지 여부는 권한의 여부가 되는 반면 근거법률은 존재하는데 그 규정된 범위 내의 것인지 여부는 권한의 범위가 된다.

(나) 처 분

처분이란 국가기관이나 자치단체가 행하는 고권적 작용을 말한다. 모든 고권적 작용이 그 대상이 되는 것은 아니며 법적으로 중요한 의미를 지녀야 한다. 즉 청구인의 법적 지위에 영향을 주는 피청구인의 처분이어야 한다. 정부의 법률안 제출행위나 행정자치부장관이 자치단체에게 행한 단순한 업무요청 등은 법적 지위에 영향을 주지 않으므로 처분에 해당되지 않는다. 또한 처분은 법적 행위와 사실행위를 불문하며, 대외적 성격을 지닌 경우는 물론 대내적 성격을 지닌 경우에도 처분에 포함되며, 집행행위 외에 일반적 규범의 정립행위를 포함한다. 입법영역의 경우 법률의 제정행위, 법률안 의결, 법률의 공포 모두 처분에 해당된다. 행정영역에서는 행정처분, 기타 구속적 행정계획 및 행정규칙을 포함하며 사법영역에서는 각종 사법작용을 포함한다.

(다) 부 작 위

부작위란 국가기관이나 자치단체가 헌법 또는 법률에서 유래하는 작위의무가 있음에도 불구하고 그 의무를 이행하지 아니한 경우를 말하는 것으로, 부작위 역시 법적 지위에 영향을 주어야 한다.

(3) 권한의 침해 또는 침해할 현저한 위험

권한쟁의는 헌법 또는 법률에 의하여 부여받은 청구인의 권한이 침해되었거나 침해될 현저한 위험이 있어야 한다. 피청구인의 처분 또는 부작위로 인하여 헌법 또는 법률에 의하여 부여받은 청구인의 권한이 침해될 개연성이 전혀 없는 경우에는 권한쟁의심판청구는 부적법하다. 권한의 침해란 헌법이나 법률에 의해 청구인에게 부여된 권한이 박탈되거나 제한되는 것을 말한다. 즉 수권규범인 헌법이나 법률의 효력을 무시하는 침해가 이루어진 경우이다. 침해될 현저한 위험이란 현실적으로 권한침해가 발생한 것은 아니나 침해의 개연성이 매우 높은 상황을 말한다. 권한침해가 현재의 직접적인 침해라면 침해위험성은 직접적인 임박한 침해가능성을 말한다.

(4) 소극적 권한쟁의

권한쟁의는 기관이 특정사항을 자신의 권한이라고 주장하는 적극적 형태가 있는 반면 자신의 관할에 속하지 않는다고 주장하는 소극적 형태가 있다. 후자를 소극적 권한쟁의라 한다. 소극적 권한쟁의란 피청구인의 부작위에 의하여 청구인의 권한이 침해되거나 침해될 우려가 있는 경우 특정사안에 관한 권한(관할)이 피청구인에게 귀속된다고 주장하는 권한쟁의를 말한다. 헌법재판소는 소극적 권한쟁의를 허용하지 않으며 독일도 동일한 입장이다.

(5) 청구기간

권한쟁의심판은 그 사유가 있음을 안 날로부터 60일 이내, 그 사유가 있은 날로부터 180일 이내에 청구하여야 한다(헌재법 §63①). 부작위에 대한 권한쟁의심판은 부작위가 계속되는 한 기간의 제약 없이 언제든지 청구할 수 있다.

5. 심 리

권한쟁의심판은 구두변론에 의한다. 헌법재판소는 직권 또는 신청에 의하여 종국결정의 선고시까지 피청구기관의 처분의 효력을 정지하는 가처분결정을 할 수 있다(헌재법 §65). 권한쟁의심판에서 헌법소원에 허용되는 소위 부수적 규범통제(헌재법 §75⑤)를 할 수 있는가가 문제된다. 권한쟁의심판에서 처분의 근거가 되는 법률의 위헌 여부가 선결문제가 될 경우 헌법재판소는 감사원의 자치단체에 대한 감사가 자치단체의 지방자치권을 침해하는지 여부를 판단하면서 감사의 법적 근거가 되고 있는 감사원법(§24)의 위헌 여부를 판단한 바 있다.

6. 결 정

(1) 정 족 수

권한쟁의심판은 재판관 과반수의 찬성으로 결정한다(헌재법 §23).

(2) 결정의 주문 및 내용

헌법재판소는 심판의 대상이 된 국가기관 또는 자치단체의 권한의 유무 또는 범위에 관하여 판단한다(헌재법 §66①).

㈎ 권한의 유무 및 범위 확인

헌법재판소는 권한의 유무 또는 범위에 관하여 판단한다(헌재법 §66①). 권한의 존재 여부와 권한의 범위를 확정하게 된다. 유무 및 범위에 관한 판단은 권한쟁의심판에서 필수적 주문에 해당된다. 존부란 침해되었다고 주장되는 권한이 청구인, 피청구인 어디에 소재하는가의 문제로서, 이 경우 '권한은 청구인에게 존재한다. 또는 피청구인에게 존재하지 않는다'의 권한을 확인하는 주문을 내게 된다.

범위는 피청구인의 권한행사가 헌법 또는 법률에 위반되기 때문에 청구인이 가지는 권한이 침해되었는지 여부의 문제로서, '권한을 침해하였다. 또는 기각한다'의 주문으로 연결된다. 권한의 범위에 대한 다툼은 청구인 또는 피청구인이 가지는 권한귀속의 다툼은 없고 피청구인의 권한행사가 청구인의 권한을 침해하였는가가 쟁점이 되는 경우이다.

(나) 처분의 취소 및 무효확인

헌법재판소는 권한침해의 원인이 된 피청구인의 처분을 취소하거나 그 무효를 확인할 수 있다(헌재법 §66②). 권한의 유무 및 범위에 관한 결정은 헌법재판소가 필요적으로 판단해야 하지만 처분의 취소나 무효확인은 재판부가 추가적으로 재량적으로 할 수 있다. 헌법재판소법 제66조 제 2 항은 제 1 항과 달리 헌법재판소에게 재량을 부여하고 있기 때문이다. 헌법재판소가 부작위에 대한 심판청구를 인용하는 결정을 한 때에는 피청구인은 결정 취지에 따른 처분을 하여야 한다(헌재법 §66②).

(다) 소절차종료선언

소절차종료선언이란 청구인들이 권한쟁의심판을 취하한 때 사건의 종결을 위해 권한쟁의심판절차가 종료되었음을 선언하는 결정을 말한다.

헌법재판소는 국회운영위원회의 법률안 가결선포행위가 국회의원의 권한을 침해하였는가를 다툰 사건에서, 소취하에 관한 민사소송법 조항은 권한쟁의절차에 준용되며, 청구인의 청구취하로 절차가 종료되었음이 명백하다고 하여 종료를 선언하였다. 이에 대하여 소수의견은 민사소송법의 소취하규정은 권한쟁의절차의 본질 및 내용에 따라 준용하는 것이 타당하지만, 변론 및 평의가 종결되고 결정문초고까지 완성된 상황이고, 그것도 상임위원회가 준수해야 할 의사절차의 기준과 한계를 구체적으로 밝히는 최초의 권한쟁의사건이므로, 그 때까지 심리한 내용만을 토대로 판단하더라도, 헌법수호의 차원에서 헌법재판소의 입장을 표명하는 것이 타당하다고 하였다. 소수의견이 타당함은 더 이상의 설명이 필요 없다.

(3) 결정의 효력

헌법재판소의 결정은 모든 국가기관을 기속한다. 권한쟁의에 관한 결정은 '모든' 결정에 기속력이 인정된다. 이 점에서 헌법소원의 '인용'결정이나 법률에 대한 '위헌'결정이 다른 국가기관을 기속하는 것과 구별된다. 피청구인에게 위헌으로 확인된 행위를 반복할 수 없고, 동시에 위헌상태를 제거할 의무가 부여된다.

법률(헌재법 §67②)은 헌법재판소가 피청구인의 처분을 취소하는 결정은 그 처분의 상대방에 대하여 이미 생긴 효력에 영향을 미치지 않는다고 규정한다. 처분의 상대방이란 청구인이 아니라 처분의 유효함을 신뢰한 제3자를 말한다. 이는 처분의 유효를 믿은 제3자의 법적 지위를 보호하기 위한 것이다. 만일 처분의 상대방을 청구인으로 본다면 헌법재판소의 취소결정이 이미 행하여진 조치에 대해서 아무런 영향을 줄 수 없는 것이 되기 때문이다. 결국 취소결정은 청구인에게 이미 발생된 효력에 영향을 미치는 것으로 소급효를 지니게 된다.

Ⅴ. 헌법소원심판

1. 의 의

(1) 연혁 및 입법례

헌법소원은 독일에서 국가권력에 대한 기본권의 특별한 보호수단으로 발달하였는데, 우리나라에서는 1987년 헌법에 처음으로 도입되었다. 독일, 스위스, 스페인은 모든 국가작용을 헌법소원의 대상으로 삼고 있으나 오스트리아는 법원의 재판을 그 대상에서 제외하고 있다.

(2) 개 념

헌법소원은 국가의 공권력행사로부터 기본권이 침해된 경우 이를 구제하는 기본권보장수단을 말한다. 특히 재판에 의한 기본권침해와 법령에 의한 직접적 기본권침해로부터 기본권을 보호하기 위한 수단이다. 또한 헌법소원은 헌법질서의 유지·수호의 기능을 지닌다.

2. 종 류

(1) 권리구제형 헌법소원

입법, 행정, 사법 등 공권력의 행사 또는 불행사로 인하여 국민의 기본권이 침해된 경우에 그 구제를 청구할 수 있는 제도이다(헌재법 §68①). 본래의 의미의 헌법소원이다.

(2) 위헌심사형 헌법소원

위헌소원이란 법률의 위헌심판의 제청신청에 대하여 법원이 기각할 때 신청

당사자가 헌법재판소에 제청신청이 기각된 법률의 위헌 여부를 판단해 줄 것을 요구하는 제도를 말한다(헌재법 §68②). 위헌심사형 헌법소원제도는 독일에는 존재하지 않는 헌법재판절차이다. 독일의 경우 청구인은 청구인의 제청신청을 법원이 제청하지 않은 때에는 (우리와 같이 위헌소원을 청구할 수 있는 것이 아니라) 모든 심급을 경유한 후 법률의 위헌 여부를 연방헌법재판소에 재판소원의 형태로 제기할 수 있다. 우리의 경우 1심 재판부터 법률의 위헌 여부를 헌법재판소에 문의할 수 있도록 하고 있는데, 이는 재판소원을 부정하고 있는 현행 헌법소원제도의 결함을 일부 보완하는 기능을 나타낸다.

3. 헌법소원의 쟁송대상(권리구제형 헌법소원)

헌법소원은 공권력의 행사 또는 불행사로 기본권이 침해되어야 청구할 수 있다. 공권력작용이란 입법, 행정, 사법을 담당하는 모든 국가기관 및 공공단체의 고권적 작용을 말한다. 다만 외국이나 국제기관의 공권력작용은 헌법소원을 청구할 수 있는 공권력에서 제외된다. 공권력작용은 작용주체를 중심으로 입법작용, 행정작용, 사법작용으로 나눌 수 있고, 작용의 적극·소극에 따라 행사와 불행사로 구별된다.

(1) 공권력의 행사

(가) 입법작용

① 헌 법 헌법은 통일체로서 가치체계를 이루며 국민의 결단 내지 국민적 합의의 성격을 지니므로 헌법재판소법 제68조 제 1 항 소정의 공권력행사의 결과라고 볼 수 없다.

② 법 률 법률이 별도의 집행작용 없이 국민의 기본권을 직접 침해하는 경우에는 법률에 대해서 헌법소원을 제기할 수 있다(법률소원).

법률소원의 대상이 되는 법률은 시행중인 유효한 것이어야 한다. 공포되었으나 효력이 발생하지 않은 법률이라도 시행이 확실히 예상되므로 헌법소원을 제기할 수 있다. 공포되었으나 효력이 발생하지 않은 법률은 헌법소원의 대상은 될 수 있어도 위헌법률심판의 대상이 될 수 없다. 법률안은 헌법소원의 대상이 될 수 없으나, 헌법재판소는 법률안에 대한 헌법소원 청구 후 법률안이 공포되자 심판대상을 법률로 변경한 경우 이를 적법한 청구로 인정하였다.

폐지된 법률조항을 헌법소원의 대상으로 삼을 수 있는가가 문제된다. 헌법재판소는 폐지된 법률조항이 헌법에 위반되는지 여부에 대하여 헌법적 해명이 이루어진 바가 없고, 또한 그 법률조항이 청구인의 기본권을 침해하는 것으로 판단된다면, 폐지된 법률조항에 대하여도 본안판단의 필요성이 인정된다고 하였다. 위헌으로 선언된 법률조항에 대한 헌법소원청구는 부적법하다.

③ 긴급재정경제명령 긴급재정경제명령은 법률의 효력을 지니므로 헌법소원의 대상이 되는 공권력행사에 해당된다. 대통령의 긴급명령 등이 국민의 기본권을 침해한 경우 헌법소원의 대상이 된다.

④ 법규명령 대통령령, 총리령, 부령과 같은 법규명령이 별도의 집행작용을 기다리지 않고 직접 기본권을 침해하는 것일 경우 헌법소원의 대상이 된다. 과거 한때 법규명령에 대한 헌법소원이 허용될 수 있는가에 관해 헌법 제107조 제 2 항과 관련하여 문제된 적이 있었다. 헌법 제107조 제 2 항의 취지는 구체적 사건의 심판을 위한 선결문제로 명령이나 규칙의 위헌위법을 주장하는 경우 이는 법원의 관할이라는 것이다. 반면 명령이나 규칙 그 자체가 기본권을 침해하여 명령이나 규칙의 위헌 위법을 다투는 것(법령소원)은 헌법재판소의 관할이 되는 것으로(§111①, 5호) 헌법 제107조 제 2 항과 구별된다. 헌법재판소는 헌법이 법률에 대한 규범통제권을 헌법재판소에 부여하고 있는 이상 통일적인 헌법해석을 위해서도 법률의 하위규범인 명령에 대한 헌법재판소의 심사권을 헌법 제107조 제 2 항이 배제하였다고 볼 수 없다고 하였다.

⑤ 조 약 조약은 법적 효력이 국내법과 동일한 효력을 지니므로 헌법소원의 대상이 된다.

⑥ (대법원)규칙 헌법재판소는 법무사법시행규칙에 대한 헌법소원에서 대법원규칙이 직접 기본권을 침해하는 경우에는 헌법소원의 대상이 된다고 하였다. 국회규칙, 중앙선관위규칙에 대한 헌법소원도 가능하다. 다만 헌법재판소가 헌법재판소 규칙의 기본권침해 여부를 판단하는 것은 일종의 자기재판이 되므로 헌재규칙에 대한 헌법소원은 허락되지 않는다. 헌법재판소규칙의 위헌·위법 여부가 재판의 전제가 된 때에는 법원이 그 위헌·위법 여부를 심사할 수 있다.

⑦ 조 례 조례가 직접 기본권을 침해한 경우 헌법소원의 대상이 된다. 한편 대법원은 조례가 집행행위의 개입 없이도 그 자체로서 직접 국민의 구체적인

권리의무나 법적 이익에 영향을 미치는 등의 법률상 효과를 발생하는 경우 그 조례는 항고소송의 대상이 되는 행정처분에 해당한다고 하였다. 조례를 행정소송의 대상으로 본 대법원 판결은 기본권실현을 확대하려는 노력의 일환이지만 대법원이 이렇게 적극적으로 접근하는 것은 바람직하지 않다. 법령소원이 헌법재판소의 관할이듯이 조례에 대한 헌법소원 역시 헌법재판소가 관장해야 한다.

(나) 행정작용

① 통치행위 　통치행위란 고도의 정치적 결단에 의한 국가행위로서 사법적 심사의 대상으로 삼기에 적절하지 못한 행위를 말하는데, 통치행위라 하더라도 국민의 기본권을 침해한 경우에는 헌법소원을 청구할 수 있다. 헌법재판소는 대통령의 긴급재정경제명령은 고도의 정치적 결단으로 인한 통치행위이나 헌법소원의 대상이 된다고 하였으나, 국군의 해외파병결정은 고도의 정치적 결단이 요구되는 사안이지만 선거를 통해 평가되는 것이 바람직하여 헌법소원의 대상이 되기에 부적합하다고 하였다. 반면 대통령이 한미연합 군사훈련의 일종인 2007년 전시증원연습을 하기로 한 결정은 고도의 정치적 결단에 해당하여 사법심사를 자제해야 하는 통치행위로 볼 수 없다고 하였다.

② 행정규칙 　행정규칙은 일반적으로 행정조직 내부에서 효력을 지니며 대외적 구속력이 없으므로 헌법소원의 대상이 될 수 없다. 그러나 법령에 의해 법령의 구체적 내용을 행정관청에게 보충할 권한을 부여함으로써 행정규칙이 대외적 구속력을 지니게 되는 경우(법령보충적 행정규칙), 또는 행정규칙이 행정청의 재량권행사의 준칙으로서 되풀이 시행된 결과 행정관행화 되어 행정기관이 평등이나 신뢰보호의 원칙상 따라야 할 자기구속의 대외적 구속력을 지닌 경우에는 그 범위 내에서 헌법소원의 대상이 될 수 있다.

헌법재판소는 검찰청 내부의 사무처리지침에 불과한 검찰사건사무규칙, 선거관리위원회직원에 대한 투개표관리 등에 관한 사무업무처리지침인 '공직선거에 관한 사무처리예규'는 대외적 구속력이 없는 것으로 헌법소원의 대상이 되지 않는다고 하였다.

반면 헌법재판소는 무가지와 경품류제공행위를 제한하는 신문고시는 공정거래법 규정의 위임에 따라 공정거래위원회가 법령을 보충한 것으로 대외적 구속력을 지니므로 헌법소원의 대상이 되며, '청소년유해매체물의 표시방법'에 관한 정보통신부

고시 역시 헌법소원의 대상이 된다고 하였다. 또한 헌법재판소는 '계호근무준칙'(법무부 훈령)은 재량권행사의 준칙으로 오랫동안 반복되어 그 내용이 관행적으로 확립되었기에 자기구속의 대외적 구속력을 지니므로 헌법소원의 대상이 된다고 하였다.

③ 행정계획　　행정계획이란 행정에 관한 전문적·기술적 판단을 기초로 하여 특정한 행정목표를 달성하기 위하여 서로 관련되는 행정수단을 종합·조정함으로써 장래의 일정한 시점에 있어서 일정한 질서를 실현하기 위한 활동기준으로 설정된 것을 말한다. 행정계획의 헌법소원의 대상성은 행정계획의 성격에 따라 정해진다. 행정계획이 대외적 구속력을 지니는 경우에는 헌법소원으로 다툴 수 있는 공권력행사에 포함되지만 구속적 성격이 결여된 때에는 헌법소원의 대상성이 불허된다. 다만 비구속적 행정계획(안)이라도 국민의 기본권에 직접적으로 영향을 끼치고, 앞으로 법령의 뒷받침에 의하여 그대로 실시될 것이 틀림없을 것으로 예상될 수 있을 때에는, 공권력행위로서 예외적으로 헌법소원의 대상이 된다. 헌법재판소는 '서울대학교의 대학입학고사 주요요강'은 발표당시 법적 효력이 없는 행정계획안에 불과하며, 사실상의 준비행위나 사전안내의 성격을 지니는 것이어서 행정쟁송의 대상이 될 수 있는 공권력행사에 해당하지 않으나, 그 내용이 기본권에 직접 영향을 미치고 있고 법령에 의해 뒷받침되어 시행될 것이 확실히 예상되며, 이로 인해 직접 기본권 침해를 받은 사람에게는 사실상의 규범작용으로 인한 위험성이 발생하였다고 할 수 있으므로 헌법소원의 쟁송대상인 공권력행사에 해당된다고 하였다.

반면 헌법재판소는 건교부장관의 '개발제한구역 제도개선방안'은 정책계획안으로 대외적 효력이 없는 비구속적 행정계획에 불과하고 도시계획법령에 의거한 도시계획결정을 통해 확실히 시행될 것이 예상되지 않으므로 헌법소원의 대상이 되는 공권력행사로 볼 수 없으며, 기획재정부장관의 '공공기관의 선진화계획' 역시 정책계획안으로 기본권에 영향을 주지 않으므로 헌법소원의 대상이 되지 않는다고 하였다.

④ 행정처분

㉠ **행정처분에 대한 헌법소원과 보충성원칙**　　행정처분은 가장 전형적인 공권력행사에 해당하지만 이에 대한 헌법소원은 사실상 불허된다. 재판소원금지와 헌법소원의 보충성이 결합되어 행정처분에 대한 헌법소원이 봉쇄되기 때문이다. 즉 행정처분은 헌법소원의 보충성원칙 때문에 행정쟁송으로선 다투어야 하는데, 행정쟁

송은 재판의 형태로 마치게 되고 재판소원을 금하고 있어 행정처분에 대한 헌법소원은 결국 불허된다.

㉡ **재판소원금지와 원행정처분에 대한 헌법소원** 재판에 대한 헌법소원을 인정해야 하는가에 관해 헌법학계와 법원은 첨예하게 대립된 의견을 내놓고 있다. 헌법소원의 본질이 재판통제에 있으므로 재판을 헌법소원의 대상에 포함시키는 것이 타당하며 이론적으로도 설득력을 지니지만, 모든 재판을 헌법소원의 대상에 포함시키는 것은 감내하기 어려운 예상치 못한 어려움에 봉착할 수도 있다.

무익한 헌법소원이 넘쳐나고, 헌법재판소가 감당할 수 없게 될 것이며 결국 기본권실현에 도움을 주기보다는 국민, 법원, 헌법재판소 모두가 패자가 될 가능성을 배제할 수 없기 때문이다. 독일에서 한다고 우리가 다 따를 필요는 없다고 생각한다. 신중한 접근이 요구되지만 현재와 같이 일체의 재판을 헌법소원의 대상에서 제외시키고 있는 것은 타당하지 않다.

재판소원이 인정되어야 할 것으로는, 먼저 재판절차에서 나타난 기본권침해에 대해서는 이를 헌법소원으로 다툴 수 있어야 한다. 현재 국민들은 법원의 은혜나 은전에 기대어 재판을 진행하는 예가 비일비재하기 때문에 절차에서 나타난 기본권침해에 대한 구제가 시급하다고 본다. 절차상의 흠이 본안의 결론에 영향을 주지 않는다(않았다)는 이유로 절차가 경시되어서는 안 될 것이기 때문이다. 그리고 민사재판이나 형사재판은 제외하더라도 행정재판의 경우 원행정처분에 대해서는 헌법소원을 허용하는 것이 바람직하며, 이론적으로도 가능하다. 원행정처분에 대한 설명은 항을 바꾸어 설명하기로 한다.

㉢ **원행정처분에 대한 헌법소원** 헌법재판소법(§68①)은 법원의 재판을 헌법소원의 대상에서 제외하고 있는데, 이는 재판은 물론 '재판의 대상이 된 행정처분'(이하 원행정처분)까지도 헌법소원의 대상이 될 수 없다고 볼 여지가 없는 것은 아니다. 그러나 앞서 본 바와 같이 일반 재판과 헌법소원은 별개의 제도이며 헌법소원의 본질이 재판통제에 있다면 재판에 대한 최소한의 통제장치가 마련되어야 하는데, 재판소원금지규정(헌재법 §68①) 때문에 재판에 대한 통제는 물론 재판의 대상이 된 행정작용까지 모두 헌법소원의 대상에서 배제된다면 헌법소원은 더 이상 최후의 기본권구제수단으로서 기능할 수 없다고 보아야 한다.

원행정처분에 대한 헌법소원의 허용 여부에 관해, 헌법재판소는 법원의 재판을 거쳐 확정된 행정처분(원행정처분)에 대한 헌법소원심판은 당해 행정처분을 심판의 대상으로 삼았던 법원의 재판이 예외적으로 헌법소원의 심판대상이 되어 그 재판 자체가 취소되는 경우에 한하여 청구할 수 있다고 한다.

⑤ 공 고 공고란 특정의 사실을 불특정 다수인에게 알리는 행위인데, 공고가 공권력행사에 해당하는지 여부는 공고의 내용과 관련 법령규정에 따라 결정된다. 공고로 인해 개인의 법적 지위를 구체적으로 제한하거나 영향을 미치는 경우에는 헌법소원의 대상이 되나, 확인적 의미만을 지니는 공고의 경우에는 공권력행사로 볼 수 없다. 헌법재판소는 공무원채용시험계획을 공고함에 있어, 모집인원이나 응시연령의 기준일 등 '응시자의 자격'을 공고에 의해 구체화시키거나, 구체적인 시험일정 및 장소를 공고로 구체화하거나 확정시키고 있다면 그 공고는 공권력행사에 해당된다고 하였다. 그러나 공고가 상위 규범의 내용을 그대로 공고함으로써 확인적 의미만 지닐 뿐 청구인의 법적지위에 아무런 영향을 미치지 않는 경우에는 공권력행사로 볼 수 없다고 하였다. 헌법재판소는 사법시험 제2차 시험 실시계획 중 '시험과목별 시험시간'을 정한 부분이나 법학전문대학원협의회의 법학적성시험 시행계획 공고는 헌법소원의 대상이 되는 공권력의 행사에 해당한다고 하였다.

⑥ 권력적 사실행위 권력적 사실행위도 헌법소원으로 다툴 수 있다. 다만 권력적 사실행위에 해당되는지의 여부는 행정주체와 상대방과의 관계, 사실행위에 대한 상대방의 의사, 관여정도 및 태도, 사실행위의 목적·경위 등 그 행위가 행하여질 당시의 구체적 사정을 종합적으로 고려하여 개별적으로 판단하여야 한다. 헌법재판소는 재무부장관이 은행장에 대하여 행한 국제그룹의 해체준비착수지시는 재벌기업을 해체하는 권력적 사실행위로 헌법소원의 대상이 된다고 하였고, 교도소장의 미결수용자의 서신에 대한 검열·지연발송·지연교부행위, 구치소장이 미결수용자에게 재소자용 의류를 입게 한 행위, 경찰서장의 정밀신체수색행위, 교도소장이 수형자에게 소변을 받아 제출하게 하는 행위, 교도소장의 운동화착용불허행위, 외국인에 대한 서울 출입국관리소장의 외국인보호소 인치 및 강제퇴거명령의 집행행위는 권력적 사실행위로 헌법소원의 대상이 된다고 하였다. 다만 교도소 내 이발지도행위는 헌법소원심판의 대상인 공권력의 행사라고 보기 어렵다고 하였다.

⑦ 기관(행정기관, 국회) 내부의 행위 기관내부의 행위는 국민의 권리의무에 직접 영향을 미치지 않으므로 헌법소원의 대상이 될 수 없다. 헌법재판소는 경제기

획원장관이 정부투자기관에 대한 '정부투자기관예산편성공통지침'의 통보행위는 내부적인 감독작용에 불과하며, 대통령의 법률안제출행위는 국가기관의 내부적 행위에 불과하고 국민에 대하여 직접 법률효과를 발생시키는 행위가 아니므로 공권력행사에 해당하지 않는다고 하였다. 동일한 맥락에서 국회의장이 국회의원을 상임위원회의 위원으로 선임하는 행위는 국회조직구성에 관한 내부적 행위에 불과하여 공권력행사로 볼 수 없다.

⑧ 감사원장의 국민감사청구기각결정　부패방지법(§40)상의 국민감사청구제도는 일정한 요건을 갖춘 국민들이 감사청구를 한 경우에 감사원장으로 하여금 감사청구된 사항에 대하여 감사실시 여부를 결정하고 그 결과를 감사청구인에게 통보하도록 의무를 지운 것이므로, 국민감사청구에 대한 기각결정은 공권력주체의 고권적 처분이라는 점에서 헌법소원의 대상이 되는 공권력행사에 해당된다.

⑨ 중앙선거관리위원회위원장의 '대통령의 선거중립의무 준수요청 조치'　중앙선거관리위원회 위원장이 행한 '대통령의 선거중립의무 준수요청 조치'와 '대통령의 선거중립의무 준수 재촉구 조치'는 공권력행사에 해당된다. 반면 헌법재판소는 서울특별시 선거관리위원회 위원장의 '선거법위반행위에 대한 중지촉구'는 단순한 권고적·비권력적 행위로서, '공권력의 행사'에 해당하지 않는다고 하였다. 중지촉구는 공명선거의 협조를 요청하는 권고적·비권력적 행위로서 피통고자에 대하여 직접적인 법률효과를 발생시키지 않기 때문이다.

⑩ 행정지도　행정지도란 행정기관이 그 소관사무의 범위 안에서 일정한 행정목적을 실현하기 위하여 특정인에게 일정한 행위를 하거나 하지 아니하도록 지도·권고·조언 등을 하는 행정작용을 말한다. 이러한 행정지도는 행정객체의 임의적인 협력을 통하여 사실상의 효과를 발생시키는 사실행위이기에, 행정지도를 헌법소원의 대상이 되는 공권력행사로 볼 수 없다. 그러나 행정지도라 하더라도 그에 따르지 않을 경우 일정한 불이익조치를 예정함으로써 행정지도로서의 한계를 넘어 규제적·구속적 성격을 상당히 강하게 갖는 경우에는 헌법소원의 대상이 되는 공권력의 행사로 보아야 한다.

⑪ 행정청의 거부행위　행정청의 거부행위는 일정한 경우 헌법소원을 제기할 수 있는 공권력행사에 포함된다. 헌법재판소는 지적등록사항 정정신청을 반려한 행

위, 경찰서장의 옥외집회신고서 반려행위는 헌법소원의 대상인 공권력의 행사에 해당한다고 하였다. 다만 대법원이 지목변경신청 반려처분을 행정소송의 대상이 되는 행정처분으로 견해를 변경하자 헌법재판소는 위 반려처분은 헌법소원의 쟁송대상이 될 수 없다고 하였다.

⑫ 기 타 국회 예산결산특별위원회의 계수조정위원회의 방청불허행위는 헌법소원의 심판대상이 되는 공권력행사에 해당된다. 반면 국민고충처리위원회의 고충민원처리결과 회신은 공권력행사로 볼 수 없다.

㈐ 검사의 기소 및 불기소처분

검사의 불기소처분에 대하여 고소인은 자신의 재판절차에서의 진술권 및 평등권이 침해되었다는 이유로 헌법소원을 제기할 수 있었다. 이는 기소독점주의와 기소편의주의를 채택하고 있는 현행법제도하에서 검사의 기소권행사에 대한 유효한 견제수단이 필요하기 때문이기도 하다. 그런데 형사소송법 제260조 개정으로 인해 (2008. 1. 1. 효력발생) 재정신청의 대상범죄가 모든 범죄로 확대되어 대부분의 불기소처분이 헌법소원의 대상에서 제외되었다.

① 기 소 검사의 공소제기처분, 즉 기소처분에 대하여는 헌법소원을 제기할 수 없다. 검사의 기소가 기본권을 침해하였는지의 여부는 형사재판절차에서 가능하므로, 사전준비행위로서의 기소처분은 독립하여 헌법소원의 대상이 될 수 없다.

② 형사피해자인 고소인에 대한 검사의 불기소처분 형사피해자인 고소인에 대한 검사의 불기소처분, 기소유예처분, 기소중지처분에 대해서는 헌법소원을 청구할 수 없다. 검사의 불기소처분에 대해 피해자인 고소인(형법 제123조~126조에 대한 고발인 포함)은 (검찰항고를 경유하여) 헌법소원을 청구할 수 있었으나, 2008년 형사소송법 개정으로 검사의 불기소처분에 대하여 (검찰항고를 경유하여) 검사 소속의 지방검찰청 소재지를 관할하는 고등법원에 불기소처분의 당부에 관한 재정을 신청하도록 하고 있어, 고소인(형법 제123조~126조에 대한 고발인 포함)은 특별한 경우[1]가 아

1) 검사의 불기소처분에 불복하여 재정신청 절차를 거침으로써 그 불기소처분에 대해 이미 법원의 재판을 받은 경우에는 그 법원의 재판이 위헌으로 결정된 법령을 적용한 것이어서 예외적으로 헌법소원심판의 대상이 되어 그 재판 자체가 취소되는 경우에 한하여 그 불기소처분이 헌법소원의 대상이 될 수 있을 뿐, 그 재판이 취소되지 않는 이상 그 불기소처분 자체는 헌법소원심판의 대상이 되지 아니한다(헌결 97헌마79; 헌결 2008헌마313; 헌결 2011헌마154).

닌 한 헌법소원을 청구할 수 없다.

③ 고소인에 대한 재항고불허의 위헌여부 개정 형사소송법은 재정신청 전에 검찰청법상의 항고를 필수적으로 거치도록 하면서(필요적 항고전치주의), 불기소처분에 대한 항고기각결정에 대해서는 '재항고를 불허하면서 법원에 재정을 신청하도록 규정하고 있다. 헌법재판소는 검찰청법(§ 10③)이 재정신청을 제기할 수 있는 고소인 및 공무원직무범죄(형법 § 123~§ 125)의 고발인에게 재항고를 불허하고 법원에 재정을 신청하도록 한 것은 헌법에 위배되지 않는다고 하였다.

④ 형사피의자에 대한 검사의 기소유예처분, 기소중지처분 형사피의자는 검사의 기소유예처분이나 기소중지처분에 대하여 헌법소원을 청구할 수 있다. 범죄혐의가 없음이 명백한 경우에 기소유예처분을 하였다면 자의적인 공권력행사에 해당되며, 종국결정을 하기에 부족함이 없는 경우에도 중간처분의 성격인 기소중지결정을 행한 경우 범죄혐의자라는 법적 불이익상태가 존속되기 때문이다. 이 경우 형사피의자는 재정신청을 경유함이 없이 바로 헌법소원을 청구할 수 있다.

⑤ 고발인(또는 형사지해자가 아닌 고소인)의 헌법소원 고발인(또는 형사지해자가 아닌 고소인)은 검사의 불기소처분에 대하여 검찰청법 제10조의 항고 재항고를 할 수 있으나, 재정신청을 할 수 없으므로 고발인은 항고 재항고를 거쳐 '형사피해자'인 고발인에 한해 헌법소원심판을 청구할 수 있다. 만일 고발인이 재판절차진술권의 주체가 되는 형사피해자의 지위를 갖지 못한 때에는 헌법소원을 청구할 수 없다. 동일한 취지에서 형사피해자가 아닌 고소인은 항고, 재항고를 거쳐도 헌법소원심판을 청구할 수 없다.

㈑ 사법(司法)작용

① 재 판

㉠ 원칙적 제외 헌법재판소법 제68조 제 1 항은 헌법소원의 대상에서 법원의 재판을 제외하고 있다. 여기서 재판이란 종국판결은 물론 소송법상으로 법원이 행하는 공권적 법률판단 또는 의사의 표현을 모두 지칭하는 것이므로 본안전 소송판결 및 중간판결이 모두 포함되며, 기타 소송절차의 파생적이고 부수적인 사항에 대한 공권력판단도 포함한다. 재판소원금지의 재판은 재판 그 자체뿐만 아니라 재판절차에 관한 법원의 판단도 포함된다.

ⓛ **예외적 허용** 법원이 헌법재판소의 위헌결정(한정합헌, 한정위헌, 헌법불합치결정, 적용위헌결정)에 반하여 그 효력이 상실되거나 위헌으로 확인된 법률을 적용함으로써 국민의 기본권을 침해한 경우에는 예외적으로 법원의 재판도 헌법소원심판의 대상이 될 수 있다.

② 소송지휘권 재판장의 소송지휘권의 행사에 관한 사항은 재판장의 명령으로 이루어진 경우에는 그 자체가 재판에 해당하므로 헌법소원의 대상이 될 수 없다. 그것이 재판의 형식이 아닌 사실행위로 행하여진 경우 종국판결이 선고된 이후에는 종국판결에 흡수 포함되어 그 불복방법은 판결에 대한 불복으로만 가능하기에 이에 대한 헌법소원은 허용될 수 없다.

(마) 기타의 공권력 행사

① 헌법재판소 결정 헌법재판소결정은 헌법소원의 대상으로 삼을 수 없다. 이는 일종의 자기재판이 되기 때문이다.

② 사법(私法)상의 행위 사입자가 도지 등을 공용수용절차에 의하지 이니히고 협의에 의하여 취득하는 협의취득은 사법상 매매계약에 불과하며, 협의취득에 따르는 보상금의 지급행위 역시 사법상의 행위에 불과하므로 공권력행사로 볼 수 없다. 또한 한국방송공사 채용시험의 응시자격에 관한 공고는 사법적 성격을 지니고 있어 공권력행사에 해당하지 않는다. 그러나 한국방송공사는 공공적 성격이 강한 공법인으로서 공권력행사로 보아야 한다.

③ 기 타 질의회신이나 질의에 대한 통보 등은 공권력행사로 볼 수 없다. 교육부 교원징계재심위원회의 고충처리결정은 당해 고충해소가 법령의 테두리 안에서 허용되지 아니 한다는 사실을 알리는 결정에 지나지 않으며 그로 인해 법률관계의 변동이나 이익의 침해가 발생하지 아니하므로 공권력행사로 볼 수 없으며, 국무총리의 새만금사업에 대한 정부조치계획시달 및 농림부장관의 후속 실천계획은 중단된 공사의 재개에 불과하여 공권력으로 볼 수 없다.

(2) 공권력의 불행사

공권력의 행사로 인한 적극적인 기본권침해에 대해서 헌법소원을 제기할 수 있듯이 공권력의 불행사로 인한 소극적인 기본권 침해에 대하여도 헌법소원을 제기할 수 있다. 공권력의 불행사로 인한 기본권침해란 공권력 행사의 작위의무를 전제로 그 의무를 이행하지 않아 기본권이 침해된 경우를 말한다. 공권력 불행사는 입법부작위, 행정부작위, 사법부작위(재판부작위)로 나누어 살펴본다.

(가) 입법부작위

입법부작위는 헌법상 입법의무를 전제로 그 의무를 해태한 위헌적 입법부작위와 이를 전제로 하지 않은 단순 입법부작위로 나눌 수 있다. 단순 입법부작위는 헌법소원의 대상이 되지 않는다. 위헌적 입법부작위는 다시 진정 입법부작위와 부진정 입법부작위로 나누어진다.

① 진정 입법부작위

진정 입법부작위란 헌법상 입법의무가 있는데도 입법자가 아무런 입법을 하지 않은 것을 말한다. 입법의 흠결이 있는 입법권의 불행사이다(절대적 입법부작위). 헌법상 입법의무는 가능한 명백한 위임이 있는 경우로 국한되어야 한다. 진정 입법부작위에 대한 헌법소원은 첫째, 헌법에서 기본권보장을 위해 법령에 명시적인 입법위임을 하였음에도 이를 이행하지 않거나, 둘째, 헌법해석상 특정인에게 구체적인 기본권이 생겨 이를 보장하기 위한 국가의 행위의무 내지 보호의무가 발생하였음이 명백함에도 불구하고 입법자가 전혀 아무런 입법조치를 취하고 있지 않은 경우에 가능하다.

진정입법부작위는 절대적 입법의무부작위로 자신의 기본권이 직접 그리고 현재 침해될 때 제기할 수 있고, 다른 구제절차가 존재하지 않기에 보충성원칙이 적용되지 않으며, 부작위가 계속되는 한 청구기간의 제한을 받지 않는다.

헌법재판소는 사설철도의 전 재산을 수용하면서 수용에 대한 보상절차법률을 30년간이나 제정하지 않아 보상을 하지 않은 것은 입법의무의 불이행으로 위헌이라고 하였다.

② 부진정 입법부작위 부진정 입법부작위란 입법자가 입법은 하였으나 내용, 범위, 절차 등이 불완전하고 불충분하게 규율되어 있는 것을 말한다. 입법의 결함이 있는 입법권의 불행사이다(상대적 입법부작위). 부진정 입법부작위를 대상으로 헌법소원을 청구하기 위해서는 불완전한 법규범 그 자체를 대상으로 그것이 헌법위반이라는 적극적인 헌법소원을 제기하여야 하지 부작위형태의 헌법소원을 청구할 수 없다. 이는 불충분한 입법의 경우 입법행위의 잘못(불충분, 불완전)을 다투는 것이 정도이기 때문이다. 불완전한 법규범 그 자체를 대상으로 적극적인 헌법소원을 청구

하여야 하므로 청구기간을 준수하여야 한다. 헌법재판소는 '1980년해직공무원보상등에관한특별조치법'을 제정하면서 정부산하기관 직원을 수혜범위의 대상에서 제외한 것, 재외국민에게 국내선거에 참여할 수 있도록 하는 법률을 제정하지 않은 것 등은 입법의 결함으로, 부진정 입법부작위에 해당한다고 하였다.

(나) 행정부작위

공권력 주체가 헌법에서 유래하는 작위의무가 있음에도 그 의무를 해태하여 기본권을 침해한 경우에는 행정권력의 부작위에 대하여 헌법소원을 청구할 수 있다. 행정부작위는 행정입법부작위와 행정처분부작위로 대별된다.

① 행정입법부작위　　행정입법부작위도 진정 행정입법부작위와 부진정 행정입법부작위로 나누어진다.

㉠ 진정 행정입법부작위　　행정입법의 부작위에 대한 헌법소원은 첫째, 행정청에게 시행명령을 제정(개정)할 법적 의무가 있어야 하고, 둘째, 상당한 기간이 지났음에도 불구하고, 셋째, 명령제정(개정)권이 행사되지 않은 경우에 청구할 수 있다.

헌법재판소는 보건복지부장관이 치과전문의제도의 실시를 위한 시행규칙을 개정하지 않은 것, 군법무관의 보수내용을 대통령령으로 정하지 않은 것은 위헌으로 기본권침해라 하였다. 이러한 행정입법부작위 법리는 조례제정 부작위에도 적용되어야 한다. 헌법재판소는 지방공무원법(§58②)이 '사실상 노무에 종사하는 공무원의 범위'를 조례로 정하도록 위임하고 있음에도 지방자치단체가 공무원의 범위를 조례로 제정하지 않은 것을 위헌이라고 하였다.

㉡ 부진정 행정입법부작위　　부진정 행정입법부작위에 대해서는 불완전한 행정입법에 대하여 적극적으로 헌법소원을 제기하여야 한다.

② 행정처분부작위　　행정처분의 부작위에 대해서 헌법소원이 가능하려면, 헌법에서 유래하는 작위의무가 특별히 구체적으로 규정되어 있고, 이 작위의무로부터 기본권주체가 행정행위를 청구할 수 있음에도 공권력주체가 그 의무를 해태하여야 한다. 헌법에서 유래하는 작위의무가 특별히 구체적으로 규정되어 있으려면 첫째, 헌법상 명문으로 공권력 주체의 작위의무를 규정하고 있거나 둘째, 헌법의 해석상 공권력 주체의 작위의무가 도출되거나 셋째, 공권력 주체의 작위의무가 법령에 구체적으로 규정되어 있어야 한다. 기본권 침해가 없는 단순한 행정처분의 부작위에

대해서는 헌법소원을 청구할 수 없다.

(다) 사법부작위(재판부작위)

법원의 재판부작위에 대해서 헌법소원이 가능하려면, 헌법상 작위의무가 존재하고, 기본권주체가 재판을 청구할 수 있으며, 공권력주체가 의무를 해태하여야 한다. 사법부의 작위의무 역시 작위의무의 일반원리에 따라 특별히 헌법상 구체적으로 규정되어 있거나, 헌법의 해석상 작위의무가 헌법상의 의무이어야 한다. 헌법재판소는 기일지정신청에 대하여 법원이 아무런 재판을 하지 않은 것은 헌법에서 유래하는 작위의무가 없는 공권력의 불행사이므로 헌법소원을 제기할 수 없다고 하였고, 법률이 정한 판결선고기간은 이 기간 내에 판결을 반드시 해야 할 법률상 의무가 존재하지 않는다고 하였다. 판결선고기간은 아직은 훈시규정으로 해석되는데 이것 또한 법상식에 어긋날 정도로 부당하게 장기간 방치하는 것은 신속한 재판을 받을 권리에 대한 침해로서 헌법소원의 대상이 되어야 한다.

4. 헌법소원의 적법요건

공권력의 행사(불행사)로 기본권이 침해된 자는 헌법소원을 청구할 수 있다. 동시에 헌법소원은 기본권침해에 대한 다른 구제절차가 존재하는 경우에는 이를 경유하여야 하며(보충성), 청구기간 내에 제기되어야 한다. 권리보호이익이 존재해야 하는 것은 물론이다. 보충성, 청구기간, 권리보호이익은 헌법소원의 적법요건이지만 별도의 항에서 다루기로 한다.

(1) 청구권자

(가) 자 연 인

기본권을 보유할 수 있는 능력을 지닌 자는 헌법소원을 청구할 수 있다. 모든 국민은 기본권능력자로서 헌법소원능력을 가진다. 외국인이나 무국적자는 그들에게 허용될 수 있는 기본권에 따라 헌법소원능력이 제한된다. 사람은 출생된 때부터 사망할 때까지 기본권보유능력을 가지므로 헌법소원능력 역시 출생때부터 시작되며 사망함으로써 종료된다. 헌법소원의 심판절차 중 청구인이 사망한 경우 언제나 심판절차가 종료되는가가 문제된다. 기본권의 성격에 따라 또는 심판절차의 진행정도에 따라 개별적으로 판단되어야 한다. 기본권의 성격상 심판을 계속할 필요가 있는 때에는 청구인의 사망으로 심판이 당연 종료되는 것으로 볼 수 없다. 또한 심판절차의 진행정도에 따라 청구인이 사망하였더라도 이미 진행된 절차에 따라 결론을 내리기에 충분할 정도의 진행이 이루어진 경우라면 절차가 당연히 종료되는 것으로 볼 수 없다. 기본권의 성격이 노무공급계약과 같이 일신 전속적인 성격을 지닌 경우에 청구인이 사망하였다면 심판절차는 원칙적으로 종료되나, 일신 전속적 성격이 약한 재산권의 경우에는 청구인의 사망 이후에도 상속인에 의한 소송승계가 가능하다.

(나) 법 인

① 법인이나 단체 법인이나 단체도 기본권향유능력이 인정되므로 허용된 기본권에 대한 침해가 발생한 경우 법인이나 단체는 헌법소원을 통해 다툴 수 있다. 권리능력 없는 단체라도 그 구성원과 독립하여 기본권을 행사하는 경우라면 청구인능력이 인정된다. 헌법재판소노 성낭이나 노동조합과 같이 권리능력 없는 사단에게 헌법소원능력을 인정하였다. 그러나 단체의 부분기관에 불과한 경우에는 청구인자격을 인정하지 않는다.

② 공 법 인 국가, 국가기관, 국가사무를 위임받아 행하는 공법인이나 그 기관은 공권력의 행사의 주체, 즉 기본권의 수범자이므로 헌법소원의 청구인자격이 없다. 헌법재판소도 국회 노동위원회, 국회의원, 자치단체의 장, 서울특별시 의회, 교육위원, 농지개량조합 등에 대해 기본권주체성을 부정하고 있다. 다만 국·공립대학이나 공영방송국의 경우 학문의 자유나 표현의 자유가 침해된 경우 헌법소원으로 다툴 수 있다.

③ 공사혼합법인 헌법재판소는 한국전력공사는 전기의 공급이라는 생존배려적 공적과제를 수행하는 법인이지만 공사혼합기업(주식회사)으로, 전력의 수급이라는 공적 과제의 수행을 행정의 방식이 아닌 영업의 방식으로 하고 있으므로 영업의 자유와 계약의 자유 및 재산권 등을 가지는 기본권의 주체가 된다고 하였다. 동시에 주식회사 문화방송은 공익재단인 방송문화진흥회가 대주주이며, 경영은 광고수익에 의존하는 주식회사 형태의 공영방송사로서 공법상 의무를 부담하고 있지만, 설립목적이 방송사업이며 그 운영이 광고수익에 전적으로 의존하고 있는 만큼 이를 위해 사경제 주체로서 활동하는 경우에는 기본권 주체가 될 수 있다고 하였다.

④ 공 직 자 개인의 지위를 겸하는 국가기관이 기본권의 주체로서 헌법소원의 청구적격을 가지는지 여부는, 심판대상조항이 규율하는 기본권의 성격, 국가기

관으로서의 직무와 제한되는 기본권 간의 밀접성과 관련성, 직무상 행위와 사적인 행위 간의 구별가능성 등을 종합적으로 고려하여 결정되어야 한다.

헌법재판소는 지방자치단체장이 공직상실이라는 개인적 불이익과 연관되어 공무담임권의 침해를 주장하는 경우 자치단체장의 기본권주체성을 인정하였고, 대통령은 소속 정당을 위하여 정당활동을 할 수 있는 사인으로서의 지위와 국민 모두에 대한 봉사자로서 공익실현의 의무가 있는 헌법기관으로서의 지위를 동시에 갖는데 최소한 전자의 지위와 관련하여서는 기본권 주체성을 갖는다고 하였다.

(2) 기본권의 침해

(가) 기 본 권

기본권이 침해되어야 헌법소원을 청구할 수 있다. 기본원리의 침해를 이유로 헌법소원을 청구할 수 없다. 침해된 기본권은 헌법 제 2 장의 국민의 권리와 의무에서 규정된 기본권에 국한하지 않는다. 제 8 조의 정당조항에서 보장하는 정당설립 및 활동의 자유나, 헌법 제41조, 제67조가 보장하는 선거의 일반원칙, 또 제116조의 선거운동의 기회균등과 공영선거의 원칙, 제117조의 자치권보장은 기본권의 근거가 된다. 제도보장에 의해 보호되는 기본권침해에 대해서 헌법소원을 청구할 수 있다. 어떤 규범이 개인의 기본권을 보장하고 있는가는 개별 헌법규정들의 해석을 통해 밝혀져야 한다. 헌법 전문에 기재된 '3·1정신'은 우리나라 헌법의 연혁적·이념적 기초로서 헌법이나 법률해석에서의 해석기준으로 작용할 수 있지만 그에 기하여 곧바로 국민의 개별적 기본권성을 도출해낼 수 없다.

헌법재판소는 헌법 제 3 조의 영토조항에 근거하여 헌법소원의 대상인 기본권의 하나인 영토권이라는 기본권을 긍정하고 있으나, 영토권이란 기본권이 존재하는지, 존재한다면 헌법 제 3 조로부터 도출할 수 있는지 의문이다. 한편 헌법재판소는 입법권, 국회구성권, 상임위원회에서 활동할 수 있는 권리 등은 기본권에 해당되지 않는다고 하였고, 지방자치법상의 주민투표권은 법률상 권리이지 헌법이 보장하는 참정권으로 볼 수 없다고 하여 그 침해가 있어도 헌법소원을 제기할 수 없다고 하였다. 불기소처분에 대한 헌법소원을 제기할 수 있었던 때에 불기소처분에 의해 침해된 기본권은 고소인의 재판절차진술권과 평등권이었다. 기소유예처분이 내려진 경우 피의자는 평등권과 행복추구권침해를 이유로 헌법소원을 청구할 수 있다. 기소중지처분으로 침해된 기본권은 (피의자의) 평등권과 재판절차진술권이다.

(나) 침 해

침해란 기본권보호영역에 대한 부당한 제한을 말하는 것으로 공권력의 행사 또는 불행사로 자유의 제한, 의무의 부과, 법적 지위의 박탈이 발생한 경우이다. 헌법소원을 청구할 수 있는 사람으로 헌법재판소법 제68조 제 1 항이 말하는 '기본권의 침해를 받은 자'란 (침해 여부는 아직 알 수 없으므로) 실제로 침해된 자가 아니라 기본권 침해가 있다고 주장하는 자로 선해되어야 한다. 기본권의 구체적 침해 여부는 본안에서 판단되므로 적법요건심사단계에서는 기본권침해의 가능성으로 족하다. 그러나 기본권침해는 기본권침해의 가능성을 확인할 수 있을 정도의 구체적 주장이어야 하며 막연한 주장만으로는 부족하다. 공권력의 행사가 처음부터 기본권침해의 가능성이나 위험성이 없는 경우 헌법소원은 허용되지 않는다.

(3) **청구인적격**(자기성, 직접성, 현재성)

헌법소원을 청구하기 위해서는 공권력행사와 기본권이 침해된 청구인 간에 일정한 법적 관련성이 존재해야 한다. 자신의 기본권이 현재 그리고 직접 침해되어야 한다. 헌법소원의 청구인적격은 헌법소원의 민중소송화를 방지하여 준다.

(가) 자 기 성

① 의 의 　자기성이란 공권력의 행사·불행사로 청구인 자신이 법적으로 관련되어야 함을 말한다. 자기성은 공권력의 행사 또는 불행사의 직접적인 상대방일 것을 요구하므로, 간접적이고 사실적인 경제적 이해관계가 있거나 또는 반사적으로 불이익을 받게 되는 제 3 자는 자기성이 없다. 그러나 공권력작용의 직접적인 상대방이 아니라 하여도 공권력작용이 제 3 자의 기본권을 법적으로 직접 침해하고 있는 때에는 제 3 자의 자기성이 인정될 수 있다.

② 자기성이 인정된 경우 　헌법재판소는 공정거래위원회의 고발권불행사로 고발인이 법률상의 불이익을 받고 있으므로 고발인이 비록 공정거래법이라는 형사실체법상 보호법익의 주체는 아니라고 하더라도 재판절차진술권의 주체인 피해자에 해당되며, '뉴스통신진흥에관한법률'(§ 10조)이 경업관계에 있는 연합뉴스사를 국가기간뉴스통신사로 지정하고 재정을 지원하고 있다면 그 혜택에서 제외된 청구인(뉴스통신사)의 영업활동이 부당하게 축소되어 그러한 범위에서 기본권에 대한 직접 법적제한을 받으므로 이를 다툴 자기성이 인정된다고 하였다. 학교급식을 학교장

직영방식으로 전환시켰다면 기존의 학교급식 영업업자들이 입게 되는 현실적인 손해는 단순한 사실상 또는 경제상 불이익에 해당된다고 볼 수 없으므로 이를 다툴 자기성이 인정되며, 미국산 쇠고기의 수입업자가 아닌 일반 국민들도 농림수산식품부 고시('미국산 쇠고기 수입위생조건')에 대하여 위헌확인을 구할 기본권 침해의 자기관련성을 가진다.

③ 자기성이 인정되지 않은 경우

㉠ **단체와 구성원** 단체는 자신의 기본권을 직접 침해당한 경우에만 헌법소원심판을 청구할 수 있을 뿐, 그 구성원을 위하여 또는 구성원을 대신하여 헌법소원을 청구할 수 없다.

헌법재판소는 영화인협회가 소속 회원들의 기본권침해를 이유로 청구한 헌법소원은 자기성을 충족하지 못하며, 한국신문편집인협회가 협회 회원의 기본권 침해를 이유로 청구한 헌법소원은 자기성이 없다고 하였다. 또한 금융감독원 소속 직원들은 금융감독위원회의 직제를 다툴 수 있는 자기성이 없고, '총포 등 단속법'은 엽청소지자인 자연인을 그 규율대상으로 하므로 '전국수렵인총연합회'는 이를 다툴 자기관련성이 없다고 하였다.

㉡ 소비자, 주민, 독자 공권력의 행사로 인한 불이익이 간접적이거나, 사실상의 경제적 이익 내지 반사적 이익에 불과한 경우 자기성은 부정된다.

헌법재판소는 정기간행물법이 특수주간신문의 정치기사를 금지한 경우 그 신문의 독자는 간접적·사실적 이해관계인에 불과하므로 이들 다툴 자기성이 없고, 자치단체에게 상수도정수시설비용을 부담하도록 한 법률조항으로 자치단체 주민의 경제적 부담이 늘어났다면 이는 간접적 불이익에 불과하므로 이를 다툴 자기성이 없으며, 백화점 셔틀버스운행을 금지하는 법률로 인해 소비자가 잃게 되는 것은 셔틀버스 운행으로 누리게 된 반사적 이익에 불과하다고 하였다.

(나) 직 접 성

① 의 의 직접성이란 공권력의 행사불행사로 기본권이 직접 침해되어야 함을 말한다. 법령 자체가 헌법소원의 대상이 될 수 있으려면 그 법령에 의하여 구체적인 집행행위를 기다리지 아니하고 직접, 자기의 기본권을 침해받아야 하고, 당해 법령에 근거한 구체적인 집행행위를 통하여 비로소 기본권 침해의 법률효과가 발생하는 경우에는 직접성이 없다.

② 집행행위

㉠ **구체적 집행행위의 부존재** 법령에 따른 구체적 집행행위가 존재하는 경우에는 법령에 대한 직접성이 부정되어 법령소원은 허용되지 않는다. 다만 구체적 집행행위가 존재하는 경우라도 그 집행행위를 대상으로 하는 구제절차가 없거나 구제절차가 있더라도 기대가능성이 없고 불필요한 우회만을 강요하는 것밖에 되지 않는 경우에는 법률을 직접 다툴 수 있다.

㉡ **재량 없는 집행행위** 법규범이 집행행위를 예정하고 있더라도 집행행위가 집행기관의 재량의 여지없이 필요적으로 예정되어 있는 경우에는 법령을 직접 다툴 수 있다.

㉢ **형벌, 행정벌** 법령이 국민에게 행위의무 또는 금지의무를 부과한 후 그 위반행위에 대한 제재로서 형벌이나 행정벌을 부과할 것을 예정한 경우에는 그 '형벌이나 행정벌의 부과'를 직접성에서 말하는 집행행위로 볼 수 없다. 국민은 별도의 집행행위를 기다릴 필요 없이 제재의 근거가 되는 법률의 시행 자체로 행위의무 또는 금지의무를 직접 부담하는 것이기 때문이다.

③ 직접성이 인정된 경우 첫째, 법령 등이 집행행위의 매개 없이 기본권을 제한하는 경우 법령을 직접 다툴 수 있다.

헌법재판소는 담배자판기의 설치를 금지하고 이미 설치된 것마저 철거하도록 규정하고 있는 '담배자동판매기설치금지조례'는 이를 직접 다툴 수 있으며, 지방의회에 대한 청원에 지방의회의원의 소개를 얻도록 규정한 지방자치법조항은 직접 다툴 수 있고, 조약이 발효됨으로 어민들의 어로활동에 영향을 주는 경우 조약을 직접 다툴 수 있다고 하였다.

둘째, 집행행위가 존재하더라도 그 집행행위에 대한 구제절차가 없거나 권리구제의 기대가능성이 없는 경우 법령을 직접 다툴 수 있다.

헌법재판소는 가석방심사위원회의 준법서약서 제출요구를 명하고 있는 '가석방심사등에관한규칙'(법무부령)의 경우 제출요구를 대상으로 행정소송을 제기할 것을 기대하기 어렵기 때문에 위 규칙을 직접 다툴 수 있다고 하였다.

셋째, 집행행위 이전에 법규범이 이미 집행행위에 의해 좌우될 수 없을 정도로 국민의 권리의무를 규율하고 있는 때에는 법규범을 직접 다툴 수 있다. 헌법재판소는 의료인에게 하나의 의료기관만 개설하도록 한 의료법조항에 대해서는 이를 직접 다툴 수 있다고 하였다.

넷째, 형벌이나 행정벌의 부과는 직접성 요건에서 말하는 집행행위로 볼 수 없다. 헌법재판소는 법무사가 아닌 자의 등기대행업무를 금하고, 위반 시 이를 처벌하는 법무사법조항을 직접 다툴 수 있다고 하였다.

④ 직접성이 인정되지 않은 경우 첫째, 법령에 따른 집행행위가 존재하는 경우 직접성은 부정된다. 헌법재판소는 '검찰보존사무규칙(법무부령)'과 '대검찰청의 기록열람 등사에 관한 업무처리지침(검찰예규)'은 이에 따른 검사의 기록 열람·등사 신청에 대한 거부라는 집행행위를 통해 기본권제한이 나타나므로 규칙이나 지침을 직접 다툴 수 없다고 하였다.

둘째, 헌법재판소는 집행기관의 재량의 여지가 있는 경우 직접성을 부정하고 있는데, 가석방은 재량적 행정처분이므로 '형법의 가석방규정'을 직접 다툴 수 없으며, 교도소장으로 하여금 수용자가 주고받는 서신에 금지물품이 들어 있는지를 확인할 수 있도록 한 '형의집행및수용자의처우에관한법률'은 금지물품의 확인을 교도소장의 재량에 맡기고 있으므로 위 법률조항을 직접 다툴 수 없다고 하였다.

셋째, 헌법재판소는 권력적 사실행위에 대해서는 일반적으로 근거법령에 대한 직접성을 부정하고 있는바, '수용자의 서신수발은 교도관의 검열을 요한다.'는 행형법규정은 교도관의 서신검열이나 발송거부 등의 집행행위를 통해 기본권제한의 법률효과가 나타나므로 위 규정을 직접 다툴 수 없다고 하였다.

넷째, 법령이 그 규정의 구체화를 위하여 하위규범의 시행을 예정하고 있는 경우에는 당해 법령의 직접성은 부정된다. 헌법재판소는 부설주차장의 설치기준을 조례에 위임하고 있는 주차장법시행령조항에 대해서는 이를 직접 다툴 수 없다고 하였다.

(다) 현 재 성

① 의 의 현재성이란 헌법소원을 제기하기 위해서는 공권력의 행사·불행사로 기본권이 현재 침해되어야 함을 말한다. 단순히 장래에 나타날 수도 있는 것에 불과한 권리침해의 우려에 대한 청구는 현재성이 부정된다. 다만 기본권침해가 장래에 발생하더라도 그 침해가 발생할 것이 현재 확실히 예측되는 경우에는 현재성이 인정된다.

② 현재성이 인정된 경우 헌법재판소는 장래실시가 확실한 지방의회선거라

든가 장래시행이 확실한 서울대학입시요강에 대해서는 현재성을 인정하였고, 법규범의 효력이 발생하기 전이라도 현재의 시점에서 발생할 위험으로 인한 불이익을 예측할 수 있다면 현재성이 인정된다고 하였다. 또한 '가정의례에 관한 법률'로 인하여 자신의 결혼식 때 하객에게 주류 등을 대접할 수 없는 것이 현재 시점에서 충분히 예측될 수 있다면 현재성이 인정되며, 7급 공무원공채시험 준비를 하는 자는 국가유공자 등에 대한 10% 가산점제도를 규정한 법률조항으로 지금은 기본권 침해가 없다 하여도 장차 응시할 경우 합격여부를 가리는데 위 조항의 적용이 확실히 예상되므로 이를 다툴 현재성이 인정된다고 하였다.

③ 현재성이 인정되지 않은 경우 장차 언젠가 관련 법률규정으로 인하여 권리침해를 받을 우려나, 장래 발생할 수 있는 권리침해에 대한 청구는 현재성이 없다. 헌법재판소는 공무원연금법의 장해연금으로 인한 기본권침해는 퇴직 후 수급절차를 종료한 때로 보아야 하기 때문에 재직 중인 자는 이를 다툴 기본권침해의 현재성이 결여되었고 하였다.

5. 보 충 성

(1) 보충성의 원칙

㈎ 의 의

보충성원칙이란 공권력의 행사·불행사로 기본권이 침해되어 헌법소원을 청구하고자 할 때 기본권침해에 대한 다른 법률의 구제절차가 존재하는 경우에는 이러한 절차를 모두 경유하여야 한다는 원칙을 말한다. 헌법소원은 기본권침해에 대한 최후의 구제수단이므로 공권력행사나 불행사로 기본권이 침해된 경우 다른 법률이 정한 권리구제수단을 모두 강구하였음에도 기본권침해가 남아 있는 때 비로소 제기되어야 한다.

㈏ 권리구제절차

보충성원칙이 요구하는 경유해야 할 권리구제절차란 공권력의 행사·불행사를 직접 대상으로 하여 그 효력을 다툴 수 있는 절차를 말한다. 손해배상청구나 손실보상청구와 같이 사후적·보충적 구제수단은 이에 해당되지 않는다. 또한 다른 법률에 의한 구제절차는 적법하게 거쳐야 한다. 이는 부적법한 절차경유를 통한 청구기간의 부당한 연장을 방지하기 위함이다. 그러나 사전 구제절차를 거치지 않고 헌법소원을 제기하였다 하여도 헌법재판소의 심리종결시까지 사전구제절차를 거칠 것이 충족되었다면 하자가 치유된다.

(다) 내 용

헌법재판소는 다른 법률의 구제절차가 있음에도 이를 경유하지 않은 경우, 보충성 원칙에 위배된다고 하여 각하결정을 하고 있다.

① 행정작용 행정작용에 대하여 행정쟁송절차를 경유하지 않고 바로 헌법소원을 청구하는 것은 부적법하다.

㉠ 교도소장의 처분 헌법재판소는 교도소장의 이송처분, 미결수용자가 발송의뢰한 서신에 대한 거부처분, 도서열람거부처분, 엄중격리대상자지정 및 이송처분, 영치품사용불허행위 및 정보비공개결정은 행정소송의 대상이 되는 '처분'에 해당하므로, 행정쟁송의 권리구제절차를 경유하여야 하며 이를 경유하지 않고 제기한 헌법소원은 부적법하다고 하였다.

㉡ 확정된 형사소송기록 헌법재판소는 재판확정기록에 대한 검사의 등사거부처분이나 확정판결에 대한 경찰서장의 기록등사거부처분에 대해서는 행정소송을 제기하지 않고 청구된 헌법소원은 부적법하다'고 하였다.

㉢ 공소제기 후 검사가 보관하고 있는 서류 피고인 또는 변호인은 '공소제기 후 검사가 보관하고 있는 서류'에 대해서 열람·등사를 신청할 수 있으며, 검사가 정당한 사유 없이 이를 불허할 때에는 열람·등사를 법원에 신청할 수 있으므로(형소법 §266의3, §266의4), '공소제기 후 검사가 보관하고 있는 서류' 등의 열람·등사가 거절된 때에는 먼저 법원에 구제를 청구하여야 한다.

㉣ 대법원의 확립된 판결 헌법재판소는 대법원의 확립된 판례에 비추어 패소할 것이 예견된다는 점만으로는 전심절차로 권리가 구제될 가능성이 거의 없어 전심절차이행의 기대가능성이 없는 경우에 해당한다고 볼 수 없다고 하였다. 따라서 패소가 예견된다고 하여 행정쟁송절차를 거치지 않고 바로 헌법소원을 청구하는 것은 부적법하다.

② 형사작용 수사기관의 부당한 체포에 대해 체포적부심사절차를 거치지 않고 제기한 헌법소원은 부적법하다.

③ 사법작용 헌법재판소는 대법원장의 법관에 대한 인사처분에 대하여는

법원행정처 소청심사위원회에 구제를 청구할 수 있고 다시 행정소송을 제기할 수 있으므로 이를 거치지 않고 바로 제기한 헌법소원은 부적법하며, 법원의 판결이유에 대한 정보공개거부처분에 대해서 '공공기관의 정보공개에 관한 법률'에 따른 행정소송을 거치지 않고 바로 제기한 헌법소원은 부적법하다고 하였다.

(2) 보충성의 예외

(가) 권리구제절차가 있는 경우

헌법소원은 법적 권리구제절차를 모두 거친 후 청구해야 하지만, 일정한 경우 그 예외가 허용된다. 권리구제절차가 존재하지만 통상의 권리구제절차를 거칠 경우, 권리구제의 기대가능성이 거의 없거나, 청구인의 이유 있는 착오로 구제절차를 밟지 않거나, 권리구제절차가 우회적이거나, 구제절차가 허용되는지의 여부가 불확실한 경우에는 보충성의 예외가 허용된다.

① 교도소장의 각종 조치(권력적 사실행위)　교도소장의 미결수용자에 대한 서신검열, 지연발송, 지연교부행위, 수용소에서 신문기사 삭제행위, 수형자에 대한 운동화착용불허행위는 보충성의 예외에 해당되어 바로 헌법소원을 청구할 수 있다. 헌법재판소는 교도소장의 처분에 대해서는 행정쟁송을 경유하도록 요구하고 있지만 권력적 사실행위에 대해서는 바로 헌법소원의 청구를 인정하고 있다.

② 서울특별시 지방경찰청 제1기동대장의 진압명령　전투경찰순경에 대한 진압명령은 심판청구 당시에 이미 실행이 완료된 것으로, 진압명령에 대한 행정소송은 소의 이익이 없어 각하될 가능성이 매우 크므로 이와 같은 경우에 권리구제절차는 권리구제의 기대가능성이 없는 불필요한 우회절차에 불과하므로 바로 헌법소원을 청구할 수 있다.

③ 경찰서장의 민원서류반려행위　경찰서장의 옥외집회신고서 반려행위는 그 실질이 집회의 접수거부나 금지통고에 해당되므로 반려행위는 헌법소원을 청구할 수 있는 공권력행사에 해당되며, 반려행위에 대하여는 법원에서의 권리구제절차 허용 여부가 객관적으로 불확실하므로 이에 대한 헌법소원은 보충성의 예외에 해당하는 심판청구로서 적법하다.

④ 공판 전 소송기록　구속적부심사건 피의자 변호인의 고소장 및 피의자신문조서의 열람·등사에 대한 경찰서장의 정보비공개결정에 대해서는 행정소송을 제기

하지 않고 바로 헌법소원을 청구할 수 있다. 헌법재판소는 '공판 전 소송기록'에 대해서는 '공소제기 후 검사가 보관하는 서류' 또는 확정판결기록과 달리 바로 헌법소원을 청구할 수 있다고 한다.

⑤ 감사원장의 국민감사청구기각결정　감사원장의 국민감사청구기각결정은 그 처분성 인정 여부에 관한 대법원판례는 물론 하급심판례도 아직 없으며 부패방지법상 구체적인 구제절차가 마련되어 있는 것도 아니므로, 행정소송을 거치지 않았다고 하여 보충성 요건에 어긋난다고 볼 수 없다.

⑥ 출입국관리소장의 긴급보호 및 강제퇴거　불법체류 외국인에 대한 출입국관리소장의 긴급보호 및 강제퇴거는 행정소송을 통해 구제될 가능성이 거의 없으므로 헌법소원을 바로 청구하여도 보충성위반이라 할 수 없다.

⑦ 국가인권위원회의 진정 기각결정　헌법재판소는 국가인권위원회의 진정 기각결정은 공권력의 행사로서 헌법소원심판의 대상이 되고, 다른 불복수단이 없으므로 바로 헌법소원을 청구할 수 있다고 하였으나, 2015년 진정 기각결정이나 각하결정에 대해서도 행정쟁송을 경유하여야 한다고 선례(헌결 2008헌마275)를 변경하였다.

㈏ 권리구제절차가 없는 경우(보충성의 비적용)

① 법령소원　공권력행사에 대한 권리구제절차가 존재하지 않는 경우에는 바로 헌법소원을 제기할 수밖에 없다. 법령헌법소원의 경우 법령을 직접 다툴 수 있는 절차가 존재하지 않으므로 법령을 바로 다툴 수 있다. 보건복지부장관의 '94년 생활보호사업지침상의 생계보호기준'은 행정쟁송을 통해서 다툴 수 없고 다른 구제절차도 없으므로 바로 헌법소원을 제기할 수 있다.

② 확립된 판례　특정행위가 행정소송의 대상이 되지 않는다는 대법원의 확립된 판례가 있는 경우에는 다른 구제절차가 존재하지 않는 경우에 해당되므로 이를 바로 헌법소원의 대상으로 삼을 수 있다. 예를 들어, 지목변경신청 반려처분과 교수재임용거부처분은 항고소송의 대상이 되는 행정처분으로 볼 수 없다는 것이 대법원의 확립된 판례였으므로, 헌법재판소는 지목변경신청 반려처분과 교수재임용거부처분에 대해서는 (행정소송을 경유할 필요 없이) 바로 헌법소원을 청구할 수 있다고 하였다. 그 후 대법원이 지목변경신청 반려처분과 교수재임용거부처분을 행정소송의 대상이 되는 행정처분으로 자신의 견해를 변경하자, 헌법재판소는 지목변경

신청 반려처분에 대해서 행정소송을 거치지 않고 제기된 헌법소원을 부적법하다고 하였다.

③ 공정거래위원회의 무혐의처분, 심사불개시결정 대법원이 공정거래위원회의 무혐의처분은 항고소송의 대상이 되는 행정처분에 해당한다고 할 수 없다고 판시하고 있으므로, 이에 대해서는 바로 헌법소원심판을 청구할 수 있다. 또 공정거래위원회의 심사불개시결정에 대해서도 바로 헌법소원을 청구할 수 있다.

④ 기소유예처분, 기소중지처분 기소유예처분 또는 기소중지처분을 받은 피의자는 (검찰항고를 경유함이 없이) 바로 헌법소원을 청구할 수 있다.

6. 권리보호이익

(1) 서 론

(가) 의 의

권리보호이익이란 소송제도를 이용할 정당한 이익 또는 필요성을 말하는 것으로, 이는 소송제도에 필연적으로 내재하는 요청이다. 이익 없으면 소 없기 때문이다. 권리보호이익은 무익한 소송제도를 통제하는 공익적 기능도 나타낸다.

(나) 법적 성격 및 종류

권리보호이익은 헌법소원의 적법요건에 해당된다. 권리보호이익이 없는 경우 부적법 각하된다. 권리보호이익은 심판을 청구할 때 요구되지만 결정할 때에도 존재해야 한다. 한편 헌법소원은 개인의 기본권을 구제하고 동시에 헌법을 보호하는 기능을 담당하므로, 권리보호이익은 주관적 권리보호이익과 객관적 헌법수호이익으로 나눌 수 있다.

(2) 주관적 권리보호

(가) 의 의

헌법소원은 개인의 주관적 권리를 보호하기 위한 제도이므로 청구인의 목적이 달성되었거나 또는 목적달성이 불가능하게 된 때에는 권리보호이익이 존재하지 않는다. 또한 헌법소원 청구 후 공권력의 행사가 취소되거나, 사정변경으로 기본권침해가 종료된 때에도 원칙적으로 권리보호이익은 존재하지 않는다.

(나) 목적이 달성된 경우

변호인접견을 불허하는 처분 또는 형사사건기록의 열람·등사신청의 거부처분에 대해 헌법소원을 제기한 후 접견이 허용되거나 기록의 열람·복사가 허용되었다면 권리보호이익은 없다. 또한 변호인접견실에 변호인석과 재소자석을 차단하는 칸막이의 제거를 요구하자 심판계속 중 칸막이가 철거되었다면 권리보호이익이 없으며, 국가보훈처 서훈심사위원회의 서훈심사기준을 공개할 것을 요구하였는데 심판청구 후 구체적 기준을 청구인에게 모두 알려주었다면 권리보호이익이 존재하지 않는다. 반면 헌법재판소는 기소유예처분의 대상인 피의사실에 대하여 일반사면이 있는 경우 기소유예처분의 취소를 구할 수 있는 권리보호이익이 존재한다고 하였다.

(다) 목적달성이 불가능한 경우

행정기관의 과태료부과처분이나 경찰서장의 통고처분에 대해 이의를 제기하고 비송사건절차법에 의한 과태료 재판을 받게 되거나 또는 범칙금을 납부하지 않아 즉결심판으로 나아갔다면 당초의 부과처분이나 통고처분은 그 효력을 상실하였으므로 효력을 상실한 부과처분이나 통고처분의 취소를 구하는 헌법소원은 권리보호이익이 없다.

(라) 공소시효가 완성된 경우

심판청구당시 불기소처분의 대상이 된 피의사실의 공소시효가 완성된 경우 권리보호이익이 없어 헌법소원은 부적법하게 되며, 헌법소원 청구 후 불기소처분의 대상이 된 피의사실의 공소시효가 완성된 경우에도 권리보호이익이 없어 부적법하다.

(마) 사실관계의 변동으로 기본권침해가 종료된 경우

구치소 안에서 교도관이 수갑을 채운 처분의 위헌성 여부는 청구인이 보석으로 석방되었다면 권리보호이익이 존재하지 않는다. 법령개정으로 조직 및 명칭이 변경되거나 합병 및 해산으로 이미 소멸되거나 변경되어 단체의 대표로서의 자격이 유지되지 못할 경우에는 권리보호이익은 존재하지 않는다. 선거관리위원회가 대통령선거 투표소를 기독교종교시설인 교회 내에 설치하기로 공고한 행위가 청구인들의 종교의 자유 등을 침해하여 위헌이라는 헌법소원심판청구에 있어, 대통령선거가 이미 종료되었다면 청구인들을 위한 주관적 권리보호이익이 더 이상 존재하지 아니한다.

(바) 법령의 개정 등으로 기본권침해가 종료된 경우

관할관의 구속영장의 발부권한 및 구속적부심사권을 다투고 있는 중, 군사법원법이 개정되어 구속영장의 발부를 관할관에서 군판사의 권한으로 하고 군사법원이 구속적부심사를 판단할 수 있도록 군사법원법이 개정되었다면 권리보호이익이 존재하지 않는다.

(3) 객관적 헌법수호

(가) 의　　의

헌법소원에 대한 헌법재판소의 결정이 개인의 주관적 권리구제에 도움을 주지 못한다 하여도 불분명한 헌법문제를 해명해 주거나 또는 동일한 유형의 침해행위가 반복될 위험이 있어 침해행위의 위헌 여부를 판단해 주는 것이 필요한 때에는 권리보호이익이 인정된다. 반복적 침해의 위험성은 추상적이거나 이론적인 가능성이 아니라 구체적이어야 한다.

(나) 헌법문제의 해명

헌법소원의 해결이 헌법문제의 해명에 중대한 의미를 지니는 경우에 권리보호이익이 인정된다. 변호인의 접견방해행위가 종료되었다 하여도 변호인의 조력을 받을 권리에 대한 헌법적 의미를 분명히 할 필요가 있거나, 구속기간이 종료된 뒤 제기된 헌법소원이라 하더라도 구속기간의 부당한 연장에 대한 헌법적 해명이 필요한 경우 권리보호이익이 인정된다. 또 미결수용자에 대한 재소자용 수의를 착용하게 한 것의 위헌 여부나 수형자의 서신을 검열하도록 한 것의 위헌 여부는 모두 헌법적 의미를 분명히 해둘 필요가 있는 경우에 해당된다. 선거연령의 제한에 대한 위헌 여부는 선거가 종료되었거나 제한연령에 도달하였다 하여도 이를 다툴 권리보호이익이 있으며, 공직복귀를 위한 소송 중 정년연령에 달한 경우에도 헌법적 문제해명이 필요하고 중요하여 본안판단의 필요성이 긍정되었다.

반면 헌법재판소는 경찰서장의 물포발사행위로 상해를 입은 자가 제기한 헌법소원의 경우 기본권 침해상황이 종료되었으므로 권리보호의 이익이 없어 부적법하다고 하였다. 그러나 집회 및 시위현장에서 물포의 반복 사용이 예상되고, 이에 대한 헌법재판소의 해명도 없었으므로, 심판의 이익을 인정했어야 했다.

(다) 침해행위의 반복가능성

헌법소원의 객관적 헌법의 유지·수호기능과 관련하여 침해행위의 반복가능성이 존재하는 경우에는 권리보호이익이 인정된다. 수용자가 구독하는 신문의 일부기사 삭제행위의 위헌 여부는 국민의 알 권리 침해와 관련하여 앞으로도 계속될 수 있는 성질의 것이므로 권리보호이익이 있다. 교도소장의 운동화착용불허행위는 수용자들이 외부 재판에 출정할 때 이와 같은 행위가 반복될 소지가 있어 그 헌법적 해명이 헌법질서의 수호·유지를 위하여 중요한 의미를 가진다. 또한 출입국관리소장의 불법체류 외국인에 대한 보호 및 강제퇴거는 이미 집행이 모두 종료되었으므로 앞으로도 반복될 것이 예상되어 이에 대한 헌법적 해명이 필요하므로, 권리보호이익이 인정된다. 다만 판사가 구속 전 피의자심문을 앞둔 변호인에게 구속영장청구서의 열람을 제한한 조치에 대하여, 헌법소원청구 이후 형사소송규칙이 개정되어 구속영장청구서를 비열람의 대상에서 명시적으로 제외하였다면 심판의 이익이 인정되지 않는다.

7. 청구기간

(1) 의 의

청구기간은 헌법소원의 청구가 허용된 기간을 말한다. 청구기간제도는 일정기간을 설정하여 그 기간이 지난 때에는 공권력작용을 더 이상 다툴 수 없게 함으로써 법률관계를 신속히 확정하여 법적 안정성을 확보하기 위함이다.

(2) 청구기간의 기산

청구기간은 다른 법률에 의한 구제절차를 거친 경우와 거치지 않는 경우, 부작위소원, 법령소원의 경우 등 심판의 유형에 따라 그 형태가 다양하다. 청구기간은 헌법소원의 청구서가 헌법재판소에 접수된 날로부터 기산하며(도달주의), 청구취지의 변경이 있게 되면 변경된 청구서가 제출된 시점을 기준하여 판단한다. 국선대리인의 선임신청이 있는 경우 헌법재판소법 제69조의 청구기간은 국선대리인의 선임신청이 있는 날을 기준으로 정한다.

(3) 다른 법률에 의한 구제절차를 거친 경우

다른 법률에 의한 구제절차를 거친 헌법소원은 그 최종결정을 통지받은 날부터 30일 이내에 청구하여야 한다(헌재법 §69①).

(4) 다른 법률에 의한 구제절차가 없는 경우

헌법소원의 청구는 사유가 있음을 안 날부터 90일 이내에 그 사유가 있은 날부터 1년 이내에 청구하여야 한다(헌재법 §69①).

(가) 사유가 있음을 안 날

안 날이란 공권력행사에 의한 기본권침해의 사실관계를 특정할 수 있을 정도로 현실적으로 인식하여 심판청구가 가능해진 경우를 말한다. 주의할 것은, 안 날이란 공권력행사에 의한 기본권침해의 사실관계를 알게 된 날이지 법률적으로 평가하여 헌법소원의 대상이 됨을 알게 된 날을 말하는 것이 아니다. 기소유예처분이 있은 후 피의자가 처분청에 출석하여 기소유예처분이 있은 사실을 알고 이에 순응하겠다는 취지의 서약서를 작성하였다면 청구기간은 서약서를 작성한 때부터 기산된다.

헌법재판소는 택시합승행위를 단속하고 과징금을 부과하도록 한 자동차운수사업법 시행령을 다투는 경우 택시합승행위에 대한 과징금 부과처분을 받은 때에 위 규정에 의한 기본권 침해사유가 발생하였음을 알았다고 하였다.

(나) 사유가 있은 날

사유가 있은 날이란 공권력행사에 의해서 기본권침해가 발생한 날을 말한다.

기본권을 침해하는 권력적 사실행위가 실제로 행해 진 날, 또는 법령의 경우 기본권침해의 법정 요건이 충족되어 기본권이 침해 된 날을 말한다. 헌법재판소는 법령 시행 후 노래연습장 영업을 시작하였다면 '신고필증을 교부받은 때'를 사유가 발생한 날로 보아야 하며, 새로 시행된 안경사의 업무범위를 다툰 안과의사의 경우 '안과의사로서의 면허를 취득한 때'를 법령에 해당하는 사유가 발생한 날로 보아야 한다고 하였다.

(5) 법령소원

(가) 청구기간

법령에 대한 헌법소원은 청구기간과 관련하여 법령의 시행과 동시에 기본권침해가 이루어진 경우와 법령이 시행된 후 비로소 기본권 침해가 이루어진 경우로 구별되어야 한다. 법령소원은 법령의 시행과 동시에 기본권침해가 있는 경우 법령이 시행된 사실을 안 날부터 90일, 시행된 날부터 1년 이내에 청구하여야 하나, 법령의 시행 후 법률해당사유가 발생하여 비로소 기본권이 침해된 경우에는 그 사유가 발생하였음을 안 날부터 90일, 그 사유가 발생한 날부터 1년 이내에 청구하여야 한다.

(나) 현재성과 청구기간

헌법재판소 초기 판례는 상황성숙성이론에 따라 법령소원의 청구기간을 판단하였다. 즉 법령소원에 있어 법령에 해당되는 사유가 발생한 날이란 법령이 기본권을 명백히 구체적으로 현실 침해하였거나 그 침해가 확실히 예상되는 등 실체적 제 요건이 성숙하여 헌법판단에 적합하게 된 때를 의미한다고 하였다. 그런데 기본권의 침해가 확실히 예상되는 때부터 청구기간을 기산하게 되면 청구기간의 기산점이 불명확하게 될 뿐만 아니라, 청구기간을 단축하는 결과가 되어 국민에게 불리하게 되는 문제점이 지적되었다. 그 후 헌법재판소는 법령소원의 청구기간은 그 침해가 확실히 예상되는 등 실체적 제 요건이 성숙하여 헌법판단에 적합하게 된 때로부터 기산할 것이 아니라 기본권을 침해받은 때로부터 기산하는 것으로 변경하였다.

(다) 법령소원에 있어 법령에 해당하는 사유가 발생한 날

법령에 대한 헌법소원심판에 있어서, 청구기간이 '법령에 해당하는 사유가 발생'하여 진행이 개시된 이후에 다시 '법령에 해당하는 사유가 발생'하면 새로이 청구기간의 진행이 개시되는지 여부가 문제된다. 헌법재판소는 '법령에 해당하는 사유가 발생한 날'이란 법령의 규율을 구체적이고 현실적으로 적용받게 된 '최초의 날'을 의미하는 것으로 보는 것이 상당하다고 한다. '법령에 해당하는 사유가 발생'하면 그 때로부터 당해 법령에 대한 헌법소원의 청구기간의 진행이 개시되며, 그 이후에 새로이 '법령에 해당하는 사유가 발생'한다고 하여서 일단 개시된 청 구기간의 진행이 정지되고 새로운 청구기간의 진행이 개시된다고 볼 수는 없다는 것이다.

그러나 기본권침해가 계속적인 경우에는 기본권침해 사유도 계속적으로 생기므로 계속적인 기본권침해 사유가 종료된 때로부터 청구기간을 기산하는 것으로 보아야 한다. 침해가 계속적인 한 이를 다툴 수 있는 기간은 보장되어야 한다. 이는 부작위의 경우 부작위가 계속되는 한 기본권침해를 인정하는 것과 다를 바 없다. 헌법소원이 가지는 객관적 헌법의 유지 수호의 기능을 감안할 때, 이 정도의 기간연장은 청구기간의 본질적 취지를 훼손한다고 보기 어려운 반면 기본권보호를 위해서는 꼭 필요한 것이기 때문이다.

(6) 공권력의 불행사

공권력의 불행사로 인한 기본권침해는 불행사가 계속되는 한 기본권침해가 계속되므로 그 불행사가 계속되는 한 기간의 제약 없이 헌법소원을 청구할 수 있다. 진정 입법부작위의 경우에는 그것이 법률이건 행정입법이건 간에 불행사가 계속되는 한 기간의 제한 없이 헌법소원을 청구할 수 있다. 부진정 입법부작위의 경우 불완전한 입법 그 자체를 적극적으로 다투어야 하므로 청구기간의 제한을 받게 된다.

(7) 법령시행과 유예기간

법령이 시행에 대해 유예기간을 둔 경우 청구기간의 기산점이 문제된다. 즉 법령의 시행 시부터 기산할 것인가 아니면 법령이 정한 유예기간이 만료된 때부터 기산할 것인가이다. 법령시행의 유예기간을 두는 경우 유예기간과 관계없이 법시행일에 이미 기본권의 침해가 발생하였다고 보는 것이 헌법재판소 다수의견이다.

(8) 청구기간의 추완

정당한 사유로 청구기간을 준수하지 못한 경우 이에 대한 구제책이 마련될 필요가 있는데, 청구기간의 추완이다. 행정소송의 경우 취소소송을 다툴 수 있는 기간이 도과한 경우 정당한 사유가 있는 때에는 추완이 허용되며(행소법 §20②), 청구기간의 추완은 헌법소원에 준용된다(헌재법 §40①). 추완이 허용될 수 있는 정당한 사유란 청구기간 도과의 원인 등 여러 가지 사정을 종합하여 지연된 심판청구를 허용하는 것이 사회통념상으로 보아 상당한 경우를 말한다. 헌법재판소는 국제그룹해체와 관련된 사건에서 당시 청구기간인 60일보다 8일이 도과한 경우 제소를 허용함이 상당하다고 하였고, 검사가 피의자에게 기소유예처분 사실을 통지하지 않았고 고지도 하지 않았다면 청구기간 도과에 정당한 사유가 있다고 하였다.

8. 위헌심사형 헌법소원(위헌소원, 규범통제형 헌법소원)

(1) 의　의

(가) 개　념

헌법재판소법 제68조 제2항은 '법률의 위헌여부심판의 제청신청이 기각된 경우에는 헌법재판소에 헌법소원을 제기할 수 있도록 규정'하고 있는데, 이것이 위헌심사형 헌법소원(위헌소원)이다.

(나) 제도적 의의

① 비교법적 고찰　　독일은 법률의 위헌 여부를 헌법재판소에 제청해 달라고 법원에 신청한 경우에 법원이 법률을 위헌이라고 인정하여야 헌법재판소의 위헌심판을 받을 기회가 부여된다. 만일 법원이 기각한 때에는 기각결정에 대해 독립해서 다툴 방법이 없고 항소나 상고를 통하여, 최종적으로는 상고심 판결에 대한 헌법소원을 통하여 법률의 위헌 여부를 다툴 수 있다. 반면 우리나라는 법원이 위헌법률심

판의 제청신청을 기각한 때에는 바로 헌법재판소에 헌법소원을 청구할 수 있다. 제 1 심 소송단계에서부터 법률의 위헌판단을 받을 수 있어 소송경제적 측면에서 독일보다 더 나은 제도로 평가된다.

② 위헌법률심판의 활성화 제 5 공화국 헌법하의 법원조직법(§7, 4호)은 대법원에 위헌법률심판제청에 관한 송부결정권을 부여하였으나 대법원의 지나친 소극적 자세로 위헌제청이 한 건도 없었다. 그러나 위헌소원제도의 도입은 법원의 판단에 의존하지 않고 법률의 위헌 여부를 판단받을 수 있는 기회가 실질적으로 확보되었다는 점에 의의가 있으며, 헌법재판 활성화에 적지않게 기여하고 있다.

(다) 법적 성격

위헌소원의 본질을 헌법소원으로 보는 견해가 있다. 그러나 위헌소원은 그 본질이 헌법소원이 아니라 법률에 대한 규범통제, 즉 위헌법률심판에 해당된다.

(2) 요 건

법률에 대한 위헌제청신청이 기각된 경우에 위헌소원을 제기할 수 있다.

(가) 법률에 대한 위헌제청신청

① 법 률 위헌소원은 법률이 아닌 헌법, 조례, 대통령령, 장관지침 등에 대하여는 제기할 수 없다. 입법의 부작위를 위헌소원의 대상으로 삼을 수 없다. 다만 폐지된 법률이라 하더라도 위헌 여부가 가려져야 할 필요가 있는 경우에는 위헌소원의 대상으로 삼을 수 있다.

② 법률해석 법률의 위헌 여부를 다투는 것이 아니라 법률해석의 위헌을 다투는 것은 위헌소원으로 부적법하다. 일반적으로 법률조항 자체에 대한 다툼과 법률해석에 관한 다툼은 그 구분이 모호한 경우가 많지만 구분되어야 한다. 따라서 법률조항의 위헌판단을 구하는 것이 아니라 법률조항을 '… 하는 것으로 해석하는 한 위헌'이라는 판단을 구하는 청구는 위헌소원으로 부적합하다. 다만 단순히 법률조항의 해석을 다투는 것이 아니라 그러한 해석의 여지를 주는 법률조항 자체의 불명확성을 다투는 경우로 이해되는 경우에는 법률에 대한 위헌 여부를 다투는 것으로 볼 수 있다. 2012년 헌법재판소는 한정위헌청구를 예외적으로 허용하던 선례를 변경하여 한정위헌청구를 원칙적으로 적법한 것으로 보았다. 이는 헌법적 쟁점이 있는 경우 법원의 해석 또한 헌법재판소의 규범통제의 대상임을 명백히 하였다는

점에 의의가 있다.

(나) 기각결정

법원의 기각결정이 있을 때 위헌소원을 청구할 수 있다. 제청신청을 하지 않았고 이에 대해 법원의 기각결정도 없었던 법률조항에 대한 헌법소원은 부적법하다. 제청을 신청하지 않은 당사자는 위헌소원을 청구할 수 없다. 법원의 기각결정을 받기 전에 위헌소원을 청구하는 것은 불허된다. 위헌심판의 제청신청절차는 당해소송과 별개의 절차라기보다는 당해사건에 부수된 절차이므로, 당해소송사건의 공동소송대리인은 특별한 사정이 없는 한 위헌여부심판 제청신청에 관하여도 소송대리권을 가진다. 따라서 이들 중 1인에게 행한 기각결정의 송달은 적법한 송달로 본다.

(다) 재판의 전제성

위헌소원은 규범통제이므로 법률이 헌법에 위반되는 여부가 당해사건 재판에 전제가 되어야 한다. 재판의 전제성이 부정되어 기각결정을 내린 경우에도 위헌소원을 제기할 수 있고, 기각사유는 불문한다. 위헌법률심판에 있어 당해소송이 취하되거나 종료되면 재판의 전제성이 불허되나, 위헌소원은 당해사건이 정지되지 않으므로 위헌소원의 종국결정 전 당해사건이 종료될 수 있는데, 이 경우 위헌법률심판사건과 달리 재판의 전제성이 인정된다.

(3) 절　차

(가) 청구기간

위헌소원은 법원의 기각결정을 통지받은 날부터 30일 이내에 청구한다. '제청신청이 기각된 날부터 14일' 이내에 청구할 수 있었던 것을 '결정을 통지받은 날부터 30일' 이내로 개정하였다. 청구기간의 추완도 허용된다. 지정재판부의 결정을 경유하여야 한다. 송달일로부터 30일이 경과한 후에 헌법소원청구가 이루어졌어도 30일 이내에 국선대리인 선임신청을 하였다면 청구기간을 준수한 것으로 본다.

(나) 위헌소원의 중복청구

제청신청이 기각되었는데 위헌소원을 청구하지 않은 경우 동일한 심급에서 동일한 이유로 다시 위헌소원을 청구할 수 없다. 문제는 다른 심급에서 동일한 사유로 위헌심판제청의 신청을 하는 것이 허용되는가이다. 헌법재판소는 헌법재판소법 제68조 제 2 항의 '당해 사건의 소송절차'란 당해 사건의 상소심 소송절차를 포함한다고 하여 소극적 입장을 보이고 있고, 대법원 역시 동일한 취지로 해석하며, 이에 찬성하는 견해도 있다. 그러나 적극적으로 이해하는 것이 타당하다. 비록 하급심에서 기각결정이 있어 위헌소원을 청구할 수 있는 기회가 주어졌다 하여도 당사자는 위헌소원제기를 고민할 수 있고, 또 상급심 법원의 견해가 하급심과 다를 수 있어 상급심 법원이 제청신청을 받아주어 제청할 수도 있기 때문이다. 소극적 입장을 취하는 견해는 상급심에서 다시 다툴 기회를 박탈하는 것이 되어 헌법재판을 받을 기회에 대한 부당한 제약이 아닐 수 없다.

(다) 변호사강제주의, 권리보호이익

위헌소원의 경우 변호사강제주의가 적용되며 국선대리인제도가 적용된다. 또 위헌소원 계속 중 당사자가 사망하더라도 헌법소원이 인용될 경우 배우자 등은 확정된 유죄판결에 대해 재심청구가 가능하므로 권리보호이익이 존재한다.

(4) 주 문

위헌소원이 그 이유가 없는 경우 청구를 기각하는 대신 합헌이라는 주문을 내고 있다. 이는 법령소원이 이유 없는 경우 기각결정을 하는 것과 구별된다.

9. 헌법소원의 심판

(1) 지정재판부의 사전심사

(가) 의 의

헌법재판소는 3인으로 구성된 지정재판부를 두어 헌법소원을 사전 심사할 수 있다(헌재법 §72). 지정재판부가 헌법소원을 각하하거나 재판부에 심판회부결정을 한 때에는 14일 이내에 청구인에게 그 사실을 통지하여야 한다. 위헌소원도 지정재판부의 사전심사절차를 경유하여야 한다.

(나) 심판청구의 각하

지정재판부의 재판관전원이 일치된 의견에 의한 결정으로 다음의 경우에 심판청구를 각하할 수 있다. ㉠ 다른 구제절차를 경유하지 않은 경우, ㉡ 청구기간이 경과한 경우, ㉢ 대리인의 선임이 없는 경우, ㉣ 심판청구가 부적법하고 그 흠결을 보정할 수 없는 경우 등이다. 법원의 재판에 대한 헌법소원은 불허되므로 재판소원은 각하가 원칙이나, 위헌으로 선언된 법률을 적용한 법원의 재판에 대한 헌법소원은 가능하므로 재판에 대한 헌법소원이라고 하여 언제나 각하되는 것은 아니다. 한편 명문규정은 없지만 명백하게 이유 없는 경우 일치된 의견에 의해 각하결정을 하는 것도 필요하다.

(다) 심판회부의 결정 및 심판회부의제

지정재판부는 청구를 각하하지 않는 경우, 결정으로 헌법소원을 전원재판부의 심판에 회부하여야 한다. 헌법소원의 심판청구가 있은 후 30일이 경과할 때까지 각하결정이 없으면 심판에 회부하는 결정이 있은 것으로 본다(헌재법 §72④).

(2) 전원재판부의 심판

헌법소원이 전원재판부에 회부된 때에는 헌법재판소장은 법무부장관 및 위헌소원이 경우에는 청구인 외에 당해사건의 당사자에게 그 사실을 통지하여야 한다(헌재법 §73②). 심판은 서면심리에 의하되, 필요한 경우 변론을 열어 당사자·이해관계인·참고인의 진술을 들을 수 있다. 재판부는 청구취지에 기재된 내용에 구애받지 않고 주장요지를 판단하며 침해된 기본권이나 공권력을 직권으로 조사하여 확정할 수 있다.

(가) 소종료선언(심판절차종료선언)

① 청구인 사망 　청구인이 사망한 경우에는 헌법소원절차는 종료됨이 원칙이다. 그러나 침해된 기본권이 인신전속적 성격을 지니지 않은 때에는 헌법소원절차의 수계가 가능하다. 헌법소원의 심판절차 중 청구인이 사망하여 수계할 당사자가 없거나 수계의사가 없는 경우에 심판절차는 원칙적으로 종료된다.

② 심판청구의 취하 　심판청구가 취하된 경우 심판종료를 선언한다. 소의 취하에 관한 민사소송법 제239조는 헌법소원에 준용되므로, 청구인이 청구를 취하했고 피청구인도 2주일 내에 이의를 제기하지 아니하였다면 청구취하에 동의한 것으로 보아 심판절차의 종료가 선언되었다. 다만 청구가 취하되었다 하여도 언제나 심판이 종료되었다고 볼 것은 아니다. 객관적 헌법질서의 유지 수호를 위해 헌법적 해명이 필요한 사안이라면 당사자의 의사여하에 따라 심판의 종료 여부가 좌우되는 것은 바람직하지 못하기 때문이다. 특히 '2001헌마386 사건'은 청구인의 기본권침해에 대한 구제라는 주관적인 권리구제의 측면 외에, 헌법재판소의 한정위헌결정의 효력, 한정위헌결정이 위헌소원에서 인용된 경우에 해당하는지의 여부, 어떠한 경우에 법 제75조 제 7 항에 의하여 재심을 청구할 수 있는지의 문제, 예외적으로 헌법

소원심판의 대상이 될 수 있는 법원재판의 범위 등 헌법질서의 수호와 유지를 위하여 그 해명이 헌법적으로 특히 중대한 의미를 지니는 사안인데 청구취하를 하였다고 심판종료를 선언한 것은 소신이 결여된 대표적 판결로 기억될 것이다.

(나) 각하결정

헌법재판소는 심판청구가 부적법할 경우 각하결정을 한다. 각하결정을 하였을 경우에는, 그 각하결정에서 판시한 요건의 흠결을 보정할 수 있는 때에 한하여 그 요건의 흠결을 보정하여 다시 심판청구를 하는 것은 허용된다. 흠결보정이 불가능한 경우 헌법소원의 재청구는 일사부재리원칙에 위배된다.

(다) 기각결정 또는 합헌결정

심판청구가 이유 없는 경우에는 기각결정 또는 합헌결정을 한다. 기각결정이나 합헌결정은 평의결과 과반수 재판관이 이유 있다고 인정하더라도 인용결정에 필요한 6인에 미치지 못한 경우 기각 또는 합헌결정을 하게 된다. 헌법재판소가 각하결정을 하거나 또는 기각결정시 심판청구가 권리의 남용이라고 인정되는 경우에는 청구인이 납부한 공탁금의 전부 또는 일부를 국고에 귀속할 수 있다. 헌법재판소 결정에 대한 불복은 허용되지 않으며, 즉시항고 역시 불허된다.

(라) 인용결정 또는 위헌결정

① 의 의 헌법재판소는 공권력이 기본권을 침해한 것이 확인된 경우에는 기본권침해의 원인이 된 공권력의 행사를 취소하거나, 그 불행사가 위헌임을 확인할 수 있다(헌재법 §75③). 인용결정은 재판관 6인 이상의 찬성이 있어야 한다.

② 내 용 권리구제형 헌법소원의 인용결정에는 침해된 기본권, 침해의 원인이 된 공권력 행사 또는 불행사를 특정하여야 한다(헌재법 §75②). 법령소원의 경우는 침해된 기본권을 표시하지 않는다. 이는 법령소원은 개인의 권리구제적 측면보다는 객관적 헌법질서의 확립이 더욱 부각되어야 하기 때문이다. 기본권침해의 원인이 된 공권력이 위헌인 법률에 기인한 것이라고 인정될 때에는 당해 법률의 위헌을 선고할 수 있다(헌재법 §75⑤). 이는 부수적 규범통제이다.

③ 유 형 법령소원, 위헌소원, 부수적 규범통제의 경우 위헌결정, 헌법불합치결정, 적용위헌, 한정위헌, 한정합헌결정이 행해진다. 공권력행사에 대한 취소 또는 위헌확인, 공권력 불행사에 대한 위헌확인 등의 형태로 행해진다.

④ 효　력　　헌법재판소의 인용결정은 모든 국가기관과 지방자치단체를 구속하는 기속력을 지닌다(헌재법 §75①). 공권력의 불행사에 대한 헌법소원을 인용하는 결정을 한 경우에는 피청구인은 그 결정취지에 따라 새로운 처분을 하여야 한다(헌재법 §75④). 위헌소원이 인용된 경우 당해 헌법소원과 관련된 소송사건이 이미 확정된 때에는 당사자는 재심을 청구할 수 있다(헌재법 §75⑦). 재심을 청구할 경우 형사사건에 대하여는 형사소송법 규정을, 기타 사건에 대해서는 민사소송법의 규정을 준용한다(헌재법 §75⑧).

대한민국 헌법

전 문

유구한 역사와 전통에 빛나는 우리 대한국민은 3·1운동으로 건립된 대한민국임시정부의 법통과 불의에 항거한 4·19민주이념을 계승하고, 조국의 민주개혁과 평화적 통일의 사명에 입각하여 정의·인도와 동포애로써 민족의 단결을 공고히 하고, 모든 사회적 폐습과 불의를 타파하며, 자율과 조화를 바탕으로 자유민주적 기본질서를 더욱 확고히 하여 정치·경제·사회·문화의 모든 영역에 있어서 각인의 기회를 균등히 하고, 능력을 최고도로 발휘하게 하며, 자유와 권리에 따르는 책임과 의무를 완수하게 하여, 안으로는 국민생활의 균등한 향상을 기하고 밖으로는 항구적인 세계평화와 인류공영에 이바지함으로써 우리들과 우리들의 자손의 안전과 자유와 행복을 영원히 확보할 것을 다짐하면서 1948년 7월 12일에 제정되고 8차에 걸쳐 개정된 헌법을 이제 국회의 의결을 거쳐 국민투표에 의하여 개정한다.

1987년 10월 29일

제1장 총 강

제1조 ① 대한민국은 민주공화국이다.
② 대한민국의 주권은 국민에게 있고, 모든 권력은 국민으로부터 나온다.

제2조 ① 대한민국의 국민이 되는 요건은 법률로 정한다.
② 국가는 법률이 정하는 바에 의하여 재외국민을 보호할 의무를 진다.

제3조 대한민국의 영토는 한반도와 그 부속도서로 한다.

제4조 대한민국은 통일을 지향하며, 자유민주적 기본질서에 입각한 평화적 통일정책을 수립하고 이를 추진한다.

제5조 ① 대한민국은 국제평화의 유지에 노력하고 침략적 전쟁을 부인한다.
② 국군은 국가의 안전보장과 국토방위의 신성한 의무를 수행함을 사명으로 하며, 그 정치적 중립성은 준수된다.

제6조 ① 헌법에 의하여 체결·공포된 조약과 일반적으로 승인된 국제법규는 국내법과 같은 효력을 가진다.
② 외국인은 국제법과 조약이 정하는 바에 의하여 그 지위가 보장된다.

제7조 ① 공무원은 국민전체에 대한 봉사자이며, 국민에 대하여 책임을 진다.
② 공무원의 신분과 정치적 중립성은 법률이 정하는 바에 의하여 보장된다.

제8조 ① 정당의 설립은 자유이며, 복수정당제는 보장된다.
② 정당은 그 목적·조직과 활동이 민주적이어야 하며, 국민의 정치적 의사형성에 참여하는데 필요한 조직을 가져야 한다.
③ 정당은 법률이 정하는 바에 의하여 국가의 보호를 받으며, 국가는 법률이 정하는 바에 의하여 정당운영에 필요한 자금을 보조할 수 있다.
④ 정당의 목적이나 활동이 민주적 기본질서에 위배될 때에는 정부는 헌법재판소에 그 해산을 제소할 수 있고, 정당은 헌법재판소의 심판에 의하여 해산된다.

제9조 국가는 전통문화의 계승·발전과 민족문화의 창달에 노력하여야 한다.

제2장 국민의 권리와 의무

제10조 모든 국민은 인간으로서의 존엄과 가치를 가지며, 행복을 추구할 권리를 가진다. 국가는 개인이 가지는 불가침의 기본적 인권을 확인하고 이를 보장할 의무를 진다.

제11조 ① 모든 국민은 법 앞에 평등하다. 누구든지 성별·종교 또는 사회적 신분에 의하여 정치적·경제적·사회적·문화적 생활의 모든 영역에 있어서 차별을 받지 아니한다.

② 사회적 특수계급의 제도는 인정되지 아니하며, 어떠한 형태로도 이를 창설할 수 없다.

③ 훈장등의 영전은 이를 받은 자에게만 효력이 있고, 어떠한 특권도 이에 따르지 아니한다.

제12조 ① 모든 국민은 신체의 자유를 가진다. 누구든지 법률에 의하지 아니하고는 체포·구속·압수·수색 또는 심문을 받지 아니하며, 법률과 적법한 절차에 의하지 아니하고는 처벌·보안처분 또는 강제노역을 받지 아니한다.

② 모든 국민은 고문을 받지 아니하며, 형사상 자기에게 불리한 진술을 강요당하지 아니한다.

③ 체포·구속·압수 또는 수색을 할 때에는 적법한 절차에 따라 검사의 신청에 의하여 법관이 발부한 영장을 제시하여야 한다. 다만, 현행범인인 경우와 장기 3년 이상의 형에 해당하는 죄를 범하고 도피 또는 증거인멸의 염려가 있을 때에는 사후에 영장을 청구할 수 있다.

④ 누구든지 체포 또는 구속을 당한 때에는 즉시 변호인의 조력을 받을 권리를 가진다. 다만, 형사피고인이 스스로 변호인을 구할 수 없을 때에는 법률이 정하는 바에 의하여 국가가 변호인을 붙인다.

⑤ 누구든지 체포 또는 구속의 이유와 변호인의 조력을 받을 권리가 있음을 고지받지 아니하고는 체포 또는 구속을 당하지 아니한다. 체포 또는 구속을 당한 자의 가족 등 법률이 정하는 자에게는 그 이유와 일시·장소가 지체없이 통지되어야 한다.

⑥ 누구든지 체포 또는 구속을 당한 때에는 적부의 심사를 법원에 청구할 권리를 가진다.

⑦ 피고인의 자백이 고문·폭행·협박·구속의 부당한 장기화 또는 기망 기타의 방법에 의하여 자의로 진술된 것이 아니라고 인정될 때 또는 정식재판에 있어서 피고인의 자백이 그에게 불리한 유일한 증거일 때에는 이를 유죄의 증거로 삼거나 이를 이유로 처벌할 수 없다.

제13조 ① 모든 국민은 행위시의 법률에 의하여 범죄를 구성하지 아니하는 행위로 소추되지 아니하며, 동일한 범죄에 대하여 거듭 처벌받지 아니한다.

② 모든 국민은 소급입법에 의하여 참정권의 제한을 받거나 재산권을 박탈당하지 아니한다.

③ 모든 국민은 자기의 행위가 아닌 친족의 행위로 인하여 불이익한 처우를 받지 아니한다.

제14조 모든 국민은 거주·이전의 자유를 가진다.

제15조 모든 국민은 직업선택의 자유를 가진다.

제16조 모든 국민은 주거의 자유를 침해받지 아니한다. 주거에 대한 압수나 수색을 할 때에는 검사의 신청에 의하여 법관이 발부한 영장을 제시하여야 한다.

제17조 모든 국민은 사생활의 비밀과 자유를 침해받지 아니한다.

제18조 모든 국민은 통신의 비밀을 침해받지 아니한다.

제19조 모든 국민은 양심의 자유를 가진다.

제20조 ① 모든 국민은 종교의 자유를 가진다.

② 국교는 인정되지 아니하며, 종교와 정치는 분리된다.

제21조 ① 모든 국민은 언론·출판의 자유와 집회·결사의 자유를 가진다.
② 언론·출판에 대한 허가나 검열과 집회·결사에 대한 허가는 인정되지 아니한다.
③ 통신·방송의 시설기준과 신문의 기능을 보장하기 위하여 필요한 사항은 법률로 정한다.
④ 언론·출판은 타인의 명예나 권리 또는 공중도덕이나 사회윤리를 침해하여서는 아니된다. 언론·출판이 타인의 명예나 권리를 침해한 때에는 피해자는 이에 대한 피해의 배상을 청구할 수 있다.

제22조 ① 모든 국민은 학문과 예술의 자유를 가진다.
② 저작자·발명가·과학기술자와 예술가의 권리는 법률로써 보호한다.

제23조 ① 모든 국민의 재산권은 보장된다. 그 내용과 한계는 법률로 정한다.
② 재산권의 행사는 공공복리에 적합하도록 하여야 한다.
③ 공공필요에 의한 재산권의 수용·사용 또는 제한 및 그에 대한 보상은 법률로써 하되, 정당한 보상을 지급하여야 한다.

제24조 모든 국민은 법률이 정하는 바에 의하여 선거권을 가진다.

제25조 모든 국민은 법률이 정하는 바에 의하여 공무담임권을 가진다.

제26조 ① 모든 국민은 법률이 정하는 바에 의하여 국가기관에 문서로 청원할 권리를 가진다.
② 국가는 청원에 대하여 심사할 의무를 진다.

제27조 ① 모든 국민은 헌법과 법률이 정한 법관에 의하여 법률에 의한 재판을 받을 권리를 가진다.
② 군인 또는 군무원이 아닌 국민은 대한민국의 영역 안에서는 중대한 군사상 기밀·초병·초소·유독음식물공급·포로·군용물에 관한 죄 중 법률이 정한 경우와 비상계엄이 선포된 경우를 제외하고는 군사법원의 재판을 받지 아니한다.
③ 모든 국민은 신속한 재판을 받을 권리를 가진다. 형사피고인은 상당한 이유가 없는 한 지체없이 공개재판을 받을 권리를 가진다.
④ 형사피고인은 유죄의 판결이 확정될 때까지는 무죄로 추정된다.
⑤ 형사피해자는 법률이 정하는 바에 의하여 당해 사건의 재판절차에서 진술할 수 있다.

제28조 형사피의자 또는 형사피고인으로서 구금되었던 자가 법률이 정하는 불기소처분을 받거나 무죄판결을 받은 때에는 법률이 정하는 바에 의하여 국가에 정당한 보상을 청구할 수 있다.

제29조 ① 공무원의 직무상 불법행위로 손해를 받은 국민은 법률이 정하는 바에 의하여 국가 또는 공공단체에 정당한 배상을 청구할 수 있다. 이 경우 공무원 자신의 책임은 면제되지 아니한다.
② 군인·군무원·경찰공무원 기타 법률이 정하는 자가 전투·훈련 등 직무집행과 관련하여 받은 손해에 대하여는 법률이 정하는 보상 외에 국가 또는 공공단체에 공무원의 직무상 불법행위로 인한 배상은 청구할 수 없다.

제30조 타인의 범죄행위로 인하여 생명·신체에 대한 피해를 받은 국민은 법률이 정하는 바에 의하여 국가로부터 구조를 받을 수 있다.

제31조 ① 모든 국민은 능력에 따라 균등하게 교육을 받을 권리를 가진다.
② 모든 국민은 그 보호하는 자녀에게 적어도 초등교육과 법률이 정하는 교육을 받게 할 의무를 진다.
③ 의무교육은 무상으로 한다.
④ 교육의 자주성·전문성·정치적 중립성 및 대학의 자율성은 법률이 정하는 바에 의하여 보장된다.
⑤ 국가는 평생교육을 진흥하여야 한다.
⑥ 학교교육 및 평생교육을 포함한 교육제도와 그 운영, 교육재정 및 교원의 지위에 관한 기본적인 사항은 법률로 정한다.

제32조 ① 모든 국민은 근로의 권리를 가진다. 국가는 사회적·경제적 방법으로 근로자의 고용의 증진과 적정임금의 보장에

노력하여야 하며, 법률이 정하는 바에 의하여 최저임금제를 시행하여야 한다.
② 모든 국민은 근로의 의무를 진다. 국가는 근로의 의무의 내용과 조건을 민주주의원칙에 따라 법률로 정한다.
③ 근로조건의 기준은 인간의 존엄성을 보장하도록 법률로 정한다.
④ 여자의 근로는 특별한 보호를 받으며, 고용·임금 및 근로조건에 있어서 부당한 차별을 받지 아니한다.
⑤ 연소자의 근로는 특별한 보호를 받는다.
⑥ 국가유공자·상이군경 및 전몰군경의 유가족은 법률이 정하는 바에 의하여 우선적으로 근로의 기회를 부여받는다.

제33조 ① 근로자는 근로조건의 향상을 위하여 자주적인 단결권·단체교섭권 및 단체행동권을 가진다.
② 공무원인 근로자는 법률이 정하는 자에 한하여 단결권·단체교섭권 및 단체행동권을 가진다.
③ 법률이 정하는 주요방위산업체에 종사하는 근로자의 단체행동권은 법률이 정하는 바에 의하여 이를 제한하거나 인정하지 아니할 수 있다.

제34조 ① 모든 국민은 인간다운 생활을 할 권리를 가진다.
② 국가는 사회보장·사회복지의 증진에 노력할 의무를 진다.
③ 국가는 여자의 복지와 권익의 향상을 위하여 노력하여야 한다.
④ 국가는 노인과 청소년의 복지향상을 위한 정책을 실시할 의무를 진다.
⑤ 신체장애자 및 질병·노령 기타의 사유로 생활능력이 없는 국민은 법률이 정하는 바에 의하여 국가의 보호를 받는다.
⑥ 국가는 재해를 예방하고 그 위험으로부터 국민을 보호하기 위하여 노력하여야 한다.

제35조 ① 모든 국민은 건강하고 쾌적한 환경에서 생활할 권리를 가지며, 국가와 국민은 환경보전을 위하여 노력하여야 한다.
② 환경권의 내용과 행사에 관하여는 법률로 정한다.
③ 국가는 주택개발정책 등을 통하여 모든 국민이 쾌적한 주거생활을 할 수 있도록 노력하여야 한다.

제36조 ① 혼인과 가족생활은 개인의 존엄과 양성의 평등을 기초로 성립되고 유지되어야 하며, 국가는 이를 보장한다.
② 국가는 모성의 보호를 위하여 노력하여야 한다.
③ 모든 국민은 보건에 관하여 국가의 보호를 받는다.

제37조 ① 국민의 자유와 권리는 헌법에 열거되지 아니한 이유로 경시되지 아니한다.
② 국민의 모든 자유와 권리는 국가안전보장·질서유지 또는 공공복리를 위하여 필요한 경우에 한하여 법률로써 제한할 수 있으며, 제한하는 경우에도 자유와 권리의 본질적인 내용을 침해할 수 없다.

제38조 모든 국민은 법률이 정하는 바에 의하여 납세의 의무를 진다.

제39조 ① 모든 국민은 법률이 정하는 바에 의하여 국방의 의무를 진다.
② 누구든지 병역의무의 이행으로 인하여 불이익한 처우를 받지 아니한다.

제 3 장 국 회

제40조 입법권은 국회에 속한다.

제41조 ① 국회는 국민의 보통·평등·직접·비밀선거에 의하여 선출된 국회의원으로 구성한다.
② 국회의원의 수는 법률로 정하되, 200인 이상으로 한다.
③ 국회의원의 선거구와 비례대표제 기타 선거에 관한 사항은 법률로 정한다.

제42조 국회의원의 임기는 4년으로 한다.

제43조 국회의원은 법률이 정하는 직을 겸할 수 없다.

제44조 ① 국회의원은 현행범인인 경우를 제외하고는 회기중 국회의 동의없이 체포 또는 구금되지 아니한다.
② 국회의원이 회기 전에 체포 또는 구금된 때에는 현행범인이 아닌 한 국회의 요구가 있으면 회기중 석방된다.

제45조 국회의원은 국회에서 직무상 행한 발언과 표결에 관하여 국회 외에서 책임을 지지 아니한다.

제46조 ① 국회의원은 청렴의 의무가 있다.
② 국회의원은 국가이익을 우선하여 양심에 따라 직무를 행한다.
③ 국회의원은 그 지위를 남용하여 국가·공공단체 또는 기업체와의 계약이나 그 처분에 의하여 재산상의 권리·이익 또는 직위를 취득하거나 타인을 위하여 그 취득을 알선할 수 없다.

제47조 ① 국회의 정기회는 법률이 정하는 바에 의하여 매년 1회 집회되며, 국회의 임시회는 대통령 또는 국회재적의원 4분의 1 이상의 요구에 의하여 집회된다.
② 정기회의 회기는 100일을, 임시회의 회기는 30일을 초과할 수 없다.
③ 대통령이 임시회의 집회를 요구할 때에는 기간과 집회요구의 이유를 명시하여야 한다.

제48조 국회는 의장 1인과 부의장 2인을 선출한다.

제49조 국회는 헌법 또는 법률에 특별한 규정이 없는 한 재적의원 과반수의 출석과 출석의원 과반수의 찬성으로 의결한다. 가부동수인 때에는 부결된 것으로 본다.

제50조 ① 국회의 회의는 공개한다. 다만, 출석의원 과반수의 찬성이 있거나 의장이 국가의 안전보장을 위하여 필요하다고 인정할 때에는 공개하지 아니할 수 있다.
② 공개하지 아니한 회의내용의 공표에 관하여는 법률이 정하는 바에 의한다.

제51조 국회에 제출된 법률안 기타의 의안은 회기중에 의결되지 못한 이유로 폐기되지 아니한다. 다만, 국회의원의 임기가 만료된 때에는 그러하지 아니하다.

제52조 국회의원과 정부는 법률안을 제출할 수 있다.

제53조 ① 국회에서 의결된 법률안은 정부에 이송되어 15일 이내에 대통령이 공포한다.
② 법률안에 이의가 있을 때에는 대통령은 제1항의 기간 내에 이의서를 붙여 국회로 환부하고, 그 재의를 요구할 수 있다. 국회의 폐회중에도 또한 같다.
③ 대통령은 법률안의 일부에 대하여 또는 법률안을 수정하여 재의를 요구할 수 없다.
④ 재의의 요구가 있을 때에는 국회는 재의에 붙이고, 재적의원과반수의 출석과 출석의원 3분의 2 이상의 찬성으로 전과 같은 의결을 하면 그 법률안은 법률로서 확정된다.
⑤ 대통령이 제1항의 기간 내에 공포나 재의의 요구를 하지 아니한 때에도 그 법률안은 법률로서 확정된다.
⑥ 대통령은 제4항과 제5항의 규정에 의하여 확정된 법률을 지체없이 공포하여야 한다. 제5항에 의하여 법률이 확정된 후 또는 제4항에 의한 확정법률이 정부에 이송된 후 5일 이내에 대통령이 공포하지 아니할 때에는 국회의장이 이를 공포한다.
⑦ 법률은 특별한 규정이 없는 한 공포한 날로부터 20일을 경과함으로써 효력을 발생한다.

제54조 ① 국회는 국가의 예산안을 심의·확정한다.
② 정부는 회계연도마다 예산안을 편성하여 회계연도 개시 90일 전까지 국회에 제출하고, 국회는 회계연도 개시 30일 전까지 이를 의결하여야 한다.
③ 새로운 회계연도가 개시될 때까지 예산안이 의결되지 못한 때에는 정부는 국회에서 예산안이 의결될 때까지 다음의 목적을 위한 경비는 전년도 예산에 준하여 집행할 수 있다.
1. 헌법이나 법률에 의하여 설치된 기관 또는 시설의 유지·운영
2. 법률상 지출의무의 이행
3. 이미 예산으로 승인된 사업의 계속

제55조 ① 한 회계연도를 넘어 계속하여 지출할 필요가 있을 때에는 정부는 연한을 정하여 계속비로서 국회의 의결을 얻어야 한다.
② 예비비는 총액으로 국회의 의결을 얻

어야 한다. 예비비의 지출은 차기국회의 승인을 얻어야 한다.

제56조 정부는 예산에 변경을 가할 필요가 있을 때에는 추가경정예산안을 편성하여 국회에 제출할 수 있다.

제57조 국회는 정부의 동의없이 정부가 제출한 지출예산 각항의 금액을 증가하거나 새 비목을 설치할 수 없다.

제58조 국채를 모집하거나 예산 외에 국가의 부담이 될 계약을 체결하려 할 때에는 정부는 미리 국회의 의결을 얻어야 한다.

제59조 조세의 종목과 세율은 법률로 정한다.

제60조 ① 국회는 상호원조 또는 안전보장에 관한 조약, 중요한 국제조직에 관한 조약, 우호통상항해조약, 주권의 제약에 관한 조약, 강화조약, 국가나 국민에게 중대한 재정적 부담을 지우는 조약 또는 입법사항에 관한 조약의 체결·비준에 대한 동의권을 가진다.

② 국회는 선전포고, 국군의 외국에의 파견 또는 외국군대의 대한민국 영역 안에서의 주류에 대한 동의권을 가진다.

제61조 ① 국회는 국정을 감사하거나 특정한 국정사안에 대하여 조사할 수 있으며, 이에 필요한 서류의 제출 또는 증인의 출석과 증언이나 의견의 진술을 요구할 수 있다.

② 국정감사 및 조사에 관한 절차 기타 필요한 사항은 법률로 정한다.

제62조 ① 국무총리·국무위원 또는 정부위원은 국회나 그 위원회에 출석하여 국정처리상황을 보고하거나 의견을 진술하고 질문에 응답할 수 있다.

② 국회나 그 위원회의 요구가 있을 때에는 국무총리·국무위원 또는 정부위원은 출석·답변하여야 하며, 국무총리 또는 국무위원이 출석요구를 받은 때에는 국무위원 또는 정부위원으로 하여금 출석·답변하게 할 수 있다.

제63조 ① 국회는 국무총리 또는 국무위원의 해임을 대통령에게 건의할 수 있다.

② 제1항의 해임건의는 국회재적의원 3분의 1 이상의 발의에 의하여 국회재적의원 과반수의 찬성이 있어야 한다.

제64조 ① 국회는 법률에 저촉되지 아니하는 범위 안에서 의사와 내부규율에 관한 규칙을 제정할 수 있다.

② 국회는 의원의 자격을 심사하며, 의원을 징계할 수 있다.

③ 의원을 제명하려면 국회재적의원 3분의 2 이상의 찬성이 있어야 한다.

④ 제2항과 제3항의 처분에 대하여는 법원에 제소할 수 없다.

제65조 ① 대통령·국무총리·국무위원·행정각부의 장·헌법재판소 재판관·법관·중앙선거관리위원회 위원·감사원장·감사위원 기타 법률이 정한 공무원이 그 직무집행에 있어서 헌법이나 법률을 위배한 때에는 국회는 탄핵의 소추를 의결할 수 있다.

② 제1항의 탄핵소추는 국회재적의원 3분의 1 이상의 발의가 있어야 하며, 그 의결은 국회재적의원 과반수의 찬성이 있어야 한다. 다만, 대통령에 대한 탄핵소추는 국회재적의원 과반수의 발의와 국회재적의원 3분의 2 이상의 찬성이 있어야 한다.

③ 탄핵소추의 의결을 받은 자는 탄핵심판이 있을 때까지 그 권한행사가 정지된다.

④ 탄핵결정은 공직으로부터 파면함에 그친다. 그러나, 이에 의하여 민사상이나 형사상의 책임이 면제되지는 아니한다.

제4장 정 부

제1절 대 통 령

제66조 ① 대통령은 국가의 원수이며, 외국에 대하여 국가를 대표한다.

② 대통령은 국가의 독립·영토의 보전·국가의 계속성과 헌법을 수호할 책무를 진다.

③ 대통령은 조국의 평화적 통일을 위한 성실한 의무를 진다.

④ 행정권은 대통령을 수반으로 하는 정부에 속한다.

제67조 ① 대통령은 국민의 보통·평등·직접·비밀선거에 의하여 선출한다.

② 제1항의 선거에 있어서 최고득표자가

2인 이상인 때에는 국회의 재적의원 과반수가 출석한 공개회의에서 다수표를 얻은 자를 당선자로 한다.

③ 대통령후보자가 1인일 때에는 그 득표수가 선거권자 총수의 3분의 1 이상이 아니면 대통령으로 당선될 수 없다.

④ 대통령으로 선거될 수 있는 자는 국회의원의 피선거권이 있고 선거일 현재 40세에 달하여야 한다.

⑤ 대통령의 선거에 관한 사항은 법률로 정한다.

제68조 ① 대통령의 임기가 만료되는 때에는 임기만료 70일 내지 40일 전에 후임자를 선거한다.

② 대통령이 궐위된 때 또는 대통령 당선자가 사망하거나 판결 기타의 사유로 그 자격을 상실한 때에는 60일 이내에 후임자를 선거한다.

제69조 대통령은 취임에 즈음하여 다음의 선서를 한다. "나는 헌법을 준수하고 국가를 보위하며 조국의 평화적 통일과 국민의 자유와 복리의 증진 및 민족문화의 창달에 노력하여 대통령으로서의 직책을 성실히 수행할 것을 국민 앞에 엄숙히 선서합니다."

제70조 대통령의 임기는 5년으로 하며, 중임할 수 없다.

제71조 대통령이 궐위되거나 사고로 인하여 직무를 수행할 수 없을 때에는 국무총리, 법률이 정한 국무위원의 순서로 그 권한을 대행한다.

제72조 대통령은 필요하다고 인정할 때에는 외교·국방·통일 기타 국가안위에 관한 중요정책을 국민투표에 붙일 수 있다.

제73조 대통령은 조약을 체결·비준하고, 외교사절을 신임·접수 또는 파견하며, 선전포고와 강화를 한다.

제74조 ① 대통령은 헌법과 법률이 정하는 바에 의하여 국군을 통수한다.

② 국군의 조직과 편성은 법률로 정한다.

제75조 대통령은 법률에서 구체적으로 범위를 정하여 위임받은 사항과 법률을 집행하기 위하여 필요한 사항에 관하여 대통령령을 발할 수 있다.

제76조 ① 대통령은 내우·외환·천재·지변 또는 중대한 재정·경제상의 위기에 있어서 국가의 안전보장 또는 공공의 안녕질서를 유지하기 위하여 긴급한 조치가 필요하고 국회의 집회를 기다릴 여유가 없을 때에 한하여 최소한으로 필요한 재정·경제상의 처분을 하거나 이에 관하여 법률의 효력을 가지는 명령을 발할 수 있다.

② 대통령은 국가의 안위에 관계되는 중대한 교전상태에 있어서 국가를 보위하기 위하여 긴급한 조치가 필요하고 국회의 집회가 불가능한 때에 한하여 법률의 효력을 가지는 명령을 발할 수 있다.

③ 대통령은 제1항과 제2항의 처분 또는 명령을 한 때에는 지체없이 국회에 보고하여 그 승인을 얻어야 한다.

④ 제3항의 승인을 얻지 못한 때에는 그 처분 또는 명령은 그때부터 효력을 상실한다. 이 경우 그 명령에 의하여 개정 또는 폐지되었던 법률은 그 명령이 승인을 얻지 못한 때부터 당연히 효력을 회복한다.

⑤ 대통령은 제3항과 제4항의 사유를 지체없이 공포하여야 한다.

제77조 ① 대통령은 전시·사변 또는 이에 준하는 국가비상사태에 있어서 병력으로써 군사상의 필요에 응하거나 공공의 안녕질서를 유지할 필요가 있을 때에는 법률이 정하는 바에 의하여 계엄을 선포할 수 있다.

② 계엄은 비상계엄과 경비계엄으로 한다.

③ 비상계엄이 선포된 때에는 법률이 정하는 바에 의하여 영장제도, 언론·출판·집회·결사의 자유, 정부나 법원의 권한에 관하여 특별한 조치를 할 수 있다.

④ 계엄을 선포한 때에는 대통령은 지체없이 국회에 통고하여야 한다.

⑤ 국회가 재적의원 과반수의 찬성으로 계엄의 해제를 요구한 때에는 대통령은 이를 해제하여야 한다.

제78조 대통령은 헌법과 법률이 정하는 바에 의하여 공무원을 임면한다.

제79조 ① 대통령은 법률이 정하는 바에 의

하여 사면·감형 또는 복권을 명할 수 있다.

② 일반사면을 명하려면 국회의 동의를 얻어야 한다.

③ 사면·감형 및 복권에 관한 사항은 법률로 정한다.

제80조 대통령은 법률이 정하는 바에 의하여 훈장 기타의 영전을 수여한다.

제81조 대통령은 국회에 출석하여 발언하거나 서한으로 의견을 표시할 수 있다.

제82조 대통령의 국법상 행위는 문서로써 하며, 이 문서에는 국무총리와 관계 국무위원이 부서한다. 군사에 관한 것도 또한 같다.

제83조 대통령은 국무총리·국무위원·행정각부의 장 기타 법률이 정하는 공사의 직을 겸할 수 없다.

제84조 대통령은 내란 또는 외환의 죄를 범한 경우를 제외하고는 재직중 형사상의 소추를 받지 아니한다.

제85조 전직대통령의 신분과 예우에 관하여는 법률로 정한다.

제2절 행정부

제1관 국무총리와 국무위원

제86조 ① 국무총리는 국회의 동의를 얻어 대통령이 임명한다.

② 국무총리는 대통령을 보좌하며, 행정에 관하여 대통령의 명을 받아 행정각부를 통할한다.

③ 군인은 현역을 면한 후가 아니면 국무총리로 임명될 수 없다.

제87조 ① 국무위원은 국무총리의 제청으로 대통령이 임명한다.

② 국무위원은 국정에 관하여 대통령을 보좌하며, 국무회의의 구성원으로서 국정을 심의한다.

③ 국무총리는 국무위원의 해임을 대통령에게 건의할 수 있다.

④ 군인은 현역을 면한 후가 아니면 국무위원으로 임명될 수 없다.

제2관 국무회의

제88조 ① 국무회의는 정부의 권한에 속하는 중요한 정책을 심의한다.

② 국무회의는 대통령·국무총리와 15인 이상 30인 이하의 국무위원으로 구성한다.

③ 대통령은 국무회의의 의장이 되고, 국무총리는 부의장이 된다.

제89조 다음 사항은 국무회의의 심의를 거쳐야 한다.

1. 국정의 기본계획과 정부의 일반정책
2. 선전·강화 기타 중요한 대외정책
3. 헌법개정안·국민투표안·조약안·법률안 및 대통령령안
4. 예산안·결산·국유재산처분의 기본계획·국가의 부담이 될 계약 기타 재정에 관한 중요사항
5. 대통령의 긴급명령·긴급재정경제처분 및 명령 또는 계엄과 그 해제
6. 군사에 관한 중요사항
7. 국회의 임시회 집회의 요구
8. 영전수여
9. 사면·감형과 복권
10. 행정각부간의 권한의 획정
11. 정부안의 권한의 위임 또는 배정에 관한 기본계획
12. 국정처리상황의 평가·분석
13. 행정각부의 중요한 정책의 수립과 조정
14. 정당해산의 제소
15. 정부에 제출 또는 회부된 정부의 정책에 관계되는 청원의 심사
16. 검찰총장·합동참모의장·각군참모총장·국립대학교총장·대사 기타 법률이 정한 공무원과 국영기업체관리자의 임명
17. 기타 대통령·국무총리 또는 국무위원이 제출한 사항

제90조 ① 국정의 중요한 사항에 관한 대통령의 자문에 응하기 위하여 국가원로로 구성되는 국가원로자문회의를 둘 수 있다.

② 국가원로자문회의의 의장은 직전대통령이 된다. 다만, 직전대통령이 없을 때에는 대통령이 지명한다.

③ 국가원로자문회의의 조직·직무범위 기타 필요한 사항은 법률로 정한다.

제91조 ① 국가안전보장에 관련되는 대외정책·군사정책과 국내정책의 수립에 관

하여 국무회의의 심의에 앞서 대통령의 자문에 응하기 위하여 국가안전보장회의를 둔다.

② 국가안전보장회의는 대통령이 주재한다.

③ 국가안전보장회의의 조직·직무범위 기타 필요한 사항은 법률로 정한다.

제92조 ① 평화통일정책의 수립에 관한 대통령의 자문에 응하기 위하여 민주평화통일자문회의를 둘 수 있다.

② 민주평화통일자문회의의 조직·직무범위 기타 필요한 사항은 법률로 정한다.

제93조 ① 국민경제의 발전을 위한 중요정책의 수립에 관하여 대통령의 자문에 응하기 위하여 국민경제자문회의를 둘 수 있다.

② 국민경제자문회의의 조직·직무범위 기타 필요한 사항은 법률로 정한다.

제3관 행정각부

제94조 행정각부의 장은 국무위원 중에서 국무총리의 제청으로 대통령이 임명한다.

제95조 국무총리 또는 행정각부의 장은 소관사무에 관하여 법률이나 대통령령의 위임 또는 직권으로 총리령 또는 부령을 발할 수 있다.

제96조 행정각부의 설치·조직과 직무범위는 법률로 정한다.

제4관 감 사 원

제97조 국가의 세입·세출의 결산, 국가 및 법률이 정한 단체의 회계검사와 행정기관 및 공무원의 직무에 관한 감찰을 하기 위하여 대통령 소속하에 감사원을 둔다.

제98조 ① 감사원은 원장을 포함한 5인 이상 11인 이하의 감사위원으로 구성한다.

② 원장은 국회의 동의를 얻어 대통령이 임명하고, 그 임기는 4년으로 하며, 1차에 한하여 중임할 수 있다.

③ 감사위원은 원장의 제청으로 대통령이 임명하고, 그 임기는 4년으로 하며, 1차에 한하여 중임할 수 있다.

제99조 감사원은 세입·세출의 결산을 매년 검사하여 대통령과 차년도국회에 그 결과를 보고하여야 한다.

제100조 감사원의 조직·직무범위·감사위원의 자격·감사대상공무원의 범위 기타 필요한 사항은 법률로 정한다.

제5장 법 원

제101조 ① 사법권은 법관으로 구성된 법원에 속한다.

② 법원은 최고법원인 대법원과 각급법원으로 조직된다.

③ 법관의 자격은 법률로 정한다.

제102조 ① 대법원에 부를 둘 수 있다.

② 대법원에 대법관을 둔다. 다만, 법률이 정하는 바에 의하여 대법관이 아닌 법관을 둘 수 있다.

③ 대법원과 각급법원의 조직은 법률로 정한다.

제103조 법관은 헌법과 법률에 의하여 그 양심에 따라 독립하여 심판한다.

제104조 ① 대법원장은 국회의 동의를 얻어 대통령이 임명한다.

② 대법관은 대법원장의 제청으로 국회의 동의를 얻어 대통령이 임명한다.

③ 대법원장과 대법관이 아닌 법관은 대법관회의의 동의를 얻어 대법원장이 임명한다.

제105조 ① 대법원장의 임기는 6년으로 하며, 중임할 수 없다.

② 대법관의 임기는 6년으로 하며, 법률이 정하는 바에 의하여 연임할 수 있다.

③ 대법원장과 대법관이 아닌 법관의 임기는 10년으로 하며, 법률이 정하는 바에 의하여 연임할 수 있다.

④ 법관의 정년은 법률로 정한다.

제106조 ① 법관은 탄핵 또는 금고 이상의 형의 선고에 의하지 아니하고는 파면되지 아니하며, 징계처분에 의하지 아니하고는 정직·감봉 기타 불리한 처분을 받지 아니한다.

② 법관이 중대한 심신상의 장해로 직무를 수행할 수 없을 때에는 법률이 정하는 바에 의하여 퇴직하게 할 수 있다.

제107조 ① 법률이 헌법에 위반되는 여부가 재판의 전제가 된 경우에는 법원은 헌

법재판소에 제청하여 그 심판에 의하여 재판한다.

② 명령·규칙 또는 처분이 헌법이나 법률에 위반되는 여부가 재판의 전제가 된 경우에는 대법원은 이를 최종적으로 심사할 권한을 가진다.

③ 재판의 전심절차로서 행정심판을 할 수 있다. 행정심판의 절차는 법률로 정하되, 사법절차가 준용되어야 한다.

제108조 대법원은 법률에서 저촉되지 아니하는 범위 안에서 소송에 관한 절차, 법원의 내부규율과 사무처리에 관한 규칙을 제정할 수 있다.

제109조 재판의 심리와 판결은 공개한다. 다만, 심리는 국가의 안전보장 또는 안녕질서를 방해하거나 선량한 풍속을 해할 염려가 있을 때에는 법원의 결정으로 공개하지 아니할 수 있다.

제110조 ① 군사재판을 관할하기 위하여 특별법원으로서 군사법원을 둘 수 있다.

② 군사법원의 상고심은 대법원에서 관할한다.

③ 군사법원의 조직·권한 및 재판관의 자격은 법률로 정한다.

④ 비상계엄하의 군사재판은 군인·군무원의 범죄나 군사에 관한 간첩죄의 경우와 초병·초소·유독음식물공급·포로에 관한 죄 중 법률이 정한 경우에 한하여 단심으로 할 수 있다. 다만, 사형을 선고한 경우에는 그러하지 아니하다.

제 6 장 헌법재판소

제111조 ① 헌법재판소는 다음 사항을 관장한다.

1. 법원의 제청에 의한 법률의 위헌여부 심판
2. 탄핵의 심판
3. 정당의 해산 심판
4. 국가기관 상호간, 국가기관과 지방자치단체간 및 지방자치단체 상호간의 권한쟁의에 관한 심판
5. 법률이 정하는 헌법소원에 관한 심판

② 헌법재판소는 법관의 자격을 가진 9인의 재판관으로 구성하며, 재판관은 대통령이 임명한다.

③ 제 2 항의 재판관 중 3인은 국회에서 선출하는 자를, 3인은 대법원장이 지명하는 자를 임명한다.

④ 헌법재판소의 장은 국회의 동의를 얻어 재판관 중에서 대통령이 임명한다.

제112조 ① 헌법재판소 재판관의 임기는 6년으로 하며, 법률이 정하는 바에 의하여 연임할 수 있다.

② 헌법재판소 재판관은 정당에 가입하거나 정치에 관여할 수 없다.

③ 헌법재판소 재판관은 탄핵 또는 금고 이상의 형의 선고에 의하지 아니하고는 파면되지 아니한다.

제113조 ① 헌법재판소에서 법률의 위헌결정, 탄핵의 결정, 정당해산의 결정 또는 헌법소원에 관한 인용결정을 할 때에는 재판관 6인 이상의 찬성이 있어야 한다.

② 헌법재판소는 법률에 저촉되지 아니하는 범위안에서 심판에 관한 절차, 내부규율과 사무처리에 관한 규칙을 제정할 수 있다.

③ 헌법재판소의 조직과 운영 기타 필요한 사항은 법률로 정한다.

제 7 장 선거관리

제114조 ① 선거와 국민투표의 공정한 관리 및 정당에 관한 사무를 처리하기 위하여 선거관리위원회를 둔다.

② 중앙선거관리위원회는 대통령이 임명하는 3인, 국회에서 선출하는 3인과 대법원장이 지명하는 3인의 위원으로 구성한다. 위원장은 위원중에서 호선한다.

③ 위원의 임기는 6년으로 한다.

④ 위원은 정당에 가입하거나 정치에 관여할 수 없다.

⑤ 위원은 탄핵 또는 금고 이상의 형의 선고에 의하지 아니하고는 파면되지 아니한다.

⑥ 중앙선거관리위원회는 법령의 범위 안

에서 선거관리·국민투표관리 또는 정당사무에 관한 규칙을 제정할 수 있으며, 법률에 저촉되지 아니하는 범위 안에서 내부규율에 관한 규칙을 제정할 수 있다.

⑦ 각급 선거관리위원회의 조직·직무범위 기타 필요한 사항은 법률로 정한다.

제115조 ① 각급 선거관리위원회는 선거인명부의 작성 등 선거사무와 국민투표사무에 관하여 관계 행정기관에 필요한 지시를 할 수 있다.

② 제1항의 지시를 받은 당해 행정기관은 이에 응하여야 한다.

제116조 ① 선거운동은 각급 선거관리위원회의 관리하에 법률이 정하는 범위 안에서 하되, 균등한 기회가 보장되어야 한다.

② 선거에 관한 경비는 법률이 정하는 경우를 제외하고는 정당 또는 후보자에게 부담시킬 수 없다.

제 8 장 지방자치

제117조 ① 지방자치단체는 주민의 복리에 관한 사무를 처리하고 재산을 관리하며, 법령의 범위 안에서 자치에 관한 규정을 제정할 수 있다.

② 지방자치단체의 종류는 법률로 정한다.

제118조 ① 지방자치단체에 의회를 둔다.

② 지방의회의 조직·권한·의원선거와 지방자치단체의 장의 선임방법 기타 지방자치단체의 조직과 운영에 관한 사항은 법률로 정한다.

제 9 장 경　　제

제119조 ① 대한민국의 경제질서는 개인과 기업의 경제상의 자유와 창의를 존중함을 기본으로 한다.

② 국가는 균형있는 국민경제의 성장 및 안정과 적정한 소득의 분배를 유지하고, 시장의 지배와 경제력의 남용을 방지하며, 경제주체간의 조화를 통한 경제의 민주화를 위하여 경제에 관한 규제와 조정을 할 수 있다.

제120조 ① 광물 기타 중요한 지하자원·수산자원·수력과 경제상 이용할 수 있는 자연력은 법률이 정하는 바에 의하여 일정한 기간 그 채취·개발 또는 이용을 특허할 수 있다.

② 국토와 자원은 국가의 보호를 받으며, 국가는 그 균형있는 개발과 이용을 위하여 필요한 계획을 수립한다.

제121조 ① 국가는 농지에 관하여 경자유전의 원칙이 달성될 수 있도록 노력하여야 하며, 농지의 소작제도는 금지된다.

② 농업생산성의 제고와 농지의 합리적인 이용을 위하거나 불가피한 사정으로 발생하는 농지의 임대차와 위탁경영은 법률이 정하는 바에 의하여 인정된다.

제122조 국가는 국민 모두의 생산 및 생활의 기반이 되는 국토의 효율적이고 균형있는 이용·개발과 보전을 위하여 법률이 정하는 바에 의하여 그에 관한 필요한 제한과 의무를 과할 수 있다.

제123조 ① 국가는 농업 및 어업을 보호·육성하기 위하여 농·어촌종합개발과 그 지원등 필요한 계획을 수립·시행하여야 한다.

② 국가는 지역간의 균형있는 발전을 위하여 지역경제를 육성할 의무를 진다.

③ 국가는 중소기업을 보호·육성하여야 한다.

④ 국가는 농수산물의 수급균형과 유통구조의 개선에 노력하여 가격안정을 도모함으로써 농·어민의 이익을 보호한다.

⑤ 국가는 농·어민과 중소기업의 자조조직을 육성하여야 하며, 그 자율적 활동과 발전을 보장한다.

제124조 국가는 건전한 소비행위를 계도하고 생산품의 품질향상을 촉구하기 위한 소비자보호운동을 법률이 정하는 바에 의하여 보장한다.

제125조 국가는 대외무역을 육성하며, 이를 규제·조정할 수 있다.

제126조 국방상 또는 국민경제상 긴절한 필요로 인하여 법률이 정하는 경우를 제외하고는, 사영기업을 국유 또는 공유로 이전하거나 그 경영을 통제 또는 관리할 수

없다.

제127조 ① 국가는 과학기술의 혁신과 정보 및 인력의 개발을 통하여 국민경제의 발전에 노력하여야 한다.

② 국가는 국가표준제도를 확립한다.

③ 대통령은 제1항의 목적을 달성하기 위하여 필요한 자문기구를 둘 수 있다.

제10장 헌법개정

제128조 ① 헌법개정은 국회재적의원 과반수 또는 대통령의 발의로 제안된다.

② 대통령의 임기연장 또는 중임변경을 위한 헌법개정은 그 헌법개정 제안 당시의 대통령에 대하여는 효력이 없다.

제129조 제안된 헌법개정안은 대통령이 20일 이상의 기간 이를 공고하여야 한다.

제130조 ① 국회는 헌법개정안이 공고된 날로부터 60일 이내에 의결하여야 하며, 국회의 의결은 재적의원 3분의 2 이상의 찬성을 얻어야 한다.

② 헌법개정안은 국회가 의결한 후 30일 이내에 국민투표에 붙여 국회의원선거권자 과반수의 투표와 투표자 과반수의 찬성을 얻어야 한다.

③ 헌법개정안이 제2항의 찬성을 얻은 때에는 헌법개정은 확정되며, 대통령은 즉시 이를 공포하여야 한다.

부 칙

제1조 이 헌법은 1988년 2월 25일부터 시행한다. 다만, 이 헌법을 시행하기 위하여 필요한 법률의 제정·개정과 이 헌법에 의한 대통령 및 국회의원의 선거 기타 이 헌법시행에 관한 준비는 이 헌법시행 전에 할 수 있다.

제2조 ① 이 헌법에 의한 최초의 대통령선거는 이 헌법시행일 40일 전까지 실시한다.

② 이 헌법에 의한 최초의 대통령의 임기는 이 헌법시행일로부터 개시한다.

제3조 ① 이 헌법에 의한 최초의 국회의원선거는 이 헌법공포일로부터 6월 이내에 실시하며, 이 헌법에 의하여 선출된 최초의 국회의원의 임기는 국회의원선거 후 이 헌법에 의한 국회의 최초의 집회일로부터 개시한다.

② 이 헌법공포 당시의 국회의원의 임기는 제1항에 의한 국회의 최초의 집회일 전일까지로 한다.

제4조 ① 이 헌법시행 당시의 공무원과 정부가 임명한 기업체의 임원은 이 헌법에 의하여 임명된 것으로 본다. 다만, 이 헌법에 의하여 선임방법이나 임명권자가 변경된 공무원과 대법원장 및 감사원장은 이 헌법에 의하여 후임자가 선임될 때까지 그 직무를 행하며, 이 경우 전임자인 공무원의 임기는 후임자가 선임되는 전일까지로 한다.

② 이 헌법시행 당시의 대법원장과 대법원판사가 아닌 법관은 제1항 단서의 규정에 불구하고 이 헌법에 의하여 임명된 것으로 본다.

③ 이 헌법 중 공무원의 임기 또는 중임제한에 관한 규정은 이 헌법에 의하여 그 공무원이 최초로 선출 또는 임명된 때로부터 적용한다.

제5조 이 헌법시행 당시의 법령과 조약은 이 헌법에 위배되지 아니하는 한 그 효력을 지속한다.

제6조 이 헌법시행 당시에 이 헌법에 의하여 새로 설치될 기관의 권한에 속하는 직무를 행하고 있는 기관은 이 헌법에 의하여 새로운 기관이 설치될 때까지 존속하며 그 직무를 행한다.

사항색인

[ㅇ]

[저자 약력]

김 학 성

고려대학교 법과대학 졸업
서울대학교 대학원 졸업
법학박사(서울대학교)
독일 Köln대학 객원교수
미국 William & Mary대학 객원교수
독일 Kiel대학 객원교수
강원대학교 법과대학장
가정법률상담소 강원지부 이사장
강원도 소청심사위원회 위원 및 위원장
강원도 행정심판위원회 위원
강원도 토지수용위원회 위원
행정안전부 정보공개위원회 위원
한국헌법학회 회장
사법, 행정, 입법, 외무 기타 국가고시 시험위원
강원대학교 법학전문대학원 교수
현 강원대학교 명예교수
　한국헌법학회 고문
　언론중재위원회 위원

저　서
헌법학원론(피앤씨미디어); 객관식 헌법(성민사)
헌법재판소 판례연구 1(성민사); 헌법재판소 판례연구 2(강원대 출판부)
헌법학강의(성민사); 새로쓴 헌법(박영사)

제 7 판
헌법개론

초판발행　2014년 1월 30일
제2판발행　2015년 6월 10일
제3판발행　2016년 8월 10일
제4판발행　2017년 7월 20일
제5판발행　2019년 1월 10일
제6판발행　2020년 8월 10일
제7판발행　2022년 1월 5일

지은이　김학성
펴낸이　박노일

총괄기획　김중용·최준규
편　집　심성보·김인숙

펴낸곳　pnc publishing and culture 피앤씨미디어
경기도 고양시 일산동구 강송로 153 310-1501
등록 제396-2012-000203호
전　화 070)7550-3758　팩　스 02)718-8554
홈페이지 www.pncmedia.co.kr　이메일 pnc@pncmedia.co.kr
ISBN 979-11-5730-805-7　93360

정 가　29,000원